中 国 近 代
思 想 家 文 库

翁贺凯 编

张君劢卷

中国人民大学出版社
·北京·

《中国近代思想家文库》编纂委员会名单

总　序

　　对于近代的理解，虽不见得所有人都是一致的，但总的说来，对于近代这个词所涵的基本意义，人们还是有共识的。一个国家、一个民族走入近代，就意味着以工业化为主导的经济取代了以地主经济、领主经济或自然经济为主导的中世纪的经济形态，也还意味着，它不再是孤立的或是封闭与半封闭的，而是以某种形式加入到世界总的发展进程。尤其重要的是，它以某种形式的民主制度取代君主专制或其他不同形式的专制制度。中国是个幅员广大、人口众多、历史悠久的多民族国家，由于长期历史发展是自成一体的，与外界的交往比较有限，其生产方式的代谢迟缓了一些。如果说，世界的近代是从 17 世纪开始的，那么中国的近代则是从 19 世纪中期才开始的。现在国内学界比较一致的认识，是把 1840 年到 1949 年视为中国的近代。

　　中国的近代起始的标志是 1840 年的鸦片战争。原来相对封闭的国门被拥有近代种种优势的英帝国以军舰、大炮再加上种种卑鄙的欺诈打开了。从此，中国不情愿地加入到世界秩序中，沦为半殖民地。原来独立的大一统的中央集权的君主专制国家，如今独立已经极大地被限制，大一统也逐渐残缺不全，中央集权因列强的侵夺也不完全名实相符了。后来因太平天国运动，地方军政势力崛起，形成内轻外重的形势，也使中央集权被弱化。经历第二次鸦片战争、中法战争、甲午战争、八国联军入侵的战争以及辛亥革命后的多次内外战争，直至日本全面侵略中国的战争，致使中国的经济、政治、教育、文化，都无法顺利走上近代发展的轨道。古今之间，新旧之间，中外之间，混杂、矛盾、冲突。总之，鸦片战争后的中国，既未能成为近代国家，更不能维持原有的统治秩序。而外患内忧咄咄逼人，人们都有某种程度"国将不国"的忧虑。

　　"天下兴亡，匹夫有责"，读书明理的士大夫，或今所谓知识分子，尤为敏感，在空前的危机与挑战面前，皆思有所献替。于是发生种种救亡图存的思想与主张。有的从所能见及的西方国家发展的经验中借鉴某些东西，形成自己的改革方案；有的从历史回忆中拾取某些智慧，形成某种民族复兴的设想；有的则力图把西方的和中国所固有的一些东西加以调和或结合，形成某种救亡图强的主张。这些方案、设想、主张，从世界上"最先进的"，到"最落后的"，几乎样样都有。就提出这些方案、设想、主张者的初衷而言，绝大多数都含着几分救国的意愿。其先进与落后，是否可行，能否成功，尽可充分讨论，但可不必过为诛心之论。显而易见，既然救国的问题最为紧迫，人们所心营目注者自然是种种与救国的方案直接相关的思想学说，而作为产生这些学说的更基础性的理论，及其他各种知识、思想，则关注者少。

围绕着救国、强国的大议题，知识精英们参考世界上种种思想学说，加以研究、选择，认为其中比较适用的思想学说，拿来向国人宣传，并赢得一部分人的认可。于是互相推引，互相激励，更加发挥，演而成潮。在近代中国，曾经得到比较广泛的传播的思想学说，或者够得上思潮的，主要有以下几种：

（一）进化论。近代西方思想较早被引介到中国，而又发生绝大影响的，要属进化论。中国人逐渐相信，进化是宇宙之铁则，不进化就必遭淘汰。以此思想警醒国人，颇曾有助于振作民族精神。但随后不久，社会达尔文主义伴随而来，不免发生一些负面的影响。人们对进化的了解，也存在某些片面性，有时把进化理解为一条简单的直线。辩证法思想帮助人们形成内容更丰富和更加符合实际的发展观念，减少或避免片面性的进化观念的某些负面影响。

（二）民族主义。中国古代的民族主义思想，其核心是"非我族类，其心必异"，所以最重"华夷之辨"。鸦片战争前后一段时期，中国人的民族思想，大体仍是如此。后来渐渐认识到"今之夷狄，非古之夷狄"，"西人治国有法度，不得以古旧之夷狄视之"。但当时中国正遭受西方列强的侵略和掠夺，追求民族独立是民族主义之第一义。20世纪初，中国知识精英开始有了"中华民族"的概念。于是，渐渐形成以建立近代民族国家为核心的近代民族主义。结束清朝君主专制，创立中华民国，是这一思想的初步实现。第一次世界大战爆发，中国加入"协约国"，第一次以主动的姿态参与世界事务，接着俄国十月革命爆发，这两件事对近代中国的发展历程造成绝大影响。同时也将中国人的民族主义提升到一个新的层次，即与国际主义（或世界主义）发生紧密联系。也可以说，中国人更加自觉地用世界的眼光来观察中国的问题。新生的中国共产党和改组后的国民党都是如此。民族主义成为中国的知识精英用来应对近代中国所面临的种种危机和种种挑战的一个重要的思想武器。

（三）社会主义。社会主义作为一种模糊的理想是早在古代就有的，而且不论东方和西方都曾有过。但作为近代思潮，它是于19世纪在批判近代资本主义的基础上产生的。起初仍带有空想的性质，直到马克思和恩格斯才创立起科学社会主义。20世纪初期，社会主义开始传入中国。当时的传播者不太了解科学社会主义与以往的社会主义学说的本质区别。有一部分人，明显地受到无政府主义的强烈影响，更远离科学社会主义。直到五四新文化运动兴起之后，中国人始较严格地引介、宣传科学社会主义。但有一段时间，无政府主义仍是一股很大的思想潮流。中国共产党的成立，从思想上说，是战胜无政府主义的结果。中国共产党把在中国实现社会主义乃至共产主义作为自己的奋斗目标。此后，社会主义者，多次同各种非科学社会主义思想的信仰者进行论争并不断克服种种非科学社会主义思想的影响。

（四）自由主义。自由主义也是从清末就被介绍到中国来，只是信从者一直寥寥。直到五四新文化运动兴起，具有欧美教育背景的知识精英的数量渐渐多起来，自由主义始渐渐形成一股思想潮流。自由主义强调个性解放、意志自由和自己承担责任，在政治上反对一切专制主义。在中国的社会条件下，自由主义缺乏社会基础。在政治激烈动荡的时候，自由主义者很难凝聚成一股有组织的力量；在稍稍平和的时候，他们往往更多沉浸在自己的专业中。所以，在中国近代史上，自由主义不曾有，也不可能有大的作为。

（五）激进主义与保守主义。处于转型期的社会，旧的东西尚未完全退出舞台，新的东西也还未能巩固地树立起来，新旧冲突往往要持续很长的时间，有时甚至达到很激烈的程度。凡助推新东西成长的，人们便视为进步的；凡帮助旧东西排斥新东西的，人们便视为保守的。其实，与保守主义对应的，应是进步主义；与顽固主义相对的则应是激进主义。不过在通常话语环境中人们不太严格加以区分。中国历史悠久，特别是君主专制制度持续两千余年，旧东西积累异常丰富，社会转型极其不易。而世界的发展却进步甚速。中国的一部分精英分子往往特别急切地想改造中国社会，总想找出最厉害的手段，选一条最捷近的路，以最快的速度实现全盘改造。这类思想、主张及其采取的行动，皆属激进主义。在中共党史上，它表现为"左"倾或极左的机会主义。从极端的激进主义到极端的顽固主义，中间有着各种程度的进步与保守的流派。社会的稳定，或社会和平改革的成功，都依赖有一个实力雄厚的中间力量。但因种种原因，中国社会的中间力量一直未能成长到足够的程度。进步主义与保守主义，以及激进主义与顽固主义，不断进行斗争，而实际所获进步不大。

（六）革命与和平改革。中国近代史上，革命运动与和平改革运动交替进行，有时又是平行发展。两者的宗旨都是为改变原有的君主专制制度而代之以某种形式的近代民主制度。有很长一个时期，有两种错误的观念，一是把革命理解为仅仅是指以暴力取得政权的行动，二是与此相关联，把暴力革命与和平改革对立起来，认为革命是推动历史进步的，而改革是维护旧有统治秩序的。这两种论调既无理论根据，也不合历史实际。凡是有助于改变君主专制制度的探索，无论暴力的或和平的改革都是应予肯定的。

中国近代揭幕之时，西方列强正在疯狂地侵略与掠夺殖民地和半殖民地，中国是它们互相争夺的最后一块、也是最大的资源地。而这时的中国，沿袭了两千年的君主专制制度已到了奄奄一息的末日，统治当局腐朽无能，对外不足以御侮，对内不足以言治，其统治的合法性和统治的能力均招致怀疑。革命运动与改革的呼声，以及自发的民变接连不断。国家、民族的命运真的到了千钧一发之际，危机极端紧迫。先觉分子救国之心切，每遇稍具新意义的思想学说便急不可待地学习引介。于是西方思想学说纷纷涌进中国，各阶层、各领域，凡能读书读报者，受其影响，各依其家庭、职业、教育之不同背景而选择自以为不错的一种，接受之，信仰之，传播之。于是西方几百年里相继风行的思想学说，在短时期内纷纷涌进中国。在清末最后的十几年里是这样，五四时期在较高的水准上重复出现这种情况。

这种情况直接造成两个重要的历史现象：一个是中国社会的实际代谢过程（亦即社会转型过程）相对迟缓，而思想的代谢过程却来得格外神速。另一个是在西方原是差不多三百年的历史中渐次出现的各种思想学说，集中在几年或十几年的时间里狂泻而来，人们不及深入研究、审慎抉择，便匆忙引介、传播，引介者、传播者、听闻者，都难免有些消化不良。其实，这种情况在清末，在五四时期，都已有人觉察。我们现在指出这些问题并非苛求前人，而是要引为教训。

同时我们也看到，中国近代思想无比的多样性与复杂性呈现出绚丽多彩的姿态，各种思想持续不断地展开论争，这又构成中国近代思想史的一个突出特点。有些论争为我们留下了非常丰富的思想资料。如兴洋务与反洋务之争，变法与反变法之争，革命与改良之争，共和与立宪之争，东西文化之争，文言与白话之争，新旧伦理之争，科学与人生观之争，中国社会性质的论争，社会史的论争，人权与约法之争，全盘西化与本位文化之争，民主与独裁之争，等等。这些争论都不同程度地关联着一直影响甚至困扰着中国人的几个核心问题，即所谓中西问题、古今问题与心物关系问题。

中国近代思想的光谱虽比较齐全，但各种思想的存在状态及其影响力是很不平衡的。有些思想信从者多，言论著作亦多，且略成系统；有些可能只有很少的人做过介绍或略加研究；有的还可能因种种原因，只存在私人载记中，当时未及面世。然这些思想，其中有很多并不因时间久远而失去其价值。因为就总的情况说，我们还没有完成社会的近代转型，所以先贤们对某些问题的思考，在今天对我们仍有参考借鉴的价值。我们编辑这套《中国近代思想家文库》，希望尽可能全面地、系统地整理出近代中国思想家的思想成果，一则借以保存这份珍贵遗产，再则为研究思想史提供方便，三则为有心于中国思想文化建设者提供参考借鉴的便利。

考虑到中国近代思想的上述诸特点，我们编辑本《文库》时，对于思想家不取太严格的界定，凡在某一学科、某一领域，有其独立思考、提出特别见解和主张者，都尽量收入。虽然其中有些主张与表述有时代和个人的局限，但为反映近代思想发展的轨迹，以供今人参考，我们亦保留其原貌。所以本《文库》实为"中国近代思想集成"。

本《文库》入选的思想家，主要是活跃在1840年至1949年之间的思想人物。但中共领袖人物，因有较为丰富的研究著述，本《文库》则未收入。

编辑如此规模的《文库》，对象范围的确定，材料的搜集，版本的比勘，体例的斟酌，在在皆非易事。限于我们的水平，容有瑕隙，敬请方家指正。

《中国近代思想家文库》编纂委员会

目　录

张君劢先生之生平与思想发展（代导言）

> ……张君劢先生的思想，也就是改造和再建中国的思想；他是这一百四五十年间思考中国出路问题贡献最大之一人。
>
> ——胡秋原

张君劢（Carsun Chang，1887—1969），是中国近现代史上一位具有多重面向的重要人物：他毕生追求民主，更因在《中华民国宪法》的起草和创制中的关键作用而被尊为"《中华民国宪法》之父"；他在五四后期肇端科玄论战，首倡"新宋学之复活"，晚年致力于儒家思想复兴的撰著和宣扬，被公认为现代新儒家的早期代表人物之一；他还是 20 世纪中国民主社会主义思潮最重要的理论代表人物，20 世纪 30 年代"中国国家社会党"（"国社党"）、40 年代"中国民主社会党"（"民社党"）的党魁，"中国民主政团同盟"（"民盟"）的首要发起人，国共之间所谓"中间力量"（"第三种力量"、"第三势力"）的领袖人物。

然而，正如胡秋原先生所指，张君劢毕生最为核心的思想，"也就是改造和再建中国的思想"。从五四时期开始，贯穿其一生，张君劢不断地、有意识地从政治、经济、文化诸方面提出自己的民族国家建设构想；而从更直观的字面来考察，"立国"、"建国"、"民族建国"（nation-building）这些语词，早至 1906 年的《穆勒约翰议院政治论》，一直到临终前的《老当益壮之自白》、《中国专制君主政制之评议》，在张君劢之思想文献中不断地重现与回旋，我们确有相当充分的理由将"民族建国"视为其有意识的思想建构与追求。在这篇代导言中，我就将以"民族建国"作为主要视角，在整体上勾勒张君劢先生之生平与思想发展，为读者阅读本卷提供一个大略的背景。①

一、早年（1887—1919）

张君劢，名嘉森，字君劢，又字士林，号立斋，行世之英文名为 Carsun Chang，祖籍江苏宝山，1887 年 1 月 18 日（清光绪十二年十二月二十五日）生于江苏嘉定一世家望族。其祖父张铭甫曾在四川历任知县十余年，颇有政绩，且博学多才，"尤邃于宋儒义理之学"。其父张祖泽则奉祖命以医道传业，亦为一方名医；张父后来"经商挫败，景况萧然"，全靠张母刘氏筹划有方，能于俭约之中"不失诗礼家风"，张君劢诸兄弟亦得母教尤多。

六岁那年，张君劢入家塾读书，"善读亦善嬉戏"。1897 年，十二岁的张君劢奉母命入上海广方言馆求学。在广方言馆，张君劢接受的是半西半中的教育，四天英文，三天国文。四天英文除了学习文法之外，还包括了数学、化学、物理和外国历史，上午授课，下午则自修或体操。国文系由当时广方言馆的名师袁希涛（观澜）指导，主要是研读"三通"（《通典》、《通志》、《通考》），学典章制度舆地，做策论，这开启了张君劢对于政治制度的兴趣。此外，张君劢自己还读了司马光的《资治通鉴》、顾炎武的《日知录》、曾国藩的《曾文正公全集》、朱熹的《近思录》。据张君劢后来回忆，他对《近思录》的研读特别用心，每天天不亮便起床高声朗读，而且为示虔诚，阅读前要先净手，并焚香一炷。由此，我们可以看出张君劢早年对于新儒学的兴趣。

1902 年，仍在广方言馆学习的张君劢参加了宝山县的考试，成为秀才。第二年春，马良（马相伯）在上海创立之震旦学院招生，张君劢偶然看到《新民丛报》上所刊登的震旦学院招生新闻以及梁启超所写的《祝震旦学院之前途》一文，他深受梁启超"中国之有学术自震旦学院始"的刺激，设法缴付了高昂的学费，进入震旦学院学习。震旦学院的课程全由马良亲自以拉丁文讲授，张君劢费了很大的气力才勉强跟上，至第二个学期，终因负担不起昂贵的学费而辍学。之后，张君劢转入收费较低的南京高等学校，不及一年，因为报名参加"拒俄义勇队"而被

---

① 因"代导言"篇幅有限，关于"民族建国"之概念界定与历史背景，详参拙著《现代中国的自由民族主义：张君劢民族建国思想评传》（北京，法律出版社，2010）第一章，本"代导言"亦是在第一章第三节基础之上去除注释修订而成。

校方勒令退学；他本欲出国留学，终因家人反对而作罢；旋赴湖南，先后任教于长沙、澧州及常德等地之中学，教授英文，前后两年。

1906 年，张君劢的留学意愿终获家人之允准，并很快得到了宝山县的公费资助，留学日本早稻田大学。宝山县的公费原是资助张君劢学理化，但是他却执意要入自己更感兴趣的政治经济科，所以半年后便被停止了资助。不过，张君劢很快便找到了维持生计的办法——为梁启超所主编的《新民丛报》撰稿。由此，他也结识了自己仰慕已久的梁启超，并从此成为梁得力的助手和追随者。1907 年 10 月，梁启超筹组"政闻社"并发起宪政运动，张君劢为其中之骨干，并曾一度代表梁回国从事立宪活动。

留日数年亦是张君劢同西方学术正式接触的开始。其时的早稻田大学，正是日本传播现代自由思想的桥头堡。从曾为张君劢授课的老师和张君劢曾经使用、研读的教材、书籍看，他所接触的现代西方政经思想颇为广泛。不过，张君劢留日时期的思想和行动的脉络显示，对他影响最大的是英美（盎格鲁撒克逊）自由主义和宪政民主思想。从思想的脉络看，首先，张君劢生平发表的第一篇文章《穆勒约翰议院政治论》，便是摘译英国古典自由主义集大成者弥尔（John Mill）的代表作《代议制政府》（*Considerations on Representative Government*）而成，由译文可见，张君劢对于弥尔思想的理解和把握都颇得要领；其次，据张君劢自己在 20 世纪 30 年代的回忆，对于早稻田大学四年印象最为深刻的是选修浮田和民（Ukita Kazutami）所讲授的政治哲学，教材则是英国古典自由主义之父洛克（John Locke）的名著《政府论》（*Two Treatises on Government*）；最后，张君劢在 20 世纪 40 年代后期起草《中华民国宪法（草案）》及其释义的时候，也明确地将自己宪政思想的根源追溯到其留日时期所接受的宪政民主思想。而从政治行动的脉络看，张君劢留日时期所从事的立宪改良活动与英美自由主义的要旨无疑是相契的。除了英美自由主义之外，由于当时日本学界颇为推崇德国学术，张君劢在留日时期也已经开始倾慕德国的学问：他曾在早稻田大学修习德文三年，研读德国的经济学和宪法，而且萌生了日后到德国留学的想法。

1910 年，张君劢从早稻田大学毕业，获政治学学士学位。旋即回国参加清廷学部专为留学生举办的科考，名列优等。1911 年参加殿试，被授予翰林院庶吉士，成为所谓"洋翰林"。不过仅仅数月之后，清廷就覆亡了。张君劢回到家乡宝山，出任县议会议长，并发起国民协会和共和建设讨论会，后与其他社团合并成为民主党，以汤化龙为干事长，张君劢名列三十常务员之一。不久，发生了外蒙古"独立"事件，张君劢和黄远庸、蓝公武等人创办《少年中国》，张君劢发表《袁政府对蒙事失败之十大罪》，因言辞激烈而触怒了袁世凯，人身受到监视和威胁。在梁启超的建议下，1913 年岁首，张君劢去国，取道俄国赴德留学。

张君劢到德国之后，进入柏林大学攻读政治学博士学位。由于他具有早稻田大学政治学学士的资格，所以只需听讲一年，便可提交论文参加博士考试。不过张君劢在德国的学习看来却无甚心得：他的德文程度仍然相当有限；另外据他自己后来回忆，当时他仍未逃脱清末民初为改良政治和救国而求学问之风气的影响，并没有深入地去了解每一种学派背后的"哲学"背景。另外一个现实的影响是，次年秋天爆发的第一次世界大战很快就把心系时政的张君劢的注意力全部牵引了进去：他在寝室中挂起战略地图，精研战情；他到欧洲各地考察第一次世界大战，甚至到过比利时战场的前沿；1915 年秋，他还远赴英伦实地旁听自己倾慕已久的英国议会的运作——也正是在那里，他听说了袁世凯酝酿复辟的消息，决意回国参与倒袁。

1916 年春，张君劢经西伯利亚返国，先抵杭州，任浙江交涉署署长，参与浙江脱离袁世凯的运动，不久辞职，转赴上海担任研究系重要文化产业——《时事新报》的总编辑。是年冬，张君劢判断德国必败，力主对德宣战出兵，乃将编务交与好友张东荪，自己则北上，先说服梁启超，再与梁启超一起四处游说段祺瑞等北洋军政要人。接下来的近一年时间里，张君劢与中枢政治牵涉颇深：他先是出任段祺瑞任会长的国际政务评议会的书记长，并陪同梁启超穿梭于北洋政要和各国公使之间进行游说；段祺瑞驱除张勋、"再造共和"之后，研究系因襄助有功，梁启超出任财政总长，张君劢则任（冯国璋）总统府秘书。梁启超、张君劢原本希望通过使研究系主导新国会来实现其政治主张和抱负，然而不久就成为了北洋派系内斗的牺牲品：梁启超随段祺瑞下野而去职，1917 年年底张君劢也转任北京大学教授。心灰意冷之下，张君劢大感救国应先治己，立意未来一年学书写《圣教序》，读汉书，习法文，编大学国际法讲义。不过，"治己"看来仍是为了救国，张君劢并未忘怀政治：1918 年 10 月，张君劢从日本考察回国不久，便致函总统徐世昌，提出应对巴黎和会的具体建议。不久，张君劢又在梁启超的力邀之下奔赴上海，一同踏上了赴欧考察巴黎和会的行程。这次历时三年的欧游对于张君劢的思想和生命发生了重要的影响。

二、民族建国思想的初步成型（1919—1929）

欧游的第一年（1919 年），梁启超、张君劢一行人主要在巴黎拜会各国政要，并为出席巴黎和会的中国代表团出谋划策，冀望中国能以战胜国的姿态收回权利，提升国际地位。不过，《凡尔赛和约》的签订，尤其是中国在山东（青岛）问题上的外交大挫败，却让张君劢非常不平和沮丧，再加上他对民元以后腐败恶浊的议会政治的失望和反省，张君劢深感此前将精力专注于国际法和外交政治对于国家人类可谓徒劳无益，他决意转而"探求一民族所以立国之最基本的力量"，求一种"最基本的方法"，来对"民族之智力、道德与其风俗"加以研究。正是在这个时候，张君劢遇到了倭伊铿（Rudolf Eucken，1846—1926）——这位当时以"精神生活哲学"著称，并与主张"生命哲学"的柏格森（Henri Bergson，1859—1941）一同被视为其时欧陆非理性主义思潮泰山北斗的著名哲学家。1920 年 1 月 1 日，梁启超、张君劢一行人赴倭伊铿家中拜访。在历时一个半小时的交谈中，张君劢被倭氏的人格魅力和哲学涵养所深深打动，决意师从倭氏。待梁启超等人回国后，张君劢便正式移居耶拿，从倭氏攻读哲学和哲学史；此外他还每年两赴巴黎，听柏格森授课。正是在这一时期，张君劢开始了对康德以来的德国现代唯心主义哲学与文化的整体研习。此外，第一次世界大战对欧陆所造成的巨大的物质和精神创伤，尤其是其时欧洲思想界所弥漫的对于自身文化的危机意识和倭伊铿对于儒家思想的格外褒扬，使得张君劢亦开始正视自己从少年时代开始即已深受濡染的儒家思想的价值。可以说，师从倭伊铿学哲学是张君劢生命的一个重要转折点，也是其思想开始成型并逐渐趋于成熟的肇端。此前，张君劢的思想与行动几乎完全围绕着中国的现实政治问题与外交问题而展开，对于文化和哲学问题则甚少措意；而现在，他开始真正进入思想的堂奥，对于现实的政治经济潮流与制度也每每能从思想与哲学的深层背景来加以观察和思考——张君劢曾非常感性地将这种巨大的转变称为"去了一政治国，又来了一学问国"。

不过，对于张君劢而言，"学问国"真是"来"了，而"政治国"其实也从未曾"去"。欧游三年，张君劢身处的欧洲正处于剧烈的社会变动之中：由 1917 年俄国布尔什维克革命肇端的民主革命和社会革命的浪潮亦正席卷欧洲，社会主义和社会革命在欧洲乃至世界范围成为一种广泛传布的"新潮"。当其时，欧洲政潮中最引人关注的，无疑是俄、德两国的革命及其后续的政制和社会发展——社会主义的目标是共同的，本质的分歧在于究竟是走激进的暴力革命之路，还是走渐进的议会民主之路。在师从倭伊铿学哲学之前与之后，张君劢都曾在欧洲各地考察，并广泛拜访了其时欧洲各国的政要——特别是魏玛德国执政的社会民主党诸领袖，其中包括他非常倾慕的魏玛宪法之父柏吕斯（Hugo Preuβ，1860—1925），一位坚定的宪政民主主义者；张君劢还撰写了大量译介或评论德、俄两国革命的文章，很明显受到了其时魏玛宪政民主主义与社会民主主义的影响，也有可能是受其自早稻田大学以来便一直接受的英美自由主义宪政思想的影响，张君劢持一种非常清晰的"左德右俄"立场：在 1920 年中与张东荪讨论社会主义的通信中，他高度强调法律的形式和程序的重要性，明确表达了主张以"法律手段"、"议会策略"实现社会主义的立场，并对共产革命的破坏性和阶级狭隘性提出批评。

这样，在 1921 年年末 1922 年年初离欧返国前后，张君劢已经初步形成了一幅改造和建设中国的蓝图：政治上，在坚持代议制的基础上改良代议制，结合直接民主和"工业民主"（"工务会议"）的元素；社会经济上，实施"社会所有"和社会主义；文化上，在力主引入欧美科学民主以改造中国旧文化的同时，张君劢非常强调民族文化的特殊性、固有性和自主性、自决性，不赞成全面、简单地移植西方文化。这套构想，很大程度上也在 1922 年中张君劢为上海"八团体国是会议"而撰写的"国宪草案"及释义性的《国宪议》一书中反映出来，张君劢也因此成为了中国知名的宪法专家。

1923 年 2 月，张君劢在清华学校对即将赴美留学的部分学子发表"人生观"演讲，认为科学不能支配人生观，引发了一场持续年余的"科玄论战"。张君劢在论战中的言论，反对其时中国思想界甚嚣尘上的科学主义的用心固然可嘉，但是矫枉过正，提出了许多从其一生的思想脉络来看均属极为"反常"和偏激的言论：他几乎完全否认了人生观中具有科学所能为力的认知的成分，带有强烈的非理性主义倾向；他对科学知识、民族国家、工商主义等西方现代性的基本内涵持一种近乎全盘否定的态度，更在这种脉络下提出了"新宋学之复活"的主张——这样一种立场在五四末期已经日趋激进化的中国思想界所会遭到的对待是可想而见的：科学派和由科学派分化而出、日益壮大的唯物史观派联起手来，痛打"玄学鬼"。科玄论战以"玄学派"在声势上的惨败而告终。论战对于张君劢思想发展的影响是双面的：一方面，张君劢仍然继续着自己在科玄论战中的问题意识，为了对抗科学主义和唯物史观的狂潮，他和张东荪等友人立定唯心史观的基本立场，以弘扬唯心论为己任，欲为中国思想界"成一种新分野"。另一方面，张君劢显然也对自己在论战中的偏激言论和思想背景做了迅速的反思和调校：在哲学上，他疏远了倭伊铿、柏格森的非理性主义，开始以康德理性主义的心物二元论为宗；在现实的政治和文化构想上，他也很快回到了肯定西方现代性基本内涵的轨道之上，这种倾向最集中反映在 1924 年的《国内战争六讲》中。

科玄论战之后的数年里（1923—1927），张君劢积极致力于研究系文化事业的推展。1923 年 9 月，在时任江苏省省长韩紫石的支持下，尚在科玄论战战云之中的张君劢由京赴沪，在吴淞创建并执掌"自治学院"（1925 年奉北京政府教育部命改名"国立政治大学"），他为之倾注了大量的心力。随着政见一向对立的国民党着手与共产党联合，如火如荼地推进北伐和国民革命，张君劢亦开始明确倾向于研究系"组党"，表明政见，凝聚力量。

1927 年 3 月，北伐军占领上海，由于张君劢拒绝执行国民党要求念"总理遗嘱"的命令，国立政治大学被国民党党部接管。张君劢自是避身沪上，深居简出，专心翻译英国工党理论家拉斯基（Harold Laski，1893—1950）的巨著《政治典范》（*A Grammar of Politics*）。通过这部巨著的翻译，拉斯基在国家、社会与个人之间"相剂于平"、求一平衡之道的思想，构成了张君劢 20 世纪 30 年代以降政治经济构想的一个基本政治哲学背景；而拉斯基对制约人获享各项基本自由和实现自我之充分发展的社会经济条件的高度关注，也对张君劢此后的人权和民主社会主义思想产生了影响。避居沪上期间，张君劢偶然结识了青年党领袖李璜（幼椿），两人均对国民党南京政府推行的"以党治国"、"党外无党"和严厉的新闻检查制度和党化教育制度极为不满，遂于 1928 年年初秘密创刊《新路》半月刊。在张君劢所撰的《发刊辞》中，他标举十二项政治主张，再次从政治、经济、文化等诸方面提出了自己建设中国的构想。张君劢和李璜还在《新路》发表了多篇匿名文章，言辞激烈地批评国民党以"训政"为名行一党专制、迫害自由之实，是为中国知识分子在国民党南京建政之后反抗专制、争取自由的"第一声"。正因如此，《新路》刚发行了2期，就因"言论反动、主张乖谬、危害党国、破坏革命"而遭到国民党上海市党部的查禁；后来又坚持出版到第10期，终因杂志无法寄出、印刷厂也不敢承印而停刊。1929年端午节前，张君劢更遭暴徒绑架，困于沪警备司令部旁空屋二十日，乃得释放。张君劢深感人身安全没有保障，遂于当年秋天，携妻带子，远赴德国耶拿讲学。

三、民族建国思想的高峰与成熟（1929—1949）

约略在张君劢流亡海外的同时，1929年秋，西方世界爆发了史无前例的经济危机（"大萧条"），这对欧美各国的政治经济状况产生了巨大的冲击。经济上，传统的自由市场经济备受质疑，苏联"五年计划"的经济成长举世瞩目，各国都相继实施不同程度的国家计划或统制，"统制经济"、"计划经济"成为一股强大的世界性潮流。政治上，为了应对空前严峻的危机，欧美各国或在议会民主的体制之外采取非常措施，强化国家（政府）应急之权力与效能；或径直废除代议制，走上了国家全面控制政治经济与社会生活，并积极筹划对外扩张与侵略的"极权主义"和"军国主义"的道路。

如同亲历第一次世界大战之后欧洲社会的巨变一样，在德国的近两年里（1929—1931），张君劢再一次有机会亲身经历了欧洲社会的大动荡，他也非常关注欧美各国在政治经济上的不同应对措施。1931年8月，张君劢应燕京大学黑格尔哲学讲授之聘请，从耶拿起程返国，途中他特地在莫斯科停留了月余，实地考察苏联的"五年计划"。苏联国民经济的迅猛发展和欧洲经济民生的凋敝形成了强烈的反差，张君劢自此改变了此前全盘否定苏联（俄）的立场，在依旧严词批评布尔什维克专政和思想专制的同时，对其国家计划经济模式开始青睐有加。

1931年9月17日，张君劢返抵北平，不料第二日即爆发了震惊中外的九一八事变，数月之间，日本关东军攻陷东三省，并进逼热河及华北诸省，中国自此陷入山河破碎、民族存亡的空前危机之中。正在这种国际国内背景之下，1932年4月16日，在张君劢、张东荪、汤住心、胡石青等人发起下，"国社党"秘密创立于北平，议定先组织"再生社"，以主张悬诸国门，再汇聚意见形成党纲。5月，《再生》（*The*

Renaissance）创刊，以三万余言创刊辞《我们所要说的话》开篇，并详列"九十八条纲领"，从政治、经济、教育（文化）诸方面提出复兴民族国家的建设蓝图。1934 年 7 月，国社党在天津举行第一次全国代表大会，张君劢当选中央总务委员兼总秘书，正式成为国社党的党魁。在开展组党工作的同时，张君劢更奔走各地，一边争取地方派系势力对于国社党的支持，推展民族文化教育事业，一边从事民族复兴和民族建国思想的演讲、宣传和著述。1932—1937 年数年间，张君劢发表的较为重要的著译文字就有：《国家民主政治与国家社会主义》（1932）、《菲希德对德意志国民演讲（倭伊铿节本）》（译文，1933）、《学术界之方向与学者之责任》（1933）、《中华新民族性之养成》（1934）、《民族复兴之学术基础》（1935）、《明日之中国文化》（1936）、《全民族战争论》（译文，1937），皇皇逾百万言。这些演讲和著述俨然就是张君劢乃至整个国社党对如何将危机中的中国改建为一个现代民族国家的蓝图设计和孜孜建言：在总体上，张君劢希望能在国家政事的敏捷切实、社会平等基础的确立和个人人格自由的保持三者间达致一个平衡。政治上，张君劢提出"修正的民主政治"（"国家民主政治"）的构想，强调自由与权力的平衡，效仿英美自由主义国家的"危机政府"，强化政府的权力和效能；张君劢同时也严厉批评其时国内外形形色色的独裁政治主张——他之所以提出"国家民主政治"、"举国一致的政府"，其锋芒很大程度上即是指向国民党的一党专政、垄断政权。经济上，张君劢主张"国家社会主义下之计划经济"，以实现"民族自活"和"社会公道"为目标，强调国家计划的枢纽作用，较常态下的民主社会主义思想有所偏离。显然是出于民族危机的激发，与 20 世纪 20 年代相比，张君劢在 30 年代关于民族文化和民族性的论述格外丰富：在族性认同上，张君劢强调的是一种"隐约限定"的历史主人翁意识——意在鼓舞民族情感和自信心的同时，又能与褊狭的种族论或血统论保持距离。在民族文化认同（"中国新文化"的建构）上，张君劢一方面强调民族文化的自主性和本位性，将儒家义理心性之学视为民族文化的至宝，反对科学派对于传统的全面毁弃；另一方面，张君劢又高度强调民族文化的时代性和现代性，强调中国旧文化在总体上已近于衰亡，而唯有以"创新存本"、"死后复活"的方略来化解传统现代、古今中西的纠结。他更主要基于德国唯心论的学理背景，提出"造成以精神自由为基础之民族文化"的文化建设总纲，在抗拒浅薄的启蒙唯物论和科学主义的同时，张君劢俨然就是以广义的现代西方理性主义文化作为中国新文化前进的方向。

1937年夏，南京国民政府鉴于全国协力抗战之势已不可免，分批邀请包括共产党在内的各党派团体会议于庐山，共商国是，史称"庐山谈话会"。张君劢亦在首批受邀之列，他在会上一方面表示愿意本"举国一致"的大义支持政府抗战，另一方面也表示希望为制宪问题贡献意见，捐弃前嫌、求同存异的取向颇为明显。抗战全面爆发之后，1938年4月，张君劢代表国社党与国民党正副总裁蒋介石、汪精卫交换信函，国社党遂由秘密正式走向公开。不久，张君劢被聘为"国民参政会"（前身为"国防参议会"）首批驻会委员。在1938年5—7月汉口驻会期间，张君劢深感国势凌夷，不甘于书生无用的处境，遂对自己20世纪30年代的民族建国思想做系统的清理和总结，每日口授，由弟子冯今白记录整理，成《立国之道》一书。

1938年年末，张君劢随政府和国民参政会迁至重庆，同时他也在政府的间接支持下于云南大理创办中国民族文化书院，实践自己的文化教育理念，两头奔波。作为参政员，张君劢多次提案或联合提案，呼吁以民主、法治、宪政来奠定建国的根基，赢取抗战的胜利，反对国民党借口抗战而垄断政权，延缓宪政的施行。张君劢还参与发起"宪政运动"，并率先提议发起、组织了"民盟"，成为抗战时期中间路线知识分子（"中间力量"、"第三种力量"、"第三势力"）的代表和领袖。张君劢的这些活动，特别是"民盟"的成立，让蒋介石非常不悦。1942年年初，蒋遂借口张君劢和国社党卷入昆明学潮，遣散大理中国民族文化书院，张君劢困居于重庆汤山住所一年半余。

抗战后期，鉴于法西斯主义战争暴行的残酷与人类自由的危机，以罗斯福"四大自由"的提出和华盛顿"联合国家宣言"为标志，国际上掀起了一股"新人权运动"的浪潮。一直追求宪政民主但又一直遭受人身迫害的张君劢，对此大概也是深有感触，从1943年年底开始，他撰写了一系列文章，介绍人权思想的内涵与人权运动的历史，人权问题自此也成了张君劢社会政治思考的一个基本立足点。1944年岁末，张君劢因出席太平洋学会会议的机缘，生平第一次赴美，此后整整一年时间，他在美国和欧洲各地研究、考察，出席联合国宪章会议，拜访各国政学精英。这些新的思想刺激进一步巩固了张君劢的人权信念，也令他在20世纪40年代后期得以进一步发展其宪政民主和民主社会主义思想：他反复阐明了人权为宪政、为民主政治之基石的观念，这令其宪政民主思想具有了明确的"消极自由"内涵，更加臻于稳健和成熟；同时，在民主社会主义的阐释中，张君劢的民主观念清晰地包容了"人权保障"、"社会主义"和"民主方法"的三重意义，理论内涵更趋圆融。此外，尽管张君劢在20世纪40年代较少专门论及民族性和民族文化问题，但是在一些重要的纲领性构思中，与民主和社会主义相并举，他仍然强调"国家本位"以及参酌中国的国情和传统文化来推进中国的国家建设。

　　抗战胜利后，国共和谈，政治协商，最紧要的问题除了和平和军队问题，就是催生一部各方都可接受的新宪法。1946年1月，在国民政府的一再敦请下，张君劢从海外赶回重庆，作为民盟的代表参与了政协会议宪法草案组的讨论。当时国民党坚持五权宪法，其余各派倾向英美式宪法，张君劢则提出以五权宪法之名行英美式宪法之实的折中方案，获得各方认可，遂成宪草修改"十二条原则"。两月后，张君劢又独自起草了一份详尽的"宪草"，它便是后来最终通过的《中华民国宪法》的蓝本。在制宪的同时，这一时期张君劢在政治上的另一关注点是促成"国社党"与海外的中国民主宪政党的合并。1946年8月，两党在上海召开联席会议，正式合并为"民社党"，并选举张君劢为主席。张君劢同时致函民盟秘书长梁漱溟，表示民社党将与其前身国社党一样，继续作为民盟的一部分。但是仅仅数月之后，国民政府决定启用张君劢的"宪草"作为蓝本，单方面宣布召开制宪国大，原本和民盟立场一致、坚持不单方面参加国大的张君劢，几经挣扎，最终决定民社党参加制宪国大以及参加改组后的政府。以张东荪为首的部分民社党人不接受这个决定，民社党遂告分裂；张君劢及其领导的民社党旋即因为违背民盟的政治立场而被勒令退盟。张君劢之所以改变初衷参加制宪国大，大概是出于他几十年来对于宪政的执著，不愿失去这一实施宪政的机遇；然而，随着他曾试图极力阻止的内战的全面爆发，宪政民主的前提都已不复存在。讽刺的是，随着战情急转直下，1946年年初还被周恩来赞誉为"民主之寿"的张君劢，被中国共产党宣布为43名"头等战犯"的最后一名，不得不流亡海外。

四、晚年（1949—1969）

　　晚年，除了在20世纪50年代初的一段时间里从事"中国自由民主战斗同盟"（"第三势力"）的推广发展工作之外，流亡海外的张君劢基本远离了现实政治的纷争，而将绝大多数时间用于读书、撰著和讲学。

"儒家思想复兴"是张君劢晚年思想的重心所在，这在很大程度上乃是基于他对其所生存的世界的新的理解与感悟：两次世界大战的苦难，以及核技术的迅猛发展与骇人应用，给世界与人类带来了深重的灾难、震撼和危机，也令张君劢更深刻地认识到现代西方文化的流弊和儒家哲学、中国思想在现代世界所应具有的自觉。为此，张君劢撰写了大量关于儒家思想复兴、新儒家思想史以及东西哲学比较的著作，并在全球各地巡回讲学、发表演讲，弘扬儒家思想的意义。从中我们可以看到：张君劢对于西方文化的批评和儒家思想的褒扬相较于其此前的民族文化论述（科玄论战是个例外）均有明显的升扬——他特别着力于批评西方文化偏重知识、偏重逻辑，以至于令知识凌驾道德、道德知识化，并可能最终自毁的危险倾向；他希望能以儒家知识与道德并重、知行合一以及"万物并育而不相害"的包容精神来加以补救。不过，在另一方面，张君劢对于中国文化在理智和逻辑上的缺失仍然持有清醒的意识；而从张君劢复兴儒家思想的总纲——"自力更生中之多元结构"以及他对"儒家思想复兴与中国现代化"的关系的阐释看，他对西方现代性的哲学基石——"理性的自主"相当肯定，而他的"儒家思想复兴"论，在某种意义上可以说是对儒家思想的一种"现代性"认证；诚然，他亦相信儒家思想的特质更可以令现代化在更稳固、更深广的基础上前进。需要留意的是：晚年张君劢对于儒家"敬天爱人"与"天人合一"思想的肯定，接近于从一种宗教的、精神信仰的层次来认识儒学的意义，这实际上已经超越了现代性的视界，而与其对"理性的自主"的肯定呈现出一定的张力和暧昧性。

晚年张君劢也仍然继续着他的民主社会主义的思考：他紧随世界"社会主义运动之方向转变"，将"自由、平等、公道、互助"标示为社会主义的基本价值；同时他也开始认识到国有经济和计划经济的弊端，而趋向于一种在自由的市场经济基础上加以适量国家调控的"福利国家"的主张。晚年张君劢也坚持着自己对于宪政民主的信念和追求：他相信自由主义宪政民主的理念和政治设置将使人类最终走出"冷战"的困境；他也坚信宪政民主是中国救国与立国的必由之路。正是出于这种信念，张君劢直至临终前数年，仍奋笔三十余万言，批驳钱穆对于中国传统政治制度的美化和对西方现代政治的非难。不过，正是由于长期伏案阅读、写作导致胃病恶化，1969 年 2 月 23 日，张君劢逝于美国加州伯克利疗养院，享年八十四岁。

　　编者于 2010 年在法律出版社出版专著《现代中国的自由民族主义：张君劢民族建国思想评传》，提出了一些与学界既有的张君劢研究成果不同的意见。蒙中国人民大学出版社厚爱，2012 年被邀请选编这本《中国近代思想家文库·张君劢卷》。尽管我在拙著中曾从宪政民主、民主社会主义、文化民族主义（"新儒家思想"）三个方面分疏张君劢的思想，然而张君劢本人之论著颇为综合，难以截然区分，故本卷不作专题之分，悉以发表之时间为序排列。需要特别加以说明的是：依据全套文库的体例要求，本卷所选仅限于张君劢先生 1949 年之前发表的论著，张君劢先生 1949 年之后的一些重要论著未予收入。然张君劢先生 1949 年之前的著述仍颇为丰硕，在五十余万字的总字数规限之内，不得不有所去取。我在编选中所持之首要标准还是论著本身内容的重要性与代表性。观点相同、接近的论著，一般优先选择发表时间在先的，优先选择以文章形式呈现的。同时，我在编选中对那些过往为学界所忽视而我认为对理解张君劢先生思想发展、变化非常重要的论著，有所侧重（如《国内战争六讲》、《吾民族之返老还童》）；对那些我新近两三年发现的、此前各种张君劢研究文献、选集中均未提及或收入的论著，有所侧重（如《论教化标准》、《读英儒洛克传》、《廿世纪革命之特色》、《致友人书论今后救国方针》）。倘有错漏、不当之处，还请方家、读者不吝批评、指正。

　　我的研究生李丁、夏清、庞淼、吴灏诸同学先后对本卷之编辑工作有所助力，中国人民大学出版社的王琬莹小姐、吕鹏军先生在整个编辑过程中颇费心力，在此一并致谢！

　　需要说明的是：本卷所收论著中凡属明显错字的，以〔〕内之字改正之；明显脱字的，以〈〉内之字补充之；原稿漫漶无法辨识的，以□代之。

翁贺凯

2014 年 6 月于北京清华园

穆勒约翰议院政治论*
（1906）

小 引

利恺氏（Lecky）之评法国革命曰："国之大患，莫如其人民取往昔亲密之关系，一旦裁而断之。"而其论英国人种之成功则曰："英人种政治之天才，在善通旧制以适新需，故虽无赫赫之名，而善举幸福之实。"呜呼！是乃盎格鲁人种与腊丁人种得失之林也，窃读此言，而反观吾国今日爱国志士之所以导其民者，则又不能不悚然惧！惧者何？何其不善以西方历史之所垂戒，告吾国人，乃独于其覆辙之循，追之若恐不及。夫西方政史上微言大义，一旦东来，每为学者所傅会，亦既于日本见之矣，若今日号称先觉之士之所鼓吹者，窃恐今后之革新，竟乃背于西方政治进化之成例，而不免为昔日历史一度之缫染，是宁国家前途之福哉！然论者则以咎种族利害之分歧。夫事物交换，不能无代价，物质公性，屈伸必依定比，矧以四千载古国再造之大业徒凭一纸空文，而责效于年月，不亦太早计乎！是故今后之中国所赖于志士之牺牲者，或舌或笔或头颅，皆为国民应有之责任，而当今日活动准备之期，取西方先哲之说以为国民鉴戒，或亦有心救国之士所乐闻乎！作《穆勤〔勒〕约翰议院政治论》。

（1）政体

（2）议会

---

* 原载《新民丛报》第 4 年第 18 号（总第 90 期，1906 年 11 月 1 日），今据《张君劢开国前后言论集》（1～28 页，台北，正中书局，1971）。

（3）选举
（4）政党
（5）结论

第一章　政　体

（一）必要之三条件

世之言政体者，有二派焉。一器械派，一有机派。器械派者，以政治为应用之术，政体为方便之门，谓凡所设施，无不可不由人择，故我之所认为善制，而能造大利益于众生者，则鼓吹其说，使舆论之我归，而政策之行随之，此盖以国家大政等之制造发明之器而为尽人能力之所及。有机派者，以政体为自然发生之物，视政治如博物之一枝，故谓凡理其业者，应如对于庶品群伦，先识其自然之状态，而后吾人之行动随之，此其意谓一国之政制，必与其民族之性情习惯相缘以俱，而决非深计熟虑之所能为力，故使进化之阶级有所未至，强以他人之所谓宜者施之，亦徒枉费精力耳。二者之说如是，窃以为皆非也。夫天下之政制，决非尽为人之所能为力，不待智者而知，且物有最良，而外此随之俱来者，有其必需之件焉，有其使用者之聪明才力焉，必俟此二者足与其物相副于无穷，而后其施为便利而无所梗，故徒凭一己之成心而不察一国之情实者，断非善导国民者也。至有机派之说，要亦不得至当之所归，政体之为物，非若植物焉，春生夏长，于不知不觉之中，而渐以发生者，若其起原存立，莫非人力之所经营，历史之所明示也。且国政之变，靡国没有，或善或恶，自有效果之可论，必循乎自然而不假施为者，无是理也。是故如前之说，以政体为可任意改革者非也，以政体为不可改革者亦非也，改革固可，特有一定之范围而不可越，于是乎有三例：

（一）政体必与其国民之性情行谊，毋相凿枘〔柄〕。

（二）此政体之永续，必其民之行动力足以维持之。

（三）凡消极、积极之行为，政府之所需于民，赖此而后能善其事者，必为其民之所乐为，而力能任之。

所谓政体必与其民之性情行谊，毋相凿枘〔柄〕者，何也？野蛮游牧之民，自成部落，绝不为他族所同化，且戴一家焉以为之长，有羁縻，无服从，使稍干涉之，则变端随起，故使一国之内而有此等民族，苟欲以文明严整之法治他族者治之，非特不足以致治安，反招其民之厌恶耳，亦有久困专制之民，素不问外事，一旦使之与闻政治，彼不识公权自由之可贵，反以多事渎身自怨艾者。夫遇此等之民，则政之行也，虽不如向者无化者之难受，然当更始之初，必有局天促地而以为大苦者，此又一类也。

　　案：如前之说，则他日满、蒙、回、藏之行政，不可不大注意。由后之说，则吾国民今日之状态，不可不大警省。

　　所谓一政体之永续，必其民之行动力，足以维持之者，何也？有国民焉，嚣嚣然知慕权利争自由矣，然一考其实际之道德，则怠忽也，怯弱也，公德心之缺乏也。其对外焉，无勇往果敢之精神，其对政府焉，非特不能举监督之实，反常为其权术之所愚，且或以国政一时之恐慌，颓然丧气，或生崇拜个人之痴心，竟以国民贵重之自由，投之一二豪杰之足下，因使以颠倒一国之政制而惟我一人之刚，若此者，则其国民之能力欲以维持一公治之制于不弊，不亦远乎！

　　所谓积极消极之义务，政治必需其民之实行，而后能善其事者，何也？凡国民之义务，有所当为，有所不当为。当为者，积极义务也；不当为者，消极义务也。一人之身，必具此二者，然后乃为尽责，而足以享自由之福。譬之处法治国之下，权利之丧失回复，一赖之法律，然使其民素不知秩序，感情锐敏，好胜之心，达于极端，当其遇有争执，竟不诉之有司，而直取决于私斗，于是法律保护之功用失，而政治之行生一大障，是何也？其民犹未识当隐忍之一消极义务故也。不特此也，法律之行也，不徒赖之司法者之监督，并恃其民之正直无私，能善与法律之执行以有力之辅助。窃闻印度、南欧之民，往往有明知为罪犯而不捕之者，谓恐他日之报复，而自害其身。夫在立宪公治之国，无一人焉无保障法律之责，今乃以洁身自好之主义，措社会之隐患于不问，是盖置所当为而不为之过也。且代议政体，世之所称为良制也，然亦视民德之如何以为断，何则？使选举者之多数，于政治之关系，视之浅薄，于是其投票也，借此以纳贿者有之，借此为奉迎之具者有之，则曩焉以选举制度为弊害之保障者，今乃反为阴谋者之所利用，是不啻虎恶政府而翼之矣。

　　故如有机派之说，必以历史为根据者是也，虽然，有二事焉，为论者未及，而导国民者之所不可不知者，喜新之能，一也；灌输之功，二也。夫必以民之所习熟，因而利导之者，其势顺，此言是也。然不知苟常住于一端，则始以为新奇者，终亦变为习熟，况有外界之新现象以驱迫之，则其进步之速，有不可以常率计者乎！以云灌输之功，则意大利之革新爱国志士所由导其民，由统一以得自由者，愈可见矣，然有不可不注意者，则以此自任者，断不可徒偏于利益之一方面，而于民智、民德、民力（活动力）三者漫不加察而鼓吹过其度耳。

（二）立宪政体之必要与其效果

世有恒言，使国家而遇善良之专制君主，则所谓最良之政体者，其惟专制君主国乎？此其意岂不谓一人垂拱于上，举国家庶政措之泰山磐石之安，而毫不为众议所掣肘，不知此实薪其所不可得，而犹未识善良政府之为何物者也。夫一人身寄巍巍之上，心运茫茫之中，欲以统治数千万方里，数百万生灵财产，使非真如所谓陛下天机洞照，圣略如神者，又何足以当此？今乃徒以简单之名词，称曰善良君主，而期其举郅治之实，不亦远乎？不特此也，所谓善良政府者，非曰其民安坐而受幸福而已，必其民德、民智、民力三者日益继长增高，然后足以举富强自立之实。今处压迫之下，日夕惟刑宪之是惧，又安敢放言高论，思自效于国家前途，则其国民之思想活动，又安有进步之可期，然而习久成风，必成一麻木不仁之世界，此乃必至之结果，而自然之验也。是故处专制之国，其所谓学术者，冥思妄索，学者娱乐之具而已；所谓宗教者，君主服从其人民之利器，使益趋于狭隘之自我主义而已；所谓政治者，奉行故事，官吏经验之成例而已；所谓生活者，智力之用无所施，惟逐逐于物质上之快乐以适一身而已。若此者，验之东方支那，西方罗马、希腊，殆无不同出一辙，然而此专制之君主，则遂得而长治久安乎？曰：未也。幸而不遇外族之逼处，犹足以保一日之小康，使当竞争剧烈之场，相与驰骛角逐，则安得而不居劣败淘汰之数耶？故曰：专制国之末路，惟坐以待毙耳。

夫穷专制之弊，其终焉，上下相困，有如此者，则所谓专制者，断非国家前途之幸，不待言矣。然而有说者，设君主予民以出版、言论之自由，许民以地方自治之权利，一切大政，付之大臣公议，如是，则二制不足以调和乎？曰：使一国而非绝对的专制，则所谓专制政体之利益已不可得。且如所云云，则一国之公议舆论，必渐足以左右政界，而其民之政治能力，必随而增高，使当其时，多数舆论，与国家行政有冲突之时，则其君主果舍己从人，抑强之使必行乎？如曰舍己从人，则其与立宪君主，又何以异？如曰强之使必行，则必其力足以压制之，否则上下之处置，惟有出于一途，曰革命而已矣，革命而已矣。是故不专制则自由，断无于专制之上稍有增减足以系人心而安国本者也。

然而世之热心改革而失望者，虑人民之不足与谋，而国家之危急，已迫不及待，于是移其所望之国民者，转以望之政府，冀一扫种种障碍，而为一日千里之进步，此诚无足怪者，然不知此乃忘其所谓改进之意，何则？使于人民不加改良，则人存政举，所谓善制者，不终朝而灭矣。然而说者曰：上之教民也，其势顺而易入，夫苟其所谓教育者，不以人类为器械，则不论其所教之若何，其国民终必有自觉之一日，以罗马教会之教育，乃能铸十九世纪法国革命之先驱，故于国家行动之若何，直置之不问可耳。

夫专制之弊既若彼，而其终于必革也又若此，则二十世纪之列国，其必尽趋于立宪者，又岂无故哉？其根本之理由二：

（一）凡权利必以自力自保，乃得安全。

（二）社会之旺盛，随其智力之发达，而大增进。

夫权利之为物，非可幸人之不我侵，亦非可幸人之或我保，必焉于己有自卫之权，于人有抵抗之途，然后可以长保而不坠。谚不云乎，个人者，一己之权利之至善之防卫也。此自利之原则，冥冥之中，殆无往而不达，政治其一端耳。不观今日工党，问题之起，有谁顾问之者。（此是昔日情形在今日约翰李士已入阁为大臣。）虽然，此就一部分以立言，若以全国国民对于政府言之，则所谓立宪之益，亦即在是，在上有监督之机关，在下有言论之自由，痛痒所关，则防卫之权随之，而施政者不可不大加注意，其利一。凡国民有为议员之权，有选举之权，国与民之关系，益臻密切，其利二。夫始焉反对政治，必欲以最高主权，归之在民。（近世新说，以主权在国家为旨。）继焉利用其自利之心，使掌施政之实，虽自由之平分，原不能无所不达，且求之事实，往往有名虽利而实害者，然于不得已之中，欲求最安全之政体，舍自力自卫，又奚由哉？此例一之解释也。

曩尝言之矣，所谓善良政府者，非曰一时施行之善良而已，必其民未来之智德活动之力，日益发达，然后其国乃能有进而无退。夫专制之国，以压制为功，以服从为事，其不足与于此焉，稍读史者，能言之矣。波斯、希腊，并世之雄国也，然而学术、政治，波之视希，何如哉？意大利共和国、德意志自由都市，与曩时之封建之欧洲，同属黑暗时代也。然其民活动之力，工商之业，相去何如哉？英、荷之与法、奥，当十九祺革命以前，国家基础，同未大固也，然而贫富理乱之迹，相去何如哉？夫如是，自由与不自由之效，大可得而见矣。（一）凡宪法既定，人民权利之确保，各得安心活动之自由，以致社会个人之进步。（二）人民既享有议政之权，自然热心于各般事业，即一市一邑，亦迥非专制国之比，而其理乱之状态自异，例二之效如是。

且考之国民之道德，则知政体之物之影响乃尤大，东方之民，何以忌心最著闻于世界？曰久处专制之下，感情思想，不出个人、家族之间，虽视邻人如敌国，况于社会上相与共事者乎？英、美之民，何以冒险进取闻于世界？曰自由活动之效，随社会公共之道德而增进者也。呜呼！信如是言，则今日公私道德之扫地，而阴险凉薄之广被者又岂无故哉？

（三）立宪国民之能力及其不相容之性质

立宪政体，固为其最良者矣，然而徒恃制之良，果足以济事乎？曰：呜乎可，政体者，机关也，主持之者，人也，使主持之者非其人，主持者之所自出又不足以监视之，虽有良制，无益也，不观希腊自国会开设以来，所谓议院者，徒为政客角逐之场耳，不观南美列国，名虽共和，而操政权者，则一二专制之政治冒险家耳。是故以理论言，则政体诚有善恶；以实际论，则无所谓善无所谓恶，惟适而已。有居专制之下，而其民所享之幸福，所得之进步，有大于自由之民者曰，惟适之故。自来学者善言立宪国民之能力者，莫如边沁，边氏分力为三，曰智力，曰德力，曰活动力。

智力者，何物耶？古语有云，民可与乐成，难与虑始，亦谓国家经国远图，每多下民所不知耳。近世各国，以议院之操纵，凡机敏之外交政策，远大之自治方针，每多难行之者，亦即为是。德力者，何物耶？凡为国民之政治道德耳。有人焉，以投票为纳贿之具者，则全国公益，害一分矣。下至议事之纷争，让〔酿〕成争斗。（日本去年铁道国有案，政府党与反对党即如此。）忌心一生，隐相排挤，若是者，何以代表人民之公益者，又何在乎？活动力者，何物耶？上之所求，下必有以应之，或上所未及见，我预起而唱之，凡内治之振兴，外界之竞争，皆在下者自为主动，而无待政府之监督指引，必是三者具，然后宪政之运用灵，而其民乃能长享自由之福，非然者，有一之不具，或具然而程度不及，虽有宪法，适足以自害其民，自弱其国耳。夫欲以一定之标准，求之列国，则虽宪政发达之邦，犹不免是，矧乎革新伊始者乎！然而利害得失，自不无比较之可言，譬之政府，寒暑针也，国民之舆论，大气圈也，使寒暑针立于愚昧不德之空气之四围，则其针升降之度，盖可知矣。

凡立宪之国，有收效，有不收效，要皆视此三者，而性质之过不及，要不出此三者之内，特有重要之弊点，大为宪政所忌者，试略言之。

第一，草昧无知，固执旧习者，不足与言立宪。凡国民旧习已深，或其进化之阶级，犹在草昧，若此者，使与言，立宪则其种种性质之缺点，必反响于代议士会，而为国家进步之大障，故遇此等之民，则不如有聪明神武之王，励行专制，促进其民进化之历程，然后可徐图其他，如沙立曼之于法，彼得大帝之于俄，即此类也。

第二，野蛮暴横，不识秩序者，不足言立宪。凡自行国而变为居国之初，一国国民，畴昔与天然之障碍斗，与邻近之他族斗，故其民气力勇敢，必异于常人，而其桀骜不驯之气，一时未易使就轨范，若是者虽治以武力，犹恐不胜，矧乎与言法治乎！

第三，徒知服从者，不足言立宪。有民焉，被以仁术，则歌功颂德，施之虐政，则俯首帖耳，若是者，果足与言自由之治乎？曰：未也！凡物之不可偏一而必终于相反对也，是乃动静之公性也。立宪之妙用，亦即在下者得其所以反对之途而足以自保，今以徒知服从之民，上而议院，下而舆论，欲其举监督之实则甚难，以小恩小惠市之，则易易耳。谚云，奴隶不足与言自由，此言至矣，此其为害，与野蛮之民正等，特在此则其受病愈深。

第四，国民之智识参差，不足言立宪。凡国民，或以种族之不同，或以进化之先后，或以特别原因，而其国民之程度，因生种种阶级，若是者，使聚国民于一堂而议政也，果将从其优者之说乎？抑从劣者之说乎？若曰从其优者，则使劣者永永沉沦于卑下之域。若曰从其劣者，则使优者长无进步之可言，故于如是之一国，则莫如其君主于宪法上有无限之权设为种种方法，使劣者进而为优，更于优者予以议事之权，使发挥其能力，而裁决则听之国王，如是则融和二族而举国民代表之实，或不远乎？吾英巴力门之历史，实率由是道也。（优者其指当日封建之诸侯与后世之贵族，在上古、中古平民固不能不谓之曰劣者。）

第五，保持地方思想者，不足言立宪。凡国民以社会状况未臻完全之域，往往以地方精神之障碍，致生种种倾轧扞格之心，故有名虽为国，而实际非能成一共同之团体者也，闻之亚细亚之间，有国焉，其于一村一乡，往往有能举民主政治之实者，然乡以外，或乡之与乡，其间利害关系，每多置之不问，是盖观察一国公共之利害，素无其习惯，并无其智能也。若是者，欲团结此种种政治上之阿顿而为一体，非事事委之中央政府一听其指挥不可，何则？非然者，或遇外患，或论内治，意见之不合，恐不免终于分裂。若曰举行立宪之治也，则无代议政府之代议制度，或可持久，何谓为代议政府之代议制度？凡自各地选出之代议士，集之一堂，使议国家大政，然此机关只为政府咨询之地，而不举监督之实，由此以养成其民公共之观念，驯使各地之民，咸惯于一国统一之治，如是，则其国宪政之发达，其有望乎？

第六，功名心过重者，不足言立宪。凡国民好居治人之地，不甘为人下者，则其国立宪之治，未易发达，何则？奔走于政党之间，旁皇于社会之上，莫非思得一位置，以傲于众人，而自谓居临民之地耳。是故其唱言破阶级之制者，亦不过欲以官职供多数人之竞争，而己因得与政权相接近耳。凡观察吾英人政治上之感情者，往往有矛盾之一点，英人好言自由，独于政权，置之不问，不知此乃英人之特长，而宪政之所以完美也。英人以厕身政党思得一官职为大耻，故其立身咸取之他途，或实业焉，或学术焉，谓皆足以使我成功名而有余，而操政权者，则让之以社会上位置之结果，原可不求而得者可耳。不特此也，使才之居我上者，则直服从之而不加掣肘，使有为非分之干涉，则悍然抗之而不疑。呜呼！此其所以虽不好操政权而与大陆之官僚政治自殊途也。

（四）代议政体之缺点

代议政体之缺点有二，有属之积极者，有属之消极者。行政部之行动，常为议会所掣肘，故有运转不灵之困，一也。代议政治，操主权者民，故于三力，不如专制政府，能使为充分之发达，二也。此二者，皆前所已及，兹论其积极之缺点。世俗之所评判者，亦不外二说，智识之程度低劣，一也；阶级利害之偏私，二也。窃谓二者之中，后说得之，而前说则未为审也。夫政体三，曰君主，曰贵族，曰民主。世之所称，每谓君主多具才略，贵族常能谨慎小心，且无起动反动之虞，而民主政体，虽在最完备者，犹不免动摇不定无远大之见之消，彼固以是为定论，而真得三者之真相者矣。夫当草昧之世，与夫一代创业垂统之君，则每多雄才大略，诚有之焉，及传世既久，在上者偷安淫乐，事事一委之大臣，故其所谓君主政体者，乃变相之君主政体耳。以云贵族之治，则自阶级而成者，久已绝迹于世，而通俗之所谓贵族政体，实皆官吏之贵族政体耳。历观各国史乘，善保持其能力，历久不坠者，独此变相之君主政体，与夫官吏之贵族政体，此何以故？曰：此其人尽瘁于公务，以是为一身之专业，积其熟达阅历，谙于吏治，故为民之所深佩，而相与安之。罗马（穆氏谓罗马共和与官吏贵族政体无异）共和时代，凡既为元老院议员者，则老死而没官，即得是道也。夫君主政体也，贵族政体也，实皆不免于官吏之精神，故即名曰官僚政治亦无不可，而所谓智识之程度，即就官僚政治与民主（此"民主"二字指政治言并非国体言）政治，作一比较可耳。夫官僚之治，熟于经验，谙于成例，恒常而不动（若吾国今日各省大吏并此利益而无之），且任事者，类富于实际之智识，是其所长，然其受病，亦正在是，事事蹈常习，故不能应于时势为推移，且任事者既以是为职业，故所为必如其所传授，而虽有达者，不能不降心抑志以相从，及其终焉，所谓官吏者，则凡庸之事务家耳；所谓政体者，则腐儒之巢穴耳。夫物之以是始者，必以是终，国家大政至此，所谓损益因革者何在，以云增进国民之能力，愈偏其反矣。是故欲一事之善其用也，不可不有他力之反对，此乃人事之常，苟顾其一而没其他，则在一有过度之病，在他有不足之虞，且其终焉，并在一之可收之效果而不可得。夫官僚政治，仍有为自由政府所不及者，然自由政治，又岂官僚政治所得而代之耶？且即以理想中最完美之官僚政治，亦不可与民主政治相提并论，何则？所谓动摇不定者，则以今日列国，犹未能将居常执政官吏与民所爱戴之党魁，划一严整之分别耳。（此事以美国为最甚，故昔年屡有改革，而立宪君主国之政党政治所以称者，以其所更易者，只在大臣，不在小吏故也。）而苟其然焉，则熟练之施政与国民监督之效，未必不可兼收而并进，夫岂官僚循文具例之所得而望耶？

噫！不亦奇哉！不亦奇哉！君主政体，以谋个人之利而毙；贵族政体，以谋数人之利而覆；民主政治者，固以大公为主义者也，而乃不免于阶级之偏私。夫厚取重敛，君主贵族之所以自安乐也，钳口愚民，君主贵族所以压制其民者也，而国政之腐败，纪纲之废弛，殆无不由君主贵族之私利为之因。异哉！今日号称民党者，抑何其所为相类之甚耶？噫！吾知之矣，权力者，导人于腐败之途者也，以雄大才略之君，一登至尊之位，公卿大夫献媚于前，阉人嬖佞奉侍于后，于是国家大事，竟置不问，而惟一身之晏安淫乐是求。号称民党者，方其在旁观之地，则凡所驳诘评议，类能以全国国民公益为推求，及至大权在握，自利之私，勃发于中，且有利害相关者，随而附和之。于是凡所赞成议决者，几无往而非一党一派之私，虽然，彼固以是为多数也，今使有议院，白人居多数，黑人居少数，相与从事于投票，则黑人权利之蹂躏为何如乎！又使有新教人居少数，旧教人居多数，相与从事于投票，则新教人权利之蹂躏为何如乎！且有名虽利而实害者，则其相反对焉，又非国家前途之福。富者，贫者之所深恶也，于是有唱有产业者及所入丰者，使负租税全额之说，使其占议院之多数，而议得实行，则富者之危害，与国家财政之紊乱为如何乎！工之巧者，为拙者之所深恶也，于是有唱制限工市（多数人相与竞雇，故名曰市），收机器税，及一切改良，有摈人工而不用之趋势者，宜加限制，使其占议院之多数，而议得实行，则其影响于国家工业之进退为何如乎！然则所谓多数之所议，决非国家前途之真利真害，不待言矣。是故仆之意，凡操一国大权者，使果能于国家真利害加之意，则虽贵族君主而不碍于为治，夫即不必言家国之兴衰，种族之存亡，彼为弱国乱国之君者，于一身宁有利乎！恺撒之采专制主义也，一时荡平内乱，振国威于域外，且府库充实，文教大兴，皆其令行禁止之效也。然自是人民偷惰，国渐不振，而罗马遂亡于北敌。呜呼！自古亡国败家相随续，世犹不悟，又何责于无智识之愚民！？是故言利有二种：有现在之利，有未来之利。现在之利，常人之所以为利也；未来之利，惟智者乃能见之。今有人焉，鞭妻虐子，有告之者曰："汝必爱汝之妻子，然后汝之一生，乃可得而安乐焉！"夫彼方恣其憎爱之私为乐，说者之言，容有当乎？盖彼不利人之所利，而利人之所不利，向者无智识之愚民，必以不利他人，然后为利己者，其所为无乃类是乎！是故必以代议政体之下之民，为能顾全公益，而不偏不党者，此其不然之说也。世有研究理化之学子，以文哲财政之学为无用者，则欲求多数之议员，真能识利害之分，而为国家立永远之计，不亦远乎？且自近世社会主义行，反对遗产赠与之制，并谓凡有贮蓄，以其财产之基础，宜取之税，凡浪费先人遗产，所以加惠社会多数之人，故其行为诚可奖励（恐是当日旧说，社会主义至今日，亦已几经进化矣），是劳动家与资本主大冲突之时也（劳动家用作广义，即指贫者，资本主即指富者），是故于如是之一国，则其最良之代议制应如是，平分其议员为二部，而二部之上，各有其赞成附和者，而其人必须顾全公益、主持正论者，如是，则两党之议之行与不行，皆视此公正无私者为轻重，而所谓全国国民之利害，殆近之乎？虽然，此不过理想上之说耳，以是之故，凡言议院政治者，不可不研究议会之组织其多数取决之方法（说见第二章）。

日人菊池学而之说，有足与此相发明者，其言如下。宪法政治之实施，国民不可不出多少之代价，征之事实：第一，国民不可不负担维持上下两院之经费。第二，国民不可不负担当选举与关于选举一切之费用。第三，以候补者之数，常数倍于应选出之议员，故此等候补者，不可不投巨大之费，以从事于竞争。第四，选举之际，举官民狂奔于选举，以此不可不消费几多贵重之时间。第五，当议会开会之时，上自国务大臣，以及有力之官吏，下至全国出类拔萃之数百议员，不可不空费几多贵重之时间与敏活之脑髓，以从事于此不生产之事业。第六，国务大臣，被制于议会之操纵与其向背，每不能立远大与机敏之外交政策，即公平之内治，亦有难行。第七，议员之中有受贿，或为人所买者，每触宪法政治之忌，而人民不可不受议会之害。

（五）立宪与国族之关系

国族者何物耶？凡人类之一部相互间以共同之感情而同受治于自主的政府之下者也。（国族二字原文名为 Nationality，其意可以成为一国之族也，故译曰国而不译民。）凡可以成为一国族者，其根本不一，而其要不出四者，同人种，同血统，同言语，同宗教。（同疆界有时亦为原因之一。）虽然，有其最要者，则政治上之沿革，即共戴一国民的历史，同其怀旧之思，同其荣辱之感，同其苦乐之情，而已往之盛衰起伏无不同之是也。虽然，凡此数者，不必事事皆居必要，亦有即具之而无补于事者，有人种异，言语异，宗教异，而不害为一国族者，瑞士是也。有宗教同，言语同，历史同，而不克成为一国族者，西雪里岛之于拿坡黎是也。比利时之法兰德、和龙二省，法之人种近于荷兰，和之人种近于法兰西，然终不致比利时之分裂。故虽异种族，异言语，而无伤于同一国族之感者，比之法兰德、和龙是也。据其大较而论，使数者中有一之不具，则于同国族之感情，自不能不薄弱耳。日耳曼列国，自近世以前，素未统一者也，然以文学同，言语同，人种同，历史同，故同国族之感，未尝稍歇。而当近世联邦告成，虽各邦之自主自若，然于国家之成立无碍焉。意大利虽人种言语之不同，然其地形独立，且于历史有政治、宗教之光荣，故得以成近世统一之大业。是故有其可合有其不可分而国立矣。近世列国以地理上之阻碍，凡一国中，断无纯然一族者，然虽非同种，而不害于一国之永续者，以有可以为同国族之道存焉。

凡苟有同国族之感情者，应结合其人民以立于同政府之下，然必云自主的者，则以专制之国，固有合数民族而为一国者，然出于君主之钳制，故不得谓为同一国族，且一旦统一者亡，则其民必随而分崩，惟其自主，乃得谓为真同化也。大抵最有碍于两族之感情者，则言语一端，盖所以交换两族之意见者，或口语，或报纸，已不能具，虽欲合并，可得乎哉？且代议政体之下，苟非真能同化，既予以自主之权，必致冲突重重，愈为国家之大害，此愈为讲学论政之家，所不可不知者也。

凡两族之间，苟有可以同化之机，是人类之大幸也，而其条件，约不出数端：（一）一族居多数而为优等民族，则他族之劣等而少数者，一入其中，如十金铁屑之被化于鸿炉，而无复可以自保。法兰西之南，有拔斯克（Basque）人，绝然二民族也，然在今日同为法国之民，同享公民之权，已无丝毫形迹之可见。（二）少数优等民族，入于多数劣等民族中，则其多数劣等者，必居被征服之地，然同化最难，如英人种之于印度是也。（三）若两民族之人数与夫文明程度，不大相悬殊，则其融和最难，如今日爱尔兰之于英是也。

按：穆氏所举同化三例，而今日满人之于汉族，则甚居一奇妙不可思议之位置，以其习惯语言言，则穆氏第一例也。收〔以〕政治上之沿革言，则吾伟大国民之羞也，而方今有志之士，所以必摈之而后已者，亦即为此，虽然，我之欲我历史之光荣，岂不如人，然远瞩世界大势，近觇国内情形，诸君诸君，又岂可以单纯的复仇主义，毕乃事耶！若曰一方灌以民族主义，他方浇以国民思想，誓不达我目的不已，试问革命未奏凯歌之日，吾国家前途，可遂置而不问耶！然而诸君必以两民族不并立为根据，利害相背，言之无益，则试与诸君研究此问题。夫今日满之于汉，虽在持复仇主义者，固不愿认为同化，然按之西方学者之说，虽欲不认而亦不可得，此本非意气可争，愿诸君平心察之可耳。然而诸君必曰："汝不见今日官制改革案乎，彼之所以待我者何如，何物败类，甘心认为同族。"夫吾之所言，原指其习惯言语而言，以见满洲人民，非真有自为一族之资格，且见今日之不能合并，并非出自满洲全族之意，若当局者之心术，本非我所得而保险也。且以心术言，则同为黄帝之子孙者其所以压制者何如，故仆之意，凡同族而异心术者，与异族而异心术者，正可一律看待，而今日国民刀锋所向，所愿天下人同心协力者，即此专制腐败之政府耳，案之各国所以获得自由民权之先例，又安见我之果不可得耶！是为政治革命，且穆氏以历史之苦乐荣辱，为同国族之要素，此指其已往者言之耳，若曰未来，则凡两族同为危急存亡之秋，应协力图治者又何如？然而诸君必曰："宁赠朋友，勿以与奴仆，言理不胜，又窜于感情。呜呼！吾安从而与之言耶！?"虽然，凡所以救吾国者，固不一其途，而当日绝续之交，已无一日而可缓，所愿持以大公，勿为党见所胜，致蹈日本改进、自由两党之覆辙，于国于族两无幸耳。

（六）代议政体与联邦（此篇与以下一篇与吾国政治无直接之关系，以可窥英、美二国之政治，故译之）

联邦政府何自而生耶？有不愿同受治于一内治政府之下，有不适于同受治于一内治政府之下者，于是让其权之一部，成一中央政府，外以抵御敌国，内以制联合诸国中之强者，是为联邦。是故联邦之成立也，有不可不具之条件三：

第一，共同感情。既名为联邦矣，则国是必出于一途，而无致分歧，大抵凡可以为同国族者，则其合也较易，即宗教、人种、言语、制度，无所不同，而尤有关系者，则政治上之利害是也。瑞士之为国也，自由小国凡二十一（一三〇八年只有三州），当日国之四境，尽强有力之制军国，彼知其自由幸福之不克自保也，于是乎有瑞士联邦之成立。美之始起也，所以拒英而自立，迨后十三州鉴于一统专制之弊，于是制宪法，为美利坚合众国，释奴问题起，南北竟开战端，是政治上之利害为之也。

第二，各邦之兵力不可过强。凡欲联邦政府之稳固也，则断不可使列邦赖其自力而足以抵御外侮，何则？苟其然也，则以相与联合而牺牲其行动自由之一部为无益，而联邦政策与各州行政有冲突之时，必致决裂而后已。

第三，各邦之权力不可大相悬殊。夫欲各邦之权力齐等均一，固不可得者，不观纽约之与罗田（Rhode island）岛，勃纳（Berne）之与陲格（Zug）其富力人口，不可同日语矣。然使有一邦焉，其威望之独高，而力足与他邦竞，如是，此一邦必为联合会议之主，若有二焉，则争长相雄，愈不能免矣。不观一八七一年以前之德意志，有依奥大利，有依普鲁士，有通谋外国，以敌普、奥者，果何在乎？

凡联邦之组织有二：第一，各联邦之议员，代表各政府，故凡制定之法律，颁布之号令，有直接拘束其人民之效力，如一八六六年前之德意志，一八四七年前之瑞士是也。第二，联邦议会，为各州政府之根本，于其权限内制定法律，全国人民对于中央政府而负服从之义务，但其执行，则使各邦之官吏自掌之，即今日美利坚合众国与瑞士联邦是也。虽然，当十三州合并之日，当时政论有二派焉，一主张中央政府之法律，有直接拘束其人民之效力者，是为联合派（Fedeealist）；一谓中央政府之权力，宜只及于政府与政府之间，而无系于国民，是为共和派（Republicans）。窃谓后者之说，幸而不行，不然，今日美利坚联邦行政之阻碍，恐不止如今日已也。何则？凡法令，必待一州政府令其官吏之实行，然后有效，则岂不以地方之多数，而足以反对中央政府之政令乎！苟如是，使必欲强之实行，舍兵力之外，又岂有他途？是联邦制度，不为制乱之术，反为造乱之具矣。当时识者早见及此，善打破此难关，是美国之大幸也。

夫如是，故美国人民，对于两政府而负服从之义务，本州一也，联邦政府二也，而各州政府与联邦政府宪法上之权限，不可不细为规定。且争端之起，不可无人以审判之，于是乎有最高法院，法院之组织，置最上级于一所，外各州分设从属法院，或联邦政府，或各邦，或官吏，有越俎者，有溺职者，皆应受挫于此，且所定法律，有越于宪法上之权限者，得为无效之宣言，故此法院，居联邦政府与各邦之上，而与美国之共和政治大有关系者也。

虽然，有问者曰："当此制度实行以前，安知其效果之果如何耶？安知其果敢毅然断行宪法上之权利耶？安知其处置之果正当耶？安知各政府果甘心服从其判决耶？"曰："此数者，皆当宪法实施以前，美国人民所大怀疑念者也，然自其时以迄今兹，一二百年，曾无丝毫之冲突，惟联邦政府与州政府之权限，常为党派所争议已耳。"突歌维尔氏（Tocqueville）尝考之曰："美国最高法院，所以行之无弊者，以非抽象的应用法律，乃就事实而判决之者也。何则？问题之起，待两造上控，视舆论之所归，与夫法律大家之所论辨，然后始从而判决之，故其判决也，视时之所需，尽法廷应尽之义务，而非其中另有政治的意味存焉。且其判事，类皆学识迥绝一时，而其身又超然党派以外，为众人所信任者，以是虽负至大至高之重任，而为无论何种官吏所服从也。"夫此其判事之可信用，既如是矣，然其果有偏颇污下之私与否，又常为美国人民所注意，此其利之所以可久长也。夫联邦之争议，避战争与外效政略之用，而采司法上之救济，则他日合五洲万国，而成一国际裁判所，其必以是为范本矣乎！

凡联邦政府之权，和战交涉，其最要者也。外是关税条例，贸易章程，度量之划一，货币之定制，邮便交通之事务，皆自掌之，所以谋统一，而增进各州之利益者也。譬之书信之往还，凡一信必经数多官吏之手，如是，于邮件之迅速确实，必蒙大害，且其费不已多乎！故其必归之联邦政府之下者，宜也，其行政之大略如是。

美国立法之制，有联邦议会，分上下二院，下院比例于其人民，一七〇〇〇〇人出一人，是为人民之代表；上院不论州之大小，州出二人，是为一州政府之代表。夫一州政府之代表，所以必出同数之议员者，则以防强大之州，使不得振不正当之权力，且非得州之多数与人民之多数，则其议案不得而通过也。抑又有故，各州之权利既等，则其于议会之轻重，视所选出之人，以是凡各州必欲择其威望卓绝者以当之，此所以美国上院，必网罗多数声名赫赫之政治家，而于下院独阒如焉。

说者曰："联邦之增加，果为世界之福乎哉？"曰："福也。"何也？近世弱小之国，必无以自保，惟其既合，乃得进而与强者相颉顽〔颃〕，而因以改削强者并吞之政略，且自是而战争之惨，外交之毒，商业之竞争（联邦之贸易，咸取自由政策），皆可绝迹，夫宁非世界之福哉？且联邦政府，其中央集权之度，只足以备自保之兵力，而无驰骛域外之军实，故常淡于虚荣侵略之心，而最足以维持世界之和平。（穆氏所论联邦，大抵皆指共和政体言，故有此效，德意志之联邦，穆氏之所深斥也。）不观美利坚今日，虽有逐逐于墨西哥、古巴之后，思欲得而并吞之者，然皆一阶级之私利（谓在两国有广大之土地），吾信其断非美国全国人民之所欲也。

> 穆氏所论，亦是当日实情，然在今日，则保守之门罗主义，已变为侵略之门罗主义，而麦坚尼、罗斯福，尤生此代而力矫前弊者也。是故世界有最可悲之一端，曰人类之进步，与哲学家之所希望不相应。

（七）自由国之邦属政治

近世列国，属地之广，遍于全球者，其必以吾英为首屈一指矣。虽然，以是之故，故殖民地统治之方，常为今日政界一大问题。

夫其小者，若芝布拉尔塔，若麻耳达，若亚丁港，皆为海陆军屯驻之地，半供军事上之目的，故可置之不论，而今日所欲研究者，则在广土众民，而俨成一国者，此中处分二类：（一）文明程度等于母国，而其民憎于自由之治者，如加拿大、奥大利亚、南非洲等是也。（二）土人居多数而其民未足与言自治者，若印度是也。

自昔欧洲有所谓殖民政略，一时流布列国，咸以殖民地为牺牲，而以利其母国，吾英承其末流，于海外属邦，亦取干涉主义，于是继美利坚之独立而起者，有加拿大之叛乱，而外此各地，亦既啧啧有辞，凡皆所以促母国政府之警省者也。窃谓此非所以利己，并非所以利彼，譬之吾英二岛，伯昆焉，海外殖民，叔季焉，叔季之程度，足以自治其国，伯昆必欲取而干涉之，是必乱之道也，幸也至今日而其政略一变。

大抵欧洲人种之殖民地，已咸享有完全自治之权，且其宪法，咸得任意变更，国王不裁可之权，几无所用，想其地位，犹之联邦之一国，而其权利犹大于美国之列州，虽然，有一端焉，曰外交之权，事前既未与商议，而事后有服从兵役之义务，其不平孰甚焉。说者曰：属邦之保护，赖之母国，故和战之权，听之宜也。虽然此以云不克自保之国可耳，苟非弱不自胜者，则义务之交换，断不足以敌丧失之发言权也。夫正义非特所以范围个人，亦即所以范围社会，个人不能以己之所利强人之必从，故国家不能以一方之所利强殖民地之必至，故外交权，虽为宪法上正当之服从，然亦不可不谓之曰背理，思有法以救济之者，谓殖民地宜各出代议士于英伦议会，此一说也。谓英之立法院，宜专理内治，另设一院，专掌外务，而殖民地各派代表于伦敦，此又一说也。议者谓如后说之所云，则母国与殖民地之关系，犹之平等之联邦，而非复属国矣。

此其说非不甚美，抑有难者，如云同出议员于英伦议会，则英国内治，若英吉利人、苏格兰人、爱尔兰人之运命，岂不赖之三分之一之美洲之英人与三分之一之非、澳两洲之英人，是果英伦两岛人之所欲耶！？若曰另设一议院也，则各地之利害不同，彼我情形莫悉，虽议宁有当乎！？且必欲成一联邦，则尤不中事理。夫吾英今日，虽无属国，足以自立而有余，且一旦属邦各各分立，则兵力因可减损，使国力益进于充实，未可知也。虽然，此不过姑作一说耳。夫吾英今日之不可言分，不待智者而知，强者逐逐于后，怀抱野心者日睥睨其旁，庞大之帝，一旦分离，世界侵略之端，自兹起矣。且今日母子之间，交通自在，无防害之关税，皆恃此联合以维持之，而吾英国际上之位置，其所赖于属邦者，要不可谓浅鲜也。是故今日合既不可，分犹不能，故仆之意，宜使海外殖民地勿于此至大之国中，常居一不关轻重之位置，此意云何？谓伦敦政府各部之事务，与海外殖民地各方之事务，皆宜开放于各属邦人民之手是也。凡殖民地之才士，咸使得活动于世界，因以增进全国之幸福，而联散布各地殖民之感情，况吾英今日幅员之广，为世界所未有，亦正宜合群策群力，协同图治，故此非特所以酬各地殖民，使得占帝国之显位，抑亦正吾国所当有事者也。然有恐其不忠所事者，夫不列颠海峡中各岛，以人种、以宗教、以地理上之位置论，皆近于法而不近于英，然海陆大将，公侯贵族，出于此者，已不知几何人，而不闻有反侧者，是何耶？故仆之意，此乃今日联合殖民地与母国之最好方略也。

以上所论，皆第一种属邦政治也，以下论第二种属邦政治。世之论者，咸以印度人民为不适于自由之治，故所以治之者，自不可等同。仆以为今日印度既归英辖，则吾英之责任无他，即当使其民日益进化耳。夫天下人民，原有非专制不为功者，亦有徒恃专制而断不得收最良之效果者，且专制政治，出诸同族，则善良之君主，常不过一时之偶值。今日印度人民，既在吾文明优等之英人之治下，则善良专制之治，可期其永续，益以先进国之经验，凡所以导其民者，或柔或刚，宜何如耶？是仆之理想中之政治，所望诸文明人之治野蛮人者，其果可得而至耶？若曰不可得，则必当近似之，非然者，则其主治者，实放弃最高尚之道德的委托，自私自利，夺人土地以自快者耳，野心贪酷，玩弄数百万生灵者耳，又安得冒文明先进之名？

夫以先进国治野蛮人之方，正为今日所研究者，在浅见者视之，以为使一大吏治之，受国会之监察可矣，不知治此国，对于此国人而负责任，与治彼国对于此国人而负责任，乃绝然二事也。何则？前者自由之政，后者专制之治，既曰专制，则一人之专制与数百万人之专制等耳，在此数百万人，一无闻知者，既不足以言治，又乌知此代理之一人，必有愈于此数百万为之主者耶！？夫既远隔重洋，力不足以及此，则不能不遣一人焉以任之，又乌知其必能举监察之实耶！？是故以异种人而治异国，虽善防弊，必无以善其后，矧夫两者之间，所感觉不同，所视察不同，土人之所一览了然者，外来人必积经验考察，乃能得之，且彼我之间，感怀疑忌，即欲得其人而询之，亦不可得。夫如是，则不能求之平日所最服从者，夫最服从者之说之不足以尽情，又岂待智者而知之？是故此以轻视往，彼以疑忌来，两者之间，必无以臻于至善之途矣。

且惟其对于此国民而负责任也，于是凡所以责此一人者无不至，有谓印度人民，宜悉令归依耶教，有声言印度总督，不克保全英之移住者之权利，此真日有所闻，而各国之所同，彼以战胜国民，视土民如尘芥，稍有不遂其意者即大声疾呼，以为非所宜有。夫此其人之必当压制，又何待言？然以在英有朋友之援助，有报章为之诉冤，遂乃是非颠倒，黑白易位矣。故治人者对于被治者而负责任，是善良政府之最大保证也。然对于他国民而负责任，非特不克防弊，而适以制恶矣。

是故今日英之治印，有一原则焉。凡事虽以公开为主义，然有不易明示于大众者，则但有一二人知之可耳。何则？今日之事，道德上之责任也，惟其为道德上之责任，故不必对于全体人民而负责任，但对于能为判断者之一二人而负责任可耳。盖事非特计数目之多，又必当计其价值，苟得熟谙此问题之一二人之许可，虽不容于大众，又何妨乎？故如印度问题之复杂，且其人又无监督之权者，则治之者之进退，断不能随内阁大臣为转移，何则？凡内阁之成立，不数年而倒，或议院中有一二辩才，凡所质问，使为印度之官吏者，稍不能答，则即不能久安其位，故即竭尽心力，亦无以措海外殖民于至善之地。窃谓莫如设特派委员会，择德望为众所推服，才识高超者任之，而其人又必超然党派以外，使得久于其任，惟监察及不认可权，则掌之本国行政部，以临其后，夫如是，使其与外界之关系日少，然后其义务限于施政于被治者而止，而种种爱恶之私可得而免，且使一旦母国之政府国会，有扰乱属国之时，此团体可介于其间而为之辩护，则欲求治者与被治者利害之一致，其庶几乎？且既超然于党派以外，则己之地位不以本国政界之变动而有失职之恐，反益增其精勤惕励之心，祈己所治之地之荣光为一身之大事。窃谓计莫善于此矣，夫当此等处，原无极完美之方，必欲择利多而害少者，舍此其奚由哉？（本章已完）

联邦十不可论（一名省制余议）*
（1916）

　　自返国以来，颇有以联邦之制相质者，而鄙人三年前尝草省制条议一书，以为省之自治权不可不定，而联邦之说，万不适于中国，今将原书修订行世，更于联邦制之可否稍述鄙意，即此文也，国会将定宪法，若此文者，可备参考于万一，余之荣幸，何以加之！

　　人群相聚而成国，有国斯有政。政之种类，自其主之者为君为民，而有君主、民主之别；自国之有无宪法，而有立宪、专制之别；自其政权操于一政府或与各地方政府共之，而有一统与联邦之别。同是国也，而政则大异，政虽异，而不害其为国者，要有以各适其适而已。吾国既民主矣，世岂有民主而不立宪者？是故君主、民主之利害，专制、立宪之得失，在今日已不成问题，其最为论政家所注意而将为国会中一大争点者，其在一统与联邦乎？一载以还，国中政客学子愤中央政府之暴戾，转而求政治基础于地方，乃盛创联邦之说。有谓吾国省之性质，本为联邦，行联邦者，将此事实表现于法文已耳。有谓中国地方辽阔，非行联邦无以收因地制宜之效。有谓以今之中央政府集权愈甚，流弊滋多，联邦者所以分中央之权，使其不得孤行己意也。其说非不甚辩，然而事未若是易也。世界列国于一制度之更张，经数十年而后定者，吾国以时会所迫，往往能收功于年月之间，于是，论政之士，每视改制为无足重轻，常好为奇论以耸人听。盖自有民主之说，不及十年，而中华民国成，视法之民主经七八十年而后定者，其劳逸相去为何如耶？自有立宪之说，不数年，而钦定民定宪法之条文已屡见，视英之立宪数百年而

　　* 原载《大中华》第 2 卷第 9 期（1916 年 9 月 20 日），今据《张君劢开国前后言论集》（155～173 页）。

后成，日之立宪亦二三十年而后定者，其劳逸相去又何如耶？然考诸实际民主之名故在矣，而国中众庶之真舆论安在？宪法之名固在矣，而一切行政合于法治者几何？即此民主与立宪二大端，今后虽竭四五十年之力，尚恐不能臻于名实相符之境，而奈何更以联邦之说附益之耶！

所谓联邦者众矣，美、德、瑞士等先有邦而后成国，南美诸国则先立国而同时造邦，此异在邦国二者成立之先后。美、瑞之各州，其在上院中投票权悉居平等，惟德之普鲁士之投票权、元首权、兵权，独以一邦优异于他邦，此异在组织之平等不平等。德、瑞等其政权之分配，于中央为列举的，于地方为总括的，至加拿大则地方为列举的，中央为总括的，此异在权限画分之法。德之各邦中王国之王为世袭，自由市长为民选，美之州长出于选举，加拿大之省长出于任命，此异在长官之发生。即此数大端论之，其差别既若此，其他细端末节，虽更仆数之有不能尽，然其间有一事焉，为各联邦国所同具者，则各州各有宪法是矣。（银国宪法第五款第一百零六款，澳洲联邦宪法第一百零六款，巴西联邦宪法第六十三款，加拿大宪法第六十四款，墨西哥宪法第一百零九款，瑞士联邦宪法第三款及增补规定第三款，至美、德两国宪法中，虽无此等规定，然可于言外得之。）如瑞士、如澳洲，则以明文规定；如德、如美，则可于宪法之言外求之。吾国今后而为联邦，其将以此许之各省否乎？诚许之也，则各省是否有定此组织法之能，而不至陷全国于混乱？如其否也，联邦之实，安从而举？夫瑞士之各区，美之各省，其祖若宗，传授子孙以多少政治经验，乃有此若干条之省宪法。有此宪法矣，而州民之政治智识，又能日增月盛，相引弥长，内有以举一州之州政，外有以守宪法之条文。吾国则何有乎？遇有贤长官，则据一省之大，振臂一呼，全国响应，黎总统元洪之于武昌，蔡督军锷之于云南是也，则陈树藩陈宦仅以一纸空文，而两省独立从而取消矣。此无他，省权向不在省民，省民亦无自握省权之能。夫以如是之省民，即有省宪法，吾不知谁为保证，而不至为豪暴所利用所蹂躏。思之惟思之，惟有股栗而已。此联邦说之所以不可行者一也。

且一州之内，所以能独有宪法者，以其地位本为主权的也。何谓主权的？凡宪法上所与之权限，由各州独自行使，非他人所得而干与。譬诸教育焉警察焉，均为一州内自主行政，不待他人督责而自办，既办矣，不受他人考核而事以毕，此则联邦之所以为联邦，而与行政区域之性质绝不相同者也。今后吾国而行此制，则省民与省议会之威信，能否驱策一省官吏，而为一省官吏者，又能否鞠躬尽瘁，不待吾语而自举一省之政，诸公而曰能也，则吾复何言，如其否也，吾不知联邦之制，将安所赖以托命焉。且以国民之智识如美，而其州议会之营私舞弊，为世所共见共闻，各州州民以不信任议会之故，乃于宪法中设为种种规定以防止之，夫此亦曰美之州民耳，岂所望于吾之蚩蚩者氓？此联邦说之所以不可行者二也。

英儒蒲来士之言曰：北美合众国之中央政府，犹大屋也，邦政府则小屋也，大小屋同在一地，而内容各别，犹之众屋已具，其上更以大屋笼罩之而已。吾以谓邦为国基固已，而邦之下则有城镇乡，惟城镇乡早具自治之基，故邦易以建设于其上，亦惟以邦久享独立之实，故国易以构成于其上，今日合众国各邦乃至城镇乡三者，各有其行政系统，而无层层相制之苦者，其原因岂不在是耶？吾国今日城镇乡县乃至一省之自治事业，其为有基础耶否耶，如曰有也，则直自欺以欺庸众，复何足与言；如曰无也，吾不知将何所凭借，以为建筑联邦之基。然而诸君必曰南美联邦若银国（第五款）若巴西（第六十款），其宪法中何尝无自治纲要之规定，吾国仿此以行可矣，吾以为此乃今后发达之方，而不足以胜吾有无之说，盖诚有此基，则联邦不待法文而自生，如无此基，虽有法文又安用之？此联邦说之所以不可行者三也。

凡此三不可，已足以将联邦制适于中国之说，自根本推翻，何也？省宪法之自定也，主权的地位也，自治制之巩固也，乃联邦制之本源也，此而不具，则其他制度，无一事可以讨论，今为学理上之研究，且考其他相关系之制度，则省长发生问题为至重至要矣。凡民主联邦国中，如美之州长，南美各联邦之州长，大抵出于民选者也；加拿大与澳洲，英之自治殖民地，其邦长省长由总督任命。然美之各州，行三权分立制，其州长为行政首领，故行政权在州长之手；加拿大省长之下，有政党内阁，故行政权之总理之手。吾国今后之省长，方今士大夫相聚而谈者，必曰民选，盖认此为巩固省权之不二法门也。顾以仆所见，此制诚行，其流弊不可胜言，所选人才拘于方隅，贤者无以自效，不才者盘踞要津，其与本地关系非伊朝夕，束缚于乡里乡鄙之情谊，受制于奔走投票者之要求，其能以超然局外之精神，专论事之是非，而一无顾忌者鲜矣。且以省对外，则有省界，以省对内，则有府县界，朋党比周，相与竞胜，因逐鹿之故，置省政为后图，例以省议会议长之难选，则省长可以想见。呜呼！以一总统选举之故，全国上下魂梦为劳，若更益以二十二省之省长，则全国可以终年捣乱，而遑论政治之进行乎？是故不联邦而省长民选，既不可矣，联邦而省长民选，尤不可也。此联邦说之所以不可行者四也。

省长之制而法美也，则省议会为最高机关，省长不得解散，又不得命令停会；法加拿大制也，则省长之下有政党内阁，总理对议会而负责任。斯二制皆善制也，然皆非吾国所能行。盖如美之制，州会之专擅极矣，然其议案独可以见于施行而无窒碍者，则宪法中于一事件之通过，限以人数，限以时日，制限之严，为寻常所罕见，而州民习惯，常厌恶省会，于省长之能否认识议会议案者，拥护不遗余力，此省长之所以能自保，而议会之所以不敢专横也。如加之制，省长拱手受成，而总理独揽大权，省下必有健全之政党，而政党又有组织内阁之能力如英国民族者，而后可以有成。若夫吾国乎，委大权于省会矣，则省会所议，是否可以见诸施行，不可知也；省长又是否甘心俯首听命，相安无事，不可知也。苟委大权于政党矣，则政党何在，而能立内阁之政党又安在，如是不论为美制为加制，终见其为断横绝港而已，当斯时也，中央政府以号令全国之名义，出而干涉，则联邦之谓何。此联邦说之所以不可行者五也。

联邦制之惟一要务，则在画分中央与各邦之权限。权限既定，中央有中央之事，外此不得滥出焉；各邦有各邦之事，外此不得滥出焉。顾双方所以能各守权限而无逾越者，则何以故？曰此则国民政治能力实为之，而非法律文字所得而强焉？为联邦者，能自理其政，斯无溺职之举，而不劳中央之干涉；为中央政府者，于其权限内之行政，在在有以满人之意，自无容各邦之越俎。如是其权限以内者，既无一事不举，斯双方无失职争议之可言。然争议并非绝无，则中央宪法与各邦宪法解释问题是矣，甲谓某事依宪法所定，应属中央；乙谓某事依宪法所定，应属各州。当斯时也，两方之争议起，而势不能强甲以从乙，于是各联邦国中，有最高法院，按司法方法，以判其是非，为法官者又常能应时之要求，与以公允之解释，试问国内两大主权者之争，甘就法廷而判决，而为法官者其权威又足以持两方之平，是非法治习惯发达至极者，安克臻此？吾国则何望乎，靡论中央各省权限之不易画定也，即画定矣，而中央之不职，时在可与各省以口实，各省之不职，时在可与中央以口实，甲既不职，即不能责乙之违法，乙既不职，则不能责甲之违法，如是因不职之故，可生无数法律争议，至于莫可究诘，譬如入荆棘之场，而欲斩尽根株，斯可得乎？况乎欲求一法院，以解决双方之争，则此机关之威信之经验，岂旦夕可得而致者？此联邦说之所以不可行者六也。

吾闻章君行严之言曰：联邦者简而诂之，凡关于全民族之事，由中央政府理之；凡事件不为共同利益所存，由各邦理之。章君本此理由，以为欲发达国家主义，莫善于采联邦制。吾谓中国之大，此省彼省间而诚有利害之不同，则应于利害之不同而图分治，岂不甚善？然吾所欲问者，各省之间，曾有语言之异如瑞士者乎？无有也，曾有两人种之对抗如加拿大者乎，无有也，曾有各省居民，如美洲发达之初，或为宗教移民或为商业移民之异乎？无有也，凡他联邦国中所谓利害不同之点，我皆无有，则今后即行分治，而定权限，其可以归诸各省之行政，夫亦曰教育警察道路工程已耳，夫亦曰内务行政已耳，此数者中各省中可以自树立者安在，其能示异于邻省者又安在？吾闻西北边远省，求一二模范小学如凤毛麟角，不可多得，遑论其他事业。夫如是，地方公共行政之基础本无，又何利害同不同之可言。创法立制，向无睹闻，行政专家，求之不易，此则今日之大患也，而统一之害安在哉？如是省长难矣，省议会难矣，法院难矣，而行政机关之腐败陋劣，正复相同。此联邦说之所以不可行者七也。

且就联邦制及于一国政治之影响观之，则其利害得失，显而易明，今世之联邦国中，除德意志帝国以一邦操纵各邦，为不平等组织外，其大部则不以武力著称于世者也，其所以致此者，非曰联邦制与军事不相容也，而采联邦制者，每以不信任中央为前提，因而于中央之军事活动，必设为种种条文以制限之。瑞士之制，其宪法中规定之文曰：（第十三款）联邦政府无设常备军之权，其所有现役军，合官与卒凡十万人，则由各州按照中央法律而编制者也。然其服兵义务为强制制，而军事教育又普及全国，故瑞士之民兵，世界称最焉。美制则中央国会有设常备军之权，而总统又自为海陆军总司令，然中央常备军之最大限，不得过十万人，一遇战事起，则由总统定应需人数，按各州人数而征调之，至于各州，则自养民兵十一万五千人。墨西哥之制，常备军由中央自行编制，至民兵，则立法之权在中央，而编练之权在各州，然平时现役军则三万余人而已（人口百三十万）。由三国之制观之，平日养兵之数，均不甚多，而各州大抵有自练民军之权，夫其所以采此制者，非人力焉，实天幸也。美之四境，外以孟罗主义为屏蔽，而无强国之与邻，故虽不厉兵秣马，而足以自存，然一遇大战事起，则征调大兵，有措手不及之虞，以稍知美国军事者能言之焉。瑞士数百年来为永久中立国，本无外竞之心，而其国人素尚武侠，差足以自固疆围而捍外患。至于墨西哥，则立国中美，日以争夺相杀为事，其所以至今存者，亦曰托庇于孟罗主义之下耳。乃若加拿大若澳洲，则有母国之保护，其对外之职务轻，自无须蓄养重兵。若夫吾国乎，外交之地位，视诸国何如，卧榻酣睡者，何止一二国，斯而不蓄重兵，不采极灵敏极统一之编制，吾不知将何以应付外人。易词言之，以不信中央为心，则中国军力万无应付列强之望，而国家之振作安赖乎？况乎各国非不练兵也，其练之之权则在各邦，民兵是也，今而以此民兵之制行于中国，则吾以为窃据兵柄，盘踞地方，而抵制中央者，必相望于道，既无补于国家之军实，徒以成地方之割据，此最不可不慎也。此联邦说之所以不可行者八也。

联邦国之中央财政，其税源大抵限于数者而止，至所限以外，则为各州之税权，而中央之力不及焉，譬之美之中央税源，则关税、国内物产税也，德亦如之。此种税制，其相因而至之现象有二：一、所入超于行政费，如美是也，于是两院议员百出其计，以消磨此有余之款。二、所入不及行政费，如德是也，则中央政费须仰给各邦，而中央行政大受束缚。至于加拿大，视德、美稍善矣，然世界统一国之制大抵然也，其关于中央国会之权限曰：中央为筹集岁入计，得用无论何种税法。其关于各省之权限曰：各省为筹集省内行政费，得采用直接税法。如是中央税权兼直、间二项，地方则仅及于直税。吾国之联邦政论家，其于今后联邦之税制，其计划果若何乎？如曰采德、美制也，吾不知国家大势，其许之乎？如曰采加拿大制也，则有联邦之名而无其实，又安取乎？且以方今财政衡之，善后之费达数千万元，所恃为惟一财源者，则外债而已矣。外债之结果，则损国权而已矣。如是诚为国权计，惟自少借外债始。少借外债，非将中央、地方之政费从严核减不为功，核减之法则去冒滥浮冗，其要义也，如今之同名为统一，中央尚且不能监督各省之政费，一旦施行联邦制，则各省自护之术益工，而可借口之处益甚，不特地方冒滥，无摧陷廓清之日，而中央且困于各省政费，而莫能自拔，则为祸之烈，必有不忍言者矣，不特支出然也，收入正与此同，中饱之弊，甚于前清，包办之制，奉为良策，若此百弊丛生之局，而谓可以建设联邦，非便捣克则图分裂耳。此联邦说之所以不可行者九也。

前既言，如美、如加、如南美诸邦，其外力压迫，不如吾国之甚，故虽行联邦，尚不至发生特种变象。若夫吾国乎，国权岌岌不能自保，遑论地方。且默察机兆所趋，国家内部之单位益分，斯外人觊觎之来愈易，证之巴尔干之往事与满蒙之近史，岂不然耶？数十年来之中国固一统也，而英人要求订西藏之约，而西藏为一单位矣。自有俄蒙之约，而外蒙又为一单位矣。十余年来之满洲，虽为二十二省之一部，此其名则然耳，实则何尝非一单位耶？今以腹地一统之局，必欲从而画分十余邦，是惟恐人之不分裂我而先自分裂也。或者曰："联邦国者，应统一者归之中央，应分治者归之各省，如是而已。与分裂乎何与？"然吾以为如今之中央，如今之各省，应统一之行政，莫如陆军，试问中央曾有定兵额指挥兵队之权乎？此其不统一之现象，昭然若揭，而其他行政亦类是而已。以若是之国而行联邦，谓非自召分裂，其谁信之？且能分权者，亦自能统一，能统一者，亦自能分权，此二者吾不皆具其所以至今以泱泱大国见称于世者，惟恃此统一之外形耳。今诸君必欲将此统一之外形而破之，且进之为联邦，外形破矣，而联邦之实亦无所附丽。此联邦说之所以不可行者十也。

凡此十不可者，考之中外之事实，穷其因果之相生，得失之数，不待试而后知。诚以一试为快，心必陷政局于纷扰。语有之，牵一发，动全身。一发且然，况各省之大乎？呜呼！爱国君子，奈何不深长思之？

当今学者如章行严、张东荪、丁佛言辈，皆言联邦制之健者也。辨主权所在之义，明邦国先后之殊，征引拉庞德耶律氏之学说，博考德、美、南美诸国之宪章，其言信美矣。然吾以为诸君以阿好之故，乃自忘其立言之蔽。大抵各国之政制，上焉者积以岁月，有自然进化之妙，如英之宪政，美、瑞之联邦是也。其次焉者虽制度取法他邦，然人为之力甚至，如日、普之由专制而立宪是也。其下焉者则以形势所迫，粉饰以法文，如南美之共和联邦国是也。章君之论曰："组织联邦，邦不必先于国。"又曰："实行联邦，不必革命，所需者舆论之力而已。"夫世界之大，何奇不有，欲概以一例相绳，势本不可。盖近世联邦国之中，邦先国而成者固不乏，国先邦而立者，又未尝绝无。故以美、瑞之例，破中国不适联邦之说，则论者且得以南美之例折之。夫折之可矣，然而先邦而后国者，其治常一成而不易，先国而后邦者，常颠倒错乱，历数十年而后定。此何也？一有基础而一否也。诸君之主倡联邦，岂不曰将以定国。今焉见夫先邦而后国之美、瑞、加、澳、南非等，其定若彼。先国后邦之墨、银等，其不定若是。诸君虽能树不必先邦之说，而无以证不先邦者之必定，则立言虽辩，而于实际究何裨哉？且世界凡称国者，必有其国之本。斯本焉不可易且不许易者也，不可云者，国情有所不能也；不许云者，法律命令悬为厉禁也。盖一国国体，既有历史之昭垂，民心之向往，其不可之数，亦既大明，犹以为未足，则于触犯国体之论，必禁之使不行，凡以为国本计而已。如章君之说，舆论之力一至，一统可变为联邦。充类言之，则天下无不可易之政制，其末流则为无国本，即美之共和国，其政府诚许人大昌，君主政体之论，又安见美之舆论不舍共和而群趋于君主。若日之大权政治，其当局诚许大倡共和之论，又安见日之舆论，不舍天皇而群趋于共和。然而两国国民独不为是，且其当局不许为之者，则国本之为物不可常动，一动而后必至东扶西倒，数十年而不立，其重之也若此。而章君乃以为舆论一到，无事不成。是盖章君不知国本之当重，且不知舆论所应施之分际也。丁君尝举省之八大特色，谓省为自有人格，可为国家建设之地盘。夫中央之不能尽举大小之事，而必以地方为基者，势为之也。不独联邦国然也，即统一国亦无不然。然而同为地方，而联邦与地方区域异；同为分权，而联邦与自治权异。其异安在？曰一则权之由来在己，一则权之由来在人。惟其在己，故中央不得而顾问，而立法、行政之异随之；惟其在人，故中央可施以监督，而立法、行政之异亦随之。如是吾侪之所以反对联邦者，非反对以地方为地盘也，亦以联邦制之影响所及，初不仅地盘问题已也。且省制之行垂五百载，遽言易置，诚非易事。然如丁君言，谓其有自觉的认识有地方人格，则吾以为省焉者，一种行政之区域耳。与近世社会学上之所谓自觉公法上之所谓人格何涉哉？何以明之？自觉云者，必集公民之意志，而以团体之形式，于政治上、法律上有所表现；反是者，虽有贤长官，本一省之范围，以号令一方，而不得冒自觉，与人格之名。辛亥武昌之起义，则黎总统与其他同志之所为耳。虽欲勉强归功于湖北公民，而湖北公民不任受焉。此次西南独立，则蔡督军与其他同志之所为耳。虽欲勉强归功于各省公民，而各省公民又不在任受焉。

吾为此言，凡以见一省之大，其政治作用，全在其为领袖者之一二人，而地方之公民不与焉。其领袖而善也，斯其所表现者善；其领袖而不善也，斯其所表现者不善。湖北得一黎氏，云南得一蔡氏，而湖北、云南乃为自觉乃为有人格。四川得一陈宧，山西得一陈树藩，而两省之自觉与人格，乃至忽有忽无忽起忽灭。且以辛亥之湖北与今日较，何其自觉、人格之相去若是耶？以辛亥之南京与今日较，何其人格、自觉之相去若是耶？更有奇者，则一省之内，而两种现象杂然并陈，广东一隅之地，而有岑西林与龙济光。则丁君之所谓自觉与人格者，将以肇庆之岑为代表耶？抑以广州之龙为代表耶？山东一省之内，而有张怀芝、居正。则丁君之所谓自觉与人格者，以潍县之居正为代表耶？抑以济南之张怀芝为代表耶？如是吾见夫各省之地域上，但有个人之活动而已。而团体安在哉？既无团体，则丁君之所谓自觉，所谓人格又安有成立之根据？然而联邦制能舍公民而别求基础乎？能舍公民团体之意志而别求基础乎？如曰各省军人之所为，可以冒公民之名也，吾复何言！如曰不能也，则丁君之所举八大特色，亦只丁君之所谓特色而已，而于以省为国家之固有基础之说，未见其有合也。张君则持联邦论尤力矣，其联邦立国论中，数中国采用联邦之利凡七：一曰合于历史上之趋势。盖谓中国素以分权立国，故当采用联邦。吾谓分权自分权，联邦自联邦。明如张君，岂不能辨？且吾国数千年以放任为治，应统一之行政，中央从不能自举，此足以证其为治之散漫，曷足以为联邦之基？二曰明乎政力向背之理。谓国家有离心、向心二力，中央政府则向心力之用也，地方政府则离心力之用也。吾以为调和此二者之法，有宪法上之个人自由，有地方自治，初不必联邦而后能致之也。三曰联邦能得真统一。盖于民情复杂之国中，以法律保障其纷异状况，而中央政府之职掌，惟限于全国一律之事。斯真统一以致，考世界各联邦国中，如瑞，如美，其文化言语，诚有差异，而吾无之，安用联邦为？其所以省与省或省与中央不相容者，初不在风俗人情之异，而别有在焉。四曰启发人民之自治力。吾谓世界各联邦国之成，则因自治团体发达之果，乃由邦而成国耳。苟自治而不发达也，即其国不足为联邦之证，安有联邦之制而可为发达自治之用哉？五曰能维系刚性宪法。谓将来宪法，全赖各省为担保。吾以为今后宪政能否长保，视国会之运用如何。运用而善，初不赖各省而自保。运用而不善，恐推翻之者，即在各省而不在其他。袁氏停止国会之日，代表各省势力之参议院，岂不巍然尚存。然其效力视美之元老院、德之联邦院何如哉？此其故可得而思矣。六曰得控制与平衡之道。今之宪法中如司法独立如同意权等，为控制平衡计者，甚周且至，已无待于联邦。七曰矫正民主政治之弊。吾国今日尚未达于多数专制之日，不可细论。即此七者言之，盖张君以近世各国所行之立宪制、自治制、三权分立制、民权保障制所同具之制，而概以归之联邦，乃若联邦之利，足凌驾一切而上之。抑知此七者其根底自有所在，而不在联邦。反言之，虽有联邦，而无其根底，则有利于他人者，未必其能利我也。

今姑让一步，谓此七利者，非联邦不可得，则其先决问题，即为联邦能否施行。能施行也，斯利自至。否则虽有千百利，又安用之？譬之有言于丐曰："汝能建一大厦，则所享之福若何若何。"夫福之可羡，丐岂不知之？其奈大厦之不能建何！张君之言亦若是耳。呜呼！三君者，盖至爱国而至爱地方者也。然窃以为三君立言之方，于吾国国情，均有所未审，三君之意，以为中国广土众民，语言不一，文化各殊，统一之治，万难调和，彼是利害，吾以为同为汉种，同用汉字，方音之殊，何国蔑有，地方风俗，悉衷礼教，法令效力，本不及此，安在以大一统之故，而强同其所不同？且数千年来国家组织本不完全，中央财政，受制地方，陆军大权，授之疆吏，机关不备，界限不明，庚子以来，中央所为，巨谬极戾，地方长官，缘是坐大。时至今日，此风益张，此皆政权分裂之象，曷足与联邦相提并论。乃论者不察，以为此省自为政之局，即联邦分治之基，岂惟不解联邦真相，且将大长割据之风！权限分明之效未睹，尾大不掉之祸立至，此可以预决者也。虽然三君将有以难吾曰："自袁氏之当国，军权掌自一尊，搜括遍及全国，统一之度，不为不高，其极也南面称帝，滇黔举义，而今而后，非行联邦，将何以扩各省之权，举抵抗之实？"本斯以谈，则诸君之所以倡联邦者，盖手段而非目的也。则吾欲问诸君者，有二事焉。第一，联邦制是否可为改良国政之手段。第二，以联邦制为手段，其弊害何若？满清末叶，纲纪堕废，忧时之士，创革命立宪之论。今命革矣，宪立矣，凡他国所用以改良国政者，若责任内阁，若议院监督，若司法独立，若预算同意，若会计检查，吾既无一不有，而国政之不良，无异畴昔，于是论者复欲于此数制之外，益以联邦之制，安知联邦制之无效，不与其他制度等乎？且凡行一制，必先有行此制之积极条件，此积极条件而不备，非特其制不行，而他弊乘之。墨西哥非共和而联邦者乎？既共和矣，则中央应举法治之实；既联邦矣，各邦应收自由发展之功。然而丧乱频仍，治平无日，此皆积极条件之不备，而惟以法律制度为治具之有以致之也。呜呼！三君皆贤者，其以移植制度为能尽治国之能事乎！

或者曰："子之非联邦既闻命矣，然而省之不能即以现状自安，尽人而知之，所以改善之者，道将安出？"曰："今国中关于省之主张有二：甲欲以省为联邦，乙主废省。此二者，皆立于极端者也。联邦说以极端之各省自主望各省，此非今之各省所能任，已如上述矣。废省说乃以极端之中央统一望中央，此亦非今日之所能行者。盖近数年来政府威信，久已失坠，不独集权之论，为人所厌弃，即于统一行政如军、财二者，世犹怀疑，则举全国之省政，而授之中央，其为国人所不容，又何待论。况乎幅员之广若此，交通之阻若彼，一旦剖省而为道为县，尽收省之所有事者，由中央自举而内务部监督之，不徒耳目不能遍及，而日力又何能继？如曰监督之事实，不由中央而另设古之所谓衣，直指今之所谓巡按，则坐拥地方以抗中央者自若，不过其名稍更易耳。若是乎，兹二说者，其不适于今日彰彰明甚。仆乃本执两用中之义，求其去今制不远，而日后可以徐图改进者。惟有一法，曰仍以省为省，而确定其在国法之地位而已。"盖省之名义，定在约法，故寻常行政区域之废置分合，已不能施之各省。然而省之为一单位，虽有宪法根据，顾省长、省议会不设，则所以为单位之实，无由而显，易词言之，省之是否为公法，人即视此等机关而决也，此省之法人地位不可不定者也。省长掌一省政务，为省官吏系统之首，而不入中央范围。盖为地方自由发展计，则其所掌握，应但以一省为限，而中央事务不涉焉。盖必如是，省长不至负中央事情之责任而致动摇，而中央更不能以一时好恶之私，夺其为省长之地位，此省内行政系统之不可不定者也。（至各委任事项如何解决，详后。）省之行政，既自成一系，斯其立法不能不详为列举。盖立法者，议会之权，而行政由之而出也。自两权对抗之原则言之，凡属省内立法，其是非得失，一决于省议会，而行政官吏对之而负责任。自中央、地方关系言之，凡属省议会之权，中央不得而侵入。盖必如是，乃有以明省权之所在也，此立法权之不可不定者也。既为法人，既有法人之意思与执行机关，使省无独立财源，则省之自主之实，仍无由而举。犹之人身但有神经，而无血气，则智觉虽敏，而体力不足以辅之，犹无用也，斯省税与省财产之不可不定者也。

此四端者，乃造成公法人之必要条件，其有之也，斯团体成，机关立；其无之也，即其权限庞大无伦，要皆法外之权，而不足以语于法治。今本斯旨，草为斯案，虽尝勉求此四者之实现，顾实有不能充类至尽之苦，此何也？省制问题，初不仅省而已焉，盖即为中央、地方之权限问题也。今中国固号一统，而陆军一端，省自为政，一师一旅之争，视为寻常茶饭，中央政府惟有听其所为，绝不敢以一言断其可否，乃至兵之驻扎，各以省为根据，虽欲勉强调遣，而威令实有不逮，此则与中央威信军区划分相依伏，而非省制之所能解决者也。关税、邮电、盐务，为中央直接收入，而实为外力所操纵。此外各种岁入，大抵视地方之意而多解少解，故以全国所托命之政府，而其维持之费，惟各省之鼻息是仰，此亦古今之所未闻而东西之所罕见者也。必后必由何道乃能使中央财政有自主之日，而不致为各省所挟持，此又与中央威信国税自收之制相依伏，而非省制之所得而解决者也。乃至司法事务之监督，如曰径由中央自办，则中央有无鞭长莫及之苦；如曰委任各省，则各省能否执行中央之意志，而无冲突，此又与威信行政系统相依伏，而非省制之所能解决者也。若是乎今后中央与各省之间，问题若是其多，关系若是其大，即欲解决，岂年月所能收功？况乎以种种问题互相关联之故，甲而不解决，则乙之不解决随之，乙而不解决，则丙之不解决随之，此吾所以谓今之海内领袖，以联邦或省制之说，为可以拨云雾而睹青天者，皆于今之中央、地方关系，初未尝穷其涯岸也。且即将中央直接行政与委任行政暂置而论，而仅就本案中所列为省权者言之，则应先解决者，尚有数事。中央各省行政之子目，应表而出之，一也。中央行政、省行政应各设机关，即不能事事如此，应将责任权限，略为分明，二也。中央税与省税应划定界限，三也。必此三者举，而后予之所谓省制，乃有施行之望。盖国之所以为国，地方之所以为地方，其界限确立，而后数千年似中央非中央、似地方非地方之凌乱无纪之弊习，乃能摧陷廓清也。

夫省制关系之参互错综既若是，虽曰中央不举中央之事，则地方欲举地方之事而不可得，然即以此故，谓省制可以长此不立，则又不然。中央之不职，地方不应随之而同尽，中央既已不职，为地方者尤不能不力自振作。且省权诚定，省税诚分，省之立法、行政系统成立，则其活动之影响，自至侵入国家行政，而国家行政虽紊，要不足以妨省之发展。此愚所以于国政扰攘之日，而图省制之立者有年矣，所常引为深惧者，则极端之分权论一昌，维系各省之纽，荡然尽解，分崩之祸至，而大局之危，至不可收拾。此则流弊之生，不可不防，缘是之故，于本案中所为三致意者，省长虽属诸省吏系统，省议会得而弹劾，而任命之权，不可不操自中央。一、省长虽谓省吏，而中央得以国家行政相委任。二、省议会与省长冲突时，其解决之法听之中央。三、省参议会得审查省长提出议案，且中央得任命三人为参议员。四、中央政府于应统一之行政可以指导省议会（第二十二条）。五、省税中以可为地方税者为限，而省债之制限极严。六、凡此各端，于图自由发展之中，隐寓制

限之意，过渡之日，势不得不尔。若夫缘此而召立法不纯论理不贯之
讥，则吾固逆知之矣。

抑吾闻之太史公曰："上者因之，其次利导之，最下者与之争。"岂
惟生计，政治亦若是耳。政制之为物，其能合于国俗民情者，斯其行也
易，反是者虽奋勉图功而行之也常甚苦。卑士麦改造德意志为联邦者，
因所固有也；美之由十三州而为联邦者，亦因所固有也。拿破仑之以法
为单一国者，因所固有也；日之废藩置县者，亦因所固有也。如是世界
之善为政者，类无不知因之可贵，而创始之不易。吾中国之于联邦近
乎？于一统近乎？得失利害，不待识者而后知，因旧有一统之基，徐图
各省之自由发展，集权之度，不必如俄、法，分权之方，大异夫德、
美，参酌世界之成规，建立吾国之新制，此则方今要务也。而联邦名义
之争何为哉？且中央、地方政弊所积，一言以蔽之，则凌乱而已矣。中
央不自知其权限所存，或有权而莫举，各省不自知其权限所存，或有权
而莫举，今诚取权之不明者明之，不举者举之，则系统自完，国本自
立，而权之或分或集，姑俟国家之进化，因时损益可焉。呜呼！世人以
推崇联邦政治之故，乃奉占花臣、哈米尔顿为伟人，抑知今之救时良
药，固不在占氏、花〔哈〕氏，而在斯泰因、哈敦堡呼！世有其人，虽
为执鞭所欣慕焉。

中国之前途：德国乎？俄国乎？[*]
——三封信
（1920）

第一封

东荪兄鉴：

　　顷读《时事新报》二月二十七日公撰时评中有"《民国日报》上有一篇文章，论批评革命，大意是指摘张君劢的左德右俄的主张"之语。除左德右俄一题另有答复外，兹先就批评革命问题与公及《民国日报》记者商榷之可乎？革命为一种政治的、社会的、文化的激烈变动，当其由旧而新，由静而动，其间自不能无种种之甘苦喜惧与夺成败得失，于是有歌者，有哭者，有是之者，有非之者，此一定之理也。以是而著革命史者，常分左右祖。克林威尔之言曰：画我当画似我者。其天性之刚直洁白，可以想见，然后之史家有斥为伪善者、猛狞者、阴贼险狠者。盖棺之论，至近百年来始有推翻前案，而认识其人之价值者，则英国革命之左右祖为何如耶？法国革命，近世政治变迁之大关键也。读世界史者，无不尊之重之，视为人类再造之一日。然戴恩（Taine）、蓝囊（Renan）者，十九世纪中叶代表法国思想之哲学家也。戴氏于其所著《现代法国始末记》，搜罗遗闻逸事，诋革命不遗余力；蓝囊氏演说于法国大学院中，谓人类一切罪恶，至大革命时代而已极。是法国革命之左右祖为何如耶？盖史家自有史家之立脚点，暂不深论。吾侪居今日之中国，束缚于四千年陈陈相因之旧历

---

* 《解放与改造》第 2 卷第 14 期，1920 年 7 月 15 日。

史，凡属革命，不论其所争为思想，为政治，为民族，为社会，吾以为当一概欢迎之，输入之，何也？所以改造此旧时代以入于新时代之法当如是也。虽然，人类不能无爱憎取舍，而欲以言论易世者，尤不可不以爱憎取舍为强烈的表示。以不如是，则化民成俗之目的不可得而达也。于是而著革命史者，则有两法：其一，以革命为天神，为教主，而吾自居于使徒，日夕顶礼之，膜拜之。凡所以颂其功德者，无所不至；彼喜焉吾喜，彼惧焉吾惧，此一法也。其次，则以革命之举为可暂而不可常，可偶而不可久，故重在剖析其前后经过，而以可遵循之涂示之国人，不骛新骛异，要在求一人人共由之路，此第二法也。吾思之，吾重思之，俄蓝宁辈之所为，震惊一世之力，可谓前无古人，然以为他人所可学或他人所能学，则吾未之敢信。以亡命客于数日之间，夺取政府，视拿破仑之建武功于外，然后禅大位者，犹且过之，此为他人所可学所能学乎？不惜敌一世，而与德言和，此为他人所可学所能学乎？恃劳动界不平之心理，以为世界革命，旦夕可成，此为他人所能学所可学乎？不顾生计上之影响，毅然于旦夕之间，实行其国有主义，此为他人所可学所能学乎？凡若此者，可谓数百载而后一遇。有蓝宁之天才，有蓝宁之自信力，而后能致此震天撼地之业。若夫天才不如蓝宁，自信力不如蓝宁，而欲尤而效之，未有不画虎类狗者也。德之革命则异乎是，建筑于五十年训练之上，酝酿于四年战争之中，有国民为之后盾。无一革再革之反覆。及新政府既成，以各方之交让，议定宪法，虽社会革命之理想，并未完全实现，然规模具在，循此轨道以行，则民意成熟自然水到渠成矣。其耕耘之日，历尽艰辛，故收获之日，自少波折，不得徒以多数社会党之依违迁就少之也。若此者，无赫赫之功，故不为世人所叹赏叫绝，然而世界国民之有志者，未有不能学，学焉而未有不能至者也。夫孟贲之勇，世所称也，然而教人者，不强人以期至乎孟贲，而勉人以练筋骨劳肢体。盖练筋骨劳肢体为人人所可共由，而贲育则旷世而一遇者也。离娄之巧，举世所羡也，然而教人者，不强人以期至乎离娄，而勉人以循引规矩。盖循引规矩为人人所可共由，而离娄则旷世一遇者也。吾本此义，以衡俄、德两国之革命，则德之革命领袖，出身议会政治，蹈常习故，视蓝宁之一鸣惊人者，远不逮焉。德之革命制度，绝无创造天才，视蓝宁之凿空探险者，远不逮焉。如是，两国之短长得失，吾具知之，而犹为此左德右俄之论者，则以吾以为蓝宁者，孟贲而已，离娄而已，非筋骨肢体也，非规矩方圆也。《民国》记者之意，或者以为批评革命者当如受教主之熏陶，以彼之天国为天国，以彼之使命为使命，为其旗下小卒者，分其精神呼吸之一部，为之传布世界。诚如此为之，于射注"烟士披里纯"之道得矣，而于辨是非可否，示人以可循之涂辙，则不在此也。故以仆之不文，昧于史识，诚不敢以阿好之故，执一偏之见。所为分别高下者，其于蓝宁，则佩其主义之高，进行之猛，字之曰社会革命之先驱。然于根基之深厚，践履之笃实，则独推崇德之社会党。凡此立言轻重，想在公与《民国》记者洞鉴之中矣。仆僻在异国，海内士君子之教正，欲亲炙而莫由，姑凭空推想，作此答辨，亦不自知其所言之果针对否也？若夫公之所立革命评价之两标准："第一，他们号召的主义，是否合于全俄民意？第二，是否合于普泛的人类幸福？"吾以为天下至难言者，莫如民意。拿破仑三世之为总统也，国民投票之赞成者五百四十万票。及其帝制自为，而帝制票之赞成者，又七百四十六万票。同是国民，而忽共和，忽帝制若此，是民意之标准安在耶？岂惟拿破仑三世，袁世凯之为总统，议院所选也，及其为帝，则全国投票，又一致赞成之，是民意之标准安在耶？岂惟法与吾国，彼克仑斯几时代之国民会议，克氏所认为代表民意者也，及蓝氏政府成，则代以全俄苏维埃，蓝氏所认为代表民意者也。各有其所谓民意，而前后民意之所赞成反对者，迥不相侔，是民意之标准安在耶？如是，民意之为物，不尝求一抽象的思想之中，而求之事实。第一，应问其选举法之是否普及与平等。第二，应问其是否服从第一次选出之民意机关，非以强力推翻后而改选者。诚遵此以求，则真正民意乃可见，而大中至正之道在是矣。何也？悬拟一拟，以为民意在此，则可以意制造之，若遵吾所举二标准，则验诸全国人心而合，考诸法律而无背。如是者，非一二豪杰所能假窃，而人人所共由之路在是矣。吾以为不言民意则已，诚言民意，则所左者必在德而所右者必在俄矣。若夫普泛的人类幸福之说，则更难言矣！公所谓幸福者，主观的乎？客观的乎？精神的乎？物质的乎？现在的乎？未来的乎？国家的？世界乎？凡此哲理之谭姑措之。吾辈既言社会主义，自当承认社会主义之所谓幸福，而所谓幸也福也，自不能无决定之人，则吾欲询公者，幸福云者，以一二人之意思为标准，不顾民意之从违而强之乎？抑必待民意之承认而后行之乎？幸福与杀人流血之惨祸，相随而俱至，以幸福为不敌惨祸而缓之乎？抑不顾惨祸而必强行之乎？如曰幸福决于民意，不决于一二人，则吾以为蓝宁之民意机关，不合于吾上举之一二标准。彼之所谓幸福者，犹是蓝宁一二人之所谓幸福，而全俄民意之所谓幸福是否在此，吾未之敢信焉。如曰幸福之政，与其随杀人流血以俱至，何若待民意成熟，于安稳中行之，则两年来俄国之劳师费财，人民之衣不暖食不饱，其所受痛苦为何如耶？吾为此语，公必驳之曰：吾所指者为普泛的人类幸福，所以证俄之历尽艰辛，为世界后世开无数法门，其所造于人类者何如，则吾以为国于世界之国民，先忧后乐，摩顶方踵，若开山之教主，虽以身殉而不顾，若是者，数百年之历史中，不可不一见，而不可常有。如政治革命之百年前之法国，社会革命之俄国今日，是其例也。如是，不言幸福则已，诚言幸福，则所左者必在德而所右者必在俄矣。且革命者，事实也，经过也，非若理想之高悬者也。既评革命，自然评其事实，而不评其理想。乃公独曰："革命评价，不当拿事实上的过程来做标准，而应当拿所悬揭的理想来做标准。"诚如公言，理想之高者高之，理想之低者低之。此为学说比较，党纲比较，而非革命批评矣。虽然，吾知公意不在此，以为当视其以身殉主义之勇怯何如耳！则吾直言告公，德之社会党之勇猛精进，诚不如俄，然其脚踏实地，远非俄所能及。假令蓝宁去其贫民专制，而恢复人民自由，其所成就，吾殆不能必其能比隆德国焉。公又有言曰："事实的经过，有种种不满人意的地方，只能认为手段错误，却不能据为评价的根据，因为这种错误的手段，是非常容易消灭的，只要觉得不对，便可更正。"是义也，关于今后社会革命之方针，尤为重要，非可轻易放过者也。天下往往有主义甚正当，徒以手段之误而流毒无穷，亦有主义虽不完满，徒以手段不误，反得和平中正之结果。俄、德之革命，是其比较也。中国今后而有社会党之一日，将效蓝宁解散已成之国会乎？抑效德之开设国会乎？将效蓝宁之以一阶级独占政权乎？抑以选举、被选举权普及于国民乎？将效蓝宁于旦夕之间行其国有主义乎？抑俟民意之成熟，逐渐进行乎？凡此取舍之间，关于一国利害至重且大，而公若淡焉视之，以为更正错误，乃一举手之劳，此吾之所不敢苟同者也。夫吾非不知蓝宁之手段而不错误，则其掀动世界之力，或不能如今日之大。故其力量之大，正在其手段错误。虽然，此可一而不可再，可偶而不可常。蓝宁亦有言，居俄国之地位，故能支持至今日，然则无俄国之地位者，孰谓于手段而可忽哉？吾更以一语语公与《民国》记者，吾之一腔热血，倾泻于蓝宁者未

必下于公等也，然以为所以指示人人共由之路，厥在理性，而不在感
情，此则吾之革命评价之标准也。圣人亦有言，教人者在示人以中庸之
道，其过于中庸者，圣人不欲以之率天下焉。诚如是言，则吾国人之所
当学者，厥在德社会民主党之脚踏实地，而不在蓝宁之近功速效焉必
矣。愚意如此，惟公熟计之耳。

弟嘉森拜启　　四月十七日

第二封

东苏兄鉴：

　　顷读二月十七日《时事新报》大评，首语为"昨天《民国日报》有
一篇论，批评革命的文章。大意是指摘张君劢的左德右俄的主张"。越
在海外，不得《民国日报》而读之。然大意所在，或以《民国》记者为
主张蓝宁式革命之一人，而假定仆为主张德国式之革命者。缘作此书，
答公评语，并答《民国》记者。自德、俄革命以来，世界各国之社会
党，有左俄者，有右俄者，党中内部因此呈分裂之态者，不一其国。公
与《民国》记者，对于仆说有所是正，想亦此种潮流之鼓荡，已波及于
东亚。仆不特不以公等之责难为异，且欣欣然愿承教焉。仆于德、俄革
命以左之右之者，不在其社会主义之实行，而在其取采之手段。仆为希
冀以法律手段解决社会革命之一人，故对于蓝宁式之革命，不敢苟同。
若其主义之高，进行之猛，已详拙稿《读六星期之俄国》。（编者按：此
稿早已寄来，因多积稿，尚未发表。）固佩之不暇，推许其历史价值，
等之法国革命。反之，自德国言之，其宪法中社会主义之条文（详拙稿
《德宪法评》），固不能尽如社会党之意，然所以许之者，在其所采之为
法律手段。仆论俄事，多倾倒之语。然文中固有法律问题暂搁一边字
样。至其论德国独立社会党，尝责其好言暴动，抛荒宪法上之规定手
段。凡此抑扬高下，拙稿具在，可覆按焉。此仆之对于两国革命之批评
也。自原则上言之，两国革命之异点，可以法律手段与非法律手段衡
之。然其实际尚不止此，条举之如下：

　　（一）俄蓝宁革命成功后，解散国民会议而以全俄苏维埃代之，德
于革命初期虽召集苏维埃，其后废之而代以国民会议。

　　（二）俄之苏维埃限于劳动阶级（详细见拙译俄宪法）；德之国民会
议，一切国民均有选举、被选举权。

（三）俄之代表机关，为一阶级所占之苏维埃；德之代表机关，为国民会议，此外辅之以苏维埃，得参与立法。

（四）俄之土地国有，工业国有，由苏维埃认可，不出赔偿而强征收之；德宪法上亦认国有主义，然其施行方法由议会议决，且采取赔偿主义。（大要如是，亦有例外，详《宪法评》。）

（五）蓝宁政府抱持数十年来社会党不与资产阶级合组政府之大义；德革命之初，以多数派、独立派组织纯社会党内阁，其后独立派出阁后，多数派与其他资产阶级合组混合内阁。

（六）蓝宁氏以为在革命后之过渡期内，对于资本家之参政、集会、报纸，应加限制，故施行贫民专制；德则无此状态。

如是，废国民会议也；选举权限于一阶级也，苏维埃政治也，国有政策之立时施行与非赔偿主义也，不与他党合组政府也，在过渡期内施行贫民专制也，此俄国革命之特点也。召集国民会议，选举权普及于国民也，议会政治也，国有政策之非立时施行与采取赔偿主义也，与他党合组政府也，无所谓贫民专制也，此德国革命之特点也。凡此蓝宁所行而德所不行之六端，《民国》记者而一一主张之，且持之为今后进行之纲领，则庶足以自附于蓝宁式之革命家矣。若其犹持议会政治之说，或国有之业，不愿于旦夕之间以国家之力强制施行之，则仆之左德右俄之说，未见其可以排斥焉。仆之所以持法律手段解决之说者，则亦有故。十九世纪以来之民主政治，凡属国民，同有一投票权，而其为饱食终日耶？为朝作夕息耶？在所不问，何也？在法律前为平等故也。此种民主，吾名之曰形式的或法律的民主（Formal democracy）。自蓝宁政府之成，惟劳动者得参与政治，而其他阶级则否。去年三月德国议宪之日，独立社会党亦持此说，欲以苏维埃代议会。若是者，推尊劳动神圣之原则，而至于排斥无所事事之国民，吾名之曰"工业民主"（Industrial democracy or democracy in productive sense）或生产意味之民主。吾以为持工业民主说者，推尊劳动是也。然推尊之过度，而至于摈斥其他国民，则大非平等之义。此自法律平等上吾不敢歌颂蓝宁式之革命者一也。国之所以立，必赖法律，苟无法律，国且不存。所谓法者，其成立也，必有一定之机关，一定之顺序，若苟焉以少数人之力，从而更易之，则法为非法，而国必乱。诚以今日吾以强力推翻人，则明日人亦得以强力推翻吾。如是两相推翻，虽有利国福民之美意，亦且变为祸国殃民之暴举矣！公尝有语，今后革命家之所以辨者，厥在红色主义与法统主义。此正吾之所为斤斤者。此自法律统系上，吾不敢歌颂蓝宁式之革命者二也。他若财产之没收也，贫民专制之施行也，彼自有其特别之动机，然按之法治主义之大原则，无不相叛谬。以是之故。而蓝宁至今为世界所不容，其勇猛固可嘉，若谓所当取法在此，则吾未之敢承。闻之，《民国日报》，孙中山先生所主持者也。中山先生，两年持护法主义者也。护法主义者，由北方解散国会来也。然则以反对国会解散、主持护法之中山先生之言论机关，而欲效蓝宁之驱逐议员，破坏法律乎？以吾所见，最近纽约电报，蓝宁提出之议和条件，已有重召国民会议之说。彼蓝宁方自悔其非法主义，而《民国》记者之欲步其后尘者，其可以已矣！虽然，既言社会革命，不能无破坏；有破坏，岂能悉依昔日法律而图改革？于是各国社会党有两说焉；一曰鼓动国民，求议会多数，然后本多数后盾以组织政府而实行革命；二曰以暴动手段夺取政府而实行革命。前者所谓议会的政略是也，后者所谓革命的手段是也。方今若英之劳动界中，一主直接行动，而一反对之。法之社会党之宣言，既曰社会改造不能不赖革命，而同时则曰革命时期应待贫民组织成熟之后。凡此者，即此两潮流相持不决之倾向也。若夫既已水落石出者，厥为德、俄。德以偏于议会政略故，失于社会主义，而得于法律主义；俄以偏于革命手段故，得于社会主义，而失于法律主义。此二者之不易折衷，彰彰明甚。即后有继起者，恐亦难逃德、俄之往辙也。如是，两者中决无尽善尽美之法，要在择取而酌行之。吾敢以披肝沥胆之语，告《民国》记者，吾国而有社会党乎？对于军阀之扑灭，当取革命手段；对于劳动者地位之增进与政权之转移，当取议会政略。吾之所谓方针者，大略若是。抑闻之《民国》记者有"批评革命当有信仰"之语。吾不获交《民国》记者，吾不知《民国》记者之信仰如何？吾所知者，中山先生之"民主主义"束之高阁，已近十年，不知今日已复开始温习否耶？中山先生如是，吾于是皇皇焉求真有信仰者而竟不可得矣！独念社会运动方发轫于国中，而志同道合者贵于群策群力。《民国》记者，谅不至以革命为独得之秘，故乐与之一言焉。吾之所谓今后社会革命之条理，约如下方。

一、中国今后之生计组织，万不可将欧洲之资本主义失败史重钞一过。

二、社会所有事业，从铁道、矿山入手，管理方法当以政府、技术家、消费者三者合组机关，万不可徒委之官僚之手。

三、银行及大工业当重征所得税，且防其以资财左右政治。

四、新开商埠土地当归之市有，国家荒地不可由个人领恳〔垦〕。

五、对外国银行团当详述其紊财政、削主权、扰世界平和之害，请国际联盟或各国舆论之赞助，设法废弃之。

六、各厂工人会议当渐次设立，不可待其与资本家相抗后再行补救。

以上关于生计。

一、扫除军阀。

二、国会选举当采用直接选举，现时之贿卖的间接选举法废止之。

三、各省施行自治，政府对省议会负责任。

四、废现时之私人军队，改编瑞士式国民军。

五、政府对议会负责任，议决不信任时应去职。

六、社会党议员相约不列席政府。

以上关于政治。

以上各条，即所欲与国中同志商榷者也。若其理由所在，以方求学海外，不欲多废时日于文字，故略之。且因文以求其义，固了如指掌焉。公与《民国》记者，将所举十二端，赐之批评，则仆之幸，何以加之？若凭吾之德、俄革命批评，而即以推定吾之对于革命，对于社会主义之态度，则犹未足为知仆者也。社会主义之实行，在国民多数之后援。德之革命，五十年而后成，马克思氏以流离颠沛之身，虽日用饮食之具，荡然无存，曾不以此稍动其心。其可师可法何如耶？若当发端之始，争蓝宁非蓝宁，是抛荒根本观念上之工夫，而辩手段之得失，吾甚为吾国之社会革命家不取焉。十年来国中党派，党同伐异之私，吾倦之久矣！其有舍旧而新是图者，吾乐携手之不暇，此又吾愿《民国》记者之共谅也。抑吾以吾之十二端，衡之公之所谓"以高价的理想来做目标"之说，或不免为卑之无甚高论。则以吾之意见，稍有异同。凡政纲之标举，固贵有理想，而同时不可不求其近于事实。蓝宁昔主张小农私有地之废止，而今保存之。谓蓝宁昔之理想高，今之理想低，可乎？蓝宁昔以工厂之管理委之工人，而今以技术家代之。谓蓝宁昔之理想高，今之理想低，可乎？蓝宁昔以五谷之卖买归之国家，而今又还诸小农。谓蓝宁昔之理想高，今之理想低，可乎？此无他，事实限之也。如英政党（即劳动党亦然），向以短期内所能行者列为政策若干条，而大陆之政党反之，常取本党涉及于一切之信仰而标举之，以是多空文而不切实用。今后吾国之政党与社会党之标举党纲，其采英国主义乎？其采大陆主义乎？吾固一无成见，若上举十二端，亦仅为一时感想所及，非欲以此垂为政纲也。要之，政党之结合，在大体之相同，而不深究其小异。仆固甚愿追随多数之裁判，而不敢自信其所陈者之必中事理焉。仓卒陈词，唯公与《民国》记者教之而已。

弟张嘉森再拜　四月十八

第三封

君劢兄鉴：

在郁积无聊之中，忽得手教二通，喜可知也。相隔天涯，信札之往还，期必三阅月，以致书来而此间情形则全变矣。来书致弟而兼及《民国日报》，今则《民国日报》不成问题，孙、段携手已成公然之秘密。友人告弟曰："孙不讲护法而讲革命（指社会革命），上也；不讲革命而讲护法，中也；若夫既不讲革命而又抛弃其护法，则不堪问矣！与段携手已不堪问，乃竟与安福生关系，自己对于自己之名誉宣布死刑，他人尚何言哉？"此友之言，深堪玩味。吾兄乃仍与之讨论俄、德优劣，得毋太不知趣乎？虽然此非吾兄之过，乃时间作用之过也。国内人之善变，诚有使海外人大惊者，此特其一端而已。

来书所讨论者凡三：一曰我辈之社会改造之主张，二曰革命之评价，三曰实行之手段与节操。以言吾辈改造社会之主张，吾兄历举八纲，弟无不同意。惟弟所见有不同者一点，即国会制度是已。以此一点之不同，故兄第二书中历言法律手续一层，弟对之不无怀疑。请先言弟之主张，此次百里兄来，偶谭及社会主义，询弟曰："吾辈宜取何种社会主义？"弟应之曰，据我观之，以我之浅学不敢于积极方面有所主张，止能于消极方面定一趋向。此趋向为何？曰：于经济组织不可采用国有主义，于政治运用不可采用代议主义。百里兄颇韪之。今请更就此二义为吾兄陈之。

自马克斯出，对于现行经济制度已批评无遗，而其改造之方法则含浑，于是社会主义分为无数之派别。其派别之所由分，谓之在经济组织上主张之不同，毋宁谓在政治组织上主张之不同。盖近世已将经济与政治合而为一，经济以外无政治。特经济与政治在性质则仍不能不一致。以经济与政治乃一物之两方面，此两方面同时存在，固非并为一方面也。经济为人群之生活，政治为人群之组织。有人群以上不能无生活，有生活则非有组织不可。故生活的原则在平等，组织的原则在自由。质言之，即于经济制度务求使人人得平等的生活，而于政治制度务使人人得有自由，而不致受强力之压迫也。惟人于生活与组织以外，尚有精神生活，即文化是已。文化须向上不息。故弟以为吾人理想之社会必为平等、自由、向上三者平均发展之社会。换言之，即平等、自由、向上三者合为一体，所谓"平等—自由—向上"是已。此弟对于改造原理之泛论也。

弟近来思想倾向于工会的社会主义之原理。工会的社会主义（Guild Socialism）之原理实兼收无治主义与工团主义（Anarohism and Syndicalism）之长。无治主义诏告于吾人曰：国家自国家，社会自社会，乃两物也。国家为一种强制的组织，而社会则顺乎人性之自然的组织也。此种强制组织之力以国家主义与国会主义而日见扩充。国家主义之目的在伸张势力于国外，国会主义在以立法机关包括一切。于是愈伸张势力于国外而国内愈无平等，愈置一切事务于立法机关而社会愈无自由。无治主义所由兴，即抵抗此二趋势也。盖社会之秩序，本成于人性之自然，强制之所关者不过极小部分耳。无治主义主张并此小部分而亦去之，固其所偏，然其诏告于吾人曰强制之部分不可听其扩大，则确为天经地义也。故弟以为无论如何必使政治的权力在相当范围内，不可过大，于是可听政治以外者自由发展。因政治以外者之自由发展，并可逐渐使政治缩小。总之，弟以为无治主义之精神当充分吸收之，但不致于达到无治。直言之，即以政治缩至最小范围而仍不使其绝无是已。因政治苟在相当范围以内，有百利而无害。因其有存在之价值，不可遽然废止也。以此原理，弟反对经济集权之产业国有主义与政治集权之国会万能主义。

兄所举八纲与弟所述之原理颇有吻合处，惟于国会制度一点，弟持异议。弟以为中国之国会制度决非仅改间接选举法为直接选举法而即有希望。吾人虽不能尽废议会，然吾以为宜采用下列数款：

一、无职业者不得有选举权与被选权。凡官僚、军人均非有职业，故可籍此排去此辈民蠹。（此条包括行政机关。）

二、对于无论国会、地方议会与行政官吏，人民须有覆决权（referendum）、创议权（intiative）、罢免权（Recall）。

三、对于小组织（小组织如邻居团体、同业团体、互助的异业团体等），宜置有法律上之根据。

四、宪法上对于立法、行政宜有严密之制限，以留政治以外之社会的自由。

此外犹有一点，弟以为吾辈既反对卫尔逊等之第二国际主义而认为不澈底，则吾辈必赞成蓝宁等之第三国际主义。第三国际主义即纯正之世界主义。既讲世界主义，则中国当为一地方。则此一地方构成一个地方之组织抑数个地方之组织，要视人民之情感意志而定，不必以统一之名义为之拘束也。

次言革命之评价。兄书中所论颇有误会。弟前谓以理想而定高下者乃指革命之目的而言。如墨西哥革命屡矣，其目的安在，虽叩诸当事者恐亦瞠目不能答也。我国革命亦屡矣，九年之间内乱未尝间断，然何为而乱，则虽叩诸此造乱之人必亦不能明了答复也。若俄、德则不然，虽其革命之方式互不相同，然皆揭橥一种理想以为终鹄。故革命止可分为有理想之革命与无理想之革命。俄、德同为有理想之革命，故弟不欲轩轾其间，而仅能谓方诸无理想之革命则高远矣。

至于俄、德之不同全在国情，若移德之社会民主党而于俄，难保其不主张贫民专制；若移多数派于德，亦难保其不取缓和态度。故俄、德之不同，全由于国情，犹诸造屋，以土造屋与以木造屋者不同，以材料不同故；在山上造屋与在平地造屋者不同，以基础相异故。此实无足异也。至于俄之所以不同于德者，据弟观之，德为常，而俄为变，蓝宁之可佩服者正在此。盖蓝宁知俄国上中阶级全体之无希望，岂但无希望，并为文化之障害，于是思设法为之洗涤。其所以提出贫民而对于上中阶级大加杀戮者，乃对于旧俄罗斯加一番洗刷耳。于此弟不议蓝宁之惨忍而感蓝宁之大仁。蓝宁亦知贫民专制之不能久也，然非借力于贫民专制则不能洗涤旧日污点。乃不恤以毒攻毒，于此可见其心之大公，盖非存心至公不能用其非常之手段也。殆洗刷既毕，则从事于培养人民智能。故近来一切事务已由大多数无组织无知识之人民而移入次多数有组织有知识之人民之手。法人安托尼里（Antonelli）于其近著 *Bolshovik Rassin* 之结论，即同此观察。兄谓蓝宁前主张废止小农，以不能实行而改变焉，遂谓理想与事实之不可合。而在弟则以为小农废止之理想实不及小农私有土地之理想为高，以废止小农悖于自由故也。仍为一理想问题。以工厂委之工人不若委之技术家，以必求文化之向上故。至于食粮之买卖归于国家则集权太甚。凡此谓蓝宁以前之理想不若现今之理想可也，又安能高之乎？兄又谓杀人流血之革命不及安稳成熟之改革，而弟则以为既曰革命，则决不能于安稳成熟中行之。德之社会民主党坚忍以待者垂五十矣。吾知设无欧战，又设德不战败，虽再俟五十年未必即有成熟之时期也，然则德之社会民主党仍为利用时机。夫既为利用时机，则利用之道各有不同，有稍待而利用之者，有立刻利用之者，要视利用之可能性之程度耳。苟有充分之可能性，虽立刻利用之，亦奚不可。既为革命，则绝无不杀一人不流滴血者，而革命之价值亦决不以杀人流血之有无与多寡而定。无杀人流血之革命未必即为有理想之革命。故弟不以杀人流血之有与多而抵毁俄之革命。设俄之革命一如我之辛亥我之护法，虽不杀一人，而弟亦非之。弟以为人非不可杀，而杀之贵有道，不当以杀人与否定其功罪，而当以杀人之理由而定其是非也。至于兄谓蓝宁不可学，诚然。弟亦以为即学焉决不能似。特中国于一方面则上中阶级确有洗刷之必要。不过提出贫民以洗刷上中阶级，在中国情形则与俄不同，事实上不能行也。中国之贫民阶级非特知力不发达，即本能亦不发达。天性不厚，无论何事不能为。故今日之中国非组织贫民专制之时，乃改造贫民性格之时。中国下级社会之人性不能逐渐改善，则一切社会革命皆为空谭。故中国即有社会改造亦当在五十年以后。

兄谓民意空泛，弟则以为不然。民意不以人数而见，不以机关而见，不以形式而见。今有三中国人于此，一人主张恢复青岛而二人否之。此一人之意，民意也。袁世凯称帝时，国民会议投票之结果为全体赞成改更国体，然实非民意。乃卒有松坡之起义，虽松坡未必执途人而一一问之，然松坡之意则民意也。弟以为此后中国不欲有政治则已，苟其欲之，必取民意政治。何谓民意政治？曰：社会上有一种超于局部的利害之民意而能影响于当局，是已。所谓公论，所谓清议，皆是。必须社会各种事业在政治以外而能自由发展，于是社会各方面皆有一部分人格高尚、见识超拔之人，其人始终不入政局，而其所发表之意见则足以影响政务。质言之，即以政治之重心使之在野。中国自有政党以来不思在野谋为政治之监督者，而专以入朝分肥为事，此所以降至今日欲求一真正政党而不可得也。

弟与吾兄所见已所谓大体相同，所最不同者，只法律手续说之一点耳。中国自辛亥以来，谓之无法律，谓之无国会，弟尚觉其不切。直可谓此九年间形式之法律固未尝一日有，乃并习惯法而破坏之；国会制度固未尝一日存，乃并未来之国会制度之信念而破坏之。而兄犹以法律手续为言，真使弟闻之而心痛也。姑勿论解散国会者为大奸巨蠹，然试问即不解散，此种国会果能以国会视之乎？今则南一群妖孽，北一群妖孽，聚此两群妖孽而自名之曰国会，曰议员，曰代表民意，则彼土匪与娼妓聚于一团，亦未尝不可自名为议会为代表也。总之，于各国有法律基础者，其由法律手续上谋改革，弟安得而非之？独于中国则本无法律，本无议会，则法律手续之说无所附丽也。至于中国之前途，以弟之观察，止有革命，且革命或不止一次。此革命之来，吾人无权以拒之。吾人固无力以创造革命，然亦无法避免革命。仅能从事于文化运动，俾于革命之进程中增加其理性的要素耳。

最后弟尚欲以个人出处与兄一谈。弟对于政治，厌恶已深，以后誓不为政治性质的运动，将以译书著书报答于族众。即杂志与日报之言论事务，亦颇思摆脱。将来如有教育事业可为者，弟愿追逐于当世诸公之后。或兄等为社会活动，弟则以教育为助。兄等对于旧势力为炮兵、骑兵以事攻击，弟则愿守辎重，或作农夫，为诸公制造粮食也。翘首西望，不尽欲言。

弟张东荪再拜

致林宰平学长函告倭氏晤谈及
德国哲学思想要略*
（1920）

宰平学长兄左右：

捧读四月三十日手教，欣幸无似，此弟之一年来所梦想而不得者，今而后乃知公之不我遐弃也。渡欧以还，将自己生世细细一想，觉十年来为经世一念所误，踯躅政治，至今不得一当。其锲而不舍乎，其弃之而别图安心立命之所乎，此两念往来胸中，不能自决。近月以来痛下工夫，断念吾第二生命之政治已略决定，此在公之知吾生平者必闻而深骇。然要知此两者不决，吾精神上受一种支解之刑，非惟一生终于无成已焉。此念既定，胸境顿然开朗，去了一政治国，又来了一学问国，每日为此学问国之建设作种种打算。凡此类者所欲待商于公者，姑留待日后，今先为公道吾来耶纳后之生活。耶纳者，中德意志之大学市也，四面环山，城市宛在中央，山非甚高，可供仰瞰，自京西之八里崖而望八大处仿佛似之。山间茂林，苍翠触目。东南西北四方各一高耸之山巅，四巅上四古堡，置身其境者，若在西湖上雷峰、宝素两塔，遥遥相望间。山脚下泉水盘旋，清澈可鉴，与玉泉山前之流泉相类，而流之长则远过之。此弟所最爱，旁晚散步，则沿流而上下焉。此地不独以山水著，人文之盛，冠德全国。德之文学宗匠二人葛德氏（Goethe）尝为此邦总理，雪雷氏（Schiller）尝寓于此，二氏鸿爪，尚留人间。昨与奥伊铿氏周游全市，指谓予曰，此葛德与雪雷并坐谈天之石马，此雪雷著 *Wallenstein*（德国名剧，百里最赏之）之地焉。其他若菲希德（Fich-

* 原载《改造》第3卷第4期（1920年12月15日），今据《中西印哲学文集》（1116～1118页，台北，学生书局，1981）。

te)，若黑格尔（Hegel），咸执教此间大学，教室间一一勒石记其年月。拿破仑战时，德学生投笔从戎，以耶纳大学为始。今市中石像塑一青年学生，左手执旗，右手执剑，即当日学生会为国效死之纪念。总之十九世纪初，德国文化运动、国民运动之中心，实耶纳也。弟之来，不为山水，不为人文，盖百年来全世界唯物主义之说，风行一世，而此山谷间白发垂垂之老哲学家，预言物质文明之破产，提倡新唯心主义，以与世界奋斗，其人为谁，奥伊铿氏是也。去冬来游，立谈之顷，大为所感，乃定计就而学焉。来此后馆于奥氏之徒之家，距奥氏居不过五步，彼年已七十余，已辞大学教职，弟日造其居，质疑问难，真挚诚恳，诚有道之士也。德唯心派之哲学自黑格尔氏后而中衰，时则法孔德之实证主义、英达尔文之进化论出色当行，而奥氏反对之，曰："似此学说，人为自然界所驱遣，丧其内部所固有，非惟不合于求真，且必为世道人心之忧。"时人目为迂阔，自今视之，不啻预言矣。其学说大概：第一，世间实相（非绝对不认物界）不外心、物二者，贯彻此二者厥在精神生活；第二，昔日哲学（德黑格尔以来之学说）家以"思"为真理之源，奥氏曰"思"不过精神生活之一部，徒"思"不足以尽真理，尽真理厥在精神生活上之体验；第三，人心易为外物所束缚，故当以精神生活克制之（然后人生乃能精莹透澈），精神生活与为外物所束缚之心相争竞，故应有一种奋斗工夫；一言以蔽之，以人生为中心。故与纸上空谈之哲理，迥不相同，识以孔子之言"惟天下至诚为能尽其性；能尽其性，则能尽人之性；能尽人之性，则能尽物之性；能尽物之性，则可以赞天地之化育"。孔子之所谓诚，即奥氏所谓精神生活也；孔子之所谓以诚尽人性、物性者，即奥氏所谓以精神生活贯彻心物二者也。奥氏之所谓克制奋斗，则又孔子克己复礼之说也。其言与吾国先哲极相类，所不同者，在吾为抽象之论，在彼则有科学根据耳。欧洲经大战之后，鉴于物力之有尽而人欲之无穷，唯物主义已在衰落，吾东方学子，方迷信物质万能，此弟之所以来此，且欲以奥氏之言药吾国人也。有志于此，不过半载，诚不欲以浅尝贻讥大雅，而公乃属以著译之业，惟有惶恐不知所云。目前所读诸书中，其一为奥氏之当代思潮论——奥氏不朽之作之一也。凡十九世纪之唯心、唯物，一元、多元，进化论，有机论，社会主义，个人主义，道德论，美术论，宗教论，咸具于此一书，不独现代思潮之大观，而奥氏主张一一附见焉。俟返法后当着手翻译以报公命。惟卒业或在一年以上，不敢知也，千万望公勿登报声明，免日后徒有广告而无书之诮。更有请代告任公者其学会丛书中有奥伊鉴铿传一目，弟愿担任，拟分四章为之。第一，德国唯心派，哲学小史。第二，十九世纪后半唯物主义。第三，奥氏之学说及小传。第四，奥氏著作内容举要。交卷亦在来年。近方研究，不暇执笔为文。总之吾之学问国之建设，正在发端，千乞公等勿期其收速效而已。抑尚有一言请公转达国中同志者，数年来以政治为饮食水火之君劢，已断念政治矣。吾同志诚有出死入生之举，以急国家之难，则弟之赴汤蹈火，决不人后。若夫现实之政谭，则敬谢不敏。吾且暂别加富洱、卑士麦、格兰斯顿，而与康德、黑格尔为俦侣。万里相思，惟公有以策励而进之耳！匆匆不尽十一，敬颂著安。

                弟嘉森拜手　六月二十七日　耶纳旅舍

奥氏每见面必及任公，为任公道念之言不止十次，望将此意达任公为祷。

倭伊铿精神生活哲学大概[*]
（1921）

巴黎诸同学相约为双周讲谈，以予方自耶纳归，强予为倭氏哲学之讲演，此稿即十一月二十一日第一次之讲谭也，同学诸君子以倭氏哲学足以振作人心，属予记而布之，此篇其总纲耳，若其分论俟诸异日。

十年十一月自巴黎寄

（一）世界两大哲学潮流与倭伊铿

哲学派别之分类法种种，有分之为唯心、唯物者，有分之为主智、主意者，以吾观之，就最近时之哲学潮流论，莫若生活哲学思想，哲学之区分为最明显，生活哲学以生活（Leben，life）为哲学之出发点者也，思想哲学以思想（Denken，thinking）为哲学之出发点者也。昔笛卡儿有言：吾思故吾存。其意谓天下万物皆可疑，而独有一不可疑者，则思是已。然而近时哲学家又有言：天下外物皆可疑，然有一不可疑者，是为自身生活。换言之，实在者，生活也。此即生活哲学与思想哲学两大派之立脚点也。

所谓思想哲学，自笛卡儿、康德、黑格儿，以及近时守康德衣钵之哲学家，与夫其他唯心派皆属之。所谓生活哲学，尼采发其端，尼氏有言："生活支配学问耶？抑认识支配生活耶？"（"Soll nun das Leben

---

　　[*] 原载《改造》第 3 卷第 7 期（1921 年 3 月 15 日），今据《中西印哲学文集》（1095～1115 页）。

über die Wissenschaft herrschen oder das Erkennen über das Leben?")尝以思与生两相比较,卒归宿于思想由生活状态而定之一原则,自是以来,生物学、心理学之研究,日益发达,本生理、心理原素之分析,而有智识皆由生活起之说,如美之实用主义之詹姆士,法之直觉派哲学之柏格森皆是也。

以思为出发点者,以思为唯一根据,故重理性(reason)、重概念(idea)。以论理学上之思想规则与夫认识论为其独一无二之研究方法。盖此派以为欲求真理,舍思想末由焉。以生活为出发点者,以为思想不过生活之一部,欲求真理,舍自去生活(Erleben)而外无他法,故重本能(instinct)、重直觉(Intuition)、重冲动(Impulse)、重行为(action)。换言之,真理不在区区正名定义,而在实生活之中是矣。

思想哲学,以物理学、数学之观念,为基础观念者也。生活哲学,以心理学、生物学之观念为基础观念者也。物理学、数学之观念,则概念也、原则也,由此概念与原则而分析而综合是也。若夫生物学上动物递变之迹,与夫心理学上之自觉,殆所谓逝者如斯,不舍昼夜,有非以概念原则所得而分析画定之者,此詹姆士所以有思流(stream of thought)、生活流(flux of life),而柏格森所以有恒变之说也。

若夫倭伊铿乎!世界学者目之为唯心派之哲学家也,彼亦自认为唯心派之哲学家也,其守康德、菲希德、黑格尔之成规,以思想为出发点乎?抑受二十世纪潮流之鼓荡,而以生活为出发点乎?欲求倭氏立脚点,请证之倭氏书。

倭氏著书之中,无在而无"生活"二字,如生活观(Lebensanschauung)、生活过程(Lebensprozess)、生活秩序(Lebensordnung)、生活系统(Lebenssystem),为其书中习见之字,其各书尤好以生活为名,如《大思想家之生活观》(*Die Lebensanschauungen der grossen Denker*),如《生活之价值及意义》(*Sinn und Wert des Lebens*)、《认识与生活》(*Erkennen und Leben*)、《精神生活内容之奋斗》(*Der Kampf um einen geistigen Lebensinhalt*)皆是也。

倭氏于其《认识与生活》一书中有语云:"世人弊精劳神于概念之搜求(Begriffsarbeit),反将生活抛荒。"又云:"非求生活之根据于思想中,乃求思想之根据于生活中。"("nicht das Leben auf das Denken, sondern das Denken auf das Leben zugründen。")

其《当代精神潮流》一书中有语曰:

欲知认识与生活之关系，莫若验之论理。论理者，世人以为思想规则之所存，一定而不可易者也。然要知人类思想，非仅适用此一般规则已也，乃自有其思想之所为思想者，此思想之所以为思想，何自而来？曰生活是已。（原文五十三页）

要之，吾读倭氏书，常与吾一种印象，若倭氏立言，不脱康德以来窠臼，然细细读之，则其出发点与詹姆士、柏格森初无二致，居耶纳之日，关于此问题，尝询倭氏曰："君以生活为出发点，视生活为一种事实，从而认之，而不问生何自来？"倭氏答云："生何自来？此为不可解之一点，故只能自有生起，自此点而论，谓吾为实证主义者无不可。"如是以倭氏列之生活哲学家中，非独予一人之言，亦倭氏所自认者也。然倭氏与詹氏、柏氏确有不同之点，则詹氏哲学以心理学为其基础，柏氏哲学以生物学、心理学二者为其基础，故詹氏、柏氏哲学多带心理学上之彩色，而倭氏哲学，则为伦理的、宗教的，此其不同处也。

（二）倭氏小传及其著作

倭伊铿氏（Rudolf Eucken）以一八四六年生于德之西北奥里墟（Aurich），普战胜法国之年（一八七一），瑞士巴塞尔大学聘为哲学教授，居三年，转为耶纳大学哲学教授。耶纳大学，德国文化运动之中心也。思想转捩之机，常先发于此。昔德之大文学家葛德、雪雷氏，大哲学家菲希德、黑格尔氏，咸尝执教鞭。倭氏既来此邦，于今三十有五年，他校争罗致之，而倭氏托词辞谢，除一九一三年赴美讲演外，未尝一日离耶纳，以此地与德国文化史有极大关系，故乐此不去焉。自一九一九年辞教职，专心著述，后列各书，久已行世。其新出版者，有《社会主义之生活观》。其在著作中者，有少年印象记，有宗教哲学，有伦理学。录倭氏重要著述如下，其一八八五年以前出版者，大抵为亚立斯大德之研究，与其哲学系统无关，姑略之。

一八八五　《精神生活统一绪论》（*Prolegomena zu Forschungen über die Einheit des Geistlebens*）

一八八八　《精神生活统一论》（*Die Einheit des Geistlebens in Bewusstsein und Tat der Menschheit*）

一八九〇　《大思想家之生活观》（*Die Lebensanschauungen der*

Grossen Denker）

一八九六　《精神生活内容之奋斗》（Die Kampf um einen geisti-
　　　　　　　　　　 gen Lebensinhalt）

一九〇一　《宗教本性》（Das Wesen der Religion）

　　　　　《宗教真谛》（Der Wahrheitsgehalt der Religion）

一九〇四　《当代精神生活潮流》（第三版）（Geitstige Stömungen
　　　　　　　　　　　 der Gegenwart）

一九〇七　《新生活观根本义》（Grundlinien einer neuen Leben-
　　　　　　　　　　 sanschauungen）

一九〇七　《当代宗教哲学大问题》（Hauptprobleme der Reli-
　　　　　　　　　 gionsphilosophie der Ge-
　　　　　　　　　 genwart）

　　　　　历史哲学。（Philosophie der Geschichte）

一九〇八　《生活之意义及价值》（Sinn und Wert des Lebcns）

　　　　　《精神生活哲学引论》（Einführung in eine Philosophie
　　　　　　　　　　　 des Geistlebens）

一九一二　《认识及生活》（Erkennen und Leben）

一九一三　《纽约大学讲演录》（The Deem Lectures delivered at
　　　　　　　　　　 New York University）

一九一五　《德国唯心主义哲学家小史》（Die Träger des Deut-
　　　　　　　　　　　 schen Idealismus）

一九一九　《社会主义之生活观》（Der Sozialismus und seine Leb-
　　　　　　　　　　 ensgestaltung）

　　倭氏书，各国均有译本，其称为大著作者，则《大思想家之生活观》一也，《当代精神潮流》二也，《宗教真谛》三也，而其哲学精神所寄，尤在《精神生活统一论》一书，自此书出，而倭氏之系统立矣。

　　语曰：知人论世，言乎一人之思想行为，不能不以其时代为背景也。常人习而安焉，惟智者乃能见微而知著。倭氏生十九世纪之后半，此时期中最显著之现象，则主智主义也，自然主义也，学者本思想之原则，以求一名词之定义一事物之公例，为人生莫大天职。自孔德实证哲学行世，达尔文进化论风行，一若世界真理，即在自然世界现象之中，而以此二主义之影响，于是为科学发达，为物质文明。始焉以为借科学宰制自然，终焉人生反为物质之奴隶，是始之所以制物者，而终为物所制矣。于斯时也,倭氏起而大声疾呼曰:"人生目的,非徒正名定义也,非徒机器工厂也。"盖与十九世纪之文明,毅然表示不两立之态度者,莫倭伊铿若,而倭氏所以为先知先觉者在此矣。

闻之爱古董者之言,凡金石书画板本,一经名人题跋者,则其价更加十倍。吾居法京,某日忽有来告者,曰倭伊铿之书,经柏格森作序,君见之乎?余顿足起曰:"是双绝也!"是名书画而经名人题跋也,不可以不购而藏之,以吾之爱倭、柏二氏之文,海内谅必有与予同情者,故录柏氏对于倭伊铿《生活意义及价值》一书之序文,则倭氏哲学价值,与夫两人互相推重之情,咸具此一篇中矣。柏氏文曰:

生活之意义安在乎?生活之价值安在乎?欲答此问题,则有应先决之一事,即实在之上是否更有一理想。如曰有理想也,然后以人类现在行为与此尺度相比较,而现实状况与夫应该达到之境之距离,可得而见;如曰无理想也,则安于所习见,不复有高下等次可言。申言之,眼前事实即其当然之境也。

哲学历史中尝有两说,一说以为天下万物,皆出于自然力之支配,故其结果为必然的。一说以为现时事实之上,另有一理想,另有一标准,此理想此标准,可以人力求而实现。此二者立言虽不同,而其结论则一,第一说,机械派是也;第二说,目的派是也。机械派自谓但根据事实,不以人意夹杂其间,而要其所以解释实在者,不外智识;至目的派则以为理想者,空洞无边者也,欲使此理想由空而实,则不能离实在,然实在无定式者也,其为之范型者,不外智识而已。此两派者皆视实在为现成之物,而实在即在智识(Intelligence)之中。盖以智识不徒察物,并能以智识返省自身,故能无所不包,而为世界实在之至广大者也。如是不论其为机械派也、目的派也、事实派、理想派,而要之同归于智识,而以主智主义为宇宙观而已。机械派也、目的派也,二者同以为生活者,早有一规定之程式在(une conception formulable de la vie),生活之所以有意义,即在遵此智识所画定之程式而进行耳。

虽然,倭伊铿之思想反是,倭氏此书中,从未规定一种程式,且语人曰生活之意义即在此中,不仅无程式,并未尝标出一种一定之理想而语人曰:君等行为当以此为准则。其全书中谆谆告人者,曰努力向上而已。本此努力向上之精神,以求超脱乎现在之我,以求创造其他高尚之活动形式。质言之,人类行动上固未尝无一种理想，然理想不过表示方向，今日所以为满意者，明日则又吐弃之，故此理想为暂时的而非永久的，日在变动不居中，而非一成不易者也。

诚如是，此活动即精神本体也。虽然，精神者，又与物质对待者也。倭氏深知精神为物质所制限之义，然以为精神之力，能强物质以就其范围，故通观全书，要义不外一端，即以精神与物质相遇，实为创造能力之大源，此与物质相遇之精神，并能凭借其本身之力，使一切事物与夫精神自身日趋于高尚之境也。

本书内容，无待吾为之提要钩元，著者心思所在，在读者求之而自得。读倭氏书者，常令人自觉精神力与夫生活力为之倍增。此精神力、生活力一经增进，智识上所生困难，自然迎刃而解，生活上晦塞之处，亦自豁然矣。夫古今思想家，孰不欲求人生意义所在？然常以为人生意义高悬于一种境界中，在以智识之力求而得之，若夫语人以人生意义之秘键，即在吾人自身者，有何人耶？若倭氏者，其殆近之，此吾所以不仅敬之，又从而爱之，德国者，产生思想家之民族也，而倭氏即其一人也。

读柏氏此文，其于倭氏，可谓倾倒极矣。此无他，其学说相同耳。所谓生活意义不在智识之中也，活动即精神本体也，物质由精神驱遣也。凡此者，皆近来生活哲学之大根据，而柏氏、倭氏共通之立脚点也。诚如是，则倭氏地位，固非一寻常之唯心主义之学者，而其为生活哲学家，愈显然矣。

（三）倭氏之精神生活说

凡哲学家之立言，必有贯串其全学说之一点，如康德之所谓纯粹理性，黑格尔之所谓思想过程（Denkprozess），近时哲学家柏格森之所谓生机（Élan vital）是也。倭氏哲学中，其原始要终之点，曰精神生活（Geistesleben）。精神生活者，就人言之，则人之所以为人；就世界之大言之，则为弥纶宇宙之真理。其义至广大而精微矣，兹为便于说明，就其迹象之显者言之。

人之所以为人，饥而食，寒而衣，长子孙而嗣统焉。其不免于自然界之支配固已，然人类仅为自然界之产物乎？抑尚有超于自然界产物以上者乎？动物之饥食寒衣，亦犹人焉，然食之而不知其所以食，衣之而不知其所以衣，惟人反是，食之而知其所以食，衣之而知其所以衣，此知与不知，即人与动物所由判，此即精神生活之表现一也。

自然界之现象，横竖颠倒，纷如焉。人以有知之故，常思超脱于零星现象以上，整齐之画一之，以归于统一，是为知识统系，是为学问，此即精神生活之表现二也。

饱食暖衣者，人类之所以卫其一身也。然人以自卫其一身为未足，常进而求人类生活之所当然，有眼前之境，有当然之境，而进步生焉。如自然主义者之言，人类以适应环境求保一生为能事，则求人类生活当然之动机，何自而来？而所谓宗教、道德、法律以及种种改革运动，直是全无意义而已，此即精神生活之表现三也。

或者曰：人类之精神生活，既闻命矣。然吾见夫古往今来之历史，无非人类之混战，纷纷扰扰，有何足道者？使君等持精神生活说者，不能将精神生活在历史中所演进之意义，解释明白，则此说虽精微，恐犹未足以折服人心焉。应之曰：生何自而来？何时而止？殆非人类所能知也。若夫就人类言人类，则亚、欧两洲数千年历史中，岂无圣贤豪杰之士，本其精心果力，为世界开创一前此未有之境界？而人类之进化，因以向上，所谓历史之意义即在其中矣！倭氏之哲学，精神生活哲学也，而其所谓精神生活之所寄，尤在古今大思想家，故其序《大思想家之生活观》曰：

> 此大思想家之所造于人类活动者，果何事最重要而最有价值？非吾今所欲言，吾今所欲言者，则此大思想家实为人类行为之灵魂而已。创造行为也，精神界之建设也，非小信小善之士所能为，乃先知先觉出其大者远者，与社会中之小者近者，奋斗之结果也。精神的行为，就其形下者言之，不免于人欲元素之混杂，故识小者不复能脱其藩篱，以产生一种超流俗之人生观。若夫少数贤哲之士，具有伟大之心思与建设之能力，本其澈底之觉悟，独行所信，若是者，乃能自奋于创造行为之涂径，经千回百折，再接再厉，而后人类生活之黑暗者进为光明，纷扰者归于纯一，此大思想之所以为有造于人类也。虽然，吾为此言，非谓创造的天才，无待于历史社会之环境而自生。夫物之至大者，尚不能无所待而后兴，况人才乎？时代之状况，人心之趋向，必与之后先疏附，而后此一二人乃能有所建树。如是此创造的天才，谓为应时而起，谓为代表一时之人心无不可，虽然，人类生活之所由以向上，谓为非彼之力，不可得

焉。（中略）使人类创造的天才，诚为精神生活之烧点，历史上不灭之光明，由彼等之身而烛照于无穷，则所研究者虽属于大思想家，而创造行为之真源，自在其中矣。

由上所言，精神生活者，察之现在之人心，考之既往之历史而无不合。故其为实在（Reality），而非学者设想之词明矣。虽然精神生活说，不限于人类，倭氏曰：

> 精神生活者，自我生活也，亦即世界生活也。扩充自我，以及于世界，于是此世界得了一个自我，此二者之所以相须也。

自我生活，人也。世界生活，神也。就其显于人人者，是曰自我，就此宇宙之大本大源处言之，是曰神。大抵西方哲学家不仅以解释人类行为为满足，必进求宇宙之真源，于是其终焉必归于神，如黑格尔以思想为出发点，而其所谓绝对知（Wissen）者即神也。柏格森之出发点，变也，生机也，而此所谓变所谓生机，亦即柏氏宗教论中之神也。惟倭氏亦然，人也，宇宙之真源也，二者同属于精神生活者也。

精神生活与自然主义、主智主义

倭氏所以以精神生活为哲学系统之中心者，因反抗主智主义、自然主义而起者也，因此二主义皆不足以尽世界一切实在而起者也。主智主义至黑格尔而极盛，故倭氏于黑格尔之哲学，攻击最力。其言曰（《大思想家生活观》四七八页）：

> 黑格尔之哲学系统，以严格衡之，其所以教人者，思之思耳，世界全体为思之力思之形式所照耀耳。一切实在，尽变为一套论理的关系耳。以思为惟一涂径之故，直接生活与夫灵魂内容，必归于毁灭，盖灵魂之深处，是为情感，是与思与论理的关系不相容者也。若实生活也，若行为也，皆应在摈斥之列矣，惟此尊思之结果，非变人类为主智的文化之机械不可得。

倭氏既推阐尊思之弊，更从而证明世界之实在，不尽在思，除思以外，尚有其他实在。其言曰（《当代精神潮流》五十七页）：

> 欲知思想本由精神生活原动力而来，莫若证之宗教运动。大抵变革之起，每起于当时制度与人人心中之要求不相容，因有此种感

觉，于是起而推翻之。此感觉也、不相容也、推翻也，试问与论理学之原则，有何丝毫关系？宗教改革，起于外界教会制度与灵魂上向内的要求之衡〔冲〕突。当时大学问家艾勒司摩（Erasmus），其窥见教会之弊，正与路德等，然奏改革之功者，不在艾勒司摩而在路德者，非曰路德为大论理学者也，非曰路德之冷观潜思胜于艾勒司摩也。夫亦以路德良心之痛苦，有动于中，乃以宗教问题，视为一身分内事而奋起耳。（中略）若是者，是为有根据之生活过程（die begrundenden Lebensprozesse），而非智识的考量（Intellektu-elle Erwägungen），而要知精神之奋斗中，其决胜负者，必在有根据之生活，不在智识的考量。

读此言者，倭氏所谓精神生活作何解释？其精神生活之模范人物为何等人物？其所以反对仅居生活一部之主智主义之故，俱显然矣。

自然主义，盛于科学昌明之日。就其研究方法言之，则有实证主义；就其人生观言之，则以解释物质动物之法，解释人生，以为世界万物，无不可以因果律从而说明之，所谓道德，所谓宗教，皆人智未开时代之迷信，即有承认之者，亦曰道德、法律者。人类为利己起见，不得已而设之行为规则耳。质言之，自然主义者，但认物质，不知有所谓人生；但认自觉中各部状态，而不知有所谓灵魂。此主义也，盛于十九世纪之后半，至其末年，而攻之者蜂起，如英大物理学家劳治氏（O. Lodge）、德生机主义（Vitalism）哲学者德里许（Driesch），以及柏格森、倭伊铿，皆大声疾呼以反对之者也。录倭氏评自然主义之言如下（详《新人生观根本义》第十五页以下）：

此自然主义之解释自然界，与古代之仅仅仰观俯察者不同。一切现象，分析之至于至微极细，在此至简单之元素上，乃建设一世界，此以自然界必经此分析，而后人力与技术乃可施，而后联络关系乃可得而推求，此分析焉推求焉，而人类之操作，惟日孳孳，故古代之人生为静观的，而自然科学发达后之人生为活动的为前进的。

（前略）自然主义，至人种由来论而登峰造极，以人为自然界产物，凡人之所特具者，咸视为自然力之结果。而此自然界此机械论之自然界，不仅居世界之一部，而为弥纶一切之宇宙矣。此机械论则由形下而形上矣，人也，精神界也，本与自然界相对立者，至此则自居于自然界之附属，消纳于此广义之自然界而已。

倭氏既说明自然主义之势力，更进而证其误点曰：

> 自然主义之误，在但知物，不知心灵作用，不知生活过程，殊不知苟无心灵苟无生活，虽欲知物察物而不可得矣。故一旦以心灵以生活为出发点，则此宇宙观必为之大变，而一切实在自不容自然主义公例之桎梏矣。

> （前略）自然主义自以为能不夹杂人生之主观，不知在其下手之先，已先假定一察物之主体。盖人之察物，一方为心，他方为物，合此二者，乃有所谓观察经验比较。则此观察经验比较，非精神作用而何？惟常人于其所观察所经验之中，不自觉其为心、物两面耳。自然主义误解心、物关系，以为自然界不待心而自存，不知心、物二者，常相随而不可分，诚去精神作用，则自然主义之本身无由成立；否则其所谓宇宙观者，必非纯粹自然主义之宇宙观，而先已乞灵于精神界。如是不承认心灵也，则自然主义无由成立；其认之也，则已超出于自然主义以外，此所谓两穷也。

自然主义，但知所谓物，不知所谓心，且其末流之弊，降为物质文明，故其不能满人生之要求明矣。如主智主义者，虽知所谓心，然其所谓心，又但限于思想一部，而不能概生活全体，于是欲求一立脚点焉。不偏于唯物，又不偏于旧唯心主义之思想者，是为倭氏之精神生活哲学。精神生活哲学者，兼心、物二者，推及于人生全部，而以人类生活之日进不息，为目标者也。物质者，小之为日用饮食，大之为利用厚生，其不能弃之而不顾之甚明。诚弃之矣，是自遁于空疏寂灭，况自然科学之研究，探幽索隐，人类增进无穷智识者乎。若夫主智主义，本思想之原则，以求事物之公例，知识之系统在是，学问之基础亦在是，此外有艺术，以创作天才，发挥人间特种实在；有宗教，则出于直接生活而心灵之所流露。凡此各种生活方面，皆倭氏哲学所欲涵概之以成一总体，外则无所不包，内则汇归于一，于是使人生发达，归于大中至正之途，此则倭氏之精神哲学所由以立也，虽然此精神生活中果有何法以调和心、物，以超乎主客观之上，则于次段论之。

精神生活之奋斗

倭氏尝有言，人类历史，自其内而观之，则去自然界之人日远，而向精神界之人日近是已。（Innerlich angeschen, ist die Geschichte der

Menschkeit vernehmlich eine immer weitere Ablosung des Lebens von der Gebundenheit an die engmenschliche art，ein Aufsteigen eines Mehrab-menschlichen。）所以去自然界之人而向精神界之人者，进化论之言曰：此天然现象为之也。而倭氏曰：此人类之奋斗为之也。质言之，倭氏以为人类之进化，在人而不在自然界。非曰人能外自然界而独存也，乃以为人居在自然界中，而同时能超出自然界外也（Das Hinanwechsch des Menschüber die Natur）。

倭氏以为世间凡有三界，一曰精神界，一曰自然界，而介于其间者，则为人。精神界为整的，自然界为碎的；精神界为全的，自然界为分的；精神界为内的，自然界为外的；精神界为无限的，自然界为有限的。其所以能使之由碎而整，由分而全，由外而内，由有限而无限者，是存乎人，何也？人也，以一身而兼具精神、自然两界者也，自其血肉之躯言之，则饮食男女，是自然现象所同具者也。自其无形者言之，则学问也、美术也、道德也、宗教也，必有超于自然现象以上之生活，并立其基，是为精神生活。

此精神生活之有无，非可以举实物以证也，在察乎人心之微。倭氏历举人心上天理人欲之交哄，而确指其萌芽在是，其言曰：

> 人类之精神生活，决非一种泡影，如常人所见者然。盖精神而诚为泡影，则物质界之状况与其所以钳束精神者，人将视为当然，而绝不加以辩诘，乃人于其所习见所习闻者，常若不胜其悲痛者，此何为而然耶？黑格尔常有言：人之觉束缚之苦，即其人超于此束缚以上也。今人咸觉道德之凌夷，而求所谓真道德，试问非其良心上别有一种标准而能是乎？人类自觉其知识之狭，求所以阐明此实在者，惟日不给，试问非其灵明中别有诏示之者而能是乎？日往月来，如浮云之浮眼，使人类生存，而长在驹光隙影之中，则所谓求真且久者之心，何自而来乎？

倭氏既证明人类心中有此是非、善恶、公私、真伪两方之冲突，于是乃进而研究此精神生活所自来。

此精神生活，有所受而来乎？抑无所受而来乎？倭氏曰是由精神世界（Welt des Geistes）而来。故其言曰：

> 人类自身之能力，决不能产生此种向精神之运动，必焉有一精神世界指示之而引进之。 （Der Mensch kann nicht aus eignem

Vermögen eine Bewegung zur Geistigkeit erzeugen，sondern eine Welt des Geistes muss sich ihm mitteilen und ihn an sich zichen.）

　　诚如此言之，若此精神世界高悬在上，但有人诚心归顺上帝，精神生活可以立即涌现，如此则为旧宗教家之言，而与倭氏努力向上之精神反对矣。倭氏从而申明之曰：精神界诚有所在，然所以求得之者，则在人而非由外铄者也。故其言曰：

　　　　此类生活秩序，活实在也，非早已制成，由人搜索而得者也。此物也，原为人之天性中所固有，但必以人力发而出之，而人类努力前进之方向，亦即在是。（Sie Muss eine lebendige Wirklichkeit sein，die wir freilich nicht hoffen dürfen fertiggestaltet vorzufinden，die aber doch mit bestimmten Zügen in uns angelegt sein muss，so dass wir sie herausarbeiten und damit für unser Streten eine sichere Richtung gewinnen Können.）

　　精神生活为一种活实在，乃倭氏哲学之根本大义也。由此根本大义，乃进而告人曰：真理即在生活中也，真理不能外生活而他求者也。虽然，人受自然界之拘束，饮食男女好恶得失之私，中于人心，虽欲勉强奋发于真善美之境，其奈此形骸之拘束何，于是有倭氏之精神生活奋斗说。

　　倭氏奋斗说之根据，以人类心中确有此精神、物质之冲突，既如前述，而其所使此冲突之中，善者公者发达，恶者私者消灭，则有奋斗之三阶级，倭氏曰：

　　　　人类于精神生活，非能顷刻立至，必焉由眼前之生存从而移入之。夫此眼前生存中，非无精神元素，然此元素不能成为全体，又不具独立之形，故必猛下工夫，然后能脱离现在之境，而另达一新境界。所谓猛下工夫者，即总合此心之大者远者善者真者而躬行实践之（Tatwelt）是已。（下略）是为第一级。

　　　　既登此躬行实践之界矣，而此精神生活，原非一种秩序井然之物，可随人拾级而登，必焉本之一身之劳作与夫历史之经验，由人求而得之，即求之矣，又非能一蹴而几，其间又有种种之冲突，使之不得达所祈响，于是若尔人者彷徨歧路，忽又疑世界果有所谓精神其物者，是为第二级。

　　　　（以上《生活观根本义》一五一页）

如是彷徨歧路，人类生活非即此而止焉，或物质或精神，必有所归宿而已。以学者之研究言之，则怀疑可焉，观望可焉，而以生活之解决言之，非此即彼，必无两可之理，然则归宿点安在乎？曰在宗教。倭氏之所谓宗教，非犹夫教会之所谓宗教焉。以为在日变之中而有所谓不变，有限之中而有所谓无限，相对之中而有所谓绝对。欲达此境，是在宗教上所谓精神的直接，此境之中，全体也（ganze），真理也，而超乎一切冲突以上者也。故其第三级为宗教。或者曰：以今日科学之昌明，而人生之解决，独归于宗教，是倭氏必守旧之徒也。吾为辨之曰：夫人生之解决，非求真善美乎？真善美者，总言之，实在是已。实在为物，有谓属于可知，有谓属于不可知。其以为可知者，在最近哲学家中则有二人，其一柏格森，以为求实在之法，在乎直觉，义取美术家之于其作物，默识而心通之，合主客观而成一体。其一则倭伊铿，以为求实在之法，在乎精神的直接（Unmittelkeit des Geisteslebens），义取宗教家精神之感召，超于相对待之境，而另为直接溥遍自由自在之境界也。所谓直觉所谓精神的直接，二者方法虽异，而其求实在则一。今乃于直觉说，则视为最新之说；于精神的直接，则视为守旧。吾无以名之，惟有叹名词误人而已。

如是倭氏之所谓奋斗者，则有三级：第一，确认精神生活之存在，而体验之于身心，是为立定脚跟之境（Grundlegend Stufe）；第二因体验而入于怀疑，是为交争之境（Kampfende Stufe），因怀疑而精神上起一超越一切之要求，是为克胜之境（überwindende Stufe）。夫至于克胜之境，则精神生活之境界其尽矣乎？倭氏曰：不然，人生无止境。故真理无止境，故奋斗亦无止境。所谓三阶级者，不过言其用力之法当如是耳，即如宗教一境，宗教非先精神生活而存，乃宗教由精神生活而生，故精神生活而进，则宗教亦随之而进。如是，可知随时随地随事而有此三种阶级，并无所谓最终一境焉。倭氏谓人生无一日不在奋斗中，而柏氏评倭氏语活动即精神本体，证之吾古圣天行健君子以自强不息之义，何其心同而理同耶？

倭氏之精神生活奋斗说，绝非宗教家言，乃针对人生日用而发者，其立论虽若人间以上另有一精神世界，而其所侧重者，实在人身，故其言曰：

> 精神生活可以由人自由占领之证据，在乎精神生活之发达，系乎吾人之劳作。人类劳作之大本，必置之于超人群以上之精神生活

中，然其形体如何？则由人之奋斗而定。以重心置之于人类生活中，即所以使宇宙之构造，必赖乎人之协力。

苟无人之参与与决心，则此大地之活动，至于人身一级上而不复能前进。

（以上摘《生活价值及意义》中语）

夫宇宙之构造，必赖乎人之协力，此何等语乎？盖不以人类为自然界之一物，而以为世界实在，可由人力左右之。质言之，进化者，一种创造的劳作也（Schaftende Arbeit），而人类则共同劳作（Mitarbeiter）者也。倭氏曰创造的劳作，柏氏曰创作的进化，此又两家相同之一点也。

倭氏精神生活奋斗说之非宗教家言，更可证之于其所谓精神生活界奋斗之模范人物。倭氏以为凡文学、宗教、美术、学问上之人物，大抵其精神上经生活的奋斗（Lebenskampf），然后能养成一种活力，由有限而趋于无限，由部分而归于全体，如宗教界之路德，文学界之葛德、雪雷，哲学界之康德，音学界之华格纳其人也。此精神生活又不仅见于个人，并见于民族，是为历史之大潮流，是亦倭氏以为人间精神生活所寄者也，其言曰：

人类生活中向内心之活动，莫若证之历史上之大潮流，往往有某种思潮或某种生活运动发起以后，占有无上之势力，限人类行动于一定方向以内，迁流所届，必达于最后结果而止。一二人一阶级之利害与夫计较得失之念，度外置之，若宗教改革，若开明时代（或译启蒙）运动，若今日之社会运动皆是也。凡此者，果何自而来？曰人类为求精神上之自保计，不得不然之要求也。其必由内发而非外铄也可知。盖历史上之运动，大抵以内心所信与外界情形之冲突为条件，而人类之所以进步，亦即由此冲突来也。

（中略）

由此类运动，可以显人类生活之特别印象，方其初起也，祸福得失，在所不计，必穷之于所在而后止。试问当德之宗教改革时代，其政治上民族上生计上之损失为何如乎？总之凡理想上之运动，以及今日之社会运动，自物质上幸福言之，则徒见其骚扰而已；若自精神上言之，则人类生活不徒在物质界，又不徒在其环境上之妥协，则此种变动，为生活上自然而生之问题，而所以使人类造成日新又新之象者，即在此焉。

（《生活观根本义》六十、六十一页）

至此而倭氏之所谓精神生活之奋斗，昭昭然矣。其基础则超然人类以上之精神界也，其所显现则古今作者之创造行为也，历史上思想与生活之变革也；而其所以由人界以通于神界者，则在人类之奋斗。故神也真理也生活也奋斗也，四者一以贯之者也。虽然吾闻之批评柏格森者之言，谓柏氏好言变动，好言行为（action），故其说大助社会革命党张目，而倭氏亦好言奋斗与行为（Tat，Tatwelt），并推尊思潮变动与生活变动，然则时代之促成学说耶？抑学说之代表时代耶？抑学说与时代互为因果耶？吾盖不得而知之矣，吾所知者，二十世纪者，行为时代也，奋斗时代也，创造时代也，一言以蔽之，革命时代也。（上篇）（编案：张先生本文下篇一直没有写成发表。）

法国哲学家柏格森谈话记[*]
（1921）

　　呜呼！康德以来之哲学家，其推倒众说，独辟径蹊者，柏格森殆一人而已。昔之哲学家之根本义，曰常，曰不变，而柏氏之根本义则曰变曰动。昔之哲学家曰："先有物而后有变有动。"而柏氏则曰："先有变有动而后有物。"惟先物而后变动焉，故以物为元始的，而变动为后起的。惟先变动而后物焉，故以动为元始的，而物为后起的。昔之学者曰："时间者，年月日时分秒而已。"柏氏曰："此年月日时分秒，乃数学的时间也，空间化之时间也。吾之所谓真时间（La Durée），则过去、现在、未来三者相继续，属之自觉性（Consciousness）与实生活中，故非数字所得而表现。"昔之哲学家但知有物，而不知物之原起。柏氏曰："天下无所谓物，但有行为而已。物者即一时的行为也（There are no things，but only actions；things are only our eventual actions）。"由人类行为施其力于空间，而此行为之线路，反映于吾人眼中，则为物之面之边。昔之哲学家曰："求真理之具曰官觉，曰概念，曰判断。"柏氏曰："世界之元始的实在曰变动。故官觉、概念、判断三者，不过此变动之片段的照相。是由知识之选择而来，其本体不若是焉。"此所举者，仅其寥寥数点。其他灿烂缤纷，使吾忽而惊疑，忽而神往者，尚不可以数计。呜呼！康德以来一人而已！宰平之来欧，其见面第一语曰："此来大事，则见柏格森、倭伊铿两人而已。"当其初抵巴黎，吾为之投书柏氏，久不得覆，宰平惘惘若失，若甚恐不遂所愿者。及得覆，吾适离法，而宰平亦去游比、荷、德、奥、英各国，方其至德，又过于耶纳，

　　* 原载《改造》第 3 卷第 12 期（1921 年 8 月 15 日），今据《中西印哲学文集》（1235～1240 页）。

为介于倭氏，长谭四五次，临去之日，再三要约，曰五月终且由欧而美，望君届时在法相候，求见柏氏一面。余以宰平之意诚而心切，特于其行前返法，向柏氏重申前请，柏氏慨然承诺。以五月二十六日访之于其宅中，谭约一小时之久。凡所问答，皆吾与宰平平日读柏氏书而心中所怀疑不敢决者。乃为之一一笔记，且述其缘起，以公诸海内爱柏氏哲学者。使读此文者，以为一代大师口头指点之语，有足与原书相发明者。则吾与宰平之登门请益为不虚矣。

初见时森先提北京讲学社希望前往之意甚切，问何时可定行期。

柏氏答战事之中，对于国家应效力之事颇繁，哲学研究，久已间断。又近来自觉精力不如昔时，从前短时能了之事，现时辄须较多之时间，以此每日益见其寡暇。刻正开始重理旧业，前应苏格兰爱丁堡大学讲演，曾讲一年，因战事中止，八九年前与瑞典大学亦有讲演之约，此时尚未履行。东方之行，吾已承诺，自甚愿往，但总须俟苏、瑞两地讲演终了之后，此时实难预定行期。

柏氏问中国约往讲演，系何种办法。森答以讲题可以临时酌定，但希望有新著作尚未发表者在中国发表之。并问应否对于学生论文加以评定。森答以恐不见有此事。柏氏谓假令前往，恐在中国逗留不过数月之久耳。

柏氏并问杜威、罗素行踪，并及罗氏所讲题目。谓罗氏非吾哲学之友。彼实未能了解吾哲学意思。

彼此寒暄既毕，乃有学术上问答之语如下：

（林）《创造进化论》用直觉一名词之处种种，有哲学上之直觉，有空间的直觉（Intuition Spatiale），有感觉的直觉（Intuition sensible），究竟此三种直觉，有无相关之处？其异同若何？

（柏）余之哲学以直觉为根本方法，故有哲学的直觉之名（Intuition philosophique）。哲学的直觉者，直接知识也（Direct knowledge），同情也（Sympathy），深入物体之内部也（One place oneself within an object）。至若空间的直觉，如见几何学上之图形，而推知其公例，此所谓直觉。字虽同而意则异，以无他字可代，故用之耳。余之直觉，适用于生命及自觉性（Consciousness），故与物质无关。感觉的直觉云者，乃驳康德哲学中之语。康氏所谓直觉，属之智以内（Infra-Intellectuelle），即智之前一步，与超智的直觉（Supra-Intellectuelle）虽相联属；而究为二物。此超智的直觉，乃吾所谓哲学的直觉也。

（林）直觉既不在物质上适用，又非普通所谓感觉，此直觉本身究为何物？

（柏）直觉方法，诗人、画家亦常用之，惟余以为在哲学上亦应用此方法。就其相类者言之，在动物为本能（Instinct），在人为直觉。余非谓直觉即本能，然就深入物体内部一点言之，则相类焉。盖常人之性，好为分析比较，将一切成说（ready-made-ideas）视为一成不变。余以为诚如此，则所得者，仅属照相，而决非实在本身。且直觉为创造的，此语非谓直觉即创造，而要之凡所创造，则无非直觉的也。

（张）直觉方法，是人天性所固有（Inborn）？抑待修养而后成？

（柏）以云天生，盖就已有萌芽者而言。必已有萌芽，然后能使之发达，若本无此物，即哲学家不能自无而有。然人类之天性，好行为好求成功好实用（Practical），故一切智识之中，挟有一种功利之意（Utilité）在其间。今欲避去此功利之心，故将天性翻过来，专做其反面文章。故谓直觉为天性之反面（The reverse side of the nature）无不可，盖去功利之心，然后能达真理达绝对。

（张）直觉应否有一种精神上潜修工夫（Meditation）？

（柏）君所谓 Meditation 盖有种种意义。若云印度哲学上之 Meditation 专求超脱于知识分别以上，则非吾之所谓 Meditation；若以 Meditation 作为心力之集中（Concentration of the Mind）解释；则欧洲无论何种哲学，均不能少此工夫。盖吾之所谓直觉，为补足知识之手段，在知识之分别比较外，下一种深入物体内部之工夫，如是则于求真之道得之矣。

（林）先生书中说直觉常用于生活上，至于色声香味之类，能否适用直觉？

（柏）君所谓色声，不知就色声本身言之，抑就色声之知识言乎？林答系问就于色声之本身而言。柏云就色声之知识，则非直觉范围以内事；若云色声本身，则音乐家之于声，画家之于色，固尝适用直觉。至于香味，则非直觉所适用。

（林）昔之哲学家，以思为出发点，思有思之公例，然则君之直觉亦有公例乎？又直觉时是否有分别比较，抑能将思摈除乎？

（柏）直觉者，智识的默会为一之谓也（Intellectual Sympathy），故不能如思想之有所谓公例。然用直觉工夫时，少不了思，若比较分析之功，皆不能少。以予所知之佛教，其所谓瑜珈（yoga），专务去智。

若欧洲之哲学与其哲学上之所谓直觉，则少不了思，少不了分析，盖既得了实在后，不能不以语言文字翻译之，则不能不依赖智识，故直觉所以辅助智识，并非排除智识，此与佛教不同处也。

（林）《精神力》一书中所谓力，与物理上之所谓力，其异同如何？

（柏）物理学上所谓力，大抵指动（Motion）等等而言，可以数学之格式算出之。若精神力，则绝非数学所得而计算。物理学上之力，求宰制自然，宰制物质；若精神力，则求宰制自己，改良自己，使精神为之提高，为之向上。故物理力，机械的定命的也。精神力，则自由也创造也。

（林）蔡元培先生本拟同来，因先一日赴美，不及来访，临行时属为代问君之所论直觉，其实行方法如何，可得闻乎？

（柏）所谓直觉无一定条件可言，就消极言之，则非分析也（analysis），非显微镜之辨析毫厘也（Hairsplitting），非论理上之对抗原则也（Dialectic）；就积极言之，则自察也（Self-observation），内省也（Instropection）。

（柏）余略有问题问林君可乎？君用静坐工夫乎？静坐时眼前另见一种境界乎？

（林）余每日略有静坐时间，但未用作观方法。

（柏）静坐时是否觉一切人生大问题都已解决？

（林）坐时亦未计及解决与否？

（张）如是佛教之所谓静坐与君哲学中所谓直觉，绝不相同。

（柏）以余所见，不同之中有同者在，即万殊归于一本，复杂趋于易简是已。

（张）君将有新著作出版乎？

〈（柏）〉现时正在著作中者有二书：一为《哲学方法》（*Methode Philosophique*），一为《道德及宗教问题》（*On Morality and Religion*）。

悬拟之社会改造同志会意见书[*]
（1921）

　　今后吾国应有着手改造运动之团体，尽人所同认矣。改造之大本大源，曰去人的结合，而代以主义的结合；曰去政客之播弄，而代以群众运动；曰去人的起伏，而代以制度的变更。诚本此三点为信仰中心，结合团体，如英之菲宾会（Fabian society）以下所谓浸灌工夫（Permcation），不独解目前纠纷已焉。坦坦荡荡一条大路，于是乎在。此则吾悬拟之文所由作焉。

第　一

　　人类社会之现象维何？曰继续不断之变动而已。变动何由起？曰人类心力实为之而已。投石于河，点水受击，圆形波纹，普及水面。人心之动也，亦然。始造端乎一二人，终则磅礴乎一世，是心力之由小而大也。心力，与人类之始以俱始。继继绳绳，以至今日。续既往，开将来。虽历千万年，而莫知其所终。是心力之由暂而久也。奇妙哉！人类之心力。伟大哉！人类之心力。

　　人类之心力何物哉？就其特著之现象言之，是曰自觉性。死物能静，而不能动。生物能动矣，而不知善恶是非之辨。惟人知善恶是非。非者是之，恶者善之，故常不满意于现在之境界，而别求创造其他新生活形式。新生活形式之创造无尽期，故文明之进化无止境。几希哉！人

---

　　* 原载《改造》第4卷第3期（1921年11月15日），今据《中西印哲学文集》（306～321页）。

类之自觉。明显哉！人类之自觉。

动植之伦，形体简单，生生不息，不外时运循环。惟人反是。日新又新，永无穷期。然环境限之，习俗移之，故亦不免于故步自封，安常处顺。于是有新旧之争。以思想相激射，以生命相肉搏，是之谓革命。勇猛哉！革命之精神。灿烂哉！革命之精神。

处渔牧时代者，安知有农业？处农业时代者，安知有工商业？处封建之世者，安知有君权之一统？处君权一统之世者，安知有民主政治？推之文学美术，何一而不如是？当浪漫主义之盛，不知有所谓写实主义。当内印主义之盛，不知有所谓外现主义。如是，但患人之不努力耳。而自觉性之表现，新形式之创造，岂有尽哉？

人能自觉，动植矿物不能自觉。能自觉者，变化出于自主，故为自由的、进步的。不能自觉者，如机器然，虽日在运转，而初不知其所以运转，今日如此，明日亦复如此，是为机械性。此机械性，非动植死物质所独有，而人亦不能免焉。目司视，耳司听，口舌司饮食，手足司行动。视也、听也、饮食也、行动也，习之既久，则开阖上下，初不知其然而然。故所视无穷，而自知其视者常在异物，此以视之后，有自觉焉。所听无穷，而自知其听者常在异声，此以听之后，有自觉焉。手之举动无穷，而所举者重，或其物易于倾折者，则于手之所扶持所高下，倍加注意。何也？有自觉以随之焉。足之举步无穷，至遇道上障碍或危险之物，则足之前后左右，倍加注意。何也？有自觉以随之焉。可知自觉，固无时不存。然人类性质中有一种惰性，常好将五官心思之用，流为机械性。其在社会，则为习俗。其在学术，则为师统。其在政治，则为古今成法。呜呼！世界古往今来之历史，非此自由创造之精神与默守故常之习惯相争相斗何哉？

一人不能独存。有相资以生者，是为衣服宫室饮食财货。有相共以生者，是为男女家庭国家社会。有货财，有人与人之关系，于是有所谓你我，有所谓彼此，有所谓名分，有所谓大义。权利义务以分，亲疏以辨。或甘为之死，或视之如仇。于是机械性尤牢固，人类之桎梏尤酷烈，而人生之道大苦矣。

有人焉，不甘于常人所好恶，常人所云云，苦形劳神，以探求生活之新境界。毁誉不顾，生死不顾，于是社会之进化，为之更上一层。非其人之有异于常人焉，其自觉性发达耳。人之行于平地，足虽举而不自知其举。及遇障碍，则聚精会神以超过之。可知自觉集中，则内部能力膨胀，所以去障碍，开新局面者，不患无法。故有路德而教权之统一破，信仰自由之端开。有格里里（Galileo），有渤罗诺（Bruno），而科学研究之法立。思想自由之风盛，有法国革命，而宪法上三大自由遍于全欧。有俄国革命，而共产主义得以实地试验。呜呼！人类之仆仆进化途上者数千年矣。一线光明，时时照耀，以系吾人之希望者，独此思想界行为界之少数革命豪杰耳。

第　二

同此圆颅，同此方趾，二千年来之中国人，其心力之发展安在耶？其自觉性之表现安在耶？其种种式式之革命活动安在耶？除孔孟之书，不知有所谓学术。除一姓兴亡，不知有所谓政治。除聚族而居，不知有所谓家庭。除耕田凿井，不知有所谓生计。幸焉海通以还，外人叩关而入，不待吾之渤罗诺之焚死，吾之格里里之入狱，吾之路德之奋斗，而国民闻见上，固已开一新纪元矣。辛亥前后，国中先觉之士，以为宪法一成，或政党一立，则西方政治可以不终朝而移植于吾国。近数年东驰西突，政象益纷，于是有所谓新文化运动，以打破偶像改造社会之说相号召。其心摹而力追者，在欧洲之文艺复兴。以为西方政治改革、社会改革两大时间之先，尝经文艺复兴以及思想解放之工夫。故吾国改造之路，亦不能脱此一级。究竟西方改造之三时期，容许吾人一一挨次而来耶？抑时异地异已，不容吾人拾级而登耶？吾闻西方学者之新说曰："人类之进化，生命的奋进而已。但知人生有不可不前进之冲动，而决无所谓一定之阶级可以按图而索。"故欧洲之旧文章，是否可供我作为蓝本，盖真疑问矣。

吾国今后奋进之方向，当求在我，而不在人。在我奈何？曰去桎梏驰骤之苦，而谋自由创造精神之发展而已。其所以达此目的，则知识之解放、政权之解放与生计之解放三者同时并行。

今之持改造说者，常以知识（或文化）运动为高洁，而以其他活动为卑污，此谬说也。知识由行为起耶，抑行为由知识起耶？苟无行为，安有知识之必要？故近来学者，咸以行为为进化之原动力，而知识则其工具焉。人类无时无刻不在行为之中，而心力之所记忆，五官之所察觉，时时烛照于行为之旁，以导其前进之路。今日智识之所积，明日必归于行为而后已。故持文化说者，若曰吾暂时不为其他活动，斯亦已耳，若曰文化可以离其活动而独存，甚或抑扬高下其间，此新文化运动家之谰言，不可不辞而辟之。一部人类历史，以言论造成耶，抑以行为造成耶？自耶稣之殉教，以至蓝宁政府之成立，何莫非二三豪杰出死入生之举，照耀大地，令千载下读之，犹跃跃有生气，而勇往前进之思，为之倍增。使马克思但著《资本论》，不窜逐国外以从事于第一国际之组织，则马克思之势力，等于普鲁顿拔枯宁可耳。使蓝宁而无苏维埃政府之成立，则至今以理论家终其身，而共产主义何得有今日之活跃？呜呼！诚有志于改造，舍行为其奚由哉？舍行为其奚由哉？

今之持新文化说者，其意岂不在改造，不过将下文行为一改，收起不说耳。然就知识言知识，则知识为空泛的。就行为言知识，则知识为具体的。譬之输入西方种种学说，谓其有功于一般文化可焉，谓有组织有主张之改造运动，即曰此而发生不可焉。何也？改造当有一定之方向，时时发为言论，以告戒国人，然后结为团体，要求实行。于是成为一部分之势力，而政府敬惮焉，而容纳其要求焉。此同人所谓知识之解放，当以政权解放、生计解放，与之相辅者，其义一也。

但有知识而无具体之方向固不可，但有方向而无知识，又安见其可？真正之改造，其基础当建筑于群众之上。言论之开始，不必发于群众。而信仰之后盾，不能不赖群众。言论之普及于群众者，则一旦成为法文，其行也可垂诸久远。而群众以参与讨论参加团体之故，其政治知识政治能力自随之而高。以自由自动之个人，组织自由独立之国家，真所谓万年有道之基矣。此同人所谓政权解放、生计解放，当以知识解放与之相辅者，其义二也。

夫自居于学问家、教育家，斯亦已矣。诚有志于改造者，不能外行为而他求。法革命告成，而卢骚天赋人权之说，垂诸宪法，传布万国。俄国三年苏维埃政治，其掀动一世，远在马克思文字鼓吹之上。吾非谓卢骚、马克思可以不生而山岳党、蓝宁可以独占其美，凡以证行为之行，远在言论上耳。国人鉴于十年来政治之混乱，于是相戒不言行为。抑知此乃少数人把持团体不谋之群众之过，非行为之过焉。夫国民精神上之希望，非提出要求，何能表示？欲表示之有力，非以群众为后盾，何能有功？同人不敏，诚不敢轻以行为之说导国人。然以改革方针，公表于国中，以为运动之阶梯，此方今之急务，不容少缓者也。用敢内审国情，外察世界大势，列举所信，以与国人商榷焉。

第一，政治。

一、扫除军阀，按瑞士制度改编国民军。

二、国会采一院制，本职业代表之精神另设生计会议。

三、政府因信任投票而进退。

四、促进国民之识字能力以举普通选举之实。

五、国会议员选举应用直接选举制。

六、各省应有广大之自治权，以中央宪法及省宪法确定之。

七、关于外债募集应设严厉之制限。

八、对外一切条约之缔结，应经国会通过。

第二，生计。

九、大实业应本社会所有（Socialization）方法开发之。

十、限制大地主，小农土地准其私有。

十一、繁盛口岸土地应归市有，奖励市有事业。

十二、奖励协作社（co-operation）。

十三、规定工人保护方法。

十四、确立救贫事业。

十五、遗产应课重税以限制之。

十六、银行公司及大商店应提利益若干成作为办理教育及公益事业经费。

第三，文化。

十七、促进家族分居，使大家族变为小家族。

十八、女子在社会上之地位务求其与男子平等。

十九、中央及省宪法中应规定教育经费最少限度。

二十、限若干年内实行教育普及。

廿一、奖励学校内学生自治精神。

廿二、各工厂负开办学校之义务。使工人子弟入校。并工人应于规定工作时间内，每日许以入学校读书识字两小时。

凡此二十余项，有关于国家之大本者，有属于行政之节目者，他日另有专册刊布，兹不具论。然关于今后改造大方向，有一二点为世所争执者，不可不论次之。

第一，民主政治。为扫除四千年专制之旧习，而发达人民自由创造之精神，其第一要义，则在民主政治之实行。盖十九世纪以来之所谓民主，其利害得失论之者众矣。然就个人社会之发达言之，要不能不推为良制。何也？以对议会负责之政府，而辅之以直接民选之国会，则政治之施行，不能大反乎舆论。且有集会自由、出版自由、生命财产自由以为保障，故国民学术上、工商业上日进千里，远非前代所及，此皆事实彰彰，不容否认者也。抑人类之进化，无有穷期。政制之利害，历久弥显。自各国社会党勃兴以来，评今日之巴力门为资本家把持政权之地，不足发展贫民阶级之利益，于是有二说焉。为今日视线所集者，其一则俄国宝雪维几之贫民专制，其二则基尔特社会主义派之扫除政治机关之巴力门，而以职业代表之基尔特会议主持一切是也。宝雪维几之所为，其示人以人类创造的努力，此后历史上自有定评。特因其废除资本制度前后之方法，将民主精神剥夺殆尽，其利害能否相偿，则为一大疑问。盖议会内政党之对抗焉，选举竞争焉，言论自由焉，一一皆限制之，使民气郁而不舒。于是反对党勾结外国，酿成内乱。现政府自知无法持久，已准人民自由买卖。一自由既始，则他自由自随之而来，前途变化，正是难言。抑吾人之所以反对此制者，尚不在此。一国之至可宝者，莫若人民自由自发之精神与能力。亚洲之所以不及欧洲者在此，欧洲之所以胜亚洲者在此。今焉忘却亚洲之缺点，艳称蓝宁成功之捷速，欲以贫民专制之制，施之东方者，靡问其不能成功焉，即成功矣，一党独擅大政，贪私利以奔走者，遍于全国，公产制之成绩毫不可见，而并此破碎不堪之旧文明，恐亦将扫地无余矣。此贫民独裁之制，所以断不适于吾国者也。若夫基尔特社会主义之精神，一曰以生产者组织基尔特，实行社会主义。二曰以基尔特会议，代今日之主权政府，以生产者组织基尔特，实行社会主义。此点俟下文论之。其所谓废今之政府以基尔特会议代之者，其意以为今日内阁，今日之巴力门，大权集于少数人之手，故不合于真民主，欲求真民主，莫若求职业独立，以行使职业之人，讨论其职业团体以内之事，则议事范围有限，而大权不至集中于一二人。盖今之巴力门，无所不议，无所不为。议员自谓代表民意，而与民意不顾焉。内阁自谓代表巴力门，而巴力门之真意不顾焉。反是者，以一职业成一基尔特，而集全国之基尔特，以成全国基尔特会议，其所谓中央政府者，不过调停各基尔特，以消息其间而已。则今日之政治性质之巴力门与内阁可废，而真民主实现矣。吾以为巴力门与内阁之权限应缩小，自为一事。若谓采职业代表主义以后，所谓政治焉者，可以廓清，吾未之敢信。何也？今各国之社会党及工人组合，非所谓职业团体耶？何以于政治行动直接行动，则意见纷歧焉，对于第二、第三国际则意见纷歧焉，对于同盟罢工则意见纷歧焉。可知政治者，人类对公共事务意见异同之所由生，绝非以基尔特代巴力门，则政治为物，可以由有而使之无。基尔特派对于他日中央政府之任务，但曰调剂（co-ordination）。而其方法如何，则绝未确定。譬之对外问题焉，海陆军费多寡焉，收税轻重焉，此皆政治意见之至重者。因此意见，于是有政府更迭。若此种种者，无论其形式如何变更，要之此类问题之存在，则无论何人，不能否认。故谓去巴力门后而代以基尔特会议，谓政治活动可以消灭或减轻之者，乃过信制度之效力，初未尝深察政治与人性有不可离之关系焉。诚如此言之，则今后之中央政治机关，将何途之从而可乎？同人以为民主政治下之巴力门制，但有改良，而无废除。所以改良之者，若就吾国言之，限若干年内，使人人识字，以举普通选举之实，一也。改今日间接选举为直接选举，二也。国会议员任期之缩短，三也。内阁应以国会之信任与否而进退，四也。以总民投票辅助代表制之国会，五也。诚能行此五者，则代议式之政治，必日有起色，而未见其可以抹杀。若夫今日巴力门，不免为资本阶级所占，而劳动者为一国生产者之重要地位，无法以表现之。则吾以为据劳动者独占政权之理论而折衷之，莫若仿德宪法，设生计会议。关于生计问题、劳动立法，一一询此会议而后立法行焉。是巴力门者，以地方区域人口多寡为比例，所以代表形式的民主（Formal Democracy）焉。生计会议者，以工厂或职业团体为标准，重在生产阶级之利益，所以代表工业的民主（Industrial Democracy）焉。此同人所谓奋进之方向者一也。

第二，社会主义。为扫除四千年专制之旧习，而发达人民自由创作之精神，其第二要义，则在社会主义之实行。盖依欧洲工业革命后之历史证之，人民有企业自由，各挟资力以相竞争，则家内工业日少，而工厂工业日发达。小工业并于中等工业，中等工业并于大工业，于是社会上成为两阶级。其一曰工主，是为有产阶级。其他曰工人，是为无产阶级。名为人人平等，然有产者所享有之权利，以无产者视之，不可以道里计焉。名为人人自由，然有产者所享之自由，以无产者视之，不可以道里计焉。其在政治上，则有产者为统治者，而无产者莫奈之何。其在生计上，则有产者以其为财主之资格，而无产者莫奈之何。于是十九世纪初期以来，则有所谓工人运动。始焉争工人状态之改良，继焉争工业之公有。工业公有者非他，所以废工钱之制（Wage-System），即所以废资本主义。使个人之于职业，有服务之乐，而不至专立于受工主鞭笞之地位耳。一言以蔽之，争自由耳，争自治耳。今后吾国之生计发达，将循西方之旧，由资本主义而社会主义耶，抑无须经资本主义而可以直达社会主义耶？甲曰社会主义者，所以求分配之平均耳。吾国产业受外人压制，力求发展，尚不暇给，若以分配平均自扰，则吾国实业，永不能与人竞争。乙曰社会主义，必起于工人团体之要求。吾国既无工业，故无工人团体，则有何要求有何实行可言？丙曰社会主义者，所以废私有财产，所以收私人工业归国有。今吾国尚无大工业，有何收归国有可言？且私人企业，以其有利害关系，故视厂事如己事。若收为国有，必蹈官僚政治之恶习。今英、美人所以反对国有者，大根据在此。盖国中所以反对社会主义者，其论调大约若此。如甲所云云，以为社会主义为专图分配平均，此实误解社会主义之言。盖社会党所反对者，乃富之集中于少数人，初未尝反对全国富力之发达。惟富之集中于少数人，视劳动者为乞丐，为求食者，即其工作时间工厂卫生亦必待工人要求政府立法，然后善为之所，于是双方势同仇敌，有不两立之势。甲之意岂不以为吾国资本缺乏，所恃以胜外人者，独工价贱耳。若工人提出要求，生产费增加，则吾工业势不能与外人竞争，尚何国富之可言？吾以为工业发达之要着，厥在工主、工人之协和。若内讧日起，虽工价之贱，不敌其他损失。故如甲之意，专望工人安心做工厂奴隶，为吾国发达工业之惟一良法，施之昔日之欧洲，尚且不可，况今日之吾国乎？如乙所云云，有工人团体，乃有社会主义。其意若曰，凡一事物，必有欲之者，然后其事乃能实现。若无欲之者，则虽日日倡言之，终是空话而已。吾以为所谓"欲"之云者，在一种制度未成熟前，则欲之之主体，常限于一阶级。当一种制度既成熟后，则欲之者，不定限于一阶级。譬之昔之宪法运动，其始焉发于市民与贵族、帝王之争，此欲之者与反对之者限于一阶级焉。及各国宪法既成，其他之专制国中之政府，认大势之无可抗，自起而公布宪法。此所谓欲之者，不必限于一阶级焉。吾国人诚知社会主义之无可抗，平心静气，标此义为鹄的。凡技术家、工程师之养成，则告之曰：汝之学成而开矿而开工厂，乃所以为社会服务，非为个人营利焉。告工人曰：公等为生产者，非仅求衣食于工主，故关于工厂之管理、经理及红利分配，当早具相当知识以参与之。诚如是为之，则阶级之争可免，工业发达可期，奚必待劳动阶级既成，然后为资本主义代与之主体乎？如丙所云云，当分两段言之。其第一段，谓有工业然后可言国有，无工业则无国有可言。第二段，谓国有企业无私人利害关系，以官僚充斥，故其视企业，不如私人自谋之周。就第一段言之，吾以为应将发问之法稍变之，则答语亦因之而不同。吾人所同者，非工业之有无，乃今后工业之发展，当以资本主义行之，抑以社会所有之方法行之是也。今日中国，无多大企业，不待我之声言。惟其无工业，譬如一张素纸，或黑或白，视我下笔时之主意如何。如曰社会所有方法，不足以发达实业也，我诚不敢以社会主义号于国人。如曰社会所有方法，他国方拟草案而施行焉，则吾国发达实业何不以社会所有方法开始，以免迂徊曲折而终不免于逮此一境？若曰公有以后，无私人利益关系，恐其业不昌，则今之德国煤矿社会所有法，尝设法以保留私人之自发精神。而基尔特社会主义之讨论，所以调和个人自由与社会公道者，尤为详密矣。此丙之言，不足为反对社会主义之理由也。且吾闻之马克思之言，必大工业集中以后，然后收为国有也易。吾以为中国之大工业，以矿业论，其获利厚资本大，故开始之时，皆与外人合办，往往开掘不及一二载（如中原公司），而所分之利，已等于其所投之资。夫以勾结外人开发天然之富源，政府及全国有力者，通同一气。故自开办之始，已成集中之局。谓此等资本家而当保护，吾不见其应保护理由之安在也。若此富源，与其归之少数人之手，孰若收为国有，收为省有？以矿业技师联合工人组合参与其间，则利普及于民，而事业之发展也益易。其为良法美意，何待多驳乎？若曰收为国有后，徒为一派人利用，国有铁道，可为明证。为此言者，盖不知国有与社会所有之别耳。昔之国有制，咸以官僚为之主，故但以官业肥私囊，徒为盘踞者之城社。若夫社会所有之制，工人参与焉，资本家参与焉，消费者参与焉，国家参与焉。惟其监督者多，故主持之者，不得而舞弊。惟有关系者众，故求其事业之昌大之心自切。故国有论之是非，不足以定社会所有制之利害。总之居今日工业未兴之中国，欲确定工业之新组织，免阶级之战争，舍自始采取社会主义而施行社会所有法外，殆无他道。此同人所奋斗之方向者，又其一也。

第三，进行方法。方向定矣，今后进行之方法若何？以欧洲之例言之，其一曰议会政略（parliamentary strategy）。则劳动者结成团体，自列于政党之林。于以竞争选举，争议席，或争阁员，以为改造社会之手段。此法也，德之社会民主党及英之劳动党采之。其二曰革命手段。以劳动组合为根据，主张大罢工及妨碍工业诸方法，以达工业自治之目的，故重工业方法而排政治方法。此法也，法之工团主义采之。其三曰暴动。自俄革命后，共产主义遍于列国，乃有专以暴动为入手方法，以步宝雪维几派之后尘。今年德国共产党尝有所谓三月行动，即其例也。此法与第二派之宗旨同，惟其手段更暴烈耳。此三者虽分三项，然吾以为分中有合。以平日之鼓吹言之，则不能少议会政略。以临时之作用，不能少革命手段。德之社会民主党之历史，谓为以议会为惟一武器可也。然德共和之成，何尝无同盟罢工，何尝无暴动？即以宝雪维几论，虽侧重暴动，然亦何尝放弃选举？蓝宁对共产党之左派主张放弃选举者，则诤诤告戒之，以为不可。即今后英、法诚有革命之一日，恐亦不能独以议会政略为惟一武器也。故曰三者虽分而实合。同人既主张知识之解放，且以为一切运动，以群众之信从为本，故目前所重者厥在文字鼓吹。及乎他日团体既成，或采政治行动，或取工业行动，此视团体员之心理，非今日所得而预言。要之方法贵乎渐进，而行事贵乎澈底。其大旨如是而已。抑同人认定推翻旧历史，建设新局面，厥在有新信仰新生命之人物。故政治上之城狐社鼠，在所必摈，此则可以大大声言者也。

第 三

或者曰：公等计划，既闻命矣，然改造大业也，难事也。在中国之环境中，而欲有所设施转移，谈何容易？谋之群众，则蚩蚩氓，识字者几何，恐诲者谆谆，而听者渺渺焉。呜呼！吾知之矣，数十年来，环境说之入人心者，已深且久。一若天下事物，皆由自然因果支配而人力无可得施。抑知人类进化之大动力，曰生命的奋进，曰冲动曰意力。三者名虽异，而实则一。总之则向上之心耳。惟其有此向上之心，故一切境界，皆由人造。惑于定命论者，以为世间事物，皆有因果，何得由人自主？不知所谓因果者，乃事后之分析。由人意自定某事曰因，某事曰果。若其正在进行之中，有谁能知某事之为因，某因之必生某果？当千九百十七年十一月以前，谁能测定蓝宁革命之必告成功者。夫亦曰蓝宁之意力致之耳，蓝宁之行为致之耳。当千九百十八年十一月以前，谁能测定德之必改共和者？夫亦曰德社会民主党之意力致之耳，德社会民主党之行为致之耳。如是世界进化之大动机，其意志哉？其行为哉？

寻常所谓因果者，月晕而风，础润而雨耳，否则饥思食寒思衣耳。盖就平时人类生活言之，饥食寒衣，已成习惯。常人安于此习惯，不复能自更。若夫生命变化关头，则有出其不意之举以惊世骇俗者，何也？

平日举动，拘束于习惯，及至紧要关头，则自觉性起而冲破此习惯。于是意志随之，行为随之，而平素所不习见之事，竟尔成功。一身且然，国亦犹是。若宗教革命也，十九世纪之革命也，今日之社会革命也，即自觉性之表现也，即意志行为之表现也。

自觉性不发生于平日，而发生于临时，证之今日思潮之变而可知。自欧战以来，社会呈危危不安之象。察微知著者，大有所悟。对于爱国主义怀疑焉，对于军备怀疑焉，对于现教育制度怀疑焉，昔所认为天经地义者，今细细一按，知所谓是者之未必是，非者未必非，而改造之运动起矣，而革命起矣。呜呼！是悉吾民不自觉耳，安有环境之可言哉？

然一时之自觉不难，有自觉而能持之以意力，断之以行为则甚难。以欧洲之例言之，阶级自觉（class-conscious）之说，日腾于报纸。然真能奋斗者能有几人？能奋斗而坚持不变者又有几人？无他，意力与行为不足以继之耳。盖好生恶死，人之常情也。今焉见人之焚溺，入火投水以救之，则人字之曰勇曰仁。耽于嗜好，亦人之常情也。今焉痛自克厉，早去一分，暮去一分，必至戒绝而后已，则人字之曰勇曰坚忍。夫救焚溺，去嗜好，乃事之至小者也。其所要求于意力者犹且如此，而况改造之大业，政府妨害之，反对党抵抗之，今年一战，明年一战，虽累数十年而不知胜利之谁属者乎，此吾所以谓持之以意力也。

意力者，与行为为一体者也。意力弱，则行为随之而弱。意力强，则行为随之而强。有救人之心，而不能入火投水，是意力弱，故无行为焉。有去嗜好之心，而不能早去一分，暮去一分，是意力弱，故无行为焉。夫改造之大业，亦犹是耳。微蓝宁十一月之变，则俄至今犹克仑司几政府可焉。微基尔之暴动，则德至今犹帝政可焉。语曰"知之非艰，行之维艰"，诚空言之不敌实事久矣。此吾所以谓断之以行为也。

且不闻西方行为哲学家之言乎？美詹姆士之言曰："明知其难而为之者，是为理想的行为道德的行为。"故此二种行为，即向抵抗力最大方面进行之行为也。法柏格生以为人类之自觉，至道德范围而登峰造极。故其言曰："道德的人，是为至高度之创造者（It is the moral man who is the creator in the highest degree）。此人也，其行为沈雄，故能使他人之行为因之而沈雄。其心地慈祥，故能燃及他人慈祥之火，使之炎炎而上。"吾读两哲之言，而知所致力矣，曰世界改造之大动力，厥在道德精神耳，厥在道德精神耳。世之同志，盖归乎来？

学术方法上之管见*
——与留法北京大学同学诸君话别之词
（1922）

我与北京大学之关系，不过千九百十八年下半年三四月之久，所教者不过研究室中三四人，故与今日在座之刘半农先生及同学诸君，当时竟未识面。到欧洲以来，东奔西走，不常在法，晤谭机会甚少，今承刘先生及诸君之招待，反令我心中惶恐万状。适刘先生说及此番归国后在政治上、学术上尽力之方针，对于此层，自己一无把握，故不敢对诸君有所陈说。但在欧三年，自己思想上自有一种经过。故今日与诸君之话，作为我自己之回顾录可焉。

第一，自己思想之经过。诸君知道吾是研究国际法之一人，何以忽一变而攻哲学，此谅诸君所最要问我之一点。初到之第一年，往来于伦敦、巴黎之间，所注意者，专在和会外交之内幕，自山东问题解决，佛塞宫条约成立，我心中大为不平，觉得协商国政治家之所谓正义人道者，皆不过欺人之词，因而想及所谓国际法者，实等于国际的非法（Völkerrecht－Völkerunrecht）。若抱此类条文，为吾一生研究之目的物，则除纵横捭阖以外，尚有何物？而吾一生虽尽窥外交秘奥，而于世界人类有何益处乎？

此第一年之感想虽如是，然自己求学方针，尚未确定。我记得梁任公先生于千九百十八年六、七月间尝访法国哲学家柏格森，是日同去诸君中，有学陆军者，有学物理者，有学银行者，任公先生亦强我同往，我竟谢绝之，此时我心中尚以为哲学乃一种空论，颠倒上下，

* 原载《改造》第 4 卷第 5 期（1922 年 1 月 15 日），今据《中西印哲学文集》（141～151页）。

可以主观为之，虽立言微妙，无裨实事，与马克思少年时批评黑智尔哲学为海岩上之音乐，正相类也。任公先生与柏氏谭而归，告我以所谭内容，及今回想，竟一字不记，我之淡焉漠焉之态度，可以想见。使在今日而有语我以柏氏口授之言，我且立刻记下，而当日乃见亦不愿去见，则吾此时束缚于现实生活，而忽视人类思潮之大动力，可想见矣。

　　一九一八年十二月，同梁任公先生游德，任公先生属予开一张在德应见诸人之名单。予平日所注意者，不外政党首领及军人，故名单所列者，不外社会党首领如柯慈基（Kautsky）、如前总理夏特曼（Schaide-mann）、当时之陆军总长诺司开（Noske）、右党首领海尔佛立希（Helferich）、战时之参谋长罗顿道夫（Ludendorf）诸人而已。及至巴扬之都城孟勋（München）后，任公先生忽自想起曰：日本人所著欧洲思想史中，必认柏格森、倭伊铿两人为泰山北斗，我既见法之柏格森，不可不一见德之倭伊铿。奈在旅行道上，无法觅人介绍，乃自致一电于倭氏，述愿见之意且恳其寄覆信于耶纳之某客舍中。及抵耶纳，则倭氏覆书已在，极道欢迎之意，是日为一千九百十九年正月一日，访倭氏于其宅中，谈约一时半之久，所谈不外精神生活与新唯心主义之要点。任公先生再三问精神、物质二者调和方法。诸君知道倭氏哲学之大本曰精神生活，而精神与物质相对待，舍物质则精神无所附丽，舍精神则重浊之物质则无由向上，而二者之相须为用，厥在行为，厥在奋斗，故与黑智尔辈之以为真理可以在论理上求之者，正相反对。倭氏为人，独立演台自述所信，虽千人为之辟易，而两人对答，则讷讷如不能出诸口，倭氏对于任公先生之问，自知难以一二哲学概念表示，乃屡屡以两手捧其赤心，以表示将精神拿出来参透物质之意，彼之以两手捧赤心之动作一再不已。我之旁立而听者，尤感其诚意，相喻于不言之中。是日倭氏以自己著作一一署名分赠之诸来客，又以任公先生新唯心主义与旧唯心主义之异同一问，非立谈之间所能毕事，自允手写一文。时倭氏方有他种著作约期出版，适其夫人在旁阻之，谓汝奈何有此时日作此文章。而彼绝不以夫人之言为意，待吾等游耶纳及路德尔幽因之地华德堡（Wartburg）而返柏林，则倭氏之文已先我等而来矣。以倭氏七十老翁，精神矍铄一如年少，待异国之人亲切真挚，吾乃生一感想，觉平日涵养于哲学工夫者，其人生观自超人一等，视外交家之以权谋术数为惟一法门者，不啻光明黑暗、天堂地狱之别，吾于是弃其归国之念，定计就倭氏而学焉。吾之所以学哲学者，非学问之兴趣，非理性之决定，乃吾内部之冲动，乃倭氏人格之感召。呜呼！岂惟一生，即人类一部历史之变迁，起于冲动起于直觉者十之八九，若其本于理性本于智识者不过十之一二，即此可以知主智主义之失败而生活哲学之所以成立者，非偶然矣。

第二，学问上之比较研究。我今日所欲与诸君谈者不在倭氏哲学，故倭氏哲学内容如何，可置不问。盖我平日所最恨者，厥在自甘于为一学派之奴隶。我虽从倭氏学哲学，然不愿独尊倭氏之言，视为世界独一无二之哲学，而平日所采方法，则为比较研究。盖以我观之，世界现象，可从种种方面以下观察，譬如以哲学言，则有唯物、唯心两派。唯心派以为真实在心，唯物派以为真实在物，换言之，外界之物为独立实在，不关于心之知不知。美之实用主义则又排斥唯物、唯心两说，以为议论纷纭，无关实际者，皆可置而不问，独以有实用于人类者，则视为实真。凡此三说，孰是孰非，是另为一问题，而要之当此新文化发动之期，则学说输入方法，不可不研究。吾以为种种学说，固应同时输入，即以同一学说言之，不仅正面之言应输入，即负面（即反对者）之言亦应输入，惟如是方能启人怀疑之心，令思想发达，人智进步，若仅仅推尊本师，则旧偶像虽去，而新偶像又来，决非吾国思想之福。吾更举一例以证之，同一社会主义也，在法为桑地加主义，在德为马克思主义，在英为基尔特主义，在俄为布雪维几主义，可知一种理想因提倡者之性质与国情而大大不同，安在其能独尊一说而排他说？吾之为此言，非劝国人对于一切主义不加以偏信。吾知实行者非理论家比，贵于以一种主义，坚持不变，而后其说乃能得人信从而生效力。吾之所欲针砭者，则在学问家与思想家此两种人当其输入某学说，应将此学说之反对论加以研究，则其效果有四，不至独断（Dogmatic）一也，不至生不相干的门户异同二也，经比较以后自己眼界更加广大三也，折衷诸说后或者更得一美备之学说四也。诸君闻吾言，切勿误会我不劝人在学说上有一种立脚点，而专取策府统宗或兔园册子式之议论。吾确信学问上之门户是万不能免的，然此类门户之对抗，由于将英、美、德、法各学问大家赞成者、反对者比较研究以后，而自己真有所信，则此类立脚点必有益于吾国思想界之进步。若但以一家之言铺张扬厉，徒以造成不相干的门户之见，是徒陷国人思想于狭陋而非学者客观的求真之态度焉。总之，一种学问在基本范围内，将英、美、德、法或其他国之正负两方一一从而比较之，然后再定自己之立脚点，不可但推行一国中一派之言，以自陷于偏狭。再申言之，以欧美思想界为一全体，尽其异同诸学而尽研究之，再定应取应舍之方针，则于会通之义，庶几近之矣。

或者以为真与伪两言而决耳，若甲说而真，复何取乙、丙、丁诸说；若乙说而真，复何取甲、丙、丁诸说。吾以为不然，哲学上之唯心、唯物之说，历千余年而不决，安见真伪标准之易定耶？自心理言之，但见变而不见常（如柏格森）；自论理言之（如认识论之哲学家），但见常而不见变。安见真伪标准之易定耶？甲曰万物本身，非人类智识所得而认识，而乙反之。安见真伪标准之易定耶？甲曰人类智识如工具然，故自原始以来，杂以实用之念（如柏格森）；乙驳之曰，智识与实用唯而为二，如高等数学何尝有实用之念夹杂其中（罗素之言）。是安见真伪标准之易定耶？以上所举赞否两方之说，皆哲学上之争论，故孰是孰非，极难解决，然推之实证论之科学，又何尝不如是。甲曰物质之本体曰力，乙曰山纳涅，丙曰电子；奈端之言曰时空为绝对的，爱因斯坦之言曰时空为相对的；达尔文之言曰进化上之异同之故，起于偶然，拉马克曰不然，是起于个体自觉的努力。如是即以实验科学言，又安在真伪标准之易定耶？吾之所以缕缕言之者，凡以证宇宙现象，可从种种方面以下观察，不可但信一说而排他说。欧美人之所未尝反驳者，以吾国现时之学术状况，固无反证之法。若欧美之已尝论及而见诸文字者，明明赞否两方之说，各有一面之真理，若吾而但执一家之言，不及于他方面之研究，或明知之而故意以一偏之言夸耀于众，是但见其狡陋，安足与语宇宙之大耶？

或者以为此种比较研究之法，不出三种结果。第一，（Eclectic）任意选择，故其言为不澈底。第二，（Compromise）调和众说，而内部不能凝成一体。第三，学理上之研究，虽以国情之适不适，则与客观上之真理，愈离愈远。此所虑者，固属甚是，然与我上文所云云，系属两事。吾所欲言者，指社会科学与自然科学之研究，而制度之采取不与焉，盖同为社会科学同为自然科学中亦不免于赞否两方之说，故吾人对于此两方之说同时加以研究，则因两方之比较而可以发生新疑问，另开研究法门，即以至少之限度论，亦可收兼容并包之益。且诸君当知比较研究，不必定陷于以上三种弊端，譬如康德之哲学，非集合笛卡儿之理性主义与陆克（Locke）、休谟（Hume）之经验主义而成者乎？康德之哲学，卓然自成一系统，绝不陷于杂凑或不澈底之弊，此视其比较研究后综合之方法（Synthesis）如何，而非综合之必为害焉。自来大哲学家何一不想以宇宙现象归宿于一系统，故黑智尔有正（Thesis）、反（Anti-thesis）、合（Synthesis）之说，斯宾塞自名其哲学曰综合哲学，即此志焉。吾国文明，向与世界隔绝，自成为一体，今海外新智输入之机大动，凡欧美任何派别之学说，皆可供我取用吐纳之资。以浅者言之，则兼容并包；以深者言之，则融会各家之言，而自成一新说。此则吾思想界之所当有事也。

第三，思想之独立。或者曰融会各家之言，以自成一新说，此事谈何容易。不观美国与日本，以此两国学校之发达，学者之精进，而独创之天才绝少，至今不免于步趋欧人之后，子奈何以此夸大之言告国人乎？吾应之曰不然，思想不动则已，动则非至于独立之境不止。譬之孩童，早夕闻讲师之言论，然彼决不以亦步亦趋为满足，自甘于为应声虫或留声机器已焉。行年稍长，彼一人好恶取舍日益显著，则其所思所言虽不免于教师之影响，然已俨若二人矣。一人如此，一国亦然，吾国人今日所吸收之外界思潮，他日必能镕铸之，以成一种新文化，吾之所敢断言者焉。以日、美之例相绳，是拟于不伦。日本、美国皆新立之国，吾国历史之长，不独驾美、日而上之，即欧人亦瞠乎其后，惟其历史较长，故思想之组织，较欧人为广博。彼所认为不相容者，自我观之，不妨两利而俱存。彼之观察，往往以短日月为限，故所谓利者，害即伏于其中，我以长时期统计之，故不斤斤于目前之利害，而另有一种通盘筹画。欧人头脑，偏于论理的系统的，故是丹非素出主入奴之成见甚深，吾以客观之念，超然于其各学派党同伐异之上，故往往彼之所谓甲是乙非，自我言之，不过观察方面之不同。若以日本较吾国，则日本人长于模仿而短于创作，吾国人长于创作而短于模仿，证之两国佛教之变迁与欧洲制度输入后之成绩，可以概见。故吾以为吾国思想界之独立，殆早晚间事，或者美国、日本之所不能者而吾竟能之，亦属不可知之事焉。（吾国人向以欧美并称，实则久留美者，均为予言美人思想界除一二例外如哲学家詹姆司 W. James 外，绝少创作之才，其学者著书，大抵抄袭欧人之言以成篇耳，美人中亦有为此言者，详见剑桥大学讲义，题曰《今日之美国》。）且思想独立之能不能为一事，应不应又为一事，吾为世界人类之一，有固有之文化与历史，吾之所以自效于世界人类者何如，不可不及今猛省。世界一剧场焉，今之歌哭悲喜者欧人焉，吾则仅为一看客，或将他人之剧本，读了一过，若此种仅仅享受而不参加活动之地位，吾国人其能甘之乎？必不然矣。

且以吾所见，则今日有一种形势，逼吾国人不能不向独立路上走去者，则欧洲思想界之危机是也。今日之世界，人人知其为科学世界，然此科学世界是否一成不变，或已达最终进步之一境，我惟有答曰否而已。人生变迁，原无一定，故思想之变亦因之，以希腊学术之昌明，忽一变而为中世纪之宗教，由中世纪之宗教，忽又一变为今日之科学世界，可知人生原无一定，今日所谓是者，安知明日不又视之为非。自大战以来，欧洲思想界以不满于现状之故，有要求改革者，有预言其灭亡者。其要求改革者之中，以社会主义为最有力，然有更进一步者，则以为在此工业基础上，无论如何，免不了资本主义，故其走于极端者，欲尽废今日之大工业而返于中世纪之家内工业与基尔特，此即英国基尔特主义党中滂底氏（Penty）之言也。其次在德国有一大著作，此书在德国有哄动一时之力量，尚在爱因斯坦相对论之上，其书出后，不及三年，已重五版，而第五版之绝版，及今已一年之久，其书为何，则斯宾格雷之《欧洲末运论》（Spengler - *Untergang des Abendlandes*）是也。其书大旨以历史比生物形态，二者同受春夏秋冬时运之支配，故一国文化亦分幼长老死四期，斯氏自称其书曰新历史哲学，并举欧洲今日之亡征，比之希腊罗马之末叶。若滂底氏之言，若斯氏之书，不过一二人之言耳，何足以判定欧洲全体文明之得失，然自斯氏书之流行，可知其书必与时代心理相暗合，而影响于世道人心非浅。吾之所谓危机者，盖以为欧人对于现时之学术、现时之社会组织，已入于怀疑之境，彼既自行怀疑，则吾国今后文化，更少依傍，舍自行独立外，尚有何法乎？

吾国今日人心，以为科学乃一成不变之真理，颇有迷信科学万能者。或者闻我之言，误会我劝人不相信科学，不重视科学，此则决非吾之本意，故不可不加数语以申明之。吾在德时，有同学拟译斯氏书者，吾告之曰：此书一入中国，则吾国傲然自大之念益增长，必曰你看欧洲人将倒楣了，还是我之无动为大的好，还是我三纲五常的好。诚如是，益以阻塞吾之新机，而新文化永不能输入。吾之所以劝其不译者，正以欧洲之科学方法与社会运动足以补救吾国旧文明之弊，此信仰维持一日，则新文化之输入早一日，若此信仰而失坠，不独吾国文明无复兴之机，而东西洋之接触更因此阻迟。然斯氏之书已早公开，无论译与不译，终必有传至中国之一日，且欧洲人对于现文明之怀疑，已彰彰明甚，故不能以不译斯氏之书，可以掩尽吾国人之耳目。总之今日之急务，在求思想界之独立，独立以后，则自知其责任所在，或继续西方之科学方法而进取耶？或另求其他方法以自效于人类耶？凡此者一一自为决定，庶不至以他人之成败，定自己之进退，而我之文化，乃为有本有源。盖文化者，特殊的，固有的，独立的，非依样葫芦的，此言新文化者最不可不注意之一点焉。

第四，学术以外之实际生活（Practical Life）。世界大学之教育方法，可分二大类。第一曰欧洲大陆上大学之知识教育，第二曰英国牛津、康桥两大学之实际生活教育。所谓知识教育者，学校之所以教其学生者，但有知识之灌输，其目的在造就学问家；所谓实际生活教育者，知识次之，而处世之道最讲求，故教育中所注意者，不在书本学理，而反在茶会、体育及政治上之讨论。此两教育孰劣孰优乎？吾盖不得而断言，以英国近时之新大学言之，大抵趋于大陆制，而反抗牛津、康桥，似乎牛津、康桥之教育专在养成贵族与英国之治者阶级，故已不适于今世。然以我观之，正未必然，以全社会学生言之，从事学理者多乎？抑从事实生活者多乎？以一人言之，每日十二时中适用课本上界说定义之时多乎？抑适用处世之方法之时多乎？凡此问题，皆不待辨而明，故吾以为学校中学理固不可不讲，而人类共同生活之规则，尤不可不在学校中练习，如打球，如竞舟，不独强健身体已焉，以此种游戏，皆赖多数人而成，而其间自有一定之规则，人人能守规则，人人如尊重他一造之意思，则共同生活之原则在其中矣。乃至牛津、康桥之联合大会（Union Society），其构造一如英威斯脱敏斯脱之巴力门，一边为政府党，一边为赞成党，今学生发表政见，各以分明之态度，为赞否之主张，有时请国中政治领袖莅会演说，而学生之中或赞或驳，从容论议，一如议员之讨论议案，盖维多利亚时代英大政治家，其十八九则牛津、康桥大学之联合大会之有辨才之学生，故谓联合会为政治家养成所亦无不可。

吾国政治之混沌至今日而极矣，至原因安在？则人人必曰袁世凯为之，军阀为之。袁世凯、军阀诚罪大恶极矣，然所以产生袁世凯与军阀者，则又我国民乏政治训练之所致。为政治活动者，不知政治上之主义，而但知个人之功名竞争，故同处一党者，此倾彼轧，易受敌人以可攻之间隙。政党之对垒，惟恐我之不胜而人之不败，故绝不解英人所谓平等竞争（Fair Play）之原则。凡以此故，十年九乱，而今日已陷于无政府之状况。即有持各省自治之义者，然省宪法会议之成绩，胜于当日中央宪法会议者几何？夫当日之中央宪法会议之捣乱，犹可诿过于袁世凯与段祺瑞，然湖南之赵恒惕，则明明以制宪自由授之议员矣，然以我所见报章，湘省宪法审查会中时以不出席为抵制他人之具，中路出席，则西、南两路不出席，西、南两路出席，则中路不出席，且一造尝乘他造之缺席，凭借其多数，而擅改议事规则，因此议宪之举，已垂一年，而至今不见宪法之成。（归国后，闻湘宪法已成，然宪法者，非颁布了事，故能否举宪法之实，须视其施行后成绩。）夫所谓民主政治者，非多数政治乎？故少数之服从多数，实为天经地义，以少数故而不甘于服从，则民主政治永不能运用，而统一之意思表示，永不能成立。再申言之，少数而不服从多数，则政府永不成而国必亡而已。诸君试思之，德之右党，拥戴霍亨仑皇室者也；社会民主党，主张共和政体者。两者之相处，不啻仇敌，然自宪法会议成立后，无论在大会或委员会中，未闻有以不出席相抵制者。一切会议中，右党中始终守少数服从多数之原则。惟在第三议会中自提出一项宣言，曰吾人虽参预共和宪法之编制，然不因此而放弃吾人自身之信仰，盖以此宣言为保持日后自由行动计焉。吾以为议会政治之下，多数少数与夫因多少数之胜败，乃当然之事，为少数者当指导舆论，以待卷土重来，若挟不出席为抵制之法，吾而办不成，必令他人亦办不成而后已，若此心理，则国家非亡不可。

此种政治心理之矫正，实为今后教育界第一要义，而矫正之法，则自小学以至大学，仿英国牛津、康桥之制，注重实际生活是已。若各种体育若茶会若政治讨论，皆令学生自组团体，有规则，有预算，有领袖者，有服从者，而教习则但负指导之责，不可妄加干涉，除内部破裂或两造不相容外，则学生有处置一切之自由。诚全国大小学校中种种团体之组织，秩序井然，有持久之力，有从容揖让之风，金钱出入，一以预算行之，不令有一文之无着落，则本此风气以施诸政治，而议会政治、民主政治之实现焉必矣。诸君慎勿以为吾之所言，专以英国议会政治为模范，盖团体内部之团结也，少数之服从多数也，以口舌争而不以武力争也，凭舆论之从违以定负责者之进退也，此不徒资产阶级之政治中应守之原则，即无产阶级之政治中，亦不能外此，盖政治之立不立，视此而决，初不以有产与无产而异焉。

今日承刘先生及诸君之招待，异常欣幸，故将学术上、政治上之管见，略述一二，缕缕言之，不自觉其冗长。盖以我所见，所谓新文化者，不仅新知识已焉，应将此新知识实现于生活中，然后乃成为新文化。故吾国学术上固当有一种大改革，即社会上、政治上之制度亦复如是，要之当自种种方面，造成一新时代，此则吾之所欲与诸君共勉者也。

欧洲文化之危机及中国新文化之趋向[*]
——在中华教育改进社讲演
（1922）

　　我之出席于此江苏教育总会，今天乃是第二次。第一次是何时？一九一七年五月是也。其时欧战正酣，德之潜艇战略尚未宣布，美国尚未入战团，俄国尚无所谓克仑司几政府，更不知有所谓李宁政府，世界上之最新共和国即今之德意志，亦尚未出现。今也胜负分矣，休战而后，并正式和约亦已签字矣。不仅欧洲问题已解决，即太平洋之裁兵会议，亦将告终矣。吾们今日在此见面，诸君必问我："此数年间你常在海外，你看将来世界究竟怎样，中国之地位究竟何如？"所谓世界究竟怎样，包含太广，断非立谭之间所能说得尽的，若就世界现有之问题分析之，诸君之意，岂不曰俄国之政局究竟何如？世界革命能达到目的否？巴黎和约能长保不至变更否？各国财政工商已渐恢复否？德国之赔款能照约付出否？各国之内治问题，如内阁，如议会如何？凡此种种者无论何件，无一非紧要问题。惟因其人所立之地位，而紧要不紧要以别。如外交家自然以和约为第一，而他事次之。如社会党自然以第三国际及各国劳动运动为重，而他事次之。但是以上各事，如外交，如社会革命，我今日姑且不谭。我所欲与诸君语者，则在欧洲文化问题。吾有一语警告诸君，诸君且勿骇怪，即欧洲文化上已起一种危机是也。诸君在上海所见，租界秩序何等整齐！外人声势何等浩大！电灯何等光明！文明利器何等便人！何以欧洲人对于其文明起了反动？何以有所谓危机？则其原因有三：

　　第一，思想上之变动。诸君知道康德以来之哲学，以理性为出发

　　* 原载《东方杂志》第 19 卷第 3 号（1922 年 2 月 10 日），今据《中西印哲学文集》（218~227 页）。

点。人类之所以能认识世界，合二者而成：曰官觉，曰理解。在康德固未尝说宇宙之秘奥，可以纯粹理性参透，然而康德以后之哲学家、科学家，或者侧重唯心论，或者侧重唯物论，引起人类心理上一种希望，以为此宇宙之谜可以由人类智识解决之。此解决宇宙之谜之希望，以达尔文《物种由来》出版以后为最盛。此在思想史上，名曰实证主义时代。即吾国欧化之输入亦正当此时。故侯官严氏所译各书，如穆勒《名学》，如赫胥黎《天演论》，如斯宾塞《群学肄言》，即其代表也。近三十年生物学更进步，心理学亦发达，愈研究，愈觉此宇宙之秘奥是不易了解的。譬之从前以细胞剖为二，据生物学家之言，此半个细胞之组织，即为原形之半，然现时发明细胞虽分为二，而其组织仍为整个的，于是觉物理上之因果律是不适用于生物，乃至心理上之绵延，更非以物理学之计算法所得而衡量。哲学家如柏格森之类多言之，无俟予之赘言。要而言之，以近来哲学、科学之进步论之，昔之研究在物理者，今则在生命方面；昔之研究在自觉者，今则在非自觉；昔之研究在理性者，今则以为非理性所能尽；昔之研究在分析者，今则在把捉实在全体。此则所谓主智主义与反主智主义是也。

第二，社会组织之动摇。诸君知道欧洲各国向以工商立国，所谓工商立国者，一方国内工商发展，故人人有生活有衣食之所，他方一国之富力发展于外，为工商竞争，为投资，为生计灭国新法。此等事在富力未发达之国，固以工商发达人民生计为最良之政策，迨乎既发达以后，于是在工厂之小民，自己仔细一研求，说货物由吾造成的，富力由我增进的，乃结果所得，无非扩充海陆军，一般外交代表得肆其纵横捭阖之计，或使本国银行代表之在外国者臣门如市罢了。于是发生一种自觉，说一国之富力不应集于少数人之手，国之与国，不应有所谓侵略。此所谓社会主义与第一、第二、第三国际组织之所由来也。

第三，欧战之结果。欧战之结果。死了数千万人，费了数千百万万财产，为人类有史以来第一次大战，是尽人所同认的。现在和约定矣，欧洲已恢复平和矣。所得者，无非割了地，赔了款，问世界到底有何好处，实在说不出来。然其中有一件事为吾人所不可不认者，即昔所认为不可能之事，竟变为可能。譬如十年前有谁想到奥国之分裂，而奥国竟分裂矣；昔时有谁信为德国全国人所爱戴之霍亨荼仑王室之去位，而今竟去位矣；有谁信德、俄两国能成共和，而今竟德之宪法已确定，俄之李宁政府亦已支持至三年之久矣；昔以强凌弱为定则者，今则有所谓国际联盟之说；昔以武装和平为定则者，今则有所谓裁兵；乃至战时计口所食之面包票也，以一切私有之工厂归国家支配也，皆引起人一种想像，以为人类改造环境适应环境之能力是极大的。一言以蔽之，则人类改造可能性之大，至战事中而大表显。惟此可能性之大，于是改造哲学者有人焉，改造社会者有人焉，改造各科学者有人焉，乃至思改造文化之根本者亦有人焉。总之，或曰改造，或曰革命，其精神则一而已。

合以上三种原因，可以说现在之欧洲人，在思想上，在现实之社会上、政治上，人人不满于现状，而求所以改革之，则其总心理也。其在哲学界则国人所常称道之柏格森、倭伊铿是也。柏格森之哲学，一名变之哲学。倭伊铿之哲学，最反对自然主义，最反对主智主义。两家之言，正代表今日社会心理，故为一般人所欢迎。其在政治界、社会革命界，则俄之李宁、英之基尔特社会主义者之柯尔氏，此皆国人所已知，无待赘述者也。所最奇者，并对于今日欧洲文化亦有怀疑者，如英之潘梯氏（Penty）是也。潘氏亦为基尔特社会主义者，但其立脚点与柯尔不同。柯尔氏欲就现有之工业组织，改大资本家之所有制为生产者之所有制而已；而潘梯氏则以为有大工厂大市场自然是资本主义，故不仅以改良所有权为满足，以为非废大工厂不可，甚至说非重农而轻工不可。乃至有人说工商业由科学发达来，工商组织既已流毒如此，故对于产生工商之科学，亦生疑问，凡此奇怪之论所以发得出来，即系不满足于现状之故，即系改造可能性发展至极度之故。即如罗素书中常说现社会之组织，是抑制本能，是戕贼生机，欲恢复心灵以调和理智。以罗素之好为分析之哲学家，而其社会哲学中，虽不排斥科学，然明言理智之害，即不啻道及科学所生结果之害。乃至因战败后之失望，则以德国为尤甚，故甚至出了一书，名曰《欧洲之末运》。吾之所谓欧洲文化之危机者，此也。

今日承中华教育改革社之招，其演题登在报上的，是"最近对于教育的感想"，我现在已说了半天，尚无一语及于教育，诸君必定问我：何以你所讲的，竟是文不对题？诸君要知道文化是与教育极有关系的，中国昔日之文化，以君尊臣卑，以家庭为其组织之干体，故以诵读孔孟之书为教育。今日主张科学，主张各人独立自动，故学校所教者，为各种科学；所练习者，为团体生活。假使文化面目一变，则教育全体方针亦随之而变。故我以为欧洲文化上之危机为世界之大事，而吾国人所不可不注意者也。

或者诸君要问我：欧洲文化既陷于危机，则中国今后新文化之方针应该如何呢？墨守旧文化呢？还是将欧洲文化之经过之老文章抄一遍再说呢？此问题吾心中常常想及。吾到上海之次日去看一朋友，他拿出梁漱溟先生新著《东西文化及其哲学》一书，全书即是讨论此问题。吾将梁先生之所说，简单报告诸君，再述我自己的意见。

梁先生分世界文化为三种：曰中国，曰印度，曰欧洲。欧洲文化为"向前要求"，故产生科学方法及民主政治；中国文化为迁就境地，但将自己的意思变换或"调和"，或"持中"；至于印度，将生活困难从根本上取销，故为"反身向后要求"。此三种文化的特点，说得很透辟，吾极佩服的。但是后来说到三方面之哲学中，他说：

> 西洋生活是直觉运用理智的；
> 中国生活是理智运用直觉的；
> 印度生活是理智运用现量的。

此三语中，包含佛教哲学、西洋哲学、中国孔孟之言，内容太繁杂，今日不能细说，他日俟有机会，再一一讨论。而吾所不解者，则其所引为西洋以直觉运用理智之根据，曰"我"之认识。所谓"我"之认识，是由于笛卡尔氏"我思故我存"一语而来。笛卡尔此语，为后来理性主义之祖，实为后来主智主义之张本。即曰此"我"为人生活动之"我"，则为政治学上、生计学上个人主义之"我"，与理智直觉何涉？而梁先生乃曰"我"之认识为直觉，是吾所百思不得其解者也。梁先生又引孔子之言"仁"，言"中庸"，"吾与点也"之语，以证孔家之自得之乐，以为出于直觉。所谓自得之乐，是否孔子惟一面目，已是问题。梁任公先生告我，梁漱溟之孔学，乃阳明门下泰州一派，则自得者，孔子之一部而非全体也。譬如梁漱溟先生释孔子之"仁"字，引"予之不仁也"以证明此"仁"字乃感情温厚直觉敏锐之意。然而孔子之答颜渊曰：克己复礼为仁；答子张曰：出门如见大宾，使民如承大祭。言礼言祭言大宾，其郑重将事为如何？而非"直觉"二字之所能尽明矣。以吾看来，所谓"仁"，所谓"义"，孟子说得最好，乃是不学而知，不虑而能之良知良能，既无所谓理智，亦无所谓直觉。梁先生书中乃强名此良知良能为直觉，则康德之实行理性，亦名为直觉派哲学可乎？

至于印度哲学上之现量，是信、解、行、证四者中之境界，与西洋哲学中之理智直觉，不能为比较的研究。梁先生将"直觉"、"理智"二名词，用得极宽泛，三方面文化之特征，尽归纳于"理智"、"直觉"之中，故名词意义之歧混，乃全书中最大的缺点。

然而今日是讨论东西文化，非批评梁先生之书，故最要紧者，是梁先生之结论。第一层，梁先生从物质、社会、精神三方面观察其变迁，与我第一段所观察大略相同。梁先生自言未尝出国门，而其观察之深入如此，乃我所极佩服的。但梁先生竟引倭伊铿辈之言，以为与孔子之言相同，而断定西洋文化必走中国的路子。彼于其书中曰："精神生活一面，大致是中国从来样子。"以为艺术复兴，礼乐复兴，以收拾人心，安定人心，而宗教必定衰微，亦与中国旧样子相合。（梁先生语。）梁先生以为孔子说人生，倭伊铿亦说人生，字面既已相同，意义亦当相同。不知孔子的人生，是伦理的人生；倭伊铿的人生，是宗教的人生。孔子的人生，是就人生而言之人生；倭伊铿之人生，是宇宙的人生。二者不可以相提并论。至柏格森书中之"生"字，有指生物学上之"生"，有指心理学上之"生"，更是不同。要之，欧洲文化之将来，吾是不敢断定，然就大略观之，则一地之文化在本国以内，以反动状况为多。譬如甲时代为一种文化，乙时代为一种文化，至乙时代而生反动时，常稍变其形式，而复返于甲时代之文化。汉时之考据，至宋明为理学；理学之反动，则又为另一种之考据，然其为考据一也。以我默察欧洲情形，今日人人于中世纪之制，羡之如中国人之称唐虞三代，所谓基尔特社会主义之基尔特，即中世纪之制也。倭伊铿为主张耶教革命之人，然以为代物质文明而兴者，舍宗教而外无他物，且以为此后之宗教运动，必有如中世纪之盛，凡此足以证吾文化反动之说之非无据矣。故梁先生之推定欧洲文化为走中国路子，我所绝对不敢赞同者也。

至于第二层，更为重要。梁先生断定世界未来之文化，就是中国文化的复兴。此类勇气，吾是极端赞成的。但是今日尚在振作精神创造新文化之时，自己文化如何，尚不得而知，而竟断定"世界文化即中国文化复兴"，不免太早计了！至于梁先生所说今后中国应持之态度，亦有三项：

第一，要排印度的态度；
第二，对于西方文化全盘承受，但对其态度要改一改；
第三，批评的把中国原来态度重新拿出来。

梁先生一方说世界未来文化是中国文化，而他方又说中国应采西方文化，此两说如何合得到一起，吾苦难索解。一种文化有内外两方：有西洋之爱智识之精神，而后有今日之科学文明；若去其爱智识一点，而采中国人之优游自得，则科学文明能否发生，已是疑问。即令发生，能否有今日西洋人之工商组织，亦是疑问。总之，吾于梁先生所说承受西方文明一节，是完全赞成的，但对中国到底成何种文化，世界成何种文化，我不能如梁先生之速断。兹将吾对于中国文化方针约略言之：

一、文化为物，发之自内，由精神上之要求，见之于制度文章，其性质为自我的、独立的，虽因外界之交通，而思想上有互换之处，然一洲或一国之固有文化之成立，必其国民自身有特种人生观，有特种创作，此考之希腊文化与欧洲文艺复兴以来之文化，何一非创造的思想家之言论动作，有以涵育而成之，是其明证。故吾国今后新文化之方针，当由我自决，由我民族精神上自行提出要求。若谓西洋人如何，我便如何，此乃傀儡登场，此为沐猴而冠，既无所谓文，更无所谓化。自此点观之，西洋人对于其文化之失望，吾人大可不必管他，但自问吾良心上究竟要何种文化。

二、据我看来，中国旧文化腐败已极，应有外来的血清剂来注射他一番。故西方人生观中如个人独立之精神，如政治上之民主主义，如科学上之实验方法，应尽量输入。如不输入，则中国文化必无活力。

三、现时人对于吾国旧学说，如对孔教之类，好以批评的精神对待之，然对于西方文化，鲜有以批评的眼光对待之者。吾以为尽量输入，与批评其得失，应同时并行。中国人生观好处应拿出来，坏处应排斥他，对于西方文化亦然。

四、文化有总根源，有条理，此后不可笼笼统统说西洋文化、东洋文化，应将西洋文化在物质上、精神上应采取者，一一列举出来；中国文化上应保存者，亦一一列举出来。然东西文化之本末各不同，如西洋人好言澈底，中国人好言兼容，或中庸；西洋好界限分明，中国好言包容。此两种精神，以后必有一场大激战。胜负分明之日，即中国文化根本精神决定之日。

此四项既经过以后，乃有所谓新中国文化，乃再说中国新文化与世界之关系如何，究竟中国文化胜耶，抑西洋文化胜耶，抑二者相合之新文化胜耶，此皆不可以今日臆测者也。

以上四者，精神上之自发也，研究也，批评也，相反二者之综合也，可以谓为尚偏于智识方面，然文化之根本，智识固不可轻，而所重尤在行为。譬之练新军也，其一，当军政之局者，应有为国防而练兵之目的；第二，用人行政，须为国家百年久安之计，非以军队为拥护个人之利害；第三，关于陆海军经理部，出入须有着落，不可丝毫冒滥。能有此行为者，斯其练兵为可久可大之业。又譬之政治也，政治家须有一定之政策，时时演说于公众；政治家本守法之精神，依政策之行不行为进退；政治家不肯有丝毫腐败国民道德之举。能有此行为者，则政治之由新而旧，乃有确实根据。吾尝乘日本船，见其自船长而下，以至候补士官，举止行动，于整肃之中，有和爱可亲的样子，大小各官，如出同一模形，可知其始事之初，必有一种模范人格以为之表率，故能养成此种风气。而日本一切新政所以行之而有效者，皆以创始之先有公心，有以身作则之人物为之倡也。吾国竞言新文化矣，新文化自智识输入下手，本当然之事，然新文化必有负担者，以德人之名名之，可曰文化之担负者（Kulturträger），此担负者之责任奈何？曰：本新文化之精神，一一身体而力行之耳。新文化之要件在解放，故人人当从自己解放起；新文化之要件在自立，故人人当不依赖他人做起；新文化之要件在劳动神圣，故人人当从自食其力做起。此寥寥数条，人人遵而行之，则民主精神、科学精神之新文化，自然实现于吾国。若夫徒以之为口头禅，随便说说，便算了事，真是虚伪，而何文化之足云！要之，以世界大势看来，欧洲人自己家内之困难问题，正是不少，故以亡国作杞人之忧大可不必。然国亡之惧虽无，不能说吾国就此高枕无忧。盖人生在世，当然有各人之责任，居今之世之最大责任，厥在对于今后世界新文化之贡献。吾国人而诚能发奋为之，则新文化桌上，必容吾国人占一席，而不然者，旧者且日就沦夷，更无所谓新，此则我所欲与在座诸君及全国教育界诸君共惕励者也。

人生观*
（1923）

 诸君平日所学，皆科学也。科学之中，有一定之原理原则，而此原理原则，皆有证据。譬如二加二等于四；三角形中三角之度数之和，等于两直角。此数学上之原理原则也。速度等于以时间除距离，故其公式为 $s = d/t$；水之元素为 H_2O。此物理、化学上之原则也。诸君久读教科书，必以为天下事皆有公例，皆为因果律所支配。实则使诸君闭目一思，则知大多数之问题，必不若是之明确。而此类问题，并非哲学上高尚之学理，而即在于人生日用之中。甲一说，乙一说，漫无是非真伪之标准。此何物欤？曰：是为人生。同为人生，因彼此观察点不同，而意见各异，故天下古今之最不统一者，莫若人生观。

 人生观之中心点，是曰我。与我对待者，则非我也。而此非我之中，有种种区别。就其生育我者言之，则为父母；就其与我为配偶者言之，则为夫妇；就我所属之团体言之，则为社会或国家；就财产支配之方法言之，则有私有财产制、公有财产制；就重物质或轻物质言之，则有精神文明与物质文明。凡此问题，东西古今，意见极不一致，决不如数学或物理、化学问题之有一定公式。使表而列之如下：

（一）就我与我之亲族之关系……$\begin{cases}大家族主义\\小家族主义\end{cases}$

（二）就我与我之异性之关系……$\begin{cases}男尊女卑\\男女平等\\自由婚姻\\专制婚姻\end{cases}$

---

* 原载《清华周刊》第 272 期（1923 年 2 月），今据《中西印哲学文集》（905～915 页）。

（三）就我与我之财产之关系……$\begin{cases} 私有财产制 \\ 公有财产制 \end{cases}$

（四）就我对于社会制度之激渐态度……$\begin{cases} 守旧主义 \\ 维新主义 \end{cases}$

（五）就我在内之心灵与在外之物质之关系……$\begin{cases} 物质文明 \\ 精神文明 \end{cases}$

（六）就我与我所属之全体之关系……$\begin{cases} 个人主义 \\ 社会主义（一名互助主义） \end{cases}$

（七）就我与他我总体之关系……$\begin{cases} 为我主义 \\ 利他主义 \end{cases}$

（八）就我对于世界之希望……$\begin{cases} 悲观主义 \\ 乐观主义 \end{cases}$

（九）就我对于世界背后有无造物主义之信仰……$\begin{cases} 有神论 \\ 无神论 \\ 一神论 \\ 多神论 \\ 个神论 \\ 泛神论 \end{cases}$

凡此九项，皆以我为中心，或关于我以外之物，或关于我以外之人，东西万国，上下古今，无一定之解决者，则以此类问题，皆关于人生，而人生为活的，故不如死物质之易以一例相绳也。试以人生观与科学作一比较，则人生观之特点，更易见矣。

第一，科学为客观的，人生观为主观的。科学之最大标准，即在其客观的效力。甲如此说，乙如此说，推之丙、丁、戊、己无不如此说。换言之，一种公例，推诸四海而准焉。譬诸英国发明之物理学，同时适用于全世界。德国发明之相对论，同时适用于全世界。故世界只有一种数学，而无所谓中国之数学、英国之数学也；世界只有一种物理学、化学，而无所谓英、法、美、中国、日本之物理、化学也。然科学之中，亦分二项：曰精神科学，曰物质科学。物质科学，如物理、化学等；精神科学，如政治学、生计学、心理学、哲学之类。物质科学之客观效力，最为圆满，至于精神科学次之。譬如生计学中之大问题，英国派以自由贸易为利，德国派以保护贸易为利，则双方之是非不易解决矣；心理学上之大问题，甲曰智识起于感觉，乙曰智识以范畴为基础，则双方之是非不易解决矣。然即以精神科学论，就一般现象而求其平均数，则亦未尝无公例可求，故不失为客观的也。若夫人生观则反是，孔子之行健与老子之无为，其所是异焉；孟子之性善与荀子之性恶，其所见异焉；杨朱之为我与墨子之兼爱，其所见异焉；康德之义务观念与边沁之功利主义，其所见异焉；达尔文之生存竞争论与哥罗巴金之互助主义，其所见异焉。凡此诸家之言，是非各执，绝不能施以一种试验，以证甲之是与乙之非。何也？以其为人生观故也，以其为主观的故也。

第二，科学为论理的方法所支配，而人生观则起于直觉。科学之方法有二：一曰演绎的，一曰归纳的。归纳的者，先聚若干种事例而求其公例也，如物理、化学、生物学所采者皆此方法也。至于几何学，则以自明之公理为基础，而后一切原则推演而出，所谓演绎的也。科学家之著书，先持一定义，继之以若干基本概念，而后其书乃成为有系统之著作。譬诸以政治学言之，先立国家之定义，继之以主权、权利、义务之基本概念，又继之以政府内阁之执掌。若夫既采君主大权说于先，则不能再采国民主权说于后；既主张社会主义于先，不能主张个人主义于后。何也？为方法所限也，为系统所限也。若夫人生观，或为叔本华、哈德门的悲观主义，或为兰勃尼孳、黑智尔之乐观主义，或为孔子之修身齐家主义，或为释迦之出世主义，或为孔孟之亲疏远近等级分明，或为墨子、耶稣之泛爱。若此者，初无论理学之公例以限制之，无所谓定义，无所谓方法，皆其自身良心之所命起而主张之，以为天下后世表率，故曰直觉的也。

第三，科学可以以分析方法入手，而人生观则为综合的。科学关键，厥在分析。以物质言之，昔有七十余种元素之说，今则分析尤为精微，乃知此物质世界不出乎三种元素：曰阴电，曰阳电，曰以太。以心理言之，视神经如何，听神经如何，乃至记忆如何，思想如何，虽各学家说不一，然于此复杂现象中以求其最简单之元素，其方法则一。譬如罗素氏以为心理元素有二：曰感觉，曰意象。至于杜里舒氏，则以为有六类，其说甚长，兹不赘述。要之皆分析精神之表现也。至于人生观，则为综合的，包括一切的，若强为分析，则必失其真义。譬诸释迦之人生观，曰普渡众生。苟求其动机所在，曰此印度人好冥想之性质为之也，曰此印度之气候为之也。如此分析，未尝无一种理由，然即此所分析之动机，而断定佛教之内容不过尔尔，则误矣。何也？动机为一事，人生观又为一事。人生观者，全体也，不容于分割中求之也。又如叔本华之人生观，尊男而贱女，并主张一夫多妻之制。有求其动机者，曰叔本华失恋之结果，乃为此激论也。如此分析，亦未尝无一种理由。然理由为一事，人生观又为一事。人生观之是非，不因其所包含之动机而定。何也？人生观者，全体也，不容于分割中求之也。

第四，科学为因果律所支配，而人生观则为自由意志的。物质现象之第一公例，曰有因必有果。譬诸潮汐与月之关系，则因果为之也。丰歉与水旱之关系，则因果为之也。乃至衣食足则盗贼少，亦因果为之也。关于物质全部，无往而非因果之支配。即就身心关系，学者所称为心理的生理学者，如见光而目闭，将坠而身能自保其平衡，亦因果为之也。若夫纯粹之心理现象则反是，而尤以人生观为甚。孔席何以不暇暖，墨突何以不得黔，耶稣何以死于十字架，释迦何以苦身修行，凡此者，皆出于良心之自动，而决非有使之然者也。乃至就一人言之，所谓悔也，改过自新也，责任心也，亦非因果律所能解释，而为之主体者，则在其自身而已。大之如孔、墨、佛、耶，小之如一人之身，皆若是而已。

第五，科学起于对象之相同现象，而人生观起于人格之单一性。科学中有一最大之原则，曰自然界变化现象之统一性（Uniformity of the course of nature）。植物之中，有类可言也。动物之中，有类可言也。乃至死物界中，亦有类可言也。既有类，而其变化现象，前后一贯，故科学中乃有公例可求。若夫人类社会中，智愚之分有焉，贤不肖之分有焉，乃至身体健全不健全之分有焉。因此之故，近来心理学家，有所谓智慧测验（Mental Test）；社会学家，有所谓犯罪统计。智慧测验者，就学童之智识，而测定其高下之标准也。高者则速其卒业之期，下者则设法以促进之，智愚之别，由此见也。犯罪统计之中所发见之现象，曰冬季则盗贼多，以失业者众也；春夏秋则盗贼少，以农事忙而失业者少也。如是，则国民道德之高下，可窥见也。窃以为此类测验与统计，施之一般群众，固无不可。若夫特别之人物，亦谓由统计或测验而得，则断断不然。哥德（Goethe）之《佛乌斯脱》（Faust），但丁（Dante）之《神曲》（Divine Comedy），沙士比尔（Shakespeare）之剧本，华格那（Wagner）之音乐，虽主张精神分析，或智慧测验者，恐亦无法以解释其由来矣。盖人生观者，特殊的也，个性的也，有一而无二者也。见于甲者，不得而求之于乙；见于乙者，不得而求之于丙。故自然界现象之特征，则在其互同；而人类界之特征，则在其各异。惟其各异，吾国旧名词曰先觉，曰豪杰；西方之名曰创造，曰天才。无非表示此人格之特性而已。

就以上所言观之，则人生观之特点所在，曰主观的，曰直觉的，曰综合的，曰自由意志的，曰单一性的。惟其有此五点，故科学无论如何发达，而人生观问题之解决，决非科学所能为力，惟赖诸人类之自身而已。而所谓古今大思想家，即对于此人生观问题，有所贡献者也。譬诸杨朱为我，墨子兼爱，而孔孟则折衷之者也。自孔孟以至宋元明之理学家，侧重内心生活之修养，其结果为精神文明。三百年来之欧洲，侧重以人力支配自然界，故其结果为物质文明。亚丹·斯密，个人主义者也；马克斯，社会主义者也；叔本华、哈德门，悲观主义者也；柏剌图、黑智尔，乐观主义者也。彼此各执一词，而决无绝对之是与非。然一部长夜漫漫之历史中其秉烛以导吾人之先路者，独此数人而已。

思潮之变迁，即人生观之变迁也。中国今日，正其时矣。尝有人来询曰，何者为正当之人生观。诸君闻我以上所讲五点，则知此问题，乃亦不能答覆之问题焉。盖人生观，既无客观标准，故惟有返求之于己，而决不能以他人之现成之人生观，作为我之人生观者也。人生观虽非制成之品，然有关人生观之问题，可为诸君告者，有以下各项：曰精神与物质，曰男女之爱，曰个人与社会，曰国家与世界。

所谓精神与物质者，科学之为用，专注于向外，其结果则试验室与工厂遍国中也。朝作夕辍，人生如机械然，精神上之慰安所在，则不可得而知也。我国科学未发达，工业尤落人后，故国中有以开纱厂、设铁厂、创航业公司自任，如张季直、聂云台之流，则国人相率而崇拜之。抑知一国偏重工商，是否为正当之人生观，是否为正当之文化，在欧洲人观之，已成大疑问矣。欧战终后，有结算二三百年之总帐者，对于物质文明，不胜务外逐物之感。厌恶之论，已屡见不一见矣。此精神与物质之轻重，不可不注意者一也。

所谓男女之爱者，方今国内，人人争言男女平等，恋爱自由，此对于旧家庭制度之反抗，无可免者也。且既言解放，则男女社交，当然在解放之列。然我以为一人与其自身以外相接触，不论其所接触者为物为人，要之不免于占有冲动存乎其间，此之谓私。既已言私，则其非为高尚神圣可知。故孟子以男女与饮食并列，诚得其当也。而今之西洋文学，十书中无一书能出男女恋爱之外者，与我国戏剧中，十有七八不以男女恋爱为内容者，正相反对者也。男女恋爱，应否作为人生第一大事，抑更有大于男女恋爱者，此不可不注意者二也。

所谓个人与社会者，重社会则轻个人之发展，重个人则害社会之公益，此古今最不易解决之问题也。世间本无离社会之个人，亦无离个人之社会。故个人、社会云者，不过为学问研究之便利计，而乃设此对待名词耳。此问题之所以发生者，在法制与财产之关系上尤重。譬诸教育过于一律，政治取决于多数，则往往特殊人才为群众所压倒矣。生计组织过于集中，则小工业为大工业所压倒，而社会之富集中于少数人，是重个人而轻社会也。总之，智识发展，应重个人；财产分配，应均诸社会。虽其大原则如是，而内容甚繁，此亦不可不注意者三也。

至于国家主义与世界主义之争，我国向重平和，向爱大同，自无走入偏狭爱国主义之危险，然国中有所谓国货说，有所谓收回权利说，此则二说之是非尚在未决之中，故亦诸君所应注意者也。

方今国中竞言新文化，而文化转移之枢纽，不外乎人生观。吾有吾之文化，西洋有西洋之文化。西洋之有益者如何采之，有害者如何革除之，凡此取舍之间，皆决之于观点。观点定，而后精神上之思潮，物质上之制度，乃可按图而索。此则人生观之关系于文化者所以若是其大也。诸君学于中国，不久即至美洲，将来沟通文化之责即在诸君之双肩上。所以敢望诸君对此问题时时放在心头，不可于一场演说后便尔了事也。

国内战争六讲*
（1924）

吴 序

我尝戏言君劢有点金之术。看他无论研求甚么问题——人生观也好，认识论也好，政治学也好，国际公法也好，宪法也好，文学也好，其结果总有一个独出心裁的答案。

当齐卢战争刚刚发生的时候，君劢就有演讲内战底冲动。我本来竭力劝阻他的，因为我希望他专为我们所爱的哲学姑娘养精蓄锐，不要在别的问题上糟塌宝贵的精力和光阴，现在读了他底《六讲》，不觉暗地里喜他没有听我的忠告。我几几乎忘却了他底点金术！我几几乎忘却了他肚子里有一粒不可消灭的灵火，能把一切恶形恶状的事事物物化为极美丽极精致的烟火！我几几乎忘却了他底慧眼深识能以静察动——在他底手里没有一个问题不变为哲学的问题！

君劢和我乃是莫逆友，我如过于赞扬他，只恐犯着阿同的嫌疑，现在还是批评批评《六讲》底内容罢。

我是学法律的，对于别的东西，不敢赞一辞，只有把我的批评限于法学的问题。其实我对于法律，也并没有升堂入室，但既承君劢之请，我只好不揣简陋，略陈吾说。

（一）法律主义。君劢在第三讲提出免除内战底四条政策，法律主义乃其中之一。其议论底大致，我是赞同。可是中间有一句容易使人误解底话，就是他所说"法学家之斤斤于条文字句间，为不可少之业"。

---

* 上海吴淞，国立自治学院，1924 年单行本。

好似说"斤斤于条文字句间"就可算尽法学家底能事。其实从前我国底刀笔吏何尝不"斤斤于条文字句间",但他们底法学也不见得怎么高明。况且罗马和英国所以有完美法系底缘故,并不在她们的法家能够咬文嚼字,却在他们不遗余力把条文和实际的要求调和——时时把法律底"表"(form, letter)和法律底"里"(substance, spirit)天衣无缝似的织成;间或借着解释旧法之名,而行其创造新法之实,就是奥斯丁(Austin)所谓"假解释"(spurious interpretation)。现代欧美诸大法学家颇倾向于"创释"(judicial legislation)底说。他们发见法律是活的东西,不是呆板的,所以无论怎样客观的解释,总免不了主观的意思,与其以主观当作客观(naive realism),孰若承认主观为主观的好?况且法律本是"公道"(justice)和"治安"(order and security)底公共仆役,要是专讲治安,而不讲公道,一定要蹈申商底覆辙。法家底本职,乃是在公道底要求和治安底要求中间,找出一条中正平庸、尽善尽美的路径来,法律正是理想界和实在界底交点。唯其如是,可见法家底技术,不是机械性的,却是最机灵、最精巧的。总而言之,守法和墨守成规乃截然二事,不能相提并论。守法精神固不可少培植,至于"固定习惯之统治",实与真正的法治无涉,这点我当另行发挥,不能在有限的篇幅内讲完。

以上所说,乃是关于私法的,可是君劢着眼却在宪法和民权。我尝说中国未始无类似宪法,例如汉高祖约法三章,文帝除诽谤妖言诏,除肉刑诏,除相坐诏,景帝诏谳疑狱,乃至于《尚书》中底《舜典》、《大禹谟》(其书底真伪姑且勿论),何一非增长民权底公文?既然如此,何以唤作"类似宪法"?没有别的缘故,只因它们都是从君主方面自动的,而人民却处被动的地位。换言之,这些民权不过君主赏给人民的恩典,人民方面并不以为分所应得。孟子说得好,"赵孟之所贵,赵孟能贱之"。君主所给予的,君主当然也能随意剥夺。反是者,试看英国底 *Bill of Rights*,是由人民合力血战而得来的。执此一端,已可见英国人民底自觉心!中国人向来没有群众运动,抱"各人自扫门前雪"底主义,只有家族之见,没有社会观念。再有一层,中国人犯了一个大毛病——怯懦。其实没有胆魄,没有冒险精神,偏引"天下本无事,庸人自召之"来障盖他们底因循自误!我记得在《解放与改造》上看见蒋百里先生有句话,国民不能争权夺利,无怪一切底权利都被军阀垄断去了。

(二)国际责任问题。在第四讲君劢举出三个学说:(甲)有责任说,(乙)无责任说,(丙)无责任而承认其有例外。此外另有一说,君劢没有提起，就是，有责任而承认其有例外。第三说适用于强国，第四说适用于弱国。要之，弱国负举证之责。

我底批评完了。

君劢底精神可佩！他的人格可与墨翟相参——文艺复兴中底一个健将！摩顶放踵，利天下为之，这话是孟子用以讥骂墨老先生的，我却敢拿来恭维君劢。

战争纵使不能废止，但君劢底非战却有独立的价值，君劢真是"知其不可而为之者"。

吴经熊序

郭　序

基尔特社会主义的出发点，可以用两句话来概括，便是"自我表现"与"完全参与"。基尔特社会主义所用以估量一切思想、一切制度的，也是这两个东西。我读了张君劢先生的《国内战争六讲》，觉得他的主张，也完全站在这两个立脚点上面。

君劢先生举中国内战与西方内战不同之点凡四：一曰我国之内战以个人富贵为前提，与国民利害无涉；二曰我国之内战，其参赞者皆以个人为主体，绝无团体精神存乎其间；三曰我国内战以赤裸裸的武力决胜败，绝不知有所谓革命；四曰吾国内战中之重大问题，由主事者主之，而欧洲则由国民主持。而归结所以如此之总因，则国民置身事外为之。如果改用基尔特社会主义者的术语，谓中国内战与外国内战不同之点乃在于有自我表现与完全参与的精神与否，我想君劢先生一定首肯。

再看君劢先生的自治军计画。他说："今后欲国家之由乱而治乎，决不在日本、普鲁士式之军阀主义之军队，决不在俄罗斯式之红军，而在此传统的地方人民自卫之民团矣！"我们自他这几句话中，也可以看出他是站在这两个立脚点上面的。俄罗斯红军与普鲁士军队相同之点，就在于人民一样的没有自我表现与完全参与的机会，故虽其所以为有所不同，而终不能不视为同一的东西。若夫民团，则不同民团的特点，曰不为一二野心家所利用，曰兵卒与居民合一，曰用兵之目的与居民安居乐业之目的合一，试想若非有完全参与与自我表现的精神在他后头，自治军那能成功？就使勉强组织成功，也绝不是民团，而为项羽之三千子弟了！

　　故我对于君劢先生之主张，自我良心所信的基尔特社会主义的立脚点看来，十分赞同。我对于他，只有五体投地的佩服。但一面想到中国的国民性，又不免使我有一则以喜一则以忧之感。中国历史上判断内战之有价值与否，也有一个标准，便是义师与非义师，义战与非义战。在字眼上，这个义战与非义战，好像就是君劢先生有意义之战与无意义之战，而其实不同。君劢先生所谓有意义与无意义之战争，是以有主义与否、系属自卫与否为标准，自然是国民的；而中国所谓义师义战，则吊民伐罪之师，吊民伐罪之战，为民请命之师，为民请命之战。所谓吊民伐罪，所谓为民请命，换一句话说，便是侠士抱不平、义士为民除害的举动。所以中国的义战，在战者为抱不平，为除害，有人民自身，则为箪食壶浆以迎王师，东面而征西夷怨，南面而征北狄怨。国民对于战争实在毫无自我表现与完全参与的训练。

　　而且这并不是战争特有的现象，确是中国的国民性。无论在那一方面，都是如此。请言人民之于政治所谓“于权利争之惟恐不力，于义务尽之惟恐不至”者，乃欧美政治的神髓，在中国则找遍历史，竟找不出国民争权利的举动。西方有所谓人权运动，权利请愿运动……差不多中世纪以后，欧洲一部历史，是人民争权利之历史。中国竟没有这个例。对于权利如此，对于义务也是如此。中国人不要权利，也不要义务。中国于政府的好处，视为例外恩典，绝不视为份所应得；对于义务，亦务求避免绝不问此义务是否有代价，凡增加国民义务者，一概视为暴政。此种例证，在中国历史上，见不胜见，想可以不必多所证明。总而言之，也是没有自我表现与安全参与的能力与训练。

　　中国的国民性既是如此，而自治军的理想又是如彼，故所以沟通之者，实为当前唯一之急务。我觉得这是民团救国策的生死关头，此而无法解决，民团终属理想。我亦信仰民团救国策者，故年来对于这个问题，曾经用了不少的心思，却是得不到结果。君劢先生学识经验千万倍于我，我恳切的希望他给我一个答案，好让我立刻决心做个马前卒！

郭梦良　十三年十月十五日

俞　序

　　去岁君劢先生尝作玄科之论战，此论于吾国学术界上贡献虽多，而余当时窃疑先生将耽于超国家之学问问题研究，重理想而轻实际。今当全国卷人混战漩涡之秋，聆先生《国内战争六讲》，对于中国国内战争，比较欧美历史，本乎学理，穷源竟委，探其症结所在，以求今后对症之药石。始恍然先生固未尝蔑视本国实际问题。先生之注重理想与精神生活，盖意在使实际生活之理想化与物质生活之精神化，前后态度，固属一贯，疑团顿释，对于本书趣味倍浓矣。抑我因先生极端排斥武力主义，尝疑先生为无抵抗主义者，为绝对主张平和主义者。今先生谓"自卫之战也，主义之战也，我所谓有意义之战也，其他则无意义之战也"，又曰"自卫之战，正当之战争也"，"所谓主义之战者，大多数人怀抱一种公共政见或信抑〔仰〕，以被抑于少数人，乃举反抗之帜，此亦人类正当之权利也"。是先生所排斥者，无意义之战争耳；对于自卫之战、主义之战，非惟不排斥，且从而主张之。与不切世务之平和主义者，适属相反。余自归国半年以来，时与先生纵谈救国，间或作学术上之辩难。对其研究学问之态度以及救国之主张，尚不免微有误解。从可知读先生前后发表之论文者，若仅执其单词片义而不统观其全，则亦或难免有误会之处矣！若夫无意义之战，惟有自卫之战与主义之战，足以扑灭之。换言之，国民中之一部分或多数苟有组织，且自卫之实力，具为主义而奋斗之实力，则无意义之战争，无从勃发，发亦足以制之。此余考察西欧数国之后所抱之见解。今先生复考之史乘，稽诸学理，断定"吾国今后欲免旧式之内战，而进于新式之内战，亦曰先求有主义而已"。何其与鄙见甚相同也！余无似，每谓知之者宜勉力实行其所知，欲实行者宜勉力求其所知之真实而确有根据。惟如是，知之者方不负其所知，而实行者常受理智之指导。顾亭林先生云，天下兴亡，匹夫有责。窃敢以实行之义勖本书之著者与读者。寡识如余，奚敢序君劢先生之文，然先生既以序文见属，而余读其文，又重有感，岂能默尔而息？爰述所怀，以就正焉。

中华民国十三年双十节　太仓俞颂华序

自　序

哀哉！我国处二十世纪人权大昌之世，而政权之消长，犹决于蛮力而不决于平和的自由的讨论也！夫同为人类，同为理性的动物，关于一群之利害，各本其自由意志共同讨论，以决可否而定取舍，此至当不易之理也，而吾国政象何如乎？尝见西欧山中之牧童矣，背手枪，随猎犬，阔步前行，其四足著地，徐徐逐队以进者，则群羊也。羊在田间啄草自喂，则童持鞭作响以警之。今之持兵柄者横行国中，旁若无人，非牧童乎？军队者，军人之利器，犹童之枪与犬也。所谓国民，供奔走敲剥之资耳，生死不可知，财产不可保，非羊而何？呜呼！吾四万万之人民，固神明之胄也！奈何以羊自居，至数千年之久而不自知乎？今世界则大通矣，民治之规模广行于大地矣，其早觉醒，其早具决心，其早识涂径，去此羊群之心理，而还此自由自在之身！此则新历史新时代开创之惟一方法，而我之所欲与国人共勉者也！

十三年九月三十日　君劢序

序　言

身健者，不知健康之可宝，至病时乃始知之；国治者，不知治安之可宝，至乱时乃始知之。齐卢之战既起，苏淞太杭嘉湖之人民，无一不受其影响者，金融扰乱，交通阻滞，财政紊乱，社会事业停止，有移家避难者，有无辜死与炮火者。国人至此时，倘亦悟国家治安之重要，此权应操之于己，不可授之于一二军人矣！虽然齐卢之战，非一二人之问题也，非一隅之问题也，自表面观之，若臧、杨之入浙，若淞沪警察厅长之任命，若沪军使之牵制齐氏，皆为开战之大因，然自其隐伏之处观之，历朝之末，政纲解纽，地方豪强，各私其土，以相循于战斗者，正为同一现象。以此，吾人以江浙之战，作为一种历史现象、社会现象，而自历史学上、社会学上寻其原因，推其结果，庶几可得其病根，而求今后对症之药。非然者，徒于齐卢皖直之间，穷其蛛丝马迹，以为尽政局之真相者，此政客之所有事，非本讲演所以发起之旨也。

第一讲　战争之意义

甲　竞争与互助

战争之种类甚多，若生物学上动植物生存竞争之说，若社会问题上阶级战争之说，自广义言之，皆谓为战争无不可也。然吾人之所谓战争者，指兵力之战争言之，如皖直之战，直奉之战，日俄战争，与夫一九一四年之世界大战，盖皆以武装之力决两造之胜负者也。

战争之非，古今学者言之者众矣。然问战争是否为可免之现象，则惟答曰否。盖衣食之供给有限，人类之孳生无穷，惟其有限，故不免于争。其在平时，则以智巧争；其在临时，则以武力争。此则生物之共同现象，而为人类所不免焉。

以生物学言之，达尔文有言曰：象为哺乳动物中生殖最缓之动物，假令自三十岁至九十岁为象之生育期，每十年生一小象，则六十年间生小象六头，如是递推，至七百五十年之间，可生象一千九百万头。英儒瓦力斯云：英国芦苇草一株，产子三十余万粒，如芦苇之子各能生长，则三年之内，全地球之广，不足以容之。又有某学者计算虎力拉微生物，每二十分钟则加一倍，每日之内，同一微生物，所化生者五〇〇〇〇〇〇〇〇〇〇〇〇〇〇〇〇〇〇〇〇〇〇，故数日之内，其量大与月球等。赫胥黎常计绿蝇一头，如其所化者尽能生存，则一夏之间所产之蝇，可达四百兆，与中国人口等。

以上所云云，凡以见生齿之繁如是，而食物不足以给之，则同种或异种之间，其必出于战争，可断言者，此生存竞争与夫适者生存之名所由来也。

动物之现象如此，人类社会中是否相同？曰：此学者争执之大问题也。考之东西古今之历史，每经五十年或百年，则必有一次之战乱，似多少之间，必有人口问题以为之因。百年前之德国人口，不过三千万，至一九一四年，则增至七千万；唯其增加，故不能无商业之竞争与殖民地之扩张；有商业与殖民地之要求，乃借外交细故，与英、俄、法启衅矣。故近今生计学者，以人口问题解释世界大战者不乏其人，皆以达尔文与马尔达之学说，施之于人类者焉。

谓动植物以求食之故，借剧烈之竞争以求自保，则可矣、若谓人类以求衣食之故，只知有己，不知有人，则断断不可也。人类之所以异于动物者，以其有道德性，若父母之慈，子女之孝，朋友之忠信，亲戚之和睦，与夫其他公而忘私、舍己为人之精神，皆出于互助之道德，而与以上竞争之说相反者也。唯其如此，乃有所谓家属，乃有所谓部落，更进焉，乃有所谓国家，与夫其他种种之团体。要之，人类之性质，其为纯粹的利己乎？其为纯粹的利他乎？此为哲学上之大问题，非吾人所欲论，要其除食色之动物性外，别有合群之道德性在，则不能否认者也。

乙　国家之起原与内战之停止

十七、八世纪政治学者，分人类状态为二：其在有国家以前，名曰自然状态；其在有国家以后，名曰法律状态。人类何以由无国家进而为有国家，则有三种原因：（一）有国家以后，则有共守之法律为全社会是非之标准，而一切争议由此以决；（二）在自然状态中，是非以己意为判断，故不免于不公，有国家以后，有公布之法律，同时又有公认之法官，有事则就而判曲直；（三）既判决矣，又恐犯法者之反对判决，故以执行之权委之国家。以上三者，英儒陆克所以解释国家之起原者也。

有国家与无国家之状态如此截然两橛，此十七、八世纪学者之言也。自社会学发达以后，学者究心人类之进化者，谓始为家族（family），继为氏族（Horde），为部族（Clan），为部落（Tribe），再进焉则有主权关系而形成国家。故家族、氏族、部族、部落，皆以血族种族之异同为本位，继焉以迁徙或战胜之故，合众部落为一部落。其时农业发达，居处安定，于是法的社会之国家以成。惟变迁之繁复如是，故十七、八世纪学者，以契约为国家之起原者，直是冥想而已。虽然，其起原如何不问，要其所以有国家者，必为人类团结与互助精神之表现，而大有益于其生存，则无可疑者。英儒罗素氏，最反对"国家"之一人也，然其论国家之功用曰：

> 文明社会之内部秩序，为人类一种大成功，而实由于国家权力之增高来也。非然者，平和的人民，日在被抢被杀之中，安有生人之趣，且不逞之徒，得自编私人军队以图掠人，则尚有何种文明生活乎？

吾人以罗氏之言推演之，则国家既成，所以能免于内战者有四故：凡号为一国者，经千百年之演化，民族同，言语同，教化同，各部分各阶级之间，虽有是非之争执，政见之歧异，要自有解决之道，而决无不共戴天之仇，如昔之异部落，或今之被压民族然，一也；各人受治于法律之下，应就法官而听曲直，不应以偶有不平，自为法官，自为执行者，而以强力压人，二也；其有因名誉问题，而以决斗解决者，正与吾国闽广之械斗，同一恶习，为昔日蛮俗之遗，而国家法令所应禁，三也；私斗既已禁止，则以国民租税所养之军队，供私人权利之争，以此牺牲民命民财者，其为背情逆理，更无待言，四也。以此四故，在同一国之内，而有兴师动众，杀人争地者，谓其为私乎？则固有国法者，不应调兵遣将，以军队乃国民之公器也。谓其为公乎？则公是非之解决，应询诸民意，不应以一二人之武力为标准矣。且一国之内之是非，以兵力解决者，以言政治乎？则一人为刚，万夫为柔，尚复何政可言？以言乎法律？则窃钩者诛，窃国者侯，尚复何法可言乎？

丙　国际团体之结合与外战之防止

道德者，所以奖励人类之相爱，而抑止人类之相贼。其所谓美德者，曰忠信，曰公恕；其所谓恶德者，曰欺诈，曰凌虐。以智欺愚，以强凌弱，以众暴寡，皆为道德之所不许。虽然，此在一国以内则然耳，以云国际之间，则反是：以技巧夺人之财，则曰工商竞争；以资财亡人之国，则曰海外投资；以兵力夺人之地，则曰开拓野蛮国。要之，在一国以内所认为欺凌者，在国际之间，则视为外交家之技能与国家权力之发展。故曰国际之间，有强权无公理，正谓此也。

数百年来，欧洲学者中，有自道德立论，以图国际战争之废止者，如康德辈是也。有自历史与生物学立论，以为对外战争，为决不可免者，如黑智尔氏、德名将毛奇氏与德将勃恩哈提是也。兹先举主战派之言：

> 战争者，教育的利器也。种种美德，如忍痛，如忍耐，如牺牲，在平时所不能发达者，惟有至战时乃能发达之。战争起后，使内部团结一致，故内力易于巩固。（以上黑智尔言）

> 永久平和，乃梦耳，且亦非好梦也，以战争乃宇宙间天则之一部也。人类最高贵之道德，如勇敢，如自克，如牺牲，如忠于职务，至战时则大发达，以军人之生死关头，决于此时也。（以上毛奇言）

勃恩哈提之言，自生物学上立论，以为国际间之战争，等于物种之生存竞争，所以去不适而存适者。故其言曰：

> 战争者，生物的必要也，所以厘正人类之要素而不可缺者也。苟无战争，则不健全之发达以起，而民族之进步与实际的文化，自此被摈矣。故曰战争者，万物之母也。（《德国与未来战争》第十页）

勃氏之书，在欧战期内，各国争译之，为世界所共知，无俟征引。然勃氏虽为主张外战之一人，而于国内之战，则以为非。其言曰：

> 一国之内，各个人各团体之上有法律在焉。法律者，所以抑制

不公不平，而保护公者平者。法律之后，盾以国家实力，不徒保护全社会道德的精神的利益，且从而奖进之。

国与国之竞争，则无持平之权力以临之。……故不得已，惟有诉诸实力，是之谓战争。

勃氏之立脚点，以为国际之内，无法律以平是非之争，故惟有以武力解决；反是者，一国之内，有法律以平是非之争者，则战争自在禁止之列。故内战之当排斥，虽在勃氏亦无异言。

至于康德氏永久和平之方法，举起大意如下：

（甲）永久平和之先决条件：

一、和约中隐含未来战争之材料者，不得认为有效；

二、独立之国家，不得以承继、交换、卖买、赠与而为他国所取得；

三、常备军应废止；

四、关于国家之对外事务，不得缔结国债契约；

五、国家不得干涉他国之内政；

六、战时国家所用手段，不可妨害日后之平和相处。

（乙）永久平和之确定条件：

一、各国宪法，应采共和政体；

二、国际法应以自由国之大联盟为基础；

三、各国人民，应互以客礼相待，准其自由往来。

康氏所举条件，无一处不见哲学家之慧眼深识。所谓国家不得任意移转者，杜国境之纷更，使人不得有所借口也；其言常备军之废止，所以禁军阀之发生与操纵也；其言不得缔结外债，则财力之足亡人国，尽人所共见矣；其言以共和为国体，则民主国中之宣战，自较君主国为难也；其言自由国之大联合者，则在国与国对峙之状态下，决无所谓法律，非合列国为一家，不可焉。此数者皆威尔逊与其他之政治家所见及，独惜今日尚未至实现之期耳！

自欧战以还，人命之损伤，地方之糜烂与夫财产之牺牲，在在使人触目惊心。故巴黎和约之成，首标国际联盟一章，其大目的所在，曰防止战争而已。意者人类在国界以内，由武力之争持，进而为法律之解决，今亦以同种方法应用于国际间乎？事虽未可知，而自人类道德之发达，当然有此一境，无可疑焉。

丁　有意义之战争与无意义之战争

战争之是非，不应以内外为分界。谓内战为尽非乎，则美之独立战争，武昌之起义，与民六蔡锷之抗帝制，皆在摈斥之列矣；谓外战为尽是乎，则亚历山大、拿破仑与夫威廉二世之战迹，应悬诸天壤，而为全世界所歌颂矣。虽然美之独立与吾国之举义，在英政府、满政府、袁氏政府，视为背逆者，而反抗者、爱自由、尚独立之精神，固昭如日月焉。亚历山大、拿翁与威廉二世，自谓拔山盖世之雄，而自被压之民族观之，则蹂躏人权无过是焉。如是，战争遂无所谓是非乎？曰不然。以我观之，为主义，为自卫而战者，虽败亦是；为野心，为侵略而战者，虽胜亦非。兹以此为标准而推论之。

所谓自卫之战之是者，对于一人之性命加以谋害者，国内法许以正当自卫之权利。一人如此，国家亦然，故孟德斯鸠有言曰：

> 政府之生命，犹之一人之生命，一人为防卫计，得杀害他人，故政府为自卫计，得向他国开战。
>
> 个人之自卫，并不包含必要攻击之意，以其可诉诸法庭也。然事起仓猝，有立刻致死之虞，则可行使其正当防卫之权利。至于国与国之间，自卫权之行使，当以攻击随其后，以平和之继续，反被人蹂躏，故不如先发制人，以自免于灭亡。（《法意》一六一页）

孟氏之所谓自卫，不但为被攻后之自卫，亦为被攻前之自卫，严格言之，已非真正之自卫矣。英儒陆克攻击侵略战争之论，尤为深刻，其言曰：

> 侵略者，向人宣战，而夺人之权利。以其为不正当战争，故对于战胜者不发生正当之权利。犹之盗贼夺人财物，被盗者以力不敌，而以物授之，此种授受约束，安在其能有约束力乎？盗入吾室，以刀加我颈喉间，强我署名于财产授受之契书，则此盗之所取得者，非正当权利也。不正当之战胜者之所凭，同是刀枪也，安在其能以强力胜人，而生正常之权利乎？盗贼乎，王侯乎，其为犯罪一也，其为损害一也，不以名号之异同，人数之多寡，而易其性质也。然亦有小窃受法之支配，而大盗则逍遥法外者，或且授以月桂冠，为建凯旋门，是足以见世界公道之不彰，而力不足以制之耳！（《政府论》二八四页）

如是，自卫之战，则正当之战争也。昔希腊之御波斯，在希为自卫，在波为侵略；一八一三年普之御拿翁，在普为自卫，在法为侵略；一九一四年比之御德，在比为自卫，在德为侵略。其结果之所届，则侵略者败，而自卫者胜矣。

所谓主义之战之是者，大多数人怀抱一种公共政见或信仰，以被抑于少数人，乃举反抗之帜，此亦人类正常之权利也。其在政治上，为革命战争；其在宗教上、社会上，因此而起战争者，亦时有之。英儒陆克主张革命权利之一人也，其言曰：

> 居政府之位者，逾越其在法律上所赋予之权力，且利用强力以达法律所不许之目的者，是已失其为政府之地位，则为人民者可反对之，犹之以强力侵人者，人得而抗之也。……
>
> 如是，岂非君主之命令亦得反抗乎？其答语曰：是非所谓君主也，对于不正当不法之强力，则以强力御之而已！

陆氏之言，与孟子所谓诛一夫之说，同一精神也。惟其然也，故克林威尔之革命军，美国之独立军，武昌之起义，蔡氏之抗帝制，吾人皆得以同一标准解释之，乃至欧洲之宗教战争，虽历三十年之久，然与信教自由大有关系，吾人亦惟有认为正当的战争而已。

自卫之战也，主义之战也，我所谓有意义之战也，其他则无意义之战也。若问意义安在？则试究其战争动机，是否为保障一国或大多数人之自由独立之权利而已。自卫之战，为国民对外之自由独立也；主义之战，为国民对内之自由独立也。要而言之，人类生活之意义，在自由，在独立，故求战争之意义者，亦惟于此求之而已。

第二讲　中国历史上之内战

吾国历史之进化，与欧洲最大不同者，则欧洲之由封建而进于专制君主，复由专制君主而进于民族或民主的国家，为时皆不过数百年之久；而吾国之封建时代，几及两千年之久，以云专制君主，则秦后二千年之历史是也，虽今建民国，然实际上尚未脱其范围。兹先举西欧英、法两国封建制与专制君主之时代表：

英国封建制度之输入　一〇六六（自拿曼朝之威廉王始）

　　　　　消灭　一四八五（蔷薇战役之终）

英国专制君主之发生　一四八五（亨利七世始）

　　　　　中断　一六八八（威廉三世之即位）

英国宪政内阁之成立　一七一五（华波尔内阁以后）

法国封建制度之输入——十世纪

　　　　　　消灭——十五世纪之中（百年战争之终）

法国专制君主之发生——十五世纪之中

　　　　　　消灭——十八世纪之末（一七八九法国革命）

法国民主政治之成立——一八七〇年后

若夫吾国之封建制度乎，历、夏、商周三代，几及两千余年之久：

夏自禹甲戌，至桀甲午，四百四十一年；

商自汤乙未，至纣戊寅，六百四十一年；

周武王己卯，至东周君壬子，八百八十七年；

七国癸丑，至己卯，二十七年。

秦统一六国，于是为专制君主国，其汉、晋、唐、宋、元、明、清之治世年月表如左：

西汉自高祖己亥，至淮阳王甲申，共二百二十六年；

东汉自光武乙酉，至献帝庚子，共一百九十六年；

两晋自世祖乙酉，至恭帝己未，共一百五十五年；

唐代自高祖戊寅，至哀帝丙寅，共二百八十九年；

宋代自太祖庚申，至钦宗丙午，共一百六十七年；

南宋自高宗丁未，至帝昺己卯，共一百五十三年；

元代自世祖庚辰，至顺帝丁未，共八十八年；

明代自太祖戊申，至崇祯甲申，共二百七十年；

清代自世祖乙酉，至宣统辛亥，共二百六十六年。

　　夏、商之史，不可得而详考矣。春秋战国之世，以征伐会盟为事，与欧洲封建之世如出一辙。欧人有言封建之世以战争为惟一职务，吾人读春秋与战国之记载，无不同具此感矣。

　　我所欲论者，则为秦后易姓之战，所谓内战也。封建之世，政权之受授，以血族为本位，故其继续之年月久，如商为六百余年，周为八百年，皆后世所罕见。秦后历朝号为"太祖"、"太宗"者，以草泽英雄崛起一时，南征北讨，卒成帝业。其举事也，此一二人为之；其征兵也，此一二人为之；其筹饷也，此一二人为之；其膏血涂原野也，此一二人为之；而号为人民者，若此等事与己无与，乱则为隐民，治则为顺民，如是而已。

　　二千年间，国民以"打平天下"之业，委诸少数野心家，于是治乱和战之权，操诸一二人，故其所谓内战者，求如欧洲之所谓有意义之战者，无有焉。问有所谓宗教战争乎？洪秀全之托名耶稣之弟，庶几近之，然与白莲教之刘松何异？问有所谓争自由争税权之战乎？则若法令烦苛，群起而为盗贼耳，安有所谓民众之战？因此之故，吾国历史上之内战，反抗旧朝，群雄并起，如秦末之陈涉、吴广、汉高、项羽，西汉末之光武、樊崇、隗嚣、窦融是矣；开国之主，削平大难，如汉高祖、唐高祖、宋太祖、明太祖之战绩是矣；天下初定，诛锄功臣，如汉高之平陈豨、吕后之杀韩信、清之初平三藩是矣；分封同姓，致成外重内轻之局，汉有吴楚七国之变，晋有河间、成都诸王之反是矣；乃至叛徒举兵，震撼全国，如唐之安禄山、清之洪秀全；而臣下服膺大义，矢志勤王，则有唐之李、郭，清之曾国藩；其有啸聚一时，不旋踵而灭者，如宋之宋江、清之白莲教徒是矣；若三国之角逐，南北朝之对抗，既无大力者以浑一区宇，故暂安于分裂之局；亦有名为一统，实则藩属各私其土，主将由部曲拥立，则唐之藩镇，民国以来之所谓都督、督军、督理是矣。兹为易晓计，表而列之，则得八种：

1. 群雄崛起之内战
   1. 秦末陈胜、吴广、刘季、项羽等
   2. 西汉末隗嚣、公孙述、刘秀等
   3. 东汉董卓、袁绍、袁述、刘表等
   4. 隋末之李渊、窦建德等
   （唐宋之五代，与宋之灭于元，与草泽英雄崛起者异，故不列。）
   5. 元末方国珍、张士诚、陈友谅等
   6. 明末之李自成、张献忠等

2. 削平天下之内战
   1. 刘、项之争
   2. 汉光武平齐、蜀、陇等
   3. 唐高祖平夏、楚、梁、郑等
   4. 宋太祖平荆湖、西蜀、南汉、江南等
   5. 明太祖平张士诚、方国珍等

3. 铲除功臣之内战
   1. 汉时吕后平陈豨，杀韩信、黥布
   2. 彭宠背汉光武
   3. 清初平三藩

4. 宗藩残杀之内战
   1. 汉代吴、楚七国之变
   2. 晋诸王之反
   3. 明成祖及宸濠之举兵

5. 叛徒倾国之内战
   1. 董卓弑少帝辩
   2. 安禄山称大燕皇帝，黄巢称大齐皇帝
   3. 洪秀全号太平天国

$$
\text{6. 勤王讨逆之内战} \begin{cases} \text{1. 周勃安刘} \\ \text{2. 翟义讨王莽} \\ \text{3. 李光弼、郭子仪平安史之乱} \\ \text{4. 曾国藩平洪杨之乱} \end{cases}
$$

$$
\text{7. 分疆割据之内战} \begin{cases} \text{1. 三国之对抗} \\ \text{2. 唐之藩镇} \\ \text{3. 五代之分裂} \\ \text{4. 民国以来之都督、督军} \end{cases}
$$

$$
\text{8. 群众啸聚之内战} \begin{cases} \text{1. 东汉之黄巾} \\ \text{2. 宋之方腊、宋江} \\ \text{3. 明之流寇} \\ \text{4. 清之白莲教徒} \\ \text{5. 民国之白狼} \end{cases}
$$

注：历史上之战争，如五胡之乱华，虽在内地，而有外族元素杂乎其间，宋之南渡，明之南迁，应归之对外战争中，故不列焉。

以上八类中，所以战者，皆为一人一姓而已。其起兵也，其平乱也，其背叛也，其讨逆也，一人之姓刘姓李或不同，一姓之亲疏远近或不同，一人一姓之顺逆贤奸或不同，要其不外乎一人一姓则一而已。兹以之与西方争自由争独立之战两相比较，举其异同之点：

第一，我国之内战，以个人富贵功名为前提，与国民利害无涉。汉高曰：仲之所就，孰与我多？项羽曰：富贵不归故乡，如衣锦绣夜行。李渊之告世民曰：今日破家亡躯亦由汝，化家为国亦由汝矣。是其战之动机，纯为一姓之私，固已明白宣言，毫无惭色矣。

第二，我国之内战，其参赞者，亦以个人为主体，绝无团体精神存乎其间。耿纯之告光武曰：天下士大夫，捐亲戚，弃土壤，从大王于矢石之间者，其计固欲攀龙鳞附凤翼，以成其志耳。赵匡胤之告陈桥诸将曰：汝等贪富贵，能从我命则可，否则我不能为若主矣。是其君臣相与之际，皆以对人关系为前提，犹之合伙营生，谓必如此，乃可谋大利耳。

第三，我国内战以赤裸的武力决胜败，绝不知有所谓主义。英之革命，为国会也；美之独立，为不出代议士不纳租税之原则也。其所争者为国民自由独立之抽象原则，而武力则所用之手段耳。吾国不然，成则为王，败则为寇，既以武力决胜败，自无所谓是非矣。

第四，吾国内战中之重大问题，由主事者主之，而欧洲则由国民主持。昔项梁立义帝，项羽杀之江中；而沙利一世与路易十六世之死，则国会〈多〉数所取决焉。汉高出关中，命萧何留守，史称其转漕调兵，未尝乏绝；克林威尔之将革命军，则国中多数所举；法国革命时代，其组织民兵队，战胜欧洲联军之加拿氏（Carnot），则为保安委员会中人，而国会所举焉。要之虽在战时，犹有一种法定程序，而吾国则鲜有所闻焉。

为个人功名富贵也，自居于从龙之彦也，赤裸的武力也，一人主持也，自其反面言之，则曰无主义，曰无团体，曰与国民利害无涉，曰不经法律顺序，此无他，以国民置身国事之外为之耳。大多数之国民，平日于政治既不闻问，一至战乱之世，人人以苟全生命为幸，兵至则仓皇逃遁，财产之权利委之以资敌。乱既由一二人而平，则所以治之者，当然听之一二人，而所谓专制者，乃真专制矣。一朝御世既久，政治不修，又有起而为乱者，而所以解决之者，一如前史。此所以朝代屡更，姓氏屡易，而此治乱之局，王寇之分，始终未有能易之者矣。

吾既述中外内战之异同如是，乃有一言警告吾国民：凡为国民者，或为士，或为农，或为工，或为商，谓之安分良民可矣，然士、农、工、商之职业以上，更有一至要条件曰治安（security and order），治安不保，即求为士为农为工为商不可得焉。治安何由保？曰：国民不可但安于士、农、工、商之业，应以治安之权，收之于己，若军事，若政治，应由国民自起而与闻之；反是者，以最高之治安问题，委之他人，则舍临难苟免，或为人所蹂躏外，无他术矣！数千年来，刘、李、赵、朱诸姓，主持国家之最高权，乃以养成不问国事之国民；其"打平天下"者，若另为一种特别阶级，专门职业。在昔日为结交豪杰之好汉，在今日为坐镇一方之军阀。呜呼！江浙之战，齐卢之战也，非齐卢之能祸我江浙，乃江浙人民本数千年之遗传，平时放弃治安之大责，临事则以呼吁和平为惟一能事，如是而求治安求保身家财产，其可得乎？

第三讲　欧美内战之往事及其近百年免于内战之原因

甲　绪论

吾人分政治之进化为三时代：曰封建，曰专制君主，曰民主。就欧洲言之：十世纪与十一世纪以降之英、法，则封建时代也；十五世纪以降之英、法，则专制君主时代也；十七世纪以降之英国与十九世纪以降之法国，则入于民主时代矣。其在封建时代，诸侯众建，不奉朝命，日以征伐为事。或为王子之争立，或为贵族之互斗，如沙利曼大王子孙之争法，威廉胜王孙男斯梯芬（Stephhn）孙女曼铁尔特（Matilda）之争英，公侯伯子男之间，争城争地，几无休日，故史家评之曰：战争者，封建世界中惟一事业也。孔子作《春秋》之动机，曰天子微弱，诸侯放恣。其实此种现象，乃欧亚之所同，无足怪焉。当时共主一心经营者，无过于弱强藩以捍卫王室。法国当中世纪时，贤君名相之大业，盖无一非孔氏堕三都之成案。故在此时代中欲求欧洲内战史中有意义之战争，不可得焉。乃至专制君主出现，其所谓战争者，或以宗教之异同，酿成内乱；或以争夺王位之名，侵略外国。如英、法百年战争，则王位之争也；苏格兰王后马利斯徒亚之死，则宗教之争也。此时代中，内战之烈，虽非封建时代比，然于内外战中，欲求所谓有意义者，则亦不可得焉。虽然，自十七世纪以降，欧美内战之形式，为之一变，如英之革命战，美之独立战与法之大革命，皆以国民的运动为背景。其所以然之故，不可不深思而熟考焉。

乙　英、法之革命及美之独立战争

英自一二一五年，有所谓《大宪章》，以确定君民之关系。其信条曰：不经国会许可，则不得征税。然数百年间，君主之中，有守有不守，国民固未尝深计焉；国会或召集或不召集，国民亦无法强制焉。是其政治上两种原则，曰帝王神权，曰国会权利，虽在十七世纪之中叶，尚无明确之解决也。

英王沙利一世即位，十一年间停集国会。尝征船税为汉姆屯（Hampden）所拒；又以教会问题，与苏格兰启衅；至一六四〇年，为筹战饷，召集长期国会，国会弹劾总理斯脱勒福侯（Strafford），决处死刑，且议定三年集会一次。沙利愤国会之骄横，率兵入议场，欲捕议员五人，于是国会、国王各调军队，而内战起矣。沙利氏据伦敦之西北，起兵讨国会，号骑士军；国会以伦敦之东南为根据，自立一军，属之爱雪克司氏（Essex），号圆颅军。两军转战三年之久，至一六四四年，王军败于马司顿摩（Marston Moor）。一六四六年，再战于那司陪（Naseby），王败，囚之。至一六四九年，国会议设法廷，处沙利一世死刑，英改君主为共和，克林威尔称护国主（The Protector）。一六五八年，克氏死，英人复迎沙利子名沙利二世为王，是为英之复辟。

英国内战中所最可称述者，则国会军之主将，曰番佛克斯氏（Sir Thomas Faifax），曰克林威尔氏，皆为国会所举；其所募军队，则有业之民，信宗教，知战之目的，故勇敢异于常人。一六四四年，马司顿摩战役后，国会中讨议军事改革三大端：曰统帅权之统一，不得有地方军；曰汰除不良分子；曰主将公举，而各军分将由主将任用，然须得国会批准。克林威尔选将之要义，则以才不才为主旨，而阶级非所问焉。尝自告人曰：与其但取所谓绅士（Gentleman），而实无他长者，不如取其服乡人衣，自知其为何而战，且自爱其所认定之主义者。此则克氏铁骑（Ironsides）之所由成也。英之国会，平日于国王之新税，虽十万镑亦吝而不予者，而圆颅军军费之筹集，至一百七十余万镑之多，此则英之内战，所以具有国民的意味者，在此而已。

法兰西自十五世纪后，专制君主之局已成。旧日合贵族、教士、平民而成之三级会议（The states-general），自一六一四年后，久不召集。皇室纵欲于上，财政破产；贵族骄横于下，民不安生。路易十六世于一七八九年发令集三级会议，冀合国人之心力以拔国家于困厄之境。代表既萃法京，贵族、教士主分议，平民主合议。主分议者既分上下院，则上院对于平民，犹有可否之权；主合议者，欲以三分之二之平民代表，制少数特别阶级也。

双方争议结果，平民之说卒通过，于是改三级会议为国民会议，议新宪法。其大纲目，曰废止贵族特权，曰没收教会财产，曰立法会属之一院制之国会，曰中央集权制之废止，以自主权归之地方，至君主制存而不废，惟皇权之强半则已去矣。

一七九一年，新宪公布，立法会议（Legislative assembly）依宪成立。其缓进者曰杰隆蒂党，急进者曰山岳党。一持君主政体说，一持民主政体说。双方争持于演台上，嚣嚣尘上。路易十六世虽批准宪法，然其心目中，未尝一日忘国会。贵族之被夺爵者，逃至普、奥，乞师国外。一七九二年四月二日，奥向法宣战，普又继之。巴黎市民，疑皇通敌以倒国会，烧巴斯蒂狱（Bastille），焚王宫，路易十六世被俘，于是国会议决废君主，改法为共和政体。

奥、普之始宣战也，法军连败，国会之主战方略，皇阴沮之，其心固日望普、奥之胜而法之败也。及皇政既废，时之临时政府，号公安委员会，委员之一人加诺氏（Carnot），专掌陆军，于一七九二年，颁《一般征集令》（Levy en masse），其要旨曰：一切市民，当于本地军官指挥之下，就其本乡或本县为各种兵器之操练。于是数月之间，集兵七万五千，尽逐普、奥军队，法兵且进占荷兰。问何以当日弊疲之法国，能集重兵以退强邻？曰国民之爱自由为之也，国民之敌忾心为之也。兹录加诺氏当日报告国会之关于军制之言如下：

> 今有一要点，无论何人，宜集其脑力眼光以注射之也，其要点维何？曰：法国真正的危险之所在。列强以兵围我，欲歼灭我法人，斯固危险也，然此非真正的危险之所在。法国军队本身组织之不良，法国军队本身病根之未去；法国军队之组织不良，病根未去即不足以保卫其自由，此真正的危险之所在也。故欲救危险，非改组军队，尽去病根不可也。……凡从军之权，为或〔或为〕一阶级独占之，而他阶级不能与焉，则他阶级自然立于或一阶级之下矣，非所以语于全民平等也。凡在自由之国，全民皆平等也，全民皆有从军权也，如其无之，则全民皆无也。申言之，凡在自由之国，从军则全民从之，无一人得不从；不从军，则全民不从之，无一人得独从。换言之，凡在自由之国，或全民皆兵也，或全民非兵也。法国，自由国也，将全民非兵乎？则今方为军国主义之敌所包围，全民非兵不可得也，是必出于全民皆兵矣，是必如卢骚所言全国之民皆为兵。其为兵也，缘于义务，无一人缘于职业而后可，此就理论而言也。然法国目下之事实则如何？只见护国军为富族独占也，只见旧军与护国军两头并立也。夫理论如彼，而事实如此，此法国军队今日之大病根，而真正的危险之所在也。故欲去此病根，救此危险，非改组两军，使归一律不可也，非一其制度不可也，非一其军饷不可也，非一其服装不可也，非使旧军尽变为护国军不可也。两者划一，则经费每年可节省四千万，兵民之猜忌可打消，官兵之猜忌可泯灭，军队之势力可团结，专制之政治可永除，法国之自由可确立也。（以上录刘文岛译《新军论》一四一页）

敌军既败，拿破仑帝政之局又起，此则法国政治史上之问题，不属于吾人研究之军制范围以内。要之，就其捍卫国难之国民自觉心言之，实为世界所罕见。惟其如此，故虽政体屡更，暂屈于君权，而终归于共和而后已。此则法之革命所以能具有国民的意味者，其关键在此而已。

英自七年战争（Seven Years' War）后，大拓殖民地，政府为筹集经费计，于一七六五年颁印花税条例于殖民地。美人反对之，谓其侵人民权利。英政府迫于不得已，卒取销之。一七七三年，英又征茶税于美，美波斯顿市民弃茶于海，以示拒绝。英政府思所以惩戒之，乃对于波斯顿所属之马沙趣塞州，禁其货物出口，并夺其选举法官之权。因此美民大愤，急筹战备。一七七五年，英、美两军相遇于兰克新顿（Lexington），美人联合各州，招集所谓第二大陆会议，举华盛顿为总司令。连年转战，各有胜负。至一七八一年，英将康华立斯（Cornwallis）降，英知武力已无可施，于是英与美和，认美为独立国。兹略举一七七五至一七八一年之大事如下：

一七七五年	英、美启衅
	第二大陆会议举华盛顿为总司令
一七七六年	美各州宣告为独立国
	英克华盛顿炮台，美兵退出纽约城
一七七七年九月	华盛顿弃飞勒特、尔飞亚
	十月英将蒲哥因军投降
一七七八年	美遣佛兰克林赴法，与法订盟，于是法遣兵助
	美，同时向英宣战，西班牙与法取同一态度
一七七九年	美兵扫除美西部之英兵
一七八〇年	美各州订十三州盟约
	英将克林顿移兵南下，围沙利斯顿（Charleston）
一七八一年	英将康华立斯降
一七八二年	英、美议和
一七八三年九月	和约批准

美国内战中军事之组织何如乎？方战之初起，各州踊跃自卫，自征兵调将，及举华盛顿为将军，军权始统于一。其为总司令，十三州所公举也；战争中募兵至十三万人之多，则各州之志愿兵也；其筹饷以军用票为大宗，亦中央国会与各州议会所议决。且美人一方与母国宣战，一方计划其永久之国家组织。中央则有各州间之盟约与行政各部署之次第设立，各州则其州宪于一七七六年、一七七七年先后公布。是美人不仅于疆场上争国家之独立，同时各州州民先巩固其地方自主的组织，此尤英、法革命时之所无，而美为联州自治之国，故不能少此一段工夫，益以见其国民的努力，在战事上与政治上无处不贯澈到底而已。

吾略叙三国之内战情形如此，吾所欲问者，则欧美国内近代之用兵，何尝有吾国历史上所谓草泽英雄之崛起？何尝有国民从一二人之后而为其从龙之彦？其征兵也，由国会主之；其筹饷也，由国会主之；乃至革命功成，则诸将解甲释兵以去，何尝以各省归军人掌握？何尝各省之军人据地自雄，相循于战斗？其所以能如此者，以一言蔽之，曰：彼能为主义作战而已。盖主义之为物，以全体为旨归，属于无形者也，譬之所谓慈孝也，忠信也。慈孝乃父子间当然之理，父非以慈求利于子，子亦非以孝求利于父，惟其如此，乃各行其心之所安，非有所计较于其间也。忠信为朋友间当然之理，甲友非以忠信求利于乙友，乙友亦非以忠信求利于甲友，惟其如此，故亦各行其心之所安，非有所计较于其间也。不独慈孝忠信然也，其为国民之自由独立而战者，亦若是而已。自由也，独立也，乃国民人格上之必要条件，以其所关涉者，为全国国民之权利，故一二人倡之，千百和之，虽牺牲其生命而不惜者，亦以彼此之间，纯为心安理得计，非有所计较于其间也。克兰威尔之战也，曰为推翻沙利氏之专制也；加诺氏之调兵也，为扫除维持正统主义之强敌也；华盛顿之战也，为争英国宪法史上征税须得人民同意之原则也。惟其既有主义以悬乎目前，故战之目的达，则人人所以效命疆场之目的亦因之而达，尚何行赏之可言？尚何与人计较地位之可言？尚何把持地盘之可言乎？总之，有主义之战，其始也为公，故终也为公；其主战者为公，其从征之兵士亦为公。无主义之战，始也为私，故终也为私；其主战者为私，其从征之兵士亦为私。为私也，以一人为主体，故造成家天下之局，造成争功之局，造成割据之局；为公也，以国民为主体，故造成民主之局，造成国会主持之局，造成统一之局。且以为公之故，则全国人民从征者若干万人，输财者若干万人；以为私之故，乃有好人不当兵之谚，乃有藏镪避难者。如是吾国今后欲免旧式之内战，而进于新式之内战，亦曰先求有主义而已，先求有主义而已！

　　丙　欧美近百年免于内战之原因

　　英自一六五八年，克兰威尔死后，实行复辟，于是沙利第二复为英王。沙利第二死，其弟占姆士第二继之，图恢复天主教为国教，英人恶之，一六八八年逐占氏，迎荷兰之威廉三世为王。自是以来，英国循宪政之轨道，日臻发达，二百三十年之间，除阿尔兰为异民族问题外，久不以内战闻于世界矣。法自第一革命之公安委员会成立后，未几拿破仑一世代之，旋登大位。自是以后，王政、民政如易棋，然所争者不外君主、民主两主义之消长，即有武力相抗，常集于巴黎一隅，为时不过数月之间，谓为内争诚内争矣，然求如中世纪之王位之争或宗教之争，已寂然无闻。故法自一七八九年以降，亦已入于有意义之内战时代矣。美自一七八三年力图内部统一，一七八七年新宪法成，华盛顿被举为总统，两党迭代主持政权，不闻有以流血争者。至一八六〇年，以放奴问题，南部退出联邦，北部以统一之名义举兵讨之，五年而后事定。其所以战者，为宪法上中央、地方权力消长也，为人权问题也，依吾人之定义言之，是亦一种有意义之战焉。除此一度外，美国历史上不闻有他种内战，虽谓美为各国中内战最少之国可焉。此三国者，以何方法乃能免于封建时代藩侯之战，或君主时代一姓之争，而达于今日平和发达之境乎？我尝统观数百年间政治上、思想上、社会上、生计上之情形，则得四因：曰民族的国家之成立，曰理性主义之广被，曰富力之发达，曰法律主义之确守。

所谓民族的国家其含义有二：曰民族同一，则无言语上、宗教上风俗异同之争；曰人民直接于国家，无藩侯以介于其间。英自十一世以降，亨利一世为王行诺曼与撒逊（英）通婚之制，三十年之间，英人血统已莫辨为诺为撒，故英民族之同一，在欧各国为最先。至若苏格兰与阿尔兰，合者合之，并者并之，虽内战常有因此而起者，然自一七〇七年有英、苏之合并，除阿尔兰问题外，已无所谓民族战争。法之民族，来源虽有种种，如所谓开尔脱人种，所谓日耳曼人种，然平原之地，民族易于混一，故法之历史中，并一度如英、苏之战而亦无之。此两国之民族，内部本无问题，故能为欧洲最先成立之民族的国家。以视比利时、希腊、德意志、意大利至十九世纪初期，乃始达此目的，至奥大利虽至一九一四年，而此问题尚未解决，终于大战之中，瓦解而不可收拾者，则民族纯杂之关系，从可知矣。英、法封建之世，所以相维者，上有君主，中为子男，下为农奴。其兵役与纳税之义务，一以臣属的（Vassalage）关系为准绳。然诸侯众建，时有合纵以抗王室者，至其发展之迹，亦各有不同。其在英国，则贵族与平民相合以限王之专制；在法则君臣千方百计以削弱藩侯，君主自练常备军，自设法廷，于是为真专制之局，而民族的国家之统一完成。虽自十九世纪后言之，若君权之张，为民权之害，然自中世纪之封建制言之，则君主专制之局，去人民为一姓私臣之念，启其为直接国民之觉悟，不独藩属之战减少，即国家亦因以治安，其功有断不可没者，此则民族的国家成立之关系所以大也。

所谓理性主义之广被者，自文艺复兴、宗教战争（1618—1648）后，欧洲思想界上有一种倾向，名曰理性主义。以为世界一切事物自然之理（is）与当然之理（ought to be）皆可于理性中求之。此种倾向，科学界见焉，哲学界见焉，乃至法律学界、政治学界、生计学界无不见焉，虽延之十八、九世纪，而未有已者也。兹举其人名如左：

人名	生年 死年
Bacon	1561—1626
Galilea	1564—1641
Kepler	1571—1630
Grotius	1583—1645
Descartes	1586—1650
Locke	1632—1704
Spinoza	1632—1677
Pufendorf	1632—1694
Lefonitz	1646—1716
Rousseau	1712—1778
A. Smith	1723—1790
Kant	1724—1804
Turgot	1727—1781
Quesnay	1796—1874

以上诸人，其时代至不一，其学问之种类至不一：如格里兰与克魄雷，天文学家、物理学家也；笛卡儿、陆克、斯宾挪沙、兰勃尼挈康德，哲学家也；陆克、卢骚，政治学家也；哥罗希、布芬铎夫，法律学家也。然不同之中，有其同者在。若科学家之发明地动与物体下坠之公例，则数千年持地为中心而众星环绕之说，与夫种种灾异之说，如慧星，如日食，如陨星，一一若与人事有莫大关系者，顿失其根据矣，此科学方面理性主义之效力也。培根、陆克以经验为本位，笛卡儿以思想为本位，其方法不同，然培氏教人搜求零星之事实，归纳以求其真理，笛氏教人一切怀疑，以清晰之观念为惟一标准，要其破除旧信条触发人类之新思想，则功用一而已，此哲学方面理性主义之效力也。笛氏辈既开其端，于是政治上、法律上、生计上、大生作用。其在政治上，陆克氏有天然状态中理性支配一切，故人人平等之说，且本此理论，创为天赋人权与立法、行政分权之说，虽谓前乎此之英国革命，后乎此之美、法革命，皆由此起可焉。其在法律上，哥罗希氏认自然法出于人类之理性，为人人所当共守，惟其出于人性，故违犯之者，斯为戕贼人性。哥氏本此原则，以证战端之不可轻启与战事方法之当如何，一言以蔽之，使战事归于人道化、理性化，此法律上理性主义之效力也。生计学之初

祖骨司南（Quesnay）辈亦持自然法之说，谓自然法之基础有二，曰个人自由，曰个人财产。此二者应尊重之，保护之，则社会自趋于公道，其后商业束缚之扫除，与夫亚丹·斯密氏自由竞争说之流行，皆由此来也，此生计学上理性主义之效力也。要之，自以上各学言之，十六、七、八三世纪（乃至十九世纪之法国革命）间，其最有力之学说为理性主义。其在智识上，破除人类迷信；其在政法上，以合理的方法为国家组织之基础，为国际交际之准则。虽自表面言之，若各不相涉者，然举一例言之，可以察其隐伏之关系。闭塞之世，迷信尤多，尤好凭不可测之神力以争胜败，如三十年战中，德名将华伦斯丹（Walenstein）氏，恃星占学以占胜负，与今日国人所崇拜之吴子玉将军，抱《易经》一部，以卜国家之吉凶者，何其异地同揆？若是则思想之理性的与非理性的，其关系于战祸者可知矣！

所谓富力之发达者，十三、四世纪为欧洲商业复兴之期，若意大利各市之兴于地中海，汉堡勃兰门之起于北海，皆为当日欧亚货物集散所。及十五世纪海上凿空者继起，一四八六年狄亚士通好望峰，一四九二年哥仑布发见北美，一四九八年范司葛马氏达印度洋，于是向之商业限于欧洲者，今则广及于全球。其时经营海外贸易之公司勃兴，一六〇〇年英之东印度公司，一六〇二年荷兰之东印度公司，其尤著者也。以法国论，此类公司，在一五九九年至一六四二年之间成立者，计二十有二，其经营地，包含北非、南非、北美、中美以及东印度。而国际竞争剧烈，葡、荷、西三国，先后起伏，卒由英人独霸海上。问其及于内政上之影响何如乎？曰除贵族与教士外，别成第三阶级，而国会中之富族，因以发生。国王遇有战事，必谋及富族，而求其输将焉。曰商业既盛，商人所聚，蔚为城市，于是向国王要求特许状，为市权利之保障，是为近世市之勃兴。十五、六世纪以降，都市之势，浸驾国中一切势力因素而上之矣。且人民衣食充足，人人有自立之能，因而不至随势力俯仰，而有独立之舆论。又以人民各有积贮，则浮浪之徒日少，而轻于一掷、冒万难以图不可必得之功名者，自不见容于社会。况乎政权之大小，视财力为转移，昔焉战争之权，操诸君主者，今暂移于商人之手，则富力与战争之消长又可知矣。

所谓法律主义之确立者，国家之制度与国民之权利，一以习惯与法文为依归，不容以君主一人任意高下其间也。国人既相与遵守成法，以定是非之争，则法律之解释与应用，为一国重要之职务，而法学家之斤斤于条文字句间，为至不可少之业。以予观之，世界民族中，其最守此主义者，除古代罗马外，莫如今之英吉利。英人主张政治权利也，必引据先代条文，曰此《大宪章》所规定也，曰此权利请愿书所规定也。惟其如是，君主不能犯法，而人民亦不容越法，非至万不得已时，不发生新制度。如是则法律之继续性保存，而国家乃可语夫平和的发达。英人自评其政治，谓固定习惯之统治方法之概念（Conce ption of a regime of fixed custorn）始于十一世纪，时利查一世从十字军去国外，国事委之宰相，于是陪审制度、自治许可书，先后发生。至爱德华一世（1272—1337），益复根据惯例，以造成宪法。故自一一九九年以至一三三七年之间，英史所谓争宪法的自由之期也。英人循此轨道以图政治之进化，虽历十五、六、七世纪以至今日，一无变更，除克林威尔之护国政治外，几不见有何种剧变。至于法，则与英稍异，以惯例概念之强，法不如英。十三世纪路易九世在位之日，采用罗马法，设法廷以禁私斗，去藩侯之司法权，而以法官代之，立法律登记所，即皇室命令亦必登记而后有效。一三〇二年，尝招集第一次三级会议，骎骎乎与英国国会并驾齐驱。惜其后日之发展，与英异辙，其法治之手段，只足以铲锄藩侯，而未足语夫民治，故宪法先进国之名，乃令英独占其美矣。虽然，法则以法律压迫藩属，英则以法律限制王室，巩固民权，要其造成共守之规则，以促进平和则一而已。此则法律主义与内战之消长也。

欧洲史上有此四因互相夹辅，故封建之制既废，虽暂经君主专制一级，未久而即达于民治，且免于无意义之战争。吾国惟少此四因，故封建制虽废，乃造成草泽英雄互争之局，而无意义之战争，因而特多。然则究由何道以免内战，以求民治？其能效欧洲之成规，而一一步趋之乎？曰：非所敢知也。各国历史不同，不容轻易效颦也。吾所知者，民族之争，在吾国二十二省内已不成问题。以云法律主义，则历朝旧律俱在，与欧洲封建时法权操诸陪臣者，本不相同。独关于公法方面，以其输自欧洲，故至今根蒂不固。而最重要者，其惟理性主义乎，其惟富力发达乎！换词言之，教之，养之而已！

第四讲　各国宪法上军事及和战之规定

国家者，至矛盾之物也，平日于人民之生命财产，必求置之安全之地，惟恐其不生也；及遇外侮，驱人民于战地，付财产于一掷，惟恐其不死也。生之者，教养之行政是也；死之者，军事之规定是也。

国家行政上有此生死两大类，其伸个人而屈全体者，大抵属于生之一类也；其伸全体而屈个人者，大抵属于死之一类也。二者之是非轻重，不易断言。然各个人生命财产之保持，即属于前一类，而为国家重大目的之一，以苟不如此，即全体亦无所附丽。故生死两者中，关于生者重矣！大矣！

虽然，以国际间列强对峙之故，非死个人则全体无由生，于是有关于死之行政四：

第一，谁当效死，是为兵役问题；

第二，效死之具之经费筹集，是为军事财政问题；

第三，效死之举何时开始，是为宣战问题；

第四，效死之举何时结束，是为媾和问题。

甲　兵役

国有急难，捍卫之责，人人共之。然有男女之分，有老幼少壮之别，于是有问题焉，曰由何道乃得拣选壮丁而达卫国之目的？依历史成例，不外二法：曰募兵，曰征兵。募兵之制，其服兵之义务，听人民自择；征兵之制，则人民之愿否不问，依年龄，依体格，由国家强征之。此二者中，以理言之，执干戈卫社稷，既为共同之责，则不应问人民之志愿，而推此事与全国人共之而已。虽然，今欧美之国家中，如战前之德，与战前后之法，则采征兵制，而英则采募兵制者也。其所以致此者，各有其历史关系在焉。

英以海军立国，不须组织强大之陆军，即恃募兵，已足维持国境之安全。此言是矣，而未尽焉。英人者，最爱自由之国民也，其意谓，国有巨额之陆军，助成政府之专制妨害人民之自由，故最反对者曰常备军，曰强制兵役。威廉时代，权利请愿书之规定曰：平时不得国会之许可而设立常备军，是为违法。自一六八九年改此条文，一八八一年后始颁《军制条例》（Army Act）而有常备军之设。英宪法学者安生氏曰：反对常备军之理由，不徒以其劳苦人民，亦以其为专制政治之器械故也。惟其如此，以征兵之制强人服兵，尤为英人所反对。自一八七〇年普胜法后，欧洲大陆无不行征兵制者，而英守其旧制自若也。欧战既起，英于募兵制之下，招集兵士以一二百万计，然内阁中、政党中，征兵与非征兵两派相持一二年之久。一九一六年，颁新兵役条例，然仅以未婚人民为限。一九一八年四月，德兵大举破英、法阵线，于是英始行真正之征兵制，年自十八岁以上、五十五岁以下之国民，咸有服役义务。欧战既停，复废征兵，而仍其旧贯。是征兵制之合于公道，英非不知之，不过以尊重政治上之民主精神，虽冒不豫之险，所不惜焉。

征兵制者，普鲁士所发明者也。普败于法，拿翁一世限其军额，不得过四万二千人。普乃以更番迭代之法训练人民，于是兵额虽小，而实际军队已超于定额之外。一八一三年，普所以能逐拿翁者，赖有此焉。国民既更番入营，则兵役义务，自然普及于人民，于是产生普通兵役义务之制。其后对丹对奥对法连战皆捷，于是征兵制几为世界惟一兵制。若德，若法，若日本，皆在此制范围之下者也。兹举德、法两国之兵役法如下：

	义务开始	现役	现役之预备	后备	国民兵
德国	二十岁	二年	五年	十二年	七年（四十五岁止）
法国	十九岁	三年	十一年	七年	七年（四十七岁止）

征兵制者，以兵役与国人共之，其为良制，无疑义也。若以成败论乎，欧战之中，德以征兵制败，法以征兵制胜，兵制之优劣，难以成败论也。虽然，如德之军制，固有不可讳言之弊，则助长军阀之势是也。欧战前一年，德政府为动员之便利计，增加两军团以上，计十余万人。战备既充，军人惟恐不获一试，至一九一四年奥皇储之变，德冒万险以图一逞。始虽兵威拓于境外，终至于一败涂地而后已。非战之不力也，政策既已错误，虽有实力亦复无用矣！今则因巴黎和约之制限，德不得复行征兵制，凡服兵役者，须在营十二年之久，所以防德之多练军队。故始之以征兵制人者，今则人禁其征兵以制之矣。

一八七〇年之后，世界各国震于德之盛强，无复怀疑征兵制者。然法国社会党首领卓莱氏，认为法国之军制与德相同，足以助长侵略政策，故提倡改革之说，而已瑞士之义务民兵为蓝本。义务民兵之说，与德、法之制异同若何乎？兹举而论之。

义务开始	现役	后备	国民军
二十岁	二十岁至三十二岁止	三十三岁至四十岁止	四十一岁至四十八岁止

现役军人在十二年之内，须集合操练七次，每次十一日（炮兵、防卫兵每次十四日）；后备军人不论次数，以操练十一日为限度；国民军限于战时乃招集之。

自以上服役方法观之，其显然之不同，则瑞士军人不如德、法等须入营二三年之久，一也；现役军人，概不入营，以其无常备军之故，二也；虽无军队，然有司令部，但以上校以下之将校组织之，三也；其训练之法既不在军营内，而在各地之新兵学校中为之，四也。惟其如是，故卓莱氏称道之曰：

> 各国现行军制中，其性质为国民的，其精神为民主政治的，则莫瑞士若也。

> 所以然者，曰瑞士之军事生活与民事生活溶成一片。其所以能溶成一片，则以其在营时间至少也，则以其征募非仅为地方的，而为地段的也，则以其举无量数健全之市民，而为"地段部队"之组织也。（录《新军论》一九二页）

更伸言之，人民有服兵之义务，国家有训练之军队，惟其不设常备军，故不至酿成军阀之祸；兵士又不入营，财政上省莫大之负担。是其对外有防御之方，对内不为民主政治之障，为计之善安有过此？故称道之者，不独卓莱氏，即美前总统罗斯福氏，亦其中之一人也。

各国之军制如此，而所以行之者，则有军事法规在焉。谁当兵，谁不当兵，有一定标准，其不依此标准，则不得强人服役，拉夫之说，何自而起？强占民房，法所不许。乃国人平日于法律与兵役之关系，既不能争之于事先，临事以但求免役为了事，如是而求不为军阀蹂躏，可得乎！可得乎！

乙　军事财政

以上所言，军事方面，人身上之义务也。然军事之设备，不仅人身，若兵器，若兵舰，若锱〔辎〕重，若工程材料，一年之费，以数百万数千万计，此种之支出，谁能判定其是非得失乎？曰：国会而已。盖军备之增加，外交上内治上之影响何如，财政上国民有无负担力，必一一询诸民意而后施行，决无以一二师旅长之位置，朝增一师，暮募一团，若此乃吴姓张姓之家事，而与国民义务国民财力无涉者。此则今日遍五洲万国求之而不可得者，有之独吾中国耳。

前既言之，英在一六八八年前，以设常备兵为厉禁，一六八九年始改此条文，一八八一年立所谓兵变条例或军制条例。盖英国国民本受治于同一法律下，独军人应有严重纪律，故设此条例，其有犯之者，依军法处置之，而此条例中则军队之组织与兵额之数咸在焉。每年国会开会，此条例须提交国会同意，苟不同意，则政府即无练兵之权。此英人以拥护民主之故，于军事方面，设为严重之规定如是。

其他诸国之军事预算，何一不经国会之通过。有以师团增加之故，而内阁推翻矣；有以海军扩张之故，而议会解散矣。其有以军国主义闻于世，毅然不顾国会之意而实行其军事政策者，卑士麦是也。卑士麦于一八六一年为普相，认定非与奥战，不能达统一德国之目的，而其下手之方，则在扩张陆军。时则议会之自由党大反对之，以为此乃徒苦人民，于国无益。卑氏宣言于国会曰：德国问题，非口舌所能解决，舍铁血外无他道焉。卑氏竟以无预算而开支国用者及四年之久。嗣则战胜丹、奥，国民念其外交之功，宽其违宪之失，于是卑氏执国柄者二十年。依成败论之，是卑氏有经国之远谟，而国会无之；依宪政之原则言之，则卑氏违宪之过，万无可恕。欧战之前，德皇威廉妄欲追踪卑氏，增师至十余万人之多，费财以六千万镑之巨。当时国会反对之，然德皇列举外交上之危险，以促其成。幸而国会屈服，否则无预算之局，又复重现于德国矣。然不论一九一四年之往事与一八六二年之案有无异同，要之军阀以国事为可出以专擅，则卑氏实开其恶例，狃于三战之成功，卒有一九一八年之大败。是则守宪政之常轨者，虽无意外之得，要亦无意外之失；不遵宪政之常轨者，虽成功于一时，终必败坏于日后，故卑氏之为功为罪，真未易言焉。

卑氏以对外之故，无预算而增加陆军，已不免为德国之罪人，况乎国中军人之朝一师暮一旅，视为寻常茶饭，而所以为此者，不外乎残杀同胞，此而可忍，此而可以熟视无睹，是必国民甘居于牛羊而听狼虎之吞噬也。国人亦知师团之滥增为国家百病之根乎？此而不争，尚何法律可言？尚何治安言？

丙　各国宪法上和战之规定

语有之，养兵千日，用在一朝。幸而胜也，则国荣而存；不幸而败也，则国辱而亡。战事系乎荣辱存亡如是，则生斯土之国民，其与闻之权宜何如？虽然，今日之欧洲列强，其已以和战之大权尽属诸国民乎？兹先举各国之成规，然后进而论次之。

一、英之惯例，宣战媾和，为英皇之特权，惟以国务员之责任执行之。一九一四年之大战，八月四日对德宣战，而报告于国会，则八月五日也。英现外交次长庞松陪氏（Personby）尝统计之曰：英于十九世纪之百年中，经战事十八次，从无一次先报告国会者。至于媾和，以一九一九年之巴黎和约言之，当和约之提出于国会，首相劳合佐治宣言曰：

依宪法言之，和约之某部分当提交国会，然即令国会否决，而和约之效力自若。其意谓和约之某部与行政有关者，非经议会议决不能执行；至于和约之效力，自缔结之日发生，不以国会同意与否为准也。

二、法国宪法上关于和战有明文规定。其《公权关系法》第九条云：大总统非得国会事先之同意，不得宣战。第八条第一项云：大总统议订及批准条约，同条第二项云，和约……非经两院投票后，不得批准。然考之法史，其不得国会同意而宣战者，屡见不一见。如中法之役，即其一也。和约之议订，属之行政部，及其既成，乃提交国会。然以外交上列强之牵掣，即欲否决，而其势已不可得，故巴黎和约虽法国会尝分股研究，然其一律照准，则与英同耳。

三、美国宪法第一款第八条第十项云：国会有宣战之权。第二款第二条第二项云：大总统得元老院之忠告与同意，缔结条约，但须得三分之二之议员之赞成。故自条文观之，和战二者之规定不同：以战言之，须得众议院与元老院双方之同意；以和言之，但得元老院一院三分之二之同意。一九一七年美之对德宣战也，元老院赞成者八十二票，反对者六票；众议院赞成者三七三票，反对者五十票。及巴黎和约既成，元老院反对之，投票结果，赞成者四十九人，反对者三十五，以未得三分二同意之数，故巴黎和约，对美不生效力。

四、德国旧宪法第十一条云：德皇有宣战媾和之权，除防御战争外，宣战须得联邦参议院之同意。同条第二项云：关于和约，如约文中关涉宪法第四条之立法事项，须得国会同意。此次新宪法既成，废联邦参议院，故宣战媾和之权，属之宗国议会。其四十五条第二项曰：宣战媾和须以德国法律行之。其意谓须经宗国议会同意而已。

以上四国之例，表面上非不堂皇冠冕也。虽有法等以宪法规定，英以惯例规定之别，大体言之，自谓能代表民意矣。然考之各国实情，则大不然。外交以秘密为贵，国民平日寂然无闻，及大祸迫于眉睫，则告国会曰，某国如何，某国如何，非宣战不可。国民代表既不能按时接受外交报告，临战乃始决策，安有从容讨论之可言？更有事先与人结同盟之约者，如一九一四年英之对德宣战，名曰为比中立，实在战事之前两年，英、法间早有北海防守之约。夫既代法防守，是不啻既以法之敌为敌，未届宣战之期，而政策上已陷英于不得不战之局矣。国民而反对之乎，则坠国家之信义；不反对之乎，适以助成行政部之怙恶而已。凡以此故，国民不监督于事先，则宣战同意权之文，虽有若无。欧战以还，世界之政治家与学者，以为欲弭战祸，非扩张外交上国民之监督权不可。英之现外交次长庞松陪氏尝著一书，名曰《外交与民治主义》，提议五条曰：

一、外交部之预算，应以二日间讨论之，第一日外交总长报告政策大纲，第二日报告细节。

二、条约之草定，不论关于各条或全部，应经国会同意。

三、协定、盟约或其他约束，非经国会明认，不得订立。

四、战事非经国会同意，不得宣告。

五、外交总长于国会不开会期内，应有定期的发言，报告外交事务于国人。

凡此所云，皆关于对外战争者也。夫杀人争地于域外，幸而获胜，国家有拓地之荣，人民有谋生之乐，顾欧人犹且厌闻，必图所以防止之，凡以使人群免于相杀之惨，由残酷而进于宽大耳。异哉！吾国人之心理也，号为通达时变者，金曰除"打"以外，□□他法，是以不可理喻为民族性之前提，举欧洲所不忍施诸异族者，而国人乃忍以之施诸同胞。即如其言，逆取而果可以定天下也，是去法治日远而已，去民治日远而已！吾不忍见二十世纪之中国，复戴一姓之尊为天下共主也！吾尤不忍见名非一姓而实一姓之"狄克戴多"曰我能使其人民安且治也。

第五讲　内战与国际法上之责任问题

江浙战起，报纸传闻，谓外交团通告政府，外人因战祸所受损失，中国应负赔偿责任云云。究竟依国际学说与惯例，内乱发生之国有责任耶？无责任耶？抑其所谓责任者，有内乱便有责任耶？抑仅在保护不周之下而有责任耶？此谅关心时局者所乐闻，故论及之。

国之立于大地，有二资格焉：一曰主权体，二曰国际团体之一员。人民之纳税也，兵役也，国家有自由处置之权，其设险守国也，亦复如此，乃至外人之入国，受治于同一法律之下，本国人之去国外者，有保护之义务，皆由此主权体之资格来焉。世界之上，列国并存，彼此之间，各有交际往来，一国之行动自由，要以不妨害他人之行动自由为界，且一国政治之良否，一国治安之确保与否，在在与外国之地位、外人之权利有密切关系，因而善治其国，亦为国家在国际团体内之重大义务，此则由于国际团体一员之资格来也。

甲 主权体内部变化时外国之义务

国家既各为主权体，内部之变动，国家自主之，非外人所得干涉。忽专制忽立宪，此国家内部事也；忽君主忽民主，此亦国家内部事也。惟其如此，国际法上生所谓不干涉之义务，即甲国之内乱，其他国家不得干涉之谓也。此义务之内容有五：他国以旧政府为正式政府，不得与革命军开始外交关系，一也；他国对于旧政府所采平乱之法，不得加以妨害，二也；他国对于叛党，不得供给武器，三也；他国不得容许叛党在其国境内组织军队，四也；内乱国之旧政府对于参与乱事者，不问国籍如何，概予以同等处置，外人不得有何异议，五也。此五者，皆为国际法学者所同认，特在外交政策上，则未必其能确遵无违。供给武器可委为私人所为，与政府无涉。故在不干涉之面具下，行干涉之手段者，往往而有矣。

国家内部变动，为人事现象中之所不能免，故不满意于旧政府而发生分裂部分，他国不应立予承认。以承认之举，不啻赞成分裂，且含有干涉他国之意也。然有地兼数省之广，众有数万之多，发号施令，俨然政府，则在未为国际法上主体以前，暂时认之为交战团体。交战团体者，一国中之反抗者，在国内法上本为叛徒，承认之使进而为交战法规上之主体也。其在未得旧政府之承认前，本可处以刑法，既承认之后，则非以俘虏待遇之不可；其在未得外国之承认前，本无检查外国船只之权，今则得而行使之矣。故交战团体之承认，主权体内部变化时之一种过渡阶级也。有虽承认矣，而不久为旧政府所扑灭，则交战团体消灭，而旧国家复归于原状，美国之南部是也；亦有由交战团体进而为独立国，则由过渡之承认进而为固定之团体，而国际间遂多一确定之主权体，南美诸国是也。

乙 主权体内部变化时之责任问题与国际法学者之意见

如上所云，内部变化，为国家固有之权利，非外人所得干涉，然变化中所采之举动，是否纯粹自由而一无制限乎？有制限也，则与主权体之根本义相冲突；无制限也，则外人之权利，又似未可任意损害而无所顾忌。故此自由不自由之间，乃内战时国际法上责任问题所由生也。兹先分损害外人之行为得六类：曰普通私人，曰盗贼，曰群众，曰匪徒，曰叛背或内战，曰官吏。第一、二、三、四四项，为私人行为，除依法起诉外，国家不负责任。第六项，如军队之伤人，警察之逮捕，以其平日立于公务关系之下，故由国家负其责。其负责不负责之界限，一决之于其行为之是否为国家行为：前四者，私人之行为也，故与国家无涉；兵警则公法上之职员也，国家实负有监察之责，故即非有意为难，亦难辞疏忽之咎矣。惟第五项之叛背与内战，一方面既非盗窃或群众意气用事之可比，不能谓为私人之行为；而一方面又明明挟有政治目的以反对国家，则又不得谓为国家之行为。因此内战之有无责任，乃成国际法上之特别问题焉。

历来国际法学者以内部变动为国家应有之事，故向采无责任说。兹举学者之言如下。

第一，加尔浮氏（Calvo）之言：

> 内战或内乱时外国侨民所受损失及伤害，所在国政府负责乎？不负责乎？此问题，讨论已久，其结果则众以为政府不应负责也。

> 政府负责之说，或易其词曰负责赔偿，是实创立一种特权，利强国，害弱国，且使本国国民与外籍侨民处于不公允的不平等之地位也。使吾人而赞成此说，则间接损伤独立国家土地统治权之原意矣。

第二，勃拉第尔-福德兰氏（Pradier-Foder）之言：

> 总之，外侨因内乱而受损失，不能要求赔款之原则，实根据下述情形而成立。外侨于所在国经营商业，当与其国国民立于同样法律及法庭之下。倘所在地之政府，因发生内战而负外侨损害赔偿之责，是破坏国民与外侨平等之原则。各国政府为使人遵守秩序计，既得使用武力，则外侨因武力而受损失，自应与本国国民同视，绝不能受本国国民所不能享受之赔偿损失之优待。以苟有此要求，是损伤主权国之土地统治权，将在国际交涉上，使强国受利，弱国受害也。

> 但以上所云云，只限于能履行国际义务之国家为然。反是，发生内乱之国家，既无人保证其治安之维持，而战争之情形与感情之发动，又使其不能保护外侨，致外侨为群众暴动之牺牲，则尊重主权及统治权之说，不能利用以为阻止外国政府保护侨民之武器。以外国政府对于居留在内乱甚炽之国家之侨民，本有保护之义务，而在内乱与革命迭兴之国，其保护之责尤为重大故也。特使发生内乱之国家，犹有保护外侨之能力，则外侨所属之国家，应以但采外交上之方法为满意。否则外国政府得采取相当之政策以保护侨民，或

派陆海军至沿海岸，以责罚犯法之人，以收容侨民。发生内乱之国家不能反对此种动作，不能认此种动作为战争之行为，以其自身不尽保护之责故也。

第三，斐尔勒（Fiore）之言：

某国发生革命及内乱，其政府为保护国家利益计，既得于国际法所不绝对禁制之范围内施行压迫之方法，则外侨因所在地政府之此种行为而受损失，自无要求赔偿之权利，政府亦无赔偿之责任。惟使其政府疏于保护外国人之生命及财产，并制止本国人之暴动及犯罪，则该政府应负疏忽之责。但使损害因不可抗力而发生，在法律上实无责任之存在。以政府之动作，不能因保护外侨之需要而受牵制也。

第四，霍尔氏（Hall）之言：

政府于内乱或反叛发生后，为恢复威权计而用武力，或则政府权力已失之地，发生何种动作，致外侨之性命或财产有所损害，政府对于外侨此种损失，俱不负责。以此非平常政府所能管辖，而异邦人入国时，所当预备领受之危险也。以此之故，除非外侨能证明其危险系由于其国家之不能善治其国外，该政府对于外侨之待遇，不必优于本国国民。其故以一国最要之职务，莫过于维持治安，自不能以外侨关系而限制其平乱之权力也。

自以上所举观之，内乱发生之国，对于外侨损失，不负责任，乃各家共通之点也。

丙　主权体内部变化时之责任问题与国际惯例

学者之言如是，国际先例何如乎？兹略举各国成案一二如左：

（一）一八三〇年，比利时独立战争时，外人有要求赔偿损失者，比政府拒绝之。

（二）一八四八年，意大利各地之革命，英人有受损失者，乃以外交谈判，向土司克尼公国及援助土公国之奥政府要求赔偿。奥公使答之曰：独立国之第一义务，在以其权内之种种手段，确定自身之维持，故以武力平定叛乱，乃政府不得已之举，因此而发生内战，致居留国内之外侨同受损害，则此种公共的不幸，内外国人不可不平分之，故无享赔偿权利之可言。

（三）一八三〇年，一八四八年，一八七一年，法国三次内乱，法国对于要求赔偿者，概拒绝之。

（四）一八六一年，洪杨乱时，美侨有受损失者，驻中国之领事斯密司氏函知国务卿西华德氏，提议拟向中国要求赔偿。西氏答之曰：美国对于他国内乱时美侨所受损失，与夫外侨因美内乱而受损失，政府守一贯之原则，曰叛党之行为，非原来政府所能负责，至于原来政府在平乱时别有恶意，或有疏忽处，则又当别论云云。

（五）自以上各例观之，欧美政府均主无责任说，然以自愿的救助之名义与以赔偿者亦曾有之。法国政府于一八三〇年革命时之损害，支出二百万镑；一八四八年革命之损失，支出五百万镑。此类支出，不名赔偿，而名救助，且内外国人平分，不令外人独占优越权利。

十九世纪之初，欧洲各国内乱最多之时代也，此时代中，欧人主张无责任说以待外人。及其自身内乱既平，进而经商海外，则以海外国家之内乱为厌，忽又进而主张有责任说。

南美诸国自十九世纪之初，纷纷离西班牙而独立，然国基未定，内乱时作。欧人因此受损害者，提出赔偿之要求，此诸国援欧洲昔日之主张以拒之，然欧人设为种种方法，加以强迫，南美政府无可奈何，卒予以赔偿。其名曰自愿的救助，其实则赔偿也。其金额分配之法，亦与法国昔年之救助异，只及于外侨，而本国人民不与焉。一八九五年，巴西内乱时，杀法人三人，法政府要求赔偿，巴西拒绝于先，然卒应法国要求，许以金额九十万法郎了事，委纳瑞拉一八九二年内乱时，法人所受损害，由法、委两国交由公断委员解决。

南美诸国厌欧美诸国赔偿之请求，乃为免除责任计，以无责任之原则，列诸条约中。如一八七四年三月九日，秘鲁、阿根廷条约第三十款云："按照已经成立之平等原则，缔约两造之一造国民，在他一造境内者，当与本国国民享受同等之权利。……凡因个人或党派任何事变所发生之损害，缔约两造不负赔偿之责任。两缔约国政府各以保护本国国民之义务，保护缔约他造之侨民之生命及财产。"一八七〇年二月十日，哥伦比亚及秘鲁缔结之条约第二十八款，载有同样之规定。即与欧洲诸国之条约中，亦有此种条文。如一八八六年，法国与墨西哥之条约云："一造内乱之际，他造人民因叛徒或不服从政府之部落所受损害，除一造官吏之过失或疏忽外，该造不负赔偿之责。"自此种文字观之，亦可见南美外交上责任说之流行，否则无见诸约章之必要矣。

欧洲诸国以有责任说待南美，虽与其旧日主张相反，然亦以南美内乱之多，远在欧洲上，非有以抵制之，则外侨之损失，将无底止。其意以为偶发之内乱，犹正可恕之列，如昔日之欧洲是也；若夫常发之内乱，则不得以无责任之原则一概适用，今日之南美是也。兹录一八三五年美国总统甲克逊氏致国会之教书，可以知欧美人心理之所在。

> 不幸近来本（西）半球中多数国家常发生内乱，革命之后，继之以革命，正当营业之外侨，常因此而受损害。欲得一种坚固之政府以图救济，已费时日矣。乃新公使方经招待，旧日损失之案件未经讨论，新生之困难又来，旧案之外，继以新案，故对于现存之政府之能自立者，或代旧政府之新政府，大有不胜其讨论之势。如果此种不幸情形再行延长，各国在痛苦之需要下，必不待稳固政府之成立，先用自己势力，救济本国侨民所受损害。

依甲氏言观之，南美诸国之内乱频仍，乃欧美所以创为新例以待南美之大因，不仅要求赔偿也，且自由行动之说，已明白宣言矣。

丁　国际法学会之决议与责任问题之结论

如是，责任问题之学说二：无责任说，欧洲各国之所以自待也；有责任说，欧洲各国之所以待人也。此二说之绝对应用，皆有所不可通。如云无责任也，是将主权体之说，充类应用，国家行为，纯粹自由，必使国际间合法之交通，一无保障，换词言之，将国际团体员之义务一律解除也。如云有责任也，则天灾地变，何国蔑有，国之治乱，正与此同，世既无以灾变之故而赔人损失，安有以内战而可要求赔偿？况乎政之良恶，国民主之，国民既不能以自造恶政府之故而要求自赔损失，于是赔偿之特权，只限于外人，则何外人之幸而本国人民之不幸？故一九〇〇年，欧洲国际法学者之会议，于以上二说，皆所不采，而另为折衷之决议如下：

一、除照所在国普通法律，外国人得受赔款之案外，外国人因骚动、反叛、内战而其生命或财产，因下述四种情形而受损害时，该外国人有受酬偿之权利。

（甲）使外人受损害之举动，系专向一般外国人为之，或对特定之外国人为之者。

（乙）使外人受损害之举动，系由于不经相当之先期通知，径行封锁某港，或拘留港内某船只而来者。

（丙）损害起于政府官吏法之行为。

（丁）战时法律上已确定之赔偿义务。

二、在反对政府党人疆域内，无论背叛党政府，或其官员之动作之损害外人者，如上段（甲）及（丁）条所规定，则赔偿之义务，同样确立。

反是，如果受损害之外国人之政府，既承认反对党之政府为交战团体，而该外国人在其政府承认后，仍在该反对党区域内居住，而损害事实，又发生于承认之后者，则赔偿之要求，可以拒绝。

在受害之外国人之政府承认反对党为交战团体时，赔偿损失之要求，只能向反对党人提出，不得向原有政府提出。

三、如受害之外国人为乱事之原因（如引起群众暴行之行为），则无赔偿之义务。又该外国人明知，或应知某地有乱事，而冒险前往；或野蛮民族在境，除当地政府担保外人"平安入境"外，外人入境营商，或居留而受损害者，不得要求赔偿。

四、由数小邦合组而成之联邦国政府，如在国际交涉上，足以代表各邦，便不能借口联邦宪法，未曾给与联邦政府以管辖各邦之权，或宪法上未予中央政府强迫各邦履行义务之权，而卸去一切责任。

五、条约上两国互相免除保护外交官之规定，不能应用于违背正义或违背国际法之事件。

前项决议中，关于责任问题之重要规定，第一条之四项是也。然解释此四项之先，关于国际法学者为此决议之态度，应加以说明。此学会之学者，于无责任说有责任说之根本原则，无一语及之，仅历举若干应负责任之事项，是仍以内部变化为国家当然之事，因而赞成无责任说；又以绝对适用此说，不合于今之国际情形，故于无责任说之外，设为若干例外。我所以谓为折衷说者，以此故焉。

国际法学会之精神，重在无责任说，而第一条所列举之有责任之事件，则以不法行为为根本概念。盖国家之行为，由官吏代行，使官吏行为，出于故意，或起于疏忽，而违反国际法，致使外人蒙其损失，则国家自不能免其责任。如第一条之甲项，专对一般外侨为之或对特定之外侨为之，是明明保护外人之不力，如庚子拳匪事变之赔款，即由此种义务来也；乙项之封锁港口，国际惯例上应有相当限期之通知，今既反于此惯例，是防御手段之不当，故受害者得要求赔偿矣；丙项国家官吏违反法律，如对人之不法逮捕，或对财产之不法破坏，则国家应予以赔偿；至于丁项，为交战法规所规定，外战犹且悬为禁令，内战可知矣。以上四者，既由不法行为之概念而来，故非篇首所云有内乱便有发生之责任，乃保护不周而生之责任也。

吾国之内战，万一不幸而有赔偿问题发生，能拒绝之，则欧洲之先例也，其为外交之胜利，无复疑义，即不幸而不能拒绝，则依国际法学会之决议定之，亦非国家之奇耻。何也？学者之主张，既无成见夹杂其间，乃斟情酌理而后出者，虽采用之，亦不失为一种公平标准焉。

虽然，以上所云，皆据国际法现状之立论也，若以道德言之，则不善治其国，致外人蒙其害，是吾国人自不尽主人之谊，虽与外人以赔偿，亦理之当然。不独所以对外人，亦所以自警之一道也。此言也，已有先我言之者，一八六六年二月一日，哥伦比亚国大总统慕礼罗（Murillo）致其国会公文是也。文曰：

> 上期国会通过法律中所含声明书，宣言国家战时外侨所受损失，不负赔偿之责，使外人与本国国民享受同样之权利与救助，欧洲各国及美国对于此种声明书，未曾承认。美国且提出抗议，宣言无论如何，美国政府必力主张其权利。我人之主义无论如何公允，未曾得文明诸邦承认，将来结果如何，只由吾国人受之而已。

> 我人欲坚持此等法律之声明书，须能完全实现一种前提，即国家之能组织公共政府及保护国内居民之生命及财产，方能在国际团体内作一分子。若但云内乱为当然之事，因而要求外人共受其祸，此非公平之主张也。与其谓外人应同受此不安宁之苦，何如反其道以行之，曰国人之财产生命应当严格尊重，而使外人同蒙其利乎？

慕氏之言，何其责己严而待人厚耶！吾愿国人勿以拒绝赔偿责任为外交之胜利而了事也。日夜以内外人同享安宁之说，责诸一己，责诸政府，则国家治安之本计焉。

第六讲　内战与时局之将来

江浙战起矣，聚谭一室，开口便问，何时了耶？结局如何耶？英克林威尔之胜沙利一世，连战三年；美之争独立，垂五六年之久。国家政治上之大解决，未有不经若干时日者。吾国人于方起之战，日盼其速了，足征国人之气短与其漠不关心之态度而已。虽然，固有人焉，谓战必有胜负，有胜负则甲去乙来，而政治上多一新局面，是又以一种未来新气象望之此次战事，则我以为误矣。夫战之结束，决于战之发动，其发动也，有主义，有目的，则其结束也亦有主义，有目的；反是者，战之发动，本无主义，本无目的，则其结束也，安从而有主义有目的？江浙也，直奉也，其如英一六六三年之以国会以宗教为动机乎？其如法一七八九年之以财政以阶级问题为动机乎？其如美独立之以税权为动机乎？此数者既无一而有，齐胜卢败乎，卢败齐胜乎，直胜奉败乎，奉胜直败乎，一人一姓之雄长耳，安从而有新局面哉？

甲　战事之三面观

江浙之战，姑分三义以观察之：第一，齐卢之战；第二，直系反直系之战；第三，武力统一与平和解决之得失。齐卢启衅之因，曰何丰林之坐拥淞沪，曰淞沪警察厅长之任命，此地方的问题也；曰苏为奉令之省，而浙则否，曰齐为拥曹之人，而卢则否，此全国的问题也。卢之传檄曰讨曹，是以全国的问题为标语。然曹氏之正总统位，已有日矣，挞伐之举，何所待而迟至今日？去年军警演逐黎之役，卢氏而诚心护法者，宜于此时起矣，顾当时署名平和之约，而今乃揭起义之竿，何前后相反若是耶？窃恐讨曹者，乃号召之不得不然，而实际利害犹在地方问题耳。齐欲据淞沪为己有，乃有四省合攻之谋，卢氏不甘拱手让人，乃起而与争，此江浙之战所以成也。双方动机若是，故此后之结束，则谁占淞沪而已。齐胜而卢败也，则浙人直系掌中，而齐之统一苏境之目的达矣；齐败而卢胜也，则视其所胜之程度如何，而代齐以与卢敌者，必有人在。至于两省地方上军人势力消长，则因战事联带以起，黜陟进退，人事之常，而与全国固无涉焉。何也？齐之所力争者，在其政治上之运命，以为一战胜卢，可与吴氏抗雁行。经此一番试验，齐之弱点，暴露于外，即令战有胜负，齐氏殆终为地方的人物，而江浙之军人升调，不过一幅升官图，何足挂吾齿牙间哉？

江浙战起，齐卢之友，不忍坐视，乃扩而为直系反直系之争。环顾国内，可分四区：曰奉张、洛吴战于关内外，曰粤孙、赣蔡战于江西，曰滇唐、蜀杨战于江源，曰江浙之齐卢，殆可谓全国之大战矣。自反直派所标政策观之，曰去曹锟总统之位，曰改总统制为委员会制，曰改全国为联省自治之组织，曰贿选议员之处置，或为国会之解散，此亦可谓正名定分之至要者矣。虽然，吾尝思之，直系反直系之战，能有如此明了之结果乎？则视其双方之胜败何如。奉张直捣燕京，复昔日之仇，则曹氏势在必去，而其他问题自随之而起。反是者，洛吴而胜，如其所宣言，两月之内，解除张氏兵柄，则曹氏益安于其位，而直系在黄河长江间，高枕无忧矣。江西、四川之局，无论孙之不得越韶关而北也，唐之不复入自流井也，即令能之，要与北方之"两巨头"（日本名词）不得相提并论，以战事重心，不在四区，而在京奉间耳。胜败者，兵家之事，非常人所易测也。洛吴既分道进兵，其非轻易罢手，可以断言。以兵质言之，吾信小站之兵，稍胜于胡子；以财力言之，则三省之富厚，驾囊空如洗之中央而上之。然质而等焉，则财为决胜之媒；质而不等焉，虽有千万巨富，何补于一旦之胜败。故谓奉张之富，能补其军队之弱点，恐未易言焉。吾国之民族性，少忍耐，多迁就，死战以捣人巢穴，非性之所长，故两月之内，荡平三省，乃吴氏大言欺人耳。然名利之引诱，使人内溃，则京派据号合之府，自较在野党为优异。故以吾料之，明白之大胜负，或不易见，苟其有之，必在内溃，而不在真力量。虽然，即令胜负分矣，其结果何如？谓张而优于吴乎？或吴而优于张乎？则吴所拥护之曹锟，与张之为徐世昌保镳，有以异乎？谓吴之袒护丧权政府乎？则帝国余孽之梁士诒内阁，固张所出死力以助之者也。谓现政府之卖国乎？何如梁士诒之沮扰华会之交还青岛与张氏之结交日人乎？故以我侪国民观之，张、吴之优劣高下，直谚所谓半斤八两而已。再则礼佛参禅之段合肥，固隐然反直同盟军之首领也，今大声疾呼以数人罪，盍反躬自省其畴昔所为？穷兵黩武之根，实种于民六之南征，德发债票之损失，岂比二万万参战日债之巨。直派宵小之用事，何如徐树铮、傅良佐辈之争宠幸而误国事乎？故此次之战，以直系反直系之眼光观之，其所谓领袖者，皆已试验一度，事迹在人耳目，谓其能改头换面，重现一番好生手乎？吾不信焉！

　　以上两义，以齐卢、直非直为本位者也，姑舍人的关系，而就国人口中所谓解决时局方法言之：一曰武力统一，洛吴之政策也；一曰和平会议，昔年朱、唐两代表行之于上海者也。吴氏之所谓统一，与独立之名相对待，以为尽去独立各省，则国家号令出于一矣。不知一不一之权，名则在人，实操诸己。假令吴氏之统兵，如曾文正之率湘军，上下同心，彼此推诚，去者不以主将为刻薄，留者人不议其阿私，如是则己之内部一矣；再进焉，治兵、理财诸大政，无不有一定之法度，则政令之发施一矣。今者去冯督豫之位而冯怒，去王师长之职而王怨，乃至所驻之省，土匪出没，理财之策，以攘夺为能，其自身所为如是，即令独立之省咸认曹氏为总统，而国家其能一乎？决不然矣！何也？孔子所谓季孙之忧，不在颛臾，而在萧墙之内也。故吾以为武力统一云云，非策之不可行也。然但求人之一，不求己之一，则根本上终无能一之日也。

吴氏采昔人以夷制夷之策，使西南内部先自分裂，然后凭借其一二人以制之。命官之权，固出诸中央矣，然兵事、财政之不受节制如故焉，此而可谓为统一，吾不知其所以异于不统一者几何矣！统一者，财政之出于一也，兵事之出于一也，更进焉中央之行事，为人所悦服，则国民之心思出于一也，然而吴氏安足与语此哉？平和会议，昔尝试行之，其所以无成者，国人亦知其故乎？曰无主义故也，无政策故也。譬之君、民主政体问题，一政策也，一主义也；裁兵一政策也，一主义也。人人以服从政策、信仰主义为前提，则主义决定、政策实现之日，争执者即可解甲释兵以去。如民五蔡锷之于帝制之役，庶几近之矣。反是者，争执之点，名为政策，而实为个人之地位，虽舌敝唇焦，必无解决之理。总统，一席而已，而争者不止一人，则虽议而不和矣；兵队之额，只有此数，而拥兵者，甲派要求若干师，乙派亦要求同额以抵制之，则虽议而不和矣；善后借款，只有此数，甲曰要求若干，乙亦提出同额之数，则虽议而不和矣。故有政策有主义，则国家大政，只此数事，且夕间可以了之。反是者，人人以地位权势为前提，则分配不均，顷刻破裂，民九之南北和议，可为殷鉴矣。今后有无和议，非所敢知矣，假令有之，各造能以服从政策为前提，则国事虽纷，要无不可解决之法，如其否也，徒糜数百万供张之费，亦必归于失败而后已。以吾观之，方今国中同派内部，各不相下，异派惟恐不刳刃于人之腹中，如是而言和议，必无望矣。

吾人既下三种观察，于是得一结论，曰：今所谓军人者，无一能解决时局者也，且永不能解决时局者也。望之直派乎，则洛吴利政府之维持，虽以丧权之德债充军费所不惜焉，为戴曹锟为总统，并法不法之界而亦紊之矣，治国之道，以几微之差，酿国家之大乱，而居高位者，每恋恋现成之局，但求得过且过，不敢严是非邪正之辨，则失败之根，伏于此矣。吴氏如此，而反直派之段氏，有以异乎？安福国会也，二万万之战债也，历史具在，无劳吾人屈指数焉。其他直派之分子与非直派之分子，更无论矣。故于今日军人中，为测定某派某人将来如何，某派某人将来如何，直是枉费心机而已！

国之所以治且安者，曰明是非，曰辨邪正，曰别公私。是也，正也，公也，三者超于人我党派之上，而为一种无形的标准也。号为政治家者，必具此三种精神，庶可与语经国济民之业，而今之军人何足语此乎？竭国民之脂膏，肥一己之私囊，日挟其不是不公者，为是与公之大障，如此而与言谋国，无异与虎谋皮而已。十余年来望诸北洋领袖之袁氏者，则失望矣；望诸继起之冯、段者，则失望矣；两年来之望诸吴氏者，则失望矣。全国各省各派，各有其属望之军人，亦既无不失望矣。今后希望军人联络军人之迷梦，其可以觉醒矣夫！利用现成势力，凭借现成势力之迷梦，其亦可以觉醒矣夫！

乙　军阀之必亡——自治军之创设

国家政令之推行，必以力为后盾。然力之由来，不出于其他，而出于国民自身。军人之所以为重者，曰兵，曰财。兵者，集人民而成者也；财者，人民之所输将者也。其后先疏附者，亦人民之甘心效力者也，可知人民本有其自身之力，惟不善集合，反以授诸军人，于是军人有力，而国民无力。反是者，若去军人之凭借，则有者忽无，无者忽有可焉。

国家之力之存贮地，在国民之自身。有以明示方法移转之者，如人民之投效，如租税之征收是也；有以默示方法移转之者，如军人之所为，人民不闻不问，则强权横行国中，而莫可如何矣。政权之根据如此，假令国民忽翻然觉悟曰：吾自身之力，与其授之他人，何如自起而行使之？曰军队应由人民公选之机关编练也，曰租税应按法征收按法开支也。一次表示之不成，继以二次，二次表示之不成，继以三次；甲地表示之不成，继以乙地，乙地表示之不成，继以丙、丁地。则最后之结果，政权必还诸人民而后已。故一七八九年前之法国政权在路易十六世之手，一七八九年后，则移诸人民矣。一七七五年前之美国税权，操诸母国，一七七五年之后，则移诸美国之手矣。为人民者，决不可自承其无力。所以无力者，由于不表示。表示方法，或出以平和，或出以暴力，要未有不达目的者也。吾人诚认定此根本义，则知今后收拾时局，不在他人，而在吾民之自身。先求政策之公且是者，继穷其实现此政策之手段，则去军阀而成民治，乃反掌间事耳。

国家之采何政体，行何政策，必需国民之明认或默认。明认者，积极的援助也；默认者，虽不承认，然亦不反抗之谓也。国中军阀之存在，实由于大多数人民之默认，今后能变此态度，则军阀根本上不能生存。然则应如何认定目标而示其赞否乎？曰：就目前之病根与国人公同之心理言之，则得至简之一事，曰扫除军阀是矣。军阀不扫除，永无法律，永无预算，永无民意，进言之，永远割据，永远分裂，永远战争，而永无所谓中华民国！

欲去军阀，则操军权者，应一律尽去之，而不可有左右袒之见。故我以为今日第一大事，曰：

国中现有军队全体解散。

而其所以代之者曰：

各省训练自治军

或闻此语，必曰国民力量何足语此？我答之曰：国家实力，在国民自身，已如上述，诚不认此原则也，吾复何言！苟其认之，何必虑实力之厚薄，但问吾人能否冒万险以表示之耳！英也，美也，法也，皆已先我行之，复何取长顾却虑为哉？

虽然，此事之必可达到，自有不易之理由。解散军队，与打倒军阀为一事。军阀而强有力也，吾人自不能轻言解散，反是者，军阀有不能自存者在，则解散乃必至之势也。吾以为世界各国中，受军阀之支配者，今日之日本，战前之德意志是也。此二国之军阀，俨然为一种社会势力，而不易铲锄之者，其原因有二：曰对外之战功一也，军人之操守二也。普尝三战三捷，故军人在政治上之发言权，较他人为优异；日本之为强国，则中日、日俄两战之结果也。惟其丰功伟烈如是，故桂氏、寺内氏皆赖此凭藉，以握政权。抑其军人虽好斗，然名誉之念驱之迫之，故见义勇为之精神，有断断不可及者。若吾国则何有乎？小站练兵以来之最大成绩，则为袁氏鹰犬而促成其帝制。冯、段当国之日，内阁犹以"北洋袍泽"之名，鼓励南征军人，及皖直既分，军系益纷，战祸滋甚。更就其为人言之，大抵吸食鸦片，搜括民财以数百万计，犯法乱纪之行为，清末小吏所不敢为者，而独北洋军人之高居民上者，公然为之。呜呼！如此军人，敢问其有何功德而傲然以国之主人翁自居乎？吾所以断定军阀之必亡者，以此故焉。或曰：军阀未有不败，诚如公言，然解散云云，谭何容易。王占元之去鄂，则萧耀南起而代之；段氏边防军之解散，则直皖之战为之。解散人者，必我先有解散之力也。曰解散北洋军队之法，在各省训练自治军而已！此自治军应认定之目的有二：

曰保护地方治安；

曰解散北洋驻防。（凡客籍军皆是，如广东之滇军亦在其列。）

每省中按县之大小，或练一千，或练二三千，又合若干县为一区，为分区集合之计。此军之训练，期以半载。及期军实已充，全省人民，应一致议决，曰中央既无政府，各省军队滋扰地方，故为自卫计，惟有自采解除之手段，或使之缴械送归原籍，或遣之习艺自谋生计。以吾苏言之，北洋军队之在苏境者，不过四五万人，惟其为有枪阶级，故为人民所畏惧。今合我苏六十县三千万之人民，自练十万人以抗之，则解散此五万人，又岂甚难？其训练之法，应采义务民兵制，凡兵卒，择地方有职业者充之；军队之调遣，决诸地方人民公意；军事财政，事事公开；统兵之官，由地方妥慎选择。如此为之，虽不能比美各国久练之师，然其能保护地方而抗北洋军队，吾敢信焉！或者曰：此练兵之计善矣，如现在军事长官之阻扰何？曰：诚各县人民群起以争之，调兵以弹压甲县也，则乙县又起，及至乙县，丙县亦如之，虽有大军，其能抗此全省之民意何哉？

苏浙之兵祸，岂犹未极耶？以苏一省论，农事之损失，以数千万计；商业停滞之故，损失亦数千万计；乃至避难之重负与家财之被劫者，更不可以数计；至于战后财政之亏欠，今尚为未知之数焉。今有法焉，有财者出械，无财者出力，以编成自卫军，不徒地方平和可保，即国家永久治安，于以确定。何也各省人民之间，本无嫌怨，徒以军人争权夺利之故，乃酿此层叠之战祸。今去此军阀，则无霸持之人，而政客亦失其所凭借之城社，然后开会议，定法制，庶几有平心静气之讨论，何至起师动众，而成久悬不决之局哉？

自治军之调遣，除以上二目的外，不得用之于全国的政治问题。盖年来之内战，虽起于省与省或南与北之间，而其所借口者，则曰全国之国会问题，曰全国之法统问题。此等事应由文人平情讨论，不得以武力相见。今驻防军既去，平和之端绪已开，若以自治军用于全国的政治问题也，不特地方不自保，旧军不解散，且时时越境伐人，则新祸根又复滋长，故此点当绝对悬为厉禁者也。或有以无国防军为虑，则此为内争既息后事，无取今日鳃鳃过虑为焉！

军阀之扫除方法，已如前述，更有当附言者，则国民党党魁孙文是也。孙氏郁郁久不得志，以为北洋派所恃者为地盘为兵力，则惟有据地盘握兵力以抗之。然孙氏平生所长，在其主义之光明与西方之政治活动方法，以云据地，则地不如人之大，以云养兵，则兵不如人之众，虽奋斗经年，而徒赢得"徒苦吾粤"（孙氏北伐誓师之言）四字，其故何哉？不先认定全体军阀之扫除，反竭尽智能以自厕于军阀之一人故也。且为厚集声援，与旧军阀张氏、段氏相结合，是益快军人之意而助长蛮力之猖獗而已。孙氏其能表同情于吾人自治军之计画乎？则继其手造共和之功，必能更为民国树不拔之基也！

丙　解决时局之模范人物

吾人之目标，既已确定，曰训练自治军以驱除军阀，此全国之公是也，此全国之公利也，然考之吾国历史，其主战者多以"一姓"为动机，故此种为主义为公利之战争，亦有先例之可寻乎？换词言之，有此主将乎？有此军队乎？曰：有。其主将为书生式的军事家，而其所统军队，则与吾所云自治军之精神完全吻合者也。

主义之战也，公利之战也，此惟在团体精神发达之国乃能见之。主帅与兵士，皆为无形之目标奋斗，而绝非为本身利害计也。秦后两千年之历史，将天下夺来夺去，上自开国之主，下至依草附木之流，其悬于心目间者，一人一姓之私也，强力之竞争也，事功之成败也，有酬报之努力也。此等等者，固已深入人心，不可救药。自谋与论人，自私利害方面推定之，则切中真相者十有八九。呜呼！若此民族，而与言选举，与言议院政治，宜其无望矣！

虽然，固有人焉，激于忠爱之大义，不忍斯民之饥溺，毅然以平天下之乱为己任，是则公是之战也，无形之目标之奋斗也，不求酬报之努力也。其人为谁？曰：非历朝之"太祖"、"太宗"，而一二书生也。吾求之近数百年之历史中，则得二人，曰王文成，曰曾文正。

人群之所聚，必有其公利公害，因而有公是公非。一人以藐尔之身，杂于其间，先尽其在我，存是去非，则人生之责任尽矣，尚何他求？至其所表现，有在文事，有在武功，则因境设施而已。士君子能服膺此义，乃可语夫牺牲，乃可语夫收拾时局。王文成早年出入老、佛，继悟其非，识湛若水，昌明圣学；曾文正服官京师，日以讲学为事，其致罗罗山书，有从罗山于万山恬寂中之语。兹二人者，其心中本无求于人世，所念念不忘者，则正谊明道而已。此等人而讲学，则纯儒也；此等人而统兵，则为公是而战也，为主义而战也。以其心中但知尽责，而事业功名，则身外浮云而已！

王文成、曾文正之用兵，与西方主义之战争相合，以彼此皆为公而非为私也，为公众之幸福而非为一己之利禄也。即其征募军队之法，在诉诸地方人民之自卫精神，亦与西方若合符节者也。兹叙王、曾之武功与其练兵之特点。

文成之战功四：曰平横水桶冈，曰平诸瑶，曰平宸濠，曰平思田。而四者之中，尤以宁王宸濠之变为最重要。宸濠之据江西而攻安庆，其声势颇近于洪秀全之顺江而下，故文成报宁王谋反疏曰：

舟楫蔽江而下，声言直取南京，一面分兵北上。

又曰：

> 万一南都失备，为彼所袭，彼将乘胜北趋，旬月之间，必且动摇几〔畿〕辅。如此，则胜负之算，未有所归，此诚天下安危之机。

曾文正之事业，尤艰巨矣。洪秀全发难金田，攻桂林不克，乃下全州入湖南。时长沙援军大集，乃弃长沙，略汉阳、武昌而东，九江、安庆相继沦陷，奠都金陵。设其分兵北上，动摇几〔畿〕辅，不知清室之亡，是否待至辛亥矣！

王文成、曾文正果何挟以平此大难乎？曰土著之兵，曰团练。文成报捷之疏曰：

> 旬月之间，遂能克复坚城，俘擒元恶，以万余乌合之众而破强寇十万之师。

文成所谓"万余乌合之众"，则本地之军民，而本地县知事所统率者也。其行南安等府募兵策应之文曰：

> 拟合通行各府，即行所属县分并卫所衙门，各起调官军乡兵，固守城池，保障地方。仍一面分选兵快，散布关隘，严加把截；一面练募骁勇精兵，大县四五千名，小县二三千名。以上各备锋利器械，供给粮草……至日即刻依期启行进攻。

文成统兵，尤有一奇特之点，则为将领者，皆取诸州县知事。其平横水、桶冈也如此，其平宸濠也亦然。殆取其平时为亲民之官，故临时任为亲民之将欤？平横水诸贼，曾疏调知府伍文定、唐淳、陈祥等八人，加以考语，曰俱有才名，堪以领兵。其擒获宸濠捷音疏中，所奏报之有功知府、知县，有伍文定、邢珣等三四十人。

文成一方募兵平乱，一方以乡约法保护地方。故于宸濠乱时，又通知各县宽恤禁约之文曰：

> 军民人等务要各守本分，安居田里，不许煽惑搬移，妄生事端。大户毋逼债负，小户毋激仇嫌，乡落居民，各自曾推家道殷实行止端庄一人，充为约长，二人副之，将各人户编定排甲，自相巡警保守，各勉忠义，共勤国难。

如是，文成之所以平乱保境者，则地方人民自卫精神为之也。

湘军始于曾文正之在籍练团。初为王鑫、罗泽南所部千人，继有江忠源援鄂之师四千人，后又增练五千，合为万人。文正率师东征为万七千人。至曾国荃围攻金陵之日，则增至五万人矣。

文正奉命练兵之日，有与湖南各州县公正绅耆书曰：

> 团练之道非他，以官卫民，不若使民自卫；以一人自卫，不若与众共相卫，如是而已。其有地势便、资财丰足者，则或数十家并为一村，或数百人结为一寨，高墙深沟，屹然自保；如其地势不便，资财不足，则不必并村，不必结寨，但数十家联为一气，数百人合为一心，患难相顾，闻声相救，亦自足捍御外侮。农夫牧童，皆为健卒；耰锄竹木，皆为兵器。（下略）

湖南既以团练之自卫而得免于难，而讨贼军即由此起。故文正之言曰：

> 初到之时，即奏请练勇，以为剿办土匪之用，亦欲求三年之艾，阴成劲旅，以为讨贼之储。

其后由湘而鄂而赣而皖，长江沿岸诸省，次第收复，则湘军之自卫精神为之也。

由此明清两役观之，以异时异地之变，而主其事者，先后同揆。其战之动机，为国家公利害一也；其练兵之目的，曰平乱与保地方治安一也；其所率之兵，则地方子弟军，与前所谓自治军之宗旨相符合又一也。惟其然也，去二氏讨逆尊王之外形，而发挥其为民请命之精神，则推为吾国内战中之模范人物可也！

结　论

数千年来，吾国人民，习于君主专制政治之下，素以不闻问地方公事为乐，然遇急难之日，则自卫心之锐敏，亦甚于他国，以其无其他防御方法故也。上自管子之作内政而寄军令，下逮于文成之乡兵、文正之团练，皆此精神之表现也。今后欲国家之由乱而治乎，决不在日本、普鲁士式之军国主义之军队，决不在俄罗斯式之红军，而在此传统的地方人民自卫之民团矣。此吾所望于二十二省之人民群起图之者也！抑军制固重矣，而尤要者，则在领袖人物。有士君子之出处进退之节与不得已而用兵之心，如王文成、曾文正（文成此种心理，详见其告谕洌头巢贼文中）；有民治与守法之精神，如华盛顿。而其所率者为地方人民之自治军，则其能奠定吾国家治安之基焉必矣！

张　跋

畏友君劢于炮火声中独辟讲坛，作《国内战争六讲》，而我于其第三讲尤为心折。其所列举之数项以明先进国所以免于内战者，如曰民族国家，如曰富力集中，自政治学、社会学、经济学以研究之，殆为不刊之义。何以言之？盖民族国家之所由组成，不仅在种族之相同；种族同矣，而不自知有同种必须互助之义，则其群集乃由于自然而非出于自觉。故民族国家之成立，必以有种族的自觉为条件。一种族中各人皆自知负一种义务，必使本种族得以发扬其生命。（而所谓御外侮者，即亦包括其中。）此即所谓种族的自觉。凡由此种自觉而组成之国家，其政体必为民治。盖民治之精神，在各分子皆有主动资格，所有情志得以尽量宣达。苟有主张，皆可取政治手段以求现实，不必诉诸武力，为破坏秩序之革命。且民治政体必常悬有关于全体幸福之数大事件，使有政治野心者相率奔赴，则部分的利益即可借此吸收以去。而况执政时有更替，党派得其平衡。鲜有久抑不伸之情怀，故能免挺而走险之现象。是以民治宪政之可贵，不在其政治效率高出于专制，而实在其能永弭内乱。由种族的自觉而组成民治的国家，有情感言语之相通，有共同生存之觉悟，有互相献替之机会，有全体幸福之祈向，则内战自可不致发生。若更益以工商业之发达，不特内乱可免，抑且内战纵欲发生，亦复不易。盖工商业愈发达，愈使社会扩大，所谓大社会者形成矣。人谓大社会为近代文明之产物，洵不诬也。原夫社会之雏形，不过人与人之结合，迨结合之道日密，则社会遂不复为个人所左右，而独自如一机器，人乃为其中之一轮一钉焉。近代物质文明之发达，足以使曩日组织疏散之社会变为组织紧密之社会。顾社会之组织愈紧密，其似机器之程度乃愈甚。其中一轮既动，他轮不得不转。于是各小机括一施一应而成其全体之活动。设社会竟如此抟为一体，则在此种机械活动中，断难自起反抗。故内战多起于农业国或封建时代，而工商业发展以后必渐见减免。诚以农业国社会之组织疏散，部分之间得自相抗战，而在工商发达之邦，社会组织紧密，不易起破坏秩序之事。且工商发达后，人之志趣性情亦不免有所转移。大多数人重视产业，决不愿见内乱；人人复群趋于企业，为平坦的竞进，自薄此险途而不为。可见富力增加，社会挤紧，则内战不易发生。自民族国家言，为内战之可免，自富力集中言，为内战之难起。社会学家、政治学家、经济学家言之者有人，固不独君劢。此系从外界制度说明内战减免之原因，其为真理当可勿赘。惟我独佩服君劢者，不在罗列此外界制度之原因，乃在其于此外更注目于内界精神之原因，谓内乱之所以减免有思想上之原因焉，即理性主义之大昌是已。斯言也我闻之，喜跃不已。

夫理性主义有广狭二义。自其广义诠之，固与人类知识俱始，盖凡成为知识必辨是非，谓有是非即理性主义之胚芽也。科学继常识而起，故科学亦理性主义之成绩。自其狭义言，则为理想主义之哲学。理想主义之标语非"万物唯心"，乃"唯理为真"（to be real is to be rational）。今我闻叩门声，门启一远客至。谓此客此声皆为我心所造，在外界并无是物，恐无论任何唯心论者皆不敢出此语。唯闻声而知为此叩门之声也，见人而辨为此久别之友也，则显然为理智作用。不然闻而不知其为声，见而不辨其为人，止所谓浑沌是已。以浑沌变为条理，换言之，即浑朴的世界变为秩序的世界，其关键果何在耶？无论理想主义与非理想主义，一切哲学各派所一致认为问题者，即此是耳。唯心派之解决问题，以为浑沌所以变为条理者，犹如铸钱有范焉，铜注其中，遂以之成形。康德谓识别为自然界之立法者，此之谓也。此说之精髓在明一切经验皆有超验的元素潜含于其中，是由内在说则进而为超越说，其结果乃于人生起极大影响：使人知世界为一大理想，人生宇宙间即负有实现此理想之先天的义务。于是心安理得，凡事据理为断，虽一事件之是非与他事件之是非相矛盾，然在无数之是非中，纵极其错乱，而终有愈扩愈大、愈积愈明之趋势，此即足证世界非仅有相对的各个真理而永无绝对的唯一真理。须知目前诚无已成之绝对唯一真理，以其方在自身创进中耳。此说同时使人能慎独，不欺暗室，且复有乐生之心，以为社会之所以有种种缺憾者，正由理性未十分发达之故。苟施以教训，自可迁善。故理想主义之宇宙人生观即为进化主义，此狭义之理性主义乃说明广义理性主义之所以存在而复加以生气，犹如灯之于光，广义之理性主义光也，狭义之理性主义则为灯，灯为光之源，使光不断自增。君劢谓理性主义之发达，足以减免内战，自指广义而言。顾我尤侧重于狭义者，以无灯则光无从出耳。君劢自欧洲归后，目睹国内俶扰之状，尝欲提倡新理学以救世。我不知君劢所谓新理学者是否如我所言，设其是也，则我愿为君劢之马前卒也。

民国十三年九月二十八日阅毕谨跋。

张东荪

论教化标准[*]
——国立政治大学新学舍成立记
（1925）

　　昔读古人所为书院记，或叙三代庠序之遗规，或述四书六经之垂教，或举读书穷理之方，或明行己接物之理，或勖为己之正学，或斥科举之陋习，何其立教与为学之旨，本末俱备内外贯通若是耶？曰：一国之教学，有其教化标准焉，有其学问工具焉。二者之标准立，而共出一途，则其立教为学也易；二者之标准不立而彷徨歧路，则其立教为学也难。海通以前，吾国之所谓教化标准者，则《尧典》之所谓五教——父子有亲，君臣有义，夫妇有别，长幼有序，朋友有信是也；所谓学问工具者，则《诗》、《书》、《易》、《礼》、《春秋》是也。二者之在天壤，若日月江河，不可一日废，教者教此而已，学者学此而已。互市以还，欧美之政教风俗与夫物质生活，无一不与我异趋，政体则以民为主，家族则父子析居，交际则男女平等，虽我古所谓纲常者其理无可废，而施诸实际，已扞格而不存，故其所谓教化标准者异矣。欧美学术，以自然界、社会界之智识为大宗，重实际之证验，尚论理之分明，与吾之读圣贤书，求其身心受用者，迥乎不同，故其所谓学问工具者异矣。兹二者以大势之推移，既不能不舍己从人，然而争持于社会间者，有主欧化，有主国粹，斯其弊为教化标准之不立。学问条理，起于社会自身之经验者，则坐言可以起行。今也不然，稗贩欧美，惟人是效，或传理论之空谭，或采条文之末节，苟非迁地弗良，抑亦难免于削足适屦，斯其弊为教化与学问之不能互通为一。呜呼！吾侪生为今日之国民，对于教化标准之不立，其何道以立之，对此教与学之不能互通，其何道以通之，非

* 《晨报七周纪念增刊》，1925 年 12 月 1 日。

吾人之责而谁之责耶？

夫世界文化之源泉一，人类之理性而已矣。甲乙两国风俗学术之相异，自其表而言之，若大拂乎人情，及进而求其所以然之故，则合于理性均也。民主之制，昔视为叛逆者，然人民权利之义，圣人不能易焉；小家族之制，非教不孝也，求父母子媳之各适其适而易于相安耳；男女交际固平等矣，然严守一夫一妻之制，社交上有为不名誉之举者，则群起而排之，以视吾国阃内阃外之防闲，未见其逊色焉。凡此政俗，既有理性之可通，斯其移易之也有道，是在有善于采取者，深通其制度之精义，谨守其规矩，以身作则而力行之，或其始所目为洪水猛兽，易时而为数见不鲜，则俗尚以成，而教化标准，奚患不立哉？至于学问与社会风尚，又互为因果者也，时则学说开其先，而社会组织随之；时则社会环境先成，而学说继之而起。就其大较论之，风尚犹树之根也，学问智识其枝叶也。有昔日之社会，斯成昔日之学问；有今日之社会，斯成今日之学问。吾国今日之社会组织既在模仿欧美之过渡期中，故思想界之现状，动辄援引欧洲，一若以欧美人之言为经典者，一旦国人致力于教化标准之确定，则思路广开，而学说必归于独立，而种种主张，自能植基于国情之上，此之谓教学之互通矣。

国立政治大学，何为而设耶？曰：此校之前身，原以改良省政为的，故名自治学院。议创于紫石韩公长苏之际，以十二年冬赁民屋设于上海。今年秋章教育总长提交阁议，更名政治大学，海内同情之君子闻其风而助之，为集巨款作建费，乃请于军民两署，拨吴淞旧提署为校舍，并以其旁余地二十亩为新校舍基地。九月鸠工度材，建宿舍校舍各一所，行以明春蒇事。同事诸君子，谓宜于立校二周年之期行立础式，以示郑重校基之意，且应有以记之。嘉森闻之，朱子为知尤溪县石■君作县学记曰："石君所以敷教作人，可书之大者，其视葺新庙学，一时之功，为何如哉！然是役也，石君之意，亦将以尊严国家教化之宫，而变其学者之耳目，使之有以养于外而齐于内，非徒以夸壮观饰游声而已也。"信斯言也，非校舍兴修之可记，而视其所以敷作者何如。

窃以为处此东西文化互通之会，本校之所以自效于国家者，亦朱子之所谓作人而已，敷教而已。十年来国家认为旧时政俗之不适，而思所以易之者，由来已久，顾时至今日，犹未达于正轨，则以政俗必有所以先行之之人，必先有所谓文化之担负者（Kulturtager），而后乃有所附丽，非仅译其学说，采其条文之所有济焉。譬以政治言之，宪法之制定易也，国会之开设易也，地方制度之采取易也，然此三者之后，无具西方道德之政治家以活用之，则画虎不成而反类犬矣。政治如此，推之家庭，推之男女之风俗，无一而不如是。斯校虽取名政治，然所研究，举一切社会现象而概括之。非徒通其学也，要在探其政俗之精义，求其共守之规矩，而责之吾同学身体而力行之。言乎政治，若林肯、格拉斯顿之德业，吾身所有事焉；言乎男女之际，若托尔斯泰两性关系纯洁之训，吾身所有事焉。如是而政不良，俗不齐者，吾不信焉，此本校作人之旨也。

抑一国文化有二面焉，关于政俗者，既已验诸良心之所安，而得其标准，而知识之明暗，学术之隆污，尤为一国文野所系，不容忽视者，此亦本校之为学术机关者之职责所在也。学有二类：超于实地之限，而为世界所共者，自然科学是也；有为实地所限，而立论因以各异者，社会学科是也。各国因其民情之不同，而学问之发展缘之以异，英、美之尚实验，德之尊系统，法人之重论理，皆其国民性之表现也。而吾国之特色安在？居今论一理，评一制，必曰外国某人之言如何，彼所是者，吾不敢以为非，彼所非者，吾不敢以为是，于是其弊害之中于国家者，人人援引欧美，多不切国情之论，一也；既以英、美、德、法人之言为准，不折衷于国情，故成言庞思杂之局，二也。此二弊者果遵何道而后能去乎？曰：吾因我之需要，因我之环境，自致其心思，自格其物理，则名词也，立论方法也，必有异乎欧美，而成为吾之所特有者。自然科学不独追随他人，能自有所发明；社会科学自成为吾国之政治理论、法律理论、社会理论、教育理论，乃至生计理论，则所言自切政状，所学自得其用，而学问独立之境来矣，此本校敷教之旨也。呜呼！孔子毕生所致力者，曰赞《周易》，定《礼》、《乐》，删《诗》、《书》，修《春秋》，后世从而辅翼之，吾国制度文章，由是大备，二千年之学者，承其绪余，率多润色宏业而已。今焉欧美之政与学，侵入吾土，东西之相异，不知其几何事，其应增修删定者，又不知其几何事，夫欲以少数人之力，短年月之间，因革损益之，谭何容易。虽然，今之世，民主之世也，分工之世也，各尽其能，各勤其业，期于以细流土壤，蔚成泰山之高，河海之深，庶几数千年古国之教与学，于兹大定矣乎！是亦同人之职责，敢自诿弃？故书于此，以自勉而与国人共勉，是为记。

爱国的哲学家——菲希德[*]
（1926）

我们知道现在的中国，是在很严重的时期：国内四分五裂，军阀横行；国外受列强政治的压迫和不平等条约的牵制。在这时候，稍有良心的人都想替国家辟一条新路，同时也想自己以后应采什么方针，怎样做人。我现在讲一个人，也是生在国家危急时代的一个人，他的学说和做人方法可做现在我们的参考和榜样，所以我特来说说。

这人是谁呢？是德国哲学家菲希德（Fichte）。他生在十九世纪初年，正是德国败于拿破仑、几不成国的时候。那时德国的情形，国内的衰弱，国外的受压迫，不啻现在的缅甸、高丽，不用说比我们现在恐怕还要差几十倍罢！那时他们国里盛倡爱国主义，菲希德便是其中最有力的一个人。这样赞许不是我个人的私言，可引英人研究德国史的评论为证："Among a large section of the community patriotism became for the first time a consuming passion，and it was stimulated by the counsels of several mainly teachers，among whom the first place belongs to the philosopher Fichte." 现在先说他一生的事略：

一七六二年（一岁）生于劳墨诺（Rammenau）。

一七八〇年（十八岁）入也纳（Jena）大学。

一七八八年（二十六岁）在瑞士任家庭教师。

一七九一年（二十九岁）与康德见面。

一七九三年（三十一岁）结婚。

一七九四年（三十四岁）任也纳大学教授。

---

* 原载《东方杂志》第 23 卷第 10 号（1926 年 5 月 25 日），今据《中西印哲学文集》（1088～1094 页）。

一七九九年（三十七岁）辞也纳教授职移居柏林。

一八〇六年（四十四岁）因法兵入柏林避难至丹麦。

一八〇七年（四十五岁）始宣讲"对于德国国民之演讲"。

一八〇八年（四十六岁）任柏林大学教授。

一八一一年（四十九岁）任柏林大学校长。

一八一二年（五十岁）辞柏林大学校长职。

一八一四年（五十二岁）死。

他五十二年的生命，全在十九世纪初年，是世界历史上变迁最剧烈的时期，同我们眼见的世界大战和俄国革命、德国革命种种变迁是一样重要的时期。他独具那深刻的信仰和伟大的热力，所以能应付这样重大的时期。也可以说因为这样重大的时期，更能促进他那深刻的信仰和伟大的热力，要知那时期的情形，可以略举几条重要的史实来证明：

第一，一七八九年法国革命爆发。

第二，一八〇四年拿破仑登王位。

第三，一八〇六年奥国败于拿破仑后，拿翁迫奥皇除去皇帝称号，神圣罗马帝国解散。

第四，同年普法开战，普大败于也纳，割地赔款，而和议成。

第五，一八〇七年十月拿破仑军队入柏林。

由上五项看来，那时德国的情形如何，已可想见。这种情形表示一种意味，就是德国人自觉德国民族已不能独立成一个国家：就领土而言，莱因河左岸完全归法国所有，爱尔勃河（Elbe）以西变成法国的属国，普鲁士的大半领土分裂而去，因波兰瓜分所得的土地也另成小国，归拿破仑保护了；至于军队，被拿破仑限制不得超过二万四千人。大家可以想这种情形不啻我们历史上《天津条约》、《南京条约》，直至甲午败于日本定《马关条约》时候的情形。这时正是全国人应当卧薪尝胆，应当有人觉醒国民来讲一致对外方针的时候。菲希德便在这时候出来，担当这个责任了。他从一八〇七年冬到一八〇八年，差不多一年的时间，宣讲他"对于德国国民之演讲"。这个演讲，是他生平著名的一件事。不但所讲的内容和德意志未来的统一事业有关系，并且当他讲演的时候不避生命的危险，是最足感人的。因为那时柏林为法国所占领，有法国兵官军队驻扎着，当时有某书铺发行某种小册，立刻被拿破仑枪毙了。在这样敌兵监视之下，所以他讲演时，屡有谣言说他被法兵捉去。可是他总毫无忌惮的，勇往直前。有许多朋友阻止他，以为不值得因此而致杀身之祸，他曾答说：

> 现在紧要的事情，是使国民感动奋发，至于我个人的危险，有何足计？不但不足计，并且有益处。若因此之故，使我的家庭、我的儿子有一个殉国的好父亲，可以激动德国国民的同情，那便是我最好的运命。那里再有机会拿我的生命这样应用呢？

这段话可见他自己的决心。事实上当他讲演时，法国人也不敢来干涉，因为所讲的纯粹出于他的爱国心，并没有什么对敌国的阴谋捣乱。现在先讲他一八〇八年以后七八年中所做的事情，至于讲演的内容，当留作我今天讲演的结论。菲希德相信兵力既经失败之后，除了提高国民精神，没有别的方法可以救国，所以他最重视教育。一八〇七年，提出建立现在柏林大学的计划书，很受当时普鲁士皇帝的称许。到了一八一〇年，实现了他的计划。柏林大学成立之后，教授会议选举他做第一任的校长。不久因为学校风纪问题与教育部当局意见不合，便于一八一二年辞职。当时的人不知他辞职的真因，以为单是学校本身问题，后经查究，才知因他对于国民的讲演引起了法人的恶感，法政府说他有仇视法国之意，所以结果非要求使他去职不可。

一八一三年，他辞校长职后一年，拿破仑大败于莫斯科，欧洲各国群起而攻，俄、奥、普联盟打败拿破仑于兰泊齐希。德人一雪一八〇六年之耻，德历史称这次的战争做自由战争。这时德国学生，纷纷投笔从戎。他也自请于德皇，愿到前军效力，因年老不准所请，便又鼓吹舆论，举行"真正战争的概念"的讲演。按他的年龄，在那时是属于预备役，所以他还时时到操场上加入军队操练，在他上课教授的时候常穿军衣。战地许多伤兵回到柏林，需要看护，他的夫人身任此役，在医院五个月，积劳生热病。他因为看护他的夫人，也染热病。夫人病好，他竟死了！临死那一天，正是德国白利勋（Blücher）将军乘胜渡莱因河的一天，是一八一四年正月二十七日。

以下讲他的"对于德国国民之演讲"的内容。全讲分两部：

第一部，新时代与德国民族，分三点：（一）时代，（二）德国民族的地位，（三）祖国之爱。

第二部，德国国民教育，分两点：（一）教育的改良，（二）改良计划的实施。

详细内容不能多述，只能举他的要点大概说说：

（一）自责。菲氏推论一八〇六年德国败亡的原因，在人民的自私自利。因为自私自利，才受外人的压迫而不能自由独立。这种败亡的结果，不是我们所愿，但实在是应得的结果。我们既因自己的过失以至于败亡，则欲自救，非由自力不可。先将败亡之道查明，则救亡方法也在其中。

（二）道德的再造。他说我们研究败亡的原因，在于道德的堕落，所以救亡方法就在道德的革新。这种病症，决不是外力可以治疗，必从我们内心澈底的激动才可。总之，非一新民族精神，创造新自我，是无法可以救亡的。他的道德，尤注重互相敬爱，说人类能自敬自爱，而后能敬人爱人，才能成立一道德的公共团体。

（三）爱国的原理。他说我们所以要爱国，不仅为个人身体的安全和财产的保护。如其立国的需要仅为此两点，那么就做外人的奴隶，也可以得到这两点。可是实际上，决不是我们所愿意的，必定要拿我们自己的力量，发挥我们的国民性，才觉满足。由此可见国民所以爱国，不是为个人的利益，是为一国的文化和国民性的永久保存起见。这种爱国之念，发于求国家的天长地久而来，实含有宗教的神秘性，决不是股东合组公司只为谋利的所可同日而语。故当国家有急难，应不顾身家，牺牲生命财产去救国，那才是真正的爱国。

最后他所说的，要求德国国民一致对外，说能一致对外，而后国家可以独立。要国家的统一，先要国民精神的统一。这种言论激动人心，可以说一八七〇俾士麦统一德国的成功，就在这时立下基础。

诸君试将以上所述——自责、道德的改造、爱国的原理各项，同现在我们国内学界上所谓救国方略作一比较：

第一，自责之义，菲氏说能自知所以致亡之理，则救亡之道，自在其中。现在我们学界日倡打倒帝国主义，试问现在所以不能立国，是否帝国主义做惟一的原因？我以为最可痛心的，全国之大，人人各逞意气，各图私利，不肯些微下克己工夫，只知责人，只知责外国，怎有自强之望呢？

第二，菲氏以为国家再造应以道德的再造为先，道德的再造更在国人的相敬相爱。这话确切不移。现在我国人但知强力的有用，不知道德的可贵。就外交方针说，天天倡打倒英国帝国主义，实际上可知道英国人的国民性吗？就拿上海工部局说，五十年来的预算册清清楚楚，一册不少。就他本国的内政说，三四百年的预算册清清楚楚，一册不少。试问不是他的国民操守廉洁做道德的基础，怎能有今日的强盛呢？再说现在国内以改造政治自居的人，也是一样目光，但知强力的有用，不知道德的可贵。或挟持军队，或割据地盘，自以为是打倒军阀的惟一方法。或号召党徒，游行示威，自以为是新式的革命方法。不知内部结合不是真能降心相从，真能无所为而为，那么成功未见，而倒戈反革命之声已不绝而来了！

第三，菲氏说爱国之义不是徒为个人身体的安全和财产的保护。换句话说，就是爱国的人，不是为一己的利益，是为大群的永久生存。我敢告爱国诸君子，千万不要说救国以后可以增加工资，救国以后可以减少工作时间和救国以后可以人人有饭吃。吃饭是人生不可少的，若使爱国的目的，仅为一己的吃饭问题，那么爱国的诚意已是有限。我们考遍世界的历史，不先牺牲个人的生命财产而国家能自强的，是绝无的事！总之，拿唯物史观的精神来讲爱国，是决无望能救国的。

我们于菲氏言论中，所得结论如是，看菲氏在思想上建筑德意志统一的基础，直到六十年后，俾氏统一德意志的事业才成功。那么我们今后应遵行的途径如何，菲氏不是一个极好的指导者吗？所以我希望诸君对于菲氏的言行加以深思！

吾民族之返老还童[*]
（1928）

（一）老年与少年

民族之生老病死，其犹个人之生老病死乎，不敢知矣，然二者有相似之处，无可疑焉。就个人少年时代与老年时代之特征而比较之：

老年时代	少年时代
郑重	冒险
多思虑	逞情感
安于保守	好为更张
重现实	尊理想
怕权势	敢反抗
计较成败	径行直遂
顾身家	轻生死

考定民族之为老年为少年，莫若求之于其国民立身处世之法，则其国中思想界领袖之言论与社会中流行之谚语为最要。

老氏曰不为天下先。将欲取之，必姑予之。

孔子曰危邦不入，乱邦不居。

谚曰无多言，多言多患；无多事，多事多败。

多一事，不如少一事。

好汉不吃眼前亏。

凡此所云，无一语非注意于一人之生死安危，所以教人避难就易，避重就轻者，尤三致意焉。此无他，立吾之日久，所更之变故多，巧于

---

* 《新路》第 1 卷第 4 号，1928 年 3 月 15 日。

趋避者，发见其中妙诀，以传诸后世。虽孔子何尝无见义勇为之说，孟子何尝无杀生成仁之训，然冒险之言，终不敌保身之说之易入人心也。本此民族心理言之，不谓吾国人民已入于老衰之境，不可得矣。

国人不读近日之世界新闻乎？英国尹次开魄爵士（即前订商约之马凯公使）之女马凯女士与飞行家兴克兰氏横渡大西洋飞机不知下落，生死莫卜。德国富豪斯汀纳司氏之女自驾自动车，周游世界，去年五月离德，所经之地曰巴尔干曰盎哥拉曰叙利亚曰波斯曰高加索曰俄国，其至巴加尔湖之际，湖冰未结，乃候至二月之久，越湖而过，今年三月达北京。呜呼！何其与吾国所谓千金之子坐不垂堂者异耶？日本教授北川三郎氏，恋其女仆，方与议婚，为家长所拒，两人表示最高之爱，情死于富士山麓。呜呼！何其与吾国所谓身体发肤受之父母不敢毁伤者异耶？盖人之不安于现状，敢于冒险尝试，不独牺牲其一时之逸乐，并生死而置之度外者，皆其民族之少年性之表现也。

惟欧洲民族尚在少年尚气之日，其表现于政治上者：一曰必之所信，从而主张之，绝不有所踌躇审顾；二曰所信未能实现，则亦坚持而不变，政治上主张之界线分明，而功过自有所归宿；三曰国家大危难之日，各派有所协商，一秉大公至正之心，绝不故示难色，以持人之短长。若此者，皆与少年人之兴奋勃发，勇往前进，一言既出，以退缩为羞者，无异而已。

（二）政治活动中吾国人之老年心理

虽然，吾国人年来政治心理之表现如何乎？试举其显著者言之。

第一，趋炎附势。全国之大，岂无一二鼎天立地之好汉，是为一主义一潮流之创始人物，以言乎大多数，则望风奔走之流耳。方其盛也，虽非亦是，虽仇亦友，及其衰也，虽是亦非，虽友亦仇。盖士大夫久处科举制度之下，以揣摩风气为弋取功名之具，故逢意顺旨，为吾国人之特长，独立判断，为吾国人之特短。当吴佩孚气焰熏天之日，人人奔走洛阳道下，及革命军既下武汉，人人以得亲总司令颜色为大幸。夫民主政治者，以民意之多寡为标者也，各人发抒其平日之所信，力持而不变，则两两相较，乃有真正之多少数，真正之解决。今也不然，甲之盛也，则附和甲之主张者十而八九，及甲之衰而乙之盛也，则附和乙之主张者十而八九，此附和乙者，非第二种人也，即昔之附甲者转趋于乙之旗帜之下。其所以忽东忽西，不遑□处者，皆其心目中成败得失之念为之耳。

第二，因利乘便。社会中有欲发行某报，组织某团体，以为政治上反对或赞成之主张者，他人常从而告之曰：时机尚未至也，姑待政敌行为不利于众口之日，然后发起焉，则助我者必众矣。夫赞成反对者，良心之所命，有不得不然者也，言人之所不言，行人之所不行，然后为先时之言与行。今而曰姑待焉，察民意之趋向焉，则先时者变为后时，非常者变为平常，且其主张果现于实际，其他之千百人以雷同附和之声应之，曰此亦我之所见及也。是发起者与附和者相差一间，而主张之功过，永不分明矣。不观一八四八年前后欧洲之主张社会主义者，岂尝有所谓时机之说乎？一九一七年俄国共产革命既成，而德社会党之前辈哥挈几氏独反对专政主张民主，岂尝有所谓时机之说乎？盖各出其主张，以听社会之公判，而后旗帜鲜明，分野清楚，即令其为先知先觉者，不免于一时之不合宜，而合全社会言之，主张之功过有归，朝野两党之出处分明，所受之益实大。反是者，吾国今日：一主张之成也，若人人有功；一主张之败也，若人人无罪。如是而欲求社会之安定，岂可得哉？

第三，公私不分。社会团体，以个人合成者也。关于主义与理想者，是为公的方面；关于地位之高下者，是为私的方面。人类其能尽去其私，惟公是谋乎？不易言也，既在团体之内，不因私之小者而害及公之大者，庶几近于公矣。然以吾人所见海内之政党，主义非不堂皇，名号非不正大，一旦有权利可得，地位可争，则人人跃跃欲试，惟恐不为己有。苟有反对之者，则答曰：相从十余年，亦求有扬眉吐气之日耳。（不独国民党为然，旧日政党同犯此病。）夫政党犹军队也，主义理想，犹敌之沟垒也，今也本军以内，日事酬报之争，又安从而杀敌致果哉？自局外旁观者言之，一若政党云者，不过个人功名之媒介而已，其所谓公且大者，付诸乌有之乡，以是而接于吾人之耳鼓者，惟有个人鸡虫得失之争，安有为主义牺牲之真团体哉？

第四，心口不一。吾国人之入团体也，私心胜于公心，既如上述。其因某主义之胜而来也，则满口赞同之词，至不同意之点，一字不提；及某主义之衰而去也，则满口反对之词，并其长处而亦掩没焉。其平日相与之际，表面之文电往来，虽曰"大敌当前，一致进行"，而实则甲之于乙或乙之于丙，惟恐不创刃人腹焉。惟如是，其聚也易，其离也亦易。

第五，教唆为恶。吾国人之言政治也，不反对于应反对之时，而坐待敌人之衰败，或设法加甚敌人之罪恶。帝制与民国，二者迥不相容者也，然洪宪帝制运动发生之始，策士辈咸曰促成之而已，持共和论者闻而骇然，则彼曰待其恶贯满盈，则自败矣。夫西欧之政党相待，甲党于乙党之小过失，必大声以批评之，诚不欲多一失政以祸国殃民焉。吾国则不然，正利其祸国举动之多，然后所以反对之者，乃易于着手，是亦惟恐不害国而便己而已。

第六，离间敌人。西方政党之相待也，甲曰保护贸易，乙曰自由贸易，甲曰海外扩张，乙曰先事安内，甲曰资本主义，乙曰社会主义，甲乙两方之说，绝不相容，彼此之应战，惟有正面攻击。吾国不然，甲之欲败乙也，离间乙之内部之团结，造为谣言，以伤乙之内部之情感。甲之胜也，不胜于甲之得国人同情而制多数，因乙之分裂而得之；乙之败也，不败于其失国人同情而居少数，因甲之离间中伤有以致之。如是，胜者固不能长久，败者又岂甘心，因而循环胜败，祸无已时矣。

窃尝论之，西方人之政治活动，如军人在战地上，服从统帅，惟知杀敌，生死且不顾，遑论成败利钝；吾国人之政治活动，如考场之考生，以外界情况为题目，揣摸意旨，以求迎合。西方人之政治活动，如运动场上之体育家，公平比赛以求相胜；吾国人之政治活动，如策士之密谋，不求自己之长进，惟求所以害人。总而言之，一阳性；一阴性；一人气，一鬼气；一少年，一老年耳。

（三）返老还童

如国人今日之心理，虽尽外国之名目外国之制度，而输之于吾国，有何益哉？议会制度失败矣，苏维埃其有成乎？内阁制度失败矣，委员会其有成乎？多党制度失败矣，一党专政其有成乎？窃以为今后吾民族之所以自救者，惟有学为少年而已，学少年之真情，学少年之勇猛，学少年之纯洁，学少年之言行一致而已。

孟子曰：人之所不学而能者，其良能也；所不虑而知者，其良知也。孩提之童，无不知爱其亲者及其长也，无不知敬其兄也。岂惟孩提哉？凡为人类，于人物之善恶，制度之好坏，言论之是非，谁不知所以剖别之，然或因一身上进之途，或因外界淫威之可惧，因而于真善恶真是非，不敢有所表示，此成人之所以不如孩提也。虽然，安重根不本其好恶，何以报亡韩之仇？吾国青年苟不能率性而行，何以奏五四之功，可知真情之表暴，或不免走于极端，然视老年人迟回审慎者，远过之矣。

孔子曰见义不为无勇也，孟子述曾子所闻孔子之所谓大勇，曰自反而不缩，虽褐宽博，吾不惴焉，自反而缩，虽千万人吾往矣。盖以一身成败，为一己之进退之标准者，吾国古往今来无此道德也。虽然，少年人行于道上，偶凌辱于其同辈，则不量其力之能敌与否，直攘臂而与之争耳。可知理之是非，耻之有无，一概〔概〕不问，因敌人之强而我屈服焉，因敌人之强而我投降焉，皆以中无所主，而怯懦随之。盖刚气之销沉，懦夫之充塞，未有甚于吾国今日者矣。

子曰吾未见刚者，或对曰申枨，子曰枨也欲，焉得刚，盖家室之累，利害之念，是以泊汩没人之心志，使之不得尽情表暴者，比比然矣。虽然，青年少不更事者，于当世之权力谁最大，地位谁最高，尚在一无所知之际，所以评骘是非者，使老辈闻而却走，何也？心中一无牵挂，故能坦白说出耳。国家主权可以丧失，外国金钱可以收受，婚媾可以为进身之阶梯，主义可以为罪恶之工具，若此云雾弥漫之日，安得不求苍天诞生千百万说真话之小孩，使吾国稍见天日哉？

子曰：言必信行必果，硁硁然小人哉！孟子曰：大人者言不必信，行不必果，惟义所在。是言行之信果，小人也，非大人也。然当此人欲横流之日，欧洲之所谓主义政策，适以此时输入，宣言视为具文，徒以欺无知之愚民；主义视为工具，徒以网罗无知之群众。其为领袖者，自身之性行，既不足表率群伦，独恃其所以盗窃外国之学说，觍然以新人物自号于国中，于是其为党员者，口口主义，声声政纲，试一考其实，主义之真智识几何，立身之合于主义者又几何，实茫然不知所对而已，以此而自任天下之重，以建国人物自居，真西谚所谓沙滩上建楼阁而已。何也？言行不符故也。

吾国人知之乎？欧洲之共和政治、宪法政治，坦白人之政治也，率直人之政治也，勇敢人之政治也，知耻人之政治也。此数者，皆与少年之性质为近，故本此以说明之。孰能反此四千年之古国而少壮之乎？执鞭以从，所深顾焉。

一九一九年至一九廿一年旅欧中之政治
印象及吾人所得之教训[*]
（1928）

以一七八九年法国革命为十八世纪末之世界大变化时期，则一九一七年以降之欧洲，当然为二十世纪之世界大变化时期。何也？一九一七年俄国革命成，翌年德国继之，东欧之两君主国忽变为民国，因此世界之法制上又生新现象。俄国苏维埃宪法须〔颁〕布于一九一八年春，德国新宪法成于一九一九年八月，同时西欧各国亦知最大限之民权实为政治上不可抗之潮流。英国普选法以一九一八年二月成立，法之选举法改正以是年七月成立。盖在此政潮澎湃之际，稍留心政治者，谁不奋发兴起，怦然有动于中乎？

世界大事之变迁若此，其关于人生日用之细故，尤为深切著明。一九一九年一月抵欧之际，欧人食品之缺乏，房屋之拥挤，一如余一九一五年离欧时。初入英京旅馆，见一英妇出胸前金锁仑中一方糖，以入咖啡杯，稍顷即复取出，初不解其故，旋知因糖少，竟视若珠桂也。行旅中尤感罢工之苦，德国革命以罢工为重要武器，一九一九与一九二〇英之煤矿及铁道工人罢工，为世人所共记忆，其他地方上之小罢工，更不胜计。尝至苏格兰观英之海军，考察既毕，欲返伦敦而不可得，为铁道罢工也。又至白敏罕观钢铁厂，欲返伦敦而不可得，为铁道罢工也。寓巴黎郊外之美景村，忽一日厕味臭薰腾，几不可居，则自治公所工人罢工，通水事业无人管理故也。自德返法，将至哥尔恩（Koln），途中车忽停，询其故，则火车机器工人罢工也。此等事日接于耳而感于心者，则以为欧洲人生不安之象若此，则现社会组织决不能保持，乃集

---

* 《新路》第 1 卷第 5 号，1928 年 4 月 1 日。

中吾之注意于一九一七年以降之欧洲革命及法制上之改造。

　　"苏维埃"三字之译名，既为国人今日所耳熟矣。抑知此三字之译，谁实创之？若以文字之输入为有功乎，我不敢自居人后，皆以两湖广东之赤祸归罪于译名者，我亦何敢辞其咎？"苏维埃"为俄字，英、德两国有按字义译之者，曰会议（Council, rat.），有按字音译之者，曰 Soviet，予以此为世界之新制，译以"会议"之平凡字眼，不若代以国人向所未见之生字，是"苏维埃"三字之由来也。

　　一九二〇年一月，自德揣俄宪印本返法。时德宪亦已告成，亦购其起草人柏吕斯（Preuß）之原稿及宪法会让〔议〕定稿以归。乃急译此二者，寄国内之《解放与改造》杂志，是时社会改造之思想，亦正举国风起云涌也。时之俄国，外受协商会之包围，内则暴动之说，时腾于欧洲报纸，故其政制之可以长治久安，与夫其他优点，余始终无所发见。而柏吕斯之德宪法草案，能取十九世纪与廿世纪两时代之思潮，合一炉而冶之，开公法界之新纪元，为余所低徊流连而不能去者。

　　游德之日，访哥孳基氏（Kautsky）于病榻，时氏反对俄国专政之文已发表，一见面便告我曰：异哉！彼等乃以我为叛徒也。予年已老，对此剥夺人民自由之苏维埃制，决不能赞成。又为介于独立社会民主党之理论家希尔孚亭氏（Hilferding），时为《自由报》主笔，及勃兰脱夏特氏（Breitscheid），国会议员而独立党之外交专家也。此外见修正派首领勃恩斯太氏（Bernstein），甚愤激于巴黎和约之不公，以欧洲社会主义之实行为无望。又与多数社会民主党之夏特曼氏（Scheidemann）谈"社会所有"问题，彼以简单之语告予曰：纯粹之社会所有，决不能行，公私合办之方式，其庶几乎？（殆类于吾国所谓官商合股或官督商办。）凡此所见，皆为社会党方面之人，当时吾所从事研究之问题有二：一曰社会所有问题，二曰工人参与工厂管理问题。

　　诸君当知社会党之中心思想曰均贫富，均贫富之方法安在乎？曰生产工具之收归国有或社会所有。就其狭义者言之，即生产工具中天然富源如电煤水力之国有或社会所有是也。依马克思言之，因资本主义之发达，小企业压倒，大企业集中，将此集中之大企业收归公有，使资本家无利可营，则贫富均矣。因此而知社会所有之意义，曰将全国同类之企业（以煤言为全国之煤矿）同时收为公有。若如吾国烧富户房屋，夺厂主之产业，或以政府之力强人报效，甚至虏人而强人捐输，皆与社会主义之本意，去题千万里之遥者也。

抑因俄国革命，列宁辈没收一切大工业，而一切大工业停顿，此非公有之谓也，直灭绝国民生产之源而已。于是德政府鉴于俄之覆辙，知此事之不可以轻举妄动，于新宪法中规定根本条件两项：一曰国民财产之没收，应经国会同意；二曰人民财产之没收，须予以赔偿。有此二限制，除全国人民多数同意之外，政府绝不能以少数人任意加以侵犯，一本十九世纪宪法尊重人民财产之意，换词言之，社会主义之实行，以民主政治为基础而已。

德政府所尤注意者有三点：一曰产业权归社会公有后，此等工业如何能保持原状，有盈无亏；二曰货物之生产费，仍能与世界同类产品相竞争；三曰工业所有权既归公有，买卖权不假手商人，盖商人居间，自产地以至消费者之手，重重剥削，则公有之目的因商人而取消。于是关于煤业一端，设为煤矿社会所有委员会以调查其事。其中一半为工人方面代表，一半为资本家代表，尝草有《煤矿社会所有草案》，其中要点，详余所谭此项法律草案中，于招来第一等辖理人，与夫管理局之组织所以求免于官僚政治之丛胜者，再三致意。自经此次调查，益觉兹事之繁重而不易旦夕实现矣。

诸君当知社会主义均贫富之理想，为人所同赞成，然社会主义之实行，非徒工人工价之增加也，工人待遇之改良也，其归结处不外乎社会所有问题。使此问题无正当之解决，则社会主义终为空言而已。今日之世界，距马克思辈初创主义时，已历八十年之久，吾人今日之思想，不能如昔日之素朴，若不能提出具体方案，而徒以空言相召号，则徒劳无功，无当于实际问题之解决。

其次我所注意者，为工人参与工厂管理问题。一般人似以为工人管理工厂，即为工厂之社会公有，此大误也。若以一资本家之产业移归多数工人，此为一人之私有变为多人之私有，与社会所有之义无涉者也。自俄国革命驱逐技师，以工人任管理之职，而工厂倒闭工业停顿，此持工厂归工人所有说者，当引为前车之鉴者也。英、德知其然，英有槐德兰会议（Whitley Counoil）之说，德立为工务会议法。按德之制，工厂或公司中工人满三十人者，应立工务会议，其归工人参与事项，一一列举。犹忆一九二一年，此法既颁，德国各市中社会民主党之教育家，设立工人学校，授工人以经济学、簿记、工厂管理诸科，先增进其知识，训练其能力，而后使之接受此责任。反是者欲于杀人放火之中，增进工人之管理厂务能力，吾人至愚，实所未喻。总之工人管理工厂问题，今日亦已达于要求办法之时期，决非空言煽动所能济事也。

凡上所云，皆以社会革命为中心点之讨论。若自俄、德革命之政治方面观之，更有教训吾人者焉：第一革命方法问题，第二民主政治问题，试分言之。

第一，革命方法问题。社会党中，向有两派之争：一曰议会战略，一曰暴动战略。英、德偏重第一法，俄则恃第二法而成功者也。一九一八之德国革命中，共产派关于第一次临时政府之组织及后来宪法会议问题皆已失败，于是益倾于激烈之暴动，若一九一九年之敏薰与一九二〇年之汉堡，以及匈牙利苏维埃政府之成立，即为此政策之实现。以上余仅耳闻，非所目击，故不能道其详。至一九二一年三月哈勒及耶纳之暴动，则余所亲历者也。时方从倭伊铿（Eucken）研究哲学，而对于工务会议法有大兴趣，乃请教于当时大学教授中之法律家高休氏（K. Ko-seh）。高氏为耶纳共产党首领，先期隐约为我言西欧共产党再举之日之不远。不旬日而暴动果作，耶纳共产党员三四百人，仅得百数十人占有火车站上机头，而扬言于众曰：已占领耶纳。城市街电车曾罢工半日，此外别无暴举，以多数工人不同意也。事既发，高休告我，苟至不得已时，将居君处暂避，我应之曰：我非东方享有治外法权之外人，居我家安有保护可言。高曰：君系外人，终胜德人一筹耳。数日之后，哈勒暴动，为德政府所镇压，而德之共产党内部因起分裂，干部中之保尔·雷维（Paul Levi）辞职，且著书论之，深恨俄第三国际不知西欧情形，擅发号令，涂炭生民。余向高休氏询雷维问题，彼曰：君亦知其故乎？世界共产党咸隶于第三国际，第三国与各国共产党间号令之传递，极不方便，除派人往来外无他法。第三国际之来者，好为夸大之词，每曰吾等预备如何，邻国中准备起事者如何，及其反俄而报告也，又将其所调查国之情形，故为粉饰，曰党员几何，报纸几何，最近动作如何。要之以甲骗乙，以乙骗甲，使其从速起事。如此轻举，实不解西欧人心理，终无成功之望者也。时高氏未即离共产党，于我离德后之三四年，且曾以左党资格，为丢林根内阁总理一次，而近年则退出共产党矣。盖不以理喻人而专恃暴力，暴力一再用之于短期之内而不止，欲求人类之同情，其可得乎？吾国自广州张、王之变后，共产党之暴动，时出没于宜兴嘉定之小村落，共产党中倘亦有二良心发现如雷维氏其人，鸣鼓而攻者乎？

第二，民主政治问题。俄国革命与德国革命之最大区别，一民主而一专政是已。俄国专政之特点三：一曰剥夺资产阶级之选举权，二曰不准一般人民或反对党有言论、结社之自由，三曰国中惟有一党存在，故反对党不能发生，决无政权交迭可言。若德之革命则异是，一九一八年十一月旧王政既倒，临时政府以六人组成。

多数社会民主党三人——Ebert

Scheidemann

Lanpsberg

独立社会民主党三人——Hasbe

Dittmann

Barth.

两方组阁之际有条件二：一曰政治权力属于兵工会议，二曰制宪会议俟革命状态稳固后，再行讨论。此条件由独立提出，其意侧重无产专政之制，欲俟大工业收归公有后，再开制宪会议也。两派政见在内阁中极不一致，诸事不能进行，乃于十二月中召集全国兵工会议，以制宪会议应否召集问题请其决议。会中多数赞成多数派所提来年一月十九日执行宪法会议议员选举之议，以四百票对五十票通过，于是独立派认为政见不合而脱离内阁。其间若黎勃克尼（Liebknecht）、鲁克森堡女士（Luxemburg）虽屡暴动，而终不能阻宪法会议之成功。及届选举之日，多数派占一百六十一人，而独立派仅二十二人，于是多数派与民主派（七十五人）、中央派（八十八人）相联络以占议会中之大多数，而新宪法安然通过，德之共和政治，遂立于牢固不拔之基矣。此其所以之故，曰社会民主党人，未尝以革命之成功出于本党，因以独揽政权，平日不独不私政权，且予敌党以平等之待遇，与之一堂议宪，甚且已居在野党，以组织内阁之权，授之他党，盖以善意待人者，人亦善意报之，此人情必然之倾向也。如俄之以一党治国者，既剥夺人民之自由，又以警察侦探追逐国人之后，如是而求自由平等，求长治久安，真南行而北其辙矣！

因德国革命之经验，更有其至重且大之教训，曰共产党之防止是也。社会民主党与共产党，同以革命为立场，而社会民主党以革君主与特权阶级为限，至于经济组织，彼等极郑重将事，不敢轻于一试；共产党人以为资产阶级一日不去，则革命大业一日未成，所以达此目的者，曰无产阶级专政或曰一党专政。在此两种主张对峙之中，以革命性言之，则温和之社会民主党不及共产党；以势力之来源言之，则两派同以党意为基，非有超于党意上之国民公意在，故以"革命"与"以党治国"之标语夸耀于众，而欲以之制胜共产党，必不可得者也。然则奈何？曰以国民公选之会议制定宪法而已，此法之大益有二：

一、以宪法规定现社会之组织，可破坏者与不可破坏者之界，昭然明白，而人心为之安定。（如德宪之第二部中之生计组织。）

二、政府党之行动本于宪法，则除本党之同意外，另有全国公论之赞助，政府之基础为之大固，而共产党不得肆簧鼓之技。

国人中其亦有明了此立国之根本大计而共图之者乎？我祷祝以求之矣。

英国现代政治学者赖司几氏学说 *
（1928）

一时代之政象，有其一时代之学说为之后先疏附，以陆克之《民政论》为十七世纪英国政治之代表，以边沁《政治零拾》与穆勒之《自由论》、《代议政治论》为十九世纪上半期英国政治之代表，则现代之政论家，可以代表英国者，舍菲滨协会之槐伯夫妇、工党之麦克洞纳氏、基尔特社会主义者之柯尔氏与新进学者之赖司几氏外，无可他求矣。我所以独好赖氏者，槐氏等专为政治上一种主义鼓吹，而氏于赖〔赖氏于〕政治学有全系统之说明，故承继陆克、边沁、穆勒之正统者，殆赖氏矣乎！

我与赖氏至今无一面之缘。一九二一年讲学社拟聘欧洲学者东来，所开名单中有赖氏其人，托人询之，谓方有事于著作，不愿离欧。留美学者金龙孙、张奚若、徐志摩屡为我道其形容与学说，志摩在美时赠我赖氏《近代国家中之权力》一书，是为我与赖氏神交之始。赖氏以二十余岁之青年，受美国之聘，讲于哈佛大学，尝以工人罢工，赖氏起而为应援之演说，为警吏所阻，旋返英，为伦敦生计政治学校之讲师，与工党、自由党相过从，时参预其密勿，其著作之名与年月表列之于左：

1917   *Problem of Sovereignty*
1919   *Authority in the Modern State*
1921   *Foundations of Sovereignty*
1925   *Grammar of Politics*

赖氏《政治典范之书》既出，伦敦大学特设讲座，擢之为教授。近年又新著两书，曰《马克思》，曰《共产主义》。赖氏之文，生气跃然，读之者若感触电力热，虽以英国现代思想之先导言之，不如槐氏、麦

---

* 《新路》第 1 卷第 7 号，1928 年 5 月 1 日。

氏，然集合各派之长而汇成一系统，非他人所能及也。

赖氏学说，略分节论之如下。

第一，多元主义的国家论

现代之政治思潮，反对主权论之思潮也，反对国家之强制权，反对主权之表示曰法律，反对国家在国际间主权之无限，其来源起于德国学者奇尔克氏（Giecke）及英国麦德兰氏（Maitland）。若追而上之，郇狄葛主义者普罗洞氏攻击国家之论，远在一八四八年之先，一九〇一年后无政府主义者哥罗伯德金起而发政府是否必要之问，于现代政府之专事压制，言之尤为痛切，故近代反国家之强烈言论，必以普氏、哥氏辈为先河矣。及一九〇〇年麦德兰氏译德国奇尔克之中世纪政治学说，于是社团人格说、社团离国家独立说大盛于欧。所以倡社团人格说者，即所以压倒国家无上之主权，法有狄骥氏（Dugint）、庞哥氏（Boncour），德有奇氏，荷兰有哥拉勃氏（Krabbe），英除麦氏及拔克氏外，赖司几氏尤称此运动中之健将也。

赖氏早年之书，皆以主权论名，专为攻击主权而作者也。故其言曰：

> 近世之主权论，亦即为政治组织论。彼等以为一社会之内，应有惟一之最终决定机关，此机关驾乎一切之上，人民之纷争悉依其一字一句为解决之券。然自政治眼光观之，此种立论是否正确，大有商榷余地，且权之来源，推本于一，易流于专擅恣肆，道德上之危险甚大。依吾人之意，此主权观念，苟取销〔消〕之，政治上历久不解之纠纷从此绝迹。

自布丁辈以来，咸以主权为国家之要素，而赖氏独为此取销之论，岂故作惊人之语耶？抑自有其立言根据耶？曰理有三：一以社团为对象，二以国际为对象，三以个人为对象。

近世国家之中有种种社团，或为宗教的，或为社会的，或为生计的，或为职业的，或为政治的，如工会工主联合会、教员联合会、律师公会之类，皆社团也。此社团应人民之需要而自然发生，故奇尔克言社团之人格为实在的为自发的，非因国之许可而存在，试证之事实，英之万能国会？能取销近日工人之集会权乎？能取销天主教会之选举权乎？夫既已不能，可知主权说之非者一也。

赖氏非大同主义者也，非各国平等论者也。其第六章中论世界今后之文化，曰国际机关应分两院，一曰立法院，二曰行政院。各国之权力大小不等，故其在两院中之位置亦不等，此出于英人承认国际不平等之事实而为此言也。然在两院中之位置虽不等，而有关全体利益之国际事务，赖氏则断然认为应由各国公决。其言曰飞律宾之自治非美国之事而全世界之事也，印度之统治亦世界之事非英一国之事也，如是国与国互相对待，其权之行使，自不能无制限，故赖氏曰国际机关之成立有一前提，曰主权的国家之消灭，或曰国家主权之否认，可以知主权之非者二也。

赖氏曰国家之运用，不离乎人。居于主权机关之政府之地位，自以为无所施而不可者，其人不能久安于位。十七世纪英国之内战与革命，一七八九之法国，一九一七之俄国，皆主权问题之极好注脚，盖赖氏以为国家果有最高无上之主权，即不应有革命，有革命即无最高无上之主权之证，是主权说之非者三也。

赖氏持此三义，于奥斯丁氏法律的主权论反对最力。奥氏以为一国之内，应有特定机关为最终权力之源泉，此机关之权力为无限制的，其意之所表示曰法律。以英国为例而言之，其特定机关，巴力门中之英王也，此巴力门中之英王所颁布者曰法律，为一切英人所当服从。然进而深求之此巴力门敢于剥夺天主教之选举权乎，决不然矣；敢于禁止工会之存在乎，决不然矣。敢如是，特定机关之无限权力安在耶？更考之美国，中央政府之权有限的也，各州政府之权有限的也，全国之大决无一握有无限权力之机关，其能因是谓美非国家乎？盖全国之大，一职司的社会也，因其所标之目的，而各机关之权限随之以定，权限与职司相对待，职司大斯权限大，职司小斯权限小，职司之运行当权限存，职司之运行不当权限亡，故国家机关之权限，因其外界之对待状况而定，决非一成不易如奥氏辈之视法律的主权为超然于社会变化之外者也。

此主权排斥论中，即为赖氏多元主义之所存。一国之内，有种种社团，若教会，宗教的也；若工会，生计的也；若政党，政治的也。所谓国家者，非能举人类一切活动而概括之，乃此种种社团中之一而已。故拔克氏曰：国家者，非各个人为公共生活而组织之社团，乃各个人既相合于各种社团之中，因其有更广大更涵赅之目的，乃形成别一社团曰国家。赖氏意以为既承认各社团之自主权，则以国家为强制式之社团之义，当在取销之列。其所想望者，在合此国家与各社团而为平均分权之联邦组织，故曰一国之权力应为联治的，即此意也。彼名其政治学说为多元的，犹之美国哲学家占姆士氏名其宇宙为多元的，意在打破此至尊无上之主权，而造成各个人各社团自发自动之习尚也。

社团地位重矣，国家之性质果与之等乎？社团出于各个人之自由组织，而国家不然，一也；社团之目的限于一部，而国家职掌之范围甚大，二也。为打破主权无上之说，不能不降国家于社团之列，然主权之全部，即令施行职业自治、地方自治等方法分配于各社团，而国家之地位，亦未必果与社团等也，赖氏于其早年著作，极端否认国家之地位，然于《政治典范》中已稍变其说矣，其言曰：

> 国家者，明明一公共职务之法人团体也，所以与社团异者，他种社团之分子，可以自由出入而国家之人民不能，一也；他种社团无领土而国家有之，二也。大抵一国之民分地而居，须臾不可缺者曰衣，曰食，曰地方之庇护，曰子女之教育。其利益为各人所同，其事不离乎一定之地矣。于是可知国民之所望于国家者，一消费者之利益耳，一邻里乡井之利益耳。凡此诸端，皆由国家为之组织筹画，使人民之所需，可以顷刻取求，不至匮乏。同国之内，各以人之资格相见，咸立于平等地位。人民与国家之关系，但问其是否为国民，其为律师为矿丁为天主教为耶稣教为工主为工人，初不计焉。自社会理论观之，可谓各人为发展其人格计，有必需之某某职司，而此职司势不能责诸人人之自举，故惟有委之国家。此种职司，不论其组织之方式为何种，其地位势必凌驾一切而上之。如是人之所以为人之需求，皆在国家掌握之中。

夫曰国家之地位，凌驾一切而上之，又曰人之所以为人之需求，皆在国家掌握中，则国家之地位不同于社团可知矣。赖氏于本书中以平匀酌剂之地位属之于国家，是以多元主义者之资格，隐示对于一元主义之让步矣。

第二，权利为自我发展之条件

英自霍布士、德自康德以来之学者，咸认国家为法律之惟一源泉，谓法律由国家而生，国家为制定法律之所，十九世纪中成文法主义之盛行，学者益倾于国家规定之说，除国家之外，不认法律之第二来源。

哲学家翁特（W. Wandt）氏云：法者，全体规则之总名，其效力由于国家所造成，故曰国家后于法律，乃决无之理也。

雷松氏 Lasson 曰：法律者，国家之意志之表现于人类行为之一般规定者也。法律之惟一源泉，曰国家之意志。

意林氏 Thering 亦曰：国家者，法律之惟一源泉。

此所云云者，无异谓国家为至高无上之主权之所寄，此至高无上之主权之表示为法律，主权既已至高无上，法律安从而有第二来源乎？因而而成文法家所以解释权利性质者曰：

> 权利者，国法所赋与之力也。
>
> 或曰权利者，国法所赋与之利益也。
>
> 此亦权利不离乎法，不离乎国之谓也，赖氏之言，与此所举者正反对矣，曰权利非国家所造成，乃国家所承认。
>
> 国家与权利之先后问题，敢断言曰：权利先于国家。意谓国家所以生存之正当理由，源于权利故也。

赖氏既不承认国家主权，自否认国家先权利之说矣。盖国家者，社会之一部，社会之所以成，有社团有个人，此辈常以其心力左右国家，则国家背后之动力自有所在，而权利之或来，亦别有所在矣。更有可注意者，十九世纪中重视人权，以力以利益解释权利之性质，抑知以一方为有力，即以他方为无力，在一方为利益，即在他方为损失，社会之中，以此两方之人相对待，其能长治久安乎？故赖氏一变其说曰：

> 权利者，社会生活之要件，缺之者，则人类不能发展其自我之最善之谓也。人之所以有权利，即以吾人为国家分子之故。人之所有权利，所以使吾人所特具者在此国家组织之下，得以贡献于公众。……我能为最善我之条件具备，即所以使我努力于达于最善我也。

权利非法律所产生，乃其先决条件。社会之内，以各尽所长为原则，国家深恐此自我之发展，有为之妨碍者，于是设为条件以保障之，此即所谓权利也。又恐有一部分人之不尽责，故设为条件以强制之，此即所谓义务也。如是社会组织之条理，所以达于共存共荣之大目的，一道德的大团体也，岂有所谓有力无力与利益损失之可言哉？

赖氏以不认主权为出发点，忽转入于团体之道德基础说。此言也，或非惟实主义之赖氏所乐闻，然事实如此，非可诬也。赖氏曰：

> 法律家之论，曰法律所认者为权利，因其以所认者，可以窥见

国家之性质，至其所认者是否应在承认之列，法律家不加深究。……窃以为立于法律之外，应另求一标准，以评断所认权利之当否。

国家于人格之所必需者，于人则许之，于我则拒之，是明明不以我为公民而已。如是为之，自否认权力之有道德的根据。

一则曰另求标准，再则曰道德的根据，故吾人谓赖氏之国家论、法律论、权利论含有丰富之道德成分也。

权利为自我实现之条件之语，即赖氏学说中个人主义的彩色也。人处社会之中，各有其思想与言行。此思想与言行，即本于各个人之经历，此经历惟各人自身知之最真，非他人所得而越俎，故不徒许各人以自有所经历也，同时须赋以解释其经历之权。赖氏曰：

他人于吾人之失败成功未尝无一瞥之明，然其所以成所以败之意义，惟有求诸吾人之自身，非他人所能窥见。即以此故，近世国家中，咸设定权利所由实现之最小限度之基础。

人之贵为政治家，与贱而为皂隶，要皆使其立于同一水平线上享受同一权利，由彼自身寻其经历之意义。此实承认个人在社会中之最高地位也。

赖氏更进而历举各种权利，曰工作，曰适当工资，曰合理工时，曰教育，曰参政，曰被选为议员阁员，曰财产，——详见本书，无取繁引，但赖氏于今日智愚之不等贫富之不等，言之尤为凯切。

前为公民职分下定义曰：各个人本其理智之判断，贡献于国家公善之谓。因是公民有应受教育之权利，使其智识充分发展，然能尽公民之责任。智识之种类多矣，若谋生之技能，若生活意义之了解，乃至心之所怀抱者，能为条分缕析之说明。平日所经历者，能寻绎其前后得失之宜。居近世国家中，其至显之鸿沟，无过于甲方为有智识之人，乙方为无智识之人。……希腊之智士安梯风氏曰：世事之第一重要者，当推教育。岂独希腊，今世为尤甚，号为人类而缺乏教育常识，非为奴隶不止矣。

其关于财产权之言曰：

我所有之财产，为执行我之职务所不可缺者，则我固应有财产权。伸言之，我所有之财产，与全国公福相关联，且为公福维持之要件，则财产权固我所应享也。……故吾人之意，各人之财产所有权，以达于各人之冲动之相当餍足为止，此外则非所应享。盖过此限界以上，其所以贡献于社会者，不出于其人之人格，而出于彼之财产矣。

赖氏以为必国民之智识财产约略平等，然后可语夫政治生计上之自由平等，非然者，虽有美制，徒成具文，明乎此义，则治国之惟一方针，厥在国民地位之提高，此外无他妙巧矣。

第三，今后之新财产制度

古今学者念及人类之生存，不能离财产，故于财产制多辨护之词。德诗人席勒有言，人类必有其属于自我者，名曰我的，否则其人将从事于烧杀，此即流俗"有身家"之说也。财产权说因十八世纪之人权论而大昌，竟有视之为绝对权，不可移让权。德哲菲希德之子、意孟尼·菲希德（Immaunel Fichte）曰：所有权者，直接权也，不可移让权也，先法律而存者也。赖氏文中之言曰：陆克以为国家者，所以发展各人文治的利益，是为生命、自由、身体之不可侵，与外物如金钱、土地、房屋等之所有；又曰：工业革命之出现，正财产权之无限，财产权之确立之日。夫财产权之不可侵，因陆克辈之自由主义而强固，诚然矣，至于财产之权无限云云，陆氏初无此主张。陆氏书明言不动产以一人能耕者为限，动产以一人所能取而不毁者为限，故其言曰：占有权以理性与衡平法为限，其越乎此限，直取人之所有也，取一己之所不必需也。虽然陆氏，个人主义者也，非社会主义者也，于财产公有之说，绝少提及，因此赖氏以财产权之巩固归罪于陆克与边沁等，固其所也。

自一八四八年后，形势为之一变，普鲁东主张财产出于掠夺说，马克思创剩余价值说，路易·白朗有各尽所能各取所需之名言，继之以各国社会党之组织与第三国际之集会，其大书特书者，每曰财产之公有。数十年来声浪不为不高，声势不为不大，欧战之后，卒有俄共产政府之成立与德国之革命，吾人但闻一片打倒资本主义之声，绝不见有政治上实际之解决方法，德新宪虽规定生产工具为国有，而至今未见施行，俄人进行勇猛，卒返于新生计政策，可以知此事解决之不易矣。赖氏受现代之影响，于贫富之不均，攻击甚烈，然其持论非如社会党或共产党人专以呼号革命为能事，常平心静气以研究其条理，事贵可行，不尚空谭，诚难能可贵之论也。

赖氏之出发点曰：权利与职掌相对待，惟我能有所施而后能有所受，不能有所施者，即不能有所受。故其言曰：

> 既为我设备我之最善我发展之条件，我乃求所以自效，使社会之公共积贮因而增进。此所以自效者，必出于我之自身，否则不得谓乎效。譬之我仅为父母之子女，非自效也。我能离群而索居，亦非自效也。所谓自效也，必我之所作为，社会公认有作为之价值，然后我得享受社会上公认有享受之价值者。社会中之百业，若木、土、水泥匠，美术家，教育家，皆人群所不可缺者，我能学其一业，即我所负于国家者得以清偿。所以人习一业以偿所负者，不啻谓我之得享权利，即以我之能尽职务故也。其不尽职务者，即不得享权利，犹之不者劳〔劳者〕之不得食。

其立点如是，社会上之不劳而食者，自在攻击之列矣，其言曰：

> 社会上拥有财产，而财产出于他人之劳力者，是之谓社会之寄生虫。因彼等但知有享有，而不能为社会生产也。因有财产，彼等益有所恃以自遁于社会生产力之外。

夫不劳动者不得食，俄共产党宪法之条文也，赖氏其为最激烈之共产党欤？曰：非也，赖氏明知现社会之不公道，谋所以革新之，然以为非"革命"二字所能了事，而贵乎有解决之法也，于是赖氏分三项论之：

第一，关于财产之总原则，赖氏尝举三端：

一、财产之出于努力者应听其存在，如医生、航海家、发明家之酬报之类。

二、财产与个人身心有密切关系者，可听其保存，如个人玩好之书籍、图画之类。

三、遗产之为寡妇赡养为子女教育计者，可听其存在。

此三者，赖氏认为财产之合乎道德的原则者也。

第二，关于各人之酬报。贫富之分之由来非徒财产之受授也，平日酬报之多寡，所关尤大矣，赖氏先驳三说：一曰各人收入均等说之不可行，二曰市场高下说之不可行，三曰各人需要说之过于简单，于是更进而创第四说，其条件有三：

一、立一最小限度之需要，为一切国民所共享受。

二、非尽力于有用工作之人，不受酬报，而对于此尽瘁于有用工作之人之需要之供给，以三事为标准：一曰健康之保持，二曰天才之发展，三曰一家衣食不虞匮乏。

三、除第一项最小限度之享用为各人所同外，视其人所贡献于社会之公善之多寡，亦得享受分别待遇。

赖氏亦知今日之出产力，不足供给多数人提高生活之需求，于是主张生产方法之改良，但在改良方法未经试验以前，赖氏决不轻弃其最小限度之需要之说也。

第三，关于工业组织。赖氏以为酬报之制，即令改良，而工厂管理仍今日之旧而不革，则犹不得为自由之社会也，其改革之议三：第一，厂主由所有主之地位，降为领受股利之人，换词言之，厂主虽投资于厂中，而不得有绝对的管理权；第二，工厂中规矩，分经理与司机、工人之等差，按其职务之高下，定权限之大小，且由参加工业者共同预闻厂事；第三，大工业之关系公众幸福者，应归社会所有，有管理方法应分多种，为生产合作社可，为消费合作社可，为一九一九年煤业调查委员会之方式亦可。

赖氏于财产制度之改造，认为至难之业，其小心谨慎之词，可于本书中求之，尝举麦几维里之言曰："人类于亲戚之死易忘，而财产之没收难忘。"诚洞人心隐微之语也。惟其然也，赖氏对于财产之没收，主张予以赔偿，于改造后之工业，反对其悉隶属于政府与夫划一方式之管理。此所云云，视白朗氏所谓各尽所能各取所需之空泛论，相去何如？视俄国之顷刻没收顷刻破产者，相去又何如？要之在此条分缕析之研究中，乃有贫富不均之解决，而标语之号召，则已成过去矣。

第四，政治及生计方面之改造

二十世纪，可谓政治上、生计上之浪漫主义时代矣，各怀一新理想、新计划，期去目前之旧，图今后之日新又新，俄宪其一例也，德宪其二例也，乃至学者之著书，如威尔斯之现代乌托邦，出于小说家者无论矣，槐伯氏之英社会主义共和国之宪法与夫柯尔之职业代表大会，何其近于理想而远于事实耶？赖氏宗旨，简括言之，曰国家、社团、个人三者，宜求其相剂于平，国家非主权体也，委之以平匀酌剂之任务，个人则设为权利系统以保障之，俾达于自我实现之境，至于社团，如教会如工会之活动范围，有为国家所不应侵入者，更许社团以选举职业代表之权，俾得参与政策之决定，此三事同时盘旋于赖氏之脑际，故其立点自与槐氏、柯氏之专为社会主义运动计者，不可同日语。赖氏关于国家制度之意见，可分两项论之。

第一，政治方面。方今流行之语，曰民主政治流弊百出，曰代议政治已成过去，谓其不能代表民意而图民福也。俄之苏维埃制度，以无产专政相号召，德于国会外别立一生计会议，皆成于此种口实之下者也，于是柯尔氏倡为职业代表大会代今日两院之说，槐柏氏调和新旧两制之间，谓宜设两院，一曰社会院所以代表生产者，二曰政治院所以代表消费者。赖氏不特不赞成柯氏说，并槐氏而亦反对之，其立言之理由有四：一曰领土的代表之必要，二曰普通选举制之明了，三曰一般问题非职业代表所能议决，四曰职业代表易为人所操纵。全国之人，居斯食斯，同享保护，同受教育，斯有其共同利害，而所以讨论之者，莫若以领土为单位，以分区代表，集议一堂，此近世各国议会所由以成立也，此其优点自有不应轻易抹杀者矣，其理由一。赖氏曰：

> 吾人之意，选举基础惟有以人为本位。人之所以为人，决非隶属于各职业之总体系也。社会生活之本题，亦非柯氏辈职掌之说所得而解释者也。以全国人民直接选举立法机关，为国家行动之出发处，衡之一切制度，恐难出其范围之外。

赖氏进而述其理由曰：

> 以个人为本位，因而选举议会，其理简而易晓；以职业为本位，因而选举职业代表大会，其理曲而难明。议会决于各人之票数，故去人之所以为人者近；职业代表大会，以职业为基，去人之所以为人者远。……今日颇有评英之众议院不能代表民意者，不知所以改良之法，不在乎否认区域的基础。

以一人为一人，乃普通选举之基础也，故曰简而易晓，职业代表之数，以职业之强弱大小为衡，则人之资格，隐于职业之后，故曰曲而难明，其理由二。赖氏曰：

> 职业代表机关之用，在乎各业对于其本业之利害尽情发表，至以一般的社会问题之解决，期诸各业，不可得也。何也？以社会问

题属之各业联合会，彼等自其本业以立言，仅一部分人利害之见而已，势不为人所重视，若弃其本业之地位，自远大之点以发言，则又失其为职业代表之资格。

此言乎职业代表不能讨论全国之政治问题也。其理由三。赖氏又曰：以职业为单位，因职业而影响个人，则各个人地位之不等，为其选举法之固定前提，尝举英国工会为例，谓其大政方针之决定，实操于少数人之手，与美国政党之"布司"等，此皆职业代表选举法之出发处，不能简单瞭有以致之，然则求民意之直接返映于代表机关中，与其以职业为本位，远不如一人一权之利，辅之以政党公开竞争之为愈矣，其理由四。

赖氏本此四理由，力主国会制与普通选举法之保存，更引德国新生计会议之不适以证其说，其言曰：

> 德国生计会议成立之年月，仅三年而已。由其三年中工作观之，一般的问题之讨论益小，特别问题之讨论益大；全体大会之讨论益小，委员会之讨论益大。……此会议有发议而无实行之责任，人出一议，以为立法之资料，而议题纷起。……合种种专家于一堂，甲之所言与乙无涉，乙之与甲，亦复如是，而此机关又为庞然大物，无可运用之中心，则国事之获益，能有几何乎？……此会议纷向各部要求各种案牍，于是法人之所谓纸堆生活，乃于此见之。

甲职业之所言与乙职业无涉，乙职业于丙职业亦如之，乃至只有意见，初无实行之决心，是职业院之大病，其所以不能取国会而代之者明矣。故赖氏断言曰：

> 以全国领土为单位，由普通选举所选出，乃全国各种意志竞争中，求其最后决定之最良方法也。此等会议按理论上言之，不能处于不负责任之地。第一，此会议为民意机关所造成，选民之智识愈发展，则立法机关愈不能不尊重民意。第二，政府实行政策之先，不可不商之社会上有组织的意思。

然则赖氏其轻视职业代表，而不令参预国家大政软？曰：非也。赖氏以为职业代表不必集合为大机关，但就其有关系之利益，对于有关系之行政，为专家之陈说斯可矣。其言曰：

> 今后工业，诚欲置之于立宪轨道上，惟有设为决定之谘议机

关，先之以商议，而后为政党之决定。

有此机关而后有关系之利益，得自达于政府。彼等胸中所怀想者，得为正式之陈说。既与政府相接触，则政府政策之大纲细目，可以窥见。……就他方面言之，有关系之利益，得以其所积之真消息报告政府，使政府中之立案者有所根据。…………如是，政府方针集合专家意见而后成，其所行所为，庶可谓合于责任政府之原则矣。

吾人意中某职业之有关系者，立于政府各部之旁，为其谘议机关，不可集合各种代表于一堂之上也。

赖氏心目中之政府，视今日无大异焉，曰立法机关为一院制，曰行政机关为英之内阁制。所以仍今日之众院而不废者，以其为全国之代表，可以议全国公共之利害。若政党之制，为柯尔辈所一字不提者，赖氏以其职司在于明了选举之争点，使国民注意有所集中，亦为立法中不可少之组织也。所以保持英之内阁制者，以其政府领导政策，集中事权，自胜于美之分权制与法之多党制，真能贯澈主张而负实行之责任者也。

第二，生计方面。赖氏书中多攻击现社会之词，然就其所采机关言之，于旧制未尝一切舍弃也，其心力之集中，则在生计方面，财产制度既论之如前，更进而讨论处置工业之法，第一类关于公众利益而具有独占性质者，第二类一般人之需要只可以画一制造（Standartised）之者，第三类纯粹私人营业，国家但立为工资、工时等之限制。

尝考俄、德两国之情况，而知国家干涉工业之不易矣。俄人采一般没收之制，移时而后，工厂悉闭，工业扫地，于是采新生计政策，以一部还之人民，一部操之国家，其操之国家者，能否如私人营业之认真而节俭不可知也。德鉴于俄之覆辙，关于煤电工业之国有，设委员会以讨论之，迄今徒有计划，绝无实行之望。赖氏知其然也，知有公业而无私业之终不可能，于是分之为如上之三类，而以下列之法处置之。

第一类，关于独占之工商，如矿业、铁道、船业、银行、煤油，由政府以公债买收，设局管理，中央设总局，地方设分局，每矿每厂设经理一人。惟其为国有也，故立于议会监督之下。又恐官僚政治之丛脞也，故管理局中准公众代表参加，且设工务委员会，以疏导工人意志。总之国有以后当求其事业之繁昌，一如私人经营时代，惟其利益所入，不以肥一己，而润泽全体人民也。

第二类，人生日用必需之品，如衣履、牛乳、面包、肉食、家具，可以大量方法生产之者，归之于消费合作社，目的不在营利，而又合于生产事业之民主精神，故此类营业方式，赖氏以为可以永久保存者也。

第三类，除以上二者外，下自一人自设之工厂，上至分利制之数千人之工厂，如德国耶纳光镜厂之类，要皆属于私人营业者，国家应定为条例以限制之。而其条例中所应保护者有三种人：一曰劳动者，使得享相当之酬报与安舒；二曰消费者，防止物价之奇昂；三曰投资之公众，使其不至受办事人之濛混。为达此种目的计，董事部中，除经理人列席外，劳动者亦得占议席之半，年年盈亏之报告，向大众公开，如逢意外奇盈，除股东红利外，或以盈余之一部归之国家，或降低物品之价，以便一般人之购买。

赖氏自评曰：此种计划，不合于共产党之意甚明，以其非澈底的改造也，非能取资本主义一朝消灭之也。赖氏曰：以革命方法达生计改造之目的，不特原有目的不达，且为害有不可胜言者，于俄且然，何况英国？盖冥心孤往，视天下事易如翻手者，俄人之心理也；脚踏实地得寸进寸者，英人之心理也。读赖氏书者，常觉其理想之标准与对社会之指斥，不殊共产党人，而就其所提出之办法观之，无一非循序渐进之语，此皆英人心习之支配为之也。

第五，赖氏与英国传统的学说

赖氏书成于二十世纪，谓其视十七世纪之陆克，十九世纪之边沁、穆勒，绝无新说之发挥，断不然也。若团体人格，若职业代表，若财产权之制限与夫国营之事业，皆属后起之说，为从事斯业者所不能不解答之问题，赖氏书中所指陈，即赖氏对于斯学之贡献也。然赖氏言，岂能画出英国传统的学说之外乎？则一国思想史之继续性实为之也。

萧君公权著《政治多元主义》一书，谓赖氏学说，以三种潮流混合而成，一曰边沁之功利主义，二曰个人主义，三曰康德的背景。萧君所分析者为赖氏之哲学的立点，而我之所重者为其与英国思想史之关系，本书显然流露者亦有三点，一曰代议政治，二曰个人主义，三曰零星改良精神。

陆克者，英政治学史上最有权威之一人，其学说之最影响于英国政治者，莫过于其以立法机关为主权机关之说。议会为英之定制久矣，英谚有巴力门除男变女女变男外无所不能之传说，十八世纪末年内阁政治确立，益以促成议会多数党柄政之局。自是以来，学者中只有因时改良之说，绝不闻澈底改造之议。近年来国外有共产党之攻击代议政治与夫俄国苏维埃制之成立，国内有基尔特社会主义之主张，欲以职业代表大会代巴力门。而政治家如麦洞纳不承认领土的代表制之废止，学者如赖氏亦以为领土的代表制为代表人民之消费方面，决非职业代表所得而取代，因而主张国家之特殊地位，因而保存普选之制，因而维持国会与内阁之制，夫亦以议会为数百年来之旧制，既已推行尽利，则亦不必更张耳。陆克之言曰：

> 立法以号令全社会之权，属之全社会。……君主行使此权而不得其所统治之人之同意者，直专制而已，法律之不得公众同意者非法律也。

因是而征税、募兵与夫其他国家大政，非得国民之同意不可，此英国宪政之恒例也，而赖氏书中习见之语曰审查之义务，其文曰：

> 国家之保护人民利益，应普及于人人，不得厚于甲或乙而薄于丙、丁，甲、乙、丙、丁同有审查之义务，问国家所以待我者是否有所未周，其未周之故安在，审查之结果虽直鸣其非可也。

英人之政治论，有大提前，曰政权行使不受人民监督者，易流于专擅，惟有监督之后，乃有良政治，故赖氏曰：

> 言乎权力，必有行使权力之人，而受法律委托以行使权力者常为少数人。此问题之中心，不在乎法律上操最后决定者为何如人，而在其所以为此决定者，是否以最广之归纳法，征求全国多数人之同意。

惟赖氏之意，在严防政府之擅权，故于国体、政体之分别则否认之。昔人之言曰：主权之所在曰国体，主权之行使曰政体，而赖氏则曰国家何在，不可见焉，吾人每日所接触者，独政府而已。政治学中之问题，非国家主权之问题，而政府行为之问题也。国民对于此少数人之政府，惟有常目在之，不容一刻怠忽，而后政府不至因私忘公。然则政府之良否，不在政府自身，反在于监督之之国民矣。于是个人之智识与个人之权利乃为政治学中第一问题。

穆勒氏著《自由》一书，发挥个人特性之义，最为深切著明。其言
曰：各人之女性不同，发展之途，宜于甲者不必宜于乙，宜于乙者不必
宜于丙，故国家应听各人之自发自动，而后合此万有不齐者以成社会。
又曰：人类蹈常习故，所以破旧俗之非者，赖乎特殊之个人，且真理因
辩而尤明，因不辨而晦，甲方之反驳，适以促成乙方之猛省，故人持一
说，正所以发明真理也。此等尊个人特操之说，穆勒于其书中往复不
已，而赖氏之言如出一辙，赖氏曰：

> 吾人所以为国家之人民者，非达国家之目的也，乃达吾人自身
> 之目的。凡为个人必有其不易与人同化者在，斯为独知之地，独得
> 之秘，为彼之所独，他人不得而犯之者。……各人独得之处，国家
> 惟有听各人之自为，任其各适其适，若勉强侵入，不啻毁灭人之良
> 心，而各人所自信为至真不易者，一旦尽失其凭依矣。

此重个人轻国家之明白表示也，其与穆氏微异者，穆氏尊个性以发
挥少数人之特长，赖氏尊个性以提高一般人之程度，其言曰：

> 国家所有事，既在取资于社会经验以见诸行事，则"经验"二
> 字应为至广之解释，以期所以取用者益精益密。不论其人地位高
> 下，应容其发抒所见，此即民主政治之所以推行也。国者，合民而
> 成，国之为性，视乎人民以其生活中求而有得之意义，贡献于国家
> 者而定，此一义也。国之为性，既视人民之发展而定，则人民所处
> 地位，应使其得以充容分析其经验，以有裨于创造，此二义也。

惟国家与人民相依之密如是，故选举权不可不普及于人民。赖
氏曰：

> 他人之所感觉，决不能如我之所感觉。他人所得之印象，决不
> 能如我所得之印象。……惟其然也，以全国之立法，托之于惟一阶
> 级，安在其可乎？

此言乎各个人之利害，惟各个人自知之，故应使其自行参预表决而
后可也。欲达此人人自动之目的，则所以教育国人者不可不讲。赖
氏曰：

> 前为公民职分下定义曰：各个人本其理智之判断，以贡献于国
> 家公善之谓。惟其如是，公民有享受教育之权利，使其知识充分发
> 展，然后能尽公民之责任。所谓智识之种类多矣，若谋生之技能，

若生活意义之了解，乃至心之所怀抱者，能为条分缕析之说明，平日所经历者，能寻绎其前后得失之宜。居近世国家中其至显之鸿沟，无过于甲方为有智识之人，乙方为无智识之人，权力之所聚，必在于能领会能分别意义之人，换词言之，为有智识之人。或者以为人之智虑，乃天然之不平等为之，不知天生者虽非人力所能强同，而立为最小限度之基础教育，使人人得以共享，实人事之所当尽者也。盖人自安于愚昧，政治变化，茫然不知，则事之关系吾一身之利害者，曾不能以吾之意思参加其间，故教育者，教人以吾之意志参加于政治所成之果耳。希腊之智士安梯风氏曰：世事之第一重要者，当推教育，岂独希腊，今世尤然，号为人类而缺乏教育常识，非为人奴隶不止矣。

赖氏之重视教育如此，无非欲挽此蠢如鹿豕之群众，以自奋于是非可否之场，故谓穆勒为特殊的个人主义者，则赖氏为民主的个人主义者可也。赖氏既推尊个人，则穷至其极，非承认国民有革命之权利不止，盖国家最终之是非可否，操之于个人也。赖氏曰：

> 因分析国家之内容，在伦理学上迫我以不得不谋国家之倾覆。国家之行使其权，以合于所以立国之原目的为当然之理，今既不能矣，凡为公民应有所觉察而出于抗拒。

如此云云，遽谓赖氏为纯粹的革命党则非也。何也？彼于政策上主张积渐之试验，于学理乃詹姆士氏等实用主义之信徒也。试验之于下文：

> 欲求生活平等，其为共产主义之实行乎？其为私人产业之监督，若利益分配，若劳动状况，一一受国家之支配，使贫者稍免生活之苦乎？二者必居一于是。然依俄之近事观之，共产主义之立国，决非短日月间所能实现。……废止私产以达于平等之改革，决非旦夕之事，必期诸长时间之潜移默化与甲制乙制试验之痛苦。

既曰长时间之潜移默化，又曰甲制乙制试验之痛苦，其不如俄国共产党之以革命为惟一圣药明矣。

赖氏常引詹姆士与杜威之语，其多元的国家之名，即本于詹姆士氏多元的宇宙之语，又曰多元的国家论之内容，即杜威氏之试验主义也。意谓一切政治之施行，应验之于实际，行之而合于民福者斯为善，不合于民福者斯为恶。故其于生计改造计画中，小心谨慎，提出所谓改良方针，而于革命家之持论，则以为不特不达目的，反之障碍之，此即所谓零星改良，即所谓淑世主义，而英、美人之国民性在是也。

第六，赖氏之哲学的立点

我始译赖氏书，金君龙孙于其主撰之英文报名《剿袭》*Plagiarist*中曾有记载曰：张某译赖氏《政治典范》将使是书成为康德化，将以康德之超越的统觉超越之。龙孙措词原为滑稽，然其言外之意，谓我辈惟心主义者，奈何助赖氏张目乎？我初读赖氏书，颇觉赖氏虽自命为惟实主义者，然口口声声不离道德与伦理，似兼采惟心主义之长，继而读萧君公权书，乃知美人义律奥（Elloitt）已在美国杂志中指出“赖氏伦理的个人之康德的背景”（Kantian background of Leekis ethical in dioidulism）。金君之所以议我侪者已有义律奥氏为我作辩护人，义氏文余不得见，兹就我所见赖氏书中之惟心主义的彩色而论之。

哲学之惟心、惟物两派，名义虽同，内容则屡变矣。康德之惟心主义，异于黑智尔之惟心主义；黑智尔之惟心主义，异于今矮尔铿、柏格森之惟心主义。乃至以惟实主义言之，昔之素朴的惟实主义，与今日罗素氏、槐德海氏之新惟实主义，尚有几微之相类乎？就现代惟心主义言之，其谓外之自然界，出于我人之自觉性，与古同也，其认为人类社会中在现实之上别有所谓理想在，亦与古同也，其为今之所有而古之所无者，则谓大宇实在，变而已矣，其进而益上，在乎吾人之努力，换词言之，宇宙非完成之境，乃曰在行健不息之中，宇宙为不完成之物，有待乎吾人之完成，不完全者，现实也，求所以完成之者，理想也。

关于人事之哲学，常分人事为二：一曰现状，即目前之事实也；二曰理想，即道德上、伦理上之当然者也（Ought to be）。人类不满于现状，而求所以改革之。其改革之主张，即当然之表示，即惟心之表示也。惟其如是，即自命为第一等之惟实主义者，要其工作不能限于现实，舍进步或改良之主张而不道。故在自然界以内，惟心两派，确有绝大分别者，而在人事上言之，断乎不然，盖程度之差耳。

夫两派在人事哲学上，同不能不承认理想诚然矣，然两派间有绝不相容之点；曰政治中之总意，此为惟心派所可，而惟实派所否者。曰客观的道德标准，惟心派名之曰理性，曰善，起于先天；惟实派曰幸福，曰功利，起于后天。依此两标准评之，赖氏之为惟实主义者，无疑义矣，何也？赖氏自言曰：

> 如上所言，惟实主义者之国家论也。（第一章第四节）
> 以上所云之国家之观察可谓尽惟实主义之长矣。（第一章第五
> 节）

总意云云，如何实现于一国之中，本为疑问，以民主国之立法，但得多数同意为有效，不问有全体一致之说也。然总意之所以可贵，不在乎同意者人数之多寡，而在乎其决议之是否合乎理性，故康德之言曰：

> 良法律之标准，不在乎各个人之实际的同意，而在此法律与理性上自由的个人之意志相合。换词言之，公道之法律，在其合乎是非标准，假令碍于一时事实，多数人不能共表实际同意，而其同意在于可能之列者，已不能不谓公道之法矣。

惟有其此道德标准在，故先觉之士，常在世人不知不言之日而先有所主张，此人类之理性为之也，乃至今日多数人所不同意者，而认为在他日尚有承认之可能者，亦人类之理性为之也，惟其然也，赖氏之言曰：

> 国家者，立于胜任或不胜任之道德的测验之下。
> 人民所以服从之根据，在公德上之公道。
> 国家所以行使其权力者，在确保其权利而已。其合于此旨者曰善，反是曰恶，此即国家之道德性之所以分辨也。

赖氏书中曰正当生活，曰合理工时等之名词，充斥其间，试问不先有人同此心之理或道德，则所谓正当所谓合理者，安从而成立乎？既承认道德，而欲自遁于惟心主义之外，得乎？

义律氏谓赖氏学说本于康德之伦理的个人主义，以我观之，尚不止此，今日之世界，去国际联盟之理想甚远矣。据惟实主义言之，则今之现实界中，尚无吾人所想望之国际联盟机关，而赖氏一则曰废止战争，再则曰军备扩张非一国之私事，此种立论，苟以询诸各国政府之陆海军总长，鲜不谓为书生之论矣。然赖氏敢于昌言者，夫亦以大同之境，为人类最终之境，而理性之当然者耳。此种立论，惟在惟心论之立脚点乃能有之，决非达尔文之生存竞争论中或边沁之功利主义所能产生者也，故吾以为赖氏学说，不徒受康氏伦理的个人之影响，而同时受康氏伦理的人类主义之影响者也。

且赖氏自居于惟实主义，故文中常云吾人之所谓是非乃经验中之是非，非先天之是非，又曰吾人心中无超越哲学之神秘概念，盖自谓其学说建筑全体于现实主义之上也。然吾人读下列文字，觉氏之神秘，远出康氏之上，其言曰：

> 如是，国人中果有自现其好身手者，亦视一般人所以为之布置者何如，而后此辈乃能自显其对于盘根错节之应战矣。此世界之于彼等，自外言之，若为一大秘密，而自个人内心言之，彼等乃负有穿透此秘密之使命之人也。或合而言之曰，由牺牲之途而达于实践亦可也。夫世界之运命，系乎人群之奋勇先登，非精神生活活动之表示乎？非人群循脚踏实地之途以潜达于创造的目的乎？非吾人应舍鸡虫之争而图人事之远且大者乎？

夫惟心主义者之历史进化观，不外曰精神生活，曰创造的目的，今赖氏亦既自认之矣，谓为康德的背景，谓为现代新惟心主义的背景，谁曰不宜？

虽然，现代之惟实主义与多元主义所深恶者为英国之黑格尔主义，此派学说曰实在意志分之于各人，而各人之所得无不相同，因吾人之实在意志即此公共意志之一部分，推至其极即为国家，故曰自由之实现在乎国家，除国家而外，个人自由无由实现。然则拘捕与刑讯为国家所有事，同为国家之意志，将谓吾之拘捕，亦即吾之自由乎？此其说之弊在乎过于推尊国家而忽视个人，故哲学家如占姆士起而力攻之，赖氏辈更拓占氏之工作于政治方面。占氏口号曰反对整块宇宙，赖氏之口号曰反对至高无上之主权，其用意正同，皆所以图人类创造力之自由发展耳。

孰知现代所谓新惟心主义者，起于反对物质主义与定命主义，以宇宙为生之演化，以时间为世界之实在，故时间进展不已，即为宇宙之进展不已，而封锁体系之说本为其所反对，虽谓人生哲学方面新惟实主义之要求与宇宙观方面新惟心主义之要求正为同一可焉。此何等现象乎，以惟心主义者卜山圭定名之曰思想界两极端之相遇，更以惟实主义者罗素氏言名之所谓心者，因行为主义而大减其物的性质。然则吾人可以成立同一方式曰所谓一元或曰先天者，因新惟心主义而大减少一元或先天性，所谓多元或后天者，因新惟实主义而大减少其多元或后天性，而二者之交相为用，殆为政治哲学新途径乎？

读英儒陆克传[*]（1928）

第一，陆氏之时代

今日吾侪读英国政治史，佩其人民自由权之保障，两大政党之互相尊重而从容揖让于庙堂之上，抑知距今三四百年前，其志士仁人不得志于国内政局，因而缄口结舌，窜逐于海外者，与今日尼蒂氏之于意，米吕哥夫氏之于俄，正出一辙，读英哲学家陆克傅〔传〕而信矣。

一六三二年八月二十九日陆克氏生。

一六五二年入牛津大学基督院。

一六六〇年任基督院导师。

一六六七年识阿吸雷爵士（即夏甫兹勃利侯），移居伦敦，充阿氏书记。

一六七五年夏甫兹勃利候为沙利二世免职，陆氏出亡，居巴黎三年。

一六七九年夏侯复入政府，陆氏亦返伦敦。

一六八二年夏侯逃亡荷兰，旋病死。

一六八三年陆氏隐居荷兰。

一六八九年荷兰之奥伦治王爵为英王，陆氏返英。

  同年陆氏《宗教上之容忍》出版。

  同年《政府论》出版。

一六九〇年《人智论》出版。

* 《新路》第 1 卷第 9 号，1928 年 6 月 15 日。

一六九一年陆氏喘疾渐重，退居奥梯斯。

一六九二年后陆氏时与人辨论宗教上之容忍问题。

一六九六年陆氏任商务部委员。

一七〇〇年陆氏辞商务部委员。

一七〇四年十月二十八日陆氏死。

陆氏之时代为何等时代乎？英之宪法号为和平发展之宪法，而十七世纪中尝经三大政变：一六〇三年至一六四九年为詹姆斯一世与沙利一世专制之时期，其后演成沙利一世断头之惨剧，此一变也；克林威尔继为护国首领，而英采共和国体者十又一年，此二变也；詹姆斯二世退位，又迎荷兰之奥伦治王爵以承大统，而英之政局底定，卒成今之政党内阁，此三变也。自陆氏之生，英朝政局即濒于破裂之境。其始入大学，迄于学成为教师之日，正当克林威尔柄政之年。沙利二世复位之初，以为政局从此可定，不料信教自由之争，愈演愈烈，厕身政局者，朝起夕仆，一如吾国近年之政象，而陆氏竟逃海外两次。及奥伦治王爵为英王，陆氏乃得重返故乡，陆氏于一六六〇年（克氏死后沙利二世复辟之年）尝自记曰：自我有知，日在风涛之中。吾人今日观之，岂惟一六六〇年已哉？谓其终身困于政朝之中可也。呜呼！英之议会主权论虽自陆克而发挥光大，陆氏之生，乃曾不能稍享自由政治之福，在政变迭起之中，独抱其为民争自由之思想，反因其理论而大受挫辱，终于流亡海外十余年之久。古今中外独有怀抱而不随俗浮沉者之遭遇，岂不大抵然哉？

第二，沙利二世之政局

克林威尔氏既殁，护国政治不克自保，王政、共和两派决定大计，卒出于复辟一途，而断头台上沙利氏之子入承大统，是为沙利二世。沙利二世不以乃父覆辙为戒，蹂躏英国宪政常规，较前尤甚。论者谓英国千余年之历史，以沙利二世为最混乱最黑暗之时期，信不诬也。

欧俗一夫一妻之制，帝王之尊亦共守之。沙利二世少年亡命欧洲大陆，结识英妇华尔德氏（Lucy Walters），育私生子一人，后称孟麦司公爵（Duke of Monmouth），及为英王，复收当时之名女优二人入宫。时议会方有剧场捐之议，甲曰剧场属于皇帝之娱乐，理应免税，乙议员起言，曰英皇所娱乐者男优乎？女优乎？英皇闻乙言，大怒，乃令卫兵数人私行报复，割乙之鼻。

时法之路易十四世为法雄主，正攻荷兰，惧英之助荷，乃与沙利二世相约，赠以年金二百万镑，除双方同意外，不得与他国订约。是沙利二世以国家地位供外国君主奔走，所以坠英之名誉者，至是而极。

当时哄争最烈者，为宗教问题。耶稣教与天主教既相倾矣，因为耶稣教，英伦国教派与反国教派（Dissenter）又日在倾轧之中。祈祷方式也，教徒聚会之所也，无一非争持之点。而沙利二世恃路易十四世六千兵之后援，忽与其弟以归宗天主教闻矣。于是国会中奉耶教者，咸危惧，恐此后为英王者，将属于天主教徒，乃提出所谓《排斥法案》（Exclusion Bill），即废沙利二世之弟约克公爵，使其不得继承王位也。国会之中，甲派曰王位承继为王之特权，非外人所能干与，乙派曰此当视舆论之从违，非王一人所能继。此二派者，即后日保守、自由两党之起点。其时则以大多数议员为王后盾，排斥案卒不获通过。

读此时代之英政史，则知其时之英国无所谓国会政治焉，无所谓内阁焉，无所谓政党焉，一国之政治决于君主一人之好恶。如是而活动于政治者，除随君主一人之喜怒而进退外无他道，除阴谋诡计外无他道，而抱定政治主张之陆克氏生于其间，乃大苦矣。

第三，陆氏与夏甫兹勃利侯之关系

陆氏生长于自由思想之家，其父尝从克林威尔之后，服役于当日之议会党之军中。其所学习之基督院院长长翁文氏（Jolm Owen），清教徒也，在校时爱读之书，为笛卡儿氏哲学，时出版不及数年，并及霍布士之《人性论》及《大鲸鱼》（Leviathan）。

时牛津大学风气偏向实验科学，陆氏习化学，兼学医，尝为人诊病，同辈中以"医生陆克"称之。一六六七年阿吸雷氏来牛津求医，托姆士博士介陆氏以见，并谭政治、宗教、哲学问题，甚相得。陆氏旋移居阿氏伦敦宅，且为阿氏秘书，双方知己之感，至老不衰。

阿氏为政界要人，所往还者皆通人，陆氏因与海内见闻博洽之士相接，视牛津之株守学校者大异。陆氏自记曰：友辈五六人集于予室，讨论道德与宗教之根本原则，遇不可通之难关，则告以人智之有限界，以为解决之法。其后来之大著曰《人智论》，即由此种聚谈中积累而成。

夏甫兹勃利侯在克林威尔时代本党于克氏，及复辟议定，派至欧陆迎接沙利二世，以拥立之功，受侯爵之封。一六六二年任财政总长，一六七二年沙利二世与路易十四世之密约成，原约不便宣布，乃伪造约文，由阿氏署名宣告于国会，是阿氏亦逢迎意旨，以图巩固权位之人，与专制国中之政客相类矣。然其人深信国会权力与信教自由之义，沙利二世时所颁政治上、宗教上之宽大政令，大抵由彼主之，而陆氏之助力为多。

一六七二年夏侯任为大法官（Lord Chanallor），陆氏随之为秘书（Secretary of Presentation），后三年陆氏转为通商及海外植民委员会秘书。夏侯为拥护耶教之人，所持政见不容于沙利二世，因法国密约，代之负谤，且以沙利姬姜众多，要求预算中多列皇室经费，为夏侯所拒，于是夏侯大法官之职被夺，陆氏亦不安于位，而逃于法国，为寓公四年，所与往还皆学者，尤重医学上之观察。此陆氏之不得志于政治，而高唱去国之歌之第一次也。

一六七三年后，夏侯在国会中常为政府之反对党，为沙利二世所忌，拘之于伦敦塔中，旋释出。夏侯警告沙利，苟不从其言，国中将无宁日。于是改组枢密院，凡反对党皆任为会员，而夏侯为会长。时《排斥法案》方提出于国会中，陆氏自法返英，关于夏侯在国会中之辩论，助之立意，并分任其起稿之责。

前既言之，时之英政治，尚未达于公开竞争之境，所恃为胜败者，皆阴谋诡计，故英人谓之曰，此密谋与反密谋时代也（It was time of plots and crunter-plots）。《排斥法案》既不通过，夏侯又有拥立孟麦司公爵之计，要求沙利二世先承认孟麦司公爵为合法之子，而沙利二世拒之，及一六八一年常为孟麦司公爵谋划，欲率健儿万人举事于伦敦，为政府所捕，翌年逃至荷兰，不及一年而殁。

夏侯被捕之后陆克氏居基督院中，以其为食校中饩廪之人也，绝口不谭政治，偶有挑动之者置之不答，论者谓如此缄默之人实所罕见。陆氏意欲借此以藏身远祸，不谓政府警吏时追逐其后，卒有第二次去国之举。其所至地为荷兰，为当日欧洲之自由乡，凡因宗教、学术、政治之争，不安于国内者皆以荷兰为逋逃薮，如笛卡儿氏、斯宾宾挪沙氏皆尝寓荷兰矣。英政府更援交出政治犯之例，交涉于荷政府，荷政府着手逮捕，以陆氏隐匿不为人所见，卒免于难。及詹姆斯二世去位，而陆氏重返祖国，时已为年五十七之老人矣。

吾侪平日读政治学史，初以为陆氏万〔为〕风平浪静中之学者，孰料其饱经患难如是哉！

第四，结论——陆氏学说之胜利

一六八八年光荣的革命（Glorious Revolution）告成，陆氏返国，其平生大著出版，曰《政府二论》（*Two Treatises on Government*）主张人民主权；曰《人智论》（*Easys Concerning Human understanding*），主张人智之有限，二书皆成于海外流亡之日，以持论与时局抵迕，故迟之又久而后问世。陆氏晚年受威廉任命为商务部委员，然以痰喘之年，畏伦敦严寒，乃终老乡间。

吾人闭目静思陆氏当日之生世，岂非数十年困顿不遇之人哉？持信仰自由之说而教会各派正在剧战中矣！持国会主权之论而帝王神权之梦尚未醒焉！著书不敢自署其名（陆氏之宗教容忍论及死后遗嘱发表，方知为陆氏之作），且因预闻朝政而遭窜逐之祸。然依英近二百年之历史观之，何在而非陆氏学说之胜利哉？

英教会之制，在克林威尔柄政之日，大受清教徒之蹂躏，及沙利二世复辟，教会为王之后盾，重整教权，所以来缚教徒教士与学术思想者，无所不至。陆氏大声疾呼曰：宗教者，精神上之救济，非外人所得而强迫，政府所恃者强力，而强力之用不能变更内心信仰。因而主张信仰自由与国教分离，此等原则今已为各国宪法之通行条文矣。

英自丢度朝以来争持不决者，曰英之主人翁王室耶，国会耶。换词言之，君主大权耶，议会法律耶。克林威尔革命之后，英之帝王，若沙利二世、詹姆斯二世，犹抱其神权之迷梦。于是陆氏大声疾呼曰：所以统治全国人民之立法权，苟不经人民之同意而为之者，是曰暴政。因而以人民同意为政治之基础，而议会主权，自陆氏以来，益臻牢固不拔之境矣。

吾人考陆氏一生经历，乃知在政治上有主张有思想之国民所以自处者有三原则：

一曰欧洲今日之自由政治，皆出于思想家奋斗之结果。

二曰奋斗之中，不免于种种牺牲，成败利钝，非所应计。

三曰所争目的正大光明，终有拨云雾睹青天之一日。

廿世纪革命之特色
（1928）

今世界各国可分为三类：一常态国家，二变态国家，三由变态而进于常态之国家。国家健全与否之最强试验，莫如战争，健全者虽经对外战争，责人民以种种负担，而人民安心忍受，此其内部同心协力之表示也，英、法、美等在战争中之内阁，曾经种种变迁，然不至因此破坏其国法与国体，此之谓常态下之国家。反是如俄国者，平日政治之组织，素为人民所不满，及至战争，人民乘机窃发，不独旧国体破坏，即新国体亦不能立于以民为主之基础上；又如意大利者，国体在战期内暂保现状，而对外政策与内部安宁，举无以慰人民之望，终致原有政治组织反破坏于战争结束之后。此二国者，距欧战已逾十年之久，而政治尚在变态之中。若德国欧战前之责任内阁及普鲁士三级选举制，皆为人民集矢之点，加以战事失败，人民饥寒交迫，革命乃一发不能止，然不及一载，宪法公布，议会成立，一变其政治制度与英、法同，此所谓由变态而进于常态者也。

若以一七八九年至一八四八年间欧洲各国之革命为十九世纪之革命，则欧战以来，俄国之共产革命、意大利之泛〔法〕西斯主义，可谓为廿世纪之革命。取此二世纪之革命而比较之，确有绝不相同之点，为吾人所不容忽视，今举其最显者言之。

（一）组织技术。十九世纪各国之革命，起于人民之不平，其所驱使者，为市民及一般人民，发动之时，非无主持之人，然为偶然之集合，非于事先以秘密之方法组织之者。至俄、意两国之革命，为其中心人物者，一为共产党，一为泛〔法〕西斯党。俄之共产党，在革命之

* 《新路》第 1 卷第 10 号，1928 年 12 月 1 日。

前，本为秘密团体，其团体员大体出亡国外，开会之日，各地方各举代表一二人，出席而议定其所谓议案，故以少数代表全体，在革命之前，本已如此。意之泛〔法〕西斯主义之党章，公表于一九二二年十月，其开宗明义第一章曰，泛〔法〕西斯党为民兵组织，又云凡为党员者为意大利之公益牺牲一切，是为一种军队组织，与西欧各国来去自由之政党迥乎不同者也。故我以为十九世纪之革命团体公开的，廿世纪之革命团体秘密的；十九世纪之革命团体自由集合的，廿世纪之革命团体为军队组织的。俄共产党章第八十三条云：最强之党纪为一切党员及党团之第一义务，中央党部之命令应立时并正确履行。泛〔法〕西斯之纪律第二十二条云：领袖对于团体员，得要求最严格之纪律，其自身亦应立于严格纪律之下；又云：泛〔法〕西斯民团中之服从，应为盲目的绝对的虔诚的。此可以见二国之革命团体之注重纪律，而与西欧之政党以自由为主者，不可同日而语。两国革命团体之组织如是，然仅恃党章，又难保无背党之人，于是党中所谓秘密侦探，凡有嫌疑者，立即警告之，惩戒之，乃至驱逐于党外，如斯达林对于托劳孛几之所为是也。立于党外而为革命团体所反对者，则加以种种恶名，由革命团体从而窘辱之，使其不得安生而后已，如意泛〔法〕西斯对于尼蒂氏等之所为。如是廿世纪之革命团体，不仅有所谓严格组织，且此组织之中，更附以种种技术以限制其内部而干涉其外部，所谓特色一也。

（二）政权抢夺。十九世纪之政党，所要求者宪法也，国会也。革命之前，政权属君主及贵族；革命之后，政权归于国民及议会代表。且革命团体既已胜利，则举其平日主张而实行之，以履行其对于人民之诺责。俄共产党人反是，其组织之始，固已明标口号曰抢夺政权，盖彼等认定权力为政治之源泉，以为一经得此，便无所施而不可，自马克斯以来已然矣。其于政纲，初不视为对于人民之约束，亦本无履行其约束之诚意，革命前与革命后所欲保持者，政权而已。彼所号于人民者曰共产主义，及试行数年之后，共产主义既失败矣，按之常理，应向国民谢罪以去，而彼乃不顾平日之宗旨，忽一变其方针而试行新生计政策者，为政权也。新生计政策既行，究竟发展之涂径，为共产主义乎，为资本主义乎，虽彼当局，亦无把握以预测其方来之所届，犹且左右应付，以求一日之苟安者，为政权也。其在事前未尝对人民有所谓政纲之约束，在事后又不发生引咎而去之责任，则彼等所争者，除政权外，尚有何物乎？既为政党，固无不欲取得政权，如英、法之政党，所以求国民之同情，所以要求组织内阁，原所以取得政权，然取得之先，应告人民曰：我一旦立朝，所欲行者为何种政策，及行之而失败，或为议会所不信任，即引身而退。惟其有此事前之约束与事后之责任，所以大异于俄之共产党也。惟其但知政权，而不知其他责任，可以前后反覆，可以不顾廉耻，可以牺牲人民生命财产，而一己地位不能不保，此所谓特色二也。

（三）思想矛盾。吾人读俄国共产党之理论，考其行动，则有极大之感触曰：近百年来政治上之名词，固有一定意义，自经俄共产党使用之后，乃变为一种迷离惝恍之名词。譬如俄宪法中言无产者之专政，所谓无产者原包工、农二级，然农人之待遇，远不如工人；此工、农之中，又非尽一切工、农而界以政权，独号为共产党员者，乃得高居人上；此共产党员中，亦未必人人得行使政权，不过共产党最高干部之六七人而已，此无产阶级之名词，所以在俄为无意义之名词也。俄之共产党之党章曰：吾党组织之根本原则为民主集权，其意谓党员在党内人人得与闻党务，故为民主的，而党之权利，则集中于最高党部，故曰集权。吾以为如英国之政治，其选举也询诸民意，其议政也问诸国会，若是者乃可谓为民主政治，至于政策之主持与议会之日程，皆操诸内阁，乃可谓之集权，是则英、美之真正民主集权也。以云俄国，大部分之人民，不必论矣，以党员言之，其言论自由、集会自由，尚不免于剥夺，且牺牲一身，尽瘁党务如托劳挈几者，尚不免流戍于西伯利亚，一日之间，与托氏同罪者达百人以上，党员之人生自由，尚且不保，遑论行使党权与闻政治之权利乎？集权则有之，民主之精神则全失矣，此民主的集权又为无意义之名词也。彼等所自号者曰打倒资本主义，然自新生计政策实行以来，其国内谷物之贸易则自由矣，土地之抵押则自由矣，城市之富商与乡村之富农已成一阶级，斯达林辈虽欲去之，而势有所不可得，恐自今以后，欲澈底解决此问题而终不能矣。乃至其国家银行章程中，明明以国际间之金币汇票为准备，既承认国际资本主义之交易媒介，奈何又标打倒之名词，此打倒资本主义云云，又为无意义之名词也。吾人略举其著者如是，若据第三国际所决议之廿一点而论，则其矛盾之点，尚不只此数。盖民主政治原以承认各人之人格为前提，既已为人，则应各有政治上之权利，故有宪法有选举有人民之根本之权利。今共产独否认此最高原则，以一党专政为维持少数人政权之计，乃左右支吾，无适而可，所造为种种名词者，徒以掩护己短，实则自陷于大矛盾而不自觉，所谓特色者三也。

试以以上三种标准，衡诸我国所谓国民革命，其与俄之现状，真可谓鲁卫之政。国民党党章，全模仿俄之共产党党章，若去其第一章前之叙文与第四章之所谓总理，虽谓其八十九条之党章全为俄之共产党党章百条之翻译品可也。就其实际言之，则国民党内之左右中三派分裂，远不如俄共产党之一致，故其成效，亦不能与俄相提并论。以云国民党人之前后反复，则亦与俄同出一辙，初则容共，继则清共，初则联俄，继则拒俄，与俄之共产党初行共产主义，继变为新生计政策者一也。盖彼等但知有政权，以云信仰与主义，皆口头依托之词。明标民权，而反对国民会议，剥夺人民言论自由之权利矣。明言党之组织采俄之民主集权制，然第三届大会之代表，尽由政府一手支配，视俄之苏维埃全体大会且不如远甚矣。蒋介石既如此，而汪精卫之滥用名词以欺国民，亦与之相埒汪精卫发电反对第三次全会之文曰：凡此种种，莫不以暴力行之，一若张发奎、黄琪翔等之夺取广州，为纯合理纯合法之手段。汪氏电中痛骂蒋氏不能施行民主政治，不知汪所办机关报中明言劳动阶级与小资产阶级之集合，其异于蒋之非民主政治之一党专政者几何？总之不外思想之矛盾、名词之滥用而已。

窃以为廿世纪之革命，如俄、意与我国，为最不澈底最不合理之革命。其所谓组织，非党员真心之团结，徒以一部党章，让少数人垄断政权，而其多数党员，则为奔走驱使之奴隶而已。其所谓政纲，则挂羊头卖狗肉以欺人民，为夺政权之技，初无实行之诚意，即不实行，而人民亦无奈之何。试问如此政党，尚何能为人民谋真正幸福为国家立永久基础乎？故吾人以为今日最大急务，莫急于打倒此耀武扬威刍狗人民之专利式投机式之革命而已。

致友人书论今后救国方针 *
（1928）

　　奉手书，大慰饥渴，平日所怀抱，因兄之商榷，愿详陈之。民主政治与非民主政治，自苏俄革命后，为欧洲政治一大问题。循民主轨道以行者，德国及捷克斯拉夫克是也；循非民主轨道以行者，俄、土等是也。常人每谓我国历史上专制之积习与近年之混乱与俄、土近，而远于德、捷，故所宜法者在俄、土不在德、捷，此乃以俄、土之成功在显微镜下放大之故，而未将英、法、日本立宪之初之成绩熟者而深察之也。英国立宪政治号为数百年，而十九世纪之初，其有选举权者，在一千四百万人中，占四十五万五千人，其后逐渐扩允〔充〕，乃达于一百三十万至二百五十万人等等；日本立宪之初，其有选举权者，总计不过四十六万人。人民之知愚，或法治习惯之有无，俱不足为讨论中国是否合于民主政治之根据，盖世界各国之宪政，无不由无而有，由愚而智中来也。所不可必者，政府有无求治之诚意，有无与民合作之诚意，此为民主政治成立之最大关键也。法国在一八七〇年以前，忽君主忽民主，前后反复，几疑法国人不能运用宪政者，何以拿破仑第三死后，法国之民主政治反安如磐石，则以野心者已去，上下相见以诚故也。当代政论家参与民国以来之国会者，指十年来之政象为中国不能实行民主政治之证，以弟观之，中国未尝真正有一度民主政治之试验。选举名册从未调查，自填选票从未禁止，政府党与反对党方利其混乱以为自便之利，此自民选方面言之也。项城惟恐政权落于他人之手，从不以组阁之权让诸议员，议院与政府间之纷扰，皆由此起，假令当日之组阁如法国之议会然，听议员之自由进退，则短命之内阁，亦自能进而为长命，乃项城与

* 《新路》第 1 卷第 10 号，1928 年 12 月 1 日。

其继起者不明此理，遂将国法破坏而无余，此自政府方面言之也。弟察之各国已往之事实与中国十数年之经过，故对于中国不宜于民主政治之结论，向不敢附和。况欧战以后德国共和初立时，英人游历至德者，无不以为危险，而十年来之事实则如何？捷克斯拉夫向隶于奥国之下，亦未尝有民主政治之经验，而在今日之欧洲，不能不谓为亚于德国之第一太平国也。中国今后苟无私政权于一己之野心家，决不难步德、捷之后尘。来书谓弟之思想，有代议政治及责任内阁之背景，代议云云者，不外多数集议之意，不论为俄国之苏维埃与英国国会，苟非全国人民直接与闻政治，决不能离代议政治之方式，在弟之赞成民主政治者，固有此背景，即在不赞成民主政治者，亦决不能脱离此背景，所不同者，在俄之苏维埃政治之下，以行一党专政之故，虽选等于不选，虽议等于不议，其议会之权力远不如英制下之明确。窃谓世之敢于菲薄代议政治者，即为附和一党专政之人，不知兄之政见其归结于此耶否耶？世人又谓俄制为民主集权制，不知就行政言之，英、美何尝不集权，惟就议事言之，英、美确取决于多数，俄之选举不自由、言论不自由而犹冒民主之名，是以名欺天下，去实甚远矣。至于责任内阁之说，以人类意见之不齐，实为更迭起伏之善法，不观斯塔林之放逐托劳斯几，正以俄制下无此一兴一仆之便利，故有此互相残杀之现象。或谓无论何制度之寿命，至多不过数年十余年，英国克林威尔时代与法国拿破仑时代，何尝非专政，今之俄、土亦复如是，以一人而能柄政至数年之久，其寿命不可谓不永，同时谓为专政之成功亦无不可。然以弟观之，此制度下之所得，决不能偿其所失，残杀异己一也，人民自由发展之阻碍二也，以选民为刍狗三也，驱一部分人民为秘密革命之行为四也，其害之大如此，而又主张之者，皆不能开诚布公与天下以共见也。或驳吾说曰：君等今日反对国民党之一党专政，安知人心不定如今日，舍专政外又有何法？即令君等有主持国政之一日，想亦不能离此专制之手段。弟以为此乃未将立国之含义明白剖析，故有此误解也。政权之要义有二：一曰谋国家之安定，二曰谋民意之调和。以第一义言之，故有军队警察及刑法上叛国之条文；以第二义言之，故有人民之参政权及言论、结社等自由。凡主持政府之人，当然不愿有旁人煽动军队及军队谋叛之举，在此范围以内言之，即在民主国或宪政国亦复如是，不独主张专政者为然也。我所恶于专政者，正以其关于第二义之各项而亦禁止之，民意不能发抒，有政治欲者，咸入国民党而另成一派，在党外者有善意而亦恶，在党内者有恶意而亦善，恃一张入党证书，为是非之界线，以此求天下之治安，安可得哉？兄又谓弟欧游初归时代信仰德国民主党之主张及其当时转移局面之步骤，近一年来似谓国难已亟，经济上根本主张可作缓图，宜急联合多方专谋政治上之变更现状，此言良是，友人中能知吾者，当以兄为第一矣。一九一九、二〇两年，弟最注意欧战后之经济改造方法，若德国社会所有调查会之报告，至今尚在书架上，所以暂时放弃者，生产事业之公有，决不能委诸中国营私图利之官吏，一九二二年以后，德人所欲解答而不能者，亦曰官吏之爱惜事业，决不如私人之周至，故煤矿国有之议戛然而止。更证之俄国，自新生计政策颁发，其成功者若币制若银行，皆采资本主义国家制之成例，其失败者为工厂与市乡之不调和，今年又以大饥荒闻矣。吾国近一二年来共产党之肆虐于国中，名为收归国有，实则消灭生产，名为废止私产，实为骚扰一乡，此等问题之不应轻易主张，较政治问题为尤甚。然弟对此问题亦未尝完全忘却，只要在国会同意之条件下，或讨论产业公有，或讨论工业自治，弟固无不赞成也。更有进者，自中山以三民主义为国民党号召之具，凡有志于政治者，无不求一新主义为前提，以为主义诚立，则新党不患不成，此乃最幼稚之论也。三民主义兼民族、民权、社会主义而有之，惟其是三而非一，故造成党内纷扰。就其他各国言之，一党之政纲，尽可以国内事实一一历举，不必有总括之主义，试问美国之共和党以共和为名，与其所主张之保护贸易及禁酒有多少关系？民主党以民主为名，与其所主张之护农及解酒禁又有多少关系？英国菲滨协会与其所主张之社会主义又有多少关系？故所以谋团体之结合者，不必求之抽象之主义，先将各种问题一一列举，然后求一有关系之总名，苟求之而不得，则以空洞之名名之，亦无不可，积日既久，行动既一，则此名词在国民心理上自能生一统一之印象。方今国中与国民党反对者，遍天下，然所以不能溶成一片，皆起于新主义必要之说，或以一偏之名义，迫人承受，诚能一反此立脚点，各就事实先行讨论，则今后新政党之成立，有何难哉？匆匆布覆，不尽欲言。

德国新宪起草者柏吕斯之国家观念及其在德国政治学说史上之地位*
（1930）

一

　　凡政治概念，皆起于具体的外交上及内政上之对待情形，苟无对待情形，则所谓概念者，乃无意识之抽象之言，因此立论者，不应脱离具体情形及具体之对待情形，此讨论政治者所不应忽略者也。盖政治概念皆有与人辨驳之性质。以政治上之敌人为对垒，其理智力量与历史意义，皆因其敌人而定。譬如政治上之概念如主权、自由、法治国、民主政治之确定意义，皆由其具体的对待情形而定，在学理研究者自能注意及之。至于政党鼓吹，专从抽象方面着想，而不顾具体情形者，则往往造成文字上之迷离惝恍，为自便之计耳。

　　国家学者与舆论主持者柏吕斯氏，数十年来往政治上立于反对党地位，持论不出乎国家与宪法两大问题。当时盛行之国家学说常以柏氏为好辨之著作家，每曰此乃政治论也，非法律论也。我人自今日观之，乃知此种批评之语，以自己为非政治的，以敌人为政治的，乃出于一时之手段作用。实则彼等学说，亦为一种政治势力，其学说之所以盛行，即出于政治上之力量。当时内政外交为一时平静时代，彼等乃创造所谓法理学，其目的在于维持当时现状，而自居于非政治的纯粹的法律学派，彼等所重，在平日之司法、行政问题，而于困难之政治问题，则置之不论不议之列。如是，正所以保护官僚政治而避免政治论也。官僚政治何能在真空中作用，何尝能处于内政、外交具体情形之外。欧战之前，德国盛行之国法学说，即赖般德（Laband）之法律论，实兼有两大目的：第一，政府现状之正统化；第二，避免政治上之难问题。彼等遇有国法学上之难问题，仅触及其表面上之相反情形而止，德国议会之不信任投票问题，以滑稽态度对待之。彼等法律派之立场所以能成功者，在心理学上观之，实由欧战以前，国内基础安定之所致。惟此问题之根基甚深，另有其政治情形在，不能以心理学上之解释了事。此种避免政治学说之方法，实根于俾士麦式之国家构造及宪法而来，简单言之，俾氏宗旨不外避免澈底之解决而已。

政治难题之澈底解决暂时停顿，自有其实际上不获已之情形。因政治上两造之力量相等，其解决之法，固惟有暂时停顿也。以威玛宪法论，何尝能免于调停之论。调停方法，使难题陷于迷离恍惚之境，为国家长久计，实有害而无益，然彼等法律学派之国家学者，则以此不澈底方法为妙用。十九世纪之德国，宪法中关于君主主权与国民主权之难题，即为暂时不决之问题。君主之力量既不能长久保持其专制政治，而国民又无力起而自定其宪法，因此德意志君主立宪国之宪法，即在于推宕此问题之解决，而徘徊于民主与君主之间。一八七〇年俾士麦之德国宪法，一方为国体论，主张德意志人民之统一，他方为顾及各邦君主，又有德国各邦君主之同盟说，即含有推宕性质之调和论也。欧战以前，德国国法上矛盾冲突之难题，俾士麦辞职时所起之宪法上之考虑，与德国联邦国在法律上之定义，皆可于此种政象中求其解释。简单言之，则两种冲突之国体论之迁就与调和而已。既以纯粹法律为立场而避免一切政治论，则所谓定义与解释云云，不过为维持内政上之现状，固并无真正之内容也。

十九世纪中，德国自由主义之中产阶级，在君主国体下发展其势力。虽以俾士麦之强固政府，对于德国议会，亦常居于防御地位。当时德国国家学之重要概念，皆促进议会政治之成立，而破坏君主国体之基础，惟自表面言之，彼等不敢有触犯政府之言。一八三七年哥丁根之国家学者阿勃立希（Albrecht）氏有国家为人格者之说风行一时，不徒为政治哲学方面成一新说，即成文法派之国法学者亦以国家人格为出发点。阿氏之说，不属于形上学上之发见，乃为推翻君主之第一步，即不认君主之身与国家为同一体也。因有阿氏之说，君主乃为国家中之一部分而立于国家全体之下。此外另有国家主权说，其说亦非秘密难解，一方所以反对君主主权论，他方所以反对国民主权论也。此种学说，既否认君主主权，即反对传统之专制君主国体，同时又反对民主主权，即反对潮流汹涌之德谟克拉西，彼等为避免对于君主或民主作左右祖，乃以国家为第三者，包含君、民二者而有之。此等学说在政治上仍不免含有推宕性质，而在理论上则可风行一时。法国之自由党曾有宣告宪法本身为主权者之言，此说在德国未见盛行，以有一八六二年之宪法冲突以后，此说在德国实难立足也。

柏吕斯氏属于自由的与民主的反对党，对于当时盛行之主权论之矛盾与不明了，势难容忍。彼所致力者即在反对主权观念。彼深信自由与法治之学说，其思想与宪法主权论相近，而其主张法治国与宪法国之说，亦即所以对于君主与人民两方之权力为之确定界限。柏氏之国家理论与宪法理论虽多明了之认识，其学说初受格耐斯（Gneist）与赖般德之影响，最后又归附奇尔克（Gierke）氏之有机国家论及社会论，前后不免有混淆之点。柏氏推阐奇氏之学说而穷至其极处，以反对君主国体，又以国家人格论之说推之于成文国法方面。盖柏氏窥见奇氏《德意志组合论》中含有民主的原素，以组合的国家中，应由下而上，非由上而下而发展者也。柏氏以奇氏之有机国家论为出发点，反为奇氏所诃责，且以"有机"二字原有种种歧义，因而不免陷于字义混淆之病。

二

十九世纪德国之具体政治情形中，此有机国家论乃发生大用，以"有机"二字之歧义与种种联想，足以掩盖其辨论性质而享有优越的便利也。"有机"二字与"机械"二字相对待，凡反对有机说者，号之曰属于机械派之思想，彼不爱活物而爱死物，不承认内发而承认外发。就当时具体政治情形而论，此"有机"二字心目中所想像之敌人，不下六七派，皆彼等所欲网罗而推翻之者也。吾人考察十九世纪中"有机"二字之意义，有以下种种解释。

第一，非机械的。此种解释，所以反对国家之机械观，反对以国家作为行政机关观，反对集权之官僚政治，并反对国家与官僚之同一体观。

第二，非外制的。此说所以反对君主立于超绝之地位，而使之居于国家之一部分，换言之，君主乃国家之机关也，非外制云云，正合于十九世纪流行之运动，以国家与世界为人造之物，非自上帝产生者也。

第三，非自上而下。依此说，则国家不立于惟一主人命令之下，乃立于全体国民意志之下，如是国家非统治体，乃组合体也，非君主宰治之国家，乃国民的国家也，其当然之结论则为民主政治，此即柏吕斯氏与华真德夫（Wolzendorf）氏从有机论中所得之结论也。

第四，非强力的。依此义，其所反对者即为战斗为命令，其所赞成者为调和为协商为进化，而与革命派立于反对地位，与自由党之观念最能融合。

第五，非分子的非个人的。依此义，其所反对者为自由党之个人主义而赞成集合主义，至于君主之个人政治之反对，自不待言，同时反对文官地位之私法的解释（以文官为个人，如英国法廷之解释），而主张以文官为国家之机关，以图文官地位之确定。

第六，非各邦分治主义。依此义，谓国家应由统一的全体出发，换言之，则以单一主义为本位而反对联治主义也，同时此字亦包含有反对民主的党派国家之性质。

第七，"有机"二字，反对一切有意的及作为的，而赞成历史主义、政府主义、清静主义与夫怀疑主义。

以上各种意义，不难指定政治上之实情而一一说明之。七种解释之中，可由人任取其一二种而反对其余各说。因此之故，赞成奇尔克氏有机国家论者，在德国政治上之各派中，自右而左，无所不有，如君主党、俾士麦党、自由党、民主党皆是也，乃至多元国家论之赖斯几氏，反对国家之统一体与全体说而赞成工团的社会主义者，亦且以奇尔克氏之学说为基础矣。"有机"二字之义既如是其多，在他人且凭借之以还攻柏氏，则柏氏之不能战胜当时之巨敌，固其所也。柏氏虽由奇氏组合学说中推演民主政治，而奇氏则反欲以组合学说联合当时之君主主权论也。

三

吾人若仅视奇氏之学说为迎合欧战以前之现状维持论，则大反乎公平之道。奇氏学说关于国家学国法学上之种种问题，自有其理论上之答案。然奇氏与一八八〇年前后盛行之成文法派与法律学派之国法论，太不相容。彼等虽采国家人格观念与夫国家机关观念，至于澈底的统系的应用，则置之不论。十九世纪中德国中产阶级之学说之变迁之阶段，最为明显，可以三时期代表之：第一，一八四八年；第二，一八七〇年；第三，一八九〇年。

斯达因（Lorenz Stein）氏之国家学，以黑智儿为基础，所著《法国社会运动论》，不独为德国学问界之伟书，亦为欧洲学问界之大著，同时足以为德国资产阶级在政治上觉醒后智力表现之明验也。其后马克思主义所主持之社会论、政治论，皆以斯氏种种概念为基本。十九世纪之国家学，换言之，即为国家与社会之关系问题，虽经一八四八年之失败，而中产阶级并不因是而丧其讨论种种问题之热心。此时代中认为国家之地位超于社会之上（Staat über der Gesellschaft），认为国家属于精神方面＼道德方面，认为社会属于情感方面＼利己方面。如格耐斯氏且云社会属于兽性，必合于国家，然后能衷于理性。此种讨论自有当时之具体意义，即谓德国之中产阶级因汇合于当时之君主国家而为其一部分也。格耐斯氏时承继斯达因氏之学说而澈底主张之，其讨论之中心问题，即为受教育及有资产之中产阶级在社会中应为统治者而参加于国家之中，使其社会上之力量成为合理的应用。格氏所谓参加于国家之中，非谓政治上之选举权，乃为地方自治行政权，盖格氏视公民之参与自治与国家文官相对待者也。格氏意此中产阶级之地位，应成为教育化，以其视国家为精神体、道德体也。格氏为自由主义者，故重视自信、自识、自己教育、自己限制，其所以主张地方自治者，其目的在此。一八七〇年后，格氏鉴于除此资产阶级外又有无教育与无资产之劳动阶级之勃兴，言论中颇及于国家构造将为社会利害斗争所淹没之说，但其心目中以为国家组织之力量甚大，定能容此新起之阶级而纳之轨道之中。彼意中君主制度可以常存，可以维持而调和之，至于社会中自行构成之阶级，则在其或左或右之斗争中，常超轶于道德与权利轨道之外者也。

俾士麦立国之事业既大成功，于是德国内政之运命因之以决。然德国中产阶级政治观念之消沉，亦未有甚于俾氏时代者。一八四八年之失败不足以使之丧气，俾氏外交之成功不足以眩人耳目，所以使其政治观念消沉者，实俾氏时生计事业之兴盛有以致之。自一八七〇年后，年复一年，但见德国国家学之衰颓不振。奇尔克氏《组合论》于一八六八年第一册出版，满纸皆政治能力政治进步之自觉之表现。一八七三年第二册出版时，仅存历史上与私法上之兴趣。及一九一三年最后一册出版，徒堆积历史性质之材料，与当时政治绝无关系矣。然有机国家说中实包含前此所论而未尽之问题，如社会与国家之关系。彼等不认国家为至高无上之团体，而视之与社会相对待，如是，国家之定义，乃种种组合中之一组合而已。此种学说与一八七〇年内政上所达到之状况正相应合，因其时正注意地方自治行政也。格氏一八七二年《法治国》之著作，亦足为其表示。其时之资产阶级之侵入，不在上而在下，彼等所重，为地方行政。柏氏于此方面之学说，最为澈底，以奇氏学说为基础，认人类一切组织具有相同性，国家之为社会构造，与其他团体初无二致。然柏氏之论，尚不至如其他多元主义者之视国家为可以任意颠倒之一体，降而与工团立于同等地位，而仍以为领土团体之一，故国家者，所以维持民族的统一，而犹有至高价值者也。

如是有机国家论在一八七〇至九〇年之间为国家学进化中之中间阶级。国家与社会既有相同性，则社会不必自依附自汇合于国家之下，即由社会自进而成为国家可也，此等理论自为当时法律派之学者所不赞成且不乐于讨论。是时占胜之学说为赖般德氏。奇氏于一八八三年虽曾有批评赖氏之文，然时人淡漠置之。当时之国家，其所谓智识则文官之智识，所谓教育则文官之教育，在文官方面所承认之国法学，舍赖氏书外，无可他求矣。格耐斯氏死于一八九五年，当时多数人鲜认之为法律学者，汉纳儿（Hönel）亦不为世所重。耶林纳克氏之国家学，分为二部，一方为法律，一方社会学、历史学，因此画分之结果，国家学上产生一种羌无内容之形式主义而已。世人之兴趣，不集于国家方面，转而入于生计学、社会政策、历史与尚未发展之社会学。其发达之途径，殊为奇特，如许莫勒之注重普鲁士行政史，亦求所以代替国家学之具耳。吾人之意，以为一八九〇年后德国之中产阶级中之有智识者，实不能对于社会之新状况成立新国家学而活现之。因此，维伯（Max Weber）氏认为德国社会分为两级：一曰官僚，一曰文士。其持论大失学者之平和性而走入感情一途。然维氏之说，不能变更德国智识界之状态。一九一四年德之资产阶级，谓为全无政治学之兴趣可也。一方为簿书期会之官吏教育，他方则为逍遥自在之文士教育而已。

欧战中势不能有新国家学说之产生。一八四八年以来迁延不决之君主与议会多数派之冲突，因而复起，战局日艰，而此问题之争愈剧。当时国体，势难挽回，以国中有人视欧战为宪法之争者，其目的在以西欧之民主打倒俾士麦宪法。俾氏之国家构造，乃对于西欧民主之调和，自为彼天才绝特之创见，且令国中党于君主制者与党于民主制者不生剧烈之对垒情形，非彼之才略，安克臻此？一九一八年十一月后，民主与君主对抗之说已不成问题。以兵工会议之社会主义政府操持政权，已无讨论之余地。当此紧急之际，资产阶级俯首帖耳，而柏氏以无所畏惧之精神起而发言。彼于一九一八年十一月十四日在《柏林日报》所载之文，题曰《民主国或倒退之专制国》，发生极大影响，乃宪法史上至重要之文字也。

四

学说概念之历史，当其敌人消灭之时，亦即为概念存亡危急之期。敌人消灭之日，其概念之紧张力与历史生活亦因而消灭。柏吕斯氏之国家理想与宪法理想，在一九一八年十一月忽有一反对者与之对待。柏氏为自由主义者，常立于左右之中间，以毫无畏惧之精神，对待其随时随地之敌人。一九一八年十一月柏氏开始其威玛宪法之工作。关于宪法上种种问题为当日及今后尚在论争之点，如德意志国与各邦，或曰德意志国与普鲁士邦之关系。其他各方面责备柏氏之说起于种种动机者，皆非今日所能论之。关于国际法向所承认之原则一点，彼自身之态度与法文所规定者相反，其他条文中经柏氏力争而为宪法会议所通过者甚多。今日所欲论者，则为革命后之新状态中，柏氏关于国家之根本观念。此方面柏氏之言论，只有零星散见之文，盖柏氏正从事于宪法上之条目，且处政局混乱之期中，势不能有统系了然之学说。然柏氏之根本态度与夫关于国家之观念，在民治主义与威玛宪法战胜之后，固有显然可见者在焉。

威玛宪法中所成立之国家观念，欲求一正当之名以名之，可名曰内政上国家之中立性（der neutrale staat）。国家之中立性者，实由资产阶级与劳动阶级欲在威玛宪法中求得一两方所共同承认之调和方法而起者也。此方法何在？即法治国之方法，法治国在内政上之冲突，可以贡献最大限度之中立性也。此种国家所以能具有中立性者，以其对于政治上之各党派在国会中或宪法会议中占有多数者，皆与以一条公开之路与夫同等之机会。各党能遵守宪法上取得多数之方法，则不论其结果如何，咸为此种国家所承认，在此范围之内，国家无论对于何派，立于中立地位。威玛宪法因此之故，可以视为各阶级之休战条件，以各阶级咸认此公共国家也。反是者，各派各利用其宪法上之权利以毁坏此公共基础及夺取敌人之同等机会，此种国家失其中立性矣。诚如此，则宪法亦陷于消灭，以其对于其种种根本原则上，不能立于中立地位故也。

　　内治上国家之中立性云云，实起于自由主义者之说，原意谓应将国家之地位缩之于最小限度，而种种社会问题之解决，听诸社会各种力之互为胜负，故所谓国家之中立性，实即不干涉的旁观的怀疑的国家之谓也。柏氏遗文中，有未成之威玛宪法解释，试取而考之，可知柏氏实赞成国家中立性之说。试举一说以证之，法律之前四民平等之义，本为法治国、民主国之根本原则，柏氏之言曰：就实际言之，民主政治根本原则，非平等，非政治上之同等价值，而在其不平等与不同等价值之中。然以不平等与不同等价值适用于民主政治，乃自由主义者之说，非民主主义者之说也。事实上既不平等，乃偏欲以法律上之平等为法治国之根本原则，其原因安在？柏氏答之曰：此以国家与国家之法律无从衡量其不平等而得其标准故也。柏氏之说殊与常人不同，不能不直引其原文如下："非各个人之平等，乃国家法律不能衡量之不平等，实为权利平等之民主原则所由产生。"此说中可以窥见除其全知之国家外，尚有一不可知之国家在，此所谓怀疑的国家观也。下文柏氏更继以自由竞争之原则，其言曰："在此权利平等之基础上，各个人之种种不同之政治价值，在自由竞争之下，各求其相当之表现。"在此种政治能力之竞争中，自有公共舆论产出，而党派之职掌，即在实现各个人之自由组织与领袖之选择，此乃民治政治之根本要点也。

五

　　如是，所谓国家者，乃社会之自己组织（selbstorganisation）。十九世纪中德国之资产阶级，自求依附于当时之国家构造中，且以吸收种种社会力之君主政治为基础，至于今日，则种种社会力，可以自己之奋起以组成国家。如是非社会力隶属于国家中，乃社会力之完成而为国家也。现时德国宪法学者司孟德（Smend）氏之"汇成论"（integrationalehre），予以为亦应在此种意义之下解释之。柏氏文中亦时用"汇成"云云之语，其意指阶级之自相结合而言，彼同时注重个人分化力之大。至于社会力之自己汇成以达于国家地位之难，柏氏非不知之。柏氏深知党派国家或党派主权之危险，且念及德国若去三十左右之君主的朝代而代以六七党之党部，其权力之大小，视其选举时所得之票数而平分之，其情形又当如何？虽曰国家生于社会之自己组织，而自己组织，实操于党派之手，由比例选举与各分阶级而组成，则欲保护个人自由而求免于多元的封建国或阶级国之退化，又将安所恃哉？

此问题之由来甚久。柏氏于其第一次威玛宪法草案中已拟定所以阻遏党派国之大害之法，是为民选之总统，所以保议会制与公民投票民主制之平衡者也。关于一般国家学理论，柏氏但有简单明了之答案。柏氏深信有公正舆论之存在，有德意志人民之国家观念，此二者乃威玛宪法中之民国所赖以成立。柏氏临终前之著述，尤常用"国民的民主政治"字样，其意所在，欲以全国民之精神思想限制此弄权之党派而已。假定此国民之舆论而不足恃，则全部宪法且陷于灭亡。若德意志国于君主误国之后，继以党派之误国，则其民主主权之说失败于一八四八而收功于一九一八年者，亦终为昙花一现而已。

柏氏心中时存此种恐惧，然并不因此而有国家学上之新理论。此问题之由来，本与法治国以俱生，故其答案亦为二百年来之旧说，曰国民智识之提高，曰政治能力之提高而已。教育也，国家观念也，法治国也，乃不可分离之三事，歌德氏尝歌咏之而至今为柏氏所乐吟诵。歌氏之诗曰："德人乎！德人乎！汝竟不能成为民族国乎？"于政治上尤有特殊意义者也。自黑智尔以来，德之国家学者深信以精神为基础之说，已成为欧洲一般之说。然彼等所谓国家者，属于超社会之客体精神，故以国家与社会相对立，视国家为超于社会之上层。黑氏之说，施之实际，只有在文官统治之国中乃能实现。十九世纪中普鲁士国中，精神与国家所以能成为一体者，一方则普鲁士非纯粹之国家，乃兼握宗教权而有之，他方则普之教育之大部分，乃文官教育也。此黑氏所以视国家为精神之代表而耸之于社会之上者也。

自有惟物史观之说，于是一反黑氏所定之价值标准，视国家为社会力之工具，视精神为物质条件之反映。自由主义之中产阶级，立于左右两方之中间而活动，既非马克思主义的，亦非普鲁士的解决法。彼等之前提曰：国家者，各种冲突之社会力之平衡也。此平衡之说，自十九世纪以来有之，尝经种种变化。欧战前世人不了解此平衡之说且蔑视之，然尚生存至今，且有倡为资本与劳动之平衡说者矣。穆勒约翰氏信此说尤深，尝谓社会中各相反之利益或团体自有保持平衡之法，以各方因客观性之表现及智识之普及自有归于公道之一日也。民主政治下之法治国，由党派掌握政权，非有各方之中立的力为之维持，则其国决难生存，所谓中立的力者，谓不受党派之拘束，而其理智为全国所尊敬者，乃能成为理智的中坚，彼不应有所组织以自居于偏狭之地，以自由的公开的客观的精神力，号召全国而为之枢纽，则无形之舆论也。柏氏学说中关于此点，虽未有简单说明，然推其立言之意，除党派之力外，应有中立的力之存在，固柏氏所承认者也。本节中所云中立云云之语，已一变前文之义。前文中立云云，指旁观的怀疑的态度言之，此在今日生计社会政策纷拿之国中，决难适用。吾所谓中立者，谓主张事实的公道的解决之人，而不偏于一党一派者也。一国中无此中立的理智，则法治国决不能长保。为达此目的，应提高资产阶级之教育，应确信不拘于方所之国民精神，彼等居党派外而能以独立言论与勇气与国民相见者也。

今日之德国，常人每怀疑是否尚有一超于党派外之独立的政治理智在，此种理智苟杂厕于日常问题之辩论，是否尚有何种益处。此时党派林立，各欲引致他人为有利于己之解决，因而于离合亲疏之种种结合中有以操纵之。然柏氏之论格耐斯氏曰："所谓精神者，深窥历史变迁之故，且本此深求而得之标准，应用之于当前政治问题，今日人奉之为先觉者，明日亦竟有人视为腐朽不足道者，此等毁誉当置之不顾者也。"柏氏此言，移用于今日可也，然政治思想家之求保持其独立地位，自视昔为尤难耳。此一语中，可以窥见柏氏之独立精神，其一生之事业精神，即寄之于自由主义与威玛宪法之中。自德之资产阶级历史言之，以柏氏为制宪之人，初非偶然，而实有其必然之关系。惟其如此，德之智识界之运命与威玛宪法之运命，二者遂相系属，而永无分离之日矣。

国家民主政治与国家社会主义[*]
（1932）

绪　论

　　二十年来之中华民国，有政府而实等于无政府，有制度而实等于无制度，混沌而已，捣乱而已。宣誓服从共和者，而叛背共和矣；名为拥护国会者，实则以国会为猪仔耳；乃至名为有预算，而始终无一名实相符之预算；名为有决算，而始终无一可以昭示大信之决算。近年以来，行所谓一党专政矣，虽无宪法，固有党法以资信守，而同为三民主义之同志，或相持于半民一民二民之间，或争执一人集权与全党集权之界，其所以争执者，果有严格之党法的根据乎？抑与昔日北洋派以国法为儿戏者等耳？如是党治下之无制度无政府，犹之昔年号为法治下之无制度无政府，此两时代政治现象之所呈现者，政府自毁纪纲以便己私而已，反对者勾结武力以倒政敌而已。譬之设公司营业，其为经理者，日日侵吞款项任用私人自造假帐而欲公司之不倒帐，得乎？设学校而教学生，其为教师者不独荒费学业，反勾结宵小，谋所以倾陷其怨家，而学校则成为用武之地，如是而望学生学业之精进，得乎？依此推之，二十年来国事之所以败坏，而外人之侵占吾土，如入无人之境者，岂无因而致然乎？

　　一国之政治制度，所以发端而能持久者，有两大要件焉：一曰主持之诚意，二曰培养之时间。所以立国，不能无政治制度，负推行此制度之责任者，则为政府。当新制度之植基未固也，则政府尤不可不以谨守

＊《再生》第 1 卷第 2、3 期，1932 年 6 月 20 日、7 月 20 日。

法度自励，以为官吏与人民之表率，循致其法制成为国家构造之一部。假令日本明治天皇当其颁行宪法之后，时唆使其师旅团长耀武扬威于帝国议会之前，则日本早成为军阀用事之国家，而无宪政之可言矣。假令德之兴登堡元帅利用其钢盔党之后盾，以推翻其一九一九年之宪法，则德国之专政早已出现，何待今日希特雷之鼓吹乎！乃日本明治天皇明有此统帅军队之大权，而自愿受制于宪法之下，兴登堡氏素为其国中军人所拥戴，然不甘为之傀儡而以守法之总统自居，故日、德二国卒勉守法治之规，而国内免于内争，此所谓主持之诚意也。制度之植根于国民之心理，犹树木之植根于地上，始焉播种，继焉萌苗，终则数尺之木翘然自立，非复一手一足之所能动摇，反是，如宋人闵其苗之不长，自植之而自揠之，则苗之枯槁，奚待计而后知。试问英之政党内阁，自创立以至成熟，非一二百年之久乎？日本宪政之下，始为大权内阁，继为政党内阁，今日则军人猖狂，明目张胆以反对政党之组阁，然日本之民政已具有相当根据，殆非一朝所能推翻，则四十年之岁月为之也。自吾国之采用西方政制，元、二年之总统制，忽一变而为内阁制，继变而为政事堂与洪宪帝制，曾无二三年之久，以容许一种制度是否适宜之试验。近年党治之下，忽而为国府主席、行政院长与军事总司令集于一人，忽而以此三者分属于三人，各省政府之组织，忽采委员会制，忽采一人主席之制。大学制度忽采法国式之大学区制，以大学校长兼辖中学，忽又废除大学区制，使中学与大学离而为二。夫制度之是否可行，事前既不许国人以推敲，事后又不待年月之久，忽置之，忽废之，则培养之时间安在乎？

前段所云诚意与时间之缺乏，已犯了建设时期中制度确立之大病，若稍易其方面而观察之，则为心理上之病态，曰驰骛新异，曰急不及待。欧洲之民主政治，始于十七世纪之英国革命与十八世纪末年之法国革命，大盛于十九世纪中欧洲各国宪法之颁行。自一八四八年后，始有劳动运动、社会民主之说。然以各国情势言之，德自一八七一年社会民主党议员二人当选，以迄一九一八之革命，其所经年月，则四十余年矣。英工党自一八七四年始获议院中之二席，迄于大战后，麦唐纳氏以第三党之资格组织政府，亦四十余年矣。而世界大战将终之际，忽有俄罗斯苏维埃共和国之出现，其所标榜者，一党专政也，共产主义也，世界革命也。吾国之趋新骛异者闻之而不胜向往之意，谓可以超越资产阶级之民主，而直达于无产专政，一若宪法也。法治也，人民自由也，皆为过去之制，值不得吾人之一顾者，于是共产党兴于我国。而以革命自任之国民党且不得不降心而与之携手，中山之所谓三民主义，竟释民生、共产二者为同义，一若实现第三民字为尤急者，有以为前二民字不可偏废，然应与第三民字同时下手者。在时间上欧洲政治上之民主主义与社会主义相隔百数十年之久，可以先甲而继之以乙者，吾国则并此从容展布之时日而无之，宪法几废而几复，国会则常在若有若无之境界中，而工党成矣，工会兴矣，罢工起矣，乃至以罢工为对英外交之后盾矣。试问其所运用之工人，果如欧洲之真工人乎？其所提条件，果如欧洲工人之出于自动乎？其所欲达之政治大改革，果曾平心静气为充分之传播乎？及其求近功速效而不可得，则转而运用土匪，名之为红军，深入山谷中，盘据要害地，至是吾国之第四阶级，乃显出欧洲工界所未曾有之特色，而与陈胜、胡〔吴〕广为同一揭竿斩木之好身手矣，以此而求一红色的皇帝，求为苏俄之属国则可，谓遵此道可以促进工人之幸福，谓可以达于无阶级之社会，虽刀加吾颈而吾终以为必无之事耳。总之民治未成，宪法未定之际，忽而插入名工人实军阀之共产的地方割据，是盖以增加吾国之无政府无制度之混沌局面而已。

今外人既入吾堂奥矣，曾未亡矢遗镞而取吾三省之地矣，吾之海陆交通可以为敌所断而莫可如何矣。以言战也，不特无可资以御敌之军备，即令有之，而疆吏不至发生内变乎？以言和也，党内同志之在野者不至以外交而持政府之短长乎？故数月以来，虽宣言抵抗而终于无抵抗，虽宣言定方针，而实则一无方针，何也？内治上本不成为国家，而欲在外交上以举国一致之形对待外人，不可得焉。今后之中华民国，内治上整顿之重要，千百倍于外交上之应付，内治而确立也，不独治安可期，失地自有恢复之法；内治而不确立也，不独三省无赵璧归还之日，而上海自由市而交通地点之国际共管，事事在人意料之中，而四千年历史不断之民族，殆将偷生苟活于山谷之中，与苗民等矣。呜呼！其坐以待亡乎？抑顿生"以前种种譬如昨日死，以后种种譬如今日生"之觉悟乎？乃吾国人民所当赐一日而九回者也。

第一，中华民国必如何而后能成为整个的国家乎？

第二，国家诚能统一，所以集中全国心力共赴建设之政治制度如何乎？

第三，际此世界商业衰颓，欧西之国计民生有岌岌不可终日之势，吾国今后之经济制度应如何乎？

以上第一问题，简言之，即军权之如何统一。《国民党党政之新歧路》一文中，已略陈梗概，此后其以革命之道重建新政府，抑以平和之道成立举国一致之政府，纯视国民党之作为与国人之反应而定，自有事实以为解决，非空文所能论定。若夫政治制度与经济制度虽其种类尚多，而国人选择之余地已极有限，今日形势之下，原无建设的工作可言，然不妨以积年所思虑者与国人商榷之。

上篇　国家民主政治

世界大战前，西欧之政治，侧重于民权与立法部，一若政府之有无，听之议会之主持。而国家以内行政部之特殊重要，则付之忽忘，及大战后俄、意两国之专政制度既成立，执行部之地位顿高，其权力特强，而全民权利之发抒，则视若可有可无之列。此无他故焉，欧战以前，但见民意之多少数，而不感及国家总体之重要。欧战以后，或如俄之无产阶级专政，或如意大利法西斯之专政，或如德国一二年来根据总统大权命令励行节缩政策，或如英之联合内阁谋国内意见之一致，其间盖有一同一现象，是曰行政之敏活与权力之集中，简单言之，则大感及国家总体之重要，而民意之多少数则降为第二位矣。民意也、国家也、如鸟之两翼，车之两轮，常在一先一后一高一下之中，吾国处此地位，以国家为重乎？以民意为重乎？抑谋二者之平衡乎？兹上溯之历史之来源，继之以近年国民党党治之剖析，然后以吾人之方案终焉。

第一，欧战前之民主政治与近年俄、意等国之政象

自英十七世纪之革命与法十八世纪末年之革命，世界各国共同之趋向，即民主政治之推行是也。所谓民主政治之特色：

a. 国民之大多数，参与国家主权之行使。

b. 由国民选举代表，组织议会，议决法律与预算。

c. 其在行责任内阁制之国，则各部部长由议员兼任，议会之信任不信任，可以定内阁之存亡。

d. 其在行总统制之美国或委员会制之瑞士，立法与议决预算之权操之议会，故议会亦有左右行政部行政之权。

若专就民主政治中之议会政治或曰政党内阁制度剖析之，则其特点如下：

a. 内阁中之阁员，以议员兼任。

b. 其为内阁总理者，常为政党党魁。

c. 甲党失议会信任时，则其立于反对方面之乙党起而代之。

d. 如国会中无对立之两大党，则以数小党联合而组织政府。

e. 朝党野党彼此迭代，如辘轳之上下，有时因议会反对而失去多数之内阁，得举行总选举，以定全国民意之从违。

此制度盛行于西欧，其最能实行两大党更迭之制者，战前之英国是也，仿英制而未肖者为法国，其内阁大抵由数小党联合而组织之者也。惟英在战前有坚强之两党，故朝党之不论为自由派为保守派，柄政之日，短者数年，长者且达十余年，行政部之地位极稳固，且能遂行其所欲行之政策。若夫法之政府，由数小党临时凑合而后成，各党利害不一致，故意见不能水乳交融，且以实行信任投票之故，早晨安然无恙之政府，忽于午后遭议会之反对而解散，故以短命内阁闻于世界者，法国是也。德在战前始终未尝实现以议员兼阁员之内阁制，其阁员任命权，独操于德皇一人之手，至于议会反对之际，阁员自亦不能维持其地位，是内阁非不对议会而负某种之责任，然非纯因议会之意旨而进退者也。自一九一九年共和宪法告成，德联邦政府之内阁亦类于法国各小党联合而成之内阁，然日耳曼民族之国民性，较法之腊丁民族为冷静，故其内阁更迭次数之多，不如法国之甚。

此西欧之民主政治，行之已百余年之久，然可谓瑕瑜互见，得失参半，大多数人民得预闻政治之权，大多数人民之生活智识因而增进，且有法治之基础，故人民言论、结社之自由得所保障，此其优点也。批评而反对之者，如社会党或共产党则视今日之民主国家为资产阶级压迫贫民之工具，军队警察，富者之卫队而贫民之屠杀者也，报纸学校，富者之宣传机关也。其信奉贵族政治者，名民主政治为众愚政治，以为政权分散于百万千万人之掌中，故政府地位极不稳固，彼众愚但愿一身之逸乐，绝不知选拔一国优秀人才。英之梅恩氏（Maine）尤以反对民主政治闻于世。其言曰：民主政治殆未必有无穷之将来横于其前，又曰政府之最脆弱者，莫过于民主政治，又曰按之历史成例，民主政治为群众与军队联合而推翻之者，已数见不鲜。梅氏若洞见十余年来欧洲政局而预言之者矣。

近十余年中打破上文所云民主政治与议会政治者，莫如俄之无产阶级专政与意大利之法西斯主义下之法团的国家，至于德、英两国稍异于是，而亦处变态之中。德国近年以总统大权命令超越议会之上而行使之，英国最近各党不论议席多少，而组织一致协力之内阁，此四例者，皆显现民主政治或议会政治正在蜕变之境界中。

（甲）今日苏俄之政制，经列宁解释，而导源于马克思，即所谓无产阶级专政是也。俄制之特点：

a. 西欧之民主政治，采用立法、行政分权之原则，议会掌立法，政府掌行政。俄国制度中之中央执行委员会，虽类于欧洲之议会，然会名执行，其权不限于立法，中执会之权，可由主席团代行，其非欧洲议会能享不可侵犯之特权者，尤属显然。

b. 俄之柄政者，为惟一独存之共产党，故其人民委员会（即政府）不因中执会之多数或少数而更迭。

c. 俄宪中明白规定有资产者、雇用工人者、商人与教士不得享有选举权，与西欧之采用普选制度者正相反对。

d. 共产党中励行民主集权主义，虽在同党，不许自由发表意见，托洛斯基因与斯泰林意见不同，则受除名处分，且被逐于国外。

e. 俄宪中无西欧各国所谓根本权利之规定，中央执行会不享有"非以法律不得规定"之专属的立法特权，因而国民生命财产与言论、结社，绝无保障之可言。

俄共产党根据以上方法，集中权力于一党的政府之手，故能实行其五年计画而于短期之中大收成效。然共产党亦自知此种宪法不合于民主之精神，故名曰过渡时代，意谓贫富平等，阶级消灭以后，且将励行民主政治。然平日人民绝不能享受言论、结社之自由，反对党无生存之权利，不知何年何月而有民主政治出现之可能也。

（乙）意大利于欧战之后，外交上不满于佛塞和约中战利之分配，内治上罢工纷起，交通机关如国有铁道亦陷停顿，全国骚然，若大乱之迫于眉睫，墨梭里尼氏率其法西斯徒党，与军人联络，入据意京，逐旧政府，自代之而柄政，且以快刀断乱麻之手段，禁止罢工，解散共产团体，而意之治安赖以维持，法西斯党员之义勇队，分布全国，为政府耳目，墨氏以一身兼总理与各部之政务，旧日之宪法与国会殆同虚设，其发纵指使之人，墨氏与其党中同志而已。此一九二二年冬以至一九二四年之政况也。

一九二五年一月五日，意人称为法西斯主义下之法治国诞生日，自是而后，意之法西斯党之霸持政权，得法律之外形以掩盖之，固无所谓真正之法治也。法西斯主义之法治国，一名法团的国家（Der corporative Staat），全国之种种职业，各成一全国职业总会。此各职业总会由家许可后，成为法团，共分十三类：（一）农主，（二）农业工人，（三）工主，（四）工业工人，（五）大商人，（六）商业雇主，（七）海空运输业主，（八）海空运输业工人，（九）陆上内河运输业主，（十）陆上内河运输业工人，（十一）银行经理，（十二）银行雇员，（十三）自由职业者，即记者、律师、教员之类，此十三类于一乡一市一省各有其区域的组织，最后则为每业之全国总会，是曰法团，Corporation 非民法上之法人，而国家公法上之机关也。

墨梭里尼去旧议会而代之以职业的议会，议员名额四百人，先由十三职业总会推举候补员八百人，再由铁道人员、邮政人员、大学与教员公会加举二百人。于是法西斯党干部大会议就此候补员千人中选举四百人为指定之议员。墨氏为涂饰耳目计，再补行一种选举，全国人民年逾二十岁，纳职业团体会费或直接税壹百里尔（意币名）者，得为选举民，各人得选举票一纸，写成下列文，句云"你赞成法西斯干部大会议所指定之议员否"，选举人于票上但得书一可字或否字。意民处处受法西斯党人侦探与监视，且不愿因开罪法党而失其衣食之所，于是一九二九年三月之选举结果，九百万选民中参加选举者及八百万，而在票上写可字者居百分之九十八，则意之选举与议员操纵于一党之手，可以见矣。然法西斯党以操纵议会为未足，又恐墨氏一旦逝世，法党之政权土崩瓦解，一九二八年十一月以法律规定法西斯党干部大会议之特权：（一）皇位继承，（二）法西斯党魁继承，（三）阁员任命，（四）议会人选，四事由干部大会议决定。自有此法律，中央党部之地位，可以凌驾国中一切机关，意皇人选且由法党之意思而进退矣。究竟法党"万世之业"，果由此一纸空文而决定乎？抑另由社会势力而消长乎？此则有待于将来，非今日吾侪为局外人所能预测者也。

（丙）德自一九一八年革命后，所走涂径与俄、意大异。俄为一阶级一党之专政，意亦与俄略同，独阶级之说为墨氏所不取，德则纯粹之法治国也，议宪法，选总统，组织政党内阁，事事步趋英、法两国之后尘耳。其宪法中规定总统由全国人民直接选举，以图与代表民众意志之国会相对抗，在历年政潮中德总统表示其权力者，不止一次，与法总统之端拱无为者大相反对者也。十余年以来，德国政治严格遵守宪法，似其民主政治日趋于巩固，虽民族社会党之希特雷氏，以法西斯主义之专政说鼓吹于国中，所以得人望者，在乎反对佛塞和约与德之媚外政府，以云希氏之专政说，则其本党之同志亦且有反对之者。乃近年来世界商情不振，德所赖以交付赔款者在乎输出之增加，至是大受影响，国内工厂纷纷停业，生财之道日窘，而失业工人达四五百万以上，国家地方与厂主所负失业工人保险费，反日增而不已，其邻国之法人，目击德国金融之紧迫，反将数十万万投下于德国之短期借款，限期收还，于是去年六、七月间德国银行界之风潮起矣。金融恐慌之关键，在乎财政上出多入少，联邦与各邦力谋节省经费，然政费乃预算所规定，预算则议会所议决，不经议会同意而削改，是为违背宪法，若欲征求议会同意，若者袒护农人，若者代表工人，若者为工主发言，党派既多，难得意见之一致，于是白鲁宁内阁根据宪法四十八条，托于治安扰乱之名义，以总统命令削改机关费、官吏薪水与夫预算全部。此同种之命令，去年八九月前后发布者三十余种，今年正月发布者百余种，在宪法政治之下，法律为常规，命令为例外，今则命令为常规而法律为例外，虽议会依然存在，其平日之立法权与议决预算权，置之不复道，其为议员者亦对于政府之命令，安然受之，若此者，不谓为议会权力之推翻，不可得也。内阁总理白鲁宁氏属于中央党，为之与党者，人民党、民主党，社会民主党，其政敌之最大者，为希特雷氏之民族社会党与共产党，一则志在仿行俄之共产主义，一则欲效法意之法西斯主义。共产党意存捣乱，凡可以妨害白氏政府者殚精竭虑以图之，民族社会党视佛塞和约为德国人民之脚镣手铐，故大反对白氏之接近法国政策。此二党皆以德国近年之失政，归咎于中央党与社会民主党，心目中以推翻威玛宪法为今后彻底改造之前提，然自最近德总统与普鲁士议会选举观之，则赞成威玛宪法者与反对威玛宪法者之比例，约为六十对四十之比，似希氏之专政一时尚未易实现，而共产党则去之更远，故德之表面上之宪政，尚可暂时维持，然已不得谓为宪法常规下之法治与议会政治，则显然也。

（丁）同受世界商业不振之影响而生政治上之风潮者，是为英国。当去年六、七月之交，德既发表支付停止命令，英伦银行同时发生关于现金输送之困难，盖商业既衰，出口业停顿，则现金之来者日减，英投下于德国市场之资金未易收回，而对美对法之现金债务不容稍缓，于是英伦银行以现金不敷应付通知政府矣。时美银行界提议借款于英，要求英国须节省政费若干成，工党内阁总理麦氏谓此条件而接受者，是英之内政且为外人所支配，认为责任重大，自向英皇辞职。麦氏者，四十年来提倡社会主义手造工党之人也，与地主之保守党、工商业之自由党本不两立，乃目击英国财政上入不敷出之险与夫金本位之难维持，则以为英国国家之命脉陷于危殆，自弃其工党之立场，毅然与保守、自由两党一致组织国难政府，非赤心为国而不顾一身之毁誉得失者何能如此乎?! 新政府既成，工党议员大恨麦氏，原为政府党之工党二百八十七人分裂为二，赞助麦氏者得十三人，余二百六十七人集于汉特生旗帜之下而为麦氏之政敌。麦氏自知其侧身政府之无民意根据也，乃举行总选举，其在选举场上所以诋毁其同志者，甚于保守党人之非难，于是工党大败而保守党大胜矣。其议席之分配如下：

政府派

保守党　　　四七一席

自由党　　　六八席

工党　　　　一三席

其他　　　　二席

反对派

工党　　　　五二席

自由党及其他　九席

在此保守党于全院六百十五人占四七一席之形势下，本不容有联立内阁之发生。惟三党既明树举国一致之帜，包尔温于选举后力践前约，甘心屈居麦氏之次，关于主要阁员之分配，麦氏之友占四席，自由党占五席，而绝对多数之保守党仅十一席耳。英之举国一致之内阁，自法律方面言之，尚不至冲破宪法如德之甚，然其组阁之内容已大反常例，盖以英之国家利害入于危险期中，彼此对垒彼此批评甚或彼此攻击之举，已不容许于今日，大家低首下心，大家容忍，惟知以国家为前提，其历史上之恩怨与意见异同，皆非所计，乃与前所云之议会政治，若南辕而北其辙矣。

此四者，欧洲民主政治之变态也，各有其国情与现况，初不可相提并论，然四国新政府固有共同之特点焉。

一、举国一致。

二、注重力行。

三、权力集中。

俄、意求国内意见一致之法，在乎禁绝人民自由与排斥他党，英则解除各党间之对垒，因而全国之心思才力得以集中，德之白鲁宁虽有意于步英之后尘，然以党派间之仇恨太深，故彼此裂痕不易弥缝，幸而有国民直选之总统，乃得根据其大权命令，以解决种种困难。总之，惟有单一意志，乃能应付难局，此四国之相同者一也。

国家承平之日，内治上无财用之不足，外交上无条约之屈辱，则议会中甲党乙党乃至丙丁等党，可以从容讨论，英之自由党人乃名代议政治为"以辩论为法门之政治"（Govern ment by Discussion）矣。当意之秩序大乱，英、德财政上破产之险可以旦夕发生者，非政府之敏于行者不易应付，至若俄之五年计画，非有千人万人孳孳图之者，何能日起有功？则空言美谭，举无所用，此四国之相同者二也。

英、德人民之智识与守法习惯，远在他国上，其政府中人但得有发布命令权或排除敌党之反对后，其权力已于无形中增加矣。若夫俄之辐圆广阔，意南部为盗匪逋逃薮者，非以特权赋诸政府，不易收统一与肃清之效，因而俄、意之专制，远在德、英两国之上，姑同类而并观之，名之曰权力之集中，此四国之相同者三也。

然四国新政府之内容，各有其不相类之点，以下列方式表示之：

第一，国家的利益，由国内一切政党联合而共护之，是为英国。

第二，国家的利益，由国内多数政党联合而共护之，是为德国。

第三，国家的利益，由国内一党独占政权而拥护之，是为意国。

第四，国家的利益，归纳于一阶级名义之下，由一党独揽政权而拥护之，是为俄国。

吾国处此民主政治蜕变之时期中，将何去而何从乎？

第二，国民党之"以党治国"与中山之宪政说

国民革命军以全胜之势，统一全国于青天白日之旗帜下，举昔日若有若无之国会与宪法而推翻之，而另行其一党专政或曰以党治国之制，人民之言论、结社自由，概剥夺之，以之隶于党部监督之下，全国之治权，独中央党部得以使之，选举总司令与重要行政官员之权属诸中央执行委员会或中央政治会议，简单言之，皆俄共产国之制度，稍变其形容而移之于吾国者也。数年以来，党部能压制文人之口说文字，而不能禁武人之拔刀相向，能压制党外人之批评，而不能禁党内同志之分裂，内部既不能自振，而国民之信用乃日衰落矣。

自表面观之，国民党之制度，与世界最近潮流相吻合，以一党霸持政权，所以图意见之一致与权力之集中，乃进而谋国家庶政之改革，与俄、意两国如出一辙者也。然有一绝不相同之点，则中山心目中以瑞士

之直接民主为理想的政治，其所画定之三时期，曰军政曰训政曰宪政云者，为俄、意两国所无，俄之共产党素视资产阶级之民主为不足效法，墨梭里尼方视其法团的国家为永久不拔之基。自此方面言之，国民党之以党治国，与俄、意似同而实异，以国民党之目的在宪政，而俄、意则无所谓宪政也。

国民党以宪政为最后目的，其所采之手段为训政，意谓全国人民须经训练后，乃能进而实行关于宪政之权利，然自其近年之行为与其党义观之，则吾中华民族在国民党指导之下，永无达于宪政之一日，何也？宪政之根本有二：

一、全国治安基础之奠定。

二、人民独立自由之心习之养成。

自国民党柄政，年年内战，国事托诸枪头之上，政府惟以搜括为能事，虽青天白日旗满布全国，仍未见有所谓统一编制之国防车与夫全国军人一致服从之司令长官。历次内战，中央非不胜利，然去一冯玉祥，来一韩复渠〔榘〕，去一阎锡山，来一商震，广东之隶于国民党至十余年，财政行政之紊乱，仍与他省同，今则又演海空军司令与陈济棠之私斗，是全国之内惟知有赤裸的武力行使而已，法律、议会云何哉？此宪政之决难于实现者一也。

民主国中，人民有言论、结社之自由，所以使人各尽其心中之所欲言，然后以一二人之言，形诸政策，而全国之公利因以增进，反是者，人民言论立于党部监督之下，所言者非其心中由衷之言，所不言者乃其心中所郁结而不能发表者。政府更以党义奔走全国人才，服从者，待之以高官厚禄，反对者则以反革命之罪罪之，是政府惟恐人民之不奴颜婢膝，而安望有独立自尊之人格之养成乎？此宪政之决难于实现者二也。此二大病，易以他语而表示之，则如下方：

一、国民党应统一而不能统一不知所以统一者，为军政为中央行政。

二、国民党不应统一不能统一而硬欲统一者，为思想言论与政治主张。

吾人姑为假定，国民党于过去五年之内，军政能统一矣，号令能行于全国矣，由彼之所谓训政能达于宪政乎？吾又有以知其不能也。盖宪政之关键，在乎人民自组织政府，自选举国会代表，自发负责的言论，然后上自中央下至地方之行政，举而措之裕如矣。今七十万之党员，除供使令奔走外，真有政治智识者几何人，除左袒右袒于汪派、胡派、蒋派之间外，尚有何种正当之政治经验可言，以此种人而治国家，亦同于与狐鼠谋城社之事耳。彼等不知有选举权，不知负担中央与地方之责任，与其他国民同，何以独能为政治的师资乎？惟组织内阁，然后人民知和衷共济之必要，惟有决定政策之权，然后知言论上之责任，惟有国会议场，然后知发言盈庭之不可，若此者，在人民参预政治之国中，自有练习之机会，若空空授以党议，则海外留学生之治政治学而能知有玛知尼之民族主义，陆克、卢骚之民权主义，与马克思列宁之共产主义者亦已数千人，岂有此辈之书本不生效力，而党部之书本独生效力乎？可知宪政之习惯在乎实地练习，无国会无选举权，而谓人民政治能力有增进之一日，窃未之见焉。或者以为今全国各县道路未修，警察未办，土地未丈量，户口未清查，故不能实行宪政，此数者皆行政范围之事，有之固善，无之不足为宪政障碍。英国会之成立已六百余年，在一八三二年以前，何尝有新式路政、新式警察、新式土地册、新式人口册，然而监督财政之国会可以成立自若焉。近月以来，行政院应付外界舆论，筹设县参事会、市参事会以树宪政基础。夫自治之基如瑞士，如英、美，有数百年之旧贯者，则人民于中央政治，自能驾轻就熟，若如今日政府所计画，限数月之内完成自治，无论其事未必若是易焉，即今能之，谓一二年之自治成绩于中央宪政能有多少影响，清末各省固有谘议局与后来之省议会，其裨益于民国宪政者几何乎？要之，中央宪政与地方自治为两种范畴，谓宪政与地方自治同为民主之成分则可，谓宪政必以地方自治为基不可焉。

宪政、训政两截之说，为党人反对宪政之口实，抑知宪政犹树焉，宜以播种始，继以发芽，终成为寻丈之树，若视人为之力胜于天然之发荣滋长，以为先取种子而火烤之，及树既成，而后植之地上，则此助长之法，宁足恃乎？时人论著之中，颇有持宪政应有一定前提之说，曰教育进步，曰交通发达，曰政风良好，以为必具此三条件，而后宪政乃能实行。此说也，皆中山训政、宪政截然两断之说有以发其端，亦即以火烤树而后植之地上之类也。自自然滋长之观念以论宪政，人民权利，仅有伸缩余地，而决无某为能训某为被训之两阶级，或某为训政某为宪政之两不同之时期，自由之保护也，预算之监督也，法律之遵守也，军人之不干政也，实为政府人民共同履行之约束，必如此而后两方之宪政的心习，可以同时养成。乃中山与其同志，视国民党为民国之保姆，以为惟能革命者，乃能为国民之导师，不知革命者，取得政权之手段也，施行宪政者，政府人民共同履行约束也，能革命者，于大功告成后开放政权，自守法而同时责人民以守法，若财政之出入，若军队之增加，一一听诸人民监督，而政府绝不以人民指摘为忤，大军人以身作则，小军人孰敢不从？则不出数年宪政之习惯，自然养成，而丈地修路，不过一举手之劳耳。今不先责政府与军人以守法，而独责人民以丈地修路，真可谓本末倒置之尤者矣。

中山心中之宪政追摹瑞士之直接民主，尤为吾人所不解，今后国家诚能统一，以议会代表民意，根据民意以成政府，已可谓今后之大成绩矣。然中山以间接民主为未足，须使之进于瑞士之直接民主，故其建国大纲第九条云：

> 一完全自治之县，其国民有直接选举官员之权，有直接罢免官员之权，有直接创制法律之权，有直接复决法律之权。

中山自知此种直接民主难适用于全国，故于第二十四条中不曰中华国民全体，而曰国民大会，究竟此国民大会之人数几何，组织如何，未闻中山详细计划，就原则上言之，瑞士之制，非吾国所能适用，瑞士人口约四百余万，不过上海人口两倍之数，而吾国则四万万，是百倍于瑞士矣，瑞士幅圆一万五千九百四十方里，而吾国则四万万方里，是二十四万倍于瑞士矣，以若此小国之制而行之交通不便、人民素无参政习惯之国家，岂不类于服热带之衣冠而行于寒带之地哉？英人于复决之制，十年前尝经人提倡，然以反于议会政治之精神，今则寂然矣。吾国于议会政治尚无基础可言，又突如其来参以瑞士之制，一方以人民为阿斗，使之立于训政之下，他方面务多立名目，使人民对于民主政治常若海上神山之可望不可接，诚不如其用意之何在也。

更自三民主义之全体，对于近年政治之关系言之，民族主义，玛志尼，卑士麦之言也；民权主义，陆克、卢骚之言也；民生主义，马克思、列宁之言也。中山合此种种不同之学说于一身，内部之冲突性，早已隐伏其中，况其前半生之政治主张，属于英、美、瑞士系统，至晚年乃与俄共产党接近，于是在演讲中尚留三权分立之痕迹，而于党章之中，则采俄国三权混合之执行委员会制。彼亦自知共产主义的政治制度与彼自身主张之两不相容，则以训政说为掩护，谓此乃一时过渡之制，而要以宪政为最终境界，因此兼容并包之策略，而政治祸根，随之以起，容共反共之前后矛盾，与夫党内同志分裂之惨祸一也，先民主而后民生乎？抑民主、民生同时进行乎？此二者断落之不清，即为革命后民主的宪法不能产生之大因二也。至于军阀之用事，内战之屡起，则人事之多歧，尤为中山所不及料，自经此种种波折，国民党是否尚有领导民众之资格，已成一大疑问，谓其无组织耶？则固有中央党部、地方党部与七十万之党员。谓其有组织耶？则邹为汪派孰为胡派孰为蒋派，彼是或貌合神离，或同床异梦。谓其无主张耶？则固有三民五权之演讲与二十五条建国大纲。谓其有主张耶？则邹鲁之说不同于胡汉民，胡汉民之说又不同于汪精卫，固已若班固所谓"仲尼没而微言绝，七十子丧而大义乖，故《春秋》分为五，《诗》分为四，《易》有数家之传"之形势矣。吾人追想五年前革命军长驱直入之势，如彼其盛，全国人以政象一新之心理待国民党，如彼其殷，问五年以来，国防确立乎？财政整理乎？文官已有保障乎？直谓为一事不办可耳。今因国难会议之建议，中央将设民意机关，殆以若干议席分配于人民，以为涂饰天下耳目之计，吾人则以为继今而后，非有澈底改造之理论与方针，足以使全国同胞一致努力者，不能应付此国难而图中华民族之复兴也。

第三，集中心力之国家民主政治（Democracy on the basis of National Concentration）

国家民主政治者，以西方政治名词译之，则为 National Democracy 或 National 一字，偏于民族一面，则我宁愿名我之所主张者为 State Democracy，以国人所缺乏者，非民族主义中血统、语言、风俗之同一，而为政治的一体之自觉，故以 State 一字译之，无不可也。一国之主要成分不外乎三：曰个人，曰社会，曰国家。

第一，国家政事贵乎敏活切实。

第二，社会确立平等基础。

第三，个人保持个性自由。

稍易其名词而解释之，则国家握有权力（Authority），社会维持公道，个人享有自由是矣。社会公道，属于社会主义之性质中，在下篇论之，本文所讨论，以国家与个人二事为限。

前文论及欧战前与欧战后政治制度之异。欧战之前，侧重民意与自由，故为议会政治；欧战后侧重权力，故为俄之无产专政、意之法团的国家与国民党之一党专政。侧重自由者，各个人之自由伸张，而忽视国家之权力；侧重权力者，政府之行动敏活，而个人之个性毁灭。究竟此二者之间，是否有自由则无权力，有权力则无自由之两不相容者乎？抑二者之界限未清，而生此有甲不能有乙，有乙不能有甲之现象乎？吾人之意，以为权力者，所以便行政之执行；自由者，所以保障社会文化与个人思想。二者各有范围，若为之区分适当，则一方得以敏捷之政府，他方得自由发展之个人，固有兼容并存之可能，此同人政治原则中所以有下列文字。

　　国家政事重在效率，贵乎敏活切实；社会文化欲其发展，当任其自由歧异。以此为集中与开放之分界。

（一）政府之权力。西欧议会政治，以下列各事为基点：（一）国民之参政权；（二）议场之公开讨论；（三）政府之成立，视议会中党派之多数或少数而定；（四）内阁有难题，可举行总选举，取决于民意。此种政制，建筑于国民权利之上，故名之为民意政府（Popular Government）昔日政治学者，每视以上基点为政府组织之常规，而不知议会政府之所以运用，尚有一前提，即国家有无盘根错节之难题是矣。国家有政治难题横于其前，则辘轳上下之政党政治决难于适用。试以英国为例而说明之。昔日英之保守、自由两党一上一下，交替迭代，如机器之动转，极圆熟而顺利，一方主自由贸易，一方主保护关税，若两方主张之异同，反可以促成彼此之讨论，而有益于政治之进行。欧战以后，印度自治问题，时惊扰英人之清梦，工人失业者四百万，失业保险费未由筹措，近则以贸易表之不平衡，而金本位动摇矣。于是各党心理上若大难之临头，舍弃嫌怨，相携而组织举国一致之政府。可知国家处顺境之日，财政有裕，民乐其生，则各党之主张或彼或此，犹之富家之点缀装潢，或曰红木家具美观，或曰新式桌椅便于实用，则任意易置之而无碍于事，反是者，油盐柴米尚不给于用，则阖家中一致努力之不遑，尚何某式家具好，或某式家具不好之可言。此则近年议会政治所以不适于时也。

抑自各时代之政制言之，议会政治，原不可视为惟一独存之制。世界战争之际，法国有所谓神圣的联合，英国有所谓联合内阁，且缩小内阁之人数至于五人而止，美则以一切大权授之总统，则议会政治不适用之至显之例也。国家有大灾难大危险，以紧急命令权属诸政府，议会不加以钳制，如地震时之日本政府，去年六月间之德国政府，是亦议会政治之变例也。乃至社会根本改造之际，非政府有极大之权力，不易定计划而便宜行事，则俄政府之所以取销民主政治而行所谓无产专政也。如是三种情形之下，宜提高政府之权力而减轻议会之监督，对外战争一也，大危险之发生二也，社会澈底改造三也。本此原则，以论吾国今后民主政治下之政府，就外交言之，大敌当前，所以待之者，当如欧战时各国集中心力以对待德国然，就内治言之，大好河山已成破碎之局，非整齐而画一之，则国且不国，尚何对外可言？况今后为澈底改造计，非集中资本，采用计划经济不可。此吾人所以确信国家权力应使之集中者一也。

（二）个人之自由。苏俄与意大利之政府，既采取权力主义，乃并个人之自由而剥夺之，国民之选举权，因人而予夺矣，国内独有一党之言论矣，政见两歧之政团不许存在矣，大中小学教育，皆采党化政策矣。吾人以为此种一党专政之制于国家有百害无一利，何以言之？国家命脉寄托于个人之心思才力，各人本其所经历而思索之，而发表之，以形成一国之舆论，或思想界之论战，乃一国文化所以进步之大因也。十九世纪以来之宪法，无不公认思想、言论、出版、信仰种种自由为国民之根本权利。反是，虽欲有所言而不能言，所不欲言者而不能不言，欲有所思而不能思，所不欲思者而不能不思，如意大利不许反对法西斯主义，苏俄不许反对马克思主义，令全国人屈服于一种主义之下，而学术界惟以低声下气为能，则在思想上如丧失自由，在道德上不得为独立自尊之人格，欲求国性民俗之进步，不可得焉。以政治结社言之，或曰反对党之存在，大不便于政府政策之施行，此视其所谓政策者何如，非可一概论焉。俄政府之初期，专以劫夺资本家为务，没收一切工厂、银行为国有，则彼等在议会中自不能容他党与之对立。若政府所标政策，不外乎外求独立、内求农工发展教育扩张诸端，是寻常之政策耳，何必斤斤以反对党之争执为虑？若并此区区者而不能以实心行实事，则异军之突起，正为国家之大利，所不利者，独蝇营狗苟之当局耳。德之洪勃尔脱（Humboldt）有言曰：人类真正之目的，或个人良心之支配，即为人类能力最高尚最协和的发展，若政府加以过度之拘束，不独减少自由，且陷全国于雷同附和与夫不自然的动作。穆勒约翰（John S. Mill）亦有言曰：凡一民族不能以自发的行动图公共利益之发展，或关于公共事项坐待政府之发纵指示者，则其民族之心能，只可谓半开半塞，盖关于至重要之方面，教育大有缺点也。（穆氏《经济学》第二卷五六七页）此所举者，皆自由主义者至精之言也，读者慎勿视此类一二言之征引，即吾人与洪氏、穆氏为同调之证据。盖此类自由主义者，以个人为原始的（Primary），而国家为导引的（derivaitive），反之如德国惟心主义哲学家之主张，以国家为原始的，而个人为导引的，而吾人之地位，则介于二者之间。二者之为原始的因素同焉，然其所司之职掌大异，自心能之发展言之，不能不让个人居于第一位，自民族之保护言也，不能不让国家居于第一位，故二者之或轻或重，当视其时代的要求而定。吾民族之在今日，正为存亡绝续之交，其不应以个人驾国家而上之，有断然也。且十九世纪之自由主义者以财产自由与思想、言论、结社、生命四者并重，同在不可侵犯之列，吾人则以为为民族生存计，为社会公道计，个人之财产当立于大群支配之下，则与穆氏之主张，显然背道而驰矣。兹为明了计，条而列之如下：

一、行政贵乎捷速与号令统一，故应以之属于国家权力。

二、思想与创造的工作，出于心灵之思索与修养，故应以之画入自由范围。

思想方面，决不容国家或党部之干涉，故政治上所大忌者：（一）以守不守党义为犯罪行为之界限，（二）以党义列入教课之中，（三）以团体组织隶属于党部监督之下。此种种者，皆对于国民人格之侮辱也。夫昔日以尊重个人自由之故，蔑视国家之地位，而演成个人主义与放任政策，固不可矣；今日则权力主义为政治上之流行品，因此之故，但许一党独尊，其他之反对者并言论、结社之自由而无之，则下一代活力与生机，从何培植与滋长乎？此吾人所以确信个人当任其自由发展者二也。

（三）自由与权力之分配。权力与自由之界既定矣，所以实现于政治制度中者宜何如？窃考之俄国，既采用中央执行委员会制，即行政、立法混合之制，故其宪法中，但有劳动者之权利宣言，而无各国宪法中所谓根本权利之规定，因而各国宪法中之所谓立法事项，即"非以法律不能规定或变更"云云，为俄制之所无，然此种立法事项之保留于议会，乃人民自由之惟一保障，此分权之法，初无碍于行政之统一，可因之而不革者一也。此项自由既在保障之列，则对于政府之侵犯，不可不加防制，而以委之独立的法官为最宜，普通法庭可也，行政诉讼亦可也，法官须超然于政潮之上，乃得公平之判决，如俄制之以党部人员参加大理院之审判，或吾国党治下特设判决反革命的罪人机关，皆由于司法与行政混合之观念而来，不可不力排者二也。

关于政府权力之规定，先举其原则，乃继以说明。

一、国家之特征在乎统一的政府，应以举国一致之精神组织之。

（军阀割据局面，一日不打破，则统一的民治政府决无成立之望，此点尤应首先解决。）

二、国民代表会议，由全体公民每若干万选出代表一名组织之。

凡党纲公开，行动公开，不受他国指挥之政党，一律参与选举。

三、中央行政院由国民代表会议选举行政员若干名组织之。

各党领袖一律被选，俾成为举国一致之政府。

四、第一次国民代表会议，议决五年以内行政大纲，此大纲与宪法有同等效力，非行政院所能变更。

五、国民代表会议之主要职权，在乎监督预算，议订法律，不得行使法国之所谓信任投票制以更迭内阁。

预算为确立财政计划与其数字之方法，其通过与否，不生政府责任问题。

六、国民代表会议，关于行政大纲之执行，得授政府，以便宜行事之权。

七、行政院各部长，除因财政上舞弊情形或明显违背法律外，不宜轻易令其去职。

八、行政大纲中每过一年或告一段落之际，由国民代表会议或其他公民团体联合推举人员，检查其实施事项与所宣布者是否相符，若言行相去太远，得经国民代表会议议决后令其去职。

九、文官超然于党派之外，常任次长以下之官吏，不因部长之辞职而更动。

十、国民代表会议之议员，宜规定其中之若干成，须具有农工商技术家或科学家之资格。

十一、关于行政及经济计画，除国民代表会议议定大纲外，其详细计划由专家议定。

以上十一条之大宗旨，可以简括言之，曰集中心力之国家民主政治。盖合各党各派之心力，向于建国事业之同一目标，初不仅以议员多寡之比较为张本，而以民族一体政治一体之自觉为前提，此国家民主政治之名所由来也。吾人所以列此十一条者，尤注意于议会政治流弊之矫正。吾国昔日虽未实行真正之议会政治，然由其分派之多，倾轧之工言之，其不适于今后之中国，有断然者。况议会政治尚有其共通之病，空言多而实行少一也；各党间之磋商，类于买菜之论斤论价二也；政府更迭频繁，不能久于其任三也；党派之私利，重于国家之公利四也。以此诸故，明标举国一致之旨与各党之一律加入政府，所以去彼此攻讦彼此捣乱之病也。目前国家大政，不外乎裁兵、平匪、兴实业、振教育诸大端，任何人立于政府，不能出乎此数大政之外，贵乎实行，而空言无所用之，以议决行政大纲之权畀诸国民代表者，所以尊重民意，而不许政策之朝令夕改也。评定政府之责任，以计画之能否实现为限，而废止不信任投票者，所以使政府久于其任也。确立文官制，且次长以下不许更动者，所以防政客之猎官与党派之分赃也。议员中加入专家，行政计划由专家定之，所以使行政趋于专家化或科学化也。抑尚有应更进一层而言之者，此种种规定之后，有三纲领：一曰国家自有国家之本身利害，超于头数多寡之上；二曰既有国家，则行政之重要，自驾立法之议会而上之；三曰行政以事权集中与办理者之久于其任为要旨。其有背此三者，以代表民意之议会居主位，操纵国家与行政，使国家因民意而动摇，行政因民意而陷于纷乱，则向右向左之反动自为必然之结果。如是，与其以议会权力之过大，致陷议会于灭亡，何如画分二者使之两得其平之为愈乎？

或有难者曰：所计画者诚周密矣，试问不有墨梭里尼，何能有今日之意大利？不有列宁，何能有今日五年计画下之苏俄？此二国皆党治皆专政也。若如十一条中所规定，以国民代表会议与各党之共同行动为前提，其事之繁重，类于昔日之国会，安在其能成立强有力之政府耶？应之曰：拿破仑、克林威尔、列宁与墨梭里尼之产生，天事不可知者也，若夫就人事可能之范围言之，要必在于提倡举国一致之精神与民族一体之自觉，苟吾国民而能相忍为国达于三年五年以上，则此计画之所悬想者，吾且旦暮遇之矣。

第四，结束语

抑吾闻之，器物之行也，必有负而载之者；政治之行也，必有毅然自任而甘为之牺牲者。吾彷徨四顾，体察吾国民性，而不觉盡焉伤心矣。"士大夫"者，号为四民之首也，二千余年之任务，游谈耳，食客耳，参预密勿耳，从龙之彦耳。自表面观之，固以"论道经邦利安元元"为心，然其所以参赞之者，大抵以旁观者之态度，乘时而后动，有待于传说之梦卜，刘备之三顾，及献策而不行，则飘然远行，此犹所谓豪杰之士焉。若其大多数，则"孔甲之为陈涉博士"，依附权势，以取功名耳。然放眼以观西方各国之公民，团体之事，众人之事也，有患同御，有急同当，即所谓名公巨卿与豪商大贾，不脱鱼猎时代负枪荷载之旧习，故能同御外患，同防盗匪，急公好义乃彼等素行然焉。及其从政，则尽其心力，直言无隐，为公众谋利益，倾轧嫉妒，非必尽无，然以为背于缙绅先生（Gentleman）之行而羞之。吾国之"士大夫"乎，父母勉其子弟曰"学怪"，是取巧之代名词也。曰"不可先出头"，是老氏所谓不为天下先也。场屋中以揣摹风气为能，故逢迎意旨，是其所素习。官厅中以阳奉阴违为长技，故不守法不负责任已成第二天性。若夫同辈之倾轧，虽败坏国事而不惜，由于"屋里大老官"之心理有以养成之也。况乎汉桓宽之言曰："今儒者释耒耜而学不验之语，旷日弥久而无益于理，往来浮游，不耕而食，不蚕而衣，巧为良民以妨农政。"以今语译之，即不劳力之无业游民也。其心理上既不知团体生活为何事，体力上又不能为农工之勤动与军人之牺牲，若此堕落阶级，其能负荷今后改造国家之重任乎？一九二六年，英全国铁道罢工，伦敦交通既断，食物来源因之而绝，吾之士大夫处此，惟有叹息于"世风日下"而已。而英之贵族与豪商，以汽车数千辆，集于"哈一持"公园，设办事机关若参谋部然，各人自为御者，分至各乡，或运牛乳，或运肉类，或运蔬菜，于是伦敦之粮，赖以不匮。工人亦知罢工之不能坐困伦敦居民，乃开始商议复工条件，可知有此自驾车自载货之"士大夫"，而后士大夫乃能负此统治之重任，而不然者，英国主权落于工人之手久矣。呜呼！吾国"士大夫"其知之乎？

西方人生活方面之多歧，有远非吾国人所及料者，号为资产阶级，其起居饮食，固力求精洁，坐必软椅，履必地毯，娱乐有电影，出入有汽车，然今晚跳舞场上手臂依傍应节而动之红男绿女，明日可以裹粮负囊跋步数十里而为田间之露宿，今朝在瑞士少女峰避寒之士女，明早或驾汽车而作世界之周游，或携猎具而射虎于斐洲。至于工作之日，每于事毕作网球之戏。休息之日，或步行于荒野森林之间，或坐小艇而徜徉于河水之上，尤为习见不鲜。一家之中，决无有前呼后拥之仆役，每日饮食所需，大抵主妇自置备之。惟其除享乐之外，自有劳筋骨炼饥〔肌〕肤之法，故身体强健，精力充足，与吾国之"四体不勤五谷不分"之士大夫，迥然异辙也。人人有职业，人人能自立，绝少干谒亲朋以图进身者，至于国家社会之公务，各尽其所见而畅言之，量力而担负之，亦无所谓"因缘为奸利"或"假公济私"之恶习也。

西方人之生活如是，其共同方面远胜于分异方面，路见甲乙两人互殴，或以抱不平之态度起而助其一人，或挺身而出在法庭上为证其是非曲直，至于邻里有盗匪，鲜不共同协力以防止之者，国家对外战争，国民赴汤蹈火尤为不容辞之义务。惟其关于公众是非利害之感觉，若是其锐敏，故民主政治既行，虽议会中有党派之对立，报纸之批评，与夫朝党野党之争求相胜，而要以不破坏公共团体之是非利害为界。岂吾国人之有急难惟恐不远避，有权利惟恐不得分沾者之所可共日而语哉？惟国民有公共心，故党派之争自有界限，即有越轨之举，而数千万国民之义愤心足以防止之。惟吾国大多数人民不识政治为何物，而士大夫闻西方有权利竞争说，有政党角逐之习，于是尽其心力于捣乱于破坏，以为新政治当然也，抑知其所实现者，皆不过国人之旧习，官场之趋避耳，大盗之豪夺耳，举子之争取功名耳，与夫妾妇之求荣争宠耳。以若是之国家，而谓白纸黑字上之法律条文，可以一朝使之由乱而治，是真所谓缘木求鱼也。

中华民族之存亡，决于今后有无负荷国家重任之新分子。新分子之新态度、新习惯：

一、由明哲保身变为杀身成仁。

二、由勇于私斗变为勇于公战。

三、由巧于趋避变为见义勇为。

四、由退有后言变为"面责廷诤"。

五、由恩怨之私变为是非之公。

六、由通融办理变为严守法令。

盖吾民族历史既长，更事既多，乃有种种瞻前顾后之处世格言，或者老成持重之人综其阅历有得者以垂诸子孙耳。此种种者皆出于顾忌出于计较利害，与青年人之路见不平拔刀相向，或西方男子因争恋而出于比枪者，正相反焉。一出于思索与计算，故偏于退让，甚至以私害公；一出于热血与冲动故，偏于进取，而成为士可死不可辱之风。二者孰得孰失孰为优胜孰为劣败，宁待计而后知哉？

吾国之士大夫，其能翻然改图乎？抑终不能自救乎？诚出于后者，则其灭亡之期，殆已不远。然士大夫者，万人或数万人中一人，殆西人所谓皮酒杯中之白沫耳，其不识字而劳力之民众，何止千万人万万人，彼等爱国之深切，从公之踊跃，反远胜于士大夫之上流社会。海外华侨，佣于南洋群岛者，为胶树或锡矿工人，居美洲者为洗衣匠，为饭馆业，初非所谓"礼乐传家，诗书继世"之子孙焉，然二十年来各种政治运动，皆彼等实资助之。九一八事件以来，对于祖国捐款数百万，飞机数百架，盖其热血之腾涌，尚未为利害计较心所汩没也。上海居民三百万，为豪商大贾云集之地，盗匪窥见此辈之贪生恶死之心理，乃大肆其掳人勒赎之手段，曾不闻有人提议守望相助之制以抵制之者，而北方数十州县之乡里小民，反能合为红枪会，结寨连旗，以图自保，诚以彼辈尚知挺身而出，与人一决胜负，非"绅商"之但知出钱买命者所能望其肩背也。又曾闻所谓哥老会、青红帮矣，虽其所为抵触国家法纲，然其团结之密，足以愧无三人以上之团体之士大夫，其为领袖者，豪侠好义，使天下人乐为之用，当日人侵入闸北之际，竟编为义勇军参加战争，非太史公所谓"今游侠其行虽不轨于正义，然其言必信，其行必果，已诺必诚，不爱其躯，赴士之厄困，既已存亡死生矣，而不矜其能，羞伐其德"者耶？三省既为日所强占，政府曰吾军实未备焉，惟有退守而已，既不能战，惟有委曲求全而已，是计算心之表示也。独粤人与中原文化关系较浅，勇于冒险进取，毅然以孤军与日军十万苦战一月之久，全师而退，义声大著于天下。可知人类之勇怯，与其更事之多寡成反比例，寡者独勇，多者反怯，与青年人之虽死不畏，老年人之唾而俟于者正相类似也。呜呼！士大夫之闹意见分门户，已陷国家于不可收拾之局，独有此三万万不识字之民众，尚能不顾生死，先公后私，则保持此未凿之天真而导之以公民之知识，吾民族活力之新源泉，其在兹乎！其在兹乎！夫事物之理，惟公而后有私，惟同而后有异，优伶之演技，必先有戏台；力士之比武，必先有拳场；政党之角逐，必先有政治舞台。戏台也，拳场也，政治舞台也，所谓公者同者也。各人本领之高下，名誉之大小，所谓私者异者也。今政治舞台，已在颠覆中矣，国人之所以扶危而定倾者宜何如？个人心理之转移，即民族存亡之关键，此又国家民主政治之精神上第一础石，而制度条文不能与之比拟者也。

（上篇完）

下篇　国家社会主义

世界大战以还，欧洲学说之影响吾国者，无过社会改造之说，无过马克斯主义，再深切言之，莫过于一九一七年之俄国共产主义的革命史。执人而询之曰：欧洲十九世纪初期以来之社会主义运动，有欧洲之背景，曰殖民地之掠夺，曰工业革命，夫而后资本主义成矣，内则大建工厂，集中富力，外则推广殖民地，以为本国货物与资本之尾闾。以云吾国则何有乎？全国内之烟突，寥如晨星，号为东方纽约之上海，合中外人之工业资本不过二万九千三百余万元，在此形势之下，而高唱"打倒资本主义"，责厂主以"榨取"，真可谓无的放矢之尤者矣。

国中之共产主义者，组织团体，从事革命，而以身殉之者不下千人万人，而考其主持理论之人，于中国之为封建社会为资本主义社会，迄无定论。视吾国为封建社会也，则五等之封与夫长子袭产之制，何以已不见于今日？视为非封建社会也，则何以地主之特权（此为干部派之论）与夫割据之军阀尚存于今日？至于持中国已入于资本主义之说者，其所引为证据者，曰轮船几何，曰铁道几何，曰银行几何，曰工厂几何，此亦仅足反证中国之非封建社会，以云中国之资本发展，是否与欧美相同，虽在极端之杜洛斯几派，恐亦不能作此肯定之辞也。凡此论战之中。可以见彼等攘臂而兴，呼号社会革命，而其所欲革之对象，则至今犹在此一是非彼一是非之中。夫认识且不清，而驱人于行动，虽欲不谓为盲人瞎马，得乎？

治国犹治病。医师之诊断曰：某甲所患者，肺病胃病肠病，一人之身固有同时数病俱发者矣，何以一国经济之发展，独不能于封建社会之中，同时有资本主义之侵入乎？吾人之为此言，非为杜派张目焉。盖谓本马克斯所定原始共产社会、封建社会、资本主义社会，再进焉则为无产阶级之革命之方式，验诸过去之社会史，已不正确（社会学家驳原始共产主义之说者不乏其人），遑论执此方式以决定今后革命场上之战略乎？夫社会现象，苟不存一定成见加以观察，换词言之，以一视同仁之态度，对于各种因素，予以公平的估计，则工人也农人也封建也资产也，同为社会中之成分，不得因其与马氏方式之合不合而以有者为无，无者为有也。俄国一九一七年之社会，农人之数，远超于工人之上，列宁辈于俄之资本主义尚未达高潮之日，而忽以无产阶级革命领导其国人，虽与马氏之言相违反，而无碍于革命之成功。反而观之，德之资本主义，驾俄国而上之，然其一九一八之革命，仅得谓为平民宪政之澈底施行，而与无产阶级专政与夫社会主义之实现，则去之犹远。故曰一国政治上之大改革，决无马氏格式（Marxian Formula）或他种格式之当遵守焉。

十九世纪之上半，自然科学突飞进步之时也，"科学"二字为当时欧洲学界之风尚，故马克思氏名其改造社会之理想曰"科学的社会主义"，犹之今日吾国好以"科学"二字压倒一切焉。社会经济现象中之物质部分，如某为渔猎时期，某为农业时期，乃至地租之高下，工资之大小，固有外界之实物可资考证，自为科学方法之所得施，同时或有科学公例之可求。以云社会改造之方针，曰资本家之剥削，曰工人革命，曰某为压迫者，曰某为被压迫者，曰帝国主义豪夺强取之非，曰殖民地半殖民地之应起而反抗，此哲学上之所谓价值判断，明明含有道德的抑扬高下，而与科学之本义，绝不相涉者也。惟其然也，即今马氏之全部学说中若价值论、剩余价值论，在经济学上可作为一种假设，以云惟物史观，哲学问题也，无产阶级革命，政治运动也，何得以一部分工作不失其学者研究之态度，乃并其他各部分，借口科学名义之下，而视同神圣不可侵犯者乎？马氏下层构造上层构造之说，一若惟有生产的基础，阶级的基础，而后可语夫社会改造，反是者为空谭为乌托邦。则英、德资本主义之成熟，明明在俄国之先，何以其今日之上层构造，反不能与之相应乎？俄革命后忽而绝对共产主义，忽而新经济政策，忽而五年计划，皆以执政者之意志为进退，岂下层之能决定上层哉？故吾人之意，社会改造之方案，可内本之精神原素，外酌之社会环境而定，不必离马克思惟物史观外，即无社会主义之可言焉。下文所拟国家社会主义的建设，以其计画之可能性与当然性，诉诸国人之情感、理智与意志，与马克思主义者之惟物史观、定命主义，与夫阶级斗争之说，则南辕而北辙也。

第一，资本主义与社会主义

当世言社会改造者，常以资本主义与社会主义相对立，一若甲社会中以资本为主要成分，乙社会中则以人群福利为目的也。抑知资本者，生产之要素，与土地、劳动等，甲社会之所不离者，亦即为乙社会之所不可缺。若自经济制度对个人或对社会之关系言之，甲社会听个人之自营，乙社会由全团体为之处理，则甲社会应名曰个人主义的经济组织，乙社会名曰社会主义的经济组织。在语言既成惯之今日，矫而正之，诚非易事，然一以个人为主，一以社会为主之根本义，不可忽焉。

资本主义之名词所以流行者，则有故焉。自工业革命以来，从事于生产者，不离机器，不离企业家，不离市场交易，至其盈亏之责任，独出资之企业者负之，则资本之在现代企业中，自居于一特殊地位矣。欲论定此两主义之得失，不可不溯诸历史。

欧洲之资本主义，大盛于工业革命之后，而实以十五、十六世纪新地之发见与十七世纪之殖民地商业为起点。自航路大通，欧洲各国输出铁丝与毛织物，贩卖非洲黑奴，同时以之易亚、美两洲之茶、咖啡、烟叶、木材等物。合股公司因而发生，银行业因而推广，独占运输，为各国政府所奖励，开疆拓土为东印度、西印度公司之附属事业，因而以波斯之毯，陈于欧洲之家庭，以比罗之银，制成欧洲之刀叉，茶则来自中国，糖则取之古巴，皆欧人富力增进之明证也。

既有商业，于是小商人、大商人、银行家之阶级因以成立，彼等居城市中，故法人名之曰"布而其注"（Bourgeoisie），即城市居民之意也。彼等既在商业占势力，于是城市行政属之彼等，律师、法官、医生皆商家子弟充之，衣食既足，得以其余暇从事学问，更进焉则要求参与国政，此欧洲所谓第三阶级也。

然工商之突飞进步，以英之纺织机与蒸汽机之发明为关键。试举纺织机改良之年月：

一七三〇年，克伊（Kay）发明"飞梭"。

一七六四年，哈格利夫（Hargreaves）发明"纺纱机"。

一七七一年，阿克莱特（Arkwright）设纺纱厂。

一七七九年，克朗登（Crompton）之骡机成。

一七八五年，嘉特来特（Cartwright）织布机成。

一七八五年，瓦特（Watt）与包尔而敦（Boulton）造成第一引擎，以应用于纺纱厂。

机器之应用，始于棉纱，继为毛织，又继为铁业为交通事业。自是以往，乃有出资以购机器，造工厂，招集工人，并以制成之货销售外国。换词言之，家内工业之外，乃有工厂，地主与商人之外，更有厂主，要以资本为企业之第一要件，而工主、工人形成对峙之势矣。

当此工业机器化之发端，对于个人自动力与天然公例之信仰，非常发达。举世以重商主义时代国家之繁苛法令为大苦，而谋所以祛除之，于是法国之重农学派提倡天然富力天然自由之说，以为政府之职务独限于保护各个人之生命、自由与财产，至于经济事项自为个人之事而与国家无涉，此之谓放任政策（Laissez faire, laissez passesr）或曰自由主义（Liberalism）。英之亚当·斯密氏承其说，著《原富》一书（一七七六出版）以广其义，力主各个人发于自利心之行为，可以造成完美之社会关系，名此自利心之运用曰自由竞争（Free Competition）。其学说既风行一时，且影响于英之实际政治，乃有废谷律与自由贸易之运动。

　　自一般思潮观之，虽谓法国革命后各国宪法中无不规定生命，财产与自由之根本权利，皆由同一根源而来可焉。于是经济上之资本主义，隐以思想史上之个人主义为背景，此吾所以谓二主义之似二而实一也。

　　百五十年来，工业之发明，承蒸汽机之后而起者，继续不已，轮船也，火车也，电报也，电话也，汽车也，无线电也，飞机也，此属于交通之具者；柏油也，颜料也，炸药也，人造丝也，此属于化学工业者。资本家用之而推广于各国，以大轮船为运送之具，设银行为资金之融通，于是工厂、银行、轮运业遍于各国之都市，其富力之日积月累，令吾侪为贫国之民者独有艳羡而已。举各国之国民所得表与国民财产表为证，则各国资本之发展达于何状，可以了然矣。据莫霍尔（Mulhall）调查一八九六年各国之国民所得总额如下：

各国国民所得表（以百万镑为单位）（即数目后再〇〇〇〇〇〇）

国别	英国	德国	法国	俄国	美国
总所得	一四二一	一二八五	一二〇五	一〇〇四	三一七八
农业	一三八	二五〇	二五〇	三二四	四八八
工业	四三八	三四五	二九八	一九〇	九七六
商业	一六一	一三五	一二〇	一〇三	三一三
交通	一六七	一四三	一三一	一〇八	三五七
矿业	八七	四八	三五	五四	二五〇
人事劳力	一〇〇	六一	七九	三一	一七八
房产	一五〇	九二	一一八	四七	二六七
官吏及自由职业	一八〇	二一一	一七四	一四七	三四九
每人所得	三六. 三	二五. 〇	三一. 八	九. 八	四五. 五

　　（注）此类调查，极不易正确，数字各有不同，应取各家所调查者互为参证。

　　国民所得者，指国民之每年入款言之，无一人不生产，即无一人无每年之入款，入款超于消费者，斯其国富；反是者，惟有消耗旧日所积贮之财富以度日，如近三四年之欧美是已。更举斯泰姆氏（J. Stamp）之所调查者，以资比较。

世界战前一年之各国国民所得表（以百万镑为单位）

国别	英国	德国	法国	美国	日本
全部国民所得	二二五〇	二一五〇	一五〇〇	七二五〇	三二五
每人所得（镑为单位）	五〇	三〇	三八	七二	六

国民所得，每年之入款也，谓之为子可也，此子之后，必先有母，是为国民财产或曰富力（Vernogen，Wealth），若土地、房产、工厂、现金、外国债票、商标特权皆是也。更列两表如下：

莫霍尔氏之一八九六年各国国民财产表（百万镑为单位）

国别	英国	德国	法国	俄国	美国
田庄	二○七七	二五○八	三○九三	二七一○	四一四二
铁道	九八五	五五五	六六三	三四九	二二六○
房产	二四九二	一七五五	二一五九	一○一九	四四四六
货物	八○五	六七七	六○一	五一五	一五六三
杂类	五四四七	二五五七	三一七四	一八三二	三九三九
全部	一一八○六	八○五二	九六九○	六四二五	一六三五○

斯泰姆氏欧战前一年各国国民财产表（以百万镑为单位）

国别	英国	德国	法国	美国	日本
国民财产	一四五○○	一六五五○	一一○○○	四二○○○	二四○○
每人所得（镑为单位）	三一八	二四四	三○三	四二四	四四

此外若分别研究各国银行存款表、各国邮政贮金表、各国合股公司资本表、各国每年发行股票及公债之资金表，则欧美之富力之高，迥非吾国人所能梦想，而为欧美人者，宜可以踌躇满志矣。何也？富力者，衣食之所资。以国富计，美国每人得四百二十四镑，是为最高额，日本亦得四十四镑，亦可谓家给人足矣。闻一九二五年之统计，中国人民每人之国富为一○一元，仅及日本四分之一，比之美国之每人四千二百余元者（以一镑作十元计），不过四十分之一，若在吾国国富中，去田地房产，而以银行资本存款与夫投于工厂之资金分配于全部人口，不知每人应得者几元耶几毛耶几分耶。就国民所得言之，吾国大多数皆坐食之惰民，甚或为妨害生产之盗匪，其号为有收入者，亦告贷亲朋以敷衍岁月，故所入决不足以偿所出，谓为但有负数而无正数可耳。虽然，欧美国富之日增，而分配不均之病与之并起，此社会主义之运动所由兴也。

工厂制度之下，一方为厂主，一方为工人，房屋之建筑，机器之设备，生货之购买，工价之发给，乃至货物制成后之贩卖，皆厂主之事也。其为工人者独恃其劳力以得工资，一旦市况萧条，为厂主所遣散，惟有嗷嗷待哺而已。况乎运用资本者，或营商业，或投资于公司与银行，所谓多财之贾也，子母相生，而富力乃集中于少数人之手。前所举国民所得表与国民财产表，若每人各得数千百元者，此乃统计家求平均数之法耳，按之实际，则各人之所得，大有天壤之别。德国人口六千五百万，从事于生业者居半，为三千二百五十万人，其中二千九百五十万人（即百分之九十）每年所得二千四百马克，即按月二百马克；三百五十万人（即十分之一）每月所得，在二百马克与三千马克之间，此即所谓中流以上之社会也；每月所得自三千马克以上至百万马克者，则三万人耳。再就此二千九百五十万人、三百五十万人与三万人而分析之。

(a) 二千九百万人 {
一千六百万人，按月所得，不及一百马克
六百万人，按月所得，在一百二十五与二百马克之间
七百五十万人，按月所得，在一百二十五与二百马克之间

(b) 三百五十万人 {
二百五十万人（百分之七十），按月所得，
　　在二百与五百马克之间
七八十万人，按月所得，在五百与千五百马克之间
七万七千人，按月所得，在千五百与三千马克之间

(c) 三万人 {
一万八千人，按月所得，在三千与六千马克之间
约一万人，按年所得，约为十五万马克
此外五千人，按年所得，为二十万马克

据一九二四年之调查，德人中之巨富，不过八百八十九人，农业方面二十五人，所得总额为一万二千二百万马克，每人平均为五十万马克；工业方面五百二十三人，所得总额为二十万万〇六千八百万马克；每人平均为四十万马克；其他方面三百四十一人，所得总额为十二万万〇五百万马克，每人平均为三十五万马克。更以简单方式表示德国六千五百万人口中之富力分配：

人口	层次	国富	所得
六千万	无产	一六万万	四五万万
四百万	中产	三五万万	一七万万
十万人	有产	三五万万	五万万又半

此外推之英、美两国，情形大略相同。社会主义之勃兴，此其总因也。

资产阶级既握财权，个人之享用，子弟之入学，自较无产者为优

异。彼等所欲施行者，得报馆为之鼓吹，或被选为议员以主张之，开拓殖民地以推广国外市场，奖励海外投资以造成势力范围，甚或与他国竞争军备，以战争破坏国际间之权力平衡，则世界地图之易色者，不止一山一水一岛一港，直取人家国或全部殖民地而吞并之，至于无产者衣不暖食不饱，非所问焉。今日本之农民负债数万万，濒于破产，而日政府惟知从事外竞，不计民生疾苦，所支出之满洲军费以巨万计，可以知资本主义与帝国主义之不解之缘为何如矣。因而马克思辈称现代国家为资本家之工具，必欲推翻之而后快，则社会主义者之视线，由富力之分配而移于政治上之革命矣。

百余年来欧美各国所以缓和此贫富悬殊之趋势者，有工会之组织，所以为工人要求工价之后盾也；有工厂法与夫劳动保险法，所以保护工人健康与生命之安全也；有消费合作社，所以去商人之谋利而平物价也。然此数者补偏救弊而已，不足语夫根本解决，其集中心力于政权之推移以图社会改造者，社会党也，其在英曰工党，在德曰社会民主党，在法曰社会党，在俄曰鲍雪维几党与孟雪维几党，其间有一贯之宗旨，则马克思《共产宣言》中之所谓生产工具公有之说。盖生产之具如工厂、土地等归诸国家，则资本家失其所凭借，而全社会中同立于劳心劳力之地位，既无坐食之惰民，亦无求工不得之失业者，庶几社会平等之目的达矣。

世界大战之中，战败国之社会党乘机起而革命者为俄为德。俄之鲍雪维几党夺取政权后，尽取房产、工厂、银行归于国有，十余年柄政期间之政策，虽屡有变更，然不离乎生产工具公有之宗旨。德自一九一八年，社会所有之说定于宪法，且尝以实行计画，托委员会为之调查（一九二○—一九二一），然迄今徒托空言而已。至于英之工党，经最近分裂之后，在数年之内，不足语于改造社会之重任。法社会党之势力更微弱矣。且世界商业衰颓，工厂闭歇，失业者数百万，工人不平之声虽日高，而昌言革命之勇气，远不如战前与战后。独经济问题，不可专委之私人，应由国家立定计划而统御之之说，则欧美昌言之者日众矣。此其最近之趋势也。

资本主义与社会主义二者所以并存，固各有其得失优劣之点，兹条而列之如左。

第一，资本主义。

长处　政府不加干涉，听人民自由处理。

人民自负责任，故私人自动力发展。

人民自负盈亏之责，故经营事业之法，合于经济原则。

短处　财富集中于少数人，酿成贫富之不均。

无统筹全局之计划，流于生产过剩。

私人互相竞争，因竞争而生浪费。

第二，社会主义。

长处　财富集中于国家，可以矫正贫富之不均。

国家得以统一计划，经营各种事业。

一切经济事业集中于国家，故易于抵御外国之工商竞争。

短处　国家自从事于经济事业，须多设官吏。

官吏不长于经管工商。

国家权力过大，可以妨害人民自由。

资本主义之长处，自工业革命以来，已大著于欧洲，而短处与之相缘而至。社会主义之长处，在此世界市况凋弊之日，稍稍发现于五年计划下之俄国，与失业工人遍地之英、德、美之对照中，至其短处自无俟吾人为之掩饰，其如何舍短而取长乎？抑以长足胜短而采之乎？此乃吾国今后社会治安国家存亡之大计也。

第二，世界商业凋弊期内两主义之试验

近年以来，世界工商之现象，曰银价之大跌，曰农产之过剩，曰工厂之闭歇，曰失业工人之日增，乃至百余年来号称本位固定之英国，亦废止金本位矣，以输出熟货输入生货为基础之自由贸易，亦于最近选举后宣告停止矣。凡此种种，谓为一世纪中之奇变可焉。

工业革命后之欧洲，恃其科学之进步，技术之发展，乃能以工业之优胜操纵全世界。就其国内言之，或劳力或经商，贸迁有无之中，以其余力扩充国防，培养民主，此近百年之欧洲所以能在此基础之上行其放任政策也。各国农工商发达之情形不同，其经济政策因而微异，英行自由贸易若有恃无恐者，至于德之工业的猛进，得力于保护政策者为多，然就全欧对欧洲外之国家言之，德固不失为世界工业优胜国之一焉。世界大战之后，而形势为之一变。各后进国在战前数十年内，久已着手发达本国工业，故欧洲货品之销场早晚且受限制。欧战之中，英、德棉花织物之输出大减，美国、日本、印度、南美洲纷起而代之，战后之小国若捷克司拉夫，若罗马尼亚，皆以保护关税奖励棉业，故一九二九年英之棉织品之输出，尚不及战前之半。此工业品之过剩一也。欧洲本为产糖之地，因战事而产额下降，时则哥巴与爪洼糖业兴焉。战后欧洲各国经营糖业如故，且提高关税以保护之，于是世界之糖产供过于求。欧战之中，俄麦粮之输出停止，美国、加拿大、阿根丁、澳洲起而代之，自一九二五至一九二九年，此四国每年平均产额超于战前之产额而有余，欧洲之产麦国如德如法皆增关税以阻止外来之麦，一九三〇年麦价尤跌，各国之关税亦应之而增，其价额之下降，为三百年来为未有。此农产品之过剩二也。欧战之中，德因国内战事公债之重负，久已精疲力竭，而巴黎和约中复强令负担巨额之赔款，虽勉强募集外债以资应付，然因此由债权国之地位降而为债务国矣。他若各国内革命之惨祸，内战之不已，与夫其他币制上财政上之困难，皆所以限制资本之构成与人民之购买力。此则资本与消费力之紧缩，足为工商之障碍者三也。有此三因，而世界凋弊情形乃大显。

第一，工人失业。战前旅行欧洲者，除意大利外，极少遇见沿街乞食，近则大城小城中无处无之。德国之各城中，闻户外敲门声，启而视之，皆乞食者也，皆失业工人也。美则工人整队而行，向政府索食。此等惨状，殆无异吾国之灾民。

	一九三〇年十二月止	一九三一年二月止
德国	四〇〇万	五〇〇万
美国	六〇〇万	八〇〇万
英国	二五〇万	三五〇万
其他各国（除俄国）	一五〇万	二〇〇万

合全体计之，失业人数共一千八百万，与西班牙之人口相等。就英、德、美三国言之，每八工人中占失业者一人，近年英、德两国财政上政治上之难关，谓为皆起于失业问题可焉。

第二，物价动摇。前既言之，农产与工业品两方皆已供过于求，于是物价狂跌，为数十年所仅见，甚且销场已尽，不得不由政府以公帑救济，故美政府筹巨款购买农民之麦而弃之于太平洋，日本政府以巨万之款购民间之丝而存贮之，皆以有用之金钱购此无用之物而救此垂绝之民生耳。输出者无由输出，输入者无由输入，以卖者买者之购买力皆锐减焉。况物价既跌，生产或制造此产物之本体之价值，如各厂股本或股票市价，亦因之而下降，是则全社会富力之大升降焉。兹录美国劳工局所调查近八年之物价如下：

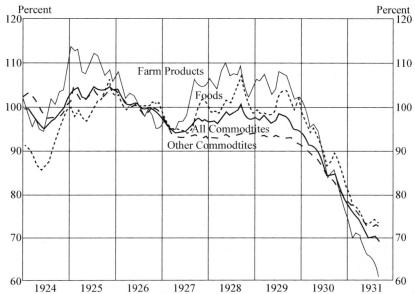

表中第一线代表农产，第二线代表食物，第三线代表一切货物，第四线代表农产与食物外之货物。

　　第三，高垒关税墙壁。十九世纪以来，经济学者以为各国各产所长，在自由贸易之下，互相交易，此乃亚当·斯密学派之理想也。此理想之实现，则有一大前提，即各国所产之物不重复，然后乃能不相冲突。今也美国、俄国之所产者麦也，德、法之所欲保护者亦麦也，则德、法非以关税保护自己之麦而排人之麦不可矣。欧洲产糖，而哥巴亦以糖胜，则欧洲非以关税保护自己之糖而排人之糖不可矣。且关税既高，可以增进财政上之收入，而国内现金以入口货物限制之后，自不至于流出，此所以以实行自由贸易之英伦，今亦对于千五百种之工业品征收关税矣。盖世界之现状，与十九世纪初年所想像之国际间一无阻碍之贸迁有无正相反对者也。

　　第四，废止金本位。欧战以前，英、德、法等皆为债权国，或以输出超于输入，或以投资海外之故，常能保有现金，或握有与现金相等之要求权，故金本位不闻有动摇之日。欧战以还，德已降为债务国，其金本位所以至今犹存者，实各国之借款有以维持之。法之金本位亦尝一度动摇，今以其得德赔款之大部，反为次美一等之现金保有国。若夫英国，素以本位稳固著于世者也，近年以来，投下于各国之资金，因澳洲等国之破产而不能收回，而其欠美之债务，则不能不还自若焉。各国银行大抵存款于伦敦，闻英伦敦银行不支之说，纷纷提取金货者，达一万万美金之巨，虽英政府为救济计，向法国告贷六万〈万〉五千万美金，而卒无以保持百年来金融界牛耳之名誉，于是于一九三一年九月廿一日停止现金支付矣。

更各自国国内情形观之，工商不振，因而工厂停闭，工人失业。德国支出失业者维持费每年五十余万万，而平日之财政收入亦同时大减，以工商既无，则营业税、所得税亦不可得焉。然政府之机关自若，已设之大小学校自若，此日减之岁出，实无以维持此业经通过之预算，欲召集议员而谋之也，则某为地主代表，某为工商代表，某为工人代表，意见相持，各不相下，于是德总理本总统之紧急命令权而擅以己意改订预算。故欧美工商主义之衰颓，同时影响于预算与宪政矣。

当此世界经济混沌之际，而共产主义下之苏俄独能实现其五年计划，西欧方闭工厂，而苏联则增设工厂；西欧之失业人数日增，而苏联则失业者日减而至于无；西欧收缩种种机关，而苏联则大事补充；自欧俄以达于东亚之海参卫，无处不见兴土木，运机犁与夫建造积谷仓。若此卓著之成效，虽至反对共产主义不能不为之称庆者也。五年计划之内，总计其投下资金，四百万万多金卢，用于工业者一百二十万万，用于农业者八十万万，用于交通者七十万万，用于长距离之发电所者二十万万，若此短期之内而能建此工业上之大伟绩，谓为生计史中绝无而仅有者可矣。其所以致此者，则有故焉。苏俄以实行共产之故，与各国断绝往来，其处境大类吾国之闭关时代，而俄之不至卷入世界金融风潮之漩涡者，亦此封锁之赐焉。俄之公债银行币制，独其为政，不为伦敦、纽约所操纵，其发钞权集中于国家银行，守四分之一之金准备之原则，而以全力补助工业发展，因而钞票之汇价虽跌，而国内之生产事业大受其益，此其一因也。俄之对外贸易权操于国家之手，人民消费品绝对不许输入，惟仰给于国货，至其因购买外国机器所需之现金之一部，则以输出贸易之收入充之，虽国内人民日用所必需之鸡蛋麦类，政府晓谕人民各自缩食，转而移充输出之用，以输出增加乃有余资以买机器，此其二因也。俄之出售其输出品，不受资本主义原则之支配，西欧商人察世界市况，不肯轻易贬价者，俄政府则但求出售，绝不计较一货一物之价，以彼之单位，为全俄之国民生计，而欧洲商人之单位，则一厂一物之亏盈也，此其三也。且工商业之盈余，悉以充国民生计之发展，非资本主义下据为私有者比，因而全国之资财，立于规画的经济之下，事

业日兴不已，而人民自无失业之患矣，其此四也。此四者皆俄独得之
秘，因而有此出人头地之建设也。试将俄之所长与西欧之所短，比较而
列之：

苏俄	西欧
甲　苏俄为一国独立自足之经济单位，不受世界市场之牵制。	西欧工业国与夫欧洲外之农国之货物，受世界市场之支配，其货价之或高或低，大影响于国民之生乐。
乙　苏俄之对外贸易，以一国全体之工商为单位，故盘旋之余地广。	欧洲之资本家各自独立，不相为谋，视其资本力之大小，以定其在市场上之胜负。
丙　苏俄之经营工商，由国家为之统一设计，自不至陷于生产过剩。	西欧资本家之企业，属于个人自由，故有过不及之病，因以造成经济的无政府。
丁　苏俄合全国之心力，以实现一定之计画。	西欧资本家之经营，以谋利为第一目的，虽保护政策之下，政府为之调剂，然国家支配之力不强。

简单言之，一有国家之统制，而一无之，此其大区别也。国家者，
以人民为分子之团体也，在此经济波澜大起之日，袖手旁观，而坐听私
人之颠连困顿乎？抑本其至高无上之权，为全体福利计，而有以指导之
乎？恐稍有识者不能不认今后救济经济界之责任，惟有国家负之矣。

美利坚者，自由主义之国也，放任主义之国也，其视财产权之神圣
不可侵犯，冠绝各国。今其元老院方提议设立全国经济委员会（Na-
tional Economic Council），此委员会之性质，非徒如德之经济会议为讨
论机关，而为俄国之计画经济之机关。各国之弃放任政策，而倾于计画
的经营，大可以见矣！译元老院报告中之一二段如下：

> 各人所同认者，今日之私人企业，犯极重大之错误。此私人企
> 业虽能运用机器生产之技术，而不能充其量而善用之。
> 生产之所得，分配不均。分配不均之病，影响于消费力且限制
> 生产力。工商兴盛时代，仍不免失业与贫苦，各种企业虽获盈余，

仍不能自处于安全之地。

定期的凋弊造成莫大之困苦颠连。同此富源，同此劳力，同此设备，同此技术，有时能享兴盛之福，有时竟不知所以应付吾人之需要。自然界与科学所赐予之权力之滥用，非复现代社会所能默许。

常闻人云集合的经济为疗治此种弊病之良方，苟无救济私人企业之法，则凋弊继续不已而起，而主张集合的经济者，益有所借口。吾人以为现时最适宜者，似在加入集合的计画于现时制度之中。以试验方法发其端，以期实行之法随经验以俱进。为私人企业而保障私人企业，为集合经济而求集合经济之实现，非题中要点所在。所以贵乎集合的计画者，关于富力之使用，善为组织，且决定组织上应采之方法若何。组织云云，自为人力范围内事，而要在立时着手以为之。最后之局面，非吾人所能预测，而开宗明义之事，自为吾人所得而规画。

吾人所欲提议者，在设立计画之机关，以自动的行为为本，而同时不背乎全社会公共利益之保持。

以上译文，乃元老院委员会报告之发端语之，至于此计画委员会之任务，则以下列政策为根据：

（一）产额限制。生产量限于合理的范围之内，则生产之限制，除用为紧急方法外，或不须实行。

（二）物价及物价之控制。物价水准之稳定，极为重要，尤应维持各物价间之调和。

（三）信用、投资与投机买卖经济委员会之第一任务，在立关于信用与金融之统一的与有效的控制。

（四）劳动。设立组织的劳动市场，以职业介绍、职业指导、工人之改业教育附于其中。设立劳动保险制。

（五）工程。工商不振之日，应以公共工程救济之。

（六）财政。如国家之税制适于盛衰两时期之需要，则临时可移国家财源，雇用工人，以救工商困厄。

（七）战债。美国要求战债偿还，适以阻碍欧洲之恢复。美国之政策，应以国内国外之工商回复常度为目的。

此委员会之职权，限于计画、调查与研究，非执行机关，其宗旨在私产制度中，参以国家的计划，故与俄国最高经济会议之司设计与执行者，不可同日而语，然经济事项，已不能听私人之自营，须辅以国家之统一的设计与控制，则美人之新认识，而与苏俄同出一辙者也。

（注）美国元老院报告书，名 Establishment of National，Economic Council，乃元老院征求各方意见之记录，中有实业家、学者，与工人方面与元老院议员之问答，为探求现代经济症结者不可不读之书，原文七百五十页，前段所译不过九牛一毛耳。原书由燕京大学教授陈其田先生借阅，书此志谢。

第三　国家社会主义下之经济建设

窃以为吾国今后经济建设之目标有二，一曰民族自活，二曰社会公道，先就第一点言之。

（甲）民族自活

民族之立国，原不必以经济手段吸取他国之脂膏，或并其主权而夺之。然自衣食住以至机器，一切仰给于外国，致全国之内，尽为外货所充斥。他人生产而吾独消费，他人劳心力而吾独享用，循至号为农国而食外国之米一万万两计，中国非不产烟叶，而纸烟之入口者达二千六百万两，所衣之衣，则外国织品也，所居之屋，则外国木材也，十余年来，政府惟知以内战为务，农不安于陇亩，工商不安于市肆，于是外货之入口者，皆四万万人日用所需之消费品矣。夫工厂机器或科学仪器不能不求之国外，独可言焉，今并食米、面粉、纸烟、鱼介而赖之外国，试问"不耕而食，不织而衣"之岁月，尚有几何乎？

试举民国十九年吾国大宗入口货物如下（海关两）

棉货	一三二八八六二六七
棉花	一三三一三五五六七
棉纱	一二七七八三四四
煤油	八〇四九五〇二八
米	一二一二四四七六六
糖	八六四三二三九五
纸烟	二六四四四八〇四
面粉	三一五五六三八八
颜料	二六〇七一八二〇
鱼介	二三三八四二三一
煤	二五五九二二二九
木材	二七八四一五三八

夫织品与棉纱之来，以吾不能自制，独可言焉；煤油为吾矿产之所缺，或有而未开凿，犹可言焉；颜料出于化学工业，木材有待于森林之培养，亦犹可言焉。所最不解者，则一万二千万之米，二千六百万之纸烟，三千一百万之面粉，二千三百万之鱼介，此岂精巧之农工业，非大集资本招致人材不能开办者哉！诚以政府日事内争，致农民离乡背井，商人有资本而不知所以用之，乃并此轻易之消费品而亦不能自产自制矣。然衣、食、住三者，不能自给之国民，尚有立国于大地之资格乎？哀哉！俄人称吾国为欧美之半殖地民，实则"推食食我"者，乃在暹罗、安南、缅甸而不在欧美也。

依情理言之，吾以农立国，所以与欧美交易者，以吾之农产，易彼之机械。机器也，发电机也，物理、化学之仪器也，正吾民所当典衣缩食以致之者，孰知此数者之入口，反远在饮食品之下乎？苏俄招来德国实业家，待之若上宾，考其实际目的，不外购买机器，以俄国现款之不敷也，缓其付款之期，而德政府为之保证，彼之所以求达于工业化者，若是其周至，吾人民独不能移二千六百万两消耗于纸烟之金钱，以购纺纱之锭子、工厂之发动机或电厂之变压机乎？已往之疏忽不必论，今后国人心目中，苟不以生产以农工之振起为惟一要务，则不待俄之夺蒙古，日之占满洲，英之侵西藏，而经济上之亡国破家，定不远矣。

读吾国海关报告册者，无不惊于其每年机器入口之少，试证之下表：

民国八年 1919	一五三三六二八七
九年 1920	二四一五八〇六七
十年 1921	五七三二七六四三
十一年 1922	五一〇六六八五三
十二年 1923	二八〇三六三三六
十三年 1924	二三七〇二二四三
十四年 1925	一六七二〇八〇六
十五年 1926	一八三九三六〇二
十六年 1927	一九七三四〇九六
十七年 1928	二一六四一三六六

民国八年，机器之入口者，由七八六一五九四两，忽跃而为一五三三六二八七两，至十年乃三倍其额而为五七三二七六四三两，此即欧战中棉业大兴，聂云台昌言设立棉铁大学之日也。大盛之后，继之以大衰，由五千万两，退而为二千万两，此为近年机器入口之平均价额。

此二千万两之数，仅为入口米价十分之一耳，入口糖价四分之一耳，而入口纸烟价，且与之并驾齐驱。呜呼！当输入者之不输入，与不当输入者之输入，足以证吾国家听人民以数千万现金，辇而致之国外，以求一时口腹之乐，而于吾民族自存自活之工业，曷尝为之计及哉？

生产事业之重要既明，所以完成此生产事业者，宜有下列之顺序：

甲　五年之内，求食品之自给。（即外米、面粉、鱼介、纸烟等之入口，完然禁绝。）

乙　十年之内，求棉纱棉毛织物之自给。

丙　同时着手基本工业如钢铁如电气如化学工业之类。

以上至少限度之生产事业，应于十年十五年二十年之内，办有相当成绩，以求吾国经济之完然自足。至于吾国专长之工业品，可以与外人竞争者，暂时尚说不到。所以定此甲乙丙之序者，止食品之输入，然后能保留资金，以购置机器也；先发达纺纱与棉毛织物者，所以使国人之衣着不至求之国外也；再益以现时吾国大宗输出品如生丝、茶、豆饼、生皮之类所得之代价数万万两，则吾国工业化之资本，自不至无所出也。呜呼！吾国民诚有意于集中资力，而促进吾落后之农工业，岂患无术哉？

（乙）社会公道

吾国之生产计画，谁为执行之主体乎？

欧洲之始与外人通也，寻航路，贩黑奴，经营东、西印度之公司，皆由私人任之，其后改良纺织，发明引擎，亦私人自为之，故其所以成为个人主义、资本主义者，出于自然之趋势，而初非有意识之作为也。逮乎今日贫富悬殊，阶级仇视，则为既成之局，而不易推翻之者矣。吾国今日之形势则大异乎是，吾民族经济之地位，介于两大之间，一方为工业过剩之欧洲，一方为农业过剩之欧洲外之农国，所以御此大敌者，宜合全国心力以图之，而国家之地位，处于总参谋部，私人则受命之一兵一卒耳，此与十九世纪初期之欧洲相异者一也。欧洲之私人，阅历既多，发动力自强，吾国之私人，或具有先时之见如张季直、聂云台之流，或为利心所迫而办实业，大抵实力不充，而设备多因陋就简，所以经理之者，又远不如欧人之计深虑远，故欧战中吾国勃兴之棉纺事业，不数年而崩溃，此与十九世纪初期之欧洲相异者二也。农工商业之发展，有待于专家之研究，故试验室遍于德之飞机厂、颜料厂、钢铁厂，乃至木材厂于木料花纹之变化，亦有试验室。此博士研究之工作，难以责诸吾幼稚之工业，而不能不由国家代谋之，因而所发明者自不当属之私人之专利，而为全国之公器，此与十九世纪初期之欧洲相异者三也。以此三故，吾国之私人企业，不能与欧美相提并论。

然则吾国今后之工商业，尽属之国家乎？曰：非也。经济事项委曲繁重，私人自谋而无害全社会之公利者，听之私人可也；私人自谋而有害全社会之公利者，禁止之可也。近世生产事业之种类众矣，就其经营主体言之，有以下五种：

a. 私人经营 { 单独
           公司

b. 合作社

c. 地方团体

d. 私人企业，立于国家监督之下

e. 国家

就财产享有与利益分配言之，则分以下各种：

（a）各个人之私产

（b）法人团体之公产

（c）国家之公产

以上财产享有。

（a）工人兼为股东，分享股利

（b）私人在大企业中所得之利益，受国家之限制

（c）国营事业之利益为全社会所共有

以上利益分配。

上而精巧之美术，下而一人独营杂货铺或缝衣作，听私人为之可也；日用饮食之品为人所共同需要者，如西方之面包、吾国之米面与木器家具，属之合作社可也；电车、电灯、自来水则地方团体之业也；大工业如纺纱、棉织，其所有权属于私人，而经营之法，应受国家经济计画局之监督；至于交通机关如铁道，天然富力如煤矿如水力如电力乃至大工业如钢厂之类，应由国家所有而经营之者也。

要之，合此种种营业方式与私有公有之财产，画定相当比例，以部勒全国私人公人之经济行动，又何国富为少数人所垄断之足患？庶几社会公道之目的达矣。

吾国人民之大部为农民，田利之改良，尤为急务，所以祛农困而救垂尽之农业：第一，变佃农为自耕农，使得享有产业；第二，设立农业

合作社；第三，设立国营农场与集合农场；或者经此改革，农业大兴而外来之粮食可以禁绝，至于收买地主之田以归诸佃农，当由一省或一县设立农业抵押银行，由佃农分年摊回本利，而国家与地方补助之。此为农民在吾人所拟议社会改造计画中之地位，于此附带说明之。

（丙）国家计画与社会所有（Sozialisation）之具体方案

合此民族自活与社会公道之两目标以发展生产事业，则惟有由国家确定全盘计画是矣。工业应需之公私资本几何，人材几何；农业应需之公私资本与人材几何；农、工二业中，何种居先，何种居后；欲造机器与铁路而缺乏钢铁，不可得焉；欲制棉布而缺乏细纱，不可得焉；但有粮食而无交通运输工具，不可得焉；欲兴农业而无机犁，不可得焉；乃至外人破坏吾之计画，应筹所以抵制之法，凡此轻重缓急之际，稍有错误，便生青黄不接之病，而损失不可以数计，故经济计画局，犹之宣战后之参谋部，征调军队，侦探敌情，无时无刻不在注意、恐惧与密筹抵制中也。农工业之振兴，应需之资本以数百万数千万数万万计，故若干成应由中央发钞票以应之，若干成应由商业银行以营业资金应之，若干成应募外债以应之，全国资金在同一目的之下，画定成数，分门应用，不可再蹈今日全国各银行但知谋利不知有政策之陋习。惟其然也，全盘计画之确定，应先由专家研究，再征询各地实业家与银行家之意见，治乎一经决定公布，则全国人民应共遵守，犹对外战争时之效命疆场焉。

或曰：既言社会主义矣，苟不以私产收归公有，则国家所凭借以营业之具安在？俄政府所以能行其五年计画者，即以前次没收之房产工厂为资本也，苏俄之富，可以上海为例而说明之。假想上海全部房产一旦归市政府所有，则三百万人之房租，每人平均五元，按月租金之收入为一千五百万元，全年为一万〈万〉七千余万，此即莫斯科之现状，而其他俄之各市，莫不然也。窃以为依吾人之方针，国营事业，当由国家自筹资本经营之，此限于天然富力之事业与交通机关而已，至于其他大工业，依下列原则解决之：

（a）所有权不必移转。

（b）营业与设备须按照国家计画，受国家之监督。

（c）盈余，除应提之公积与按照市场之利息外，归入于全国资本中，以充下年扩张全国工业之用。

（d）初兴办之新工商业，在五六年之内，其分配利益，不受前项之制限。

（e）亏折时由国家贷以资金，俾得照常营业。

（f）生活必需品之商业可由合作社经理，其余商业听私人经营，其利益按盈利税则以税之。

或曰：私人资本，除按照市场之利息外，一无所得，又谁乐投资于工商业者？要知国家社会主义下之营业，由国家代为筹画，借贷资金，货物由国家号令于人民而推销之。私人所负责任既微，则其酬报数目自应之而薄，况亏折之日，更由国家负贷款以资继续之责，故财产权未尝移转而性质则大异矣。

或曰：私人营业，但得分配股利，此外一无所获，使彼等在其账目上多列名目，浮开浮报，为之奈何？曰：此等困难，各国在征收所得税时，亦常遇之，生产费之高下，自有平均标准，帐目上之舞弊，应筹防止之法，美国元老院拟设之经济委员会之职权中，有统一各公司帐目一项，即所以防弊之一道焉。

吾人所以主张经营权立于国家支配之下，而不采没收政策者，则有故焉。民法上之物权，本分为二，曰所有权，曰使用权，有时二者属于一人，自造屋而自居之，是也；有时二者属于二人，租房而居者是也。以此推之工厂，则所有权与营业权自可分离为二，所有权仍归原主，而经营方针则立于国家计画支配之下。苏俄因没收政策予反对者以口实，因而工厂闭歇技师逃亡，一九一七后生产率之下降，不及战前之一半，此吾人所以不欲夺人民之所有权，而认为但限制营业权与分利权，已可达到统一的控制之目的矣。

或者又曰：私人之发起事业为图利也，今既无奇盈可得，则相率裹足矣。曰：是也，上文所列解决方案中，有下列一条，"初兴办之新工商业（即新公司新厂，或新制品为旧日之所无者），在五六年之内，其利益分配，不受前项之限制"，此即重视私人自发力，而予以奖励之意也。

或者又曰：俄之五年计划中，其对外贸易权之集中，实为主要部分。俄之私立银行不得与外国银行为汇兑交易，因而金准备之多寡，国家实管辖之，俄之输入输出权，皆操于政府所设商业机关之手，故外货之来有限，而现金免于流出。曰：此言是也，吾国内之私立银行汇款至国外，可以政府命令禁止之，然上海之外国银行一日存在，则彼等得以操纵吾国现金银之出入，此外商现金银之输送权之限制者也。依现行条约，外商有运货入口之权，若今后政府，仿俄政府独占对外贸易之制，彼等必借外交之力以破坏之，诚以经济权集中于国家，正为彼等之所大忌，然吾抱定大兴工商之策，彼外货之来者可应之而增，则我之禁绝消费品而奖励机器之入口，或不至大招彼等之反抗乎！

或者又曰：上文之诘难，皆枝叶耳。社会所有之计画之成败，视廉洁政府之能否成立。今之政府，人民请求公司登记者，尚且多方留难，暗索陋规，若全国数百万数千万之工商业，事事经过官吏之手，则官僚之作恶，何所底止乎？止文所云营业之五类，前三类与国家初不相涉，惟第五类国营事业直接立于国家经营之下，第四类国家监督之大工业，感触利害，最为深切。然此二类，计画讨论之日，非行政官吏所能独断，不必言矣，独检查工厂是否履行其义务，或调查帐目之际，则官吏可以上下其手矣。窃以为此问题应就两方言之，第一关于政府全部，第二关于监督私人企业之官员。若政府负责之阁员，尚有假公济私者，则其为不治之症，尚何待论？以云次长以下之文官，若治安得保，人民安生乐业，以官为业者必日见其减，其乐于供职者，苟为之保证其任期，期满之后，优给以养老金，则贪墨之风自戢矣，此关于文官制之改良者也。至于监督第四类企业之方法，分全国为若干之区，每区设区管理局，一部为国家之官吏，他一部以工业界、银行界之操守可信者充之。彼等本其历年经验，可以辅助政府官吏之不逮，至于保护同业之利益，自亦不足为大害，此同人所谓以"业治"辅助官治，或谓之曰以基尔特社会主义参加于国家社会主义之意也。要之，此全部计划之实现，视全国之各阶级中，是否有新兴精神之养成，非徒少数官吏所能成之而败之者焉。

第四，结束语

国人试思之，今后吾民族之自救，除以造产为第一线之事业外，尚有何法乎？诚欲造产，听私人各不相谋以为之乎？抑由国家提纲挈领以为之乎？若曰以国家为谋主，则大工业不立于国家支配之下，得乎？私人利益非大加限制，以图新资本之集中，得乎？循此不得不然之趋势，则吾国之经济的建设，惟有国家社会主义而已。

或以为吾等方案，虽不没收，而实等于没收，损害私人而抬高国家之地位，已大过其分矣。窃以为非也。欧战时之各国，明明立于私产制度之下，然为民食计，私人粮食由国家征发矣；为制造军火计，私人所藏钢铁，国家据为己有矣；工厂由国家命令改为弹药厂矣；除前线之征兵外，后方则有征工之制矣；乃至发行股票，受国家之限制，所以防资本之用于不急之务焉。彼于私人之财产资本与行动自由，限制之者若是，何以故？曰：为国家之生存耳。处存亡危急之际，私人之生命，尚非己有，财产之立于国家支配之下，更何论乎？然则国人诚自安于今之分崩与贫困则已耳，苟不然者，合四万万人之心力与财产，以图吾经济之独立，亦即以谋吾政治上之独立，虽牺牲一切而无所吝，非国人之第一义务乎？故国家社会主义者，非徒以国家经营与监督之故，而名之曰国家社会主义也，乃以其为求吾国家生存之集合的经济，而名之曰国家社会主义也。

惟然，国家社会主义与马克思式之社会主义之不相同，可得而言矣：

第一，马克思主义者之生产工具公有说，在求分配平均，吾辈则以造产为出发点。

第二，马克思主义者之口号，为各国无产者联合，故有所谓第二、第三国际，吾辈则以民族生存为第一义。

第三，马克思主义者中之俄国派，好讨论革命战略，乃有中国为封建社会为资本主义社会之争，此战略之讨论，即关于撰择群众以图捣乱之研究，吾辈则重在高悬社会改造之目的与方案于国门，期于得国人公开之赞助。

第四，马克思主义者主张阶争〔级〕斗争以一"恨"字为下手方法，吾辈自情感、理智、意志三方面鼓舞国人，期于吾辈方案之实现。

夫人类之进化，亦曰智、情、意三者驱使之耳。智之作用，现于学说与发明，故王阳明之"知行合一"，康德之"理性批导"，柏剌图之"共和国"，与瓦德之蒸汽机，智也。情之作用，形于可歌可泣之文字与声音，故文天祥之《正气歌》，菲希德《对德意志国民演讲》，与夫悲多汶（Beethoven）、华格那（Wagner）之音乐，情也。意之作用，本其心之所决，而显之于行为，于政治为尤显，意大利三杰之救国，俾斯麦之统一德意志与举世所欢欣之诺桑会议之议案，意也。言社会改造者，其所计画，合于时代之需要，含有非此不可之必然性，庶几可谓智之一种矣，而其主持之者，辅之以至诚恻怛之情，持以坚持不变之意，何患不能于光天化日之下，得国人一致之同意乎？今后谋吾民族政治上经济上之复兴者，当若是而已。

（全篇完）

中华民族之立国能力[*]
（1932）

　　自一八四二年鸦片烟战役后《五口通商条约》订立之日，迄于一九三一年九月十八日沈阳之占领，九十年之久矣。此九十年间，吾国直接经过或在吾领土上发生之大战事，计凡八次，所以警惕我者，不为不至，奈之何一再受辱，而竟冥然罔觉耶？

　　一八四〇—四二，鸦片烟战争。

　　一八五七—六〇，英、法联军之役。

　　一八八四—八五，中法战役。

　　一八九四—九五，中日战争。

　　一九〇〇，拳匪之变。

　　一九〇四—〇五，日、俄战于满洲。

　　一九一四，日、德战于青岛。

　　一九二七，日本出兵济南。

　　一九三一，日本占领沈阳。

　　翌年，日本造成满洲伪国。

　　自上表观之，每隔十年，必有一次战祸，英、法联军与中法战役之间，予我国以较长之休息年月，则德意志民族勃兴于欧洲，令英、法人不遑外图耳。此八次战争，在我无一次无割地赔款之辱，香港之割让，是失地之始也。英、法联军乘洪秀全之乱，据广州省城，复占天津，清文宗遁至热河，我之虚实尽为邻国所窥。于是始为边界藩篱之撤尽，至中日战后，而渐及于吾之堂奥矣。

　　一八四二，鸦片战争后割香港于英。

　　* 《再生》第 1 卷第 4 期，1932 年 8 月 20 日。

一八五八，割黑龙江北岸于俄（所谓《爱珲条约》）。

一八五九，法国占领西贡。

一八六〇，割乌苏里江东岸于俄。

一八六三，法国以真腊国为保护国。

一八六七，法国以东蒲塞为保护国。

一八六八，俄国以布哈拉为保护国。

一八七一，俄占据伊犁。

一八七三，法占安南之河内。

一八七四，日本攻台湾番人。

一八七九，日本收琉球为冲绳县。

一八八三，法国以安南为保护国。

一八八五，日本乘中法战事之际，迫我缔结朝鲜不得驻兵之约。

同　　年，英国占据缅甸。

一八九一，俄侵占帕米尔高原。

以上六〔五〕十年间之大事，简单言之，不外俄侵东北与中亚之边地，法夺安南，英据缅甸，日本取销我驻兵朝鲜之权，是为藩篱撤尽之第一期。

一八九五，中日战后吾割奉天南部、台湾全岛及澎湖岛于日本。

同　　年，俄、德、法干涉还辽。

一八九六，中、俄间成立《东清铁路合同》。

一八九七，德国占领胶州。

同　　年，与法订海南岛及其对岸不割让条约。

一八九八，与德订《胶州租借条约》。

同　　年，与俄订《旅大租借条约》。

同　　年，与英订《威海卫租借条约》。

同　　年，与英订《九龙湾租借条约》。

同　　年，与英订《杨〔扬〕子江沿岸不割让条约》。

同　　年，与日本订福建不割让条约。

同　　年，与法订东京之中国边疆诸省不割让条约。

一八九九，与法订《广州湾租借条约》。

此中日战后吾之情见势绌暴露于全世界之日也，可谓为海岸分割之第二期。

吾经中日战后，亦尝稍稍觉醒，乃有戊戌之百日变政，未几而昏迷如故，于是以宫廷之尊，为拳乱之谋主，不及十年而清社遂屋。然吾邻国之日本，磨牙饮血，不敢顷刻自安，思有以抗欧洲而保东洋之霸权，故日俄之战，日本报俄干涉还辽之仇，而夺旅、大为己有也；日德之战，报德干涉还辽之仇而夺青岛为己有也。巴黎和会时日本视青岛为囊中物，赖英、美两国在华盛顿会议中仗义执言，乃允以青岛归诸原主，然其力争海军之扩张，期与英、美抗衡之志，迄未稍变。近年世界商业衰弊，英、美不暇东顾，日本又乘其不备，举东北三省而有之，则又报华会中英、美之仇也。盖日本之大政方针，曰东洋之事，我日本主之，不许他国干涉，但得挤欧美于亚洲之外，则日本可以为所欲为，而莫予毒焉矣。据今日日本之所以待我者观之，殆将入于本部占领之第三期矣。试假定为下表：

一九三二，日本占领东北三省。

某　　年，日本入关进窥黄河流域。

某　　年，英国根据杨〔扬〕子江不割让条约，占领上海以至重庆各口岸。

某　　年，法国根据东京附近不割让条约，占领云、贵与广西。

某　　年，俄国利用其新建中亚铁路，占据新疆。

或者吾四万万之中华民族，除遁入深山穷谷中而继续其野蛮部落之械斗外，无他法矣。吾今后其坐以待亡耶？抑尚有自立国家之一日耶？此去年九月十八日以来全国人之脑中殆无不有此问题之盘旋也。

甲　改建近世国运动中失败之第一步

中华民族于九十年之岁月中，改建旧邦为近世国之运动，固已屡试不一试矣。清咸丰帝北狩热河之后，内而恭王总理各国事务，外而曾、左、李等之设制造局与船厂，于是曾纪泽投函英报，夸中国为醒狮，是为试验之第一度。曾文正平定洪杨后，以功高震主为虑，急于引身而退，独李文忠号为通洋务，于是筹台湾海防，兴北洋水师，然所挟持者，不外船坚炮利，于近世国家所以运用其陆海军力者，绝未见及，于是败于日本，而有戊戌百日之维新，是为试验之第二度。庚子之役，以宫廷之尊，自奖拳乱，其愚拙无谋，为世界所罕见，俄日战役后，益觉专制之不能自保，乃派五大臣出洋，筹备立宪，然叶赫那拉后已垂垂老矣，岂复有秣马厉兵之精力哉？虽尝立自治机关，议颁宪法，而革命军旋起矣，是为试验之第三度。此三次维新运动所以不能澈底施行者，自有其当时之宫廷与其他人事关系，若但就此等历史的事实，而断定吾民族有无立国之能力，则吾以为太早计矣，何也？中国之所以不成为近世国者，尚有其远且大之原因在也。

吾国至今不成为近世国者，实误于内诸夏而外夷狄说。盖自表面言之，国人对于内外族之界限本甚明了，春秋之戎狄玁狁，晋末之五胡与辽金元清，皆所谓外族而在排斥之列者也，然此说之真正内容与近代欧洲之所谓民族观念大异，何也？既曰内诸夏而外夷狄，所当尊者在诸夏，所当贱者夷狄也。然春秋之所谓内外，其标准为文德非种族也。"荆人来聘"，何休释之曰：明夷狄能慕王化修聘礼，受正朔者当进之。"夏，楚子、陈侯、郑伯盟于辰陵"，楚为夷狄，而称之曰子，且文中不叙日月，何休释其奥旨，谓孔子善楚庄王之行霸，约诸侯，明王法而忧中国也。康有为更推广何氏之义曰、楚本夷狄，夷狄进于中国则中国之，文明即为中国，野蛮即为夷狄，本无定体，更无定地也。"夏六月乙卯，晋荀林父帅师及楚子战于邲，晋师败绩"，董仲舒《春秋繁露·竹林》篇曰："春秋之常辞也，不予夷狄而予中国为礼，至邲之战，偏然反之，何也？曰春秋无通辞，从变而移，今晋变而为夷狄，楚变而为君子，故移其辞以从其事。"如是，华夷岂有定界哉？夷狄进于中国则中国之，中国退为夷狄则夷狄之，此则姬姓汉族之晋所以变为夷狄，而南蛮之楚所以变而为中国也。吾人以近代眼光观之，昔日所以别华夷之文德标准，不外乎四，曰文字，曰衣冠，曰正朔，曰礼俗（或善恶标准），合此四者，虽夷狄而可以中国之，背此四者，虽中国而夷狄之。惟其然也，外族之入主中夏者，常利用此心理，习吾文字，学吾诗书，则群戴之为天子，甘为其顺民矣。五胡时匈奴族之刘渊，习毛《诗》、京氏《易》、马氏《尚书》，《史》、《汉》、诸子无不综览；苻坚为氐族，八岁向其祖洪请师就学，洪曰汝氐人，乃求学耶？及长博学才艺，既即位，一月三临太学；下至清之顺治定鼎北京，令满洲子第学汉文汉语，康熙尤好儒术。此皆外族窥见吾族夷夏观念中但有文德标准而绝无血统观念之病根，乃以此施其牢笼之术也。延至利玛窦之传天主教与夫今日十字教会中之欧人，无不以服华服言华言为取得吾人同情之手段。以上事实，国人常举之，以证明吾族同化力之强大，而不自知此文德标准之适为辨别本族外族之大障碍也。

试以吾人华夷之标准衡诸欧洲各国，则欧洲各国之分疆而治，实全无意义。同以耶稣诞生为纪元，是同一正朔也；欧洲之衣冠，无一不同，是同一衣冠也；欧人之昏丧朝聘燕飨之体大略相同，是同一礼俗也；英、法、德之语言，德语属于日耳曼系，法语属于腊丁系，至于英语，则介于二者之间，即有异同，其发音上之差别，犹之北方音与粤音之差别，是同一文字也。四者既无一不同，而仍不免于此疆彼界者，可知除此四外，别有其成为民族的国家之根据在，血统是也，历史是也，教育是也。犹太人入藉〔籍〕德国，已逾数代，说德语，守德法，而德人心目中犹以外族视之，血统观念为之也。英人所忆者为莎士皮尔为克林威尔，德人所崇拜者为歌德为卑士麦，法人所推尊者为莫里爱为伏尔泰为拿破仑，则各民族自为各不相容之单位而非各成一国不可矣。历史上同甘共苦千百年之久，而精神上念念不忘其祖若宗之光荣历史，此乃欧洲民族的国家之精神基础也。爱、洛二省，德人失之于三十年宗教战争中者，争回之于一八七〇年，及一九一八年之巴黎和会，法又夺而去之，彼等为本族光辉之故，不惜流血以争。谓为偏狭，诚偏狭矣，然欧洲民族主义之本位，则血统而已历史而已，与吾之以文德为标准者，不可同日而语焉。

康有为于邲战扬楚抑晋之后，阐发其义曰，"不知《春秋》之义，中国夷狄之辨，但视其德，中国而不德也，则夷狄之，夷狄而有德也，则中国之，无疆界之分人我之相，否则孔教不过如婆罗门、摩诃末之闭教而已，后儒孙明复、胡安国之流不知此义，以为《春秋》之旨最严华夷之限，于是尊己则曰神明之胄，薄人则曰禽兽之类……呜呼！背《春秋》之义以自隘其道，孔教之不广，生民之涂炭，岂非诸儒之罪耶？若不知此义，则华夏之限终不能破，大同之治终末由至也。"诚依康氏之说，以文德为惟一标准，则英人之治印，胜于印之自治，而印人惟有长为英之属国而已；法人之治安南，胜于安南之自治，而安南惟有长为法之属国而已；乃至日本持"王道"以治满洲，吾三千万之同胞亦应箪食壶桨〔浆〕以迎"王师"乎？可知文德标准与民族主义之不相容为何如乎！

吾族在历史中之演进，大异于欧洲之近代国家，且其流毒之深，至今日而未已者，皆文德之说实为之。

第一，惟以文德为标准也，故吾国人只知有天下不知有国家，表面上言之，似为吾族同化力之强大，实则反令吾族受外族之统治，而有亡于辽金元清之祸。

第二，惟以文德为标准也，外族之供职于吾者，直迎之而不拒，金日禅仕于汉，马壳·包罗仕于元，哥登可以为常胜军司领，赫德可以为总税务司。

第三，惟以文德为标准也，外族挟文化上之利器而至者，尤欢迎之不暇，利玛窦、南怀仁参与明朝之改历，清之钦天副监以用欧人为常例，若本国文化之权，不必专属于本国人民者。

第四，惟以文德为标准也，对于强悍之外族，只知服从不知抵抗，吴三桂、洪承畴称臣于清，今且有身为民国官吏，而不惜为满洲伪国为日本效奔走之劳者。

民族观念之混沌如吾国者，世所罕见也，凡为人民者，于自身之种族与其种族之历史尚不能真切认识，其朝秦暮楚，抑何足怪？至于所以扶植本国所以抵抗外国者，在彼视之直为不关痛之事，此乃数十年改建新国之举，屡试而无成之总原因也。

乙　改建近世国运动中失败之第二步

血统的历史的民族主义，未成为吾国民意识中之一部分，既若是已。欧洲现代国家之第二特质，为九十年来之政治当局所未了解者，即以国民为基本或以民为主之大义，平日教之养之，与之通力合作，然后遇敌国外患之侵入，乃可与言一致御侮矣。

吾国所以自夸于世者，曰立国最古，然正以立国之古，而中于拘墟之见亦最深，自视其礼俗若天经地义，而以外国之制为离经背道，斯宾塞所谓国拘之为害，莫甚于百年来之吾国矣。拘于君臣大义之说也，乃不知欧洲有所谓民治或议会之制。拘于秦汉以来愚黔首之策也，乃不知有国民教育之必要。拘于轻徭薄赋之说也，乃不知为民生利而厚取之之术。拘于耕田凿井也，则不复知精于制作之工与通万国有无之商。拘于量入为出之说也，则骇然于欧人预算上量出以为入之制。盖既有成见为之梗阻，他人之良法美意，在入国问俗者本可一览了然者，而在吾国人则虽见犹不见，虽闻犹不闻，达于数十年之久焉。日本反是，彼之废藩在一八六九年，民权之论与请愿国会运动，旋遍国中，仅历二十年，而日本遂成为宪政国，此可以知文化因缘较浅者，接受外国文物之易为何如，而自号为文明古国者，接受外国文物之难为何如矣。

吾国之所以不易改建为近世国者，历史久长之毒也。郭嵩涛在中法战役以前之吾国政治家中，为最能窥见欧洲治本之一人，英领事马加利遇刺于滇边之际，彼力言吾国订约通商而不许外人入境之非，于是朝廷议论，视郭氏若汉奸。郭氏于其致友人函中，痛恨吾国士大夫不达外情本末倒置之非，及其赴英而为驻英第一任公使，乃力称英之学制风俗不殊吾国三代之制，于夷狄之俗，推崇若此，在当时士大夫中所罕见也。郭氏于英之议会制会，尤多洞中肯綮之语，其言曰：

> 大兵大役，皆百姓任之，而取裁于议政院，其国家与其人民交相维系，并心一力，以利为程……中国官民之气，隔阂太甚，言富强，视以为国家之本计，与百姓无涉。

以议会为欧洲国人上下并心一力之机关，恐在吾国能昌言之者，郭氏实首屈一指矣。盖欧洲之立国，既以民族定内外之界，又以其人民为其骨干，教育以智之，工商以富之，租税之担负，取诸全国人民，兵役之义务责诸全国人民，主权之行使，与全国共之，惟其无一人不发挥其智与力，而后其国家乃牢固而不可破，岂若吾国大多数皆不教之民，且国家听其疲癃残疾之所可同日语哉？孰知郭氏之言，发于一八七七之际，及二十年后戊戌政变起，而张之洞尚有"正权"之谬论也。录其言而评之。

> 今日愤世嫉俗之士，恨外人之欺凌也，将士之不能战也，大臣之不变法也，官师之不兴学也，百司之不讲求工商也，于是倡为民权之议，以求合群而自振。嗟呼！安得此召乱之言哉？民权之说，无一益而有害。将立议院欤，中国士民，至今安于孤陋者尚多，环球之大势不知，国家之经制不晓，外国兴学立政练兵制器之要不闻，即聚胶胶扰扰之人于一室，明者一，暗者百，游谈呓语，将焉用之？且外国筹款等事，重在下议院，立法等事，重在上议院，故必家有中资者，乃得举为议员，今华商素鲜巨贳，华民又无远志，议及大举筹饷，必皆谁〔推〕诿默息，议与不议等耳，此无益者一。将以立公司开工厂欤，有赀者自可集股营运，有技者自可合伙造机，本非官法所禁，何必有权？且华商陋习，常有借招股欺骗之事，若无官权为之惩罚，则公司资本无一存者矣！机器造货厂，无官权为之弹压，则一家获利，百家仿行，假冒牌名，工匠哄斗，谁为禁之？此无益者二。将以开学堂欤，从来绅富捐赀，创书院，立义学，设善堂，例予旌奖，岂转有禁开学堂之理，何必有权？若

尽废官权，学成之材，既无进身之阶，又无饩廪之望，其虽肯来学者，此无益者三。将以练兵御外国欤，既无机厂以制利械，又无船澳以造战舰，即欲购之外洋，非官物亦不能进口，徒手乌合，岂能一战？况兵必需饷，无国法岂能抽厘捐，非国家担保，岂能借洋债？此无益者四。方今中华诚非雄强，然百姓尚能自安其业者，由朝廷之法维系之也，使民权之说一倡，愚民必喜，乱民必作，纪纲不行，大乱四起，倡此议者，岂得独安独活，且必将劫掠市镇，焚毁教堂，吾恐外洋各国，必借保护为名，兵船陆军，深入占踞，全局供〔拱〕手而属之他人，是民权之说，固敌人所愿闻者矣。

由此文以观之，则一八九八年之际，吾政府当局所以了解欧洲政治之程度，可以见矣。以"封疆大臣"中能员之张之洞，将"民权"二字与设公司开学堂并为一谈，一奇也；以"民权"二字作为练兵御侮解释，二奇也；以为一有民权，便无官权，三奇也；以为一有民权，"纪纲不行，大乱四起"，四奇也；推其祸之所届，将"劫掠市镇，焚毁教堂"，五奇也。欧洲各国中其国家之性质如何，政府之地位如何，人民之权利如何，营业权如何，教育权如何，警察权如何，彼等充耳不闻，即闻之终扞格不入，皆国拘之根深蒂固之为害也。

张氏之正权论，昧于以人民为基本之大义。政府之责在教民，而张氏则曰"明者一，暗者百，游谈呓语，将焉用之"，政府之责在富民，而张氏则以"华商素鲜巨赀"视为不足与谋国，政府之责在改良人民习惯，张氏知其为愚民为乱民为陋习为推诿默息，而不知所以改之，吾国人中科举之毒，以入学堂为进身之阶，与欧洲之以教育为义务为个人人格之养成者，正相反也。张氏不知所以革之，反从而奖励之。一言以蔽之，教养人民，俾得以全力负荷国家之重任，以张氏之号通开通，而尚见不及此，视日本之王政维新，以普及教育设立国会为下手法门者，其智识之深浅远近，何如哉？当日号为新派人物之种种设施，若设工厂兴路矿，皆不过模仿欧人之皮毛，而与国家之根本改造丝毫无涉矣。

丙　改建近世国运动中失败之第三步

辛亥以前，群以国家不能改革之罪归之于满人，时人谓其怀一"宁赠外国不还家奴"之心理，实则满人入关后，二百余年享尽治者之福，早失当年荷矢石冒风雨之习惯。欧亚大通后，昧于世界大局，不知应付之方，所以终于灭亡而后已也。辛亥以后，吾国以数千年之专制，一跃而为共和，不独主权还诸汉人，即政府之组织，亦以民意为意归，于是国为民国，法有宪法，元首曰总统，政府曰国务院，代表民意者曰国会。然二十年来，宪法几废而几复矣，元首则忽而总统，忽〈而〉皇帝，忽而执政，忽而国府主席矣，国会则几度解散，几度召集，今则无国会而为一党专政矣，民国历史，仅为三翻四覆之局，乱日多而治日少。于是有谓共和政治不适宜于吾国者，有吾国之国民性衰老，已不复能立国者，盖失望之达于极点，未有如今日之甚者也。

然民国国本所以不立之原因，固可以烛照以数计也。譬之初植之树，不及寻丈，斧斤伐之，牛羊牧之，甚或纵烈火以焚之，则此根株未深之木之寿命，自与之同尽矣。又譬之十五六岁之青年，体力虽壮，然平日不知卫生，乐于晏安，溺于女色，饮酒无量，起居无节，谓如此而不至自戕其生乎。试以此二例证之吾国之共和政治，以成立不数年之民国，忽而洪宪盗国，忽而宣统复辟，以极幼稚之国会，忽而袁世凯解散之，忽而督军团包围之，又加以南北之分裂，各省之独立，无不以宪法以国会为名目，实则利用之以为号召之具。此毁法乱纪之行为，施之英、法、德之国会，其能抵抗此风潮与自存与否，已不可知，况施之于吾国初萌蘖之国会乎！

北洋派以国事为儿戏，不识近代政党政治彼此起伏之妙用，驱中山与其党人走入革命途径，中山亦以频年怨望之结果，但求可以得政权，不计其手段之是否益陷国家于不救，而联俄容共之计决矣。容共策略，影响中山三民主义之建国方案之巨，非中山之同志所见及焉。自内治言之，假令中华民国于十七年之后，能由割据进而为统一，由无宪法进而为有宪法，由无预算进而为有预算，已不能不谓为国家之大进步。换词言之，以十九世纪之欧洲民主国为第一段落，以社会主义或共产主义为第二段落，则在第一段落之中，自然有宪法以奠治安之基，而后此之改革，纯以民意结晶之国会为依归，德国一九一八年之革命，遵斯道焉。今也不然，一方主张民权主义，他方则曰民生主义即共产主义，共和主义者与共产主义者，虽合于一炉，而宪法政治之不成，正为共产主义者所深喜，盖法治之基础全无，则彼等社会革命之手段可以肆行而无忌也。社会革命既开其端，学校也工厂也农村也与夫社会上之旧俗也，无一事不在破坏之中，为之政府者又有蒋、桂、冯、阎之分，内战叠起而未已，而红军窃发，而日祸乘之。故五六年来国是之不定，谓为建国段落之不分明为其障碍可焉，谓为思想错杂之三民主义所造成亦可焉。自外交言之，立国之原则，惟内治修明者，乃可言夫外竞。普鲁士自卑士麦执政后，整理陆军，连胜丹、奥、法三国，而后德意志民族统一之目的乃达到。日本之提议撤销领事裁判在一八七〇年，及中日战后，而后撤销之举乃实现。国家实力，苟不能表现于外，不能表现于战事，则其民族无独立之望，有断然者。乃国民党人信鲍罗廷之战略，取得汉口英租界，又尝以罢工处香港于坐困之地为得计，一若高呼"打倒帝国主义"之口号，可以收回旅、大与满洲之权利而为我有矣。国防不讲求，战备不充实，虽枪炮之输入数千万，皆消耗于内战，全国军人所视为目的敌者在邻省而不在邻国，自己振作之精神全未表现，反日日高呼打倒他人。罢工也，拒货也，为交涉起后必有之现象，不及数月后，则复工如故，买货如故矣。以如此漂泊无归之政策，谓其可以致吾国于国际上平等独立之境，真古今所未闻者也。总之十七年以来革命之结果，募债九万万，内战三四次，兵士死伤数万人，青年被囚被杀者数十万，加以共祸之蔓延，东北三省之沦亡，如是而已。

虽然，革命之损害于国家，岂止此数万万之债务与千人万人之生命而已哉，质直言之，则国家不成为国家矣。割据之局，既成国家之定式，中央之所以调遣军人者，视其相需之程度，诱之以重利，无所谓号令焉。军人之对于中央，以叛逆为当然，以服从为例外，边远之地如滇蜀，则彼此淡焉漠焉，腹心之地，托之于己之左右手，虽克扣军饷广种鸦片，而以其平日效忠之故，亦置之不问焉。及"共匪"横行，以杂派军队为前驱，彼等自知其不为中央所爱惜，则弃甲曳兵而走，而匪焰益张，其为统帅者，苟不身临前敌，则全国几无可用之兵矣。此军纪荡然者，一也。政府之所赖以自存者，惟军与财，五年来政府以上海为外府，发行公债达九万万，问其用途，则血战一幕而已，今关余之担保已穷，乃有鸦片专卖之议，一若为维持政府旦夕之命，虽牺牲全国人之体力所不惜焉，此财政之末路，二也。党中以廉洁二字号于国人，然某以某案受外人股款数十万，某以某项营业获利数十万，某以书生为某关监督，今已家财累累，其为司长，不及三日，开支宣传费数万，他若鬻爵卖官通共分利之举，尤为道路传闻，众口一辞，此官常之不可问者，三也。学校所以广教化也，今青年束书不读，或热心救国，或争学校经费，或迎校长，或拒教授，甲派人执学校行政权也，乙派从而捣乱之，或乙派人立于朝局也，甲派收买学生，鼓动风潮，使政府不得高枕而卧，此学风之坠落，四也。以此四故，全国之大，不知有所谓外交或内治，但见某地土匪，某省兵变，某官贿案，某校学潮，全国之大，形同兵匪、官匪、学匪与土匪之大集团，而无所谓国家焉。

敌国外患，国民性质之最好试金石也，人民之智愚诚伪勇怯与团结力之强弱，皆于外患之日见之。方吾国内扰攘达于极点之际，而日人入寇吾东三省之变作矣。沈阳既失，北满随之，满洲伪国之旗，飞扬于山海关，全国上下义愤填膺，靡不延颈而望政府之一雪此耻。于是宁粤开始议和，磋商垂一二月之久，而对外一致之精神并同党间而亦无之；各省军人一致宣言抵抗，然真能为国家效死疆场者，除十九路军外，尚有何人乎？假令准备出师，则可调遣之军队几何，存贮之子弹枪炮几何，军队之服装几何，以四五百万军费之争执，且引起政府更迭之波澜，不知一旦两军相见于平津之野，千万万万之战债将何从筹措乎？此可以知无组织之国家，其病象在平时尚不甚著者，至战时而一齐暴露矣。今日之中国如人患疯瘫之疾，壮志未尽消磨，然偶尔能作中风狂走之态而已，以云由谋虑中决定步骤，以脑神经指挥四肢，则决无之事矣。一人之身，四肢动作不听命于神经者，是曰失魂之人；一国之动作，无中心的意志以帅之者，是曰失魂之国。呜呼！世岂有失魂，而尚可称为国家者乎。

日人既占三省，三省官吏自居于张邦昌，为之作伥，溥仪主政满洲，同于汉后主之面缚舆榇，为大臣者，皆昔之亡国大夫，卖主求荣之流耳。其尤令人感概〔慨〕者，民国之士大夫，有自往满洲投效者，有在平津间为之摇旗呐喊者，为一己之安富尊荣计，虽卖国而不惜，虽为人奴隶而不惜。呜呼！中华民族当何颜以自立于天壤之间哉？

丁 "以前种种譬如昨日死，以后种种譬如今日生"

民族运命之危迫，未有甚于吾国者矣。外有强邻之窥伺，内有社会之剧变，吾国民尚能竭其剩余之爱纳涅以渡此难关乎？抑纷纷扰扰，以坐待内外之夹攻乎？此稍有识者无日不深思而熟计者也。断绝卑污之葛藤，走上光明之坦途，尽人所同愿所同希望，然何道之从而后可乎？甲曰历史者与民族俱生，历史中之因果，本无者不易使其有，本有者不易使其无，吾四万万各人背了四千年之历史，欲一旦挥而去之，如壮士之断腕，谈何容易！此舍旧谋新之不易一也。乙曰人类之思想行为视其环境而定，居于齐者不能不齐语，居于楚者不能不楚语，故学校、社会与政府行动，皆足以移人心志而影响于人之气质，在今日卑污之社会中，谁能超此环境之上而造成一新社会乎？此舍旧谋新之不易二也。丙曰历史之变迁，视生产关系而定，风磨时代为封建社会，机器时代为资本主义社会，而社会之构成，不外阶级之对抗，此对抗之中，革命于此产生，社会因而改造，此惟物史观之言，所以告吾人者，惟有坐待机器之普及于吾国，乃有新阶级之发生以实行革命，此舍旧谋新之不易三也。有自人种学立论者，曰欧洲某国优胜，某国劣败，其所以然之故，在乎种族之本身，所征引者，不外历史上之经过，以证某族所以优胜之故，其采此说而适用之于吾国者，则曰黄河流域如何，曰长江流域如何，曰珠江流域如何，因其文化发展之年月，而定为黄河流域老年，长江流域中年，珠江流域少年，此等立言于全民族之运命虽未有所断定，然其以不易变动之民族性为立场一也，此舍旧谋新之不易四也。四家之宗旨，若历史也环境也种性也，皆束缚吾人之思与行，不易割断既往而别开今后之新路者矣。使历史之缠绕，如彼其甚，则袁了凡"以前种种譬如昨日死，以后种种譬如今日生"之截断时间之行为，在民族身上如何而能实现乎？

历史之性质，或曰自然力定之，或曰人力定之，此欧洲所常讨论之问题也。吾国论历代风俗之变迁者，首推顾亭林。其言曰：观哀平之可以变而为东京，五代之可以变而为宋，则知天下无不可变之风俗。其论哀平之所以变为东京之故曰：新莽居摄，颂德献符者遍于天下，光武有鉴于此，故尊崇节义，敦厉名实，所举用者，莫非经明行修之人，而风俗为之一变。其论五代所以变而为宋曰：士大夫忠义之气，至于五季，变化殆尽，宋之初兴，范质、王溥，犹有余憾，艺祖首褒韩通，次表卫融，以示意向，真仁之世，田锡、王禹偁、范仲淹、欧阳修、唐介诸贤，以直言党论倡于朝，于是中外荐绅，知以名节为高，廉耻相尚，尽去五季之陋，故靖康之变，志士投袂，起而勤王，临难不屈，所在有之，及宋之亡，忠节相望。此所云云，谓人心风俗之变，视其当时领袖人物之提倡何如，上而向善，下而亦随之而善，此即心理学上之所谓观感说或模拟说也。顾氏以历史变迁归之于心理，与惟物史观者之以生产方法之变决定历史之变者大异。然由西汉而东汉，由五代而宋代，其间实无生产工具之变动，如上文所谓由风磨而达于机器者，吾不知持物观论者，将以何说解释之，若谓此类风气之变迁，非社会的革命，与物观论者所论之变迁无涉，则顾氏心理模拟之言，非惟物论者所得而打破矣。

一代风俗可以转移，一人之性质习惯，尤有迁改之义务。晚起者可以变为早起，懒惰者可以变为勤勉，无恒者可以变为有恒，喜怒易形者可以变为心气平和，此皆平日立定决心，时刻警戒，渐去其旧习而养成其新习之所致也。詹姆士氏尝引培恩氏关于道德的习惯养成之二原则曰：第一新习之取得，或曰旧习之舍去，当于开始时，以至坚强之决心行之；第二，在新习于人之生命中尚未确立之前，不许有一次例外之发生。曾文正亦有言曰：天下万物加倍磨治，皆能变换本质，别生精彩，何况人之于学，但能日新又新，百倍其功，何患不变化气质，超凡入圣？文正公尝以此法试之戒烟，其所得结论，与培恩氏正同，其言曰：自戒潮烟以来，心神彷徨，几若无主，遏欲之难，类如此矣，不挟破釜沉舟之势，讵有济哉！

依上所云，既知一国风俗之可变与一身行动之可变，则袁了凡所谓昨死今生者，自有实现之可能，而不必以历史环境之束缚为虑矣。吾人诚能认定国势之危急与己身之责任，视敌人之来攻，如自己家中起火，视国家名誉之败坏，不啻自己家声之有玷，而所以赴之者如勇士之死义，烈士之殉名，则天下岂有不可变之历史不能改之环境哉？西谚有言：妇人弱也，而为母则强。梁任公尝释之曰：夫弱女何以能为强母？惟其爱儿至诚之一念，则虽平日娇不胜衣，情如小鸟，而以其儿之故，可以独往独来于千山万壑之中，虎狼吼咻，魍魉出没，而无所于恐，无所于避。曾文正尝记左文襄所述，云孝子孝妇二人，平日不以力著，妇尤孱弱，一日其家起火，自舁其母灵柩于外。曾文正求其所以能移柩之故，曰诚至则神应一也，情急则智生二也，势激则力劲，如水之可以升天失之可以及远三也。呜呼！今日国势之可痛心，千百倍于爱儿之走失与亲柩之焚毁，非吾国民所当奋发兴起之日耶？

戊　改建近世国之新心力

打开天窗说亮话，吾人今日之第一义务也。国之所以为国，在其为国人之公器，始为父母之俯育，继为社会之维系（如劳动保险），最后则为战时之效死疆场，马克思主义者指摘国家而名之为资本家压制工人之工具之言，足以尽之乎？同国之内，诚不免于利害突冲与阶级区分，然自日人侵占三省以来，抵抗之声，无间于贫富贵贱，乃民族国家观念表示之至显者也。执此标准以衡当代学说，则其背于建立近世国之义者，惟有廓清而辞辟之耳。

（a）阶级说背于改建近世国之义。持阶级说者，不以国家之立场为革命第一目的，凡可以妨害生产，可以妨害治安，可以使政府不遑宁处者，无不尽力以为之，当此外敌侵入之日，共产党肆虐赣、鄂两省，为仇人所快，为亲者所恨者何如乎？以中国社会构造之脆弱，农工未经教育未经训练，驱之使战，是徒为揭竿斩木之陈胜、胡广而已。中国非苏俄比也，俄东滨大洋，北界冰海，南为蒙古沙漠与中亚小国，惟西方与中欧之国为邻。拿破仑攻之而不克，一九一九、一九二〇年间英、法之远征军均以不欲劳师远攻而退，是俄国地理上之不可胜，可以使之拒绝其他外国而独往独来于天地之间也。吾国则何如，长江口岸，各国之兵舰可以早发夕至，长江之水，天所以界南北，外国兵舰停泊其间，则津浦路上之兵，不得渡江而南。假令租界托庇洋兵保护之下，外国银行与工厂，依然无恙，乃至华人之私人财产，亦受同样之保护，是吾未来之苏维埃政府所能没收者，不过乡里小民之田亩，而于真正资本或帝国主义之资本，丝豪〔毫〕不得而触犯焉。吾而不能驱除欧洲、日本之兵力于租界或其他势力范围之外，谓能以革命手段实行共产制度，无是理焉。交通地带共管，内地僻壤共产，今已成为一般之谚语矣，愿共产主义者稍稍审察地理形势，慎勿恃其不顾一切之心，以为无阶级的社会可以旦夕产生，而转陷国家于不可收拾也。

共产主义者好以中国之内乱归罪于帝国主义，曰英、美之勾结如何，曰日本参谋部之密谋如何，曰各国输入军械以助吾军阀以煽动吾之内乱者何如。窃以为各国之不欲我治安，不利吾统一，皆事实也，然吾所以内乱频仍之故，是别有因，袁世凯之帝制，岂日本所鼓煽者乎？段祺瑞之公民团，岂外人所能代为组织乎？今后苟不能将国人之视线，由责人而移于责己，由外向而移为内向，则吾内部之争权夺利者超然于责备之外，独其为外人者则罪在不赦，谓此种心理具有新兴国之气象乎？

（b）一党专政说背于改建近世国之义。国民党以党治国之制，取法于苏俄，而自心理上解剖之，实发于十余年来之历史，彼等以为民国政治之不安，皆他人之罪，皆反动派之罪，除剥夺一切反对派之根本权利以统一国人思想以实行其所谓训政外，无他法矣。以吾人所见，民国之乱，由于军人干政，由不守法之习惯，由于贪墨之风气，此国人共通之病也，与反动派何涉哉！此病不治，独于貌为恭谨者欢迎之，直言侃侃者禁阻之，但知一党之私利，不识人民自由之保护正所以培植全国之元气也。所以教育人民，有数千年之文化的遗产，奚必以党义为至宾？所以防止内乱者，有共通之刑法在，奚必另定反革命之条例？政府当局所为，诚有以厌人民之望，人民自不乐于批评与反对，何必以满布法网为长策？善恶者，国家法网之第一标准也，今更以党不党之原则乱之，而欲国民心目中有真正之国家观念，难矣。

共产党阶级说与国民党党治说之发生，乃改建新国运动中之大不幸，盖舍正路而入歧途矣。所以代之者，宜有正确之民族的国家观念，曰：

> 民族的国家者，全国人民之公共组织体，所以保持民族之独立，尤注重固有文化之独立，且以求各人之自由平等的发展为目的者也。

本此定义言之，（一）国家之所以异于他团体者，在其独立的主权，在其固有的文化，故不得以计较劳资两方之利害为最高目的。（二）国家之特质在乎文化，是为精神方面之成绩，与衣食住之物质的利益大异。（三）惟其为精神的团结，故不惜牺牲小己以利大群。（四）既以利大群为目的，故义务居先，而权利居后，至于对外战争之日，生命且非己有，尚何权利之可言？（五）以爱护大群之故，必有一有所不为之界限在，如不因筹款而令人民种植鸦片，不因夺取政权而利用外国是也。（六）以人类智愚职业之不齐，自不能无阶级之区别，要以平等自由的发展为旨归，而社会主义所以当实现者亦即为此。苟无此五〔六〕者，而但计算你盈我亏，国其何能一日安哉？

国家之本质上，势不能但有精神而无物质，但有调和而无斗争，但无扰乱而有秩序，但有公而无私，然吾亦未见有私而无公，有扰乱而无秩序，有斗争而无调和之可以立国也。当世之能言物质言斗争言扰乱者众矣，吾则以为国家之第一础石在于精神，是之谓心力，其要素有三，曰真情感，曰真理智，曰真意志。人类之所以立于大地，以爱之故，无爱则动物且不能挚生，况人类乎？父母之养育其子女，其爱为如何，社会中之慈幼敬老，其爱为何如，昔人有言，行一不义，杀一不辜而得天下，不为焉，皆爱也。兵所以保位，财所以养兵，乃不惜以毒人害人之鸦片勒令人民种植以增税收，爱之存于吾国者尚有几何乎？容共反共一役，无知青年之死于刀锯下者，不知其几十万，作俑者为国人所讴歌，协从者反罪在不赦，爱之存于吾国者，尚有几何乎？此真情感之当培植者一也。文化之立，立于特创的思想，英、美之经验哲学异于德之先验哲学，英、美之个人主义异于德之全体主义，德人以近世之革新归功于路德之新教，法人以大革命为其国史中光荣之一页，所以贵一国之独创而不甘雷同也。国人食马克思之吐余，奉为无上真理，视俄国之变通马氏学说而产生鲍尔雪维主义者尚远不逮，不知同是圆颅方趾，何以于外人之一字一句奉为神圣若是，盖其自身聪明思考，遏而不用久矣。国人所崇拜者，曰外国制度，曰外国先哲，政府之教人也有党义，其宣传也有标语，皆以已成之方式，令人民诵习，至于自动的思考，由此较各国制度而为之折衷，由斟酌本国情形而自创一说，非政府所愿闻，非学子所敢自任，不知有心思而不用，又何贵此心思为乎？此真理智之当培植者二也。康德之言曰：世界之最可宝者，厥为善意，善意者，惟以善自身之故而为之，初非别有所利图，惟其为善之自身，故一念之动，可以为人世之法则，而人类在此法则之下，目的也，非手段也。吾国人之政治行动，何如乎？救国，手段之一也；主义，手段之一也；所以与人往还，手段之一也；所以在此时此地发为此言者，手段之一也。政府所以告国民之言，手段也；长官所发表之文电，手段也。某甲曰，吾之标榜马克思主义为拉拢共产党中革除党籍之人也；某乙曰，吾所以主张对日宣战，为应付沪上青年之心理也。全国人生息于手段之中，以为此乃当然者耳，因而见人说人话，见鬼说鬼话，所以自待待人者，无一不出于巧诈；及一旦为人所窥破，则昨日莫逆，今日冤家。此真意志之当培植者也。呜呼！一国之学术政治，不以此三点为基础者，何能期其发荣滋长乎？无日本武士道之精神，则其军国主义不得而昌；无俄人之蓬首赤足，则五年计划不得而成。成也败也，剖之于真伪而已。

新心力之培养，从何处下手乎？曰：士大夫之巧于趋避，习于诈伪已成不治之症，久矣。今而后与其期望于读书人，不若期望于不识字之群众；与其求之城市，不若求之乡村；与其求之受人豢养之人，不若求之自食其力之劳动民众。世界民族之复兴，未有不得力于新阶级之解放者，证之普鲁士而知之。普自大败于拿翁后，释农奴，实行地方自治，励行通国皆兵之制，而其一贯之宗旨，则曰开发人民未开发之心力。菲希德氏曰："国家之求增加其内力者，惟有废止特殊权利，确立人民之平等权利，夫而后国家乃得借人民之剩余力以发展国家之目的。"当时普之政治家中亦尝有言曰："各人期望于青年教育者至切，欲自各人之内心以发展其精神力，培养其高尚纯洁之生活力，此等本能培养后，忠爱之心油然而生，下一代之人民身心两方强健坚实，则好的将来自开展矣。"国人苟以此方法，施之四万万之人民，则其效力之伟大，甚于普鲁士。盖人民而有智识有训练，则地方之事，可以不待官治而自治，官吏之卑污者，为人民所监视而不敢为非，外患之来，人民自能执干戈以卫社稷。语曰一人致死，万夫莫当，况四万万有智力辨是非又能知耻有勇之人民，以之安内，何内不安；以之攘外，何外不攘。此千年来未开凿之金矿也，此九十年来未耕种之膏腴沃壤也。

至是而吾民族有无立国能力之问题，可得而答矣。立国能力者，非有形之物，可拾取而得焉，视其精神上之努力如何。甲曰国人之性质不能合群，故不能立国；乙曰国人惟知私利，故不能立国；丙曰国人不能严格守法，故不能建国；丁曰国人操守不可信，故不能立国；戊曰人民知识程度不壳，故不能立国。为此言者，皆视国民性为一成不易，故作此悲观语也。吾人所谓真情感，真意志，真意志，应于其拂拭培养之功而转移，是在全民族之奋发上进，孟子曰思则得之，不思则不得也，立国能力亦若是而已。

己 民族之自信力

闻之德国鲍乎门教授（Baumann）有言曰：野蛮民族所以遇欧人相遇而辄败者，由于其怀疑失望，盖彼以为种种大规模之建设事业，惟欧人能之，非彼所敢望其项背焉。鲍氏之意，欧洲以外之民族之失败，由于其怀疑，就反面观之，欧洲民族之胜利，由于其自信。试以鲍氏之说，验之日常行事。乡里小民，初入城市，达大道上汽车往来之地，屡进屡退，而卒为汽车所撞倒，何也？怀疑之故也。乡人访城市亲戚，见面招呼，以失礼为惧，及嘉宾宴乐，则筷落地，酒杯覆棹，何也？怀疑之故也。今后中华民族自处于国联团体之林，亦曰免于乡人之蠢，而勉为城市之灵敏，换词言之，去怀疑而增加自信力。

近三四百年之世界文明，欧人实造成之，阿利安民为先进，而黄种为后进矣。然欧洲国家之中，英、德、法、意并峙称雄，彼等方日以其本民族之历史，强聒不舍于国民之前，所以昭示之曰：尔祖若宗所成就之丰功伟烈若是，汝其高视阔步，继先德而光大之。各国国民教育之重要目的安在乎？曰提高民族自信力。英国孩童耳熟能详者，曰沙士比尔，曰密而敦，曰英之国会如何，曰英之地方自治如何，曰克利佛如何并吞印度，曰罗特如何开凿南非金矿。德国孩童耳熟能详者，曰歌德，曰雪雷，曰威廉一世如何，曰卑士麦如何，曰大战中之革命何如，曰佛塞条约签字后德之复兴何如。各国之历史课本，无不夸大自己之功绩，所以扬己抑人，不得不如是也。

近来国人一般心理，于吾民族前途之能否生存，衷心惶惑，几若无主，此立国信仰之动摇，非细故焉。世界史上之古民族，若埃及若安息若希腊若罗马，早成历史上之陈迹，而吾中华之历史，未尝一日中断焉。其他民族盛极一时，不久而衰败，吾中华自汉魏以降，吸收印度与西域之文明，以成唐代文艺宋明儒学之复兴，自政治上言之，亡于元而复于明，亡于清而复于民国，皆吾民族富于复生能力之明证焉。吾国与欧洲之正式交通，尚未及百年，其所经历，无处不遭惨败，然安知非伟大民族之改革，不若岛国小邦之轻而易举，必须经长时期之酝酿，乃继古代与唐宋之后，而为中华民族第三期之复兴乎？为子孙者甘于自暴弃则已矣，苟不然者，吾不信中华民族不能与天地同其久长也。

欧洲国家日以本国人民之伟迹，薰染其国人。菲希德氏自创为原初民族之说，谓德之宗教改革优于意大利之文艺复兴，德之先验哲学优于英国经验派之哲学，德之自教育下手之改革优于法之革命，所以鼓励国人之勇气也。试一检查吾国四千年之历史，思想方面，若古代之孔子、老子、墨子、荀子，近代之朱熹、王阳明、颜元、戴震，以之与欧洲柏刺图、亚历斯大德、康德、培根、陆克相较，何多让乎？政治方面如汉武帝、唐太宗、班超、左文襄等长驾远御之伟略，视欧洲植民政策之执行者，何多让乎？其奏底定国内之功者，有王阳明之于宸濠，曾文正于太平天国；其御外侮而为民族牺牲者，有岳飞、文天祥、陆秀夫、史可法。更自制度方面观之，兵制曰寓兵于农曰屯田，乡村组织曰乡治曰团练保甲，经济方面曰均输曰重本抑末曰常平积谷，教育方面曰书院曰学田曰乡举里选，此皆先民一无依傍，自己探索而得，虽在今日尚可变通而适用者也。呜呼！吾不信吾中华民族不与能天地同其久长也。

虽然，吾人所最缺者则组织国家之能力是也。自西方代议政治输入以来，有所谓内阁议会与党派之制，然彼此钩心斗角，因利乘便，务求以至少之劳力，得至大之胜利，卒焉内阁屡倒，总统屡易，国会无以自存,国法因之扫地。近年有所谓社会革命运动,为其主动者曰共产党,以纪律部勒党员,勾结外界闻人为其保护色,收买青年分配各学校以为耳目,于昔日绅式士之政党外,注重组织技术,乃其新方法也。窃以为民国初年之政,袁氏实支配之,有此大奸巨滑,则国会之制,自不足当其一击,后来段、冯、吴、曹继起,则北洋派之余音袅袅,更不与语建国之大业,质言之,有宪政之躯壳,而无其精神,宜其败焉。近年之共产党,以身殉党者自不乏人,然侦采部长之顾顺章至有向政府自首之举,真信仰之谓何?铁的纪律之谓何?自此两期之成绩观之,西方政制之行于中国,殆绝望矣乎!

中西最大之不同点,吾国老年而欧洲青年也,惟老年也,常求不劳而获,其参加于某运动也,视风气之所趋;其既加入也,务求一己之权利地位高于他人;其与人争执也,虽破坏团体而不惜。惟欧洲人之为青年也,天真澜漫,表里如一,其为领袖者,有其所抱之真信仰,其为党员者,常能效忠于党魁,故欧洲团体以内之事简,而对外之进步速,吾则团体以内之事多,而对外之成绩少。吾国人此种缺点,苟不能认识而矫正之,无论英美式政党之失败,已属于过去,以云共产党,谓其能统一中国,打倒帝国主义,此亦必无之事也。然则如何而后可,曰政党政治与社会运动至不可缺之条件,则真诚是已。真诚者,一切制度之基础也,君主国然,民主亦无不然;资本主义然,社会主义亦无不然。马克思主义者以生产条件为革命之要素,吾辈则以为苏俄革命之成功,在于共产党员之廉洁与俄人之刻苦自励而已。

此种真诚如何而能养成乎?距今八十余年前之曾文正,服官京朝,指摘当时风气曰:"二三十年来,士大夫习于优容苟安,揄修袂而养姁步,倡为一种不白不黑不痛不痒之风。"当其受命剿匪,慨乎忠义之士之难得,则又叹曰:"无兵不足深忧,无饷不足痛哭,独举目斯世,求一攘利不先,赴义恐后,忠愤耿耿者不可亟得,此其可为浩叹者也。"及大难既平,作《湘乡昭忠词记》,自述其所以成功之由,以告后世曰:

> 君子之道,莫大乎以忠诚为天下倡。世之乱也,上下纵于亡等之欲,奸伪相吞,变诈相角,自图其安,而予人以至危,畏难避害,曾不肯捐丝粟之力以拯天下。得忠诚者起而矫之,克己而爱人,去伪而崇拙,躬履诸艰,而不责人以同患,浩然捐生,如远游之还乡而无所顾悸,由是众人效其所为,亦皆以苟活为羞,以避事

为耻。呜呼！数君子所以鼓舞群伦，历九州而戡大乱，非拙且诚者之效欤？亦岂始事时所及料哉？

建国运动第二期之失败，由于愚昧者已过去矣，第三期之失败，由于巧诈，所以药之者，惟有"拙诚"二字而已。从事教育者，以发达学生智德为事，而利用学生之手段则毅然放弃之，此教育界之拙诚也。练兵之将帅，应专注意国防之重要，尤不应利用部下使之为党同伐异之举，此军事界之拙诚也。投身政党者，以宣传其真信仰之主义招集真心之同志为第一义，至于勾结、收买、捣乱之行为则停止之，此政党界之拙诚也。表同情于工人者，组织工会，谋工人生活改良，若夫号召不逞之徒，胁迫工人，所以组织者不为工人而别有所为，则与真正工人运动之义背矣，此工界之拙诚也。故所以挽回目前之浩劫者，其工甚大其理甚简，曰敌国外患之驱除，以国家内部之安定为前提，国家内部之安定，以各人智情意之发于真诚为前提。西方之政制虽新颖，其为精神之产物一也。吾国而诚能如是，何患国家之灭亡？苟不然者，至新之主义，至高尚之运动，名为救国，而实驱人民于陷阱，此世之惟一老民族，且继埃及、安息、罗马、希腊之后，而长埋地下矣。

科学与哲学之携手*
——在梧州广西大学讲演
（1933）

　　方才承马校长介绍的一篇话，很不敢当。我同马校长从清末一直到民国二次革命后为止，时常有在一块儿的机会，尤其在二次革命后，大家同在德国读书的时候，为最长久。马校长对于中国革新运动，有种种贡献，如译拜伦诗、民约论等等。以我看来，他的最大成绩，在于养蜜蜂，种果树，翻译达尔文种源论，及他近年来的建设事业，创办广西大学，成立硫酸厂。简而言之，他的成绩，是在自然科学方面。

　　马校长前天在学校里同我散步的时候，就告诉我说，现在广西大学已成立农业、化学、物理各科，将来要预备扩充工科、矿科、医科。他自己认为这几科的完成，就是他退休的时候；至于文科、法科，他是不要的。

　　最奇怪的，近一二十年来，我自己所努力的，却是文科、法科。假定说，他所喜欢的，不是我所努力的；我所努力的，不是他所喜欢的：那么，我们不是谈不到一起了么？不过老实说，在中国现在时期里，办学校的人，拿他的重心，移到自然科学上去，换句话说，集中力量到确实科学（exact science），我是不反对的；而且可以说，确实科学，是一切科学之母，假定无确实科学为基础，其他科学，是无所依傍的。这事情，可以拿欧洲十六世纪、十七世纪天文学、物理学的发明做证明的。因此，我们现在可以说到中国今后的科学，应当怎样使他发达。

　　说到中国已往科学发达的沿革，不能不追溯到明朝万历以后，以至于清初。我现在先举几个人的生卒年月，证明一件事：

---

　　* 《再生》第2卷第1期，1933年10月1日。

徐光启	1560—1634
康　熙	1655—1723
Matteo Ricci（利玛窦）	1601（到北平）—1610
Schall Von Bell（汤若望）	1622（到中国）—1666

Kepler	1571—1630
Galileo	1564—1641
Newton	1642—1727

上面所列举的，在东方有四个人，在西方有三个人。考他们的生卒年月，如徐光启同 Kepler 死年一比较，相差不过四年。康熙同 Newton 相比，生年差十几年，死年也不过相差四年。在这张生卒年表里，我要说明在欧洲十六世纪与十七世纪，在他们发明物理、天文的时候，正是我们的明清之交，欧洲的天文、物理输进中国的时候。当时天文、物理在欧洲发明，固然是件不容易的事，可是当时中国能接受他们的发明，也是一件了不得的事。不过在欧洲发明了之后，加以岁月不断的进步，于是到了现在，从旧天文进而为新天文，从牛顿 Newton 的古典物理进而为爱因斯坦 Einstein 的新物理。何以科学在欧洲就有不断的日新月异，在中国仅于明清之交，有一度的孳生，则后来竟夭折了，乃至于到现在天天说奖励科学，而事实上，科学还在极幼稚的时代，这是什么缘故呢？我们不能不推究明清之交，科学所以输入中国的原因。

明末与清初，科学所以能输进中国，我们可归到两个原因：第一，我们读明朝天文志，知道明末受回回教影响的历本，做测算日食月食的根据，是不真确的，所以，当时有订正历本的需要，正好在那时候，遇着利玛窦、汤若望到中国来，当时的学者如徐光启之流，就从他学几何学、天文学。所以在利玛窦到北京不及几年之后，就有许多书出版。如《几何学原本》（一六〇七年出版）、《浑盖通宪图志》（一六〇八年出版）、《经天谈》等等，到了后来，还设了一个修历局，由徐光启聘请汤若望做顾问。我们读《几何原本》上的徐光启的序文，他拿天主教名之曰"道"，测算日月星辰名之曰"学"，拿利玛窦当做奇人，可以想见当时他对利氏怎样倾倒了。

第二个原因，当时徐光启之流，所以崇拜利玛窦与其他十字会教士，是因为那时候正当满州〔洲〕要攻入关内，这些教士们，能用科学制造大炮。这个大炮名曰红夷炮。明朝有了大炮，把清太祖打死，这件事是大家知道的。明末所以欢迎欧洲的科学，其原因大概如此。就是清朝开国以后，上面所说的两个原因，也可以适用。

清朝入关以后，听见汤若望有修改历本的材料，就请汤氏管理钦天监。到了康熙，更从天文方面推广到测量地图等事。那时候三藩还未平定，南怀仁替康熙造了神威炮数百，因而奏平定三藩的大功。同时，在那时候，康熙还找到其他天主教士如罗伯谷、徐日昇之流，同他讲说关于天文学、力学、地理学、机器、炮学等等。所以，我们可以说清初科学的输进，同明末一样的是为修历与战争上的必要，同时也就是为政治上实用的目的，并不是出于追求宇宙真理的目的。

清朝欢迎外国的科学，自康熙死后，经过雍正、乾隆，来一个大挫折。这个挫折，历百年之久。这百年内，国人就把科学忘却了。虽然外人充钦天监副监的制度未废，而要像康熙时代那样认真讲求科学，完全没有的了。一直到道光后，鸦片战争发生，于是又有上海江南制造局及福建船政局之设，同时，在江南制造局内，设有翻译馆，翻译关于理、化方面的书籍，这可以说是科学输入中国的第二个时期。但是试问当时曾文正公、李文忠公等输进西洋火器、炮、船及理、化书籍，其动机可也不是与明末清初一样的么？就是说是为政治上实用的目的，而不是真理的追求，我以为这一点是中国最不能发达科学的一个原因。我现在把这个动机，分析为下列三条原则说明之。

第一，追求自然界知识（即科学）是人类应有之永久的义务，不仅是拿来应付一时政治上实用的目的或用以应付外患。

第二，追求自然界知识，既是人类应有之义务，这个义务应该由本国人自己来负担的，而不能依靠外人，如同以往从明末到曾文正公。前者依赖利玛窦、汤若望、南怀仁等，到了鸦片战争以后，依赖英、美之傅兰雅等，这是绝对不可以的。到了今日，还有技术合作之依赖外人，更是可耻的事情！

第三，既名之曰科学或自然科学，就不能不以自然界为对象，绝不能以中国旧书之整理，□安排在科学之内，因为书本上的真理，是由诵读研求而来，并不是科学上的发见（discovery）。关于这点，我稍为加上几句，近年来如胡适之、丁在君之流，都是希望中国科学发达的人，而他们对于科学的对象，是始终未弄明白。这是什么道理呢？因为他们把《红楼梦》考证一类的东西也归在科学方法之内。我以为有了确实科学，然后和人说，这是科学，也就是科学方法，这样子才可以促进科学的发达。假使国内确实科学成绩毫无，因为考证的工作同科学相像，就说这是科学方法，那只有妨碍科学的发达。因为有了确实科学做标准，然后人家知道科学方法是什么，如其没有确实科学成绩而以《红楼梦》考证一类的东西当做科学方法，那人家只有依着《红楼梦》考证而走入古书堆里去过生活，而忘记了真正科学是什么回事了。这点实在是很重要的一点，希望读科学的人，万万不可忘却，要知道把考证的工作，就当做科学方法的代表，那和欧洲文艺复兴时代所犯的毛病一样的。

文艺复兴时代的人心，在乎复活古书，不识以自然界的智识的对象。格里雷氏为矫正这个毛病，尝有精辟语云："读亚里士多德者，勿为亚氏权威所拘束，应该用自己的眼力。"格氏又说："除以古人之聪明为聪明外，要相信我们自己的聪明。"又说："画一个图应以自然界为蓝本，不可依照旧书本中之图画。"格氏还有几句明显的话："应放弃文字而移向于事物，应放弃记忆而移向于理解及观察，应放弃权威而移向于自己的认识，应放弃古人的成见而移向于真智识。"从这几句话看来，如其再奉《红楼梦》考证之类，当做科学方法，中国真正的科学，是永无发达之日！自己自命为促进科学的人而偏以这类工作当为科学，可以做人的榜样，这实在是科学的大不幸事。

最要紧的，要发达科学，须先认识追求宇宙的秘密，是人类应有的义务，并不是为抵制外患而起，并不是为同人家比较后相形见绌之故而来。如其讲科学的人，自己无此动机，那中国民族对于近代科学，是不能有新贡献的。这点请大家千万不要忘记！最近国联有一本关于中国教育的报告书，当中有一句话说："到中国来，听到中国教育家说，中国应该发达科学。但是，他们告诉教育家说，科学不仅是一个结束，而是欧美思想所产生的。"他们意思无非说，要真正发达科学，不是在求人家已经成功的科学结果，而在养成所以产生科学的心态，就是说，这是思想的问题，而不仅是科学仪器科学试验室的问题。

以上我所说的是要讲今后中国发达科学的根本条件。

在前几年，思想界有所谓科学与玄学的战争，就是我同丁在君辩论的事情。表面上看来，一方代表的是科学家，一方面代表是反科学的玄学家的辩论，这种观察是太皮相的。拿人类智识的全部合起来说，有的可以归入科学范围以内，有的是属于哲学与玄学的。合起来全是人类全部的智慧，此二者绝不像普通人所想像的两个绝不相同的东西。譬如说，讲科学方法的人，没有不提起演绎与归纳的方法。有的说，这科学应用归纳，那科学应用演绎，而实际上，那种科学，不是要兼用归纳与演绎的呢？此两方法的性质，是科学问题呢？还是哲学问题呢？再如几何学，大家认为他是科学，到底几何上的概论如点、线、面积到底是超经验的，还是在经验中积累而成的呢？这些问题，是欧洲科学家与哲学家从希腊直到现在，始终没有得着结论的辩论，而中国现在浅薄的思想家，好像以为科学与非科学，科学的方法与非科学的方法，是很明白的了，一提到"科学"两字，便以为科学是不可动摇的真理。假定有人说科学内容不是一样的，所谓科学方法也是随时不同的；再说一句，科学是有他的界限的，不是完全处处可以适用的。一提到这方面的话，他们就群起反对说，这是玄学而不是科学。这些无非是时代思想浅薄的表现而已。试问在欧洲科学最发达的今日，有没有人说好像有了科学，就用不着哲学。自然科学尽管一天一天的发达，而哲学权威并不丝毫减少。最近新物理学的成立，尤令科学家生一种神秘宇宙论的学说。这个姑且不提。从这方面说，就可以知道以为提倡哲学，就是反对科学，主张科学，一定要排斥哲学，实在是用不着的。世界上的事，有的是可以分科研究的，有的是在各科学问之上的，换句话说，有的是专门化（specialized），有的是综合的。有了分，少不了合；有了合，同时也不可不以分的研究为基础。这两方能合作，就是我今天所谓科学与哲学的携手。

现在要讲科学家的立场与哲学家的立场的不同，不外归宿于以下三点：甲方是科学家的前提，乙方是哲学家的前提，科学家非排斥乙方不可，在哲学家反而有兼容并包的态度。兹分述如下：

一、机械论与目的论

二、定命论与自由意志论

三、量的与质的

先从第三点讲。科学发达最早的，是天文学、物理学。Kepler、Galileo 等既以天文为对象，是由大小、形体、数目、动静中寻出自然公例来。换句话说，把所谓声、色、香、味之性（Qualities）放在一边，而从质与力的量一方面，寻出公例来。在大小、形态、数目中，可以认识的是量，而不是性。惟其有量，所以才能有数目，才能有测验。假使无量，就无从测验了。换句话说，就不能成为科学。所以，Kepler 以来的物理学家，把自然界当着依自然公例而运动的物质的全体统系，换句话说，整个宇宙，不过物质的分合与动静而已。所以数量是他们唯一认识的方法，至于除数量外，另外有其他的实在，如官觉中所接触的性，他们认为这是主观的，而与客观方面无关的。当时像 Kepler 他们就有下列的几句话："物质之所在，即为几何学之所在。""量者，一切事物之根源。""真正智识之所在，即为有量可认识之所在。""智识之前提，在于有数目之可计。"现代法国哲学家 Meyerson 更有深切的说明，他说："物理学抛弃一切有关于性的，物理学都把他归在一边，因为他是主观的意见；反之，关于量的方面，同时也就是关于空间方面的，这是关于客观宇宙的。科学进步，其任务即在离主观而到客观。"从量方面观察宇宙，是当时物理学成立之一个大根源，一直到现在，科学家还未变更这个态度，我们不能不承认量的观察，是一种新宇宙观，但同时我们不能不知道除量外，一定还有性之所在。为什么呢？假定以量为唯一的观察法，那么世界上一切事物之源，不外质与力之量的差别了。然除质与力外，安得谓已无其他实在呢？我们可以举例来说明。

现在的科学家把声、光、电都归元于他们动荡次数的多少，用以解决其性质，但是，声、光、电对于我们官觉上所生的影响，到底有性的不同，这点恐怕是一件不能否认的事情。就把声来说，固然能化他为动荡次数的多少，但是一个字的声音，忽而使人悲，忽而使人乐，这分明是物理学上所研究的动荡次数以外的事情，不是动荡次数所能解决的。何以故呢？因为有性的不同在内。推而上之，人类的喜、怒、哀、乐更无从以量来解释的。

世界内除无生之外，更有有生，无知之外，更有有知，这无生、有生、知觉三种，换句话说，一个叫做物质，一个叫做生命（Life），一个叫做心意（Consciousness）。这三种的不同，也就是他们本身上性的不同，唯其性有不同，所以专用量的观察是不能解决的。德哲赫拔脱 Herbart 有言："有"（Sein）之性，非量的概念所能侵入。法哲蒲特罗亦有言："一切事物中，均包含性的原素。"柏格森对于可量的时间，名之曰"空间的时间"；对于不可量的时间，名之曰，"悠久"（duration），一个表面上的时间，就是可量的时间；至于候车心理的时间，心上忐忑不安之态与种种感觉，这就是属于不可量的，亦即属于性的方面。简而言之，一个是科学家，专以量为出发点，专从物理界出发；一个是哲学家，同时要兼顾到性的，就是说，除物理界外，又能顾到生命及心意两界。既是承认生命与心意，那就不能以量为唯一的观察点。旧式的哲学家，常有以量同性，分为两种事件观察的；当代的哲学家，大概知道量与性是不能分离的。我们再可以说一句，世界上不能专有量而无性，也不能专有性而无量。那就可以知道有了从量观察的科学家，也不能缺少从性的观察的哲学家。

第二，讲到机械论与目的论。所谓机械论，也就是同近代物理学同时发生的。Kepler、Galileo 等人，认为拿质与力的动荡，可以解释宇宙。宇宙等于一部大机器，宇宙既不过是物质的运动，又有因果必然的关系，他们欲以机械解释全部宇宙，于是以为全宇宙不是一个生物，而是一部机器。既说到机器，就好像一个表，不过是个互相牵制的机器的动作。当时如霍布斯、笛卡儿之流都是主张这种学说的，假定整个宇宙等于一部机器，那这宇宙除了物质界之因果外，别无其他的目的与心意了。我们现在举一个很浅显的例，就可以明白以机械观来解释全宇宙是不可能的，最显明的就是人的构造。譬如说，身体受伤，骨头断了，等到三个月之后，因他里边有一种"复生"（Regeneration）的力量，恢复以前的状态，这个不能不说人生的构造是有复归于原形之目的在内。我们又知道动物，把他尾巴去了，不久他自己可以复生出来，这种现象，绝不是像物质，如棹子之破坏，非加以外物不能修补一样。他是自己自然生长出来的，绝不是机械论所能解释的。生物学上有所谓生机论或目的论之争，即由此而来。

从机械论解释宇宙有两种好处：第一，拿物质的运动来解释一切，可以有真确的数字；第二，所加之力多少，就可以得到结果多少，故因果关系明了。但是我们不能不知道，假使整个宇宙物理界、生物界、人类界，如其尽立于机械观之下，那么，整个宇宙是无意识的，好像一个人肚子饿，非求食不可，乃至求功名富贵，亦可说为达到吃饭的目的。但是，人类生活里边，种种问题，是不能以机械论来解释的，其关键就是在道德问题上。人类在世界上固然是免不了物质上衣食的要求，但是除衣食外，还有大目的在，在这大目的之下，我们才可以解释道德与法律之所由来。所以目的论好处，一方面告诉人世界是有意义的，一方面使人知道，既有意义，人类就不能不有义务，虽然在这几千年的历史里边，还没有人能明确指出人生的目的是什么，世界上最后是怎样。不过从有目的上说，然后才能使人知道人在宇宙上的义务是什么？应为善，不应为恶；应顾及千百年后，不可但顾目前。康德说，他不放弃物质机械论，但是同时他认为超乎物质世界上尚有一目的的世界在。换句话说，机械论与目的论并存，也可以说机械论是在目的论之下。我认为这种说法是妥当的。

第三，讲到定命论与自由意志论。无论科学家或哲学家，假使他专从机械论及量的方面来观察宇宙，他就是一个定命论者，因为这三者是不可分离的；反过来说，假使除量及机械论以外，他还承认性及目的论的存在，他就是一个自由意志者。定命论者的出发点，是说不但物理界，同时人类意志里，都有一种因果的必然关系，有多少因，就有多少果。这种说法，在物理界方面，自然不成问题。所以，就物理界说，定命论与自由意志论，似乎不能有什么问题，因为物理界根本遵守因果关系原则的。最近新物理学发生，关于适用因果律，已不如前此正确，此话今日也只好不提了。定命论与自由意志论问题，是发生于人类行为方面。有人说：人类的意志与行动，有外界的原因决定他，这学说，就叫做定命论；反过来说，人类行动，是由于内心的决定，决不是靠外界原因决定他，那就叫自由意志论。我们知道，假使这里有肉铺子两家，一家肉是三角一斤，一家是二角半一斤，那二角半的，一定买的人多。假定有两个学校在此，一个可以不读书取到文凭，一个是比较严格的，假使社会的秩序不好，没有好的风尚，那坏的学校，读书的人一定多。所以，我们不能承认人类意志、行动，一方面的确是好逸恶劳、见利忘义，有外界的原因支配他的。简单言之，这类行动，是属于饮食、男女的低下本能，但是我们绝不能因此判断一切人类都是如此。譬如说：人人爱钱，但不能说人人都愿意受贿；人人好逸恶劳，但不能说人人都是懒惰；人人好名，但不能说人人都是钻营奔走。所谓自由意志，就发见于低等本能与高等本能冲突的夹缝里边。可以举例说，譬如说：一个人已上了烟瘾，后来发见烟是坏的就戒除了，不管他戒烟后觉得如何痛苦，而他竟是能戒除了，这种坏习惯的戒除，非自己集中意志心力是做不到的。曾文正公曾经叙述他自己戒烟经过的困难，这就是决心的一个好证据，此即所谓自由意志。这个决心，尽管说有环境促成，但是不能不说是出于他自己的自由。至于孟子说的一大段："生亦我所欲，所欲有甚于生者，故不为苟得也；死亦我所恶，所恶有甚于死者，故患有不避也。如是使人之所欲，莫甚于生，则凡可以得生者，何不用也；使人之所恶，莫甚于所死者，则凡可以辟患者，何不为也。由是则生，而有不用也；由是则可以辟患，而有不为也。是故所欲有甚于生者，所患有甚于死者，非独贤者之有是心也，人皆有之，贤者能勿丧耳？"像这类的话可以说是自由意志上的问题，是道德上的问题，惟其人类有固有是非之心，本是非之心而来决定他行为的标准，这就是自由意志的根据。

假定无自由意志，人也就无所谓忏悔，本来决坏的事，一直坏下去，何必要迁善改过呢？乃至于为人谋者，甲可以做到五十分，乙以为不够，非做到百分不可，这百分与五十分的比较，就是责任心的所在。所谓忏悔，所谓责任心，绝不能以外界物质来解释的，欲求其解释而不可得的，无以名之，名之曰"自由意志"。所以，人类的行为，其成为历史特殊现象的，如方孝儒〔孺〕之九族被夷，伯夷、叔齐饿死于首阳山，岳武穆之精忠报国，文天祥之杀身成仁，要拿新名词来解释，就是"自由意志"。康德有言："关于物质界现象，我们可以拿定命论来解释，至于人类行为，唯有归之于自由意志。"简单的说，科学家的立场，非采取定命论不可，因为既求物质的必然因果，自然要相信有因必有果，并且要因之多少而决果之多少。此因果之多少，还最好以量或数目字来表现它，假定不如此，就不能成为科学。但是从人类行为方面来看，甲的行为要归于甲的原因，乙的行为要归于乙的原因，那人类行为就等于物质界自然公例，绝无新奇特出不可知的事，那就是绝无自由意志的事了。这样人类的世界，实在太无意义了，唯其两方面各有理由，所以康德把人类行为和物理界分为两个，而各以一种学说安顿它，物理界为必然的因果，人类行为是自由意志。

从以上三点看来，我们可以说，这三点的冲突，好像是哲学与科学的冲突，□在是科学家的哲学立场与哲学家的哲学立场之不同罢了。科学家重量的观察，持机械论、定命论；哲学家并不否认量、机械论和定命论，但是认为在这三个以外，应容许性的观察，目的论及自由意志论且扩而充之至于价值论。这个冲突，在西洋可以说从近代思想发生以来至于现代哲学家与科学家仍是坚持着，试问我们中国人对于这种冲突，应如何呢？

近年来国内自命为科学家的人，尚主张科学万能，好像要以量的观察、机械论及定命论来否认其他反对，此即无异要以西方已有两造的争斗，同时移到东方来，把人家好久的争斗，要照样的移到中国来，我以为可以不必的。换言之，不如两利而俱存的为妥。进一步说，在科学家的立场，用不着排斥哲学家。哲学家当然也不必排斥科学家且应引为好友。此即科学与哲学之携手。

进一层说，胡适之辈，天天在那里奖励科学，以为用不着哲学，这种主张，实在不知学问的全体，且不知道学问本身的性质。哲学的定义，大体说来，不外乎几种：一种是以哲学当做普通学问；还有一种认为依据方法学的认识论；还有一种认为人生观论；也有人以为他是价值学（Value）。罗素等曾经说过："哲学家之所有事，乃对于种种根本概念与平常不以批评态度而接受的概念，加以批评与分析。"罗素这个人对于科学的努力，大家是承认的，而他并不否认哲学家自有其职务在。同时我们再想想看，世界上除了各种分科科学之外，是否在他们之上有几个根本问题存在，这几个根本问题，就是康德曾经说过的："我们所能知者为何，这是形上学的问题；我们要问行为应该怎样，就是伦理学问题；我们人类可以希望的是什么，就是宗教问题；我们人类是什么，就是社会学与人类问题。"假使这几个根本问题不能消灭，哲学的独立性也永远不能消灭，所以，在思想界里，科学家要想以科学态度打倒哲学，或者哲学家认为他自己是"学问之王"来看轻科学，这都是不应该的。我希望科学家与哲学家，不应当互相菲薄，应当互相合作。要知道唯有哲学，才能使各科学有综合的秩序，彼此发生相关连的关系，换句话说，惟有哲学，才能使各科学成为有系统的，犹之人身，虽有五官四肢，而所以连结在一块儿的，有生机体在。假定以手为手，以足为足，而忘却其在全身以内的地位，这就忘了生机全部的一个重要，换句话说，见不到宇宙的全体及学问的全体，这不是我所希望于学界的！

经济计划与计划经济[*]
（1933）

一、导　言

　　吾国之语言文字，自东西大通以后，有一种新现象发生于其间，曰名词之构成（TermTeminology）是矣。旧日文字之中，其名词多为单字，曰道，曰德，曰理，曰气，曰仁，曰义；其为两字者，大抵有对待关系，曰君臣，曰父子，曰夫妇，曰婆媳；其为两字而意义联贯者，曰官制，曰田赋，曰天文，曰地理；过此以上，鲜有以四五字或七八字连缀以成一名词者矣。

　　自欧洲文字与其思想侵入东亚，以吾国之汉字，译外国之名义，其字形如昨，而含义已大异。"科学"者，西洋之 Science，与原来之"科"字"学"字，各不相涉；"民族"者，西洋之 Nation，与原来之"民"字"族"字，各不相涉；"议会"者，西洋之巴力门 Parliament；"经济学"，西洋之 Ecnomics；"几何"，西方之 Geometry。若但就各单字分析之，则与西方本名词之义，可谓为风马牛之不相及。西方语言中实词构造与动词构造不同，其在吾国同一字形而可兼为实词与动词之用。譬之"改造"二字，本动词也，然在"社会改造"（Social Reconstruction）一名中，"改造"为实词矣；"运动"二字，本动词也，然在"民族运动"（National Movement）一名中，"运动"为实词矣。且名词之形，延而愈长，如世界经济会议（World Economical Conference），如国民经济学（Volkswirschaftslehre），如中央执行委员会（Central

Executive Committee），竟以五字、六字、七字连合而成一词矣。

名词之成立，有其历史的条件（Historical Conditions），有其论理的定义（Logical Definition）。以"专政"（Dictatorship）之名词言之，自十一月革命后，俄共产党标明级阶〔阶级〕斗争，财产公有，无产者独执政权之旨，此所谓历史的条件也。专政不必定以阶级斗争，以财产公有，以无产者独执政权为必不可缺之条件，证之希特雷氏在德可以知之。希氏政策之出发点，曰日耳曼民族，曰排斥犹太人，初无贫富阶级之歧视与没收财产之命令，则阶级统治云云，与专政之绝非同物可知矣。然俄之专政与德之专政，却有其共同之点：第一，政权集于一派之手；第二，废止议会制度下之多党政治；第三，抬高执行权，降低民意所托之立法权。此三者为各国专政之共同点，则谓为属于专政之论理的定义中之必要元素可矣。

计划经济（Plan Economy）之名何自来乎？曰起于苏俄。俄自十一月革命后，与欧西及美国断绝往还，乃竭其国内之资财与劳力，以发达苏俄之经济，全国资财之中，关于国政几何，关于人民消费几何，关于农工商几何；以工业论，铜铁几何，电气事业几何，轻工业几何。皆非预定方针而分配其步骤之先后，经费之多寡不为功，此计划经济之名所由来也。当斯时也，正全世界经济遭前此所无之恐慌，以生产与消费之不均衡，演成有货物而无市场之局势，肇端于农产品，传染及于工业品，美国以谷麦投入海中，阿根廷以麦粮为火车之燃料，其非工业国之农产品，既委弃于地，自无余力以购工业国之货，于是英、德之工厂停歇，工人失业，彼等为维持国内现货计，禁止入口货品，增进本国农产，限制对外汇兑，膨涨通货，其目的不外以本国所有者供本国之用，而不致动摇其本国自成一经济单位之地位。彼等或名此种政策曰自足经济（Autarkie），或径用俄国之名，名之曰计划经济，此为计划经济之第一转义。至于吾国方面，妄为附会，以中山之实业计画、孙科之十年计画与陈公博之四年计画，概归于计画经济之中，此乃由于文字上"计画"二字之偶同，而与最近时欧美所谓计画经济者，渺不相涉，姑俟下文再详论之，是计画经济之名之第二转义矣。

二、经济计划

同一名词也，取其所含之若干文字而颠倒之，或不成文义，或意义绝异。自由之名，易为由自，则与原文之（Freedom，Liberty）不相涉，且不成为名词，几何之名，易为何几，则与原文之 Geometry 不相涉，亦不识其所指者为何，此皆以两字连缀以后，超于两字上而自成第三义，即所谓名词，其义得之于西文之原字，与汉字中原来之字义无涉故也。自由贸易与贸易自由之二名，自字形上言之，不过稍颠倒而已，然二者间之内包绝异。苏俄自颁布新经济政策后，许农民以贩卖谷物之自由，此之谓贸易自由，犹言各人有营业之自由也。以云自由贸易，为两年前英帝国之商业政策，肉类及日用品可以免税入口之谓。前者指个人贸迁有无之自由，后者指国家之关税政策，二者之不相类，有如是矣。教育义务者，为父母对于子女有教之识字读书并令其通晓为人之义之谓；义务教育者，国中已届入学年龄之儿童，应进学校，否则罪其父母之谓。此亦文字颠倒而意义迥异之一例也。由此数例观之，则经济计画与计画经济二者之不可认为同义之名词，或互相代用之名词显然矣。

经济计画在英文为 Economic Plan，计画经济在英文为 Plan Ecnnomy 或 Planned Ecnnomy，此二名在汉文之中，自亦不至混为一事，然英文术语中更有第三名，曰 Economic Planning，于 Plan 之尾，加 ning，表示关于计画方面不断之动作，以别于普通静止性（Static）之计画。于是 Plan Economy 专指已形成之计画经济，其正在进行而未达于计画经济者，则以第三名 Econmic Planning 名之，Economic Planning 之名富于伸缩性，用途既广，遂与 Plan Economy 成为同义之名词。为一九三一年八月荷京有所谓 World Social Economic Congress，其议事录即名曰 World Social Economic Planning。美国劳文氏 L. Lorwin，以苏俄之计画经济，列为 Economic Planning 中之一式，竟使 Economic Planning 与 Plan Ecoromy 异字而同义矣。国人不识 Economic Plannig 之特别含义，竟以之与 Economic Plan□而为一，乃目中山等之实业计画为 Economic Planning。夫使一国中有若干实业计画，遽可称之为计画经济，则古往今来之私人经济国民经济之有计画者，皆可名为计画经济，何待于苏俄之作始乎？因名词之滥用，生内容之误会，不可不辩焉。

私人购地买产，先由工师制图，择日兴工，及其既成，乃以出租于人为住宅，此可谓经济计画而不得名为计画经济；有企业家招股集资，择地建厂，此亦可谓经济计画而不得名为计画经济；乃至国家之预算，岁入几何，岁出几何，岁出中国防费几何，实业费几何，内务费几何，教育费几何，此亦可谓计画之一种，然不得名为计画经济，何也？经济计画有应办之若干事为目标，并筹关于达此目的之方法，曰人材，曰财力，如此而止矣。至于计画经济异是，曰政府限制各私人各公司之产权与行动，政府谋生产与消费之平衡，政府限制外货之输入而免国内资金之流出，此为苏俄五年计画实施以来特有之现象，今已遍及于各国，而为前此之所未闻，此等著者，正为计画经济中之核心，而经济计画之概念中所不具者也。凭此二者之分，以观中山之国际共同发展实业计画，其于二者中之何属，可以无待辩而后明。中山实业计划中列大纲十项及子目若干项：

甲　交通之开发

子　铁道十万英里

丑　碎石路一百万英里

寅　修竣现有运河

（一）杭州、天津间运河

（二）西江、扬子江间运河

卯　新开运河

（一）辽河、松花江间运河

（二）其他运河

辰　治河

（一）扬子江筑堤浚水路

（二）黄河筑堤浚水路

（三）导西江

（四）导淮

（五）导其他河流

巳　增设电报线路电话及无线电等

乙　商港之开辟

子　于中国中部、北部、南部各建一大洋港口

丑　沿海岸建种种之商业港及渔业港

寅　于通航河流沿岸建商场船埠

丙　铁路中心及终点并商港地设新式市街

丁　水力之发展

戊　设冶铁制钢并造士敏土之大工厂

己　矿业之发展

庚　农产之发展

辛　蒙古、新疆之灌溉

壬　于中国北部及中部建造森林

癸　移民于东三省、蒙古、新疆、青海、西藏

凡此十项，可谓为目标，为政策，而与现时之所谓计画经济绝不相关。此十大事业成立之关键，依中山之主张，系于一语，曰："移欧战时各国之机器之组织之熟练技工，以开辟中国利源。"是与现时欧洲之计画经济，正背道而驰，盖一则专倚赖外人，一则求达于本国经济之自足自卫，二者正相反对者也。

孙科氏承其先人之后，将十项事业，计算其应需之经费，并略示筹款之方法如下：

甲　交通之开发　　二一九 九〇〇 〇〇〇 〇〇〇元

乙　商港之开辟　　四〇〇 〇〇〇 〇〇〇元

丙　新式市街　　　三〇〇 〇〇〇 〇〇〇元

丁　水力发展　　　一〇〇 〇〇〇 〇〇〇元

戊　钢铁工业　　　三〇〇 〇〇〇 〇〇〇元

己　矿业　　　　　二〇〇 〇〇〇 〇〇〇元

庚　农业　　　　　一〇〇 〇〇〇 〇〇〇元

辛　蒙古、新疆之灌溉　五〇〇 〇〇〇 〇〇〇元

壬　北部、中部之森林　一〇〇 〇〇〇 〇〇〇元

癸　东三省等地之移民　一 〇〇〇 〇〇〇 〇〇〇元

总计　　　　　　　二五 〇〇〇 〇〇〇 〇〇〇元

孙氏谓此项计画在五十年内完成，每年经费定为五万万，中央拨款二万万，外债二万万，内债一万万，此其筹款之方略也。

窃以为吾国今后经济建设之计画，应集中全力于内部交通与农、工、商三者，何暇计及招来海舶之商港与夫新式市街之徒壮观瞻哉？以云灌溉蒙古、新疆，以云移民实边，更非内地建设尚未开始之日所当计及。且以五万万之总额观之，目前全国收入只有七万万，以之供给军费，尚虞不足，何从而有中央二万万之拨款？势非将国防行政、教育行政、财务行政置之不议，而尽数以充孙科氏建设之用乎？其务为夸大而不切实用，固跃然纸上矣。

三、计画经济

普通所谓计画，如造舰计画、陆军改革计画或财政计画，大抵以应

办之若干事为目标,指定财源,限定年月,以为程功之标准,如此而止矣,至于计画经济,为苏俄五年计画以来之新方法,是为全国以内一切经济单位之亭匀酌剂(Coordination),而不仅各部以内生产的或不生产的计画,二者绝不可混为一谭也。

美人劳文氏之论计画经济,深察放任主义之不容于今后,欲以计画经济代之,追随苏俄之后而缓和其度,当代经济论文中之不易多得者也。故本志中已由冯森君取而译之。我所欲唤起读者之注意者,尤在其"计画经济"之定义。劳氏曰:

> 计画经济者,经济的组织之系统,其中各独立分散之工厂、企业及工业,为一大全体中相剂为用之单位(Coordinated units),以期利用一切所有之富源,而达于某时期内全民族需求之最大满足。

试本我所见欧美近年之设施,就劳氏之定义而分析言之。

第一,计画经济之下,合全国之企业单位,以成一大统系。苏俄之工业统系,其最低级曰工厂(Factory),厂合而为托辣斯(Trust)(与美国托辣斯绝不相同),托辣斯合而为奥皮第纳尼(Obedinenie or Combination),而一切统属于最高经济会议之下,此即劳文氏所谓合各分散之工厂、企业及工业以成一大全体之意也。张氏公权旅行日本感想中之言曰:"日本产业甚发达,全国工厂的资本总额共有二百万万元,且行官民合作的统制,以前尚容同业公会便宜行事,自去年'一·二八'后,绝对采用严格政策,有各业联合之组织,由政府指导,不使其供过于求,竞争贱卖……国内市场有限制,出口货品须检查,直接以输出组合经营,间接实由政府操纵。"就日本言之,各工业、各公司进而为同业组合,而同业组合隶于政府之下,关于所有权方面,虽大异于苏俄之国有,然其产销政策立于政府监督之下,则无二致也。

第二,计画经济之下,尽国内所有之富源,供全民族之需求。苏俄之初革命也,既与西欧各国断绝关系,乃不得不竭国内之资源,以谋经济之建设,其所以为此,本出于不得已,孰知自一九二九年世界恐慌发现以来,西欧之国无不采用同样之政策,以禁止外货输入之故,乃提高关税,乃求补充于国内,如德之复兴农业,如英帝国经济会中之采用特惠政策,皆所以谋同一国内之自足自给,而无待于外来物品之供应也。且为保持一国内贸易表上出入之平衡,既禁止外货之流入,复对于现金之流出,加以限制,如对外汇兑须得政府特准,如人民不准往外国游历,以免挟资而往,如两国贸易品之付现,由中央银行限定额数。此种种者，与俄之对外贸易由国家独占之政策，乃不期而暗合，即外货之输入与现金之流出，独由国家主政是矣。各国中之壤地褊小，求自给于国内而不可得者，则农国工国互相调剂，合众小以成一大单位，是名大区域经济（Bloc Economy）或集团自足经济（Gruppen autarkie），如东南欧洲之集团、英帝国集团，乃至日本所梦想之东亚关税同盟，皆由于世界自由贸易之崩坏，而经济上各谋独霸一方之观念乃随之以生矣。

第三，计画经济之下，谋生产与消费之平衡，勿令有需求而无供给，或有供给而无需求。苏俄革命之大目的，曰推翻资本主义，且以为推翻资本主义之后，人民各尽其力，而衣食住无虞？不给。及一九二一年新经济政策颁行，既许人民买卖农产，又以小工厂发还人民，私有财产制之观念因此复活，而民生日用之供给仍归人民自理，无复有"各取所需"之理想。质言之，俄国中立于计画经济之下者，独有生产方面，而消费方面犹未与为。自世界恐慌既起，在农国为农产之过剩，如美国之棉麦、南美之咖啡、哥巴之糖是矣；在工国为工业品失其固有之市场，而工人失业者，合全世界为一千七百万人。此种种现象，可以简单言之，则生产与消费之不平衡，其原因或起于生产额之过多，或以富贫不均而贫者无购买力之所致。于是有问题焉，曰国富应如何平均分配，曰物价应如何低廉，必如是，而后不至有诗人"朱门酒肉臭，路有冻死骨"之悲叹。然今日苏俄之状，可谓生产不足而人民需求有不能供给之苦，其在美国，则以生产过剩，因富力分配之不均，致有供给而无需要，或有需要而力不足以致之。其为各国所力图者，厥在以本国之力产制百货，以供国人之消费，至于供求之真正平衡，正共产国与资本国之所同病，今尚无法以善处之者也。

以上三点既明，则计画经济之以全国生产消费、全国出入之均衡为目的，且借国家之力以控制之者，其不得与一张行政项目之计画表相提并论，已不待烦言而解。经济计画乎！其侧重处（accent）为静止性之计画。计画经济乎！其侧重处为种种调剂与操纵之动作，计画经济之中，少不了计画，而经济计画之中不必有调剂之动作，此二者之所以迥不同也。

四、国家社会主义目的下之计画经济

虽然，计画经济不能离社会的大目的（Social aim），仅有计画而无目的，则所以计画之者，将何所恃以为标准？美国商人派之言曰：吾辈应维持私有财产之现制，除此以外，应减少对外贸易，限制生产（详见劳氏文），此亦不得不谓计画经济之一种，然此种计画可以为吾国之蓝本乎？决不然矣。方今各国之计画经济，简括言之，不外两大目的：第一，社会主义的建设；第二，国内之自足自卫。其在西欧则偏于第二点而不及于社会改造，其在苏俄则以社会改造为目标，而第二点因独占对外贸易之故，自随之而来。吾国家于此二者中，苟以追随西欧各国之后为事，则提高关税以防止外货而已，振兴农业以图粮食自给而已，然吾之农业已成破产，工业亦不及英、德之万一，仅效法西欧各国之自给政策，不独药不对症，即实行亦且不易，故吾人之意，以为非标明社会大改造之宗旨，不能起此垂毙之民而致之于复兴之途。一年以前，所尝提出者，曰国家社会主义之经济建设，其目标有二：曰民族自活，曰社会公道。（见拙著《国家民主政治与国家社会主义》，载《再生》第一卷第三期。）

一、民族自活。《再生》第三期中尝论之曰："民族之立国，原不必以经济手段，吸取他国之脂膏，或并其主权而夺之。然自衣食住以至机器，一切仰给于外国，致全国之内，尽为外货所充斥，他人生产，而吾独消费，他人劳心力，而吾独享用，循至号为农国，而食外国之米以一万万两计，中国非不产烟叶，而纸烟之入口者达二千六百万两，所衣之衣，则外国织品也，所居之屋，则外国木材也。十余年来，政府惟知以内战为务，农不安于陇亩、工商不安于市肆，于是外品之入口者，皆四万万人日用所需之消费品矣。夫工厂机器或科学仪器不能不求之国外，犹可言焉，今并食米、面粉、纸烟、鱼介而赖之外国，试问'不耕不食，不织而衣'之岁月，尚有几何乎？"文中尝有分年进行之程序；

甲　五年之内，求食品之自给。（即外来面粉、鱼介、纸烟等之入口，完全禁绝。）

乙　十年之内，求棉纱毛织物之自给。

丙　同时着手基本工业如钢铁如电气如化学工业之类。

二、社会公道，振兴工业之道多矣，有英、美之资本主义，有苏俄之社会主义。吾国之地位，苟处于十七、十八世纪之西欧，国际间容我于数十年中从容雅步以驯致于工业国，则踏袭西欧之途以前进可矣。奈世界经济竞争之大势既所不许，即社会思潮亦不容有此逆流之政策。故吾人尝主张曰，生产事业之经营主体有五种：

一、私人营业——┌个人
　　　　　　　　└公司

二、合作社

三、地方团体

四、私人企业立于国家监督之下

五、国家

合此五种营业方式，画定相当比例，以部勒私人公司之经济行动而分配私有公有之财产，庶几免于私人垄断国富之弊，而达于社会公道之目的。至其化私为公之方法，则有以下六条：

一、所有权不必移转。

二、营业与设备须按照国家计画，受国家之监督。

三、盈余，除应提之公积与按照市场之利息外，归入于全国资本中，以充下年扩张全国工业之用。

四、初兴办之新工商业，在五六年之内，其分配利益，不受前项之限制。

五、亏折时由国家贷以资金，俾得照常营业。

六、生活必需品之商业可由合作社经理，其余商业听私人经营，其利益按盈利税则以税之。

如是，私人所有权不取消，而其经营权受国家之支配，既不至蹈俄国没收政策之覆辙，复不至如德国因买收私产须由国家付以赔偿之规定，致国家陷于欲买收而不可得之苦。窃尝再四思之，不激烈不温和之社会主义，舍此无可他求矣。故尝有言曰：

　　今后吾民族之自救，除以造产为第一线之事业外，尚有何法乎？诚欲造产，听私人各不相谋以为之乎？抑由国家提纲挈领以为之乎？若曰以国家为谋主，则大工业不立于国家支配之下，得乎？私人利益非大加限制，以图新资本之集中，得乎？循此不得不然之趋势，则吾国之经济的建设，惟有国家社会主义而已！

五、结论——负此种计划经济责任之政府安在？

或曰：子之两大目的下之计划经济，既闻命矣，愿今日能负此责任之政府安在？有苏俄政府而后有五年计画，有英、美、德平日久为人民信任之政府而后有所谓自足经济。吾国之政府既不如人，如何先就今日现状而改善之之为得。全国经济委员会既成，对于棉业有统制之计画，其告国人书中之言曰：

> 统制委员会之设，其目的在集中权力，统筹兼顾，自今以往，对于棉业应有施设，凡属国家权责所及，由该委员会制成方案，当予以实践履行，而斯界从业人士，亦应全体动员，共求迈进，使事业本身组织，日臻健全，国家爱护固当惟力是视，如有步趋不力者，国家亦当予以制裁，或竟放弃，有所不惜，此为从业棉厂者言。

由此观之，经济委员会之权限，绝未提及私立纱厂之所有权问题，又不敢移经理权于国家，去吾人所定之标准远矣。其至高度之成绩，不过改良产品，扩充组织，殆各国工业发展初期中之保护政策而已。国中实业界且必代为辩护曰：政府之善政不可多见，彼等知工业之不可不整顿，已属难能可贵，子何必深抑之乎？我以为此乃苟且心理之作祟，而未深察夫国家前途之危险。今且不必以主观语强聒他人耳中，姑举沪上实业家穆氏藕初之言可乎？穆氏曰：

> 我国今日国家经济已濒于全部破产之状态：言工业则各个产业部门皆奄奄一息，言农业则农村整个凋敝不堪，民生涂炭，国本动摇。而由于经济恐慌狂潮之激荡，列强且正耽耽虎视，无不欲以其庞大之经济力量控制我国，使我国实际沦入次殖民地之地狱。故今日我国实已处于最艰难之时期，若此时我国而尚不准备实施统制经济，以有计画之行动打破当前经济之紊乱状态，则长此以往，国脉民生断难延续，其结果终必沦于列强经济共管之惨局。（见《复兴月刊》第一卷第二期）

次殖民地也，列强共管也，非穆氏之危言耸听，实欧洲之经济的国家主义之趋势与日人心中东亚大区域经济之野心，其归宿必至于是也。四万万之同胞乎！其以良政府之不易得，乃隐忍敷衍而终归于为人宰割乎？抑见及国势之危如累卵，先图政府之改造而后求以上两目的双管齐下之计画经济之实现乎？此乃政治上之歧路，国人应及早知所选择者也！

学术界之方向与学者之责任 *
（1933）

第一，绪论

吾侪生于今日之中国，有至痛心之事焉，则四千年旧文化之行将由衰败而进于灭亡是矣。合数千万数万万人以成国，所以生聚教养者，有其农工商之物质生活，有其精神方面所形成之法制、政治、学术、宗教。此数者当其在全盛之时，内足以保持人民之生计，维系人民精神上之慰安；外堪与外人一战，保威信而固疆圉。若是者其文化为活文化。

鸦片烟战争以来之吾国情况何如乎？通商之局，人主动而我被动，固已情见势绌。外人劫之以兵威，我每战而辄北，先败于英，次败于法，又次败于日本，此就甲午以前言之也。甲午以后，他国所以儆之者，有日俄战争，有日德青岛战争，有日本二十一条之要求，迄于最近，日人以数小时之久占领沈阳，继且推广而为四省，夫外力之相逼也如此其急，而我之士大夫中，反有甘为外人虎伥者。自对外言之，中华民族之文化尚有若干效用乎？

设想中国尚未与欧洲相遇，帝皇专制如故，科举取士如故，灾荒之肆虐如故，农工之拙劣如故，安固安矣，若谓此四千年之因循旧贯为吾族之至乐，为吾族立于地球上至高之理想，而不必更求进益，虽在至愚者当不作此言焉。通商以前之旧文化，可以痛快言之，徒以无外来者与之比较乃得保存垂二千年之久。政治上新旧朝代之迭代，以成王败寇为

* 原载《再生》第 2 卷第 2、3 期（1933 年 11 月 1 日、12 月 1 日），今据《民族复兴之学术基础》（1～60 页，北平，再生社，1935）。

原则，有何制度与理想可言。视西欧政治以全国人民为目标者，相去奚止霄壤。学术上稍成派别者，有汉、宋两家之学，然多数士子则埋首于高头讲章而已。千百年来以医药之书，委之于粗识诗书而仕进无路之半读书人，农工商之业，尤为社会所鄙弃，因而耕田之器、交通工具，无往而非原始时代之产物。自对内言之，中华民族之文化尚有若干效用乎？

然国人遇与西方度长絜短之际，辄以东方文化之名相抗，曰吾国之哲理如何精深，曰吾国之文学艺术如何优美，曰吾国之待人接物如何宽厚；论及科学上之成绩，则曰指南针吾国所发明也，火药亦我所发明也。凡此所言，岂不甚合于事实，然我所认为吾国之不如人者正别有所在。所谓文化者，非徒古人之佳言具于书本之中而已，当视其善与真之理想为社会所奉行，而后其传统上先哲之言论与其实际生活出于一途。以吾国政治言之，君君臣臣者，孔、孟之理想也，而在秦后两千年中，历代之取天下也以暴力相尚，其真能君尽君道、臣尽臣道者几朝几人？不然，何为西方民主之说入中国，而国人趋之若鹜耶？所谓学术，非徒以少数学者抱残守缺已焉，必其学说为众所共信，而又能有益于社会，如今日西方学者在大学与研究院之工作，庶几近之。更就礼俗言之，丧礼中之"斩衰括发"、"寝苫枕块"虽沿袭至今，究有多少哀毁之情存乎其中乎？殡葬之日，乞丐仪仗充斥，既不足壮观瞻，更何诚意之可言乎？男女"不杂座"，"不亲授"，"非有行媒，不相知名；非受币，不交不亲"之社交方式，尚能行于今后乎？如是，但有此等旧制旧说，而社会之生活何尝与之相应乎？

或者闻而惊曰，先圣先贤之遗规具在，吾国虽削弱，文字犹是华夏之文字，衣冠犹是华夏之衣冠，子奈何谓为由衰败进于灭亡乎？曰：以我观之，文化之存亡生死，非徒文字之有无焉，衣冠之有无焉，视其有无活力。活力之所在，莫显于社会之信仰，莫显于执行文化之人。以吾国破庙中之酒肉和尚与西方天主耶稣之教士比肩而立，以一吾国蒙馆教师与西方小学校教师相较，以一吾国世传之儒医与西方之医生相比，固已不必深考，而知吾国之宗教、吾国之教育、吾国之医学所处之地位为何等矣。然人之生死易辨，文化之生死难知；人之生死视其气息之断续而可知，文化之生命，有时介于若生若死、若存若亡之间。故谓某文化死某文化生，易起争执。欧洲今日之文化，造成之者为意、法、英、德之民族，维持之者亦为意、法、英、德之民族，其为活文化显然矣。反是者，希腊、罗马之古籍，虽今已消化于欧洲学术思想中，然其发明之者已死亡，独赖他人为之维持，为之传授。吾国文化，所以免为希腊、罗马之续者，以民族未亡，三四千年前之古籍与学说，至今犹有子孙为之继承耳。然所以继承之者，独有外形，独有躯壳，吾人虽读孔、孟书，而孔、孟之精神存于今日者几何？虽读马、郑、程、朱之书，而遵马、郑、程、朱之遗规者，究有何人？今日大地之上，虽有人焉，衣中国之衣，言中国之言，或举圣贤之言论以与西方相较，此则书本上之迹象，而非生活之实际，犹之子孙虽衣先人之衣，面目虽似，而事业精神迥非昔比矣。

文化之试金石，视其学术界对于外来侵略者有无对抗力。鸦片战争以来，独有曾文正其人为旧文化稍延一线之命脉，其所作《圣哲画像记》，乃东方文化成绩垂绝时之总结帐。自是而后，俞樾则乾、嘉经生之后殿，王闿运则东方朔之流，大抵抱遗经以终身者耳。乃若康有为持保教论，而其《孔子改制考》一书实引起国人怀疑孔子之第一书。梁启超为新学导师，以输入西方学说自任，迄于最近，青年思想，但知追逐共产主义与法西斯主义，谁复念及吾国之先圣者。盖数十年来绝无人焉，敢举东方政治学术、社会之优胜之实证以难西方者，即有少数老辈，叹息于世道人心之不古，而绝无挽回劫运之气与力，此即文化由衰败进于灭亡之确证也。

第二，东西学术之异同

东西文化之比较，一至难之业也。西方文化，始于希腊，至中古裹于宗教彩色〔色彩〕中，迄于近代，则以科学为基础。反观吾国，其宇宙观之本于儒、释、道三教者，固大有异同。至就人事之大体言之，政治千百年如一日，学术千百年如一日，礼俗千百年如一日，以视西方文化中突变之多者，不可同日语矣。顾文化异同，在学术上尤为显著，以孔、孟以来之学术与西方近代科学相对照，则吾国重人生，重道德，重内在之心；西方重自然，重智识，重外在之象。因此出发点之不同，亦即两文化之所以判然各别。

凡号为文化民族者，莫不有其本于自然界之观察之学与术。《易》之言曰："古者包牺氏之王天下也，仰则观象于天，俯则观法于地，观鸟兽之文，与地之宜，近取诸身，远取诸物。"此吾国原始时代能观察自然界之明证也。本此观察，乃能结绳而为纲罟以佃以渔；乃能斲木为耜，揉木为耒；乃能刳木为舟，剡木为楫；乃能服牛乘马，引重致远；乃能弦木为弧，剡木为矢；乃能上栋下宇，以待风雨；乃能去结绳之治易以书契，至于后代则有造纸、火药与指南针之发明。或者曰：凡此列举之成绩，以之属于文化史之考古部分，尚无不可，以云学术，睠乎后矣。我以为凡称为学术者，不外察宇宙间之公例，以求宰制自然之法，而适乎民生日用。吾国古代之方法，视近代新物理之可以在天空中照相，可以察及一英寸之千万万分之一之电子半径者，其精粗之辨，诚不可同日而语，然其为学术则一。

尝读东西哲人论学术起源之言矣。朱晦庵氏尝有言曰：

> 古人所以从事于学者，其果何所为而然哉？天之生斯人也，则有常性；人之立于天地之间也，则有常事。在身有一身之事，在家有一家之事，在国有一国之事。其事也，非人之所能为也，性之所有也。弗胜其事则为非有其性，非有其性则为弗克若天矣。克保其性而不悖其事，所以顺乎天也，然则舍讲学其能之哉？凡天下之事，皆人之所当为，君臣、父子、兄弟、夫妇、朋友之际，人事之大者也，以至于视听、言动、周旋、食息至纤至悉，何莫非事者？一事之不贯，则天性以之陷溺也，然则讲学其可不汲汲乎？学所以明万事而奉天职也。（下略）

近代科学之大目的，曰求自然公例，岂不与"明万事奉天职"之旨相吻合哉？德哲菲希德有言曰：

> 人类一切文化之目的，不外驱策自然，使其受理性之宰制。自然与理性，日在不断的争斗中。除非人类变为上帝外，此争斗无止息之日。但自然为理性所范围，则自然之力日弱而理性之力日强。

朱晦庵曰奉天职，菲希德曰宰制自然，盖西方人好自争斗立论，东方人好自"乐天知命"立论，其措词不同，要其归于自然界法则之发见则一。菲氏认定人类社会有士农工商之别，由于人类之种种天性与需要之不同，其意谓每类职业之所以成立，即在其能满足人类之某种天性、某种需要，必合此种种职业，乃能圆满发展人类之种种天性与需要，此与南轩所谓事本于性之所固有者，何以异哉？菲氏又谓吾人所以能通晓人类之天性与需要者，则有一总行动焉伏乎其后，是曰人类之求知（an impulse to know），因求知之行动，乃以构成三大类知识，曰哲学的，曰哲学与历史的，曰历史的，此三类知识构成所谓学，其以此类知识之获得为务者，是为学者。知识之由来，既推本于人类天性，吾东方同为人类，岂其求知欲真不如西方哉？夫亦所求之者有所偏胜，而知识陷于停顿。古代学者示人以求知之方向与其下手之方法，莫著于《大学》"致知格物"一语与后来朱晦庵之所阐发。朱子曰："所谓致知在格物者，言欲致吾之知，在即物，而穷其理也。盖人心之灵莫不有知，而天下之物莫不有理，惟于理有未穷，故其知有不尽也。是以大学始教，必使学者即凡天下之物，莫不因其已知之理而益穷之，以求至乎极。至于用力之久而一旦豁然贯通，则事物之表里精粗无不到，而吾心之全体大用无不明矣。此谓物格，此谓知之至也。"朱氏更有发挥此点之言，可供参证，录之如下：

> 致知之方，或考之事为之者，或察之念虑之微，或求之文字之中，或索之讲论之际，使于身心性情之德，人伦日用之常，以至天地鬼神之变，鸟兽草木之宜，自其一物之中莫不以见其所当然而不容已，与其所以然而不可易者，必其表里精粗无不尽其类以通之，至于一日脱然而贯通焉，则于天下之物，皆有以究其义理精微之所极，而吾聪明睿知亦皆有以究其心之本体而无不尽矣。

更举朱氏之言一段，则吾国理学家所谓致知格物之目的，尤显然矣。朱氏曰：

> 盈天地之间皆物也。以其至切而近者言之，则心之为物实主于身，其体则有仁、义、礼、智之性，其用则有恻隐、羞恶、恭敬、是非之情，浑然在中，随感而应，各有攸主而不可乱也。次而及于身之所具，则有口鼻耳目四肢之用，又次而及于身之所接，则有君臣、父子、夫妇、长幼、朋友之常，是皆有所当然之则，自不容已。所谓理也，外而至于人，则人之理不异于人也，极其大则天地之运，古今之变，不能外也。尽于小则一尘之微，一息之顷，不能遗也。

自前段中文字言之，有所谓鸟兽草木之宜矣，岂不近于近代之所谓动植物学乎？有所谓天地之变矣，岂不类于近代之天文地理学乎？有所谓口鼻耳目之用矣，岂不类于近代之生理学乎？有所谓君臣、父子、夫妇、长幼、朋友之常矣，岂不等于近代之伦理学、政治学或社会学乎？虽然，自文字上观之则相类，而实乃大异。以吾国格物致知之目的，不在乎科学上之真理，而在乎身心之修养。伸言之，其目的为伦理而非物理。惟其然也，所谓鸟兽草木之宜，天地之变，口鼻耳目之用，身心性情之德，不外孔子所谓循博文之途以达约礼之目的，凭之以修身养性，循之以处乎君臣、父子、夫妇、兄弟、朋友之间而得其宜。亦正以此故，其所谓当然而不容己者，其所谓所以然而不可易者，非西方所谓物理界之必然者，而道德界之当然者言（ought to be），非事实判断而价值判断也。

本上所言，则自孔、孟迄于宋儒之格物致知与西方科学工作之所以大异者，可得而言矣。试表而列之：

东方之格物致知	西方之科学
东方治学之目的在修身养性。	西方治学之目的在求真理。
东方学术之对象为人生，为人伦。	西方学术之对象为宇宙，为自然界，为客观方面之社会。
东方治学之方法为内省，为读书，为在待人接物上体验。	西方治学之方法为观察、实验与统计。
东方治学方法，除考诸先圣之典籍，验诸一心之是非外，无他法。	西方治学方法，其理论之是非，以论理为标准；其事实之是非，以实验与调查所得为标准。
东方治学与处世之道，合而为一。	西方之治学与处世，分而为二。
东方所谓理学或性理学，与西洋之哲学有相类处亦有相异处，乃吾国独有之身心修养法，自有其特殊价值，其今后应占之地位，俟下文详论之。	西方之学术，自其分科者言之为科学，自其求宇宙最高之原理言之为哲学。

因此种种异点，吾人试打开《大学》一书，本格物致知之工，而其归宿为修身治国平天下；更打开宋儒之书，有所谓存养省察，有所谓直内方外，有所谓迁善改过，有所谓惩忿窒欲。以视西方之科学书充满了前提、结论、演绎、归纳、方程式与自然公例者，尚可同日语乎？

吾国人惟知向内不知向外，惟知有心不知有物，因而思想界乃生一缺点，即论理学之不发达是已。《墨子》中之《墨经》，两千年来几无人能读，无他故焉，吾国之治学，既以良心之是非为准，则外界之同异离合之根本原理，如论理学者，自无人顾而问矣。甲是甲，甲非乙，丙或是甲或是非甲之三种公例，在西洋自亚历士多德后已确立，独吾国竟无能发见之者。以吾国人于外界事物中求同求异，向来忽略故焉。试思论理学中若干至浅显之原则，几何学中若干自明之理，实西洋数学、自然科学与社会科学之基础，徒以吾国忽此始基之故，并此官觉中一目了然之原理不能发之自我，而其他科学之因而阻滞，复何论乎？可知甲是甲，甲非乙，丙是甲或是非甲者，外界求同求异之第一础石。舍此不求，则系统的学问，自无由说起矣。

吾国致知格物之学与西方科学之相反若是，虽谓为两文明之异同得失，即由于此，无不可焉。

第三，学术界再造之方向

明乎彼此异同，乃可进而求吾国学术界改造之涂径。自汉武表彰六经迄于明初之撰《四书大全》、《五经大全》，国人心思之所集注，非实物而书本，新智识来源之窒塞久矣。汉、宋两家之学，一长于注疏考证，一长于存心养性，以是为学问之一种，犹之可焉。奈何两千年以之为国中独一无二之至宝，自然流于空疏而无裨实用。其下焉者，以咕哗咿唔为能事，与"学问"二字相去万里。历代帝皇以愚民为长策，以人民之不知不识以巩固其万世之基业，而人民自视，亦若与国家不发生何等关系。学术与一般之情况如是，其陷于劣败宜矣。

海通以来，学术方面之斟酌损益，不外二派：一曰竺旧派，姑以张之洞为代表。二曰骛新派，姑以陈独秀为代表。南皮张氏尝持存古之论，然其《劝学篇》中有《益智》、《游学》、《学制》、《广译》诸篇，意在采西方之长以补吾之所短，独其所坚持不变者，则为三纲五常之说。其言曰："《礼记大传》，亲亲也尊尊也长长也，男女有别，此其不可得与民变革者也。五伦之要，百行之原，相传数千年，更无异义，圣人所以为圣人，中国所以为中国，实在于此。故知君臣之纲，则民权之说不行也；知父子之纲，则父子同罪免丧废礼之说不可行也；知夫妇之纲，则男女平权之说不可行也。"乃距《劝学篇》出版后不及二十年，国体由君主而民主矣。近年小家族之制益推广，祭祀之诚敬远不如二十年前，今女子有财产承继权，且常提出离婚诉讼，不知南皮生于今日其叹息何如乎？此三者皆社会组织之最内层，所谓不可得与民变革者，而竟变革至于此极，则竺旧派之最后堡垒已为敌人所攻破矣。至于治学之方法，南皮欲以中学为本，西学为辅，其言曰："今日学者，必先通经，以明吾中国先圣先师立教之旨；考史，以识吾中国历代之治乱九州之风土；涉猎子集，以通吾中国之学术文章。然后择西学之可以补吾国阙者用之，西政之可以起吾疾者取之。"是中学之不备，南皮亦已承认，但谓先圣先师立教之宗旨，全国人当共守勿失，以为立国之基础。

民国以来，国事益败坏不可收拾，有推求其故者，相率归其咎于吾国之文化吾国之学术。陈独秀于《新青年》创刊词中所标六义与其东西民族根本思想异同之论，颇足以代表近代青年心理。自"五四"至于今日，皆循此轨道以演进者焉。陈氏所望于青年者，一曰自主的而非奴隶的，二曰进步的而非保守的，三曰进取的非退隐的，四曰世界的非锁国的，五曰实利的非虚文的，六曰科学的而非想像的。自是以后，有家庭问题之讨论，有社会改造运动，有人生观之论战，一部分人无非欲推翻东土所固有，而惟欧洲新说之是尚。近年共产党兴，所心摹力追者，曰苏俄之制，曰马克思惟物史观之学说，"匪区"之中且毁孔庙而代之以列宁堂，其为文化委员会者乃识字无多之人。以孔子之言言之，真"大丧斯文"之日；以新名词言之，真旧文化扫地之日。谁复有顾及三纲五常之大经、四书五经之学说者乎？

吾辈生此时代剧变之中，将何途之从而后可？意者其为死后复活之方针乎？若依违于旧派而言"存古"，则古无可存；和附于新派以图建设，则新无可建。试伸论之。

一国文化之开展，当其全盛之日，能一贯而下，不至为外来元素所侵扰，及历史绵亘既久，自不能无裂痕之发生。两汉之孔教，与三千弟子所传授者已异矣。及乎宋代之周、程、张、朱，则与两汉之孔教更异矣。以云欧洲，由希腊变而为中世纪之耶教，由耶教变而为近代之科学，其裂痕之深，视吾国之由春秋而两汉，由两汉而两宋，更远过之。十九世纪中叶欧洲文化侵入吾国，于是一线相沿之孔教的民族生活从此中断矣。吾国之旧家庭、旧社会、旧政治，如同灰堆中之器物，其与西方相遇，犹之草棚泥屋之不敌铁筋洋灰。假令政治修明，尚有与外人一战之能力。或者旧制度、旧学说犹能维系人之信仰，略如日本人之于神道教，奈国力之不竞，而社会组织不能不因之解体。以云学术，孔子之书而已。其自考据方面治之者曰汉学，其自义理方面治之者曰宋学。而同为宋学之中，或宗程、朱，或宗陆、王；同为汉学之中，有惠、戴之争，有今、古文之争。仅此区区者将何以餍足吾人精神上之需要乎？此保存国粹者之言所以决难维持于今后者也。

以云骛新派之所为，其视吾国所固有者皆陈旧朽败，惟有追逐人后而力图改进。共产主义也，泛〔法〕西斯主义也，外来新奇事物在在引起吾人注意而思所以移植之，曾不思世之可以植移〔移植〕者制度而已，条文而已，名词而已，其不可移植者为民族心理。同一社会主义也，在英为工党，在德为社会民主党，在俄为鲍雪维几党，与所谓橘逾淮而为枳者，受同一之制限矣。更推而广之，同一哲学也，在英为经验主义，在法为笛卡儿等之学说，在德为康德之批导主义。同一议会政治也，在英为两大党之对峙，在法为多党之林立，在德则革命后行之十年而夭折。此可以知民族不同，则政治、法制、学术亦随之而不同。所贵乎为民族者当求政治上及学术上之独立，岂仅以步趋人后为事哉？

文化学术之在宇宙间，犹之自然界之盈虚消长。有秋冬之藏，乃有春夏之长。既有健康，斯不能无疾病。以虚弱为虑而勤操练者，养身之善法也。不因祖宗遗产而自视若有恃无恐者，致富之善法也。中华民族，以其文化之本存也，而晏然无事，则亡无日矣。视为将亡也而呼号奔走，则正所以存之，此所谓死后复活之说也。其条目有二：

第一，以死后复活之新生命，增益其所本无。

第二，以死后复活之新生命，光辉其所固有。

孔、孟遗教，本有两种性质：在一方为社会组织之定则，即所谓纲常名教与道德者属之；在他一方为学问研究之材料，即汉、宋两家之学属之。三纲五常之政治的、社会的、家庭的部分之由衰而亡，不待言矣。四书五经为学问研究上独一无二之对象，其不能循之而不变，曾文正已尝洞见及此，况今日之吾辈乎？故应扩张智识之范围，以实验为方法，是为科学之提倡，此点国中能言之者众矣。而我所注意者，尤在吾国人关于科学方面特别贡献之促进，其详俟下文甲节中论之。然科学之发达，未必即为四书五经之消灭，彼欧入于非祖宗所自出之希腊、罗马典籍，至今诵习，大学中之专家研究无论矣，即在文科高级中学中，亦为学生必读之书，则吾国经史子集之书不应提要钩元，使成学校教科书之一部乎？然教育上所以传授文化于其子孙者重矣，而立国之第二基本要素，是曰道德。既有社会，斯不能一日而无价值准标〔标准〕，政治也、法制也无不赖此为纲维，人人能克己而利群，舍私而奉公，则团体之义明，社会之基础立。吾国自孔、孟以至宋、明儒存心养性之学，其论道德之义务，在于良知，在于一己独知之地，视西方之以功利以快乐以惟物论解释道德而卒归于否认道德者，迥乎不同。此义之深入人心，实东方文化之特色，不必因纲常名教说之失效，而一并毁弃之也。其如何修正，如何补充之法，于下文乙节中详之。抑所以循此二者为学术开发之标准，而不敢效法竺旧派保存之说者则有故焉。旧文化已如秋蝉之壳，形骸虽在，而精魂消失。除以新努力在智识上、道德上另有所建树外，已无自存之道。今后之事业，在开发将来，不徒在保存既往；在实现活文化，不在陈列死文化。以科学之发展言之，其无关于保存，不待言矣。即固有之旧制旧说，经一番新体验之后，重复出现于社会，其面目亦大不同。吕大钧之《乡约》，蜕化而为梁漱溟之村治说。清代汉学家之治学，胡适之目之为科学方法。唐代之"母题"（Motive），参插于梁思成之新建筑中。古人之成绩，经此新解释新体会新应用之后，视昔日之存于灰堆中者活跃多矣。凡此吾之所无与吾之所有，经胸中一番新酝酿，而后发之为学说为规制，斯为有活力有性命之文化。关于政治、法制、礼俗诸端，本篇中不能殚论，但就智识与道德之二大纲言之。（尝以吾国文化再造方针之死后复活说，告友人林宰平先生。宰平曰，此言合于禅宗大死大活之意。特志于此。）

甲节　科学界创获之促进

吾国两千年来忽略自然界之智识，因而不知有科学，此为吾国之缺点，而应有以补救之。于是重实验、重证据之说，流行于社会。其所以促进之者，曰设立大学试验室与研究所；曰设立科学总会，如英之所谓科学促进会，法之所谓学士院；曰创办各专门科学之杂志。凡此各端，自于科学进步有益，然其大关键尤在乎吾人思习之改造。

国际联盟知识合作社尝派科学家、大学教授等组织教育专家委员会，巡视吾国教育，及其既归，有《中国教育改造报告书》之出版，其全部意见之是非当否，姑置不论。其评吾国教育家对于科学教育之意见，却有价值，兹译而出之：

　　　中国教育家之持论，每谓欧美之所以有今日者，皆近代科学发达之产物，中国惟有采取各国中科学与技术的设备，而后中国之文化，乃能与欧美各国并驾齐驱。

　　　对于中国教育家之言，吾辈一致之答覆曰：中国之持论误矣。今日之欧美，非近代科学与技术所产生，反而言之，惟有欧美人之心思，乃以产生近代科学与技术，且抬高此二者以达于今日之程度。在近代科学与技术发达之先，尚有若干时代，如文艺复兴，如理性主义与惟心主义时代，此各时代中欧洲人对于自身发展之可能，有所醒觉，且甘受一种理智的训练，而后届及创造与发明之时期中，彼等能把捉自然科学与技术之秘密，且应用之于最有益处。若中国民族，智力本高，人口四五万万，占全人类中之极大部分，苟不遵循他国所曾经之辛苦艰难之途径，则不能完成其使命，可断言焉。所谓艰辛之途径在调查己所有之遗产，将中国历史、哲学、文学中理智状态之类于欧西文艺复兴与理性主义运动者，施以提要钩元之功，以预为之地，而后乃能进于科学与技术方面之发达。故中国教育之根本问题，非模仿也，乃创造与适应也。

此其所言，不外谓欧洲自文艺复兴与理性主义时代后，人类思想复其自动自发之本能，乃进而研究自然界之秘奥。此种心习不先养成，虽有试验室与研究所，犹无用焉。更举十九世纪欧洲思想史之著者梅兹氏（Merz）之言曰：

> 人类之心的生活，不在本世纪所积贮之知识中，不在图书馆与博物院中科学研究之结果中，不在学校机关中，不在教育的与社会的改良中，更不在政治与经济制度中。人类之心的生活，在其内部思索之行历中。有此内部思索之行历，此等外在的物乃能产生。借此思索，人类对于自然之物理的创造，加上一种人的创造；对于自然界之事物，加上一种理想的意义。

梅兹氏为思想史之作者，其求十九世纪之成绩，不求之有形的外物，而求之于内心的思索，然则国人之欲发达科学者，其仅如胡适之辈"虔敬笃信"轮船、火车、无线电之伟大发明乎？（原文见胡适之在《太平洋会议中之演说》，载九月二十五日天津《庸报》。）抑仅以仪器与试验室毕乃事乎？默察近数百年欧洲科学的发明之由来，则吾国科学发达之方法，应对于思想之训练，有一种特殊准备。

甲　治科学者应通晓哲学，至少应通晓自歌白尼以至爱因斯坦种种发明之哲学背景。法国濮荫凯雷（Poincare）之言曰："牛顿苹果之故事，或非真有，姑视为象征而言之。古往今来见苹果之坠地者多矣，何以不闻他人因见苹果之坠地而有所推论。盖有事实而不辅以运思之心，则事实仅为石田而已。有运思之心以选择，以发见事实之后所潜伏。以明认此潜伏者，而后于此粗疏事实之下发见某意义。此发见之者，运思之心是也。"（见濮氏著《科学与方法》）然则此运思之心不先养成，谓在试验室中以声光化电与五官相接触，吾恐其中不能有科学上之大发见矣。

歌白尼一反古代天文学之说，为明地动之论，世所共知也。古代天文学以地居中而太阳与行星环之，每行星之所以旋转，自成一圆轨，因而其天文学说明行星之运行，则有无数圆轨之交错。歌氏以为星辰之运行，遵守一至易简之理，有一质量较大的天体居中，是为太阳，而其他行星环之。至吾人所居之地球，每日自转其轴，地位介于金星与火星之间，于是太阳居中而行星环绕之说确立。昔日互相错杂之圆轨说，因之废弃。此天体运行遵循至简易之规则（Law of Simplicity）之理，非歌氏得之于事实之试验，乃出之于歌氏运思之心，以运思之所得，验之外界而有合，此之谓匠心之独运。

克魄雷（Kepler）、格律雷（Galilei）、牛顿（Newton）三人，为创立近代天文学、物理学之首功。克氏修正歌白尼之圆轨说而代以椭圆说，关于天文、数学、光学三者皆有创见，而其一切学说有一出发点，曰量的视察。故尝有言曰："量者，一切事物之根源。""物之所在，即为几何学之所在。""真智识之所在，即为有量可认识之所在。"惟其有此信念，其《宇宙神秘》一书中，尝有神怪率领行星之说。其后《火星》一书中，而归于其原因应求之于自然界之说。自是而后，治自然科学者，专就自然界以解释自然界矣。格氏承克氏之后，建设天文学，同时在其乡里之毕沙塔上，试验物体下坠之速率，使物理学成为独立科学者，格氏实第一人。"物体不能自变更其运动"，"物体自身不能由动而静"，"物体速率之增，由于外力来加；物体速率之减，由于遭遇外界阻力"，皆格氏所发见之力学根本原则，至今为学子所遵守。格氏自知因此原则之发明，实为新科学创立之基础，尝有言曰：非有大智慧者，何能窥见此中之秘奥乎？牛顿氏在数学、光学、物理学有多种之发明，其尤大者在合克氏与格氏之工作而会通之。克氏椭圆轨道之说属于天文，格氏关于物体运动之原则限于地面，牛氏合二者而一之。牛氏尝以物质之轻重，验之于高山与平地，高山上物质之量重，平地上物质之量轻。既试之于地面而然者，奈何不可推之于各行星与月，于是牛氏视月之运行等于物体下坠之运行，月应准隋性力之原则而走直轨，其所以不成直轨者，由于地球之吸引使之成为椭圆，则月对地球之距离，即为月之轨道所由成之定因。如是，以地面上之物理，推而广之于天文界，乃有所谓牛顿宇宙引力说。自其说之行世，物理学界守之垂数十年，世名之曰牛顿氏之宇宙体系（Newtonian World System）。及爱因斯坦相对论行世，而后对于牛氏说，始加以修正。三氏者，近世确实科学之建造人也。其发明之理各有不同，然有其同种之方法学：第一，本其所信或观察所得，立为假则（hypothesis）。第二，验之于实际现象。第三，求假则与现象之相合。克魄雷之假则，量的观察也。牛顿氏之假则，地面上物理原则可推及于天文界也。有此原则，乃继之以精密之实验工作，而二者适相吻合，则其学说因以确立，此其立说之大胆与举证之精确，与夫思力之无远勿届，岂仅仅寻常科学方法中之所谓观察与实验者哉？

爱因斯坦之名，尤震荡世人之耳目，以其学说与吾人平日习以为常之绝对时间绝对空间说正相反也。牛氏之绝对时空，由于其力学中隋性力之定义而来，其所持为坐标系者，非经验界之物体（material bodies），而为一无待于外物之时空。盖不如是，则隋性律与其他力学公例失其绝对标准，而末由准确。故绝对时空说，由于当日环境中隋性定律与欧里几之直线空间来也。及光学之发明日多，视光为电磁性之震荡而传布于"以太"之间。而"以太"之为性，静止而不为外物所动，故一切物体之运动，皆恃"以太"为最天然之坐标系。于是有提议加以试验，以考定物体运动之速率对于"以太"之关系者，乃先求之地面上光之传播速率与"以太"之关系。光之速率每秒钟三十万其罗米达，依常理言之，光之自东而西也，挟地球运行之速率与之偕行，宜视光之南北向之不挟地球之速率与之偕行者为大。伸言之，东西之光，因兼有地球速率，其运行也速；南北之光，不兼有地球之速率，其运行也迟。此即所谓米克尔孙与摩兰（Michelson-Morley）之试验也。孰知米氏至精细之试验中，绝不能发见地球速率对于"以太"有何影响，乃有为之解释者曰，光之由东而西也，因兼有地球之速率，其光之长因速率较大之故而收缩；光之由南而北也，既不兼有地球之速率，其光之长即无所谓收缩，此劳仑兹与斐子吉辣氏（Lorentz-Fitzgevald）收缩说（Contraction Theory），所以说明米克尔试验之何以无结果者也。虽然，物体之种类不一，或为光或为橡皮或为钢铁，何能因速率增加之故而为同样之收缩，劳氏说之不能适用于一切物体，显然甚明。爱因斯坦乃有能答此问题之说，是为特殊相对论。爱氏关于"以太"问题，置之不论，而以同时（Simultanelty）为出发点，意谓静止之物，其两端（如一杖）之同时入于眼帘也易，故其丈量之法亦易。若所欲丈量者，为运动中之列车，则惟有以光为媒介。车之甲端为甲光，车之乙端为乙光，因两端光号之达地，于是有地面上之甲乙线，借以测定列车之长短。然甲端之在前者，兼有其火车之速率，故其达地也早；乙端之在后者，与火车之动向相反，故其达地也迟。如是则无所谓绝对的同时，因动向之不同，而时间各异故也。常人每以为地面上之甲乙两端与运动中之火车两端相对照，而实不然，自地面上人言之，甲光与火车同方向，故其达于地上之甲端也先；乙光与火车不同方向，故车之乙端入人眼帘，也在其经过地面上乙端之后。因是而运动中之火车，视静止中之甲乙线较为缩短，是则为空间之相对矣。不特时空观念因爱氏新说而变更已焉，即物之质量之轻重，亦因其速率而异，是属于爱氏之新力学。其关于时空二者，与平日见解绝异。谓时间不离空间，空间不离时间，是为四度宇宙之说。以上为特殊相对论之内容，适用于一切直线等速运动，以光速为其不变数者也。爱氏于一九一五年更以相对论推广于引力区域与光之电磁现象，在使时空合一之量法与引力现象发生关系。依爱氏新说，凡在引力区域内之物质，依时空合一之量法，随区域之不同而异其度量。此种现象，求之于物体之运动轨道与光线之路径，可以立见。故行星之轨道运动，依爱氏之说，非由于太阳之吸力，如牛顿所言也；乃含于时空合一之量法中，此之谓吸力含于四度的非欧里几的几何之中。依爱氏之说，时空合一之量法，不离吸力不离光，故应使一切物理公例与时空合一之量法而成为一互相关联之全体，此即所谓普通相对论也。试思相对论成立之由来，何以由米克尔试验之无结果一转而为时空之相对性，何以时间空间之原各自独立者一转而为时空合一之连续体，何以其但适用于直线等速之特殊相对论一转而为适用于任何运动之坐标系之普通相对论。此其思想之推陈出新，又岂仅与寻常之试验室之工作所得而相提并论哉？

　　以上略叙物理学之诸大发明如是。常人之见，每曰科学家对于自然界施以实验而有得者也，然试稍加深思，所谓实验之工，有其演绎、归纳之法，有其假则，是属于实验之范围乎？时空忽而分离，忽而合一，是属于实验之范围乎？其所用之几何学，忽而欧氏几何，忽而非欧氏几何，是属于实验之范围乎？行星之轨道，牛顿曰吸力有以致之，爱因斯坦曰是在区域之物理的条件中，是属于实验之范围乎？凡此问题，稍一思索，便可知为不属于纯粹的实验，而实有哲学的问题，如康德之所云者曰"自然科学，何以可能"，"数学何以可能"者存乎其中。甲曰自然公例不离经验（经验主义之言），乙曰自然公例不过吾人之方便（Convention）（濮荫凯雷之言）。甲曰几何学不离经验（爱因斯坦之言）；乙曰几何学之发生固与经验有关（濮荫凯雷之言），然不得谓为经验科学；丙曰几何学之对象，由几何学自行造成（德国新康德派霍尼格斯华德Honigswald之言）。凡此云云，我非劝我国内科学家，弃科学之试验，而专心致力于此。盖谓此等问题，平日胸中雪亮，乃能以综合各部分之眼光，将一切科学事实融会于心，而发为概括的学说（generalization）以支配之。如是，乃能为发明新说之科学家，而非仅为寻常科学讲师之搜罗事实而已。濮荫凯雷亦有言曰，科学由事实所造成，如房屋之不离乎石。然仅仅事实之综合，不能成为科学，犹之石之堆积不能成为房屋。我之所以敢以哲学为科学之推进者，其义在此而已。

乙 科学家应知问题之所在，对于所认为问题者进而求解决之法。前既言之，克魄雷氏在其从事于试验之前，有其所信之假则，曰宇宙事物之量的观察；牛顿氏亦有其所信之假则，曰地面上之物理原则可适用于天文。当其本此所信而从事于搜集材料以为征实之资，犹之学生在讲堂上领到一个数学或作文题目而求其答案之作成。盖凡科学家之从事研究者，无不心中先有题目，而后求所以解答之法。其为无题目之研究者，徒重复前人之试验成绩，决不能有所发明。故问题之认识，谓为发明之第一步可矣。

物理学之经过，已如前述，兹将生物科学之进步作为问题之进展而观之。

近三百余年生物科学上有大贡献者，略举之，为下列数人：

一六二八年哈维（Harvey）关于血之循环之发明。

一六七二—七九年马尔皮奇氏（Malpighi）著《动物之解剖》各书。

一七三五年以降，林纳司氏（Linneaus）著《博物学统系》。

一八一六年居维爱氏（Cuvier）著《动物界》（*Le Rigne Animal*）。

一八○○年皮夏氏（Bichat）著《论膜》一书，立组织学之基础。

一八○九年拉马克氏（Lamarck）著《动物哲学》。

一八二八年冯培尔（Von Baer）著《动物之生长》，为胎生学之名著。

一八三九年许宛氏（Schwann）著《显微镜下动植物构造与生长之相同之检查》，为细胞学之开山。

一八四六年弥雷氏（J. Muller）著《人类生理概要》。

一八六一年苏尔孳氏（Schultze）发表原生质（Protoplasm）说。

一八五九年达尔文刊布《物种由来》。

一八七六年巴斯德（Pasteur）著《发酵论》。

一九○一年田佛利（De Vries）有突变说（Mutation Theory）。

　　此数百年之经过，可以简单言之：第一期为生机体形状之说明，时则哈维氏考定血之循环与林纳司对于动植物之正名；第二期为动植物器官构成之比较研究，显微镜已使用于器官之观察，故考定益为精密，而居维爱氏之比较解剖学因以成立；更进而为第三期，其研究之对象为纤维，为细胞，为原形质，为微生物，因而及于遗传性之由来，其尤震动一世之人心者，则为达尔文《物种由来》一书中之进化论。以上种种变迁之经过，谓为春笋剥壳，由外向内，达于最后层而后止可矣。当其始也，哈维氏以观察实验之工作，施之于心与血，时则显微镜渐用于生物试验，马尔皮奇氏乃有关于蚕与植物之解剖，此皆近代生物科学之所由以创始也。林纳司氏继之，用力于动植物之分类与正名。类分矣，名正矣，其次之成为问题者，是为居维爱氏之比较解剖学与皮夏氏之组织学，此十九世纪初期事也。及一八二八年冯培尔研究鸡之生长，考察胚胎之经过，于是胎生学成为独立科学。更进焉由动植物纤维之所以构成，以及于其原始的成分，是曰细胞（Cell）。又继焉知同一细胞之中，有生质焉，周流不息于细胞圈之内，是曰原生质（Protoplasm）。凡此动植物原始成分之研究，一转而为物种之相承，不离卵与精液，则遗传性之传递，亦必由此，于是由种子的继续性（germial continuity）以研究遗传学，是为孟特尔氏（Mendel）、高尔顿氏（Galton）、威斯曼氏（Waismann）等之工作。近年以来，由物质之分析方面移于生命本身方面，乃入于维太命（Vitamin）、刺激质（Horomne）之研究，而有生物化学（Bio-chemistry）。

　　其广被于全部生物学，且使人类对于生物大改旧观者，要推达尔文之进化论。常人之见，每以为物种之形相，固定不变，其在欧西为上帝造成之说。自达氏之书出，乃知物种之万殊，有其渐变之迹象，此求之于动植物之比较，求之于胎生学与古生物学而确然可见者也。自是以来，生物学中成为问题者，为物种由微生物而达于人类之各连环之考定，其所以渐变者，由于外之环境乎？抑由器官之使用乎？是为拉马克主义者与达尔文主义者之争。迄于二十世纪，有田佛利氏修正达氏物种渐变之说而创所谓突变说。继此而起者，虽同于数学上之未知数，然研究之工作无止境，即问题之发见无尽期，是在吾国学者善于把捉问题而求所以解决之。闻之梅兹氏曰："居维爱氏为科学著作家中之第一人，于各自然科学之情状，加以历史之考察，以定其已达到者为何事，未达到者为何事。"（《欧洲思想史》第一本一三七页）窃以为应本此意，关于一切科学，由数学、自然科学以达于社会科学，将其已解决之问题与未解决之问题，列为详表，悬之各科学家之座右，俾知所应致力者何事，非大有裨于上文所谓问题之认识者乎？

欧战后和会开会之际，徜徉巴黎书肆，得美人所著《法国学术》(Science and Learning in France) 一书读之，尝喜而不寐。此书由美国专门学者百零三人选著，将法国学术分为二十二门，曰人类学、考古学、天文学、植物学及农学、化学、犯罪学、教育学、工程学、地理学、地质学、历史学、法律学、数学、医学、文字学、哲学、物理学、政治学（内含经济与国际公法）、心理学、宗教学、社会学、动物学。每科学各为一专篇，叙述各该科学法国之先进为何人，其贡献为何如，并及现时学校之设备与科目为何如。吾国今后诚求科学有发达之决心，应效美国人关于法国之考查，而推广于法、德、英、美四国：（甲）溯诸科学发生之始，以明其何以由未发达而发达之经过；（乙）近数百年已达到之成绩为何；（丙）正求解决而未解决者为何事。同时有不可忽者为各科学家个人之性格与思想方法。达尔文自述其所以成功，有"相当之发见力"（A fair share of invention）。皮尔生（Pearson）亦言科学公例之发明，须得创造的想像力（creative imagination）为辅佐。发见力与想像力云云，为不可捉摸之物，应由哲学入门，以通晓各事物各科学之相关联处，庶几可以促进构思之能力。要之，合问题之认识与哲学的头脑于一人之身，自能见常人之所不见，而对于科学有所贡献，此我所望于学术界之方向一也。

乙节　新生活准绳（或新价值标准）之选择

今既知注重科学，且以发展科学为中国之出路矣，然科学在一国文化中应居之地位如何？其以科学为文化之一部而尚有与之并行不悖者乎？抑以科学为独一无二之至宝而其他事皆在不足齿数之列乎？质言之，科学者，本于外界之实验，根据因果律以求其公例，是为论理的价值（Logical value）。除此而外，人群之相处，有其共同之标准，是曰善恶是非。本此善恶是非之分，而道德法律以生，是为伦理的价值（Ethical value）。哲学家中其以二者同出于人类之原初性而平等视之者，是为康德。其大著一名《纯粹理性批导》，一名《实行理性批导》（第三书与第一、第二两书之关系，暂置不论），即二者并重之表示。亦有人焉，以知识、以科学之发达为人生幸福之大源，而对于所谓善恶是非，认其为出于各人之主观，不得与科学相提并论者，英之罗素是也。罗氏之言曰：

> 本于科学方法之哲学与本于宗教的伦理的观念之哲学二者之相
> 反，可以两概念为说明之资，一曰宇宙之概念，二曰善恶之概念。
> 常人所希望于哲学家者，每以为哲学家应告吾人以宇宙全体之性质
> 与夫世间可以乐观或悲观之理由。以我所信，以宇宙为一体，乃歌
> 白尼以前之天文学之遗迹也；以我所信，关于人世之乐观或悲观，
> 乃哲学范围以外之事，即视为哲学问题而讨论之，终于不能解决
> 而已。

夫伦理观念之来源，由于人类心目中是非善恶抑扬高下之分之需
要。以西方哲学家之语名之，曰伦理的价值。其表现于人类社会也，则
为道德、风俗、政治、法律与夫宗教之制。凡此标准之何自来，既为人
类亘古以来之疑问，则其研究自为哲学家所应有事，故哲学中竟有名为
价值学（Wertwissenschaft）者矣。奈何罗氏视善恶概念为哲学范围以
外之事乎？若夫宇宙之一体（oneness）问题，依罗氏之意，歌白尼以
后，地球不为宇宙之中心，故一体之说不能成立，因而无悲观与乐观之
可言。然此所谓宇宙，属于天文界、物理界，本无所谓善恶是非，即令
歌白尼以后，地球已不成为中心，而人类心中之善恶问题，何尝有一日
之停止乎？罗氏之言，不免混事实判断与价值判断而一矣。罗氏心中最
反对者，曰以伦理观念压倒科学方法。故其言曰：

> 伦理的元素在多数哲学系统中，占显要位置，乃关于哲学问题
> 研究上科学方法胜利之最大障碍。人类之伦理观念，以人为本位，
> 以人之现在欲望为基础，而求宇宙间之大法。以此伦理观念插入于
> 接受事实之中，实不免揉杂之病，以事实之接受，乃以科学态度对
> 待世界之根本精神也。

以上所引，皆罗氏《哲学中之科学方法》一文中语。盖罗氏哲学之
根本，注重知识，注重科学的知识，以为伦理观念往往足为世界进步之
大障，如信《圣经》上创世之说而排斥达尔文之进化论，信人群和爱相
处之说而忘马尔萨斯《人口论》中所言人类相残之酷。故惟有接受事
实，自能促进人类之进步。达氏进化论与马尔萨斯人口论之所发明，大
异乎平日关于人类之传统观念。以人种来源与人种竞争之情况，为古代
所未尝注意，故双方观念立于冲突之地位。若因此科学的发明，并道德
的价值而忽视之，大不可也。夫道德之起源，所以维持人类之共同生

活，有所谓仁义理智，有所谓礼义廉耻，有所谓至大至刚，有所谓公正无私，有所谓纪律秩序，若是者，自有人群以来，初未尝有一日之变更，何能因达氏辈之发明与因其所引起之冲突，乃并道德本身价值而贬抑之乎？道德与智识二者之关系，果如罗素所言，以知识居第一位而道德次之，则有以下两种结果：

第一，人类共同生活之准绳，须待决于科学。

第二，科学中无征信者，举不足为生活之准绳。

诚如是言之，所谓杀身成仁，所谓不苟取予，所谓行一不义、杀一不辜而得天下勿为也之美德，将以何种方法验其正确否乎？道德之性质属于形上界，除内审诸人所同具之良知外，绝无在外标准之可求。苟其有之，或为功利派之所谓快乐，或为唯物史观派所谓"以太奥逻辑"，其结果则否认道德而已。吾人以为道德、理智，二者同为人类精神之原初产物，故应平等视之。以知识隶于道德之下也，是为科学之不发达，如吾国古代之弊是已；反是者如罗素辈之言，以道德隶于知识之下，其结果必流于否认道德。而社会之所以共同生活者，在科学未立为公例以前，举世且无所适从矣。罗素辈之言，初未尝普及于吾国社会而成为信条，然科学发达之结果，必至与宗教与伦理相对立，视二者为科学发达之障碍而思所以扫荡之。其在欧洲，显然与宗教为敌者为科学，其在吾国，或以求科学进步之故而怀疑于道德之本身，此我所以提出道德与知识并重之论，希冀吾国思想家对于此二者采取一视同仁之态，而不令其有彼此间之仇视也。要知科学之根据，在乎事实，事实既具，难逃乎众人之耳目。旧日信念苟与之相违，自不足以维持其效力，此所以创世说虽有《圣经》为后盾，而终不能与进化论为敌。诚如是，但问吾国科学家之努力如何，奚必以罗素重知识轻道德之论为奥援哉？

道德为人类精神之原初产物，而社会之所以相安，惟此是赖。历史上各国文化之中，莫不以道德为要务。希腊苏格拉底有"知即德"之说，罗马有斯笃噶学派之禁欲主义，至于近世哲学发生，一方研究认识论，他方则有道德哲学，不徒康德有纯粹理性与实行理性之两种批导，即英国之经验哲学家莫不有关于自然界之知识论与人事界之道德论，可知自古代自然科学未发达之日，莫不侧重道德，迄于近代则自然科学之成绩，已远在道德学之上，然何能置道德于不论不议之列哉？

读者既明此故，则知吾国思想界中孔、孟之垂训，宋、明之理学，自为吾国文化之至宝，以其指示吾人以行己立身与待人接物之方。伸言之，指示吾人以人生之意义与价值也。以吾国固有之名词言之，亦称为义理之学；反之，汉学家之目的，文字而已，训诂而已，考证而已，虽有戴震辈"昧者乃歧训诂、义理而二之，是训诂非以明义理，而训诂何为"之辩护，然自两家内容观之，则汉学家何尝以存性养心之教自勉勉人乎？自今日学问之分科言之，谓文字学（Philology）或古书考证（Texteriticism），二者与伦理学之示人以道德的规则者有不可离之关系，尽人而知其不然矣。与其由汉学家自命谓能兼义理学，何如以义理归诸宋儒，考据归于汉儒之为得乎？凡此云云，初非对于汉儒之考据有丝毫贬抑之意，胡适之辈方推崇汉学家工作，谓其能合于科学方法。吾人既对于民族文化，正欲由新努力以图振作，而祈其有发达之一日，则汉学家之功绩，自无可以抹杀之理。特国中近来趋向，似谓汉学家在学术上大有贡献，而宋儒之学，往往以腐儒以伪道学以"吃冷猪头肉"之名讥之，若已不足自存于今世者，此则我期期以为不可者也。夫一国文化之根干，不外乎定生活之标准。以旧名词言之，其至高远者曰道体，其切于人生者曰纲常；以近代术语言之，是为本体论，是为价值论。岂有一国中不知有所谓义理，而仅恃"考古"仅恃"说五字之文，至于二三万言"而可以立国者哉？

义理之学，大盛于宋、明，中衰于清代，咸、同之际，曾文正有意于起衰救弊，而卒未遑及此。处今日内忧外患之交迫，而欲提倡心性之学，必有诋为迂阔而讥其不识时务者矣。然凡学问之成立，视其对象，对象诚存，不以一时之好恶而废。心性学之对象为修身，为正心诚意。诚身、心、意三者一日不亡，则心性学必不能一日消灭。彼十九世纪中叶之欧洲，因科学之发达谓哲学行将死亡，今日欧洲之哲学果死亡欤，明眼人自能见之。以彼例此，可以知义理学在中国之命运为如何矣。义理学之目的：第一，识理义，或曰是非善恶之辨；第二，修养身心；第三，定教育与政治之正鹄。盖心之为体，孔子所谓"出入无时，莫知其向者也"。施以存养之功，则有清明在躬之效，私欲自去，天理自存，所谓克己复礼之境界庶几近之。若问治此学者果有睟然见面盎背之功，如昔贤之所言者乎？我以为就其至显者言之，则《孟子》"牛山之木"一章"苟得其养无物不长，苟失其养无物不消"之十六字足以尽之。近来欧洲有所谓精神分析学者，研究精神上之失意、失恋现象，不知不觉中积压既久，则发为狂疾而有神不守舍之象。试问心灵既因积压而失其常态，又何不可因省察克治而归于光明磊落乎？故吾以为吾国之心性学自有其至强之根据而不易动摇者矣。治此学者，修之于一身，则一身有心安理得之乐；施之于一方，则一方之学者受其薰陶而社会风尚为之丕变；及夫国运凌替，则必有忠义愤发之士，或奔走国事，或隐居高蹈，以存士可杀不可辱之精神。如是，心性学之非空谭，盖亦明矣。

虽然，历来治心性学者之为世所诟病者，则亦有故：第一，自谓直接孔、孟、程、朱之道统，目其他学派为异端，为害道；第二，辨禅学与心学之异同；第三，辨程、朱、陆、王之异同；第四，恃其正心诚意之学，目其他设施为杂霸，为功利；第五，陈宏谋辈以为存心养性之工悉有古人规矩可循，一切具于"五种遗规"之中；第六，道学家之规行矩步，陷社会于麻木不仁之状态。凡此历史上之尘垢，应大拂拭大刮磨，而专就修身养心方面，在生理上、心理学上求得其坚确不移之基础，不独可使心性学成为一种科学，且为吾国发挥一种国粹之特色，则其功真可谓"不在禹下"者矣。

或者闻我言，将从而难之曰：欧美、日本之所以富强，恃兵舰火炮与夫工商之业。子提倡义理之学，何异于亭林讥明末之学者"置四海之穷困不言，而终日讲危微精一之说"乎？应之曰：上文所言，指出心性之对象，有其可以成为学问之根据者在，非谓仅恃此一端便可立国焉。一国之所以能自立者，其操术亦多矣。有属于有形者，兵舰飞机是矣；有属于无形者，国民德性之培养是矣。既有卑士麦、毛奇之武功，而少不了康德、菲希德之哲学；有英国之炮厂船厂，而少不了陆克、休谟之哲学。此二方正可相剂为用，不必因甲而排乙或因乙而排甲焉。

或者又曰：颜习斋处明之末叶，因明之亡于清，而寄慨于宋之亡于金、元，尝推源祸始，有痛责宋儒之言曰："宋、元来儒者，却习妇女态，甚可羞，无事袖手谈心性，临危一死报君王，即为上品矣。"又曰："以缺偏微弱，兄于契丹，臣于金、元之宋，前之居汴也，生三四尧孔、六七禹颜，而乃上不见一扶危济难之功，下不见可将可相之材，两手以二帝畀金，以汴京与豫矣。后有数十圣贤，上不见一扶危济难之功，下不见一可相可将之材，两手以少帝付海，以玉玺与元矣。多圣多贤之世而如此乎？"吾侪读《宋史》，但见北宋之伊川，南宋之晦庵，因不容于蔡京、韩侂胄而列名党籍，即聚徒讲学之自由而亦不可得，能负以二帝畀金之责任乎？而颜氏乃以亡国之罪归之，不亦类于狱吏之深文罗织乎？习斋盖感慨于民族之盛衰存亡，求其故不得，乃举一切以归责于继承道统之程、朱，不知中华民族之不振，至金、元、清三代而已极，其所以然之故，当求之于民族活力之欠缺，而与主静主敬之理学家无涉焉。

吾侪生于今日，距习斋之死二百二十余年，目睹欧美、日本竞争之大势，默察民族之所以生存，曰体力，曰智力，曰道德力，曰武力，曰金钱力，而其最大关键，尤在一般国民程度之提高，人人有知识，人人能关心国事，人人能效死疆场，人人能识对外一致之大义。盖处今日民族竞争之世，须有一种新伦理价值以为立国之标准，此今后第一要务也。吾人既不欲以尊宋、明儒家之故而讳疾忌医，又不欲因急于疗疾之故而数典忘祖，尝以为所以矫正吾族之受病而使之臻于康强者，舍习斋先生之学说莫属矣。今后之新价值标准有五：

第一，由静而移于动。

第二，由虚而移于实。

第三，由精而移于粗。

第四，由少数而移于多数。

第五，由身家而移于团体。

习斋之言曰："三皇、五帝、三王、周孔，皆教天下以动之圣人也，皆以动造成世道之圣人也。五霸之假，正假其动也。汉、唐袭其动之一二以造其世也。晋、宋之苟安，佛之空，老之无，周、程、朱、邵之静坐，徒事口笔，总之皆不动也，而人才尽矣，圣道亡矣，乾坤降矣。吾尝言，一身动则一身强，一家动则一家强，一国动则一国强，天下动则天下强，盖自信其考前圣而不谬，俟后圣而不惑矣。"窃以为宋儒之静坐，主收敛身心，不可以之与晋、宋之苟安，佛之空，老之无，相提并论。以其以静坐为方法，而终归于"君子之素无其逸"也。然以习斋之言移用之于一般国民，则好静恶动，正为国人之大病根，远而推之，可以亡国亡种而有余。以吞吐鸦片烟为至乐，以麻雀八圈为消遣，视西方之以打球滑冰，以登山摇船为至乐者，其利害相去几何。东方人以坐食，以有人供养为福。西方以不自食其力为耻。东方于"劳"字下，继之以"苦"字，故曰"劳苦"。德人之谚曰"劳动是甜"（arbeit ist süss）。今且不必排斥宋儒之静坐，但将国人喜静厌动好逸恶劳之习惯矫正一番，则民族面目必且大变矣。是为价值之第一标准。

吾国恃其历史之长，以礼教之邦自居，问其所以成为礼教之邦之证据，则曰有圣人之制礼作乐。问其圣人之礼乐，今尚行于国中否，则茫然不知所答。何也？但以存于文字中者为有无，而其行与不行不计焉。

吾国自命为能知礼，然所以敬其父母者，寿时征文启，亡时讣文而已；朋友之所以敬之者，寿联千百，挽联千百，以形诸文字为一切具在是矣。反之，吾在巴黎所见之丧柩过街，行者脱帽为礼，视吾国之漠然无动于中者相去为何如。欧洲之男女十五六岁时，入教堂举行冠礼，视吾国冠礼但为《礼记》中一章，而千年来久无遵行之者，相去为何如。推而至于政令，亦复如是。有了文告，便以为政事在是矣。有了标语，便以为标语上之目的达矣。国人亦尝自以为病而名之曰具文，曰虚文，以其存于文字中者必虚而不实故也。习斋颜氏与其门弟子痛恨之曰：“纸墨上多一分，便身世上少一分。”其弟子李塨之言曰：“纸上之阅历多，则世事之阅历少；笔墨之精神多，则经济之精神少。”颜氏因文字之蹈虚，推论及于书之为害曰：“书之病天下久矣，使生民被读书之祸，读书者自受其祸。而世之名大儒者，方且要读尽天下书，方且每篇三万遍，以为天下倡。历代君相方且以爵禄诱天下于章句浮文之中。此局非得大圣大贤不能破矣。”尝比较东西立国之方，深感于号为礼教之邦而一切徒具于书本中，反不如野蛮国之礼文简略而犹能实行之为得。与其文告煌煌而名实相反，反不如词意简略而字字见于施行之为得。与其在条款上讨论详密，反不如文字疏略而能真心奉行之为得。质而言之，一虚一实之辨，是为新价值之第二标准。

习斋颜氏更有精辟之语曰：“学之亡也，亡其粗也，愿由粗以会其精；政之亡也，亡其迹也，愿崇迹以行其义。”颜氏之意，盖谓宋儒过求危微精一，而反将古者六德、六行、六艺之教，付诸忽忘矣。我以为此非危微精一之教足以亡学也，乃一般国民智德不提高之所致也。有通十三经、二十四史之大儒，同时不能少但识千字课之国民；有主敬习静之周、张、程、朱，同时不能少出入运动场之群众；有了唐、宋、元、明之书，同时不能不使田野小民聆略美术之风味。否则虽有少数硕学探幽索微，其奈蚩蚩者氓不能随之奋起乎？习斋之言曰：“今天下冗坐书斋，人无一不脆弱为武士农夫所笑者，此岂男子态乎？”要知所以立国，少不了书斋之人，而书斋之人不应流于脆弱，或其不脆弱者，并诗书之大义而自然不知。故精粗兼备，乃新价值之第三标准。

两千年来之中国，有阶级乎？抑无阶级乎？此问题中国论者纷纷，有答为封建制度尚未尽废，故至今不免于封建余孽之存在；有答为中国已入于资本主义时代，故有资本家与劳动者之分。凡此皆自经济立场以下观察之言也。我之所见，则异于是。两千年来，吾国确有一种阶级界限为今之欧洲所无者，是为识字与不识字之分。识字者为士君子，为官吏，为享有治权之人；不识字者为农民，为负担租税，为被统治之人。历代之帝王，但知以高官厚禄饵天下之士，以为如此则英雄尽入吾彀中矣。其百分之九十之农民在承平时或稍享治安之福，至于末造，则听其流为盗贼土匪而已。大多数人民，政府绝不置之眼中，或施以教育，或为之谋物质上之享乐。今民国虽成立，而此种眼光迄犹未变，人民之不教不养如故焉。外患既起，日人可使四省之大，于旬日之间旗帜易色，或更利而用之，使之为天津便衣队，为闸北侦探，以不教不养之民遍地皆是，无处不为外人作伥。今而后吾国将因人口之众多而自速其分崩离析而已。儒家关于人民之教养注意甚切，孟子有庠序设教之说，有五亩授田之计。迄于宋代，程明道所陈治法十事，不外此义。即习斋《存治》篇中所言，亦与孟、程二家之言初无抵触，独惜三二千年来儒家向未得政权，其理想绝未施行。今则鉴于欧洲教育普及与家给人足之效，而渐知此二事之不可视为缓图，或者儒家理想殆有复活之一日，而教养之利不至独私于士大夫而渐及于大多数之国民欤？此为新价值第四标准。

　　欧洲与吾国人有不绝〔绝不〕相同之点，为对于团体之观念。个人不能独存，必有其所托命者在，是为民族，是为国家，此即个人相依为命之最高之团体也。欧人惟能爱团体，遇有外患之来，则"全体起立"而无有异议，不独平日之小意见冰释，即个人之生命财产，尽之付托于最高团体之国家。行路之际，两人殴斗或汽车撞人，因而构成讼案，两方各执一词，莫由解决，则当日道旁之行者毅然挺身而出，为证其孰曲孰直。盖团体之治安，视乎法律之能否维持，在国家执行法律之际，势不能不由目击之个人从旁赞助。欧洲各国之运用政治，恃乎政党，选举之际，务出奇计，以图制胜，及一旦多少数分明，则胜者登坛，败者甘居于败者而绝无怨言，此种政治道德，在英、美名曰公平竞争（fair play）。意谓政治上不能无竞争，而所争之者应光明正大，以卑鄙龌龊之行为大戒，不许在背后与人捣乱，此由于深知内争之足以亡国，故求得一标准为政争解决之法，亦爱护团体之观念为之也。英国平日之政党，曰自由党，曰保守党，曰劳动党，各执一说，若不相下，及夫对外作战之日，偃旗息鼓，以杀敌报国为一大事，此原则在西方名曰对外一致或国内政争之止息。彼西方以民权自由为政本，而平日复党派林立，然在平时在战时终能搏而一之者，团体观念为之也。数千年来吾族立国素与外人隔绝，处国中者，但见与我并肩而立之同辈，绝不识外敌侵入之可畏。其受治于外人也，则委之于气数，而不知乃吾族置人民于不教不养之所致。既不论外患，斯视团体之削弱不足患，所谓"自扫门前雪"，所谓"明哲保身"之思想缘之而特盛。其与人闹意见也，以为任性为之，而不必有所顾忌。故论者尝谓明末政治之败坏，由于东林意气之争，即东北四省沦亡之日，国中何尝有"对外一致"之态度如英、德者乎？即此可知国人政治道德之劣下至于何等程度矣。盖民族竞争之世，异于帝王专制时代，其所需之道德亦随之大变。不独宋、明儒者所不知，即习斋亦未尝一言及之，何能不由吾辈大声疾呼之乎？是为新价值之第五标准。

　　总上文所述而简括言之，国家之所以成立，不仅恃智识之进步，尤贵有指示人生意义之道德。不可因科学智识之故而排斥道德，更不可以考古为事而忘义理之学。其因民族竞争之大势，而道德的价值随之变更，则采习斋之言与西方政治道德以补充之。吾国今日之急需，非徒个人之独善其身，而在民族健康之恢复，故所谓道德，应合动静、精粗、公私而一以贯之。此我对于学术界之希望二也。

第四，学者之责任

　　吾人今日所居者，二十世纪之世界也。政治、法制、学术、生计，无一事不大异于畴昔。以吾辈之身，犹守张南皮之说，傲然以东方文化骄人，则梁柱顷侧，固瓦砖满地之故宅，虽欲加以整理，而不可得矣。与其出之以补苴罅隙之上，反不如平地起楼台之为得。吾侪所以自待者，当如败落户子孙之重振先业，不以遗产之犹存而怠其操劳与进取之心，不以老世家之地位而自塞其闻见，放开眼界以吸收世界之长，同时不忘其为中华民族之地位。盖立于全体创新之基础上，以发挥吾民族之所长。比之西方，略似欧洲各国由中古耶教文化之破坏进于十五世纪以来之现代文化。呜呼！吾侪之责任如彼其重大，不知国内思想界亦尝思念及之否乎？

　　今后吾国文化再造之局中，咸知以科学的智识之发展为要义，然所以发展科学者，其动机安在乎？曰他国以有科学而富强，吾以无科学而贫弱。故科学之提倡，所以图富强也。如是言之，可谓国人对于科学之认识，全未达于真切处。诚以富强为目的也，万一吾国之富强，与他人并驾之日，是否提倡之工作将因以停止乎？此种立论，与提倡科学以御外侮之意正同，一若外患消除之日，则吾国已无需乎科学，所谓得鱼忘筌，正此之谓矣。十五、六世纪欧洲科学之发生也，由一二爱智之士，以传统之说，不满人意，不顾教会之厉禁，献身于真理之追求，于是有天文学、物理学之成立，继乃推及于生理、心理，所以得富强之效者，乃其副产物，曷尝以此为出发点哉？人类之进步，半为知识之进步，知识之成立，不外乎求宇宙之同一现象，以成自然公例。其投身于科学研究者，则举其宇宙间的所隐伏之公例，以漏泄于人间，故科学家即代自然界立法之人焉。因科学之发明，人类眼界因之开拓，生活因之便利，疾病因之减少，文化因之促进，反是者为见闻狭隘，为生活侷促，为疾病增加，文化停滞，而其关键，则系乎学者之身。吾国人乎！其以此事业为人类应负之责任乎？抑以为外国所有而我乃不能不起追随之乎？诚视研究科学所以御外侮，所以图富强，则科学之于我国，永为身外点缀之品而不能不成为四万万人内心上之追求，则其永无发达之日，可断言矣。近十余年吾国之于科学，享受而已，模仿而已。他人发之于前，我从而学习，而翻译，是他人为其难而我为其易也。今后当痛下决心者，曰急起直追，不独求他人所已达者而已焉，并当有以胜过他人，乃有酬欧人先施之德，而无愧乎礼尚往来之义。读者诸君，慎勿以此为高远难行之说，欧洲思想史中固有成例在矣。梅挚氏不云乎："吾辈发见此种科学精神在十九世纪之初，于法国完全确立，三十年之后，移植于德国，科学之研究，为德国大学工课之一部分——凡法国之所缺者，由德增益之，是为历史的推本穷源与哲学的批评精神。"迄于欧战前后，吾东方所得印象，似乎德国之研究，已驾法人而上之，盖不及百年之久，后进国能追及先进国而胜之矣。近而观之印度，其物理学家拉曼氏且厕于世界发明家之林而获得诺培尔奖金，是印度之造诣，有未可限量者矣。呜呼！吾侪之责任如彼其重大，不知国中思想界亦尝思念及之否乎？

更有言者，人群之相处，一日一动，在在可以互相影响。彼此影响之中，道德的责任由以发生。夫在常人犹然，况其为一国中领袖之学者乎？其自待也，在智识方面，已穷其探讨之能事乎？其待学生也，已竭尽心力而无丝毫偷懒躲避之行乎？其在学校中，有无结党营私之举以贻不良影响于学生乎？其管理学校也，有无把持垄断之举以图造成一己之势力乎？凡此所举，苟以研究为事之学者，躬自犯之，不啻学者道德之有亏，而贻害于国家社会者不可纪极。尝闻之德哲菲希德之言曰：

> 个人之最终目的，社会之最终目的，乃为学者工作之最终目的，不外人类之道德的向上。学者之义务，即以此事常存于心目之中，在一切动作之际，以此事存于心目之中。然不可不知者，各人自身之不修，即无以图社会之道德的进步。所以教人者，非徒言教，更有赖乎身教。社会中之一切份子，无不应以身作则，以人类相处，最易互相仿效故也。各分子之责任且如此，而况学者在各部分中处处居于人上者乎？学者自身之行为稍有亏欠，即其身不足为人世模范，更何望世人之信从其学说，以其行为与学说矛盾故也。耶稣尝告其门徒曰：汝为地上之盐，若盐失其盐味，则所以调味者将何所恃。以此言加于学者之身，尤为适切，盖国中之师资不能自致于善，安望世人之有所取法乎？所谓学者在道德上应为至善之人，应以最高度之道德表示于社会。

如是，学者之责任，不徒求知识之深造已也，其立身行己，无一处不影响于学生与社会。推而远之，即为时代风气之所系。呜呼！学者之责任如彼其重大，国内思想界亦尝思念及之否乎？

菲希德氏更有鼓励学者之言曰：

> 学者求无愧于所事，应念念不忘下列之言。我身所负者，为现在与未来文化之责任。我之工作，可以决定未来时代之趋向。换词言之，未来历史之途径，视我而决。我之应召而来，所以为真理之证人。我之一身，渺乎小矣。我之工作之结果，可以传诸无穷，推诸无极。我为真理之宣告者（A Priest of Truth），我为真理服务之人。我为真理之故，应历尽艰险，受尽困苦，即令因此之故为世所恨，为世所窘，我且以身殉之，亦义命之当然而已。

呜呼！如菲氏所谓学者，非徒研究室之人而已，非徒学校之教师而已，盖历史命运决定之人也。今后之中华民族，兴乎？亡乎？周、秦以降贤哲之绪业，其由吾侪而光大乎？抑及吾身而斩乎？皆视现代人之所以努力如何以为断。太史公尝自述其著《史记》时心理上之痛苦曰："肠一日而九回，居则忽忽若有亡，出则不知所往，每念斯耻，汗未尝不发背沾衣。"太史公因一身之辱，乃发愤有所述作。吾侪处于今日，能视民族之耻为吾身责任之未尽，庶几因学术之光辉而国势因以复振。呜呼！此学者之责任也，国内思想界亦尝思念及之否乎？

中华民族复兴之精神的基础[*]
——在广州中山大学演讲
（1934）

　　日与邹校长谈，略识广州中大情形。邹校长欲余作第一次公开演讲，匆促间遂以《中华民族复兴之精神的基础》为题，诚以民族复兴，乃目前极重要且富有兴趣之问题。但今日所欲论列者，并不涉及高深哲理，仅引最近二年来之事为例而加以说明而已。

　　自九一八沈阳事变以来，迄东三省之失，除黑龙江有抵抗外，其余各处，日兵一到，便拱手让人。夫东三省人口凡二千四百余万（注一），面积凡三百余万方里（注二），以此广土，以此众民，不崇朝而失之，此乃古今中外所罕有。犹忆一九一四年德欲侵法，先破坏比利时之中立，比利时为蕞尔小国，人口不过七百七十四万四千，面积不过一万一千余方哩，自知不敌，犹毅然与德相抗，虽全国惨被德人蹂躏而不之惜，我国东三之失，其经过情形，较比之抗德为何如？淞沪之役，十九路军虽撑持月余，终以后援不继而退，热河之役，并淞沪而不如。东省既陷，日人初则挟溥仪走大连，继则成立所谓"满洲国"，以溥仪为执政。而号称士大夫之郑孝胥、罗振玉辈，一为诗人，一为殷墟甲骨文字之考订者，乃不惜背叛祖国，借外力以破坏宗邦，民族意识之薄弱，可谓已达绝顶。日人之扰天津，则雇我莠民以充便衣队。而便衣队之所得，每人日仅四毫。上海闸北汉奸，其召募与组织，盖与天津相彷佛。热河之役，汤玉麟身为主席且兼领重兵，竟不战而弃承德。其平日治热，只知剥削，以子廷辅长财厅，专事聚敛，苛捐杂税之结果，人民无所衣食，虽至严冬，孩童犹衣不被体，因此热人恨汤刺骨，大有"时日曷丧，与汝偕亡"之概〔慨〕。迨热战既起，民兵揭竿四起，甘为日人向导。承德之失，日军先遣队入城者不过一百二十八人，汤氏事先闻风远遁，不战而弃省垣，乃截军用载重汽车数百十辆，满载其私人财宝，运往天津，是国土可弃，私人财产不可或失，其脑中绝不知有所谓民族又可见也！余近自故都来，试举北方琐事二件，借观国人心理之一斑，北方近状亦可于此推想及之。热河出产鸦片，每年可得三千万。日占热河后，初用其自备汽车，悬挂该国陆军军旗，由承德载土运至天津，风驰电掣，旁若无人。北方当局以此举与我国体面有关，乃商准日本，由我国发给特许证，许其照常贩运，河北省主席于学忠以日人驰行省道，载土过境，将日车扣留，而北方当局乃告于氏曰，平津之未失，皆日人之赐，奈何争此区区运烟而不予通融乎？此一事也。日本强占东四省后，各国迄今尚未承认，不图日人乃在三省与河北省边境，擅立界碑，事为于氏所知，乃饬人将界碑摄成影片并备文呈报中央政府，请向日本提出抗议，中央虽知此事关系重大，但慑于日人之淫威，仅饬外交部函北平政整会加以注意而已！此又一事也。综观上述各事，吾人可得许多教训，此次日本之强占我东北四省，非若清季英之割我香港，日之亡我朝鲜，得我台湾、澎湖等地可比，乃中华民族之生命已成问题矣。换词言之，中华民族，已在存亡绝续之歧路上矣。

民族意识　所谓民族，概括言之，即居民之同宗教，同言语，同习惯，同血统，且尝共患难者也。民族犹如个人，个人生于天地间，不能离物质与精神。民族亦然，一方为地理气候之所造成，他方则有其宗教、学术与政制方面之精神产物。人之所以异于动物者在有意识，民族之所以为民族，亦在于意识。故民族意识，乃民族之第一基本也。兹详为说明之。

民族意识，乃民能巍然雄立于宇宙之要素，亦曰民族自觉，简言之，即民族自知其为民族之谓。我国四境环而居者，多属蛮夷，其文物制度，遽不如我，文化亦不能与我相颉颃〔颉〕，而我之待遇领封，复以宽大为怀，所以数千年来，养成民族意识之环境，缺然不备。吾国人民脑袋中充满者，乃"天下"思想，而非民族思想。反之，欧洲之国家，到处皆见平等之民族，因有外民族之故，而本民族之认识，因而亲切。德意志人与法兰西人世世相抗，常为劲敌，德人自知其为德人，并信日尔曼民族之优胜，法人自知其为法人，以为世界各民族，惟拉丁民族最强，民族思想所以充满国中者以此，而外人莫敢轻侮者以此。我国人民，充满天下思想，不识此民族与彼民族之界限，可证之于其客卿政策。曩者南怀仁、汤若望、利玛窦东来，我政府以客卿待之，属之以钦天监之职，此种顾问政治，迄今不但未改，且加甚焉。军事有外国顾问，农政有外国顾问，他若卫生生计各端，亦莫不有外国顾问。夫借材异国以谋建设，乃各国常有之事，但专门倚赖外人，而不谋自立如我国者，则世所罕见焉。余尝游马尼拉、新加坡、澳门、香港各地，目击该地之华侨，熙熙攘攘，或则受美人之统治，或则受英人之统治，或则受葡之人统治，俯首帖耳，安之若素，恬然不以为怪。尤可异者，葡人之治理澳门，不但成绩毫无，且嫖赌之风盛极一时，政治腐败达于极点，我侨民未闻有起而抗之者。我国人既容许葡人治理澳门，英人统治香港，则东北四省之失，又何怪乎？上文所述，郑、罗等之甘为虎伥，天津、闸北等处之便衣队，与香港、澳门、马尼拉等处侨胞之甘受治于外人，要皆由于吾民族之自觉性，绝未培养所致也。郑、罗等身为士大夫，甘心事敌，亦即旧文化破产之明证。至于闸北、天津之便衣队与夫香港、澳门、马尼拉等处之侨民，其所以缺乏民族自觉，盖由无教无养所致也。我国人口号称四万万同，而此类无教无养之民，竟达三万万九千万，此三万万九千万之民，一旦加以教养，其民族思想之强烈，当远在一般士大夫之上。谓余不信，请观河北定县平教会之成绩。平民教育促进会在定县推行识字教育，时仅数年，平日对于平民概授以千字课，每人以识一千字为度，当"一·二八"沪上抗日战争之时，平教会乃将战讯编为简短新闻，传布民间，一日平教会召集平民开会，届时远近平民扶老携幼而赴会者达二三千人，顷刻间，遂集抗日捐二百四十余元。夫此辈平民多系贫乏之人，平日衣食时虞不济，一医之费不过铜元数枚，一旦遇国家对外抗敌之日，便欣然节衣缩食，捐资犒军，其民族意识，又何其强也！除此民族自觉之外，更有民族表现于知、情、意之三方面，再分述之。

民族情爱 我中华民族之情感表现，可从两方面言之。自九一八事变以来，海外华侨、男女学生及一般闺秀，对于抗日军士，踊跃输将，或捐资，或缝衣，寄往前线，以励士气，其情感之热烈，可谓无以复加，此一方面之情形也。反之，如汤玉麟之治热河，父为主席，子掌财政，横征暴敛，下至鸡与猫，亦必有捐，据北方学生至热河调查者言，某村居民仅三百家，贩鸦片者已有六七十户。苛捐杂税之结果，民变随之，夫热河一般平民所以恨汤刺骨，日望日军早来，盖此种人民本已失教，又重以无以自养，非人民之叛祖国，乃祖国置彼等于死地也。若石家庄为北方金丹白面之产地，北平之金丹厂有二三十所，均由师旅长旧军阀暗中主持。军人借鸦片、白面之所获以养兵，既弱吾族之种，复挟枪杆以残民，军人之忍心害理若此，尚望其效力于国家乎？质言之，其人既无人性，尚望其能爱国乎？推广言之，全社会之中，充满了争夺、嫉妒、反覆之行，殆必有社会崩溃、民族覆灭之一日。诚欲救之，惟有提倡民族的情爱而已。

民族智力 民族智力或曰民族思想。民族之有思想者，同时亦即有文化。研究西洋文化者，必推重希腊、罗马，诚以苏格拉底、柏拉图、亚理士多德之学术，至今为西洋各国所共尊；罗马之法典，罗马人之重秩序，迄今为学者所称道，不以其国已亡而弃之也。反之，若菲洲之黑人，不知进取，文化落后，终为野蛮部落而已。我国文化，发达甚早，周秦时代尝大放光彩，但近千年来，入于停滞状态。近年以来，大变而为厌旧喜新之态。试检国内各大杂志，如《东方杂志》、《申报月刊》、《新中华》每期题目，不外苏俄五年计划、意之法西斯主义、德之希特勒如何如何，余尝谓吾人学 ABC……乃有形的外国语，学术界之步趋人后，乃无形的外国语。我族目下之学术界，犹之妇女之穿衣，彷徨于巴黎、伦敦新鲜式样之中，自己毫无主宰。因此民国特有思想之说，可以一转而为东方文化存废问题。

依予观之，吾国旧有学术、政制，可以保存者实在无几，在今后学术方面，自有可以存吾面目之方面，此事另有文详论（见拙著《学术界之方向与学者之责任》）。我之宗旨，不外乎"死后复活"四字，即在新努力之下，对于吾国之旧文化，加以一种选择。数年前与梁漱溟先生谭，近人称西方为法治，中国为德治，其实西方之乡村亦为德治，可以美之 Farmers Community 情形为证，梁先生闻之大喜过望，求余以美制与吕大钧《乡约》作一文以比较之，现梁先生本此精神办理邹平乡村学院，同时即为吕大钧学说之复兴，此即新努力下之选择也。要之，一国之文化思想，莫不有其特点，例如论政治、宪法及议会，乃英之特色也，德之政治学者则以国家观念为出发点。论哲学，英国则以经验派著称，德国则以惟心论著称。可知独立民族必有独立学术，此我中华民族所当致力者也。

民族意力 民族意力（National Will），即民族之所欲云云者。强国有意力而能表现之，弱小之国，具有此意力而莫由表现，例如日之强占东北四省，以其有民族意力也，英之能维持其庞大帝国于不坠，亦其民族意力为之也。一强大民族，不但须有意力，且须有种种方法，以求此种意力之贯澈。反观我国，自九一八事变迄今，当局之对策，可以"不战不和，亦战亦和"八字括之，如此，能谓为有意力乎？欧洲之民族国家（National State）成立最晚者，惟德与意，意国情形暂不具论，兹就德国言之。当一八零七年拿破仑之之铁骑纵横于德境，是时德志士菲希德有《对德意志国民演讲》，迨至一八一三年拿翁失败，法兵退出德境，故菲氏之言，即德国民族国家成立之先兆。其后俾士麦整军治民，主张铁血救国，一八六六年之役，遂一战而胜奥，至一八七零年复再战而胜法，于是德国崭然露头角，雄立于宇宙矣。由菲希德至俾士麦，其间不过数十年。可知民族之复兴，先则有思想家之倡导，继则有政治家之力行，由思想之成立至于实现之日，其间必经过一培养时期以充其实力。

我国人民之缺乏民族思想，至今日而已极。郑孝胥、罗振玉与天津、闸北便衣队之愿为虎作伥，诚不免令人悲观。然从他方面言之，如海外侨胞之捐资抗日，定县平民之缩食犒军，无一不流露民族复兴之曙光。余觉我中华民族，若加以培养，假以时日，定有复兴之望。不过民族复兴，先则须从教养入手，俾三万万九千万人民，咸认识其为中华民族之人民，乃当今根本问题。人民有教有养，民族情爱、民族智识乃能逐渐提高，其后乃由意志之统一（Unity of Will），终则为行动之统一（Unity of Action）。如是则民族可以自存，国家可以独立矣。余从各方观察，觉西南民族特富少壮性，故今后救国之责，西南所负者亦特重，诸君勉之。

（注一）东三省人口：辽宁一千四百余万，吉林五百五十二万，黑龙江五百万。

（注二）东三省面积：辽宁八十六万五千方里，吉林八十八万二千方里，黑龙江一百七十八万五千方里。

中华新民族性之养成[*]
——在广州青年会演讲
(1934)

一、世界观与国家观

自从东北四省沦亡以后，大家总不免发生种种疑问：（一）为什么东北四省三千万民众于外患来时丝毫不加抵抗，竟不如数百万人口的比利时抵御德国至一星期之久？（二）为什么我们的政府在外患压迫时，还不能团结一致？（三）同是中国人，何以只有极少数人热心抗日，而大多数人还是漠然无动？这种种问题与其说是外交上、军事上的失败，毋宁说是民族性的缺陷。在国家受重大压迫时，国民还是漠然无动，还是冥然罔觉，好像与自己毫无关系一样，这实在是国家观念未养成的缘故。换句话说，中国人的脑筋内还没有养成以国家为中心的政治观念，仍然在中世纪的世界观念樊笼之下。所以今天晚上先将世界主义时代的心理与国家主义时代的心理来比较的研究一番。

从隶属的关系来看，其系统如下：

世界—国—家—个人。

以上四种单位，其所占的地位，因时代变迁而轻重各异，各个人因父子关系而隶属于家，因公民资格而隶属于国，又因其同为人类而隶属于全世界或者说全人类，所以个人离不了社会和国家，离了便无寄托，无意义。现在姑且抛开个人、社会与家庭三项，而讲世界（或者用中国的旧名词来说为"天下"）与国家。

几千年来的中国，所以支配人心者，只是一个天下观念，用西方的

* 《再生》第 2 卷第 9 期，1934 年 6 月 1 日。

术语来说，便是世界主义。春秋的时候，明明是一百二十国的对立，而孔子心目中，确有一件牢不可破的正统观念，因此他念念不忘者，还是一个统一的天下。所以他说：

> 天下有道，则礼乐征伐自天子出；天下无道，则礼乐征伐，自诸侯出。

《礼运》一篇为孔子的最高理想之所在，所谓："大道之行也，天下为公，选贤与能，讲信修睦，故人不独亲其亲，不独子其子。"这内面只有三个阶段，一是天下，二是家庭，三是个人，而对于"国家"独遗而不提。《小康》一篇中则有"城郭沟池以为固"一语，也是反对当时一般"争地以战，争城以战"的诸侯，他们那里会知道常在攻战之中的国家，乃是人类之史的发展中之必然阶段呢。

墨子倡兼爱之说，更与打破国家观念之世界主义相近。他说：

> 视人之国，若视其国；视人之家，若视其家；视人之身，若视其身。

又说：

> 今吾本原兼之所生，天下之大利者也；吾本原别之所生，天下之大害者也。

老子主无为之说，亦以天下为至高之鹄的，他说：

> 以道佐人者，不以兵强天下。

又说：

> 天下有道，却走马以粪；天下无道，戎马生于郊。

我国儒、墨、道三家对于有为、无为、兼爱、别爱之说，所持各有异同，绝不能相容，独以"天下"为人类之最高理想，三家恰是异途而同归。我国古代"天下观念"如此的发达，我们可以说秦始皇统一的局面，未尝不是由于这种思想深入人心，所以才能成功。

因"天下"观念而统一之局成，这种情形，又岂单是中国如此！我们再看欧洲那时的情形怎样。纪元前三三六年亚历山大并吞希腊，其时希腊为市府政治，于是乃会集各城代表，立为条约说：以后各城市不得互相争夺，致有违犯法律之行，这样情形不是等于齐恒〔桓〕公、晋文公大会诸侯，自称盟主相等吗？从希腊之市府政治亡后，于是便发生一种学派叫斯多噶学派，他们主张大宇宙的政治，他们以为物、人、神三者合为一大宇宙，或者名之为普天下。这种大宇宙或者普天下就是各人的祖国，人类既然同有理性，所以只应该同有一种法律，同隶属于同一国家，他们叫这样的世界为"上帝之城"，所谓上帝之城者，极言只应有一个，而不能另有其他。所以斯多噶学派之大师徐诺（Zeno）说：人类不应该散处于各别之家庭，各别之城，立于各别法律之下，此大宇宙应成为一城，治之以同一秩序，同一法律。其代亚历山大而兴者为罗马帝国，又继而为神圣罗马帝国，其时统一全欧的力量，系于宗教，这时候的欧洲，也是只知道有天下而不知有国家，一直到西纪一千年前后——德国自九一九撒逊朝始，法国自卡波脱朝九八七年起，英国自威廉胜王一〇六六年起，其民族国家之运动才萌芽，到十六世纪宗教革命后，民族国家的形成开始。所以欧洲在天下观念支配之下，少则一千三百余年，多则一千八百余年，与我国从秦统一以后一直到现在二千余年相比较，也不过相差二三百年。

我们拿东西的历史相比较，互相参照后，可以得以下的结论：中国自战国分裂后至秦始皇而统一，与希腊市府国衰亡后马基顿帝国代之而兴，其情形如出一辙，天下观念的发达，也是不谋而合。中国所谓"率天之下，莫非王土，率土之民，莫非王臣"的观念，与斯多噶学派之"此大宇宙应成为一城，治之以同一秩序、同一法律"的精神，又有什么歧异？所以在当时的思想上，在政治局面上，东西的情形，正复相同，但是有一点大不相同，就是欧洲统一的局面，后来又分裂，中国自统一以后，便从未分裂。欧洲何以由合而分呢？其原因纯为宗教问题。

宗教革命，为欧洲历史中划分时代之界线。第一，全欧为"上帝之城"之世界的观念打破，民族国家之观念代之而兴，各国君主离教皇而自为主权者；第二，各国自有其教会，非统一于教皇一尊下之教会；第三，政治与宗教分而为二。国家不立于教会之下，而超然于教会之外，此国家之性质，显然较"天下"为狭小，因为从此以后，世界主义之观念消灭，民族国家代之而兴了。其时，一方面是宗教的统一，他方是拉丁文的统一，宗教的束缚既然打破，于是大家又觉悟到用拉丁文是教会用以统制人的伎俩，便废除拉丁文，而代以各国自己的文学。英国民族文学起于邵骚（Chaucer），德国民族文学起于路德（Lutther）。至于政治方面，神圣罗马帝国若存若亡，民族政治应时而起，英国有习惯法与巴力门，法国的民族政治以专制君主为关键，至大革命而更进一步。一直到十九世纪，德、意两国完成其民族统一之业，而民族主义立国之思潮，遂登峰造极了。我们拿欧洲天下观念时代之心理与我国天下观念时代之心理作一比较如下：

我国天下观念盛行时之心理	欧洲天下观念盛行时之心理
（一）春秋战国之后，秦汉一统之局代兴。	（一）希腊城市国衰亡之后，继之以马基顿、罗马与教权统一之局。
（二）儒家提倡王者大一统之说。	（二）欧洲斯多噶学派有全人类同属于一国之说，提倡世界主义。
（三）汉时崇奖黄老清净无为之说，至晋时则为清谈派之放浪形骸。	（三）希腊城市国衰亡后，各个人脱其为国民之束缚，个人主义因以大盛，且斯多噶学派尤好为默坐澄心之举。
（四）老子学说进而为道教，佛教由西方输入，释、道二者有夺儒而代兴之势。	（四）希腊学说衰亡，耶教输入，统一全欧于教皇之下。
（五）"天子"者，代天行道之人，故教权与政权合一。	（五）君主隶属于教皇之下。

以上五点，为东西之所相同，而欧洲因为反对普天下的教会，一统之局破，于是众多之民族单位以成，我国自秦汉以后，民族疆域虽日益廓大，但是因为和外敌接触少，这"天下观念"的心理，始终未能消灭，而民族国家的观念也始终未能养成，所以中国始终未曾踏上近世国的路。欧洲因为国家观念发达，于政治学术所发生的影响极大，始且列举几项，以为我国的借镜：

第一，民族国家之成立，英、法先兴，而后德、意诸国继起。

第二，各国务求文学、语言之独立，于是各有其民族文学。

第三，科学、哲学号为世界公器，而各国务求有贡献，故科学、哲学方面，各民族亦各有其成绩。

第四，各自发达工商，务求不落人后，而世界之落伍国，乃为彼等所吞并。

第五，国家统一，整军经武，以期不至为人所侵凌。

第六，国内人民咸受教育，可以分担平时战时之义务。

第七，人民参与政治，以民意为立国之大本。

第八，外患来时，国内各党各派牺牲成见，本对外一致之义，应付外敌。

以上所举的八点，都是民族国家时代的特色，而为中世纪天下观念时代所梦想不到的。

二、欧美各国民族性之养成

至于欧美民族性是怎样养成的，在未讲本题以前，先得要拿民族性说明。民族性是什么？简单说，民族性就是一国国民知道他自己是那国人，如中国人知道他是中国人，法国人知道他是法国人。这答案表面上好像是很肤浅，很愚笨，可是话虽简单，做到便不容易了。郑孝胥、罗振玉等为什么要受日本人利用，为什么要听日本人支配，难道他们还不知道自己是中国人么？天津的汉奸，受日本二元的津贴，便为虎作伥的充便衣队，难道他们还不知道是中国人么？再往下说，日本人攫取东北四省，是凡中国人都应该痛心，都应该反抗，然而许多人还是麻木不仁，还是骄奢淫佚，这就是证明中国人还不能完全知道自己是中国人，所以决不是穿中国衣服，说中国话的人，便算是中国人，还得要深一层研究。

一九一四年七月欧洲大战，其最初的原因，远不如中国失去东北四省之严重，可是大家都奋臂而参加，所以对外一致，才能说是有民族性。

欧洲民族性如何养成的呢？现在先从历史方面来研究。民族主义从十九世纪末年才传到中国来，其时欧洲民族主义建国的工作刚才完了，最初成立的民族国家为英、法，其后为德、意两国，在原则上他们以为同言语、同风俗的一个民族，便应成立一个国家，换句话说，就是一个民族，一个国家。因此，民族国家成立的要素有三：

（一）言语
（二）风俗
（三）历史

第一，言语的因素，很关重要。因为言语与民族情感有绝大关系，总得要彼此言语互相了解，才能休戚相关。譬如一个广东人和一个江苏人在一起，彼此言语不通，各乐其所乐，各忧其所忧，怎会发生情感呢？没有情感，便不能互相呼应，所以言语的因素与民族的情感绝对有关。

第二，各国有各国自己的风俗习惯，现在中国人遇事都模仿西洋，这是民族自信心不能确定，在西洋以为能保持本国风俗为荣，决不愿意模仿旁人来破坏本国的风俗。

第三，历史上的利害相同，也是很关重要。譬如日本人以甲午之战、日俄之战为日本之光荣，并且说日本损失很多，所以非拿满洲，不足以偿其所失。但是在中国人看来，中国因此丧失许多土地，却是国家的奇耻大辱。所以历史上的同甘共苦，也是民族国家的重要因素。

以上三个要素，为民族成立之基础，可是欧洲民族性之养成，非一日之事，多则千年以上，至少也应溯到十六世纪。欧洲在十六世纪以前，也只知道有天下，不知有所谓民族国家。从希腊到罗马时，英、法还是野蛮民族，后来日耳曼民族从北方崛起，罗马帝国被迫到君士坦丁，于是有神圣罗马帝国，当中差不多经过千年，才养成英、法、德、意诸民族。

神圣罗马帝国何以会分裂呢？这情形与中国周之大一统分而为春秋战国如出一辙。周朝拥有天子之名，表面上像统一，实则因为封建制度之下各自割据。自秦以后，则以统一为原则，以分为例外，这点与欧洲大不同。欧洲自神圣罗马帝国分裂以后，成立许多国家，始终未能再统一。所以中国是合后再分，分后再合，欧洲却分而不能复合了。这种情形，在欧洲人看来或者以为奇怪，可是中国之所以能统一，其中有许多原素，最大的原因，就是各省方言虽不同，但文化、文字、风俗完全相同。

十六世纪以前，宗教统一的局面还能维持，到了十六世纪宗教革命后，这种统一局面渐渐打破，这是欧洲民族国家成立之第一原因，可是这是原因之一，其他还有语言、政治，也是欧洲分裂之因素。这里还得要说明几句，欧洲的宗教到现在还是以前的旧宗教，并不是另外一种新教，所谓马丁·路得之宗教革命，不过是打破教皇统一权，而各国自有其教会管理权，并不是打倒耶稣教义。现在逐层来讲：

第一，民族国家之成立，最初是打破教皇之束缚。换句话说，就是打破教皇之独占的统治权，以教会置于国家之下，与十六世纪以前教会驾乎国家之上迥乎不同，这是民族成立之第一声。

第二，欧洲在十六世纪前，一方面是宗教统一，他方是拉丁文之统一，各国虽有语言不同，如中国各地之方言是，但是著书立说，非用拉丁文不可。于是学者各处周游，毫无阻碍，如爱拉司姆（Erasmus）能随意到德到法演讲，就是为因〔因为〕拉丁文能无往而不通的缘故。中国在明朝的时候，欢迎利马窦、汤若望诸人到中国来，亦同欧洲中世一样，不知有国界国借〔籍〕的缘因。后来大家才觉悟到拉丁文是教会用来统制人的技〔伎〕俩，于是各国非用自己的文字不可，故言语之独立，为民族成立之第二点。

第三，便是政治。在最初时，政治独立与宗教有极大关系。十六世纪以前，国王即位，一定要亲自到罗马去受教皇的加冠，后来大家以为各有各的主权，为什么要到罗马去？为什么要受教皇的限制？这种局面，非打破不可。于是政治便脱离教皇而独立，这是第三点。

欧洲的局面本来统一。英、法以宗教、言语、政治三方面来要求独立。其在宗教方面，还是耶稣，还是《圣经》，不过所争的是宗教立于国家之下；至于政治方面，其最大原则，不过是立国不受教皇之支配而已。这两点关系尚小，最大的关键，在于言语，就是一个民族国家的成立，非有自己之文字，并且非有自己文学之特色不可。英国以一岛国四面环水，少受外界干涉，故民族之基础形成独早。法国形势，虽不如英国，但三面有山海保护，天然形势自易集同一民族于同一国家之下。所以英、法两国民族能实现最早者，地理的关系很重大。英、法所以表现其成绩者，可从文学、法律、政治三方面来看。

英之文学方面，最初为十四世纪之郐骚提倡英国语文学，为语言文字独立之先声，至沙士比尔，戏剧成为英文学极盛之期。其次为习惯法（Common Law）之出现，乃是罗马法以外第一种新法律，十七世纪末年议会政治确立，于是英国内治稳定，现在那一国不采用英国的议会和责任内阁等制度，这就是英国民族的特色。

至于法国，民族国家成立虽较早，可是法国铲除封建制度的困难，较英国为甚。英国自蔷薇战争后即统一，法国本以巴黎为中心，逐渐蚕食附近之诸侯，才成今日之法兰西。其中经过不少的战争，到大革命后政治才有起色。法国文字，肇于十五世纪，最初倡之者为拉陪兰氏（Rabeleis）。自《拿破仑法典》出世，法国才有自身的法典。至于大革命后平等、自由、博爱之原则确立，大影响于欧洲各国之改造，这是法国民族的贡献，也是法国民族的特色。

至于德、意之成立民族国家，比英、法困难得多。德国自路得革命后，宗教解放很早，语言独立也很早，但政治在神圣罗马帝国支配之下，一八〇六年前有小国三百余，故法国成立后，德国还未能统一，一直到十九世纪才能立国。一八〇六年后德人始大悟非改革不足以图存，其时国家观念尚未养成，要想以自私自利之小国来提高民族性，实在不是容易的事。故学者想种种方法来提高民族自信心，哥德研究峨特式建筑来鼓吹民族性，格里母（Grimm）以童话来提倡民族精神，菲希德在大兵压境之日以演讲唤起德人之爱国心。

意大利立国之困难，尤甚于德国，因意大利南部为二雪雪利国（Kingdom of two Sicilies），以德、法两国为背景，中部属于教皇，北部为浪拔地等市，属于奥国。其时教皇绝不愿意大利能统一。最初大声疾呼，求意大利之统一者为十五世纪之马基维利氏（Machia velli），从十五、十六、十七世纪经法国大革命潮流之后，意大利才觉悟。其时有主张为共和政治，有主张为联邦国，拥戴教皇为君主，还有主张君主立宪，是为加富尔的政策，德国统一后，意大利的统一才完成。

英、法以地理的便利而成民族国家，意、德则由国内爱国志士有以促成之。吾中国如果从政治、文学、美术之任何方面，努力提高自己之民族意识，以养成民族性，在欧洲有如是许多先例，只要大家肯下功夫做，未有不能成功的。

三、中华民族之回顾

大家闭目一想，数千年来我们的祖宗传下来的遗产如何，如此一想，大可不必因现在的环境而悲观。

现在讲民族问题，有一点请大家注意，务要拿以前一姓兴亡与帝王远略的概念，完全取消，我们只问其民族在某时代有无发展，不问秦皇如何暴虐，汉武如何黩武，只问两民族之发展如何，自然不管其朝代之长短。试举汉朝两人之言为例。主父偃说：

> 昔秦吞战国，务胜不休，使蒙恬将兵攻胡，辟地千里，百姓靡散，不能相养，盖天下始叛秦也。

严安说：

> 昔秦王意广心逸，欲威海内，北攻胡，南攻越，天下大畔，灭世绝祖，穷兵之祸也，今徇西南夷，建城邑，深入匈奴，燔其龙城，此人民之利，非天下之长策也。

以民族之对外发展为天下之不利，乃我们祖宗传下来的老观念，好像做皇帝的人最要紧是使百姓安居，是不惊动百姓。这种观念，我们非打破不可，因为要求民族发展，那能不用武力？

中华民族之中，种族甚多，表面上说起有汉、满、蒙、回、藏，严格的说，其他还有苗、瑶等，非常复杂，但是三四千年来之历史，当然以汉人为主人。汉人做主人时，我们便认为民族力强，认为光荣；汉人被压迫时，如辽、金、元时，则认为是民族力衰弱，认为耻辱。

许多老观念中，如一朝一姓之兴亡，如穷兵黩武，固非除去不可，而地理上之变移也不可不注意，因为知道地理上之变迁，然后知道中华民族如何发展。

我们的老祖宗在周秦之际，其领土只有陕西、山西、直隶、山东、安徽及江苏北部。春秋所谓吴越，还是夷狄。广东在汉时为南越，当时还不在中原文化圈内。金陵做都城是从吴起，故三国以后，金陵才重要。赤壁之战是在湖北，所以长江流域之繁盛，是从魏晋之际起。四川在战国之末，司马错称为"戎翟之长"，其不在中原文化区之列，可以想见。广东自唐而后，与中原关系渐渐密切，广西及贵州，经元、明以后，将蛮族驱除，归汉人统治，可以说是最后加入中原文化的两省。所以我们老祖宗的疆域，最初是黄河流域，其次及于长江流域，最后及于珠江流域，三个流域，适足以代表三个时期之中华民族。我们应该很自负由六省而达于廿余省民族发展的功成〔成功〕。我族之由南而北，与在历史上之三次南渡有大关系，一是晋之永嘉，二是南宋，三是明末，这三次南渡中汉族在北方虽失败，而其势力反伸张于南方。

现在先讲秦汉。

在历史上看来，都以为秦始皇暴虐无道，穷兵黩武，但现在看来，秦始皇之功，不可埋没。除周公、文、武、孔子以外，应首推始皇，他打破当时封建势力而成一统，这种伟大的魄力，可与亚力山大相抗衡。在始皇以前，河套以内属于匈奴，始皇派蒙恬收河南地，画为四十四县，又因为防备匈奴的原故，筑长城万余里。在东北四省未失时，大家对于长城，好像是不相干的东西，现在想起来，秦始皇的功劳真大，因为长城确是很好的天然界线，不过从前长城外是匈奴，现在长城外变成日本人而已。

其次讲汉武。秦灭以后，匈奴围汉高祖于平城，汉高祖不敢与抗，一直到汉武帝逐匈奴于沙漠之北。元狩二年，汉武帝大败匈奴，降匈奴二万余，掳酋长七十余人，深入匈奴境二千余里，又通西域，所以断匈奴右臂，使匈奴不能与西域相勾结。从汉武以后，一直到后汉，匈奴势力日衰，竟至称臣朝贡于汉。汉武帝又遣张骞通西南夷，所谓西南夷，就是由四川、云南而达于身毒（即印度）之路。所以汉武帝是从北、西南、南三方发展，其时汉族势力，可谓第一次大发展，超过周秦，为前史所未有。

后汉之末，内政不修，三国纷争，无暇及于边疆。国内势力既衰，异族便乘机而起。而况当时黄河流域各地杂居者，皆氐、羌、鲜卑诸族，故晋江充作"徙戎"之义，适足以证明中原内部，四围多是夷狄，所以"五胡乱华"，并不是从外国打进来，而是杂居于内地之胡人之崛起。五胡十六国占领北方，晋朝不能安于洛阳，于是迁都到南方，这是历史上第一次南渡。先是五胡乱华，北方有所谓十六国先后继起，到北魏统一，是为北朝，至于黄河以南，则有宋、齐、梁、陈、是为南朝。

五胡及南北朝时，中国文化起了一种变化：第一，五胡自己没有文化，于是便接受印度文化，所以佛教虽然从汉时就输入中国，可是到南北朝时乃大盛，姚兴迎鸠摩罗什，足以证明中国文化之大衰落；第二，五胡乱华后，黄河以北的汉人受胡人支配，与中世纪之欧洲日耳曼来并吞西罗马一样，有一野蛮部落代替文明古老的民族。

从以上两点看来，可以说汉族自周朝起为童年时期，秦汉是汉族壮年时期，力量最大，一直到晋时，可以说是晚年，由壮盛而复衰落，这是汉族第一期。

我国老历史家的观念，总说周朝文化为最高，其实从民族力量上讲，则不能不首推秦汉。从三国、两晋经过十六国、南北朝，到隋之统一（西纪二二〇年到五八一年），约为四百年，外国文化侵入，汉族大混乱，国势衰落，几乎不能自立，到隋才统一。隋时征高丽，并且开通运河，也是一件极可佩服的事，但是同秦始皇一样，不到二世纪便灭亡了。

汉族到唐时复兴，其实依我看来，唐时已不是纯粹汉族，而是与胡人血统混合后之新汉族。因为从晋南渡时，黄河数省土地，陷于五胡及拓跋魏，当中经过差不多二百数十年，这二百余年中当然与汉族混合。中国人向来不注重血统，其实这是不能否认的事实。经此两个民族的结合，活力因而增加，乃有唐后汉族之复兴。

唐朝东灭高丽，北灭蒙古，西到中亚细亚，置六都护府以统辖之，汉武后得而复失之土地复归于版图。广东人称中国为唐人，实在很公允，很能知道唐代在中国史上之重要。试查《唐史》中《地理志》，其安西都护所统四镇，曰龟兹都督府，曰畋沙都督府，曰疏勒都督府，曰焉耆都督府，则当时新疆全省已入我版图。又查西域十六都督府州，更有波斯都督府之名。诸君试一细想，假如我们子孙自唐以后能保持先业，恐怕今日之波斯，不至成为英、俄角逐之场，这真是我们民族之光荣史，不可不时常念及。

从魏晋到唐，都是崇拜道教或佛教，唐韩退之始大声疾呼，反对佛教，而自"仁义道德"以说明孔子之教，这是汉人之自觉，汉族文化之复兴。从韩愈到宋，用新方法恢复儒教，于是有儒教的复活。

宋理学运动后，儒教大兴，一直到明清，士大夫所受的教育，都是朱注的四书五经，官厅考试以朱子注解为标准，与汉武罢黜百家表彰六经一样。这可以说是汉人第二期自觉的文化。

唐削平西域后，北方之契丹、女真、蒙古反因此崛起，其后即演而为辽、金、元三朝。北宋以后，黄河流域为胡人夺去，自高宗南渡至元之亡，这期间一共二百四十一年。其南渡与晋之南迁，如出一辙，后来黄河以南，亦归蒙古统治了。

元为世界历史上之慧星，忽起忽灭，奄有中土总共不过八十多年，退出中国后，在俄国，在中亚，在小亚细亚一带，尚能保持其部落。

明朝又为汉人主政之期，成祖尝平交趾、安南，三保太监尝到南洋，是为中国与南洋交通最盛时期，其足迹尝至非洲海岸，亦可谓我国探险家之一。

清朝入主中国二百六十余年，也有相当的武功，带给中国之遗产，也还不少，因为他是异族，不是汉族，所以暂且不论。主权既操于人手，即有汉学家的成绩，也就无足观了。

根据民族活力来说，中国三四千年之历史，应该分两个时期：

一、周秦以降，一直到魏晋南北朝为止，是为第一期。

二、由南北朝民族之混合，一直到清末为止，是为第二期。

从以上分划的时期中，我们可以看得出汉族确有许多优点和特色：

（甲）中国民族力最盛的时期，为汉、唐、明。这三时期内，中国人到各处侵略和扩张，曾做过现在的所谓帝国主义者，晋、宋南渡，能从北方到南方，支持相当时期，这足以证明当时民族尚有抵抗力。

（乙）最奇怪的就是汉族虽一度受制于外人后，而终能同化他族，如五胡乱华后而终归于唐，清朝也管理中国二百多年，到现在已化为乌有，这足以证明汉族有很强的同化力。

（丙）汉族虽长于保守，可是也很能进取，如玄奘、法显到西域求佛法，吸收外国文化，但是虽采用外国文化，必先加以自己创造力消化他，即所谓加以中国化。如印度佛教传到中国来，然加入不少中国元素，换句话说，就是以中国人情、风俗而同化之。

（丁）汉族在外人统治之下，合五胡、辽、金、元、清也差不多有千年，时期也不能说是不久，但尽管受制于外人，终久还能自己恢复。

古代文化国家如埃及，如巴比伦，久已不能生存，中国有四千年历史，还能保其文化，这是他族所没有，实在是民族的光荣。中国人善于退守，也善于进攻，看人家势力强盛的时，便候退伏一隅，不敢稍动，可是乘人家实力衰弱时，便借机发动，以图恢复，这固然是中国人的优点，但同时也是弱点，因为这样便易于驯伏，不善于反抗。

中国以后还能立国吗？一世纪内，到处受挫折，到处受打击，到现在更失去东北四省的土地，于是大家悲观，对于中国今后是否能立国，根本已发生怀疑。但究竟应该悲观还是乐观呢？在我看来，中国虽屡受挫于五胡、元、明、清，而终能自己复兴，以已往四千年历史为凭，中国决能复兴。一二百年的历史不算回事，几十年的盛衰看不出兴亡的关键，总得要从长处看，中国决有办法，决不要悲观。但是也决不能以此自满，以此自足，还得靠自己努力。

四、中华民族性之未来

中华民族性之将来如何呢？在中国讲民族性与在欧洲讲民族性，根本不同。英、法虽各有其特点，英人沉默冷静，法人富情感而有机智，但是他们不同者甚少。英、法所穿的衣服相同，婚姻制度，一切礼俗，也都差不多，至于语言，等于江苏语与广东语之不同，而无根本差异之点，故欧洲各国中民族性之养成，较远东为困难。反过来说，中国人尽管穿洋服，一望即知其为中国人，中国的风俗、习惯与欧洲比较，不论如何的模仿，总还相差得很远，至于语言，更不消说得，因为中国四千年来都是锁国，与世界接触甚少，所以有吾们的语言、风俗、历史，如果以有特点即为有民族性，则中国早就有了民族性，用不着到现在才来养成。但就现在情形来讲，中国人对于本国的情形，多数已忘掉了，尤以留学生为最甚。英国学者陶蒲氏（R. H. Tawney）说到中国后，询问中国大学教授，对于自己的乡村制度、乡村组织，都茫然不能答覆，但一提到纽约的市政如何，巴黎的市政如何，则又头头是道，这种数典忘祖的现象，实在奇怪之至。

我们一方面有本国的国民性，有本国的语言、风俗，有本国的历史，一方面却又处处模仿人家，忘却自己，这实在是我们的生死关头，我们要从这夹缝中求中国的出路，求中国的民族性。

我们要知道，立国于世界之上，最要紧的就是在同中求异。所谓"异"，就是各国的特色，各民族的特点，有了这种特点，然后才能立国，民族之所以能为独立的民族，正以其不同。西洋人有句俗语说，世界上没有两片树叶是完全相同的，树叶尚且不能全同，民族更可想见了。

现在且拿英、德的民族性来比较。英国政治以个人的个性为出发点，德国政治是以国家为本位。惟其以个人为出发点，故英人赞成自由竞争，主张募兵制度；惟其以国家为本位，故德人主张保护贸易、普及教育、义务征兵等制。其出发点不同，因而其制度亦因之而不同了。

英人于思想方面，最重事实、经验，故树立经验派哲学；德人在理论上好溯至最高之原则，虽也承认经验，但以为经验以上，还有论理学原则。这是英、德之不同。至于法国人之爱美术，其与他人不同之点，不如英、德之明显，所以暂且不讲。

总之，欧洲国家因语言、风俗、宗教相同之下，力求其异，以显其民族之特点。他们用何法以显其特点呢？他们在文学、哲学方面，都推崇他们自己的老祖宗。德国人念的是自己的文学，如歌德、席勒等，学哲学的则必推到康德、菲希德。英国人每年必演莎士比亚的戏剧，设法保存莎氏遗迹，因为戏剧是表现民族的情感，各国人总注意本族作家的剧本。从这种种方面看来，欧洲人在教育方面谋所以发展民族性者，可谓无微不至。在学校里，他们念念不忘者，即在怎样使英国人知道他是英国人，这么样使德国人知道他是德国人，如果这点做不到，教育的目的便完全丧失，教育的功效便没有了。

欧洲各国人时时不忘其对各部分之贡献，时时感觉其文学、哲学与人不同，故其民族性才能保存。但这种方法移到中国来，便困难了。

一国国民晓得他自己文化之优点，晓得他的文化与自己有利益，他自然会相信自己，自然会尊崇自己，可是在中国，这便困难，因为中国自从与欧洲接触以来，什么事都是吃亏，可以说是处处受挫折，于是便感觉到旁人的文化好。由这种心理上，便感觉到中国文化不行，且大起怀疑。这个时候，你说中国文化如何好，孔孟的学说如何好，叫他相信，恐怕是件最不容易的事。近年来中国人都喜欢读西洋历史、西洋学说，注意世界情势，对于本国的事，反漠然无动，这种观念不去，危险得很，将来的方针，总得要以本国的政治沿革和其他方面源源本本，使人民知道，可是这句话在原则上是这样讲，其实谈何容易，因为一国国民不感觉到他的文化有益于谋生，有益于立国，而单教他们注意本国历史和本国情形，是无用的。

还有一点，欧洲从十六世纪以来，一直到现在，各国人对于本国所得的印象，都是好印象。德国从菲力大帝以后，暴君很少，所以他们至今思念旧君和君主制度，而且政治，科长发达很快，大有一日千里之势。至于中国，便大不相同了，从政治方面说，中国的历史太长，好皇帝固然不少，而暴君奸臣，亦复不少，中国数千年之历史，如此复杂，瑕瑜互见，所以如果有人问我王莽如何，曹操如何，乃至于宦官之祸、藩镇之乱怎样，我便无从回答，如果说秦朝以前政治无甚缺点，还可以说，还可以有人相信，从秦以后各朝看下来，非令人怀疑不可。

至于谈到学说，道教、佛教暂且不论，就以孔教来说，提到孔教二字，究竟是朱子的孔教，还是王阳明的孔教呢？在拥护朱熹的人说，宋之所以能支持者，儒家之功，真不可没，至于反对他的人则又以为外患侵入时，还谈什么正心诚意等空话。况且还有马、郑的孔教，惠、戴的孔教，所以在学术方面，也是纷纷扰扰，各有是非。

中国历史太长，利弊显然，以经验丰富的中国人看来，本不易生信心。中国民族性所以不易养成者，简单的说，有以下的大困难：

中国数千年来制度学说之利害，皎然明白，今日又在改造之过渡期中，一方面因改造而生不信心，他方面因要发达民族性而求信心，信与不信相碰头，如何处置，实在很是困难了。

所以我们讲中国民族性，必得在这种局面下求出路，不单是鼓吹中国文化，讲中国历史，即可以使人相信的。

以后的中华民族性怎样呢？

从前的中华民族是与欧洲未交通以前的民族，现在的中华民族是与欧洲交通以后的民族，此后应以这种观点来求出路。我们等于走路一样，到各国去跑了一次，看见各国许多宝贝，但我们总不能久恋在外国，总得要回到自己的家里来，所以我们对于人家新的东西不必过于留恋，对于自己旧的观念也不必过于拘泥，我们只自问，为中华民族的人今后应该怎样？应该走什么路？一国历史如像山坡一样，逐渐的一步一步走上去，一点缺陷没有，当然这是最幸福的事，可是中国自从与欧洲交通后，裂痕显然，无法弥补。西洋科学发达，而我们落后，西洋民主的政治制度盛行，而我们没有。所以你现在告诉新青年说，我们老的旧的如何好法，因为他已经看见缺点，决不能相信。我们现在只告诉他，不管祖宗如何，你终久还是中国人，你决不能做法国人，或是做英国人，你既是中国人，你应该怎样，应该如何替国家谋出路。各人总得以本国本族为出发点，对于本族虽无信心，然从国民义务来说，从下手处来说，还得逼出你的信心来，今后民族性之第一础石，即建筑于各国民信仰本族的义务心中。

我希望今后讲养成民族性的人，少讲回头的话，而对于未来路应当注重。凡一个民族在世界上，无论政治思想方面，均有自己的途径，而况中国在亚洲占有很大的地域，又有过长久的历史，只要从今后打算，当然可以找得出一条出路，故教育家告诉青年的话，侧重于未来的出路，自然可以逼出的他〔他的〕信心来。

我们应以现代为标准，对于历史上的事迹和人物加以一番选择工作。所谓选择者，就是以现在的环境而论，与外人交通后的环境，何种思想，何种制度，何种人物，我们必得要提倡，我们必得要鼓励，定了这个标准之后，从古人中求其合于此种标准者留之。其不合于此标准者去之。用这种方法来告诉青年，来指导青年，自然容易表彰本族，且引起他们的信心。

古代思想、制度、人物方面，合乎现代潮流者，正复不少，现在分别叙述，以定其去留。

（一）思想方面。中国人之性质，多数是外儒内道，表面上好像是儒家，实际受老庄的影响很大。凡事不为天下先，因而无责任心，又喜放浪形骸，不守礼法。晋朝之竹林七贤喜谈玄虚，蔑弃典文，完全是道家的思想，在他们的意思以为礼法是拘束普通人的工具，他们是不能受礼法的拘束的。到了近代，则以"使酒骂座"、"盛气凌人"为名士了。其实，从国家方面看来，不为天下先，就是巧于趋避；不负责任；放浪形骸，就是不守纪律。这类思想是万不能行于现在的。还有一方面，其思想是以肯定人生为出发点，孔子之知其不可而为之，确是奋斗进取的精神。其次儒家入世与救民之心最切，故有以天下为己任之说，换句话说，就是义务心重。并且我国儒家，向以求知劝学为本，孔子所谓学不厌教不倦，荀子有《劝学》篇，即是西洋人之追求智识。这种精神，比之欧洲思想，也了无愧色。这种儒家好学与积极的精神，我们应当保存，我们应当发扬光大的。

（二）制度方面。儒家注重教育，孟氏尝追思三代庠序之教，其看重人民教育，与现代正同，可惜自古以来，儒家除王阳明、曾国藩，均未能一展怀抱。其实，义务教育，孟子，程明道，早见及之；寓兵于农，即现代之所谓义务征兵，王安石、程明道皆已提倡过的；吕大钧的乡约论，与地方自治、乡村自治的原则，还不是一样的吗？所以，如果能双方比较后再告诉青年，青年当然可以相信。至于不合潮流的制度，如君主制度、大家庭制度，当然不应该保存，因为我们是现代人，应该说现代的话。

（三）人物方面。历史上人物的价值，亦应凭时代的标准去估价，然后抑之扬之，叫人知道如何取法。现在分类举几个代表人物如下：

（甲）安内之政治家

管仲　郭子仪　斐〔裴〕度　王阳明　曾国藩

（乙）攘外之政治家

祖逖　陶侃　王导　谢安　岳飞　文天祥　史可法　唐景崧

（丙）变法维新之政治家

商鞅　王安石

（丁）立功异域之探险家与军人

张骞　班超　马援　郑和

（戊）贤明之理财家

陆贽　刘晏　胡林翼

（己）乡村自治之创始者

吕大钧　王阳明　陆世仪

（庚）国外文化之输入者

玄奘　法显　徐光启　严复

（辛）学生运动之创始者

陈东

（壬）发明家

冯道　蔡伦

以上许多人，为现在国家所必需之人才典型，我们应当取法，至于以国家为私产之刘邦，彼之得意语云："仲之所就孰与某多？"与夫卖国求荣之石敬塘〔瑭〕，毁坏人民道德之曹操，皆与现代国家思潮不相容，故应该在摈斥之列。如用以上方法教人，青年自然容易接受，而中华民族性自然容易养成。严格的说，中国有土地，有风俗，有语言，所谓民族性早已养成，不过现在加以一番选择功夫，使他们能自信，能知可以取法，而后另造成一种新时代的文化。于是我们得到两个结论：

第一，欧洲民族性是从无而到有。

第二，中国民族性是从已有者加以选择，引起信心后，另造出一种新文化来。

所谓选择，就是宜者导之，不适者淘汰之，经过这番工作后，当然有自己的文化，不必去高谈保存，否则，就是谈保存，也是劳而无功。每天骂祖宗的，不是好子孙；看不起自己历史的，不是好民族。总得先有自尊心和自信心，然后可以立国。

法治与独裁*
——在广州法学院讲演
（1934）

　　刚才承谢院长介绍，奖誉过当，愧不敢当，诸君研究法律，对于国家负有很重大的责任，今天以《法治与独裁》为题，也许诸君感觉到这题目重要。国家最大目的，在于维持国内法律生活，这就是说国家是一个团体，既是团体，故彼此间总不免有冲突，有了冲突，便离不开法律，所以国家的目的，是怎样运用法律以维持国家的生存，可是在理论上是如此，要实现便很艰难了。

　　国家要解决个人冲突，唯一的方法，便是靠法律。没有法律，便没有秩序，譬如说私人的权利是受国家保护，任何人不能加以干涉，所谓国家保护者，即国家限制任何人不得有侵权行为，假定有这样事实发生，被侵害者有请求国家救济的权利，这种请求救济的行为，即所谓诉讼行为，如果不是这样，那末权利冲突时，只有武力解决，谈不到法律了。所以从国家本身看来，没有法律，国家便无从维持其秩序，从人民全体看来，没有法律，也不能保障其安宁。简单说一句，没有法律，便不能成为国家了。

　　可是法律决不是许多条文，法律之所以能维持社会秩序者，在于其有尊严性。换句话说，就是国民心目中看法律是很尊严，然后他才能守法。要做到这一步，必得要执法者自身有尊严，自身能维持法律的尊严，于是人民也跟着守法。上下都能守法，然后才谈得到行政上的效率。否则，只是空洞的谈法律，则法律维持团体内之生活的目的，还是不能实现，等于空谭。所以，法律如果丧失其尊严性，则守法观念，必甚薄弱，其影响所及，便不堪设想了。

---

　　* 《再生》第 2 卷第 10 期，1934 年 7 月 1 日。

中国要变成近代国家，当然条件很多，如巩固国防，如发达科学，都是很重要的问题，但是还有一最切要、最基本的条件，便是法律。国家有法律，等于房子有基石一样。换句话说，要变成近代国家，非先变成法治国不可。所谓法治国者，是以法律治国，不是以人治国。但这还是表面上的话，法治云者，尚有其持〔特〕别意义。欧洲法治国基础确立，是在一七四〇年以后，这是欧洲政治上之大变动。

欧洲十七、十八世纪的思想，认定国家是合于人民之意志。卢骚的《民约论》便是要以一般人民之意志即所谓总意来治理国家的，所以人民在国内，应该参与国是。说到这里，便发生一个问题，就是既承认人民的意志，既承认人民有参政权，便非承认人民有权利不可，如果不承认人民本身的权利，法治国的精神，还是无从实现。

法国的《人权宣言》，所争的是言论、出版等等自由，何以叫人权呢？人权就是一个人所以为人之必要权利，不是因债务关系而发生之债权，也不是因亲属关系而发生之继承权，而是一种基本权利，没有这种基本权利，便不能算是人。法国人叫这样权利为主观权，主是自己的意思，从前国家要怎样便怎样，人民不能自主，现在承认人权即是说人之所以为人者，自有其本身之权利。但国家何以会给人民以权利呢？因为人民的力量，便是国家的力量，如果不拿人民当着一国的主人看待，则国家的政治一定不能清明，非先承认人民是人，是有人格的，然后才谈到治国。我们晚上在街上总看见许多穷人睡在路旁，大家都不去关心这事，其实这是一件很值得注意的大问题，切不可看的太轻，这样的现象，足以证明国家看人民太无价值，一国国民如果没有居住，不能生活，那里还谈得到人权？既没有人权，国家那能会尽力量？所以人民的生活、居住等等的权利，应该在宪法上有保障，应该受国家的保护，国家怠于这种责任，便是不承认人民有权利，便是看轻人民的价值，国家对待人民如此，于是人民也感觉不到国家的可贵了。欧洲又承认人民有人格，承认人民有权利，所以欧洲法治国的基础才能确立。

国家主权和人民权利，本来是二而一，从人民对于国家之义务上看，是国家有主权；从国家有保障人民生活、居住的责任上看，是人民有权利。政府以法律来制裁人民，而人民在宪法上亦有监督政府之权，所以政府有客观权，人民有主观权，这种主观权和客观权的对立，便是法治国的真精神。所以，我们所谓法治国，并不仅是以法律来治国，而是看重人民的权利，在专制时代不承认人民有人格，更不承认人格上有权利，所以专制的国家，是不配称为法治国的。

中国二十余年来，何以不能成为近代国家？换句话说，就是何以不能成为法治国？黑格尔氏（Hegel）之《世界历史》曾论及中国，他是根据于十字教会的报告，他生时在十七、十八世纪之交，正是明末清初，当时欧洲人很恭维中国，很佩服中国，他的《世界历史》有这样一句话：在中国普遍意志下命令于个人，个人不假思索的接受普遍意志，从这句话看得出中国政治团体缺少主格性，所以很少有主动的思想。

国家的力量，建筑在国民身上。国民不健全，国家不会强盛，犹之乎细胞不健全，身体不能康健一样，而国家要养成健全的国民，非得使他们发展其能力的机会不可，所以政府在不妨害国家的目的范围以内，应允许人民有自由，如果国家限制人民，不让人民有判断是非的自由，则无异乎梏桎人民身体，使之不能发展，那国家非衰弱不可。我们中国十多年来正向法治国的路上走，可是适值世界大战以后，欧洲又有一种潮流叫独裁运动来推翻法治国权利义务对待的原则，于是我们青年人的思想上，又起了大紊乱，大家便放弃其走法治的路，而转向于独裁，这是中国大大不幸的一件事。

独裁政治的发生，有两个阶段，一九三〇以前的独裁是一回事，一九三〇年以后的独裁又另是一回事。一九三〇以前因为革命的结果，故流于独裁，如苏俄、意大利是。一九三〇年以后，情形与前绝不相同。十九世纪的欧洲，法治国基础确立，人民的权利不能动摇，一九二九年世界大不景气，其时我适在欧洲，所看见的与一九二九年以前大异，从前船泊码头时的闹热情形，现在却很萧条，工厂停闭，轮船停开，工人和搬运的小工都失业了，这种衰落的状况，非身历其境者不能想像得出。这样一来，便影响到国家的财政，因为工厂停闭，商业衰落，国家税收减少，以致收支不能平衡。不单是如此，一方面收入固然减少，而同时支出反而增加，欧洲国家对于人民生活，看得非常之严重，所以在人民失业时，政府应给以劳动保险费，这就是收入减少而支出增加的原因。即以德国而论，失业的人六百万，平均每年每人给一千马克，这数目已足惊人了。所以在欧战前看不见乞丐，一九三〇年左右，则遍地乞丐。同时欧美为法治国，在法治国家，人民在法律上所享之权利，不能减少，一方面国家收入不敷所出，一方面人民在法律上又有保障，这种难关不打破无法生存，于是由议会通过，准许政府于宪法规定外，有自由伸缩之余地，以求适合于预算。换句话说，即政府之权力，超越于宪法所规定者，英国停止金本位，美国大总统之复兴政策，都是适应这种环境的办法。所以意、俄的独裁政治，是革命后的结果，而英、美的独裁政治，纯粹为经济上之原因，至于德国，则介乎两者之间的。

中国人眼看着世界潮流，于是见猎心喜，思想大变，以为欧美各国，都走向独裁政治，我们也得跟上去，何必还谈法治呢？我以为在这种潮流之下，我们应该先认清了独裁之意义，以及为什么发生独裁的原因。卢骚曾经说过一句话：硬性的法律，每因不能适合当时的环境而引起纷乱，并且在危急存亡之秋，易于使国家倾覆。如果法律不适合当时环境，我们还是牺牲法律呢？还是牺牲国家？当然采通权的办法，暂时牺牲法律，以大权交付一人来维持难关。至于议会政治、民主政治，在人民衣食充裕时，才能从容讨论，才能有所选择，现在不景气的时候，便无从谈起，所以只好以大权交付一人，让他替我们打算。这便是独裁政治所以发生的原因。我们可以总括的说：独裁政治就是政府权力之增大，所谓政府权力之增大者，即集中大权于一二人之手，而暂时放弃法律的意思。

中国穷人特别多，其不景气的情形，较任何国家尤甚，所以中国更应该采独裁政治，这是拥护独裁的理由，这理由表面上好像很充足，但是独裁自有其特别意义，如果弄不清楚，独裁便变成专制了。卢骚论独裁时有以下的一段话：

> 对于独裁者委以大权，其委托之权，颇关重要。其时间愈短愈好，不得延长，因为我们所以采用独裁者，其目的在解决目前之危难。此种危难，为国家存亡之所系。超过这种需要的限度，独裁政治不是流于专制，便是毫无根据了。

我们应该注意的，即在委托，总得先有委托的能力，才够是上谈委托，不然只是受野心者的愚弄而变为专制，不是独裁了。独裁政治是以人为原则，纯在法律轨道以外，所以只能短期间之维持，不能作常轨之运用。既是短期间之维持，充其量不过是应变的一种方法，我们不能以变为根据，而应该建筑在常轨上，求身体的健康，还得注意平日的修养，而不应该求一时的兴奋。所以中国要走近代国家的轨道，非得注重法治，非得养成法治的精神不可。诸君学法律，将来对国家负有很重要的责任，应当努力以求法治，不必彷徨于歧路之中。

国家社会主义纲领*
（1935）

　　本志两年以来之政见，因思索所及，随时发表。海内读者，尚认为不能一目了然，来函质询。特就已发表之各文中之要点，总而录之以成兹篇。

（一）总　说

　　世界各国之立国，有一总原则，曰民族主义，或曰国族主义，即同血统、同语言、同风俗、同历史之民族，成为一个单位。其对内也，各份子立于平等之地位，且具有一体之自觉；其对外也，应停止内争，统一阵线，以临外敌。然一国内之份子，因其财产地位之异，而生高下贫富之别，以致形成阶级之对立，间接即以破坏民族之一体性。欲矫正此病，惟有采用社会主义。十九世纪中叶以降，各国社会党欲改造社会，使之归于平等，乃联合各国劳动阶级，而造成一种国际（所谓第一国际、第二国际、第三国际）以实现世界革命。故凡信仰社会主义者，同时无不采用国际主义。吾人则以为国家之基础，即为同血统、同语言、同风俗、同历史之民族，社会之改造，亦惟有在民族单位以内行之，不应以此改造之责，期望于本国以外之其他民族。换词言之，在本国基础之上，求社会主义之实现，此乃吾人之社会主义所以异于欧洲社会党人所信仰之国际社会主义。民族一体自觉之实现，在一方面，不应有富埒王侯之豪族；他方面，不应有穷无立锥之贫民。凡为一国之国民，除因

---

　　*《再生》第 3 卷第 1 期，1935 年 3 月 15 日。

其特别之知识技能而享有特别地位外，其谋生，其教育，务使其达于平等地位，则国中自无阶级斗争之可言。此种民族主义，乃建立于社会公道之基础上。故吾人之国家社会主义，在一方面言之，以民族为基础的社会主义；在他方面言之，以社会公道为基础的民族主义。谓为国家的社会主义可，谓为社会的民族主义，亦无不可。

吾人信仰之总原则曰："以国家力量使民族有一体之自觉，社会尽协合之机能，个人得自由之发展。"关于人民自由一点，下文政治制度中，另有说明。概括言之，名之曰国家社会主义，此即吾人所认为改造吾国为近代国家之整个计划之最高原则也。

（二）政治制度

今日中国之第一问题，即中国今后应否实行民主政治，国中现有两派人之意见，谓民主政治不适于中国。第一派人云：中国人民之知识能力不足以行宪政。第二派人云：世界各国政治咸趋向于专政独裁潮流。就第一派言之，假定中国人民之知识，真不及格，是全国人民在同一水平线上，绝不能有一部份人民是被训者，另一部份人民是能训者。盖不及格云者，即大家不及格之谓，何以在四万万不及格之人民中，忽然有号为能训而及格之人民？譬之学校，以毕业者为及格，则吾国之能训者，果于何时毕业？曾在何处表现其真能治国与运用政治之能力？同一人民也，何以一入党籍，便为能训者？一不入党籍，则为被训者？可见训政说所本之人民知识能力不及格说，不值一驳。吾人亦非云中国之治者与被治者，完全与欧西各国之运用民主政治同一美满，四万万人同为国民，应立在同一基础上，享同样之权利，尽同样之义务。尤其关于选举权、监督政府权，人民应一律参加，在可能范围内，使民主政治尽量实现。

再就第二派言之，各国政治潮流趋向专政说，吾人以为一国家之制度，应先注意本国自身，不必两眼专向世界潮流凝望，英、美等民治国家，未尝因意、俄之专政而有所动摇。吾国今方处国难期中，不容有发言盈庭、终日不决之政府。民主政治确有效能迟缓与力量分散之弊，但试观战时英国之内阁，以各党混合而成，操最高权者，只有阁员四五人。可知民主政治之下，未尝无集中权力之方法，以求行政效能之增高。就最近之美国言之，大权集中于总统一人之手，议会仍能执行宪法上之职权，关于紧急事项，总统并能要求议会授以全权以资应付。可知行政权力之增高，与民主政治之原则，并不冲突。

方今国内但见俄、意专政之效，而不知其摧残异己，屠杀人民，牺牲国家多少元气。以意、俄与英、美相较，孰利？孰害？不待辩而明。故吾人主张之政治原则有三：

（一）以民主政治为根本原则，依国情充量实现之。

（二）国家政事注重效率，贵乎敏活切实；社会文化欲其发展，当任其自由歧异。以此为集中与开放之分界。

（三）政治制度中，使专家占有地位，以减少党派操纵与捭阖之作用。

上项原则，所以实现于国家制度中者，更有下列各条件：

（一）国家之特征，在乎统一的政府，应以举国一致之精神组织之。（军阀割据局面，一日不打破，则统一的民治政府决无成立之望，此点尤应首先解决。）

（二）国民代表会议，由全体公民每若干万选出代表一名组织之。凡党纲公开、行动公开、不受他国指挥之政党，一律参与选举。

（三）中央行政院（即内阁）由国民代表会议选举行政员若干名组织之。各党领袖，一律被选，俾成为举国一致之政府。

（四）第一次国民代表会议，议决五年以内行政大纲，此大纲与宪法有同等效力，非行政院所能变更。

（五）国民代表会议之主要职权，在乎监督预算，议定法律，不得行使法国之所谓不信任投票制以更迭内阁。

预算为确立财政计划与其数字之方法，其通过与否，不生政府责任问题。

（六）国民代表会议，关于行政大纲之执行，得授政府以便宜行事之权。

（七）行政院各部长，除因财政上舞弊情形或明显违背法律外，不宜轻易令其去职。

（八）行政大纲中，每过一年或告一段落之际，由民国〔国民〕代表会议或其他公民团体联合推举人员，检查其实施事项与所宣布者是否相符；若言行相去太远，得经国民代表会议议决令其去职。

（九）文官超然于党派之外，常任次长以下之官吏，不因部长之去职而更动。

（十）国民代表会议之议员，宜规定其中之若干成，须具有农工商技术家或科学家之资格。

兹根据以上十点说明之。吾人处此国难期中，应遇事表现举国一致之精神，非然者，内无以团结，外无以应敌。今后政权公开之日，应举行国民代表会议议员之选举（第一次名曰国民代表会议，以后则曰中央议会），由全体公民选出代表若干组织之。此代表会议中，各党得一律参加，不容有所歧视。国民代表会议，既开之后，除议定根本大法外，更须议决五年以内行政大纲。此后政府行政，应以此项大纲为根据，不得丝毫出入，如此，在一方面，可以树立行政之共同目标；他方面，可以表示举国一致之精神。政府（即行政院）或名内阁，由国民代表会议选举阁员若干人组织之，各党领袖一律参加，自可免除彼此间之倾轧。此后阁员苟因意见歧异而去职，准许其所代表之政党推出新阁员为继任之人，以维持各党间一致之精神。至于议员之职权，重在监督预算，议定法律，在此举国一致之政府中，议会不应有时常更迭内阁之举。其预算及法律之通过与否，皆不生政府责任问题，俾政府得安于其位以行其政策。然政府并非毫无责任，所谓责任，视其行政之效能如何。凡行政大纲中，应执行事项，达于告一段落之际，应许人民代表审查其所执行事项与所宣布者，是否相符。若其所行距其所言者尚不及百分之六十，应令其去职。至于政府之外，应以善良之文官制度补助之，更不待言。盖文官制度若不力图改良，令各党党员在其领袖庇护之下，从事于猎官运动之，则国家政治，决难有上轨之一日。

更有至要者，为个人自由之保障。如苏俄与意大利之制，国民之言论自由，因人而予夺；结社之权利，视其政见之异同而予夺；国民之选举权，亦因人而予夺，此之谓一党独裁或一党专政之制，何以言之？国家命脉寄托于个人之心思才力，各人本其所经历而思索之，而发表之，以形成一国之舆论或思想界之论战，乃一国文化所以进步之大因也。十九世纪以来之宪法，无不公认思想、言论、出版、信仰种种自由为国民之根本权利。反是，虽欲有所言而不能言，所不欲言者而不能不言；欲有所思而不能思，所不欲思者而不能不思。如意大利不许反对法西斯主义，苏俄不许反对马克思主义，令全国人屈服于一种主义之下，而学术界惟以低声下气为能。则在思想上，如丧失自由；在道德上，不得为独立自尊人格。欲求国性民俗之进步，不可得焉。根据以上理由，吾人主张三权分立之原则，吾国宪法中，仍当保留。西欧各国宪法中，常有"非依法律，不得限制或变更"之语，此之谓立法事项。此立法事项为议会独有之权，亦即人民自由之惟一保障，吾国仍应采取，不应效俄、意而去之。政府苟有侵犯之举，应由司法完全独立下之法官审理之，而不应由行政官自由裁决。申言之，司法之独立与自由之保障有密切不可分离之关系。

现代之行政，日趋于科学化、专门化，当其设计之日，应由专家事先调查；及其执行之日，应尊重专家之意见，不许政客上下其手。证之各国种种调查委员会与夫设计委员会成为行政之重要部份，可以明其趋势。故吾人之主张行政机关与立法机关之中，需多多容纳技术专家与科学家。

兹根据以上之制度，以图表解之如后：

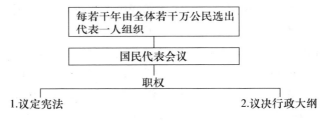

图一

注（一）第一次名曰国民代表会议，第一次以后，则曰中央议会。

注（二）国民代表会议能代表中央议会执行职权。

（三）经济制度

经济之范围甚广，有关于农业者，有关于工业者，有关于劳工者，有关于交通者，有关于币制银行者，有关于租税者，吾人关于以上各项之主张，详见于《我们所要说的话》条文中的第三十六项至七十二项，此处暂不列举。但就国家社会主义下之工业政策、农业政策两项言之。此两项政策之背后，有总原则六条：

一、为个人谋生存之安全，并改进其智能与境况计，确认私有财产。

二、为社会谋公共幸福并发展民族经济与调剂私人经济计，确立公有财产。

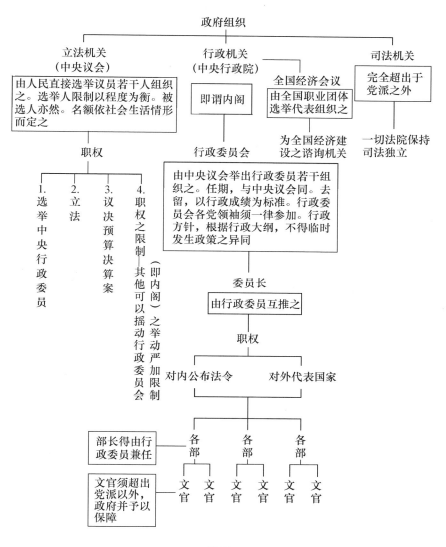

图二

参考：

一、《我们所要说的话》。

二、《我们要什么样的制度》。

三、《国家民主政治与国家社会主义》。

三、不论公有与私有，全国经济须在国家制定之统一计划下，由国家与私人分别担任而贯澈之。

四、依国家计划使私有财产渐趋于平衡与普遍，俾得人人有产，而无贫富悬殊之象。

五、国家为造产之效率增加及国防作用计，得以公道原则、平和方法移转吸收私人生产或其余值，以为民族扩充之资本。

六、谋民族经济在世界经济上取得平等地位并得辅助之，并促进世界经济问题之解决。

（甲）关于工业方面的。关于工业方面之主要问题有二：

1. 私有财产存废问题。

2. 大工业之社会所有问题，或曰大工业之国家统制问题。

世界上之共产主义国家，如苏俄，虽曾作一度宣言私有财产之废止，然一九二三年以后，关于工厂内雇用三十工人者，仍归私人所有，农产品亦准许人民自由买卖。可知社会主义所反对者，乃大资本大富力集中于少数人之手，非取一切私有财产而废止之也。一人之衣食住三者所需之日用品，假定一切取消而归国有，是无异于一切人民之私生活立于国家管辖之下，徒增国家行政之繁重，而无补于贫富不均之矫正。故吾人主张私有财产，在社会主义实现之后，仍旧存在。

除私有财产外，一国以内生产事业之经营，有下列种种式〔方〕式：

一、就其经营主体言之，分以下五种：

1. 私人经营 —— 单独
              —— 公司

2. 合作社

3. 地方团体

4. 私人企业立于国家监督之下

5. 国家

二、就财产享有言之，有下列三种：

1. 各个人之私产

2. 法人团体之公产

3. 国家之公产

三、就利益之分配，有下列三种：

1. 工人兼为股东，分享股利

2. 私人在大企业中所得之利益，受国家之限制

3. 国营事业利益，为全社会所共有

以上各种方式，虽可同时存在，然今后工业所有权之关键，为资本主义，抑社会主义。

吾比人常较二者之得失如下：

第一，资本主义。

长处：（1）政府不加干涉，听人民自由处理。

（2）人民自负责任，故多私人自动的发展。

（3）人民自负盈亏之责，故经营事业之法，合于经济原则。

短处：（1）财富集中于少数人，酿成贫富之不均。

（2）无统筹全局之计划，流于生产过剩。

（3）私人互相竞争，因竞争而生浪费。

第二，社会主义。

长处：（1）财富集中于国家，可以矫正贫富之不均。

（2）国家得以统一计划，经营各种事业。

（3）一切经营事业集中于国家，故易于抵御外国之工商业竞争。

短处：（1）国家自从事于经济事业，须多设官吏。

（2）官吏不长于经营工商业。

（3）国家权力过大，可以妨害人民自由。

吾人经再三研究之后，根据两大理由，认为中国应走社会主义之路，不应走资本主义之路。自世界经济恐慌以来，各国皆采生产自足自给政策，苏俄之为共产国者如此，其他如德意志之为资本主义国者亦复如此。吾国如不能于五年十年之内，先求食品之自给，次求毛织品之自给，又其次求钢铁电汽及火药工业之自给，日受外货之倾销，非沦为次殖民地不止。此项民族自给政策，非以国家之大力立定整个计划，集中全国金融力量，则其不能实现，可以断言。

若以此项事业，委之于私人之手，让千百资本家一一分任其事，则彼等不但无此实力，而且延搁时日，需五十年或百年以上而后可。所谓俟河之清，人寿几何？为民族自给计，应实现社会所有政策者一。

欧洲社会党所深恶者，为富力集中于少数人之手，因此劳动者结成团体，名曰劳动组合。其对厂主，则要求工资增加；其对国家，则要求

普通选举。有时要求不遂,则继以罢工或破坏工厂。诚以生活之一苦一乐、地位之一高一下之不公道有以致之也。今资本主义崩溃之声,既为人所共闻,且欲要求全国工人本爱国之精神,从事于工业之建设,苟听私人资本家但谋私利,而不为全国大多数之劳苦民众计,不特工业建设,不能有所进展,且欧洲之所谓工潮亦时刻出现于吾国。此为社会公道计,宜实现社会所有政策者二。

所谓社会所有者,即以全国之工厂收归公有或立于国家统制之下之谓。或者曰:苟不采俄国式之没收政策,则此项生产资本,何自而来?吾人以为凡国营事业,如交通机关,如天然富源之本归国家自营者,自有国有条例、国营方法支配之。至于其他私有大工业可以不必移转所有权,但以之列于国家统制之下,已可达到上文所云社会所有之目的。其原则如左:

一、所有权不必移转。

二、营业与设备须按照国家计划,受国家之监督。

三、盈余,除应提之公积金与按照市场之利息外,归入于国家资本中,以充下年扩张全国工业之用。

四、初兴办之新工商业,在五六年之内,其分配利益,不受前项之限制。

五、亏折时由国家贷以资金,俾得照常营业。

六、生活必需品之商业,可由合作社经理。其余商业听私人经营,其利益按盈利税则以税之。

(乙)关于农业方面的。

农业方面之主要问题,即土地之国有抑属于私有。苏俄自实行共产革命,首准农民各人自抢富农之地,据为己有。其法律上虽宣布一切土地属于国有,然事实上,俄国农民,仍可出卖其田地,不过其所出卖者,不名曰所有权,而名曰使用权。俄国农民之参加于集合农场者,各人所持有之土地,当其退出之际,仍另觅人出价接替,不过其所出卖者,亦名曰使用权,而不名曰所有权,此不过名词之变更而已,并非实际所有权之取消也,故吾人之意,与其主张土地国有,反不如主张土地私有,而国家有全盘整理权、支配权、公用征收权。国家既握有土地支配权,于分配土地时,应有以下两种标准:

一、变佃农为自耕农。从反面来说,即废除坐食之地主阶级。

二、各人所占之地,应以实际自己耕种者为限。

至于边省未开垦之地，可酌采俄国集合农场或国营农场之制。土地耕种，与农产经营原非一事，土地尽可归私有，而经营之法，可参以合作之制。

但中国农业问题，不仅分配问题，而是生产问题，如改良种籽，改良副业，兴水利等等，皆事关根本，不容忽视。此外更有紧急问题，即为农业金融。近年以来，全国金融，集中于大都市，稍有资产者，皆托庇于租界，因而内地金融枯竭，农民无以自活，此则有待于国家治安之后，都市金融与豪富之家，方可以发生一种归乡运动。斯则为全国政治问题及治安问题，非银行几百万资金散至乡间所能有济也。兹举吾人关于农业之方针八条如后：

一、国家对于全国土地有支配权、整理权及公用征收权。

二、农业区务使能与工业区联合，俾农人得兼为工人。

三、规定耕作单位。

四、依法津与公道，使佃农变为自耕农，并以公道与平和方法化除工农。

五、普遍设立农业货款银行，并补助与奖励农业合作社之建立。

六、大兴与农业有关之水利。

七、以科学方法改良种籽与耕作器具以及种植方法，并改良副业。

八、提倡或奖励畜牧与造林。

参考：

一、《我们所要说的话》。

二、《国家民主政治与社会主义》。

（四）文化制度

上文所谓经济计划，乃民族国家的总动员之一方面，尚有第二方面，是为文化。凡立国于世界者，无不有其文化上特殊之贡献，如英人之于宪政工商，德人之于哲学与科学，乃至法、美、日本等国，无不各有其特长。吾国处此文化新陈代谢之际，一方吸收外国之新潮，他方保存固有之国粹，冶二者于一炉，实为不易之政策。孔子、老子、墨子以及宋明之儒家所指示吾人之伦理生活与夫求知方法，虽不必与现代之需要完全吻合，然其地位至少可比西洋之苏格拉底、柏拉图、亚理斯多德或近代之培根、笛卡儿、康德。吾人能守吾祖宗关于伦理与学问方面之言论，适合于现代者，则于保存国粹之中，自可无背于世界新潮。现世界上所重者，曰民主政治，曰科学，曰经济开发，此数者，衡诸四千年来立国之本旨，原非相背，何必因现代文化之故，乃取吾祖宗以来之精神遗产而毁灭之乎？

文化中之第一事，为思想问题。战国时代，百家争鸣，为吾国文化最发达时代，可知思想自由与学术发达，有不可离之关系。欲求思想自由之实现，宜行下列各事：第一，大学教育，应超于党派政治之外。第二，大学教授，须享受严格之保障。第三，为言论、出版之自由。要知政府诚能奉公守法，自不必以人民之批评为惧。坐言之，人民诚有起行之机会，自然不至专发漫骂或不负责任之言论，此皆视政府平日所养成者何如，而非一味压制之所能有效。

或者以为思想言论之开放，势必致众论纷纭，政治不能进行。如政治制度一段内所云：若举国一致之政府，若行政大纲之决定，诚能实现，则全国之目标确定，人民言论自有所适从。社会上舆论之发达，可以促成政府之成功，反是者，如今日所谓言论，皆出于政府自己制造。政府之宣传虽勤，而人民之不信如故。可知非有言论自由，则人民真正之信仰心无由表现。吾人之主张，政治权力，宜于集中，但所集中者，以行政为限，绝不容许侵犯人民之思想自由，国民党之所为，正与此反。对于社会人民，无往而不用其压迫；对于行政权力，则不求集中。任何军阀，任何政客，任何官僚，只须一旦取得党籍，则割据自若，不奉命自若，自由行动自若。所以就党内言之，为分裂；就政权言之，亦为分裂。其待党外人民，则为压迫。吾人以为此种状态，应该澈底改革，澈底铲除。所以改革之者，曰政权务求其统一，政务求其集中，社会务使其自由，思想务听其解放，此不独国家治乱所关，亦学术盛衰所系。

现时教育之大病有二：一曰四万万人中大多数未受教育，二曰受教育者未必能受好教育。兹先就第一点言之。

四万万人之中，大多数不知国家为何物，不知国家所处之情状为何如，甚至困于衣食，求一暖一饱而不得。敌人窥其然也，乃于事变发生之际，以三四角钱之微，可以驱遣之，使为敌用，如天津之便衣队，如上海之汉奸，是其显例。假定四万万人之蠢如鹿豕，长此以往，则人口之众多，不但有〔无〕益，反足为害。吾人之意，普及教育为当今急务，并应限定年月，从速进行。即令不能实行正式之义务教育，应施行乡村试验区平民教育或千字课教育，二三年之内，使全国无一不识字之人民，则人人都有知识，可以有益于国家，而不至陷于卖国奸细之地位。

其次就学校教育言之。国内小学教育之十分恶劣固无论矣。至于中等教育，可以证诸各省会考之成绩。各省中中学生会考及格达于一半以上者，已为成绩较优之者；次之则百人之中，不过二三十人；再其次，则千人之中，及格者，不过七八人。试问教育当局之粗制滥造如此，国其何以自存？

就大学言之，今之大学距其所负养成人才与研究学术之神圣使命，殊远殊远。大学毕业生产量日多，在政府机关与社会事业中，无可安插，是徒造成无业游民，于国家一无用处。毕业以后，人人以出洋为惟一途径，积五六十年之久，任事与办教育者，皆外国归来之留学生，试问世界上英、美、德、法、日等国家之中，曾有何国专以出洋留学为造成本国人才之惟一方针者乎？吾人主张之大学地位，应超然于党派政治之外，专负学术上研究责任。至于中学，不仅以会考为改良惟一方针，应先将中学师资严格加以甄别。中学师资之地位提高，中学学生之程度，亦因之而提高。

就全国教育之普通目的而言，应有三个标准。第一，生产能力普遍化。全国中学、小学及专门学校，应与其所在地之产业，发生联络。所有学生，于讲堂功课以外，同时从事于生产练习，毕业之后，自然养成一种生产技能。第二，军事训练普遍化。全国学生在物质方面，要养成能耐劳苦的习惯，造成一个强健身体。在精神方面，须培成勇敢牺牲服从奉公守法的道德，有事之秋，一呼而集，可以执干戈为国家抵御外患。第三，团体生活普遍化。数千年来之吾国，对外既无交通，对内专以明哲保身为能事。今环我而立之英、美、德、法、日诸国，其国民平日在政治上与闻国家大事，或开会，或议事，或入政府，皆能有共同合作之精神。此为近代国家最重要之基础，尤为吾国人民首当养成者。吾国人之公生活，曰无三人以上之团体，曰领袖，各闹意见或养成小组，是促国家之灭亡也。今后共同生活之习惯，或曰公平竞争之精神，或曰对外患时举国一致之精神，皆吾国公民教育中所当先培植者也。

吾人所主张之教育，是为有计划之教育。凡政治人才、工商人才与夫教育人才，皆视各方面所需要而后从事养成。所以养成人才者，务须贯澈国家立国之大计，是乃为国家而教育，非徒为一人一党计，而置民族立国之大目的于不问也。

参考：
一、《我们所要说的话》。

（五）国家社会主义与其他政治思潮之异同

国内现有之党派三：曰国民党，曰共产党，曰青年党。青年党又名国家主义派，虽其党纲与吾人所主张者，未必尽同，然其思想，固以国家以民族为其出发点。兹姑置之不论，但就其他两党言之。

三民主义应分两方面言之：第一为理论方面，第二为事实方面。三民主义中，分为三项：曰民族，曰民权，曰民生。其为一主义乎？其为三主义乎？此为局外人苦于不能了解之点。如其为一主义也，则三者之背后，应有所以统一之者。法西斯主义之最高概念为民族，以民族为政治上、经济上、文化上之最高标准而支配社会与个人也。西欧各国之民主政治，在政治上为议会制度，在经济上为放任政策，在学术上为思想自由，是以民权为本，而支配民族与社会也。俄国共产革命告成后，没收私有财产并宣布无产独裁之制，以实行其共产主义之建设，是以民生为本，而支配民族与个人也。此三类中，皆以其一统辖其二者，而后此三者之纲与目，乃能一贯。而国民党之三民主义正与此反，以其仅为三根平行线之排列，而无统一之原则以贯串之。此为其理论上之缺点一。民族、民权、民生三项，为欧西近数百年立国之三大潮流。其实现于欧洲也，民权、民族二者为十八世纪及十九世纪初期之产物。至民生主义（以下民生主义，照社会主义解释）之运动，自一八四八年以后大盛。然彼此之间，自有参互错综之点。以民权为本位之国，则重私产而轻公产，换而言之，民生受裁制于民权也。以社会主义为目标之国，首废私有财产，并限制各种自由，是民权受裁制于民生也。吾国之三民主义，既为三条平行线，三者同时存在，若不相侵犯然，实则民权、民族、民生三者之可以互相牵制既如前述。彼创此说之人，初未尝思索及之，故于其相关联处，未尝妥为安排，因而党内引起无数纠纷。此为理论上之缺点二。中山先生之思想，受十九世纪欧美政治影响最多，其建国大纲，所称军政、训政、宪政三时期，亦以宪政为最后目标，即以其深信英美之民主政治之故。然自俄、意、德等国实行一党专政，英、美两国在世界恐慌之日，亦变更平日之议会政治而采权力集中之制，此乃中山先生讲演中未尝梦及。今勉强附会，若三民主义中，几无所不有，无所不包，是乃死守死领袖之言以为标准，而陷全国于盲人瞎马之境，而其他新政治思想亦处于无可发展之地。此为思想上之缺点三。

就事实言之，国民党内部有所谓一民、二民、三民之语，右派但知有民权与宪政，左派但知有民生与劳动阶级之利害，此即因三民主义之平行性而生一民、二民之分裂有以致之。中山先生之思想，十之八九，得之欧美，既如上述，及其联俄容共之日，关于党事国事，一转而效法苏俄，所谓中央执行委员会、中央政治会议，皆俄国之制，而非欧西之产物。俄之以全国全党权力集中于少数，意谓如此，所以达共产主义之目的也。国民党政治目的之最后阶段，为宪政而非共产主义，乃亦采列宁、史达林党权集中之策，谓将来可以达于宪政之阶段，正所谓南辕而北其辙者矣。今且以苏俄之制为开端，进而借途意大利、德意志之独裁政治，谓率此道以进于宪政之建设，更所谓去题万里矣。

国家社会主义之内容，所以胜于任何主义者：第一，以民族自觉、社会公道、个人自由三方面为同时之出发点，且有以调剂其间。以民族为本位，而同时不妨害社会公道、个人自由，如意大利然。以社会公道为目标，而同时不妨碍民族发展、个人自由，如苏俄然。以个人自由为目标，而同时不妨害及社会公道、民族发展，如十九世纪之英国放任政策然。对于近来各国政治上集权之趋势，经济上之通盘计画，兼收并蓄于其中，皆鉴于欧美最近情形而有以会通之。吾人自信其所主张，较之二三十年来之政治思潮稍有一日之长，其内容各项，亦与中山先生之理想，初不冲突，而为进一步之发展。今之当局，若视三民主义为天经地义，不许人于三民主义之外另标主义，是名为尊重中山主义，而适所以蹂躏之。岂有主张宪政之人，而不认国人之言论、结社自由者乎？

共产主义之最大目标，曰共产主义之建设。其所采手段，与欧西各国不同者有三：一曰私有财产之没收，二曰无产专政下之阶级区别，三曰人民自由权利之剥夺。共产党以一切罪恶归于私有财产，当其柄政之日，将银行、工厂等一切收归国有。然一九二三年之新经济政策实行后，容许三十人以下之工厂仍归私人经理，农产品除应纳之农产税外，听农人自由交易。自五年计划施行后，集合农场之制，遍于国中，然个人所有之土地权，仍以买卖方式移转于他人，则秘有财产一律没收之政策，苏俄之不能贯澈，可以见矣。苏俄以为从私产社会达于公产社会之中，应有一段过渡政治，是名曰无产专政，最后达于无阶级区别之社会。然考之苏俄现状，同为无产阶级之中，其待遇亦不平等。乡苏维埃中每百万人选出代表一人，城市苏维埃中每十万人选出代表一人，是无产阶级所享权利各异之显证。同为无产阶级之中，苏俄之所优待者为工人，而非农民，然仅就工人言之，其公开选举之日，大抵有共产党员为指挥，将后补人名单高声朗诵，若闻有反对之人，则秘密侦探立随其后，是在无产阶级之中，又因党内党外之分，而权利享受之程度各异。同为党员之中，有所谓中央派，以史达林为代表；有所谓反对派，以托洛司基为代表。两派时相倾轧，各不相下，此盖专政之结果，必流为一人之专制，何尝能取阶级之别而消灭之哉？苏俄宪法之中，规定厂主、商人、教士、旧皇族、警察及恃息而生者皆不得有选举权；一国之中，除共产主义之报纸外，不容许有反对主张之舆论；至于苏维埃之中，更不许反对派之政党存在。彼等所以为此者，无非曰有今日之不平等，乃所以达于他日之大平等，然究竟有大平等之一日与否，不可得而知，而今日不平等之苦，则为苏俄一万〈万〉四千万人所同受矣。凡此苏俄政治上之三大特点，彼辈既悬有无产阶级区别之社会为目标，自然以今日之牺牲为不足惜。若夫不信共产党主义，且不信世界上将有无阶级区别之国家，自不必以实行以上各种制度为理想社会实现之前提，显然矣。

苏俄革命成立之日，组织第三国际，以鼓动世界革命。凡各国议会中之共产党，皆为第三国际之支部。一九一七以至一九二二年中试行之于德国、匈牙利与西欧其他各国先后失败，乃眼光一转而至于东亚，于是在我国有联俄容共之一段关系。一九二六—二七年由容共而反共，饱路廷等相继返俄，史达林亦知世界革命之不易行，乃一心以苏俄国内建设为事。此种政略，俄尚行而不通，吾国更何能适用之哉？

然吾人之国家社会主义，与苏俄略有相似者：（一）以社会公道为目标，（二）以计划经济为方针。其显然不同者，吾人认为今日中国之经济状况，除通商大埠有若干银行、工厂外，尚不足语夫资本主义之存在，故打倒资本主义或资产阶级之说，决不通用。但须国内治安与军队裁减之后，由国家筹集大宗资本以从事于工商建设，自可以私人资本竞争而使之就范，故吾国社会所有政策之实行，可以国家资本为后盾，而不必效法苏俄之没收政策。

我国之大病，在乎人民久处君主专制之下而不识公民之权利义务，今后当提高人民智识，提高人民地位。惟恐人民之不自动，不发言，不参政，岂有在此民国基础之上，乃以剥夺大多数人民之权利而操诸一党之手为得策者乎？岂特言论、结社之权，不应限制，即参政与组阁之权，亦应公之于全国人民，故无产阶段专政与剥夺人民权利之举，亦为我国所不应采取。质而言之，苏俄所采之政制，皆吾人所绝对反对者也。

与共产党主义相关者，为唯物史观之说，假令唯物史观论者之所言曰，一国之政治、法律、道德为经济条件所支配云云，为一种认识论中之主张，在历史事实之中，有此相互相影响之关系，犹不失为历史理论之一种，然彼等本此政治、法律、道德受经济条件支配之论，因而产生一种训条，曰所谓道德，皆为资产阶级之意识形态，凡为人民，应以斗争为事，而不认互助之道德。此种理论，与民族主义中所谓同血统、同语言、同历史、同风俗之民族一体之自觉，完全相反，自与吾人之主张不能并存者矣。

吾人既标民族一体、社会公道、个人自由为三大基本事项，在此基础之上，苏俄所希望之社会公道，既可达到，而同时不致妨害民族自觉与个人自由，自胜于共产主义万倍矣。

或疑吾人所主张之国家社会主义与十九世纪中叶德国之国家社会主义相类，亦有人疑吾人之国家社会主义与希特拉之民族社会主义有相类之处，是皆不可以不辩。所谓十九世纪中叶德国国家社会主义，以劳包土斯、拉萨而（Rodbertus、Lassalle）及政治家俾斯麦所实行者为代表。劳氏立论之出发点，曰生产出于劳力说，曰工资日降说。此等言论，适足为马克斯主义之先躯〔驱〕，而与马克斯主义之理论初无大异。劳氏常以为欲免除贫困与商业恐慌，非施行资产之社会所有不可，然此事绝不可期望于短日之内，应待之五百年之后。彼所主张之救济方法，曰劳动契约，曰工资增加，是乃社会主义初发动时之思想，与吾人上文以民族自给以社会公道〈为〉出发点之社会主义，不可以同日而语。至于俾斯麦之所施行者，如邮政、电报、铁路及其他交通工具之归于国有，皆当日所目为社会政策者，比在十九世纪自由放任政策实行之时，在欧人目中视之，视为一种新奇政策。在今日言之，只可谓为保育政策而已。

希特拉之政党，国人亦有译为国家社会党者，其实希氏之所注重者为民族，其反对犹太人，以日耳曼血统为标准也；其反对《凡尔塞条约》，即以保持日耳曼民族权利为目标也。然希特拉之党纲中，未尝无若干条与社会主义相类之规定，如曰：（一）公共利益超于个人利益之上。（二）不劳而获之收入之废止。（三）托拉斯之国有化。（四）工人参加股权。(五)以职业阶级为经济组织之基本。(六)对外贸易之统制。(七)资本流出之禁止。惟希特拉之党纲中,能列举以上各项,所以能吸收德国人之同情,且引致共产党之一部。然自其柄政两年以来,但见其有强制劳动,保护本国资金,禁止外物入口,究竟他日是否有废止不劳而获之收入之一日,尚属于不可知之数,即令有之,恐不过取私人公债股票利息等收入而重税之,至如吾人上文所主张之社会所有政策,恐未必能实现于希特拉政府中。吾人之国家社会主义与希特拉氏之异同,亦不必以其命名之偶同而混为一谭也。

(六) 结　论

自辛亥革命迄于今日,国人所同希望者,曰国本之确定,其至少之限度,曰领土之不割让,曰同胞之不致为奴隶。然革命又革命,垂二十余年之久,不特根本大法不立,政治尚来〔未〕入轨,而四省之大三千万人民之众,一朝断送于外人之手矣。方今国人所同惧者,曰外藩之尽丧于外,曰华北之被人占领,曰他年世界大战中民国之四分五裂。处此时代之中,惟有全国之人同心同德,努力振作,庶几急起直进,而免国家于危亡。国人诚以此事为目标,则其立国方案,应采取欧美各国之长而调和之。政治方面,如权力集中与个人自由之调和;经济方面,如私有财产与社会公道之调和;文化方面,有维持固有道德与吸收世界新潮之长。而其行之也,必须能容纳众流,彼此合作,向同一目标以进行。此皆吾人国家社会主义全方案中之根本概念。虽处现状之下,不免于受种种阻碍,然吾人信其终,必有发扬光大于全国之一日也。

我从社会科学跳到哲学之经过[*]
（1935）

吾国智识界年事稍长的人，其所受教育，大概不出两类：一类是纯粹读四书五经并从旧式的老师和书院或科举陶冶出来的，一类是从近代新式教育小学、中学、大学出身的。我的学历则介乎二者之间。在十三四岁前后，我曾在旧书房内读过四书五经，又曾在吾国初期所办的西洋式学校内学习英文、数学、化学、地理。我与现代学术正式接触，那是以后在日本留学时期。在日本曾进早稻田大学政治经济科，初进时是预科，后来入大学部。当时的教授教政治学的是浮田和民，教国际法是中村进午，教宪法是有贺长雄，教财政学是田中穗积，教经济学是盐泽昌贞。虽然在日本读书，我的日本语文不太高明，仅仅能看书，说话或写作都很感困难。所以在早大时自己求智识的工具还是靠英语。当时日本所用参考书，大概都是英文本，除讲堂讲义是日文外，我自己所读的是英文书。譬如政治学所用的参考书是威尔逊的《国家论》、柏基士的《宪法》，经济学是萨礼门的《经济原理》，国际法的参考书是奥本海的《国际法》。我日本语文虽不好，因为所用的是英文参考书，考试亦可用英文来写论文，所以勉强就毕业了。在日本五六年，学校给我最深刻的印象，是浮田和民所教的政治哲学。政治哲学是选科，选者甚少，就只是我一个人，读的书是陆克的《政府论》。上课时，最初浮田先生站在讲坛上，后来因为看书不方便，他同我两人并肩而坐。这个人和蔼可亲，循循善诱，到现在我还想见他穿了和服及木屐的样子。日本学校虽然用的是英文参考书，但是教授常常所提起的，是德国著名学者如

* 原载《再生》第 3 卷第 8 期（1935 年 10 月 15 日），今据《中西印哲学文集》（63～73 页）。

Wagner 及 Schmoller 等，宪法学上也提起 Mayer 及 Laband 的名字，所以在日本留学时，已引起我对德国学问的羡慕心。我在早稻田也曾读德文三年，德文经济学、德文宪法也曾读过些，在那时我已经有意到德国留学。等到民国成立以后，因为外蒙问题，我在《少年中国》（民元所办）报上做了文章宣布袁世凯罪状，无法安居北京，朋友中如张仲仁劝我到德国去。一九一三年春动身，到柏林留学，途中在俄国住了二三月之久。初到德国，自以为在日本所读三年德文，或有多少用处，那知道话一句不懂，看书程度亦很有限。后来自己拼命用功，才可勉强听讲。在柏林大学所选的课，都是在日本所听见的大教授，如 Wagner 的财政学，Schmoller 的经济学，List 的国际法，同时还听民法、刑法等。德国大学有一种风气，名叫大学自由，就是选科听讲，完全凭自己意思，学校没有排好的课程表。当时我自己在学问上正是求智识的时候，那能知道何者先读，何者后读，何课与何课有关，何课与何课无关，自己茫无头绪。学校有此自由给学生，而我却不知道怎样运用。

由清末至民国初年，吾国知识界对于学问有一种风气：求学问是为改良政治，是为救国，所以求学问不是以学问为终身之业，乃是所以达救国之目的。我在日本及在德国学校内读书，都逃不出这种风气。在德读书约有二三年，在自己无多大心得。如 Schmoller 的经济学属于历史派，何谓历史派，自己并不清楚。Wagner 的经济学是以演绎为方法，何谓演绎法，亦弄不清楚。两学派何以不同，亦并不加以研究。虽两三年中读书甚勤，但始终站在学问之外，学问与自己尚未打成一片。

一九一四年秋，欧洲开战，我的心绪转而研究各国战事的胜败前途如何，至于经济学、国际法等，已不能使我发生兴趣了。我在欧战之初，目击德国动员，领过面包票，也曾到过比利时战场去参观。一九一五年秋，国内筹安会成立，我在海外闻之，愤愤不平，想帮同国内友人打倒袁世凯，所以就在十五年秋离开德国，经荷兰到伦敦去。这时候北海里埋了水雷，潜水艇到处出没，很是危险，但我为好奇心所驱使，也管不了那么多了。初到英国，那时，英国强制兵役法尚未通过，常看见沿街招兵的广告，与德国人之以当兵为荣者，大不相同。我到了十余年来所羡慕的英国巴力门里边，看见劳合·乔治在议会里把双脚放在中间的一张长桌上，我心中好奇怪，以为英国庄严议会中，何以大政治家的行动如此随便。后来知道英国议会不像大陆各国议会注重雄辩，英国议会好像我们乡下绅士聚在茶馆中讨论问题一样，是大家聚在一起，求事的解决，并不是逞口辩的，这是英国议会所以能有成功。一九一六年从英国经过瑞典、挪威、俄国回到中国，曾帮助朋友反对洪宪帝制，这是我参加实际政治工作的第一次。

现在我要再详细说我这时期对学问的态度了。前清末年，一般青年都想改革政治，有的以为非排满清不能有为，有的以为如果革命，内部要分裂，外患要起来，所以主张要立宪。大部份东京留学生都是热心政治，所谓求学，不过在政治运动中以求帮助自己智识之一种手段，很少有人以学问为目的，以努力学问为终身事业的。这个时期大家只知有政治，有救国。在东西洋求学的人们，关于宇宙间何以有智识有学术，学术何以有许多门类，何以有所谓方法，这种种问题，大家偶尔在书本上翻到，至于真正研究纯粹学术的人，可以说是绝无仅有。各人自己同学术应该发生何种关系，学术上有多少派别，如哲学上有经验派、纯理派等，我们自己应属何派之中，也从未想过。简单说来，自己既不以学问当全生命的工作，自然学问同自己不能打成一片。换词言之，学问是由于宇宙现象之变化而来，各人自己以探求宇宙之秘奥为事，而后自己与学问可以合而为一。若以学问为改良政治之手段，自然对于学问之本身不发生兴趣，这是难怪的。

倒袁之后，继以对德宣战问题。我自己因为目击欧战初期情形，我料欧战中德国胜利是不可能的，回来之后曾经同朋友说过中国应参加战争。我当时的宗旨，认定国家在国际上能立功，然后才可以取消不平条约，徒托空言，是无济于事的。我们读意大利建国史，知道加富尔曾参加与意大利无关系的克利米战争，其目的是要在国际上立功，而后在和会里陈述意大利的苦衷，一方面要排除奥国的压迫，他方面要求英、法人的同情。我当时所以主张对德宣战，实含有此意。后来因对德宣战政策，竟发生南北分裂、"宣而不战"与夫西原借款的结果，这实在出乎意料之外，为提倡的人们所不及料的。此等事大家共知，可以不说了。

一九一六年回来之后，住在国内有两年半。到了一九一八年，同梁任公去欧洲观察欧洲和会，任公以非正式的资格去考察欧战情形，希望为中国争回多少权利。在巴黎住了一年，常对吾国的五个全权代表，以私人资格，贡献了多少意见。有时也同法国当局有所往来。等到青岛问题解决，梁任公离巴黎到各国游历。我们从德国南方名都敏兴到柏林道上，他忽然想起当时在远东有名的欧洲哲学家二人，一为法之柏格森，二为德之倭伊铿。他说何妨去访倭伊铿一下。第一次同倭氏见面，这位哲学家诚恳的态度，大大使我发生研究他的哲学兴趣。倭氏替任公做了一篇文章，名曰《新唯心主义与旧唯心主义之异同》。一见之下，慨然对于万里陌生之人，允许这种工作，其殷勤之意，尤为难得。一九二〇年任公返国，我遂移居耶纳，从倭攻哲学，并读哲学史与其他有关哲学之书。这次见面可以说是我从社会科学转到哲学的一个大关键。

但是与倭氏见面，是一个直接触动，平日尚伏有种种暗潮，在我下意识之中。兹分两点来说：（甲）事实方面的两个刺激，使我不满意于国内外的现状；（乙）理论方面的刺激，使我不满意于社会科学而转到哲学。

所谓事实方面的两个刺激：（一）第一种就是民国成立以后的国内政治。我曾经目击民元的国会选举，初选复选，都以贿成，选民如此，议员如此，这个民国能否维持，大家已发生疑问。如其现在选民、现在议员不能维持下去，是否应当开发教育、开发实业或另有其他方法以提高人民程度，以巩固民族基础。一国以内，先要人民的智识力、道德力充实，然后才有好政治，如果不然，天天空口希望好政治，是无用的。我因为怀疑于民元以后的政治，所以时常心上要求一种最基本的方法，对民族之智力、道德与其风俗升降之研究，时常感觉必要。可以说因为国内政治恶浊，迫得我采取一种思考的态度。（二）所谓事实上第二种刺激，是国际的。巴黎和会那一年，我住在巴黎，知道国联的章程最初是南非洲斯墨兹将军所拟，后经西雪尔氏代表英外部加以修改的。英国原稿与威尔逊所拟者，大不相同，一则侧重于事实，一则偏重于理想，其中为强国保留了许多权利。我读最初原稿之后，已经知道国际上只有强权而无公理了。后来青岛问题解决，中国虽参战国之一，但不能直接从德国手上收回青岛，而须待日本人交还我们。当时我们的代表和国民都十二分不平，但日本是当年的强国，所以我们只好屈于巴黎和约之下。因国际联盟与青岛问题，深使我感触国家自己无强大兵力，外交是空话，乃至说国际公法，更是空话。当时我在巴黎与丁在君同室，曾告诉他说：我已决心把我所藏国际法书籍付诸一炬。在君闻之，大为骇怪。我从那时起，绝不读这些无用的书，我决心探求一民族所以立国之最基本的力量，或者是道德力，或者是智识力，或者是经济力，专在这方面尽我的心力。我现在还是如此想：一国能以自力自立起来，不怕他人不上门来请教你。

我在一九二〇年后，对于各方面事情之兴趣，不可不略为声明。自那年后，我虽专心哲学，但对于欧洲之政治思潮与经济思潮亦时常注意。这种政治问题与经济问题，不像以前单就政治论政治，单就经济论经济，而是拿了这种材料后，加以一种哲学的思考。所以这时代中并不完全抛弃社会科学，只是令他做哲学家之材料。

所谓理论的刺激，亦可分两项，一曰科学之分科性，二曰各科学中之抽象历程。

第一，凡一门科学，不管是自然科学或社会科学，总有他的研究范围，在这个范围以内，他有他独立的资格。我们用一种术语来说，是"分科性"。一科学只能在他本范围以内说话，与其他科目是不相关的。譬如从社会科学之性质上说，政治、经济、教育各门，各自独立，自成一种学问；但是从生活方面看来，一国的政治好坏，离不了国民富力与国民的教育程度，所以教育、经济、政治在学术上可以独立，在生活方面是互相关联的。因为教育不发达，国民无智识，政治绝不能有好现象，可以见教育与政治的关联。同时国民穷到"食不饱衣不暖"，这个国家也绝对无好政治，可以见经济与政治有不可离的关系。所以我从分科的科学方面来看。同时，从相关联的生活方面来看，则两面完全是两回事。而在研究科学的人，立在一门科学立场上，往往以为从本门科学以内可以能解决本门以内的事情。在我最初求学时候，亦以为读了政治，不可以照书本解决政治。后来与实际生活接触之后，就知道科学是以分科为基本。既以分科为基本，自然只能说到一方面，而忽略其他方面。这是在初期研究学问的人所见不到的一点，因为他们忘了学问的分科性，对于学问，有过分的希望，而且往往过于抬高学问的价值，以为它可以解决一切实际问题。

第二，理论的刺激还有第二种，就是各科学术里边，都有一种抽象历程（Abstraction）。譬如说，经济学上有所谓经济人，认为人类是有自利心，他的行动是根据"以最少劳力得最大效果"的原则，好像人类的经济行动除自利心外，就不需要其他基础了。但是仔细一想，便知其不然，譬如一个工厂的成立，除了股东股份外，若治安问题、法律问题，都是经济行为上的必要基础。一厂以内的工人智识，工人的勤惰，工人的守厂规，也是工厂经济行为背后必要条件。所说说："经济人"云云，完全是出于抽象，而与实际生活不相应。以上是经济学中之抽象。再举政治学中之例来说：政治与社会学中常以个人与社会、个人与国家相对待，我们早已知道一个人在一个团体以内，要以个人资格求生存，如鲁滨孙一样，是不可能的，可见世界上是无真正的个人。至于社会学上则有所谓合群性，互相刺激，模仿性。有了这几点，所以能有所谓同类意识或团体精神。我们如此说法，好像是否认所谓"个人"。要知道个人在衣服言语法律之内，是无法真正表现其个性的；但是个人在言论上、思想上、美术上的创造，或是个人在政治上的奋斗，确有其自身的价值，非团体所能抹杀。这种真正个人的努力，我们也承认，但这种努力还是少数。所以与团体对立的个人，可以说还是一种拟制（Fiction）。科学中有这种抽象，有这种拟制，同上边所说分科性一样，可以使科学家遁于虚空，这是免不了的情形。

还有几种情形，使我们不能不从社会科学走向哲学的田园里去。我们读各种思想史，如政治思想史、经济思想史等，常看见种种变迁。如近代政治思想从民约论开场，后来法国革命亦受其影响，于是有欧洲之民主政治。可见民约论在政治思想史中是一个有力潮流。但是到了十九世纪，大家对民约论加以反驳，说他毫无历史的根据。后来渐有一派人抛弃民约论，主张从历史方面研究国家起源。于是学派大盛，弃民约论时代的浪漫性，一转而以事实为根据。这是政治思想史中一个转变。同时，经济学从亚当·斯密司提倡个人主义、自利主义、放任主义，认为个人照他自己所认定利益去做，全社会自能达于美满的目的。因为亚氏是从个人利益出发，所以后世名之为个人主义者。到了十九世纪中间，马克斯等反对资本家之剥削，主张经济上应以社会公道谋集体的利益，乃有大工业国有、土地国有之说，不外由个人转到社会身上。同时英国哲学家如边沁、穆勒、斯宾塞，是个人主义之代表。十九世纪中有英国黑格尔主义者，也主张集体利益。其在政治上，十九世纪中叶为自由主义全盛时期，自由党的自由贸易，可谓出色当行。及欧战以后，俄国、意大利相继反对议会而趋于独裁政治，于是自由主义没落了。可知政治学上、经济学上，其思想背后有一个总潮流，这种潮流，不能求之于各社会科学，而应求之于哲学。

因研究社会科学，对于忽而民约论，忽而自由主义，忽而社会主义之种种变迁，使我怀疑于社会科学之本身——在以个人为主眼，可以成立一种社会科学，及乎以团体为主眼，亦可以成立另一种社会科学。在某种前提成立的社会科学，与另以一种前提所成立的社会科学两方面比较，觉得他们立说是彼此不相容的。如自由主义时代，有尊个人的政治学说；专政时代，有尊独裁的学说。他们不相容的程度，大大使我怀疑社会科学中可以求到一种真理与自然科学相等。这也是一个刺激，使我怀疑社会科学之确实性，而不得不走到哲学的路上去。

大家假定问我，你走到哲学路上后，已经对于以上各种疑问，有结论没有？我可以答曰：没有。但是我可以说从到了哲学田园以内，渐渐对于社会科学内各种学派所以不同的总原因，已经较往时明白了许多。从前站在社会科学之内，看不到社会科学变迁之故，现在站在社会科学之外，明白了许多。举一二例为证。譬如民约论时代，是从理性方面出发，研究人类政治组织之起源，说人类是天生下来时自由的平等的。在这前提之下，所以说国家主权应操于人民全体之手，因此而成为十九世纪式之民主政治。我们再从经济方面来看，这时候就是重农学派与古典学派成立的时候。重农学派与古典派同以理性为出发点，他们说经济行动内，有自然公例，这种自然公例都是人类计算利益之中当然发生的。当时之宗教思想，反对传统的宗教，有一派人创所谓自然宗教。他们不相信有造物主，但是相信世界上有无形的道理，这道理是造成世界的总原因，此可谓为以理性为主之宗教。从这政治、经济、宗教三方面说，因为当时所处为理性时代，所以无论政治、经济、宗教三项，同以理性为出发点。到了十九世纪末年，哲学方面如柏格森主张"冲动"说，倭伊铿主行动主义，在这时候，不但二氏之哲学如此，在政治、经济上亦有同样现象。政治学家如华拉斯著《政治中之人性论》，以为政治现象不是从理性出来，是从非理性出来的。政治现象中如群众心理，如群众催眠，在情感热烈的时候提出若干主张，往往很易得到人的同情，这种情形，绝不是从理性所能加以说明的。法国工团主义者苏拉尔（Sorel）又以柏格森学说应用到大罢工问题。他说不必计算利害如何，只要大家肯大罢工，自然工人能得到一种大结果。同时马克斯等主张夺取政权。既说"夺"字，那就离不了强力，便无理性可说了。所以说十九世纪末二十世纪初，哲学上、政治上、经济上为非理性主义所支配。

我们从哲学以下观察，能在各种社会思潮背后，寻得其总根据，所以我说从哲学以观察社会或自然界，比较的看得清楚。也可以说从哲学方面来看，容易达于社会科学与自然科学之第一原则。治哲学的人，比治社会科学的人对于宇宙现象之第一原则，接近一层。

治科学的人，他们只能在本科学范围以内讲话，天文学家只能说天文，政治学家只能说政治。至于合种种科学为一，加以一个总名曰智识。此智识本身之性质如何，可靠性如何，成分如何，方法何如，此皆哲学家之事。所以哲学家不能如科学家之单管本门，同时亦须顾到知识之全体。

哲学还能给人类以一种人生观。譬如唯物论者说世界是由物质出来，即以人类而论，亦是先有物质，继而有一种灵性，而后有自觉性或曰思想，唯物论者以思想与自觉性为附属现象，以物为宇宙一切事物之基本。他们重物质，轻精神，否认世界有所谓道德，否认国家是民族有意识的团体，反视国家为压迫穷民的工具。除夺取政权外，无其他改良政治方法。

另外一派哲学家，以为人类在几千年中有所谓国家、社会制度、政治、法律、宗教、学术，此种种所以产生，即由于人类精神与思想。假如人类无精神、无思想，同木石一般，从何而有各个人对于国家之牺牲？从何而有各个人肯牺牲一生以从事于学术？从何而有损己利人之道德？从何而有以爱为出发点之宗教家？从此立场言之，并非说物质不必要，而是说人类之所以爱人类，在乎精神。

从两派之言观之，可见观点不同，结论天差地远。我现在不是劝大家相信唯物论或唯心论。就是唯物主义，也是要求理想的社会，无阶级差别的社会，可以说唯物主义虽不重视精神，但是改良社会的目的与唯心论一样的。不过唯心主义因为以政治、法律为精神的表现，往往偏于保守，为旧党张目，所以马克斯辈反对他。我相信唯物论不过是社会改造期中之现象，十七世纪中之英国，十八世纪中之法国，十九世纪之德国，皆是如此。俟满意的社会实现后，此种思想自然不必要了。

在世界上秩序安定期中，理论的安定与事实的安定期中，各人做各科学的工作，可以少管哲学。若在理论的不安定（由奈端到爱因斯坦）与政治的不安定期中，各问题时常须返求诸本，所以不能不管哲学。因为在根本上看自然界与社会界，比分科范围之内看得清楚多了，此乃治哲学的人的特殊便宜，或者说是哲学家的特殊权利。如此说法，非谓一国中只要哲学家，不要科学家，乃是说一个是分科观察，一个综合观察，各人所从事者不同，自然其所得结果亦不同。但这两种人，同为国家所不可缺的。

我自己致力于学问之结果，不外识得一种途径——就是最初自己在学术之外，其后自己渐进于学术之内。最初学问是主人，自己是奴隶，其后对学问，既洞悉其内容，敢于加以判断，我渐渐由奴隶而进于能思索之主人的地位罢了。

明日之中国文化（节选）[*]
（1936）

第九讲　明日之中国文化（上）

过去政治、社会、学术、艺术成绩之评判

吾族立国东亚，已垂三四千年之久，而近数十年来，有岌岌不能自保之势，是吾族文化是否有存在于今后之价值，乃当前之大问题也。自鸦片战后之对外失败观之，吾族文化，在学术上、政治上、技术上，无一事堪与外人并驾者，乃有变法与革命之举，此西化之说所以日昌也。近年马克思与共产之说风行一时。最近以效法外人而无效之故，有提倡中国本位文化或复古之说以抗之者。三四千年历史之要点，已如上述，兹更举吾国文化总体中之政治、学术、宗教、艺术之与欧洲不同者，约略言之。必如〔知〕既往之得失，乃语夫今后之出路也。

一、政治方面

第一，吾国政治上之特点为人所共见者，是为君主专政政治。以一人高拱于上，内则有六部九卿，外则有封疆大吏与府县亲民之官。此一人而贤明也，则一国治；一人而昏愚也，则一国乱。除此一人之外，社会上无如欧洲所谓贵族阶级，世世代代保有其社会上、政治上之特权，可以牵制此一人所作所为者。故吾国过去政治之大病，第一在于无社会基础。

欧美人中有谓吾国之专制政治，即令有无数缺点，然自其所统治之人民之众、地域之广及其在司法与行政上能保持相当之秩序言之，可称

＊《明日之中国文化》，105～133 页，上海，商务印书馆，1936。

为人类文化成绩之一。若此大一统之君主专制，以之与求而不得之印度相较，则其优点尤为明显。吾以为此种君主专制政治，与其说在政治上有成绩，不如说在文化上有成绩。此君主一人高高在上，以考试制度录取多士，以四书五经为基本典籍，令全国儿童而习之。凡有意入仕者，不能不读书，不能不考试，不能不受朝廷之任命。由此之故，孔孟思想，乃广及全国，而成为思想之中心。且由此方法，乃有今日四万万同文化之同胞，此即文化上之成绩也。

政治上因君主制度连累以起者，有篡弑之祸，有宦宫〔官〕之祸，有官戚之祸，有王室子弟相残之祸，有流寇之祸，有群小包围之祸。其所造成之国民，则四万万人中有蠢如鹿豕者，有奴颜婢膝者，有个〔各〕人自扫门前雪者，有敷衍塞责者。凡西方所谓独立人格，勇于负责与为国牺牲之精神，在吾绝无所闻，绝无所见。自近年政体改革以还，宪政之难行，选举之舞弊，与夫"做官欲"之强，权利心之炽，谓为皆君主专制政治之造孽可焉。

二、社会方面

第二，中国社会之特点，可以"家族主义"名之。自周秦以降，久已确立敬宗尊祖之习，更以丧服之制定其亲疏之差，以姓以氏为社会分子团结之唯一基础。古代如此，今日内地之乡村如此，今日海外之侨民如此，可知此种思想之入于人心者深。吾国家族由男子承继，子孙多，族人众，足为同族光宠，人口增加之速，即由于此。一家中婆媳姑嫂妯娌之不和，殆为各地同一之现象，名为同堂，实则彼此相待如仇敌。各族祠堂中积有财产，以培养其同族子弟之能读书者，不可谓非互助一法。惟既以家族为单位，而个人失其独立之价值。古代刑法上有所谓夷三族夷九族之刑，至明之方孝孺尚举十族以殉一人，可知宗族制度之残酷至于何等。子弟既与父兄同居，以有父兄可依，不务正业，浪费家财，即名门贵胄，传一世二世之后，未有不衰亡者，以视欧洲贵族能传百年之久者，迥不相同。近年以来，居民咸集于都市，其居上海、天津者，皆局促于小屋中，虽欲于祖宗生死之日尽其祭奠之礼，远不如昔日高堂大厦中之诚敬。家祠中每年春秋两祭，对于子弟之远在异方者，不能促之使返。况乎自海外留学归国者，见夫欧美一夫一妻同居之习，故近年反对大家族而实行小家族制度者，已遍及南北一矣。

三、学术方面

第三，自学术方面言之，春秋战国之末，为吾国思想勃兴时代，有儒、墨、道、名、法诸家，此外更有兵家、阴阳家等，循此轨道而发挥之，吾国学术或可不至如今日之落后。然其所以有今日者，不外二故：一曰文字之障碍，二曰理论思想之缺乏。

1. 吾国古代之文字，有所谓蝌蚪与大篆，小篆出于秦时，至汉代更有隶书八行与真、行、草诸体，因此字体之不同，不免鲁鱼亥豕之误，此犹传写时笔画脱漏之所致也。乃自秦始皇焚书后，汉儒搜拾灰烬，旧典籍先后发现，其中因古文本今文本之不同，而生学派之差别。汉时已陷于"释五字之文至于二三万言"之弊，后世乃以训诂考证为专门之学，可知吾国学者束缚于文字之苦者何如？此乃吾族二千余年来学术上最可怜之一事，西方所无而吾国独有之现象也。由此文字之递变，乃生古书难解之大病。第一，有所谓校勘之学，"也"字可作"他"字，"议"字可作"仪"字，此校勘家之功也。第二，有所谓训诂之学，"光被四表"之"光"字可与"充"字与"横"字相通，此戴震所发见者也。第三，《尚书》中"无偏无颇遵王之义"一句中，有唐代"颇"、"陂"之争，有"义"读"我"之争，此属于音韵者也。第四，有考订全书真伪之争，如《尚书》之真伪，其尤著者也。更举若干例，以明古书之难读：如《礼·射义》"发而不中，则不怨胜己者，求反诸己而已"，王念孙谓"求反诸己"，文义不顺，盖涉上文求正诸己而误也。然又有人谓"求反诸己"，犹言"反求诸己"，倒文成句也。亦有因古代器具之亡，而字义之不可解者：如《论语》云"觚不觚"，朱注曰："或曰酒具，或曰木简，器亡而义亦晦矣。"又有古代之字，今日全不解者：如《论语》云"高宗谅阴"，朱子谓"天子之丧未详其义"。凡此诸端，可以见字体之变，影响典籍、意义与治经者为何如？更有因年代久远而来历不明，乃不能不加以考据者：如老子为何时人，左丘明为何时人，因其人来历之不明，其与他人之关系，如老子在孔子之前或后，左丘明与公穀之关系，皆不免于甲一说乙一说之争执。吾所欲言者，二三千年来，全社会之心力，消耗于文字训诂之中者，不知其几何？清之中叶，更视此为人间唯一学问，今日如梁任公、胡适之等尚特别表而出之。吾常以为一国中必有若干思想内容之学，即曾文正所谓义理之学，而后可以立国，若专以此等支离饾饤之学为学问，吾恐其因考据而亡国矣。

2. 所谓论理思想之缺乏者何耶？欧洲学术因有论理学而后促成科学之进步，亦因有科学之事实而后尤能确定论理学中之精密方法。希腊苏格拉底、柏拉图时代之治学方法，不离概念、定义、归纳诸方法。盖学术之研究，第一贵有概念。概念云者，乃研究各个体事物，求得其共同现象而后成立者也。既有概念，而后一种学术乃有单位，推而广之，乃成为命题，再推而广之，为学问系统或思想系统。吾国以无论理学之故，乃不知有概念。清代汉学全盛行之日，有"不通文字不能穷经"之言。孰知文字为言语之单位，与概念之为学问单位，完全不同。通其文字，未必能知概念之内容；知概念之内容，未必能通文字之来源。此乃截然二事，不可混而为一。此论理学思想之缺乏，影响于吾国学术者一也。

既不知有概念，既不知对于一个概念而下定义。不知下定义，则此概念与彼概念之不同，无由辨别；此学问与彼学问之分界，亦无由确定。定义之为用，其作始也简，然有下定义之习惯后，自然发见此概念与彼概念之不同，此学术与彼学术之不同，而引起种种辩论，种种新意见、新观点。吾国战国时儒、墨各派有一段正名定义工作，宋儒在理学中，又有一段正名定义工作，此可谓论理学之应用，而非论理学自身之发展。如是，因无概念而又不知有定义之故，自然一种思想主题或一种思想系统，其范围如何、内容如何、限界如何，皆无由确立，其持论也不免于武断。如《孟子》云："墨子兼爱是无父也，杨子为我是无君也。"兼爱之结果，何以成为无父？为我之结果，何以成为无君？若能将兼爱之定义划得清楚，恐无父之结论，即无由发生；将为我之定义划得清楚，恐无君之结论，亦无由发生矣。可知以无概念无定义之结果，致分疆划界之不明，而无由予思想以刺激，无由因刺激而生明晰之对象与范围，而造成学问系统。此论理思想之缺乏，影响于吾国学术者二也。

人类之智识，不离论理上同一律、矛盾律、排中律与夫数学上大小之量。此两类之思想原则，可以应用于一切自然界与人事界之智识，由数学方面可应用于天文地理，由天文地理可推广及于动植物。但须各人智识能求其基础于论理与数学，且辅之以概念与定义之工作，则各方面所得之智识，必须形诸文字而经过一度"向外化之历程"（Process of externalization）。此向外化之历程，自然而然，可以广及于一切人事界自然界之实物。故由数学、论理之基础，可以达于自然界与人事界，其相距不过一间。吾国自《墨子》一书沉埋之后，即无再谈论理学者，而论理学既为凡百学术之母，则论理学之消亡，即成为一切学术智识之消亡。吾国既为缺乏论理学之民族，其自然科学自亦无由而发展矣。此论理思想之缺乏，影响于吾国学术者三也。

更换一方面言之，吾国儒、墨、道、法诸家，从其发端之始，即以人事为中心，即以君臣父子之关系如何归于正当为目的。此等人事问题以善恶为标准，与数学、论理学可以甲非甲数量之大小表而出之者，完全不同，换词言之，数学与理论〔论理〕学可表现于外形，而人事问题则存之于内心。凡内心善恶问题之讨论，虽不离论理，然不如自然界智识严格立于论理学之支配之下。吾国人所注重者，为善而非真；为人伦问题，而非宇宙问题、自然界问题。吾族思想局促于人事问题，不知有所谓自然问题者，殆亦由于无论理学有以致之。此论理学思想之缺乏，影响于吾国学术者四也。

希腊学术，自其发端之始，亦与吾国同，以道德问题、政治问题为讨论之中心，然同时注重于几何学及动植物学。吾国古书中谓神农能尝百草，《尧典》亦谓羲氏、和氏治历象以齐七政，历代对于日蚀月蚀与水火之灾，未尝不加注意，何以后代对于天文地理医学与动植物均流于医卜星相之手，而不能提高之以成为学术？吾以为此亦由于论理思想之缺乏，即无论理方法以验其为学之标准，因而永不知此数者之可以为学，反转而坠落于术数之中矣。其他如农工商贾与夫水利工程之学，亦因而日趋于衰落。此论理思想之缺乏，影响于吾国学术者五也。

四、宗教方面

第四，自宗教方面言之，孔孟以前已有所谓"天人合一"之思想。天人合一者，一方面天能生人生物，故以天为万物万有之本，如《诗经》所谓"天生蒸民"之谓也；他方面则以为天有自然之法则，如《诗经》所谓"天生蒸民，有物有则"之谓也；又谓天能临察下土，如《诗经》所谓"皇矣上帝，临下有察，临观四方，求民之瘼"。吾国人之论天也，常不离人；其论人也，常不离天。言人事者，必推本于天道；言天道者，必求其效验于人事。因此之故，在吾国人之思想中，天人之间，初无大鸿沟之横亘，与西方思想中将上帝与人类划为两界者，大不相同。此中西两方最大差异之点也。

吾国人习于天人合一之观念，合之于阴阳五行之说，于事物之一阴一阳一动一静之两面，皆认为可以并存而不可偏废，故民族兼容并包之量最大。新发生之道教、佛教与夫卜筮风水之说，皆坦然迎之，绝不认其间彼此之互相冲突。吾国人于生时，信仰儒家之说，在其追荐死亡之日，则信仰佛教、道家乃至于喇嘛教。自耶教输入后，有人信仰耶教，而不欲抛弃祭祖之礼，乃释祭祖为民事的风俗，非崇信多神，以此谋祭祖与耶教调和。由此可以见吾人对于宗教之态度，在好的方面言之，谓其兼容并包；在坏的方面言之，可谓杂乱无章。此其所以然之故，由于平日言天事不离乎人事，因而缺少事天之诚敬，陷于信仰上之不专一。彻底言之，吾国人之心灵中有真正确信与真正诚意者，实不可多见。因其念念不忘人事之故，而所希望于宗教者，不外乎"益寿延年"、"有求必应"之要求，以视西方人对于上帝，但求悔罪赦免者，大不同矣。西方人有此信心，故处事有诚意，社交上率直而不失其真，政治上有不折不挠之气概，视吾国人之专以敷衍应酬为生者，不可同日而语。此乃吾国人对于宗教之态度，面〔而〕同时影响及于人事者也。

五、艺术方面

第五，吾国之文化成绩为西方人所最赏识者，莫过于艺术。兹举西方学者之言以证之，拉士勒氏（Latourette）之言曰：

> 假令艺术为民族灵魂之表现，假令一国文化之纲领，可以一切求之于审美形式中，则中国文化乃最为多方面的。中国人之帝国思想，欲以一中国统治全人类，此种大气魄，见之于其京城之宫墙及大殿中。其保持疆土斥攘夷狄之长期奋斗，见之于长城之建筑。其孔子哲学所鼓吹之节度，见之于其整齐之宫室房屋中。其与天地合一之愿望，见之于宋人山水中。其对于来生之见解，见之于佛教之绘画与雕刻中。此民族之精细的女性的灵敏性，见之于其花草画动物画与其他雕刻中。

拉氏聊聊数言中，可谓将吾国艺术之优点备述而尽之矣。盖吾国人之思想之中心为"天人合一"。在宗教方面，以天道迁就人事，则天道流于浅薄。而在艺术方面，以天地纳入于山水之中，则山水自具有一种穆然意远，与天地为俦侣之意，如深山流水旁高僧修道之像，立意既超绝人寰，则意境自深远矣。王维、米南宫之画，淡墨数行，而富有宇宙无穷之意味，此乃天地与艺术合面〔而〕为一之所致也。故吾国艺术之长，不仅以"真"为务，兼具天道于其中，所以为欧人所叹赏者，即在于此。

拉氏所谓花卉人物之精妙，以吾国画家大抵为文人出身，陶冶于诗歌之中，时而登山临水，时而读书写字，则其下笔之际，自能得窥天地之秘而形诸笔端，此亦彼等兼具精神上之修养以致之也。若乎瓷器象牙雕刻等类，先由帝王文人学士之提倡，而一般工匠沾染于其风气之中，其工作亦由是而趋于精妙矣。

艺术与学术迥乎不同。学术须受论理学规则之支配，故有一种呆板性；艺术之美，在乎妙手偶得于无意之中。此吾国优游自得之士大夫，自优为之，而与西方人之日常生活辄不离规矩者，迥乎不同。此亦吾国艺术胜于他人之一因也。

合以上各项言之，则吾国文化之短处、受病处，可以举而出之矣：

1. 政治上以久处君主专制政治之下，故人民缺少独立性。

2. 社会上盛行大家庭制度，一方增长各人之倚赖心，他方以处于面和心不和之环境中，种下忌刻与口是心非之恶习。

3. 学术上受文字之障碍与缺乏论理学的素养，但有支离琐碎的考据，思想天才不发展，更少伟大的思想系统。

4. 宗教上夹杂以功利之念，绝少真正之诚意，更少以身殉道之精神。宋明儒者虽有殉道气概，然而不普及。

第十讲　明日之中国文化（下）

未来政治、学术、艺术之新方向

今后文化之各方面，如政治如学术之改革，其根本问题，在于民族之自信心。民族而有自信心也，虽目前有不如人处，而可徐图补救；民族而失其自信心也，纵能成功于一时，终亦趋于衰亡而后已。或曰：民族对外成功之日，自信心自易于确立；对外屡次失败之余，虽日日叫喊自信心，有何用处？不观昔德意志经拿破仑战役之后，菲希德常举德国之语言、诗歌、宗教以证明德国之为原始民族（Urfolk）乎？菲氏意谓此民族精神，大有过人之处，一旦内心发动，即不难转弱为强。吾人根据菲氏之言，移而用之于吾国，则以吾民族之能自创文化，如上文洛意佛氏、威尔斯氏所云云，不可以当原始民族之名而毫无愧色乎？此吾民族之所当念念不忘而引以自豪者也。

然秦后之两千年来，其政体为君主专制，养成大多奴颜婢膝之国民。子弟受大家庭之庇荫，依赖父母，久成习惯。学术上既受文字束缚之苦，又标"受用"、"默识"之旨，故缺少论理学上之训练，而理智极不发达。此乃吾族之受病处，而应有以补救之者。凡图今后之新文化之确立者，宜对于此总病根施以疗治。若但曰科学救国也、实业救国也，或曰德谟克拉西救国也，但表示其欣羡欧西近日之优长，而于此优点之所由来，未加深考焉。吾人以为今后吾族文化之出路，有一总纲领，曰：

> 造成以精神自由为基础之民族文化。

所谓以精神自由为基础之民族文化，其意义应分析言之。精神与物质相对待。物质者，块然之物，无心灵、无思想，故无所谓精神；人类有思想、有判断，能辨善恶，故有精神。此人类之所以异于物质也。

精神之自由，有表现于政治者，有表现于道德者，有表现于学术者，有表现于艺术、宗教者。各个人发挥其精神之自由，因而形成其政治、道德、法律、艺术。在个人为自由之发展，在全体为民族文化之成绩。个人精神上之自由，各本其自觉自动之知能，以求在学术上、政治上、艺术上有所表现。而此精神自由之表现，在日积月累之中，以形成政治、道德、法律，以维持其民族之生存。故因个人自由之发展，而民族之生存得以巩固，此之谓民族文化。

或疑精神自由之说，与物质生活之注重相冲突，容俟下文论之。若疑精神自由之侧重于创新，谓为与旧文化之保存不相容者，吾则有以答之。国人在思想上以孔孟之经籍为宗，在政治上有专制帝王，在宗教上有本土之拜祖先教与后来之道教及印度之佛教，合此种种，可名之曰传统。在此传统之空气中，各个人之精神自由即令有所表现，亦必托之于孔孟之名，在艺术家有所谓仿米襄阳或临王麓台之笔法。吾以为今后此等遗产中之应保存者，必有待于新精神之发展，无新精神之发展，则旧日传统亦无由保存。何也？旧传统之不能与欧西文化竞争，证之近百年之历史已甚显著，今后必须经一番新努力，以求新政治之基础之确立，而后旧传统反可因新努力而保存，而不至动摇。否则新者不能创造，而旧亦无由保存。此言今后文化者所当注意之点也。今分述精神自由与各方面之关系。

一、精神自由与政治

第一，政治方面

君主政体之下，国民之于纳税当兵也，曰法令所在，不敢不从；其从政时之守法，亦曰法令所在，不敢不如此。假令国民之义务、官吏之守法，完全以惮于政府之权力，而不敢不如此，此乃命令下之守法，命令下之道德，而非出于个人精神上之自由也。吾国人之立身行己，与乎处于政府之下，皆曰有政府之命父母之命在，而不觉其为本身应有之责任。此命令式之政治、命令式之道德与夫社会上类此之风尚一日不变，则人之精神自由永不发展，而吾国政治亦永无改良之一日。何也？个人之生活，不离乎团体，不离乎国家。团体国家之行动与法律，所以保护个人；个人各尽其心力，即所以维持团体。故其守法其奉公，皆出于各人固有之责任，以自效于团体之大公，而非有惮于他人之威力也。此自动之精神不存在，即责任心无由发生，而求如西方人之于自己工作、于参与政治、于对外时之举国一致，皆能一切出于自动，不以他人之干涉而后然者，吾将保以致之乎？

吾人亦知各个人之自由，非在衣食足仓廪实之后，不易说到；各个人在寒无衣饥无食中而谈精神自由，犹之缘木而求鱼。然西方正以其尊重各个人自由之故，在昔日有所谓救贫法，在今日有所谓劳动保险，可知惟其尊重个人自由，乃能为人民谋衣食，与衣食既足而后人民自由亦易于发展之说，初非背道而驰。

西方因尊重各个人自由之故，自法国革命以来，乃有自由平等之学说。其在宪法上，则有生命、财产、言论、结社自由之保护。且为公民者，皆有参政之权利；一切设施，无不以民意为前提。各国公民于选举之日，不惜奔驰半日以投一票者，诚以其自知责任之重大也。其为政治家者，大抵胸有成竹，不以一时之挫折而遽灰心，故胜者立朝，败者退位，而功罪是非，亦易于分明。及至对外战争之日，政府以"国难"二字相号召，人民皆踊跃争先以赴之。即其平日相反之政党，亦以一致对外而息其争端。此乃西方民族国家立国之要义也。

吾国自鼎革以来，亦行所谓选举，卖票也，买票也，假填选票也，与夫总统之贿选也，皆为社会上共见共闻之事。此以国民中之各个人，不知有其自身之价值，不知自身之人格，安望其于参与选政之日，忽将其独立人格从而表现之乎？几千年来，人民受统治于帝王，政治上之工作，等于一己之功名，故有意于致身显要者，争权夺利，无所不至。今且移此旧习于政党之中，名为以主义相结合，而实则犹昔日之相倾、相轧、各自为谋也。本此习惯以形诸政治，而望国中有好选民与好政治家之出现，我不信焉。此精神自由之应表现于政治者。

二、精神自由与学术

第二，学术方面

学术之目的，虽不离乎利用厚生，然专以利用厚生为目的，则学术决不能发达，以其但有实用之目的，而缺乏学术上游心邈远之精神自由也。希腊学术之发端，哲学家名之曰出于好奇心。好奇心者，以其见某种现象之不可解，乃思所以解之，至其有益于实用与否，初非所计。人类因有思想有智识，以解决宇宙之秘奥为己任，若但以有用无用为念，则精神之自由必不能臻于高远与抽象之境。吾人鉴于希腊时代苏格拉底之自信其学说，至于以身殉之；又见乎加利略之自信其地动之学说，至于大为教会所责罚。可见欧洲人为真理而奋斗者何如，初不仅以其有益于人生日用而后为之，此乃所谓精神上之自由也。若夫利用厚生者，乃学术之结果，而非学术之原动力。既言学术，则有学术上之规矩，如论理学之规则，数学上之规则，此为一切学术之基础。近年更有所谓试验观察，以为证实之用。怀悌黑氏（Whitehead）有言曰："吾人之思想，一方要求发展之自由，在他方则又能自守一种规律。"即是此意。此论理学等与学术上之实用相去甚远，而一切学术则由之以出者也。

抑一国所以贵乎有学术者，有时指示方法，如论理学；有时指示内容，如自然科学、社会科学及哲学等。自然科学也、社会科学也、哲学也，皆能对于人生示以生活之标准，即曾文正之所谓"义理"也。吾国两千年来，以困于文字之故，专以考据为事，惟宋明时代少能从事于义理之学，为元明清三代立生活之准绳。今日除重创立"新义理"外，无可以餍学者之求智欲而定社会生活之秩序。此尤吾国人所当急起直追者。否则以国内思想界之空虚，青年辈惟有求之于苏俄与意大利矣。

学术上多数问题，往往有不关乎实用，而学者不能不加以研究者，如天上星辰、地上地球之构成、人种之由来、文化之由来等是。欧洲人一方严格受学术规矩之支配，设为种种界说以研究之；他方则辅之以想像力，以进于无限之乡，而后古生物学、人种学乃能成立。若仅以实用为范围，则此种学说可以不必研究，而一切高深学术何由发展乎？

上文所言，皆与政府保护人民思想自由之原则互相关联，此为当然之问题，无待陈说。但就学术发展之要素言之，必人民对于宇宙内一切秘奥，认为负有解决之义务，一也；学术之发展，在乎思想上自受约束，而守论理学上种种规矩，二也；学问家不可无高远之想像力，三也。此精神自由之应表现于学术者。

三、精神自由与宗教

第三，宗教方面

佛、回、耶等教，皆先有创教人，而后宗教乃能创立。自表面言之，今日之人民，坠地之初，已受宗教之包围，故在信仰上无自由之可信。然自欧洲之宗教革命言之，可知信仰自由，不关于宗教之已存在与未存在，而应以良心上信仰之真假为标准。宗教之信仰，诚以精神之自由为前提，则真正之信仰不应为多元的。信奉佛教者，不能同时信奉道教；信奉耶教者，不必迁就拜祖先之习惯。若自居于天道主义（Deism）者，不信有所谓造物主如耶教之所云，而以"道"为创造万物之主，如儒、道两家之所言，亦未尝不可认为为一种宗教。欧洲十八世纪有所谓自然宗教，即为此类。德国大诗人歌德氏自居于不信耶教者，然信宇宙之间有所谓"道"则一焉。凡一人但属于一宗教，而同时不属于他宗教之习惯不养成，则此国中虽谓其无真正宗教之信仰可也。凡为宗教，不外乎神道设教之义。为维持其宗教上之尊严计，其代神说法者，应有丰富之智识与尊严之仪表，然后能引起人之注意。欧洲之耶教、天主教之教士，态度和蔼，智识丰富，绝非吾国之酒肉和尚、道士所可同日而语。就吾国庙寺观之，即其仪式已不完全，尚何精神可言？诚欲改革之，应从一人一宗教下手。信仰既真，则僧道习惯自随之而改。此精神自由之应表现于宗教者。

四、精神自由与艺术

第四，艺术方面

就艺术言之，似乎吾国不必有所学于外人，然欧洲艺术之特长而为吾国所无者，往往而有。以欧人游心于无限之境，其所超境界，往往为吾人所不及。如诗歌中长篇作品，但丁之《神曲》、歌德之《浮士德》，吾国诗文中无此体裁与意境也。至于雕刻、建筑、音乐、戏剧，常有人焉就其民族心灵之深处而体味之，而表而出之，故亦当在日新月异中。其他为西方所有，吾国所无者，尚不可胜数。吾国人苟在此方面继续加以努力，则除旧日成绩外，应有新领域之扩张与新创作之表现。此精神自由之应表现于艺术者。

五、精神自由与其他

以上各节中，吾人立言之宗旨，或有疑为侧重于个人自由之解放而忽视全民族者。此其所云，与吾人宗旨正相反矣。个人自由，惟在民族大自由中，乃得保护乃能养成，民族之大自由若失，则各个人之自由亦无所附丽。所谓政治、学术、宗教、艺术，皆发动于个人，皆予个人以发展之机会，而同时即所以范围个人，所以奠定民族之共同基础。故个人自由之发展之中，不离乎大团体之自由。惟有在民族大自由巩固之中，而后个人自由始得保存。此又吾人双方并重之旨，不可不为国人告者也。

吾人注意于精神自由，自与唯物论者之偏重物质者异。一般人之所见，以为吾国所缺，在乎自然科学之发达，在乎实业之发展，在乎军事上之防御，以为此数方面尤为重要，故应先图振兴实业，先图增加战斗力。然吾人自欧洲科学发展史求之，其始也有地动之说，继也有物体下坠之公例，其后乃有牛顿之公例。一属于天文学，一属于物理学。其创始人但知探求真理，初无足食足兵之实用目的存乎其间。及十八、十九世纪以后，生理学、化学、物理学渐次昌明，蒸汽机造成后，而后科学之应用乃推及于工商。可知诚能培养国民探求智识之原动力，则其应用于工商与军事之效果，自可随之而来。若但以物质为念，而不先培养科学精神之来源，如此而谓能发达科学，能发达工商实业，能巩固国防，吾未之见也。

其次则有复古与创新问题。近年国内以外国学说之屡经试验而无成功，于是有提倡复古者；亦有以对外之失败为增进国民之自信力计，而出于复古者。吾以为复古之说，甚难言矣。同为儒家，有主宋学，有主汉学；汉学之中，或主古文，或主今文，或主郑玄，或主王肃；宋学之中，或主程朱，或主陆王。其优劣得失可以不论，要其不能对于现代之政治、社会、学术为之立其精神的基础一也。若复古之说，但为劝吾国人多读古书，阐发固有道德，其宗旨在乎唤醒国人，使其不至于忘本，此自为题中应有之义，与吾人之旨本不相背。若谓今后全部文化之基础，可取之于古昔典籍之中，则吾人期期以为不可。自孔孟以至宋明儒者之所提倡者，皆偏于道德论。言乎今日之政治，以民主为精神，非可求之古代典籍中也；言乎学术，则有演绎、归纳之法，非可取之于古代典籍中也。与其今后徘徊于古人之墓前，反不如坦白承认今后文化之应出于创新。

且一时代之社会，自有一时代之哲学为其背景。吾族今日所处之时代、所遇之邻国既与昔异，除吾民族具有一种勇气另辟途径外，别无可以苟且偷生迁延度日之法。其在政治上，当有卢梭、洛克辈之理想，以辟政治上之途径；其在哲学上，当如笛卡尔及康德辈，以立哲学之系统；其在科学上，当如加利略、牛顿、达尔文之勇于探求真理，与夫十九世纪初年德国科学家于各方面之努力。诚能如是，则新文化之基础，自不难于成立。有此新基础，国民对于祖宗之遗产，有增益而无消费，其崇敬之心，亦有增而无减。所谓于创新之中，以求保存之法者，即此义也。不观德人乎，在科学、哲学上时有发见，而对于路德、哥德、俾士麦等，未尝少减其崇拜。英人之科学、哲学同在创新之中，而米尔顿、莎士比亚与夫休谟、穆勒之书，未尝不家喻户晓。可知在日新之中，而古亦自能保存。换词言之，在创造之中，则继既往而开将来，自能出于一途也。

新文化之创造，亦曰对于国民生活之各方面，如政治、如学术、如宗教等等，指示以标准，树立其内容，先之以言论，继之以事实，则一二人之思想，以成社会之制度。欧美十六、七世纪以降之文化，即由兹以成，而吾国今后之途径，亦不外此而已，亦不外此而已。

中国教育哲学之方向[*]
——智识与道德各派哲学及拘束与开放各时代文化之大结合
（1937）

一、绪　论

自中国改革教育以来，所讨论的问题为教育宗旨、教育制度及教学方法。最近一年以来吾们在报纸上，读了好几篇文章：一、吴俊升《中国教育需要一种哲学》，二、赵子凡《中国教育所需要的哲学应该如何产生》，三、姜琦在《东方杂志》发表一篇论教育哲学之文。

中国最近教育界，是从制度和方法问题，转到教育哲学了。我现先从教育与哲学的关系来解释解释。

一般人往往以为有了科学就不必再要哲学，好像科学发达以后，哲学便销声匿迹。譬如天文学、物理学在十八世纪还是哲学的一部份，心理学虽然到现在还没有脱离哲学范围，但是许多心理学家要把他成为独立学科。从这个努力的方向说，好似各种科学真能完全独立，那哲学就不要了。

我告诉诸位，这种见解是错误的。因为学术界中，一方面各科学如物理、化学、生物乃至于心理学，尽管成为独立科学，但物理、化学、生物还是脱不了有他的哲学问题。我们举几个例来说。第一，物理学，物质可以分为电子、原子、中立子，但是电子背后许多人还是承认有物质，有人不承认有物质，只认为是事件（events）。到底是物质，是事件，这是物理学所不能解决的，要靠自然哲学来解决。动物是有机体，

　＊　原载《东方杂志》第 34 卷第 1 号（1937 年 1 月），今据《中西印哲学文集》（280～305页）。

有机体是什么，是否就是一个机械，或另有生机力，这也不是生物学所能解决，而是自然哲学问题。从心理学说，有人主张用实验方法，有人注重内省方法，有人说心理现象上有最简单原素，有人注重心理中之统一结构，这四种立场都是哲学问题而不是心理学问题。我们从历史说，历史不管是那一种体裁，是编年式，是断代式，或记事本末式，或通史式，皆不外乎记载事实。但是有人讨论历史中之种种变迁原因，究从何来，如马克思说决定历史变迁之主因是生产关系，黑格尔说历史变迁起于精神之自动，此亦哲学问题而不是历史问题。从以上物理、心理、历史三项来说，可见一切科学尽管发达，而科学背后，自然有他解决不了的问题，所以哲学还有他存在的理由。

现在说到教育与哲学的关系。教育之最大目的，不外乎将一国或全人类文化上的宝贝，传授给青年人，希望他在将来能够发挥光大。所以一方面，不能不顾到过去的习惯传统。因为一个民族生在世界上生存好久，总有宝贵的经验可以传给他的子孙。同时因为人类所处的环境常在变迁，所以一个民族的文化是不能固定不变，需得观察形势能够合乎"穷则变，变则通，通则久"的道理。所以可以说教育的目的一方面是继往，一方面是开来。如欧洲中世纪的教育乃至于文艺复兴以后初期人文主义时代，大致偏于读古人之书而模仿之。这个时代的教育，可以说是偏于继往，文艺复兴以后，偏重于各个人之自动精神。各个人体、德、智三方面健全之发展，总希望各个人聪明伶俐能适应环境而创造新境界。从继往与开来两种观点，可以见人类因他各时代中宇宙观、人生观之不同，而其教育方针，因而大异。

吾人从广泛方面说，各时代中宇宙观、人生观之不同，可以影响于教育方针者如此之大，再就特殊部份或专门部份来说：譬如有一种心理学家认为人类心灵，是一张白纸。他的学习，是由外界点点滴滴的知识灌输日积月累而来。那么他的教育方法是一种经验说。又有人认为人类的心理，本来有统一的结构，所以教育孩童，只要触发他自动自发的本能，而不必注意于点滴的灌输，那么他的教育方法又是一种。可见对于心灵观察方法不同，又可以影响到教育来。教育家教育孩童不外两种：一种偏重"知识"，一种偏重"道德"。偏重知识者，未尝不知道德之重要，但是他以为人类所以有不道德之行，皆因其智识不健全，不然不至有不道德的行为，所以他们认为要道德健全，应从知识下手。至于偏重道德的人，自然注意于道德的训练，用命令式的方法，使儿童去邪归正，他们从意志方面以影响于行为，而不从知识方面着手。再举一问题，就是个人与团体之轻重。英、美向来注重"个人主义"，所谓"个人"，并不是吾国人所误解为自私自利的个人，乃将个人特性完全发展之谓。只要一个人之身心能健全发展，并知道独立自尊自重，只要个人健全发展，社会之福利，亦自能达到。返过来说，偏重"团体"之一派哲学家，以为一个人在社会里从他出生以后，即无所谓个人，因他在小的时候有家庭抚育，长大时与社会互通有无，他对于国家有种种权利义务关系，可见一个个人仅仅当他是一个个人，是不对的，因为个人就是大团体之一分子，所以教育方针就应该偏重于团体与个人之关系。以上所举之"心灵问题"、"知识与道德问题"、"个人与团体关系问题"，皆哲学问题，而不是现代的自然科学、社会科学已能够给与我们以答案的。因为此皆哲学问题，而非科学问题。目下我们教育界想寻求一种教育哲学，就是已经见到上面所说的问题了。所以中国教育需要那一种哲学这个问题，呼声一天高一天了。

二、吾国现时讨论教育哲学之困难

但是要答覆这个教育哲学问题，是不容易的。我以为对于此问题之答覆，有两种困难：

第一，欧洲之教育与其背后之哲学，是不可分的。至于吾国，二者令人起脱节之感，是由于过渡时代的特种情形而来。欧洲从文艺复兴以后学术界之思想与政治制度，成为一个划然的新时代。新思想家立于时代之先，发表他的意见，后来被政府采用以成为政治之制度。所以一种教育家之新理论，同社会上教育制度，虽有先后之可分，至于教育与教育背后之哲学，是不能分的。这句话说教育理论之中，是包含教育方法与教育哲学，并不是一种教育理论，只有方法而无哲学。譬如洛克之教育理论中，包含洛克的教育哲学。卢骚教育理论中，包含卢骚教育哲学。乃至就近代言之，拿推勃的教育理论，也就有他的全部哲学为背景。杜威的教育理论，有杜威的全部哲学为背景。凡一个哲学家有他的整套哲学，他就对于宇宙人生道德知识个人社会各种问题，都有他的观察，根据他的观察，然后演出教育理论。所以可以说将他哲学观点，应用到教育上来，就有他的教育理论。并不是有了教育理论，而后才有教育哲学。这是什么原因？因为欧洲思想界与政治界之变迁，若两个轮盘，一个是"思想"，一个是"社会事实"。思想进步，社会事实亦跟着进步。所以有一种新的教育理论发表出来，他就能影响于社会与政府。因新理论之推进，就有新制度、新事实之确立。所以从欧美来说，社会制度、社会事实是跟思想一步一步望〔往〕前演变。至于我国采用西洋制度时候，已是急不暇择。但取其制度，而不能再问制度后之思想背景、哲学背景。我们但采其社会上已确定之制度，至于欧美制度之背景，换言之，即欧美教育制度背后之思想过程，是没有在我们教育家心灵上发生影响的。方今洛克、卢骚、杜威等教育理论，我们中国教育家当然无所不知，但是他们的教育理论初时所造成之空气与刺激，这不是我们事后采取之东方人所能感觉到的。这话就是说，思想同制度能够互相推进的国家，他的教育同哲学，是连在一块而不可分的。像我们有教育与哲学分为两段之感觉，就是因为我们思想不能推进社会制度，所以发生教育与哲学分离的问题。我们把欧洲教育思想史变迁之经过考察一下，就知道他们教育与哲学何以双轨并进，而吾们三十年来有教育而无哲学作指南针的原故了。所以教育与哲学合一问题，视民族思想界的权威能不能支配制度，而不是有了事实有了制度，而另找社会制度背后之哲学所能办到的。

第二，就欧洲思想史的变迁来说，十七、八世纪一直到大战前后，无论各种学派如何分裂，但他总潮流是一贯的。譬如洛克、卢骚、孟德斯鸠之民约论，其立论内容各自不同，但其归结处无不同为民主政治。洛克、裴斯泰洛齐福罗培尔之教育论，各自不同，但其归结处无不注重于个人自发自动。换辞言之，教育理论、政治理论是大同小异的。大战以前，他们的思想界、教育界乃至政治界是安定的。至于欧战之后，政治方面、经济方面显然成为两个对垒局面。在经济上一方面为苏俄共产主义，他方为英、美之资本主义。在政治上一方为无产阶级之专政，他方为法西斯主义之独裁，再加上英美式之民主政治。而政治、经济上制度之不同，皆是从其哲学背景而来。有洛克、卢骚、边沁、穆勒之政治哲学，自然有英美式之政治制度。有马克思之劳动神圣与唯物史观，自然有俄国式之政治制度。有黑格尔、琴梯尔之哲学，自然有意大利、德国之法西斯政治。吾中国处于此种各是其是、各非其非之时代，不但使我们制度不能确立，同时使我们思想界更加彷徨无主。假定我们在欧洲大战以前，能将我们政治、教育制度确定下来，或者吾们可以跟着十九世纪之欧洲，并且斟酌自己国情，而可以达到相当安定的境界。我们在欧战以前，政治上、社会上，也曾经想模仿十九世纪的欧洲理论，求我们制度的确立，可是这个目的未能达到。而继之以欧战后欧洲政治上、思想上之大混乱，他的影响也就是演成我国政治上、思想上之混乱。如资本主义与共产主义之对立，如独裁与民主之对立，如唯物史观与其他史观之对立，由思想界之混乱，即所形成政治界之混乱。所以这个时期，如小舟在大海波涛上起伏颠波，国家之危险，真不可思议。恐怕因为这个混乱，大家心中有所依傍，求一个方向，于是教育界中发生需要哲学问题了。

说到今后应当采取的教育哲学以前，我们先拿人类地位怎样说明一下。人的一身所包含的，有物理原素，如血肉皮骨，有饮食男女之欲，更进焉又有心理状态，所谓知、情、意。在小孩时须受父母抚养，使他身体发展。在他长成后有职业有婚姻，在社会上有种种接触。在一个民族以内，又同政府法律命令发生关系。当其要求精神上的安慰，又有宗教问题。我们可以说一个人生上几方面：肉体方面，可以说属于物理。饮食男女，可以说属于生物生理。知、情、意活动，可以说属于精神。一个人自生至死，有家庭、有社会、有国家、有宗教团体的关系，此种种方面无一不属于教育范围之内，就是无一不属于哲学范围之内。假定教育家有一方面不顾到，则其教育即不免于缺陷。假定哲学有一面顾不到，则其哲学亦不免于缺陷。但是吾人拿当代哲学家来说，各派哲学家能将以上各方面顾到的，实在不多见。我们可以说，要单独拿特定的一派哲学作中国教育之指南针，那是不够的。

现在先引两派哲学来说明一派哲学所以不够作指南针之原因。俄国革命以后，唯物史观派之哲学，在中国盛行一时，认为世界上能够决定一切变动原因，就是物质或者说生产条件。此派哲学他们认为世界上唯一的实在就是物质，就是生产关系，至于所谓精神，所谓人性中之理论结构，是他们所不愿承认的。他认为内部的心与物质世界的关系，犹之照相机与所照物件之关系，简单说内心即照相机，外界即所照事物，内心对于所照之事物，不能有所谓综合能力或其他结构，不过将外界事物，依照原形，复写一下。彼等既不承认心理上作用，关于智、情、意三者，自然看为一种生理的反应，并不像其他哲学家认为心灵中有莫大妙用。心灵既无妙用，人类之道德观念，彼等概不承认，并且说道德是统治阶级压迫平民的工具。彼等有一句最明显的话，凡认识，皆有阶级性。推其意，谓凡认识或知识或学说，皆以阶级为背景。将一切哲学分为两大类：一为唯心主义，属于资产阶级；一为唯物主义，属于无产阶级。彼诚能将此种理论，推至极点，使资产阶级所成立之物理、化学、数学等为一种，使无产阶级所成立之物理、化学、数学等又为一种，而后彼等所谓认识之阶级性之说，乃能成立。然各种学说之不因阶级而有所不同，乃不待辨而明之事实。至于道德上之仁义礼智等，乃人类所共认为善的行动，而绝非甲阶级之道德为一种，而乙阶级之又为一种。彼等对于国家，亦名之曰统治阶级压迫平民之工具。其心目中以为国家即掌握军警权之政府，而不认国家为民族之统一体。苏俄革命以后，彼等专提倡阶级斗争与世界革命。至于近年以来，彼等亦渐知国家本身之重要，应先料理本国之事，而后再及其他。半年以来，中国苏维埃政府，亦抛弃阶级斗争之说，而提倡民族斗争，且标出生存、民族独立之旗帜。此等共产党政策之变动，亦即可以窥见他们思想之动摇。澈底来说，即为他们哲学之动摇。国家民族，彼等向不认为理想价值之一（Ideal value），现在他们既知国家民族之重要，就可以说他们也承认国家民族为理想价值的一种，再进一层来问，同一民族，所以应相亲相爱之故，因他们是同血统、同言语、同风俗、同历史之关系，所以同一民族以内之同情心，与对于其他民族排斥性，是不同的。此种同甘同苦之情感是从何来，不能不说是人类心灵上来。推而远之，共产党既认民族国家之价值，不啻将他平日否认精神否认道德之学说推翻。我人向反对唯物史观的学说，即为此故。现在他虽然只承认民族与国家之价值，而不推翻唯物史观之哲学，但他的哲学全部理论，已发生动摇了。澈底来说，唯物史观之哲学，不是吾人在民族争存时代所需要之哲学，同时也不是吾人在民族争存时代之教育所能采用这种哲学的。

吾们再引罗素之哲学而说明之。罗素最看重知识，他说哲学之目的如下：

> 哲学之自觉的目的，在了解宇宙，不是确立道德上所需要的命题。凡从事研究哲学者，应放弃一切成见，不论为伦理的或科学的。假定他们心不放弃某种哲学的信条，那么他们是不配研究哲学的。

罗素又说：

> 人类是种种原因的产物，此种种原因，不自知其所欲达之目的如何，人类的起源、长成，他的希望与恐惧，他的爱情与信仰，不

过是原子（Atom）偶然聚合之结果而已。无论何种热烈的心火，无论何种英雄主义，无论思想与情感如何深密，不能保持个人生活于其死后。千百年之工作，各人之虔敬，各人之烟士披里钝（In-spiration），各人之天才，在太阳系统全体死亡之日，终于灭亡而后已。总之，人类种种成绩之大庙，其最后结果，总是埋于宇宙灰烬之下。以上各点，是无可致疑的，是已确定的，反对这几点的哲学，是不能希望成立的。

罗素这一段话，是从物理学上热力消灭论，证明世界将来有灭亡的一天，这是他但注重有形方面的原故。反过来从无形方面看，人类的努力，不必计及世界将来灭亡与否，但问理之当然，人类有不应不努力之道德义务。所以人类的努力，在注重物质世界与精神世界的两派看来，大大不同的。注重精神的人，觉得人类的努力无论何时，不会没有意义的。如其着眼于物理世界之消灭，那就觉得现在之努力，将来不免归于灰烬，那目前的努力，亦等于灰烬。罗素这人在哲学上，专看重知识，不看重道德。他曾明白说求真问题，是哲学家所讨论，善恶问题，不是哲学家所应讨论。我们不能不说善恶问题，在平日生活方面，较之求真问题更为重要。因人类所处的家庭、社会、国家，无论何时何地，没有不同善恶问题相接触。惟其有团体，才有是非善恶标准，所以不能不注意克治存养的工夫。从这方面说，就可以知，但论知识而不论善恶之哲学，不足为中国教育之指南针。

以上我举了两派哲学，证明哲学家往往有偏见。换言之，他注意宇宙之一面，而忘了他面。教育家对于物质、精神，对于个人与团体，既应面面顾到，所以今后不能以一偏之哲学作为吾国之教育哲学。从以上所引之例中，可以明白今后教育界所需要的哲学。依我的意思，有两标准：第一，各派哲学之大综合。第二，各时代文化之综合。前一个综合是横的，是从科学与哲学的学理上定中国今后的教育理论；后一个综合是纵的，是从历史经过上指出我们今后教育的动向。

三、各派哲学之大综合

我们读哲学书，常觉各派哲学，有可以互相调和之处。各派哲学，各自代表一方面，各自发明一义，所以表面上互相对立，而实际上可以互相补充。近代欧洲哲学之发生，起于理性主义，其后经验派以经验为立场，纠正其说。可知哲学家之立说，必有所破而后有所立。自其所破观之，常觉能破者，与被破者互相对立。实则所破者未必真被打倒，能破者只能自坚其壁垒而已。所以对立之学派，名为相反而实未尝不可相成。理性主义派认为人类之认识事物，有若干内生的概念。有此内生概念，乃能辨别外界事物。如笛卡儿，兰白涅兹，均主张此说。其后洛克之经验派起，反对内生概念说，认为一切概念皆从感觉中从经验中得来，且因每日习见习闻，然后有所谓认识。自康德起，创所谓批导主义，一方面承认一切知识皆起于经验，同时主张谓认识之所以可能，在经验与感觉以上另有其先在的方式。如所谓因果关系、主客关系等，以其苟无此等先在方式，则并经验而不可能也。康德未尝否认经验之重要，但指出经验之所以可能，必先有若干先在的方式，因此理性主义与经验主义，乃得谓和于同一系之中。

更依伦理学上两派相对立之学说而说明之。有一派伦理学家，认为人类道德观念，出于天赋，类乎吾国之所谓良知良能，谓有此良知良能，乃能别善恶，乃能事亲从兄，此为人类所独具之特性，盖人类所以为万物之灵，而道德所以有无上尊严者即以此故。至于进化论，视人类由动物进化而来，谓道德观念，亦由动物生活中日积月累而成，且因环境变动，而道德随之而变。彼等举高等动物如猴子为例，当其在生育时期中一雄与一雌相处，力排他雄之来扰为例。可知动物之生殖，已受一种限制，非任意杂交者可比。进化论者更举一例，有〔由〕母狗一方抚小狗，适公狗出猎，自以不能同去，表示羞愧，继而又现懊悔之色，可知动物亦有心理上之交战。可知进化论者，求道德之由来于自然界中，意谓道德不出于天，而出于自来之演变，道德不过适应生活环境之手段，非有绝对的尊严。吾则以为进化论者对于最初期道德之由来，其说明未尝不是，然不能因此之故，而排斥道德之尊严。盖道德之由来，即令出于自然，而其所以为道德者，自有道德之自律性（Eigengesetzlich-keit）。现代人类善恶是非之标准，如不应杀人，不应妄语，推己及人，忠恕待人等等，此等标准，久已确立，岂因道德由来出于动物之故，而能动摇之乎？如是，以进化论者之说为天赋说之补充则可，以之推翻道德之尊严，则其根据，不免薄弱。与其以甲倒乙，不如两利俱存之为得，此吾对于两派之态度也。

本以上所举之方法，所以证互相对立之各派哲学，可以调和于一个大系之中。现在我更要缩小范围，将以上方法适用于教育哲学。举以下各点为说明之资。

（甲）心灵问题。关于心灵问题最极端的两派：甲派说心灵有他的特殊作用，与物质绝不相同；乙派说心灵离不了物质，乃至于说无所谓心灵，而实在只是反射作用。第二派中以俄国之 Parvlov 及美国之华生行为主义为尤极端。有心灵论者，又分若干派，有所谓能力心理学说，有所谓心理状态说，有实验主义之适应环境说。在主张有心灵说者方面，因其关于理论之不同，各派对于训练心灵之方法，立说亦复各异。如十八世纪之理性主义者，偏重于形式方面，注重数学论理论，如杜威之实验主义者，偏重于生活实际方面，意谓应于实际生活中求得解决。

吾人再就唯物论者否认心灵说之态度言之，彼等既不承认有心灵，只承认有生理作用，吾人若采取一澈底反对之态度言之，可以说既不承认有心灵便无教育之可能。然彼等立论，亦不能如此澈底，在教育方面，彼等仍让人类有教育之可能，但以为应注重者在身体而不在心灵。彼等采取一种主张，谓有健全的身体，才有健全的心灵。彼等既否认心灵，自不能不自遁于健全身体之说，实则健全身体之说，在主张有心灵论者，何尝认为不相容，而必欲排斥之乎？唯物论者，又以注重生理的反射作用之敌，注重于神经系统之组织，视心灵作用为各种器官之联络。此等理论，美国心理学家商达克亦常如此主张，对于某种技能之学习，如打字、打球之类，此种理论，自可适用。如是可见唯物论者之言，苟能缩至某种范围以内，亦可视为相通而不必视为相反。此为大综合可能之证据一。

有心灵说之各派中，从理性主义至现在所谓完形心理学派为止，我们可以说其中主潮不外两派，甲认为心灵能自动，有统一综合能力，乙则否认心灵有此能力。理性主义者以人类能下判断，并在学理上能作赅括的结论，所以他看心的作用，比感觉高一等。至于经验主义者，自洛克至海尔巴脱，以为一切知识，皆从感觉而入，由感觉之拼凑而成概念，故有所谓心理原子说，言概念之成立，犹之化学原子之结合而成为化合物也。迄于最近，此两大派仍依然互为对峙，然颇有两派合流之势。譬如以技能之习得而论，自应以经验派之心理学为根据，至于关于推论及普遍意义之心理作用，非经验论所能解释，唯有认为出于心理上自发之综合。澈底来说，低等之心灵作用，可以拿经验主义来说明，高等心灵作用，不能逃出理性主义范围之外。此为大综合可能之证据二。

（乙）知识问题。此项与前段心灵问题有密切关系。明了前段的话，则知识问题亦可窥见其端倪。理性主义者如笛卡儿、兰白涅兹，认为人类之知识，本于若干内生的概念如大小先后因果等。经验主义者如洛克如海尔巴脱，认为人类之心灵如一张白纸，其知识皆由感觉与经验而来，无感觉无经验则无所谓知识。前一派之教育方法注重形式之训练，以数学、论理学为基本。后一派主张刺戟儿童感觉，并采用实物教授。此两派中当然后一派之势力为大，因为经验派能够在教学方面实际应用他的主张，至于前一派的主张，只能在判断方面在创造学说方面表现，所以不能在教育上占很大势力。但是我要告诉大家，美国实用主义者詹姆斯氏，他是注重经验的人，但是他认为人类的求知动作之中，确有若干先天的范畴。康德的学说到了十九世纪被一个实验室中之心理学家所承认，不能不说这两派主张各有各的坚强之根据。

迄于最近，杜威氏创实验主义，将知识出于内生或出于经验问题，搁在一边，另倡所谓"就生活中求知识"之说。关于人类知识之获得，杜氏有五阶段之说：

第一，有困难之自觉，即有一问题，心中欲求解决。

第二，将全部情形，加以考虑，求其难点所在，并确定其关键所在。

第三，列出几种提案，以图解决。

第四，将各种解决案，见于实行，即所以试验其当否。

第五，观察与试验，以定各种解决方法中之应去应留者。

杜威学说采取各派之优点，而不走于极端，是其所长。如将伦理学中动机论与效果论合而一之，又将理性主义之心理学与近代发生论的心理学，亦兼容而并包之，此皆杜威融汇各派学说之苦心。至于其教育学说，以实际生活为出发点，自然引起学生兴趣，自然能使理论与事实合而为一，同时能将书本与实做合而为一，此皆杜威氏之优点，吾人不能不加以称许。但我们要知道所谓知识由行为中得来这个标语（Learning by doing），吴俊升先生在其所著《教育哲学》中，曾指出他三种缺点：〈第一〉，知识虽然由实际活动中产生，但是知识现在已渐渐达到超过实用的境界，所以现在人类求知，不能专以实际生活为限。第二，知识现在已成系统，若一定要从点滴之生活上求解决，则不免忽略了知识系统，且忘了从知识系统下手，有执简御繁之便利。第三，学问家之求知识是为知识而求知识，其目的不限于实际生活。吴先生这一段批评是值得我们注意。不但先生之言如此，我更举现代哲学家怀悌海氏之言以

明之:

> 学术是一条河流,而有两源,一源是实用,一源是理论。实用的源是促进我们之行动以完成心目中之目的,譬如英国为在国际战争求公道起见,非注意科学不可,乃教人民以轻气化合物之重要。此为实用之目的,但是我要力说学术方面理论之重要性。为避免误会起见,我并不是对于两源有所轻重,因为我们不能说理论的动机,比实用动机高贵多少。同时两方面各有其坏处,专以实用为目的,只顾目前,是其坏处,至于理论家别有以知识为玩物之病。

怀氏此言,无非说为知识而求知识,不是为生活而求知识。换言之,为知而求知,是科学发展之大动机。现代科学家之发明如相对论,如量子论,不能不说是科学上之大贡献,但不必与生活实际有关。我们从教育方面来说,为多数人设法,自以杜威之言为是。但为养成少数思想家大科学家计,则为求知而求知之动机,亦不应忽略。此为大综合可能之证据三。

(丙)道德问题。关于本问题,我们先从知识与道德之轻重说起。思想家中往往有认为人类之至宝,在知识而不在道德。譬如罗素是重知识的人,对于道德常表示厌恶之意,因道德之中包含训条,某事可做,某事不可做,惟其如此,所以容易限制人类思想之自由,又易养成人类之成见。所以罗素说人类最可宝贵之产物在知识。又有一种人,并不看轻道德,但是认为知识发达以后,道德自能进步,如知吸纸烟之害,知早起之益,自能早起。西方学者,自希腊以来,有知识即道德之说,他们以为所以不道德由于无知识,假如真知,则不会作不道德之事。道德之养成,究应从知识下手,抑从道德本身下手,是古今中西一个悬而未决的问题。我们看起来,人类某种动作,知识进步以后,自然能分别善恶,见善则为,见不善则不为。但是为与不为之间,还有关键,即视其意志与决心如何。吾人以吸烟为例而说明之。知烟之为害于身,是知识也,有人贪吸烟之舒服而不肯不吃,有人明知舒服而决戒去,此即视其意志与决心而定。更譬之早起,知早起能呼吸新空气,能增加时间,是知识也,但是有人贪床上舒服而不肯起,有人不贪床上舒服而勉强早起,这是意志问题决心问题。故我以为仅仅增加知识,固然可以人知某事应做与某事不应做,但是道德问题,但靠知识是不能解决的。我们可以说教育家中如海尔巴脱是极端推重知识的人,认为一切行动皆由知识累积而成,至于独立的意志他是不承认的。此种说法之结果，必至于否认意志否认道德教育。但是最奇怪的，海氏认为教育之自由，即在养成人民之道德。而养成人民道德之方法，他以为还是从知识下手。海氏曾有言曰：

> 人之价值，不存于所知之中，而存于其意志中。但是意志，非独立之物。意志之根源，在于思想中累积种种之概念，乃成所谓意志。

我们从现代心理学家之研究中，知道意志确离开思想而独立。意志之中，虽不能抛去思想与概念，但是我们不能说意志是由思想概念积累而成。譬如拿纸烟，是从意志中发生之动作，此拿纸烟之动作，固然离不了纸烟之观念，但是拿纸烟之动作中最重要之成分，是"下手拿"之意志，是动作。我们既经明白意志与思想之区别，就知道道德教育的方法了。道德教育之条件如下：

一、是非之标准，即人类生存于团体中，有某事应作有某事不应作之训条，如所谓推己及人，所谓各尽其职，所谓不害人、不杀人等是。

二、此类是非之标准，由于有共同生活之大团体在。人类既生活于大团体中，应有若干行动之规律，故说到是非标准，说到规律，便离不了大团体。

三、为所当为，与避所不当为，换词言之，为其是者，避其非者，此视平日意志之训练。虽然辨别是非，离不了知识，但其为与不为，还是靠着意志。

近代以来之道德教育，主张从知识下手者，以洛克氏、海尔巴脱氏为代表。从意志下手者，以康德为代表。至于杜威之道德论，调和于康德之善意说（动机）与功利主义者效果说之间。其道德教育则反对康德氏严格的克己制欲主义，因为康德之制欲主义，是用种种训条来教训学生，反伤害儿童自发之本能。所以他的道德教育，主张一方不承认有所谓超于各时代之先验法则，他方亦不承认功利主义者所谓苦乐利害之计算。他以为每一道德情境之中，有一特殊的善，此须要儿童自己判断，所以他的道德论还是偏重于知识，他主张应安排许多活动，这许多活动能引起儿童兴趣，使儿童在这些情境之中，自下道德的判断。换词言之，道德不离实际生活。

我告诉大家，道德教育是个难题目。因为道德教育离不了训条，有了训条就不免对于儿童身心加以制裁，与知识教育之可以渐渐引起兴趣，可以渐渐灌输者，大不相同。至于我的所见，认为意志与思想是两件事。知识可帮道德的忙，但不能道德教育，可专从知识下手。此大综合可能之证据四。

以上各个问题之解决方法，我的意思是应该拿欧洲近代各哲学家的学说，相反在那里，相成在那里，先比较一下，同时拿几个教育家从洛克、卢梭、斐斯泰洛齐，至杜威为止，亦拿他相反相成的学说，列举出来。由其相反相成之中，我们自己可以造成一个中国教育学说系统。这种方法，对于我们所需要的教育哲学，定可以求得一条道路出来。

但是我的意见，或者有人反对，譬有人说欧洲各派各有长处，若合在一块，反而失了各派精神，还是保存他的真面目为好，还是使各派互相对抗为是。我认为这种方法，是忘了欧洲的思想史上一派起来一派来打倒他的经过了。现在我们以一个局外的国家，为何不能将各派短长同时排列出来，因而采其长而去其短呢？

目前所需要的是一种大综合，在以上讨论中，我的方向、我的答案已明白说出来了，希望有同情的人从细节目来完成他。

我还要提出一个问题，就是我们现在处于民族存亡危急的时候，我们民族心目中所要的，是几个大目标，如内政上要改良要安定，对外要争民族生存，争民族独立，废除不平等条约，争到国际上平等的地位。换句话来说，我们青年心目中，有几种希望有几种目标，这种希望这种目标，是早已确立在那里。国家只须照这个目标，把民族的意志力加强，使他们齐心一德向一种目标进行，譬如苏联政府五年计划之实现，希特勒废止《凡尔赛条约》之成功，都是民族意志力加强以后才达到的。杜威式教育方针，在美国人处于"国泰民安"之中，是可以采用的。至于国家遭逢大难，且有极大危险横在前面，那不仅是杜威氏所云增加人民知识，教人民适应环境所能达目的的。我们除发展民族知识外，应加强全民族意志，应发展全民族之责任心，这种方针恐怕要取法于德、俄两国之教育（如此云云，非谓共产主义与法西斯主义可以采用或应该模仿），而不是求之于英、美所能得到的。我这样说并不是说英、美全无长处，因于英、美难问题全已解决，但求个人健全发展，就可以维持现在国家地位。至于我们处在危难之中，除了个人健全之外，不可忘了全民族政治方面之意志。这个问题，杜威式教育哲学中，绝少予吾们以指示，须得求之于别个方面。

四、各时代文化之大综合

我们如其要将东西文化史详细来说，那不但是所谓一部二十四史不知从何说起。说到文化史，是一有历史以前的文化，有历史以后的文化，从史前说起直到现在，不免离题太远。我姑举两个名词来说。第一种名之曰"拘束时代"，第二种名之曰"开放时代"。譬如印度有所谓喀斯德四姓之制，有佛教有婆罗门教之信仰。就中国言之，在一般社会上有五伦之说，在政治上有君臣上下之分，在学术上有"曾经圣人手议论安敢到"之孔教，此皆拘束时代之现象也。至于现代之欧洲，有学术上之自由，有工商业上之自由竞争，有生活上之小家庭制度，有政治上之议会，此所谓开放时代之现象也。再从各时代历史来说，我们战国时代有各派学说争鸣，有七强之对抗，此可名之曰开放时代。秦汉以后，封建废而成为大一统之局，于是思想定于一尊，君主专制成为不易之制，是为拘束时代。印度方面忽而婆罗门起忽而佛教兴，忽而佛教消灭而婆罗门又兴，各族之间，始终对抗，未曾同化而成一体，且四姓之制历二千年而不废，故印度一部历史谓为始终在拘束中可也。至于欧洲，则拘束与开放两时代，有先后循环之象。譬如希腊时代哲学与科学发达，初期民主政治实现，黑格尔氏认为少数人之自由，在雅典已实现。可以说希腊是欧洲历史中第一个开放时期。从罗马起把地中海四围统一而成一个大帝国，后来耶稣教侵入地中海方面，继而英、法及北欧方面都接受了他。日尔曼民族又取罗马而代之，乃有所谓神圣罗马帝国。一方面有罗马教皇为宗教上之中心，他方面又有神圣罗马帝国为政治上之中心，而教皇与罗马皇帝因宗教关系而成为两位一体，这时代之学说操之于教会之手，所以无所谓科学，只有神学，无所谓知识教育，只有宗教教育。社会上有奴隶有贵族阶级，工商业中有行业组织，名曰基尔特。由此种种皆可以现出他是拘束时代。从文艺复兴起，学术方面丢掉上帝，而趋向于自然界，最初有天文、物理学的发达，乃推及于生物学、心理学。政治方面有民约论，认为国家是由各个人平等组织，不是由上帝或皇帝命令而来。在社会上废止基尔特，主张个人自由。就个人言之，各个人之价值，不在乎其为宗教信徒，而在乎其独立人格。各个人都有知识技能，有他生命安全之保障。其学术上之发展与民主政治之实现，较之希腊更进一步。故在中世纪拘束以后，又来一个开放时代。近年以来因社会党、共产党要求社会公道，要求资本国有之结果，在俄国有所谓无产独裁之制，政治上废止欧洲议会，在思想言论上停止一切自由，投票权利在工人与农民两方，显有区别。至于德国、意大利等因防止共产主义，而实行所谓法西斯主义，其采用独裁政治，其防止思想自由，其不准劳动阶级之自由罢工，其承认人类之不平等，无一不与俄国同（德国近来阶级学说盛行）。不过在俄国名曰共产主义，在德、意两国名曰法西斯主义，所不同者其名，所同者其实。所以在我看来，将来一定是个对于文艺复兴时代后之解放，又来一个反动，来一个拘束时代。

现在我们将两个时代主要现象，列表如下：

开放时代	拘束时代
第一，学派盛兴，思想自由。	第一，学派定于一尊，思想受政治之限制。
第二，民主政治有宪法有议会，及少为有限的民主政治。	第二，君主政治，或独裁政治。
第三，个人在政治上社会上地位平等，或至少有一部分人享有此种权利。	第三，阶级制度盛行，社会组织立于阶级基础上。
第四，经济方面，在十九世纪后有所谓自由竞争之说且工商发达。	第四，农工商立于种种限制之下，中世纪之所谓基尔特，今日所谓统制经济。
第五，虽未尝无宗教，但社会上标榜信仰自由。	第五，社会上所以范围人之心灵者，赖有宗教，或另以一种权威代之。

假定我们知道历史上开放与拘束互相迭代而兴，那么我们可以拿此标准，衡量我们中国中外交通以后的情形。中国自秦以后，君主统一之局完全确定，人民不能享有政治上权力，在思想上自汉武以后，罢黜百家，表彰六经，换言之，以孔教为信仰之中心。社会上奉三纲五常，为不易之社会组织，读书人除掉四书五经之外，几乎不知别有所谓学术，至于医药，降而与卜筮星相同科，工业技术委之于不识字之平民，国防则有所谓好人不当兵之说。总而言之，一切政治、宗教、学术与夫生活蹈常习故，毫无振兴气象，各个人散漫、因循、依赖，不知有自身之责任。此为中外交通以前之大略情形也。自欧洲与中国通商以后，战争不止一次，丧权辱国之事，不可胜计。于是觉得中国制度与夫文化，一切

不如外人，乃尽弃其所有而学之。君主制度，则变为民主。科举制度，则变为学校。昔日贱视农工商者，今则重视农工商。昔日贱视当兵者，今则视兵役为国民应有之义务。昔日人民听其无教，今则有所谓普及教育之说。凡此种种，以视昔日萎靡不振之旧中国，大变其面目。至于此种解放运动，自五四以后，更趋于尖锐，有所谓文学革命、妇女解放、小家庭生活等等之运动。简单言之，要将欧洲之文艺复兴、宗教革命、科学发展与夫十九世纪之平民政治所得之结果，一切移而至于东方。

但是这种运动尚未结束，而欧战以后之欧洲，又出现于吾人之眼前。欧战以后之欧洲，与自文艺复兴迄于欧战以前之欧洲，立于互相背驰之境。政治上由民主而趋于独裁，经济上自由竞争而趋于统制，个人主义一变而为集体主义，妇女解放变而为妇女回家运动，思想自由变而为思想束缚。因此之故，使我们关于接受欧洲文化问题，发生一种冲突。当开放运动尚未完成之际，而拘束时代之目标，又复纷至沓来。所以最近之思想界与夫教育界中，有一种矛盾现象相对立：一方为个人主义，一方为集体主义；一方为民主政治，一方为独裁政治。此为欧洲目前之冲突，亦即吾国目前之冲突。

我要请大家考虑的，就是我们要创造我们的新文化，不可盲人瞎马似的追逐欧洲，应自己有一番考虑斟酌。欧洲人之所谓良药，不一定适于中国的病痛。中国人现在之病痛，不一定与欧洲之病痛相同。我们不应拿欧洲之所弃者弃之，所取者取之。

欧洲自文艺复兴后之解放运动中，有种种改革，在欧洲已经做到，而我们没有做到的。譬如以政治来说，全国人民应受教育，应识字，全国人同有生存权，此种人民地位之平等化，自为立国之至宝，而不可忽略的。十九世纪以后，思想言论信仰之自由，列入宪法条文之中，惟有此自由，而后学术乃能昌明。乃至就政治言之，各党各派在议会之中，可以从容讨论，并无一党压制他党情形，使全国人各本其良心之所信，以贡献于国家，而不至于有冤莫伸之苦。凡此种种之中，全国人民地位之抬高，个人人格之尊重，俾得对于政治学术有所贡献，此皆欧洲文化之至宝，而不可忽视者。如其我们承认以上种种是有价值，那么十五、六世纪以至于欧战前之开放运动中之种种成绩，我们还得拿来细细考察一番，将其长处表彰出来，并须照他来做，以为吾人今后改革之目标，而不可轻轻抹杀了去。

有人说现在欧洲，已经趋于独裁政治与统制思想，我们应该跟他背后而依样葫芦作去。我以为欧洲现在情形，乃是开放过度的反动，而不是我们开放运动尚未完成的中国所应模仿的。如民主政治在欧洲已经到了百年之久，有宪法有议会有责任内阁，是他的好处。但是空言多，实行少，加以党派林立，意见分歧，与夫选时种种舞弊及资本家操纵选举，是其坏处。这种意见分歧之议会政治，遇到欧洲政局纷扰，财政困难，遇到军备竞争剧烈时代，难以发生效用，所以独裁政治代之以兴。至于学术方面，大学林立，科学发展，各有所创见，这是十九世纪以来的好处。但是正为思想自由，而全国意见趋于不一致，学者好为探奇索幽，使学问与日用相去日远，自为欧洲现在学术界的坏处。现在在苏俄在德国，皆有其所表彰，有其所排斥。在苏俄表彰唯物论，而排斥唯心论。在德国适反之。墨索里尼尝有言曰："法西斯主义否认物质与幸福的关系，如马克思唯物史观之言，将使人类专注于一事，即饱食暖衣，不啻使全人类但注意于物质的生存。"此为墨索里尼之言，同时亦为希特勒国家社会主义之中心思想。简单来说，欧洲因思想自由之结果，使人民心灵上发见种种冲突，种种矛盾情形。列宁、希特勒各有所以纠正之之方法，即采用压迫思想。此为欧洲特有之情形，与吾国人所犯病痛，不一定相同。

我们现在再将欧洲开放时代之各个人在生活上所受之利益，重复陈说一遍如下：

一、民众解放，使下层民众地位抬高，并且普及其知识。

二、各人之生命财产，享宪法上之保护。

三、各人人格既被尊崇，故思想与信仰享有自由。

四、各个人在政治上，享有同等权利。

五、各人对于国家负担义务，尤其要负担当兵义务。

吾们请大家审查以上各点，在中国是否已完全作到。如其没有，那么欧战以前各国所奉行的种种政治上社会上思想，还是我们的规矩准绳，不可完全抛弃。因为个人不解放，他在权力压迫之下，绝不能完全发展他的独立人格与责任心的。

但是欧战以后，俄国革命与夫德国希特勒所施行之种种事情中，未尝没有可以采取之点：第一，政治上权力集中，故执行敏捷。第二，政治上少意见分歧。第三，无论在政治上经济上规定若干年之计划，故一种政策贯彻于各种行政之中。第四，使全国人民向于同一目标而进行。

假定有人问：拿希特勒所施行的一切移到中国来，是可能或不可能？我是一个怀疑者。什么缘故呢？因为四万万人中，多数是不识字并且无知识，所以人民智识与责任心，完全没有开发出来。要拿一种权力或威力来压迫他，人民自然只知服从。但是从国家全体来说，是不会有好结果的。因为全国人民，没有健全发展，只知奉承意旨，只知伏首帖耳，只知趋炎附势，只知敷衍搪塞，只知钻营请托，只知模棱两可，只知委卸自己责任。拿这种人民去参加运动，他是没有辨别力，是同木偶一样的。拿这种人民，参加政府行政，只知道逢迎上官，只知奉行故事。拿这种人民参加于统制经济，在下的只知道隐匿不报，在上的舞文弄法，或受贿赂。试问这种人民，名为能够帮助政府，名为增加政府权力，实等于海滩沙地上建筑高楼大厦。要知道建筑房屋，是一种设计，一种组织，必须顾及地下墙脚。必须块块砖瓦是方正的，然后全部房子，乃能耐久。所以份子健全，是墙脚是砖瓦。政府指挥，等于全部房子的结构。假定但注重组织，但注重领导，而忽略人民之知识与人格，这国家是不能持久的。

所以我认为欧战以前欧洲立国大宗旨，如下层民众之解放，个人人格之尊重，与夫思想自由之保护，这是十九世纪以前的成绩，大家不要认为已经过去而不适用。至于现时欧洲潮流，如民族意识之加强，如政府权力之集中，如民众行动之团体化、纪律化，如行政之有一定计划，这都值得我们采用。但是在这两方面，各采所长，是不容易的事。因为注意于领袖之权力，便忽略人民之自由，注意于行政之敏捷，便忽略民意之尊重。反过来说，注意于人民之自由，可以缩小政府权力，尊重民意表现，可以减少行政效率。这两方面的调和虽不容易，但是不是不可能。须得有几个思想家、政治家将两方面的优劣比较一下，不仅将他们长处好处挑选出来，同时采取人家的理论，须得顾到吾们政治、经济、军事、教育上实施的情形。我们可以简单来说，欧洲的理论家如卢梭、如洛克、如穆勒，乃至于支配现代德、意两方思想的黑格尔、琴梯耳、克利克等的理论，都是我们应仔细研究，斟酌损益。在这斟酌损益之中，我们可以得到文化史上开放与拘束两时代之大综合。

结　论

现在可以归到我们的结论了，一国在一个时代里，有他的教育目标，同时就是他的立国大方针。民国以来，这种教育目标，屡次变更。这个原因，因为专看国际环境，而不从自己思考中拿出来的。换句话说：一方没有将欧洲的政治哲学、教育哲学详细考察一番，他方也没有将我们自己的情形考察一番，再经过消化之后加以决定的。惟其自己方针不出于内心的思索，所以时常在动摇不定之中，这是国家最危险的一件事。譬如欧战以前，采用军国民主义，欧战以后又采用国际平和主义。俄国革命以后，大家趋向于俄国的新潮流，德国、意大利新政权成立之后，又羡慕法西斯主义。假定教育宗旨的变动，时常如此忽东忽西，国家的危险真不可设想。所以我们提出各时代文化的大综合的话，就是要提出文化史中几种宝贝，始终拿他当为不易的方针，在政治方面如此，在教育方针上也是如此，庶几泛舟大海之中，得了一个指南针了。

此类教育目标既确定后，还得需要几个教育家，如裴斯泰洛齐其人，能深入民间，替平民造出多数国民小学来，如海尔巴脱其人，从心理学上，对于教育方法有所贡献，再加上几个教育改良家注意于古典教育与自然科学之关系，注意于书本教育与劳作教育之关系，与夫班级教授与集团教授的比较。如其有这样各方面改进，那么以上所说的教育目标，不单单是一种理论，而且可以变为事实。所以我说，中国教育哲学，不但是一部有系统的教育理论，而且需要多少教育家来实现这个理论，然后可以救我们国家的危急，而到长治久安的境地。

立国之道（节选）*
（1938）

第一编　国家民族本位

甲　五千年历史之中国及民族建国之觉悟

中华民族立国东亚，算来已五千年。邃古文化，虽不能详考，然在黄帝时代，确已立定了国家的雏形。殷汤以前的事情，有些人认为是"捕风捉影"之谈，置诸"无征不信"之列。可是一个民族的文化，都有其无文字记载的时代，或虽有文字，而因为所附丽的材料没有永久性，时移世易，致无遗留。可是我们不能认为没有文字的流传，就没有历史的事实。我们试看殷商的骨甲所载，便知道当时的文化，较诸往古，业已灿然。这种文化自有其禀承。中国有一句老话，所谓"十口相传为古"。我想殷商文化，至少是由古代以口递传而来。到了汤代，社会事实，日见加多，不得不假诸文字了。此文字之渊源也，许是禀承前代而来的。我们只须看骨甲上的字形之骏整，排列之适度，便知不是偶然的了。所以我们说殷商以前为中国文化的胚胎时期，而周为封建顶盛时期，至秦以后是君主专制时期。

在这几个时期中，我祖宗为民族设立了一个广大的基础，其历史如是之悠久，幅圆如是之广大，人口如是之众多，这些决不是偶然的，其背后实藏有有意识之工作。我祖宗之所以能成此伟大基础，即在其能以文化融化各民族。其与我们祖宗方针相对立者，即为欧洲人提倡以血统为立国之基础，以血统分别各民族，爱护同一血统中之人，排斥异血统

---

* 《立国之道》，11～27页，桂林，商务印书馆，1938。

而同文化之人，如希特勒及其党人之种族学说，是其显例。而我祖宗只须异族承受我之文化，概不计较其血统。我不敢说历史上有所谓纯血汉族，可是却有汉族文化，如语言、文字、正朔、服饰、风俗及礼俗等，先由尧、舜、禹、汤历代之累积，到了周朝，文化的基础确立了，孔子于此更有明显之表示，所谓："尊周室，攘夷狄。""春秋大一统。""车同轨，书同文。"当时南方有两蛮族，如楚，如越，只须在会盟朝聘时尊崇中国礼俗，即可为中国文化圈子中之一份子，所谓"进于中国则中国之"是也。其对匈奴也，自黄帝伐獯鬻，殷高宗伐鬼方，周宣王伐狁以降，其间经春秋之晋，战国之秦、赵，力与对峙，直到汉武帝、和帝各与以大创，前后盖三千年，乃渐渐为我所吸收。其对东胡也，自春秋山戎侵燕以降，其间经五胡之鲜卑以至近世之契丹、女真、满洲，前后亦三千年，直至辛亥革命清廷退位，始与我为一体。其对回羌也，自周武王征师羌发以降，其间经晋之五凉，宋之西夏，直至清乾隆间荡平准回，光绪间设置新疆行省，前后四五千年，今日仍在我之陶冶中。其对苗蛮也，自黄帝征服蚩尤，尧、舜分背三苗以降，其间经楚庄蹻之问夜郎，汉武帝之通西南夷，马援、诸葛亮之南征，唐之于六诏，宋之于侬智高，直至清雍乾间之改土归流，咸同之再平苗讨杜文秀，前后凡五千年，其一部已为我同化，其余仍在同化之过程中。其对藏族也，自唐吐蕃时代，经明清以迄今日，无时不在同化中。中华民族人口之多，疆土之日渐扩大，原因即在于此。我祖宗以文化之标准为立国之基础，自有其长处，可是因此也发生弊端：（一）因为对于异族宽容，春秋战国时，戎狄得与诸夏杂处。晋江统有言："关中帝王所居，未闻戎狄宜在此土。"诚以非我族类，其心必异，既杂居以后，其邻近异族之汉人，大受其影响，甚至不能安居乐业。而异族篡窃华夏主权之端，因之而起。（二）国为只须异族承受我之文化，待遇上毫无差别，甚至有异族为我族主人之事。如拓跋魏本为胡人，既入中原，改胡姓，学汉语，尊孔子。又如满洲入关后，一切文物制度，模仿汉人。总之，只以文化为标准，不分夷夏内外之界限，固有其长处，可是种族之观点，一脚踢开，因此所生之弊端，也就不少了。

我祖宗只知注重文化，故其对于天下观念与国家观念，其间并无划分之界限。仅以文化为标准，只须异族承受我之文化，即可把他当做自家人看，这那里还有国家观念，这完全是天下观念。所以诸子百家中，天下观念特别发达。《春秋》之言曰："夷狄进于中国则中国之。"孔子曰："四海之内，皆兄弟也。"此皆由于"天下一家，中国一人"之思想中产生出来的。

墨子是非攻主义者，其理想中之境界，为兼爱主义下之大同世界。其《非攻》篇之言如下：

> 饰攻战者言曰：南则荆吴之王，北则齐晋之君，始封于天下之时，其土地之方未至有数百里也，人徒之众未至有数十万人也，以攻战之故，土地之博，至有数千里也，人徒之众，至有数百万人，故当攻战而不可非也。子墨子言曰：虽四五国则得利焉，犹谓之非行道也，譬若医之药人之有病皆然。今有医于此，和合其祝药之于天下有病者而药之，万人食此，若医四五人得利焉，犹谓之非行药也，故孝子不以养其亲，忠臣不以食其君。古者封国于天下，尚者以耳之所闻，近者以目之所见，以攻战亡者，不可胜数。

墨家不赞成国对国之相攻，其所希望亦为"天下一家"而已。

我国古代儒、墨两家，皆反对列国之征伐，主张大一统，此思想由来甚久。其后秦始皇之统一，在此中已树了一个暗中基础。"天下"为我国士大夫心目中人类之唯一政治组织。至于国与国之对立，在海通以前，为吾国人梦想所不到。

然大同观念，在欧洲亦未尝没有。如海尔德（Herder）之人类史观，康德（Kant）主张永久和平，赖思基有超国家组织学说而反对狭义的国家主义。可见大同观念为东西两方之共同愿望。万国林立，是不是人类之最终现象，吾们不必肯定，亦不必否定。黑格尔谓国家是人类精神的表现，国家是人类进化最后的阶段，此说亦有不易苟同之处。我们以为在狭义的国家主义与世界大同两主张中，应该以民族国家为基础。自己先立定脚跟，然后再谋实现世界大同的境界。我想这是人类进化当然的顺序。

我们这个民族太聪明了，关于语言、文字、礼俗、住宅等，都有特殊的成绩。不仅自己享用而已，附近的蛮夷亦沾光不少。战国以后，长江流域之吴、楚，汉初之南粤、闽越，承受中国文化，乃至日本、安南亦采用汉字。因为中国的文字、礼俗、政教垂传数千年，从来未有其他文化与之对立或比较过，所以吾们的文化，无形中变成一种惰力，变成煤炉中的渣滓，而缺少生命更新的作用，缺少外界的刺激。两汉之交有印度佛教之传入，元朝有回回历本之传入，此外来文化，只可说是汉族文化的附属品，不能认为对于汉族文化有所改造。因此几千年来不知不觉中养成一种自大自骄的神气。士大夫对于外来文化无接受的雅量，且从而反对之。如唐、宋对于佛教之反感，清乾隆以后对于十字教会传来之西洋文化都采取轻蔑的态度。仅有极少数先知先觉对于这外来文化，有承受之意，但敌不过一般士大夫的顽固心理。于是大家把宝贵的岁月，在深闭固拒中消磨去了。至于大多数人，既无智识，自然更谈不到爱护自己的文化了。

这个文化已行之数千年，其间又未经过丧失之危险，更不觉保有之可贵。以国语一项来说，譬如欧洲中世纪盛行拉丁语，到了宗教革命以后，路德首先把《圣经》译成德国语。欧洲之各国之国语运动，是千辛万苦中得来的，所以大家加以爱护。英、法人对于其语言之爱护，对于本国文学之宝贵，也出于同样原因。我们对于国语，从原始时代以来，直到现在，心目中视为寻常之物，无足爱惜，所谓"得之既易，弃之亦不足惜"。视欧人尊重其国语、其礼俗，实有天壤之别。际此各国竞争之中，往往有甲国要消灭乙国，先从其语言、文字与宗教等项下手。如德、俄、普三国瓜分波兰后，先不许其国人学习波兰语言文字。奥并捷克后，经捷克人想了种种方法，捷克之语言、文字赖以保存。又如土耳其占有巴尔干半岛时，不许其地之各国人信奉原有之宗教。因为欧洲各国，关于语言、文字、风俗，有此强食弱肉之竞争，所以战败者总是设法要求保存自己的语言、文字与宗教。当今捷克国境以内有德国种之苏台少数民族，要求以德语为学校语、行政语，与我们对于自己语言、风俗弃之不足惜的心理，真正不可同日而语。

欧洲中世纪的情形，大体上与我国过去几千年相似。神圣罗马帝国统一全欧，其最信奉之宗教只有天主教，官话只有拉丁语，此与我之所谓大一统"车同轨，书同文"颇相似。到了拿破仑战争以后，神圣罗马帝国解散了，但民族国家成立的趋势，早在其解散前表现了。英、法两国在欧洲是民族国家的先进。到了十九世纪，德、意两民族国家组织也成功了。欧洲之民族国家要表现其特异之点，却不容易。以宗教来说，各国皆读新旧约全书；以语言来说，尽管在文法上与发音方面不同，然总不出二十六个字母之范围；至于服饰、礼俗种种方面，大同小异而已。因为同出于一源，要表现其特异之点，自不容易。各国在此大同中，求所以各自不同之处，是为各国的历史。如德有腓烈、威廉一世、卑士麦等在政治上所表现之成绩；莱比尼辇、菲希德、康德等在学术上所表现之成绩；其他有马丁·路德之于宗教改革。英国在政治方面有议会政治及陪审制度等，在学术上有陆克、休谟等人的学说，对外有印度帝国与殖民地之开拓。法国有拿破仑之武功，有由法国革命至民主政治境界的一段史实，更有近代哲学创造始祖之笛卡尔氏。欧洲各国因为宗教礼俗方面大体相同，所以不能不在另一方面——即历史方面，有其独异之表现。

然一个民族要在政治学术方面有特殊之表现，非其民族有自信力不为功。自己确信其祖先有特立独行之处，同时其自身亦自有其独往独来之气概，不模仿，不追逐旁人，模仿、追逐是国家民族之大耻。我能做到的，别国未必能做到。民族建国之基础，即在此自信力。欧洲人对于别家的长处，并非充耳不闻，认为该采用的还是采用他，不过在采用中间力求有以胜人之处，以表现其民族固有之天才，特殊的成绩。这是民族自信力的成就。

民族建国之原则，以国与国对立为前提，与我国过去所标榜之天下观念，适得其反。天下观念只把语言、正朔等为唯一的标准，种族血统等如何概不计较。民族建国则不然，隐约中限定某特殊部族来做全民族之主人。至于这全民族是否纯血，则置而勿论。如英伦三岛就无纯血之英人，德国亦无纯血之德人，中华民族亦何尝有纯血之汉人？欧洲民族国家中，即无纯血之人，然各国自有其主人翁，即其贵族平民之在历史上有贡献者，彼等常常念念不忘其政治史学术史上之特殊功绩。我国在语言、宗教方面，根本上与欧洲不同，所以用不着更进一步的以学术历史表现其特异，因在语言与宗教两者已够表示其不同点了。然此语言、宗教之特异，得之既易，便视为不足爱惜，而政治、学术在今日无可与欧洲相竞，若再不看重自己语言、文字、宗教、礼俗与历史，吾真不知吾们可以自恃之特异处在那里了。

今日之中国，在政治与学术方面言之，民族自信力受了极大的障碍。自从鸦片战争以来，直到此次八一三中日战争，我们民族在对外战争中，有了几次失败。大家求其缘故，以为民族在文化方面有缺点，最缺少的为物质文化，于是曾李时代有坚甲利兵运动；继而又感觉政治制度不成，于是有康梁之变法运动及革命运动；五四运动以后，又觉得社会组织不良，同时有白话文运动、社会改造运动，连带及于青年崇拜苏俄之心理，社会上流行的口号，曰物质救国、科学救国、民主政治等，其含义无非表示自己事事不如人，非力追欧洲文化不可。在这现象下发生各种冲突与矛盾，一方面要自己站起来，另一方面又自觉得种种不如人。这种种冲突的心理状态，的确是我们建国前途的大问题，不能不求一个答案。

凡是一个民族所以能自立的，往往有一二英雄豪杰之士，立下一番大志愿，这志愿起初不定有很明显的形迹，渐渐推广以至成为民族运动。如英国是世界上数一数二之大国，但却难说出英帝国所以完成之有意识的计划，如追溯上去，可自克林威尔说起，后来占有印度、菲洲、澳洲，都是由一二冒险家不以国家武力而利用个人暴力获得来的。又如德意志之建国，其立志开始时期，可从马丁·路德宗教革命说起；迨与法拿破仑战争时，政治上的觉悟开始了；到卑士麦执政时，一切完成。一九一四年经过世界大战之挫折，几乎不成国家，经困苦艰难的奋斗，毕竟恢复了自主独立的地位。德国现由希特勒执政，且进而为对外发展，向东欧方面迈进。再如现代之日本，其民族建国运动开始于明治维新，各藩以大权归还天皇，制宪法，设会议，并对陆军和教育诸方面加以种种改革，经过甲午中日战争、日俄战争，于是其强国之基础，因此稳固。现在的日本又进到大陆侵略政策的阶段，明告世界列强，以安定东亚之势力者自居。日本之成为世界强国，始于明治天皇及其辅佐之伊藤等数人，现在成为少壮军人中心思想，一般国民亦皆为其后盾。盖一民族之所以立国，犹之个人做人一样：个人要想成功多少事业，不能不先立志；民族要在世上负担某种任务，亦不能不先立定一种志愿。所以今后中华民族复兴之柱石，即在吾民族之立志。立下志愿，自有成功之一日，不要自己把自己看轻。

一个民族诚能立定志愿，不论其过去成绩如何，决不会菲薄自己，还要很看重自己。一定推崇他祖先的丰功伟烈，借此表彰其成功之原因。彷佛贫家子弟，一旦飞黄腾达，往往有歌颂其祖先的文字，如何积德，如何勤俭，无非表示其成功不是偶然的。我们祖先在过去四五千年中，如若毫无特别惊人之处，自然也无法滥恭维。目前国家虽是贫穷，但我们祖先在过去的作为，如文化所及之广远，文字之统一，对于宗教之容忍，因而有佛教之传入，明末更有西洋数学、天文学之输进，士大夫从而欢迎之。此种种美德，岂是小事？老实说，在世界文化史上很有他的地位，很能表出特色来。这还不够增加我们民族的自信力吗？自信力是民族立国最不可少的原素，世界上往往有种国家，以其祖先毫无成绩之可言，于不得已中，仍想尽方法来表彰其祖先。例如保加利亚是巴尔干半岛中的一个小国家，初为希腊并吞，后隶属土耳其主权之下。其在历史上经过如此。保加利亚人时常自称为希腊人，有一卜西（Parssi）教士闻之不胜厌恶，于是写了一篇告国人书：

> 保加利亚人！你自己不要哄骗自己了。要学习自己的语言，尊重自己的语言。要重视自己的种族。保加利亚人的质朴忠实，远在希腊人诡谲巧辩之上。记着，上帝所爱的，是那些简单与不识不知的农民与牧童。我们保加利亚人，大都尊崇外国习俗，学习外国语言，模仿外国风俗。所以我特写出此书，要大家仔细读，大家都来写。从今后看大家能否知耻或能否自爱。

大家当知保加利亚国，在世界文化史上毫无地位之可言。但卜西教士尚要力竭声嘶的去唤醒保加利亚人自尊自爱。再如菲希德对德意志国民讲演，谓德国语系原始语言，德国人系原始人种，乃至于德国哲学，也比英国高明。卑士麦是再造德国之大政治家，曾于其自传中痛骂德国人爱说法国语，他呼此等人为旅馆西崽。我引述上例，绝不是要我们民族自夸，更不是要我们对于西方之好处充耳不闻。我们民族之地位，远在保加利亚族之上，即对德国人亦无逊色。我们民族要自己认清是世界上最优秀之民族，东亚文化是我们祖先一手造成的，其成绩实有过人之处。目前国势虽不振，但从过去推定将来，我们相信我们民族一定有光明的前途。

上文所云，对于自己不如人处，尚未解释明白。以个人为例来说，个人贵乎立志。但孔子又说："三人行，必有我师焉。"《书》云："能自得师者王。"由此可知个人贵乎立志，同时，还得时时刻刻效法别人的长处。因为人生于世，自幼至老，是终身学不尽的，如其自足自满，则前途永无进步之可言。我国在既往四五千年中，与其四围之部落相比，以年龄论，是老大哥，以学术说，更是先进，因此无形中养成其夸大狂与看不起别人的气概，觉得自己的文化是独一无二的，旁人不能比拟。此心理不啻把世界上别种文化之优点，抹煞殆尽。譬如明万历朝，十字教会把数理、天文学输进中国，实为中国吸收西方文化之最好机会，那知到了雍乾以后，国内略有太平景象，于是把这刚刚萌芽的外来科学一脚踢开，直到一百二十年后之雅〔鸦〕片战争时，总觉西洋文化确有过我之处。可是稍有一二知新之人，又被社会顽固派所唾骂。曾纪泽因为奔丧，坐了一只小轮回家乡，当时颇受其故乡父老之责备。郭嵩涛参观英国国会以后，报告国会如何发扬民意，可是当时士大夫力訾其说。由此可见我士大夫之腐败顽固。戊戌、庚子前后，经过一个中间阶段，认为我们一半应该求己，一半应该从人，如张之洞所谓中学为体西学为用，就是这观察法的代表。到了"五四"以后，中国学术界走上"惟务外驰"的路子，一若中国文化都是渣滓，一无足取，惟有模仿外人一法是正道。我以为各人有各人之人格，如生来的环境，做人的方法，各人都不同的，若专以亦步亦趋为标准，则其个人之立身决不会出人头地的。推而至于一个民族，又何独不然。民族各有其历史的背景，如语言、政治等，一味维妙维肖的模仿外人，是绝对做不到的事。我以为我们今后之方针：（一）应该把眼光放大，对于别家的优点，要有一番选择的功夫；对于任何制度，该下一番比较的功夫。其优点究在那里？能不能与我社会之背景相融洽？（二）外国制度的方面甚多，如其彼此有冲突，那就不能无条件的移植过来，须得把本国既往、现在、将来之情况为本位，以定外来制度之去取，合者留，不合者去之。如既经走上资本主义的路子，就不能再走社会主义的路子；既经采用民主政治，就不能再行独裁政治。在此不能两立之境界中，只有以本国为本位，再定去取之标准。

吾民族复兴之大方针，一方要抬高民族的自信力，一方不忘记"取于人以为善"的明训。例如十九世纪初年，是德国民族复兴运动开始时期，其时菲希德提倡德人应有自信力。这期间前后，约当一八三○年左右，德国科学家到巴黎留学者甚多，甚至有以法文来著书，如洪勃尔脱（Humbolt）之地理学即是用法文写的。像我们中国所应学于欧西的，岂止科学及物质建设方面？其他如西洋人之人格独立、帐目清楚、公务人员之廉洁、政治家进退之不苟等，何一事不在应学之列？然后自己不如人处，乃能纠正。我想，像十九世纪初年德国人在学术上追逐法国人之一段境界，也许我们亦要经过。德国科学现在已能自立，并且在发明方面已超过法国，所以在学术上模仿他人，并不妨害自己的独立。

以上所云之答案，我信对于两方面是很公道的。一方面对于自己的文化肯自我批判，一方面对于别国文化经审查之后，再定去取，如此庶几可以找到自己的出路。

根据以上所述，再总括的说一句：第一，在既往数千年中，我们祖先成就了以文化统一民族之运动，我们做子孙的在其余荫之下，不能不深感激。但文化须有一个推动之主人，我们应确立文化背后之主人，即我们应该自居于中华文化之主人翁。把我们祖先的文化至上主义，加以修正，以种族的觉悟，参入其中。已往以文化为主而不问种族如何之觉念应该抛弃。此后应加强中华民族为东方文化主人翁之觉悟，惟有中华民族是优秀的东方文化之主人，有此觉悟，然后他人才不得冒牌。第二，中华民族为中华文化之主人，应该表扬东方文化之灿烂伟大，并且担当改进东方文化之责任。第三，对于满、蒙、回、藏四族要有开导他们的积极政策，尊重他们的语言、礼俗，开发他们的智识，使他们成为五族中之健全分子。并且在五族一体之原则下，许以发展之自由。第四，我们祖先留下来的一笔大遗产，要好好加以整理表彰，以坚定五族的自信力。第五，对于自己的语言文字及善良风俗，大家要知道宝贵，千万不可但求易于通晓或为追逐他人计，作摧毁汉字及善良风俗之主张。第六，要一方加强自信力，一方尽量容纳外来文化，使其与我们固有的并行不悖。第七，我国在政治上、经济上之缺点太多。经济方面的物质建设，应努力赶上前去。此为大家所共晓，无待细论。政治上过去旧式君主专制时代所遗留下来的好多恶习，如官吏之敷衍塞责，多数人民之目不识丁等等，应该把西方学说如自治、人格独立与负责之观念来纠正这些恶习。以上种种，诚能做到，中华民族才算有了基础。这一次的抗战，其结果将如何，是将来的事，但我们民族复兴的基础，不外以上各端。我们国家的万年不拔之基，亦即在上述各项之中。

致毛泽东先生一封公开信[*]
（1938）

泽东先生惠鉴：

　　顷读先生六中全会报告书，判析抗战情势，至为详尽，且抱定长期作战政策，决心尤为坚定，佩仰无已。窃以为战事胜败，为民族之存亡，非独一党一派之利害。彼日人先以兵力占吾领土，继则组织伪政府以代之。夫政府者，行使国家最高权力者也，此而可以由敌代为指定，何异乎中国之为未成年者而须由监护人代行使其权利？澈底言之，不啻彼自居于上国，而以中国为被保护国。此而可以容忍，则更有何事不可容忍？故以我为中华民国——应继续作战而不可以言和者，以其视吾国为可由彼处置之一片土地，而不视为平等独立之国家故也。日人所提条件，有时出于近卫，有时出于板垣，要不外二端：一曰国民政府改组，二曰与伪政府合流。意即在反对蒋先生，此两条果有人起而接受之者，则国民政府不成其为国民政府，降而与汉奸为伍矣。日人既已提此二条，其心目中已不以国民政府为对手，而更有何和议之可言？在我更何从而有妥协之可能。惟其然也，今后之国策，除国内团结以图作战之持久外，别无他途。虽然，国内之团结如何而后可以永保，不能不惟先生与所率领之共产党是望矣。第一，号为近代国家，以统一为特征，尤贵乎军事权之统一。英、美、俄、法等，何尝一国以内而有两种军队？诚以军队之教练与任命，必须出于一源，而后行动乃能一致。而先生文中曾有下列语句："国共两党都有军队，这是特殊历史造成的结果，不是缺点而是优点。由于有两党的军队，使得抗日战争中两党克尽分工合作的最善责任。互相观摩激励的好处，也更多了。"依吾人所见，军队应

＊《再生》第 10 期，1938 年 12 月 16 日。

属于国家，不可使军队与特殊主义发生联系，如以资本主义灌输于军队中，则彼等遇国内之信社会主义者将起而压迫之，反是者，如以社会主义灌输于军队中，则彼等遇见国内之资本主义者将起而推翻之。可见军队惟有属于国家，不可属于一党。目前之中央军不可目为党军，且信奉三民主义，未见有何特殊之政治路线，希望将来走上隶属于国家下之途径，当不甚远。先生所率之军队名曰国民革命军，更望毅然首倡以八路军之训练、任命与指挥，完全托之蒋先生手中。此所以增进全国之团结而利于抗战之持久者一也。第二，各国之政党，从无有占领一特区以行特殊政策者，以一国之内惟有一种法律、一种行政系统，乃能成为现代国家。其稍有特殊化者则如阿尔兰之于英，以其本为被压迫者乃争取独立以得之者也。其次为少数民族，如昔日德意志民族之处于捷克国中。今吾国号为统一，先生等亦以拥护国民政府自号于国中，而今则特区之内，俨然自成一天地，自立官制，自立税制，自立学校。若国中凡组织政党者，皆起而效法先生等之所为，则中国将分为若干政党之若干行政区，而国家非反于封建割据之局不止矣。先生等与其同志以打破割据相号召，更望取销特区之制，以增进全国之团结而利于抗战之持久者二也。复次所欲与公言者，则为共产党之理论。共产党之特点与其所以异于他党者，在其阶级性，在其认定以阶级斗争为夺取政权之出路。公等昔年所以特注意于无产者，且标土地革命之说者，即在于此。此马克思之学说，而列宁从而实现之者也。乃公等社会革命工作正在进行中，忽而有"九一八"之巨变。于是先生等悟阶级斗争之不适于中国，转而标出民族战争之说。此种转变，诚为国家之大幸，应表而出之者也。然民族斗争云者，以全体人民为主体，不应更有阶级之成见。至于三民主义，本以"民族"为出发点，与马克思之视阶级为历史支配者迥乎不同。而先生之报告，乃有下列之语："谁要是不忠实于三民主义的信奉与实行，谁就是口是心非，表里不一，谁就不是一个忠实的马克思主义者。"自此段文字观之，似乎信奉三民主义者，即是忠实的马克思主义信徒，二者之间，可以画一个等号。此种说法，不独使国人对于三民主义之内容更加糊涂，即对于马克思主义，亦令人有迷离惝恍之感。此种名辞之意义扩张，在先生文字中之后段如"爱国主义就是国际主义在民族革命战争中的实施"云，亦事同一律。窃以为目前阶段中，先生等既努力于对外民族战争，不如将马克思主义暂搁一边，使国人思想走上彼此是非黑白分明一涂，而不必出以灰色与掩饰之辞。诚能如是，国中各派思想，同以救民族救国家为出发点，而其接近也自易易矣。此所以促进全国之团结而利于抗战之持久者三也。抑吾人所以为此言者，皆根据近代立国之常轨而言，必如此而后抗战乃胜，建国乃成，谅高明定能鉴察。盖国家遭此大难，其存其亡，间不容发，内部多一分诚意，即抗战增一分实力。如公所谓动员民众与政治民主化云云，非各方诚信既乎，决无实现之望。苟在蒋先生领导之下，而别有一党焉，自有党军，自有特区，自标马克思主义，则先生所提出之"长期合作方式中之民族联盟"如何而有实现之可能乎？目前之障碍，既在此三点，应谋所以消除之，乃能达于真正之团结。吾辈既存心于御外敌保祖国，而念念不忘者为国家至上之一义，则何必沾沾于一党一派之利益而不肯抛弃之乎？吾人读先生报告以光明前途属望于国中各党，因此不敢自安缄默，聊奉本先生所谓"互相规过是友朋间美德"之语，而竭诚言之，倘蒙采纳，则精诚团结更进于今日，而一切鼓起民众以共趋一的之效自见矣。非然者，仍今日之旧状而不变，则精力之消耗于猜疑与摩擦中者，不知几何，而天下后世必以抗战之失败归罪于今日之党争有断然矣。先生等近年爱民族爱国家之心为有目所共睹，若能更进一步而图之，岂独抗战之幸？中华民族万年不拔之基，亦在是矣。

专此敬祝

为国努力！

张君劢谨启　十二月十日

胡适思想界路线评论[*]
——吾国思想界应超越欧洲文艺复兴而过之
（1940）

目录

自序

引论

（一）胡氏心目中欧洲文艺复兴以来之三步骤与其真相

（A）欧洲古籍发现

（B）新教勃兴及对于宗教之怀疑

（C）新科学运动

（二）数百年来欧洲宗教、学术、政治方面学说之变迁

（A）宗教及道德

（B）学术

（C）政法

（三）胡氏思想之要点及其对于中国文化之评价

（A）孔子

（B）宋明理学及清代考据学

（C）宋明理学与戴东原哲学

（D）传统与理智

（E）中国文化之优点

结论

---

* 原载《再生》第 51 期（1940 年 12 月 31 日），今据《中西印哲学文集》（1014～1040 页）。

自 序

梁任公尝言一种思潮之流转，常分四期：曰启蒙期，当佛家所谓生。曰全盛期，当佛家所谓住。曰蜕分期，当佛家所谓异。曰衰落期，当佛家所谓灭。西方学说之入中国，远者可推之百年之久，近者亦三四十年，而尤以胡氏之文学革命、疑古及其打倒孔家店之说，为能风靡一世。同时，梁任公亦为之先后附疏。有任公唱于前，而适之和于后者，如以真理是非讨论孔子问题是也（详本文）。有适之唱于前，而任公和之者，如白话文学是也。适之思想以欧洲文艺复兴为出发点，尤富于欧洲启智时期（Enlightment）理性主义之彩色。其论孔教伦理教论疑古，一切皆以欧洲前人为蓝本。此文索之欧洲思想史中，为之疏通证明，以明其渊源所自。然吾以为吾国思想界之在今日，非仅仅重知识非怀疑非批评非论真伪或高唱打倒所能济事也。今日之所急需者，为建立为决定为意志。有此出发点，则对于各派科学家之学说，对宗教、道德对历史对传统之态度，将大异乎适之所云云矣。此后时代将为何种时代乎？曰西方思想输入后，吾国学术建立时期独立自主时期，亦即任公所谓第二时期也。其所有事，在吞下西方学说而消化之，重复吐出，如蚕之吐丝，蜂之酿蜜。则对于西方科学学说之各异者，不应如适之挟启智时期之观点而多所排斥，以妨碍自己之取精用宏（详见本文）。尤不应忘却自己传统，以自陷于蔑视数千年之历史根据，而自毁其特色自忘其根本。必如是，而后吾国学术之建立，乃有基础矣。昔飞烈大王在位之日，号为普鲁士之启智时期，飞烈大王折节与伏尔泰（Valtaire）交，并为文以表彰拉曼脱里（La Mettris）之一"人类机器论"，是怀疑与启智时代之象征也。及康德、黑格尔出，而德之思想界之空气为之大变。英自斯突林（Stirling）、格里恩（Green）、蒲拉特拉（Bradley）起，竞取根深蒂固之感觉主义、经验主义而推翻之。可知思想界之变迁，是在人之努力。苟自信以为真理，不避毁誉之见，而大声疾呼以出之，则"柳暗花明又一村"之境，自涌现矣。此文以批评胡适为主，然胡氏思想以欧洲文艺复兴以来之思想为背景，故同时不能不叙述欧洲思想界之变迁。其在欧洲，浅薄的理性主义之流弊，经康德后而大明。则此类同样浅薄的理性主义，决难维持我国今后不待言矣。我何敢自比于康德与格里恩之转移风气？然抗战以来，时闻中国学术思想独立之声，则适之在思想史上所留之痕迹之矫正，应为今后思想界前进之出发点，必如是，而后思想界乃有转向之可言。此则本文所为作也。海内识者，对于本文或同或异，幸赐教焉。

民国二十九年八月张君劢序于云南大理民族文化书院。

引　论

中国今日所处者，环球交通时代也，科学时代也，民族争存时代也，反而言之，非一国闭关时代，非埋头古书时代，非一国独自为主时代。处此环境之中，吾人治学方法，不能不顾到世界各国之学术。吾人之政治方案，不能不顾到现代各国之政情。然吾人非以人为尽是，己为独非，甘心崇拜外人，而自处于为奴为隶。凡以求中西之通，以达到吾国学术自主之地位而已。

（一）胡氏心目中欧洲文艺复兴以来之三步骤与其真相

近百年来之中国，因中西交通而受西方政治学术上之影响者，世人分为若干时期：第一，曾、李之船坚炮利时期，是受西洋技术方面之刺激。第二，为戊戌政变、庚子后预备立宪及中山先生之革命运动，是受西方政治方面之刺激。第三，为胡适之文学革命及其打倒孔家店运动，是为受西方学术思想之刺激。胡适之所努力者，简单言之，追随西方文艺复兴以来之各步骤，而欲推行之于中国而已。胡氏提倡中国白话文学，常以之与西方各国之国语文学之产生相提并论，如但丁之创意大利国语，马丁·路德之造德意志国语。吾人试一思之，吾国现时之白话，远则已行之于宋代，近则行之于元明以来之小说。胡氏用之以著《哲学史》，殆亦等于韩昌黎推倒南北朝之排偶而另创一种文格。是乃文调之变更，不得与但丁、路德之新造国语相提并论者也。然胡氏心目中所欲转移中国思想界者尚不止此，直欲以欧洲文艺复兴以来思想改造之三种步骤移用于吾国。

欧洲文艺复兴运动中之第一事，曰古籍发现。欧洲中古盛行经院哲学，除治亚历斯大德之论理学一书外，亚氏其他著述，无人道及。柏拉图之书，更不知去向。即罗马各大家如西西罗（Cicero）、达西都（Tacitus）之拉丁文原本，亦沉埋地下。及文艺复兴之日，或求遗书，或取久不读之书而读之，或取希腊文重译为拉丁文。因是中古局于神道之思想，一变而为新智大启之时期。梁任公尝以欧洲此段史实与清代之治经相提并论。其言曰："'清代思潮'是何物耶？简单言之，则对于宋明理学之一大反动，而以'复古'为其职志者也；其动机及其内容，皆与欧洲之'文艺复兴'绝对相类……"

适之对于清代经学家之考据方法，亦不胜其高山仰止之感，与任公同。

文艺复兴运动后之第二大事，曰宗教革命。马丁·路德见罗马教皇之骄奢无度，发赎罪状令人出钱购买，谓可自赎罪过。路氏起而鸣其非，乃以树立耶稣新教。其后更有怀疑派之哲学家，不仅如路德之攻教皇，更并耶稣教与宗教而反对之，目之为迷信。胡氏采用其法，乃有打倒孔家店及吃人的礼教之诸口号。其目的，与欧洲之无神论同。以为世间万事，可以取决于理性，而不承认更有束缚人心之宗教。

文艺复兴后之最大成绩，是为新科学之产生，如哥白尼之天文学，格力雷、牛顿之物理学，及后起之生物学等。胡氏效之，乃大提倡科学，更提倡科学的人生观。缘是引起人生观之论战，并集论战之文为一书，而自为一长序。其心目中之所谓人生观，即欧洲理性主义哲学家与科学家之所谓人生观。兹将欧洲文艺复兴前后之三大事，按当时事实而叙述之，以观其是否能为中国对症之药石。

第一，**欧洲所谓古籍发现者**，乃思想内容思想方向之变更，与清儒之注重古经真伪与文字训诂者，绝不相类。欧洲中世纪所谓学术，即对于耶教之启示（Revelation），予以哲学的论据。斯时也，希腊罗马之哲学既已衰亡，所讨论者不外三位一体与共相等问题，其注意点为宗教。将古代之哲学与科学问题，一切搁置，故在思想史上名之曰经院主义。此时经院中，人手一编者为亚氏论理学一书，所反复推求者为亚氏之范畴论。此时之欧洲，与吾国之只知四书古〔五〕经者，非无相似之处。及十三世纪君士但丁堡陷，十字军东征，于是欧亚交通大盛，人智大启。昔日之专以宗教为讨论中心者，至是而一变。先是欧里几《几何原本》，早于十一世纪自阿剌伯文译为拉丁文。印度之代数与算数，于十二世纪经阿剌伯人之手输入于意大利。盖欧洲学术之复兴，得力于阿剌伯者如是其多。及十三、四世纪，则有柏拉图原本、亚氏论理学以外之各著作之发见，濮加齐氏（Boccaccio）及伯脱拉希氏（Petrarch）求得西西罗（Cicero）、达西都（Tacitus）之遗书。此种种者不外使人舍中世之宗教讨论，而移其心思于人生，于美术，于自然界。故曰文艺复兴之特点在人之发见，即舍上帝而言人事之谓也。文艺复兴时代之代表人物为但丁（Dante），为伯脱拉希，为利翁那特文栖（Leonardo da Vinci）。但丁氏为《神曲》之作者。伯氏为诗人，为人文主义之创始者。利氏为画家，为工程家，为科学家，为哲学家。欧洲所谓学术复兴，始于古籍复见时代之情形如是。以云清代汉学家，其所凭借者犹为汉代以来儒家之典籍。其所不同者，惟有文字考订之方法而已。与欧洲之一则舍宗教而转向人事，二则由古籍而产生新思想，三则其所发见之书有关于数学，有关于哲学，方面既多，故新学术思想由以产生者，安可同日而语？梁氏取其一二点之偶同，而自清代经学家之所为，谓等于欧洲文艺复兴中之古籍发见者，实未能将欧洲所谓古籍发见之内容而深考之也。

第二，马丁·路德之反对旧教与理性主义时代哲学之怀疑宗教，乃出于反抗启示与神迹，以视孔子之设教，与耶稣与一般宗教本不相同者，不得混为一谈。马丁·路德之新教运动，乃对于教会之出售赎罪状而起，路德氏因此张九十五条理由于故乡教堂之门，以鸣其非。由赎罪，而牵连以及于教皇地位，教士是否立于政权之外，教士之解释《圣经》错误诸问题。德国及北欧诸国之君王，均为路氏奥援。于是新教卒脱罗马教皇而独立。今则英、美及德人之大部，皆奉新教矣。其后哲学上理性主义盛行，科学昌明，学者对于世间各事，俱以"无征不信"四字衡之。而反对宗教之论，因之以起。譬如霍布士之持论曰："人类对自然现象与此等现象中之偶见而特出者，尤有畏惧之心。如夜梦与怪鬼，人视以为不可解，乃有鬼神之说。其视自然力之运行，若有人焉以发动之，犹之人身上之行动，必有人焉以主之者。更以祈祷之理求之，凭占卜之术以与之商榷。世间各种宗教之弱点，在其教义中，已含有自相矛盾之论，与执行教权之教士之伪善而自私，乃至宗教之所谓神奇之迹所恃以表显教条之神效者，实则因有自然界之原因在焉。"陆克之持论亦曰："知识必求其正确，其他种种巧言，或以先圣先贤为根据，或利人之无可答辩而为之者，皆非真智识也。吾人试以此标准衡之所谓信仰与启示的真理，则知所谓启示的真理，无正确性之可言。以正确性，不离乎经验。不以经验为根据者，安有正确性，安有真理可言？故反乎吾人所亲历之智识者，吾对于此种启示不必从而认之。以吾人苟不以亲历之智识为根据，则智识之真伪，可信与不可信，将失其辨别之标准矣。"以上霍氏与陆氏之言，即为欧洲无神论者与自由思想者（即不信上帝者）之所由出。胡氏读其说，以为欧人所以反对宗教之论，可移而至于东方以反对孔教。然孔教非宗教也，非启示的真理也。孔子之所言，不外乎人事，不外乎人伦。虽其名教之权威，如所谓君臣之分，如妇女之节操，可以置人于死地，然其所致病者，或成于专制帝王之利用孔子，或出于愚夫愚妇之信孔子与其继起者之言而过乎其度也。西方学者如华尔孚氏（详下），根据孔子以反对其宗教，且以东方人之宽大不致演成宗教之争为可欣可羡。奈何胡氏反盲从西方而必以推翻孔子为能事乎？

第三，**胡氏所谓科学运动**，亦无的放矢之言也。自曾、李以至今日，对于西方文化中政治法制或社会风气颇多是非可否之论，独对于科学利器、科学本身之采取，则自来无异辞。何也？电报、铁路、兵船、大炮与飞机，皆生活上与军事上之利器，苟不采用，不独日用不如人之捷速，将何以自卫其国家乎？更进而求之声光化电、动物、植物、天文、地质与夫政治、经济诸学，必平日之研究精明，持论正确，而后学术上之优胜，亦即其所以立国之优胜也。虽然，于科学利器与科学理论之外，更问世间各种现象之推求，是否一一能如物理学之正确乎？生物现象可以等于物理现象乎？心理现象可以等于生物现象乎？人事变迁如物理现象之立于机械律之下乎？人生之意志自由乎？抑受因果律之支配乎？物理界之现象因可以视同物质而加以研究，其除物理现象之外，是否尚有形而上之一界乎？凡此云云，均非科学问题，而哲学问题也。胡氏不加辨别，并人生观及自由意志于科学之中，而以为一切有自然律可求。无他，彼但知文艺复兴后，哲学家、科学家但知凭借人知，以为可以解决一切，即人之思想行为咸欲遵物理方法以求其究竟。伸言之，机械主义与自然主义，实支配胡氏之心理。旁人有不与之同调者，则目之为仇视科学，视之与西方教会同科，而大声疾呼以反对之矣。

（二）数百年来欧洲宗教、学术、政治方面学说之变迁

自以上三点观之，胡氏徒知模拟西方文艺复兴后之三种步骤，而欲以之行诸中国。抑知西方自十三、四世纪后迄于今日，已有六百余年之久。有昔之所行，而今犹有效者。有昔之所行，旋认为错误而改之者。亦有尽弃旧日之成见，而惟新是从者。吾人奈何于六百年之经过，不加研究，而惟受文艺复兴时代之所行者为当，一一遵行而不变乎？

　　吾人于以上三段中，但从历史上叙述三件大事之经过，对于梁氏、胡氏依样葫芦之论，既加以辨正，然此三件大事自有其真价值，自有对欧西文化不可磨灭之影响而不可忽视者。此三件大事之总精神，曰人智之大发动，曰人类理性之大发动。此时之学者与思想家认为凡关于宗教、道德、政治与学术，无一不可求诸人知，求诸理性而得其解决。故就此三大事之根本上言之，名之曰广义的理性主义运动可矣。因有此运动，而新科学新哲学以兴。又因此运动，而民族国家民主政治因以成立。亦因有此运动，而旧教重复振作，同时社会上达到信仰上之自由。此运动之功绩之伟大，既若是矣，然自十三、十四世纪迄于今日已六百余年，欧人对于宗教，对于政治，对于科学、哲学思想既经种种新研究，而旧说屡有修改，吾人若但循文艺复兴之旧辙而追逐于其后，岂非人已进步而我反安于其初期之所为乎？试就（一）宗教、道德，（二）科学、哲学，（三）政治、法制三方面而论之。

　　第一，**宗教**。马丁·路德之创新教，本为一种精神的革命，不忍罗马教会之腐败，而思有以改造之，而卒底于成者也。及乎理性主义之哲学既兴，如笛卡儿（Descartes）、兰勃尼擎（Leibnitz）等，皆根据理性一名以说明上帝之存在。笛氏之哲学目的，在求确实之智识，以为一切事物皆可疑，惟"我思"为不可疑。我思既不可疑，则我之"存在"亦不可疑。故曰"我思故我在"，为一切正确智识之出发点，亦即笛氏哲学之出发点也。笛氏推此出发点以及于全宇宙，且谋所以证实宇宙之存在，以及创造宇宙者上帝之存在。其论辨法有四：第一曰凡有的（Ontological）论辨法。所以形容上帝者，为全知全能。上帝既称为完全，岂有不能存在之理？换言之，"全"之一字中，已包含存在于其中。第二曰论理学的论辨法。世界事物必有一充足理由以为之先。人类自身既为不完不全之物，自不足为完全概念与是非标准之充足理由，此充足理由，惟有求之于上帝。第三〈曰〉宇宙论的论辨法。此世界与其中之人类事物，必有造成之者。吾人既不能自造自存，则所以造之者舍上帝其谁？第四曰道德的论辨法。人类为能思想与有道德之体，而此能思想与有道德之体，必有一至上之智慧的道德的体以创造之者，是为上帝。其次继笛氏而起者有斯宾挪沙，有兰勃尼擎。斯氏哲学系统中至高之概念曰本体，即自因、自在、自决、永恒不易之体。此本体即为上帝与否，学者中尚多争执。至兰氏所谓至高之单子，即为上帝。盖兰氏亦为信仰上帝存在之人也。

其次，有华尔孚氏（Wolff）。华氏为兰氏之学生，确信理性主义，认为理性中有立论不能自相矛盾之一种公例，便为人类去非存是之标准。彼以相信理性主义之故，乃有《中国人之行为哲学》一文，大意谓吾人持有理性，便可建立一国之宗教与道德，而不须有所谓神之启示。华氏此论一出，宗教界大为反对，乃免职而去。盖欧人自马可·波罗仕元（世祖）之后，颇倾心于中国文化。及明末清初之耶稣会人参与中国钦天监事物，窥见中国文化，尤服中国对于宗教之宽大，而免于欧洲教会排除异教之狭隘。其尤激动欧洲人者，则欧人所信者独为《圣经》。《圣经》一书所记，谓大洪水之日惟拿亚及其家族独生。孰知中国历史中所载各事，皆在《圣经》所记洪水以前之日蚀，经近来天文家考订，认为确实，由此可见《圣经》所言之不足凭。以《圣经》之言苟可信，则中国不应有关于人类与日蚀之记载矣。因此中国历史成为欧人攻击《圣经》之具，更成为启示的宗教不可信之证据，而大助长欧洲启智时代专理性为出发点至精神。华尔孚演讲之所以成立者，其背景若此。可知欧人当日因孔教但论人伦，免于迷信，而大尊之。乃吾国近十余年反目孔子为不足道，而欲推翻之，不亦异乎？

康德继华尔孚而起，合大陆上之理性派与英伦之经验派于一炉而治之。其所以安排科学与宗教问题者，亦能独出心裁。康氏于《纯粹理性》中所穷者，为科学智识之所以成立。然而书中后半超验辩证论一章中，论人类智识不以分科现象为满足，更进而求所以合一之者，于是有三问题：第一，对于能觉能思之人，进而问其死后如何，于是有灵魂问题。第二，对于纷然之现象，更问其背后统一之总体，于是有宇宙问题。第三，对于一切被思之物，能思之人之上，是否有初因在，是为上帝问题。康氏认此三者为人类理性中所必起之问题。然在知识界中，对于此三问题不能解决。何也？知识界不离经验，不离因果律，而此三者非经验以内之事，非因果所得而支配者也。康氏以为于知识中求解决此三问题，是为幻觉是为错误。然康氏其为反对宗教反对上帝之人乎？是又不然。康氏以为科学知识是人类本性中之一方面，然在另一方面虽与知识之公例不合，而心理上自有其要求，如人类希望中有死后灵魂不灭或极乐世界之说，此即宗教之所由发生。康氏将灵魂、宇宙、上帝三问题，归入行为理性之中，于是对于科学知识所不讨论之问题，不反对，亦不放弃，乃为应另筹安置之法于行为理性中。于以见康氏虽受理性主义之影响，且为用心于自然科学之人，而于宗教及上帝问题，则不加排斥。惟一方认笛氏等以为理性可以证明上帝存在者为不然，他方又以为陆克等以无征不信之态度适用于上帝者为非是。乃于此两派之外，另立一说。而其为说，于科学于宗教，各予以相当之位置，而不为一偏之论。此殆康氏深识宗教问题属于超自然、超现象之一界，非科学的理智所得而穷究者也。

自康氏而后，黑格尔更自理智方面以穷究形上界与上帝问题。或者因此谓黑氏哲学视康氏为退步，或谓此为讨论宇宙全体时必引起之问题。其是非得失，暂置不论。吾人可以明言者，则欧洲近百年来之哲学界中，初未尝忽视宗教问题与上帝问题。即如实验主义之詹姆斯，亦有《宗教经验之种类》一书之著作。其思想系统中认为寻常人智中所认为不可能者（如上帝），万一信之而有益于人事，则信之者不独无妨，而且有益。故吾人应支持上帝存在之信仰。其他如霍金氏（Hocking）之人类经验中上帝之意义，威伯（Welb）氏之上帝与人之关系中之问题，更无论矣。吾非耶教徒，更非信仰上帝之人，然以为如文艺复兴时代之哲学家、科学家，以为宗教问题，可以一脚推翻，或更因耶教而连累以及于孔教，则宗教问题决非若是易于解决也。试问世间无宗教，而何有佛、回、耶？苟无佛教，何来此三藏？何来此求法之高僧？与其谓科学能解决宇宙秘奥，不如谓宗教之神秘性之吸引力之更大也。一国之内既不能无宗教，则不能不求其根据于学理。而不能不求其根据于学理，而自知识上言之，科学与宗教不免两相冲突。康德思之又思之，乃以一属诸知识，以一属诸行为理性，是为两全其美之一法，视文艺复兴与理性主义时代之但凭浅薄的理智论以反对宗教者远过之矣。

第二，**学术**。胡氏以提倡科学为己任，然其所谓科学，只为哥白尼、加里雷与牛顿时代之科学，非能合最近六百年之科学进步而观其会通也。牛顿以前不知有力学以外之各种电热诸学，不知有理、化学之新发明，不知生物学之演化论，不知有心理学，不知有相对论。胡氏局促于文艺复兴前后之思想，以为牛顿之机械主义可以支配一切。稍进焉则达尔文之进化论，为胡氏所乐道。然达氏之外又有拉马克氏，以目的为物种变化之主因。更有毛根氏之突化论（Emergent Evolution）。胡氏将视之为科学抑否乎？由生物学更推广而为心理学，则有詹姆斯之心理学，明明推崇自由意志之说。胡氏其视之为科学否乎？惟胡氏只认牛顿氏机械主义与定命主义之科学，其他与之相反者，则一切排斥为非科学，或目之为玄学。此我所谓胡氏思想为理性主义的启智时期之机械主义、自然主义所束缚也。

近数百年之科学，除天文学外，应以加里雷、牛顿之物理学或力学之发见为最早。一时学者以为惟有走上力学之方式，将物质与力二者解释一切，庶几其所研究者为合于科学。譬之霍布士，认为宇宙之基本观念有三：曰空间，曰物体，曰动力。至于精神则为无意义之名词。除几何学与物理学外，霍氏更承认有伦理学与政治学。然其称伦理学曰心的运动（Mental Motions）之学，其称政治学曰社会因果之物理学。盖一切以物质以力以运动为说明之法而已。因此之故，十七世纪中惟物主义盛行，专以物理学公例解释一切生物现象。譬之笛卡儿氏称植物曰机器，动物亦为机器，人体为自动器。以此时代中只知有物理学，不知有生物学，而心理学更无论矣。霍布士氏所以解释人体感觉者，曰感觉非他物，乃物质的质点（Corporeal particles）之运动，由外物运动有以使之然者。其不认感觉属于心理至显然也。拉曼脱里氏（Lamettrie）著《人类机器》（*L'homme Machine*）一书，尤为以物以力解释人生之代表。其言曰：人之本身是一副机器，能自转发条，此即所谓永远运动之代表品。下至十九世纪中叶，德国惟物主义全盛时代，亦以为所谓思想，所谓精神，不过力之运动而已。由上所云，可以见一种科学之盛行，其影响于其他各界之现象解释者如何。如以霍布士氏、拉曼脱里氏之言为合于科学乎？则与后来生理学、心理学家之言，固大异也。如以为不合于科学乎？则此二氏之言，固合于当时所祈向之机械主义的学说者也。可知甲时代之科学或合于科学之言论，未必即为乙时代之所谓科学或合于科学之言论。乙时代之所谓科学或合于科学之言论，未必即为丙时代之所谓科学或合于科学之言论。胡氏诚能多研究欧洲之科学与哲学，庶几不至拘束于物理时代之机械主义或理性时代之自然主义而无以自拔矣。

及乎生物学、心理学发达，乃知生命又自为一种现象，心理又自为一种现象。如生物之能生长，能复生，皆物理现象之所无者也。十九世界〔纪〕为生物学成立之时代，所谓生物学（Biology）之名，始于一八〇二——一八〇五年，德国学者脱立浮拉拿（Treviranus）所著《生物界之哲学》一书中。然十九世纪最惊人之学说，无过于达尔文之《物种由来》（*Origin of Species*）一书。生物自下等动物以至人类，所以渐变之故，因达氏之说而大明。其所推翻者为上帝造物之说（Theory of Special Creation），即一切生物皆由上帝造成，其定形亦一成而不变之说。自有物种渐变之迹象排列于人之眼前，其间有存者，有已死亡者，然固可排为一线以明其微变之经过，则天造之说，自不攻而自破。然达氏学说之大体，固足垂万世。以云细节，则后来补充之者，有孟特尔（Mendel）之突变说，有杜里舒之生机主义，有毛根之突化论。依胡氏之言，以达氏为合于科学，则必以其他二氏为非科学的，以其他二氏之言不合于达氏也。然所贵乎科学者，贵其合乎事实。然学说有先后，则节目之研究，后自胜利。然必心无成见，则各家之言，自能兼收并蓄，而不至有入主出奴之见。若必奉一先生或一派之言为已足，必至演为物理界之外不应有生物界，生物界之外不应更有心理界之结论。换言之，牛顿之外不应有达尔文。即承认达氏矣，则达氏之外不应再有拉曼克、孟特尔与毛根。此为合于科学乎？夫亦曰反科学而已。若更进而求诸心理学，则一人之身，其生理现象固可以物理、化学来解释。如反应，如刺激，如呼吸，固为一切动物之所同。然其心理上之高层，如所谓思想，所谓记忆，所谓道德观念，岂物理学之机械律、生物学上生存竞争之说所能尽解？然胡氏深信牛顿氏与达尔文之说，必以为此等心理现象，最好能以物理来解释。如英之罗素，美之行为主义者华生氏，俄之包夫罗夫氏，均属此一派。其为物理原则不能解释之心理，则以动物界生存竞争之说，解释道德观念之由来。所以使人类不成高贵之动物，而降为一种求生之动物而已。此其结果，则为不承认有自由意志，有精神自由。而詹姆斯氏、倭伊铿氏，柏格森氏，主张自由意志者，在排斥之列矣。由此言之，胡氏所崇拜者非科学也，非科学全体也，独有合于胡氏机械主义、自然主义之科学而已。此得谓为合于科学之客观精神乎？

第三，**政法**。关于社会、政治、法律方面，胡氏以拘于启智时期之所谓自然律（Natural Law），但知有霍布士氏、陆克氏、卢骚氏之学说，如所谓民约、自由、平等等项。其所提倡之社会解放、自由恋爱与打倒礼教，皆与十八世纪之学说一鼻孔出气。以云社会现象，自有其历史根据，则非胡氏所能窥见。理性主义时代之学说，惟知以几何学、力学为蓝本。斯宾挪沙之著伦理学，有所谓定义（Definition），有所谓自明理（Axiom），有所谓命题（Proposition），有所谓证（Proof），有所谓系论（Corollary），皆仿欧里几氏《几何原本》一书之格式也。当时风气以为欲求正确知识，舍此别无他法。然在数学、力学之所以可行者，以其现象本单纯也。若以此法施之人事，则惟有于人世中择其至明显者为必然之现象，且以之为定义，为出发点，更依因果律，以求得关于社会现象上各种推论。譬之霍布士、卢骚等论国家起源也，则以自然状态（State of Nature）为出发点。在此状态之中，大家相争不已，于是为求保护之故，不得不互相同意以成政府，是即所谓社会契约论，或曰民约论也。惟国家之源既出于各人同意，则其为各人者，自然生而平等，自然各有其天赋权利，如法国革命时之《人权宣言》，即由此学说而起，此所谓天赋人权说也。各个人既各自平等，各有其权利，则国家之所以立法者，不外准许各个人各行其是而不至互相侵扰，此即所谓政治上之放任主义（Laisser-Faire）也。同时在哲学观点上视为与大陆理性主义派相对立，而在其以理智解释（Intellectual Interpretation of Feels of Mind and Society）心理现象、社会现象之观察点上，则与理性主义者同条共贯，是为英国之经验主义派。此派之观察人类社会，亦择其至简易之一点以为起点，由此而演绎各种推论，则与理性主义者如出一辙。如边沁氏之伦理学，则以避苦就乐为其最高原则。亚当·斯密、李嘉图之经济学，则以经济人（Economic man）为出发点。此派之心理学，则以观念联合主义（Associationism）为出发点。其简易明显之度，在形式上或不如斯氏伦理学，然其精神一也。此种立言之方，如卢骚氏学说于法国革命，边沁学说于英国法律之改良，固未尝不震动一时。然十八世纪末十九世纪初，则轻知识而重道德，轻批评而重传统，反动派以起，是名曰建立时期（Aufbauzeit）。该将两时期中思潮之比较列表如下：

	理性主义时期	建立时期以民族历史以人类意志为重之各派学说
经济学	亚当·斯密等之经济学以经济人为出发点	经济学另开李斯德、许摩勒之历史党派学派
政治学	霍布士、陆克、卢骚之政治学	政治法律学之历史派在德有萨维尼（Sairgny），在英有拔克（Barke）、梅因（Maine）
伦理学	边沁氏苦乐说之伦理学	康德之伦理学注重良心与人类之一般法（Universal Law）
心理学	此时理性主义者虽重视理性然，经验主义但知有感觉与观念联合	自康德氏始承认有统觉与自我之统一作用可称为胡尔孳堡学派与现代完形心理学之先河
历史学	此时社会现象之研究以冥想以理性主义之演绎为主，因而忽视历史	黑格尔之历史哲学其他学者之语言学、民谣学与西腊史罗马史之研究因而大盛

　　吾人将此两时代之学说，比较其异同，而举要言之，前一时代以为人类社会之现象，可求其解决于理性中，故其国家起源说，类于所谓乌托邦。反而言之，在历史学派则以为人类现象，应求之数千年历史中，人类制度，决不能离开历史，一也。理性主义者如卢骚，如边沁，皆以个人为出发点，而其由个人以成之团体，则本于个人之同意而成。至于历史学派语言学、民谣学中，发见人群之集团思想（Collective），与生以俱来，非个人之所得而脱离，二也。理性主义者既以个人为出发点，自不离乎避苦就乐之观点。然自人群所以相安之道言之，岂能事事出于苦乐之计算，而无一共同之良心以维系其间，三也。无以上三项异同之故，更证之以十九世纪中所生之社会政治现象，则此派学说自有其坚强不拔之根据。如德、意两国之统一，非人民之争自由平等，而本国之民族观念实为之也。德国民法法典之编成，由于反对《拿破仑法典》而起。先以调查本国习惯，将本国通行之习惯编入其中。而此习惯之所以成，由于民族内部之法律是非观念以为之也。德人认为经济政策当根据本国环境，乃弃当日盛行之自由贸易说，而主张保护关税，则亦其本国经济之历史背景为之也。凡此十九世纪中，关于国家之统一与政策之决定如是，则其蔑视历史，抛弃传统，而以为社会上之理想世界，可以一朝期其出现者，其为必无之事，不待辩而自明矣。迄于最近继历史派而起者，有进化论派、社会学派之法律学、政治学。若夫狄骥氏之弃权利说而主张服务（Service）或职务说（Function）之政法学，则与理性主义之所谓天赋人权所谓自然法，相去更远矣。

　　（三）胡适思想之要点及其对于中国文化之评价

　　数百年来欧洲学说之发展既已如上述，而吾人对于胡适思想之要点可得而言矣。第一，胡适之所谓科学，只知格里雷、牛顿之物理学，即进而上之，亦但知有达尔文之进化论。第二，胡适之所谓伦理学，不外边沁氏之苦乐说。第三，胡适之所谓宗教，不外休谟氏之"自然的宗教"（Natural Religion）。而其最要之动机，则为反对权威（Authority），反对传统（Tradition），盖以为一经承认先圣先贤之教义，便缚于古昔之旧贯，而无以达于推翻与改造之目的矣。吾人以为胡氏欲改造旧日之学术，旧日之政治，旧日之社会，吾人不特与同情，且当引为同调。然其所凭借之学说，所指示之途径，实有未尽。此则吾人当为胡氏之净友而力矫之者也。吾人以为胡氏心中但知有理性主义的启智时代（Rationalistic Enlightenment）之哲学与科学。故凡与之相反之学说，则为胡氏所排斥。（一）胡氏相信达尔文，故对于杜里舒之生机主义则反对之。（二）胡氏但知有机械主义或联合主义的心理学，故对于自由意志说则反对之。（三）胡氏最崇拜乐利主义，对于严格主义之道德论，如陆王之理学，康德之伦理学，则反对之。（四）胡氏视宗教为迷信，不外休谟氏之自然宗教，与夫无神论者对于宗教之态度，其于宗教之根本精神，不特不了解，且亦不求了解。惟胡氏之心理如此，（一）胡氏名为提倡科学，而对某部份之科学新说则借非科学之名以排斥之，将何以大开门户以招来世界上之各种新说乎？（二）建立一国之文化，不能但恃理智，同时须包含希望在内，如灵魂不灭，极乐世界，即为希望一种，试问今后新文化之建立，但知有理智的科学，而忽视宗教，安在其可？（三）学术宗教与政治之改造，不能不顾到历史背景，但知旧习惯之可恶，而不知由历史背景迎机以导之，恐其所建设者，不移时而旋毁。试取法国革命之成绩与英国宪政而比较之，所以一能持久而一不能者，亦历史为之也。

吾人之所望于今后吾国学术者：第一，抛弃启智时期对哲学对科学之浅薄的理性主义。此时但求知识进步，科学发达，自然以理性或理智为最重要，然行为、意志二者皆忽视之。而吾国今后于理智之外，同时须顾到意志主义（Voluntarism）。惟承认各个人与团体之意志，则对于国家建设与道德、宗教问题，自然有一中心方向。第二，对于各种哲学科学不执成见，则可大开心胸，以招来各派学说。第三，一国文化之建立，不离道德、宗教与政治。（A）若所谓道德者，但知避苦就乐，此商人国家之所谓道德也。在国难当前之日，生死且不计，岂有斤斤较量于苦乐之间之理？（B）人群不满于现世界，而另求一安心立命之所，故宗教为心理上自然之要求，不可以"迷信"二字了之。（C）以云政治，苟其制度不合于一国国情，缺少历史根据，则不终朝而毁灭。由此言之，如欧洲历史学派之学说，非今后所应大昌明者乎？惟历史，乃知有传统，而所谓传统，在经过精确研究后，加以选择，自无一切推翻之说，而去留之际益精当矣。

上文所言，乃就胡氏对于欧洲哲学与科学之态度上之偏陂言之。然其观点之病不独限于欧洲文化主奴之见，尤其胡氏对于中国旧文化之估价，因其偏于知识，偏于机械主义、自然主义、乐利主义之故，而抑扬高下之差，更有为吾人所不及料者矣。

（A）**孔子为中国文化之柱石**，所谓不废江河万古流者也。其言内诸夏而外夷狄，树立各国民族主义之基础。其所谓正名定分，确立吾国社会上之秩序观念。其一身之学不厌，足见其爱智之切。其所谓祭神如神在，表示其对于神道不确言其有无，然亦不忘慎终追远之义。其删《诗》、《书》，定礼乐，修《春秋》，将中国文化典章，大加整理，以垂诸今日而不废。即在西方哲学家如华尔孚氏，亦以孔子之道德论自人类理性出发，故近于人情，而免于西方宗教上上帝为万物主宰之说，与夫因此引起对于异教徒之排斥，与宗教战争之残酷，而大称扬之。孔子之功在中国如此。乃胡氏倡为打倒孔家店之口号，是可谓为对于中国文化，对于孔子有正确认识者乎？即曰孔子君臣之大义，为后世专制君主之凭借。然世界何一国而无专制君主之一级？即孔子有尊君之说，亦犹今日服从政府之说，安见学说之有害于国民？至如因宋儒饿死事小失节事大之言，致有多少不再嫁之节妇，在愚夫愚妇或有行之而过乎其度者，又何能以此归罪孔子与其所倡之礼教乎？由孔子之学说，而中国立国已达两千年以上，乃谓如此足垂久远之教意，反不如欧洲之自然宗教与乐利主义乎？胡氏之《中国哲学史》上卷，是一篇知识论，或名学思想之发展史，绝不能道出孔孟之注意人伦，注重行为之真精神。诚以西方之长在知识，在名学，所短在人伦与心性之修养；中国之长在人伦，在行为，而所短在知识，在名学。挟彼所长之观点来衡孔孟以来之知识论，则吾国思想家之精神与吾国文化之精神，何由而表现乎？此胡氏之抑扬高下之未当者，一也。

（B）**国之所以立，不能无若干条之义理**，如逻辑，如方法学，此今日欧洲学术上之义理也。如自由平等与立法监督、司法独立，此今日欧洲政治上、法律上之义理也。一国学术上、政治上而无义理，犹之行舟而无指南针也。吾国思想界经魏晋南北朝而消沉已极。宋儒受佛教影响之余，转而求思想之独立，乃发为无极太极之宇宙论，进而为天理心性情欲之分析，更进而以德性学问立一己修养之力。其余君臣、父子、夫妇、兄弟、朋友之伦，一本孔孟之成规，自宋而元而明，绝无出入。然宋元明清四朝代嬗递之际，其忠臣义士于生死患难之际，每能大节凛然，不为民族之玷者，诚宋明儒义理之学有以养成之也。宋明儒于中国文化之功罪，在平心静气之人观之，自有公评。若以宋之亡归罪于程朱，明之亡归罪于阳明，乃颜习斋激于国破家亡之痛而为此言。习斋何尝能自处于三德六行之外？惟宋儒之言德行偏于静，习斋之言德行偏于动。出之于动者岂必尽是，出之于静者不必尽非，此所谓见仁见智之各殊而已。若以亡国之罪归之，自不免轻于责秦韩与明之宦寺，而重于责程朱阳明矣。胡氏习闻清代学者之遗风，亦以反对空谭心性号于中国，追随清儒之后，称其治学方法为能实事求是。清儒之学在西方观之，谓之为语言文字考据之学，自为一国考古学者之不可缺。然与理学之注重义理者，自为两事。以推尊考据学之故，而遽谓义之学可以打倒，是直以知识上辨真伪之考据，代道德善恶之标准，安在其可乎？此胡氏抑扬高下之未当者，二也。

（C）**由胡氏对于宋明理学与清代汉学家之态度言之，似乎胡氏尊考据而抑理学矣**，实则胡氏心目中另有一种理学，是为戴东原之理学，即为顺情的快乐主义哲学。戴氏反对宋儒言理之言曰：

> 程朱以"理为如有物焉"，得于天而具于心，启示下后世人人凭在己之意见而执之曰"理"，以祸斯民；更淆以"无欲"之说，于得理益远，于执其意见益坚，而祸斯民益烈，岂理祸斯民哉？不自知为意见也。

戴氏之推崇情欲之言曰：

> 君子之治天下也，使人各得其情，各遂其欲，勿悖于道义。君子之自治也，情与欲使一于道义。夫遏欲之害，甚于防川，绝情去智，充塞仁义。

> 古圣贤所谓仁义理智，不求于所谓欲之外，不离乎血气心知，而后儒以为如有别物焉，凑泊附著以为性。由杂乎老释，终昧于孔孟之言故也。

夫理学家之言理，所以求诸理而不求诸欲者，非不知欲之当顺，特以求道德之标准于欲中而不可得耳。惟其求诸欲中而不得，乃不得不求诸理，亦犹康德舍边沁之苦乐说，而以先天之良心为标准也。然任公与适之均推崇戴氏之书。梁氏关于评《疏证》一书之言曰：

> 《疏证》一书，字字精粹，右所录者未尽其什一也。综其内容，不外欲以"感情哲学"代"理性哲学"。就此点论之，乃与欧洲文艺复兴时代之思潮之本质绝相类。盖当时人心，为基督教绝对禁欲主义所束缚，痛苦无，既反平人理而又不敢违，乃相与作伪，而道德反扫地以尽。文艺复兴之运动，乃采久阀室之"希腊的感情主义"以药之；一旦解放，文化转一新方向；其哲学之立脚点，真可称二千年一大翻案。

梁氏称戴氏书谓为一大翻案。然以吾人观之，戴氏以理比诸纹理。如其果为文理，宜其迹象之可求，而奚待乎争辩？惟其不在外，而在内，所以有赖乎去人欲存天理以求其自然不可易者。若谓标准即在情中，即在喜怒哀乐中，则何必更求所谓未发之中乎？此胡氏抑扬高下之未当者，三也。

（D）**传统与理智**。虽然胡氏以上各种立论，皆由于过信理性主义，以为孔子传统可以推翻，犹之欧洲怀疑主义者之对于宗教也；以为道德标准可以求诸欲中，犹之边沁氏苦乐说也；以为义理不必要，犹之欧人过信知识而忽视道德。此种种立论之根源，由于其以为传统可任意推翻，而社会上一切现象可以凭知识标准或曰真理标准以得其解决。至于社会传统不在知识范围或真理标准下之所能讨论，则非适之所能想像者也。譬以宗教论，社会传统之一也。世间应否有宗教，虽在讨论范围之列，然既有宗教，虽加以讨论而无法以廓清之，以其已成社会的制度，虽讨论而无用也。其次专制制度，亦社会传统之一也。当其既成制度，自有其成为制度之理由，虽不表现于君主专制之中，而今又表现于贫民专政或法西斯专政之中。此又虽讨论而无法以廓清之一例也。以云私有财产，或者依公道原则言之，不如共产主义。然社会上袭用私产制已久，虽在苏俄国中，亦不得不准许私人小工厂之存在。其集合农场中，仍以私人田亩多寡为分配利益之一种标准。何也？私产制亦久已成为社会传统之一故也。由上所言，可知社会上，自有种种问题，不在理智讨论内，或即讨论亦无用者。然在理性主义的启智时代，往往用理智过乎其度，将一切传统加以讨论，且从而是非得失之。胡适之打倒孔家店，为其尤显之一例，即起于但凭理智以定是非之心理中所由出也。此种心理实亦不始于胡适，而任公固已开其端矣。试观任公之言曰：

> 今之言保教者，取近世新学新理而缘附之，曰：某某，孔子所已知也；某某，孔子之所曾言也。……然则非以此新学新理厘然有当于吾心而从之也，不过以其暗合于我孔子而从之耳。是所爱者，仍在孔子，非在真理也。万一遍索诸四书六经，而终无可比附者，则将明知为真理而亦不敢从矣。万一吾所比附者，有人剟之曰，孔子不如是，斯亦不敢不弃之矣。若是乎，真理之终不能饷遗我国民也。故吾所恶乎舞文贱儒，动以西学缘附中学者，以其名为开新，实则保守，煽思想界之奴性而滋益之也。

　　康有为保教是非问题，非今所欲论。我欲请读者注意者，在此段中"是所爱者，仍在孔子，非在真理也"之一语。依任公之意，似谓孔子传统，在理之真伪之范围内，如其为真理，虽反对孔子而无不可也。然吾以为孔子之一言一语，或后代因孔子言而酿成之旧习，原在非不可讨论之列。然谓历史上孔子所以为孔子之传统，在上文比之宗教制度、专制制度乃至私产制度，实亦可谓为拟不于伦。诚以孔子之仰之弥高、钻之弥坚人格，虽欲毁之而终不可得者也。任公之为此论，犹适之过信科学的真理，以为但凭理智可将过去传统，一切从新估价，亦惟在自由讨论之中，乃有新智，乃有进步。终见任公与适之同为理性主义的启智时代之一人，或谓自由主义之代表之一人可焉。以云黑格尔与萨维尼之尊历史，崇传统，以任公所处之时代，西方思想初输入，人人以改造以革新为事，自非其所能顾到者矣。然经三四十年之久，解放改造之声，洋洋盈耳，而国本日见摧毁，新知识虽增，而日见紊乱。此则吾人于推翻传统之论，不能不请全国思想界之郑重考虑者矣。吾人之为此言，非谓一切传统应当保存。甚或有反驳之者，曰：如君之论，则满洲皇室亦为传统之一，又何必推翻？吾答之曰：满洲皇室乃主权之在何人手掌之问题，故其推翻之也易。以云国必有主权者之原则而推翻之，则其国必入于无政府状态中矣。以我所见，推翻孔子不等于推翻满洲，而等于推翻国必有主之原则。以孔子人格与中国文化本身，已成为一体，而不可分者矣。质直言之，传统与知识，或曰保守与进步，应如车之两轮，鸟之两翼。若如过信理智者之言，一切可以凭理智解决，则近十余年，社会上横决而不可收拾之局，其亦可以引为鉴戒者矣。

　　（E）**中国文化之优点**。抑知适之等，苟不以欧洲文艺复兴，不以科学知识为出发点，岂惟打倒孔家店之说不必发生，即关于中国文化之全部，亦不至但见其短而不见其长。试以吾人所见言之：第一，政治与社会。（A）谭嗣同以来，痛恨吾国之君主专制，为其束缚人民心思才力，使不得发挥，然使苟无秦始皇、汉武帝、唐太宗，则中国民族能否统一如今日，大是问题，即证之抗日战争，所以能退至西南诸省而绝无阻碍者，何莫非二千年来语言风俗早已一统之效乎？（B）科举制度，专以八股诗赋取士，亦为帝皇牢笼读书人之一法。然科举以四书五经取士，自县而省而全国，驱全国人以必读孔孟之书，必写通行之文字，而全国语言文字即由兹给〔统〕一矣。（C）适之倡言打倒礼教以来，青年人心中尚注目于改造大家庭为小家庭，抑知大家庭在吾国社会有至深厚之根据。同族之有力者，往往患难相恤，疾病相救。故大家庭之中，实已为国家分担一部份保护人民之责。"一·二八"之变，闸北及各乡之难民入租界者百五十万人，外人加以考察，乃知此百五十万人皆租界中人之同族者，分家养活，故上海工部局得以安然无事。如此家庭制潜势力之大，不知迎机改造，而徒知以西方一夫一妇之小洋房为吾国家之范模，吾未见其可。(D) 更有纳妾制度，亦"五四"以来所欲打倒者也。纳妾之害固人尽知之，然中国人口之繁殖，实由无嗣则可纳妾之所致。即以粤人论，纳妾尤多。其动机或为男女之欲，其结果即所以增加人口扩大同族以自卫于乡里。其间接之效，更以所增人口移殖于海外。近年以来所行之表里不一致之一夫一妻制，吾未其能维持于久远也。第二，宗教。(A) 吾国孔子之教，重人性重人伦，不言上帝有无。吾国人尤得力于孔子有教无类之义，故对外来之宗教，不特不排斥，反从而迎之。魏晋间之于佛教，徐光启之于耶教，实为我国对异教宽大之显例。(B) 吾国虽陶冶于人伦学说之中，然对于宗教之发心，异常真挚。三藏玄奘法师之去印度途中之言曰："若不至天竺，终不东归一步，今何故来，宁可就西而死，岂归东而生？"惟其决心坚强若此，所以能为佛教辟一新天地也。(C) 徐光启之与利玛窦与其归依耶教，实包含有理智成分，因是引起天算学之输入。法国老虎总理对于玄奘去印度求经典译文有无错误之动机大加叹赏，谓其于宗教信仰之外，兼有求知之热诚。(《立国之道》三〇五页) 殆与徐氏之因信教而译天算书者，有相似之处。第三，学术。吾国二三千年之学术，以之与近代西方科学相比，自望尘莫及。然谓中国人于学术上全无长处，则亦断断乎其不然。(a) 吾国之二十四史，美人洛弗尔 (Laufer) 称之曰："西方古代印度欢欣鼓舞于神话，而忘其历史记载之日，中国人对于一切事物不论其属于内政与外族交通，皆本极正确极细致极公平之心，从而记载之。中国人之传说，记载于二十四史中，可谓世界诸大奇迹之一。此艰辛工作，即中国所自造之最永久之纪念碑。"(b) 吾国古史中关于西域之记载，据西方近年考古家之考查，谓为大旨正确。彼辈对玄奘之《西域记》，曾经实地调查，亦谓所记一切情形之无误。即《史汉》中所谓大秦，虽不易得其今地，然细心求之，亦与西方古史所记不异。因而对于吾国古代见闻之正确，深为佩服。(c) 吾国对于宇宙事物科学的记载，不如西方，然砚有砚史，茶有茶谱，铜器金石，草木鸟兽，无一物而无记载，其求知之勤，见闻之博，于此可见。吾人于以上三端十事，但举其至显者言之，其在他方面，吾国文化上之特色正多，容俟异日论之。以上十事中有纯而无疵者，有纯中参疵而应改良者，自可于精密调查后，存其应存，去其应去。若如适之动以打倒之说出之，吾未见其估价之能正确，更不知其所以发扬光大吾国文化之道将何出矣。适之诚舍欧洲文艺之标准，而求吾国制度于吾国历史之中，则自得其真正意义，而不致轻重倒置矣。

结　论

梁任公尝称谭嗣同为思想界之慧星，我譬适之为思想界之暴风雨。其所贡献于社会者，在其勇于怀疑，勇于打倒传统，犹华尔孚氏、休谟氏之怀疑宗教，与卢骚之怀疑旧日君主专制政治也。以云康德、黑格尔、萨维尼氏之建设工作，本非适之会〔曾〕尝想及，自亦不应以此责之适之，惟有期待今后全国同此见解者之努力矣。关于新思想之输入与旧文化之陶炼者，不避与前段重复之嫌，重加伸述如下：（一）抛弃理性主义的启智时代之过信理智与其机械主义、自然主义。（二）诚如上所言，则生理学、心理学上之各派皆可兼收并蓄，而不至有入主出奴之见。（三）其于道德，自然不致走入情欲主义；其于宗教，自不至目之为迷信；哲学上之各派，亦得平流共进。（四）本此公平态度，对于科学各派、哲学各派，对于道德以及宗教问题，其欲各树一说者，自当本诸思想自由原则而许之。若于此中更加以选择而有所决定，自亦为建立制度上所应有事。（五）过信知识之日以为万事皆可以观察，可以实验。然制度之建立不能缺少选择，不能缺少意志之决定。故除理性外，同时不可不昌明意志主义。

若将以上原则推及于固有文化，则关于孔子传统、宋明理学与清儒考据，戴氏哲学与程朱哲学之高下，自能有另一种立场之观察。

岂惟另一种观察，二者对于传统之孰去孰留，更将有公平与正确之探讨，而惟中国文化特长处发挥之是务矣。

要而言之，建立一国之文化，不能缺少三种态度：（一）宇宙各种现象囊括无遗，（二）各异之学说应公平论断，（三）不忘本国历史与其所遗留之制度之真意义。有科学，同时不能无道德无宗教，不可因科学而排道德与宗教，亦不可因道德、宗教而排科学。更进而言之，主革新者，不可抹杀传统，同时亦不可因传统而阻碍进步。其在分科学术上言之，诚不能如此面面俱到。然在建立文化大业之观点上言之，其何能标新立异以鸣高而不为统筹全局计乎？此则今后学术自主自立之大方针也。

人民基本权利三项之保障[*]

（1944）

　　吾国之语曰民为邦本，西方之语曰国之主权在民。然民之所以为民之地位，苟在国中一无保障，而期成为邦本，期其行使主权，盖亦难矣。欧美国家于其人民，不仅养之（英国救贫法），教之（义务教育）而已，其于每一个人皆视之为至尊重之对象，不轻加蹂躏，对于其言论、信仰、生命、财产皆予以保障，而后每一个人亦知自其所负之责任为何，其处于社会之中，自有职业，自有智识，自能判断，自以独立人格者自斥，不甘于为人工具，为人牛马。其在报纸上之言论，其参加于议会之中，皆具有七尺昂藏之气概，及有外患，则一心一德，捍卫国家。此皆由于其平日所以待其人民者，视之为独立人格故也。此种风气之养成，在乎义务教育，在乎注意人民谋生之道，在乎藏富于民，其法固甚多矣，而其政治之最显者，莫过于人权保障。所谓人权，曰信仰、思想自由，曰出版、言论自由，曰结社集会自由，曰移徙自由，曰通信秘密之自由，曰人民之选举权，曰人民任公职之权利，其种类亦既见诸吾国约法与宪法草案之中矣。然尊重人民权利之习惯，向为东方数千年来所未闻，虽民国建立已卅载，未见吾国官厅视此事为国本所系，而相与尊重之也。蒋主席就职之日，首以守法昭告天下，行见法治精神，日益光明，则约法上所规定各项人民权利之条文，宜为全国官厅所共遵守，无待言矣。然此种习惯之养成，犹个人早起或戒烟习惯之养成，非每日每时每事，竞竞〔兢兢〕业业以为之，决无除旧布新之望。今当政府筹备宪政实施之际，本其愚虑所及，提出人民三项基本权利之保障问题。诚以守法既为一种习惯，所以养成之者历时甚久，则此事之不宜待

　　* 《再生》第 94 期，1944 年 4 月 30 日。

诸宪法颁布之后，而应着手于宪法未颁之前，想为吾国朝野上下所同认者也。

（甲）人身自由

既为一国之公民，享有选举权与任公职权固矣。然此选举权等乃人民对于公共团体参加活动之权利也，若各个人身体之自由尚不获保障，虽有选举与参政之权利，有何用乎？各国宪法上咸有规定人身自由之限制与剥夺，应以法律为根据，换言之，苟无法定之规定，国家不得对于人身自由加以限制或剥夺也。限制与剥夺既须以法律为根据，则人民有毁法乱纪之行者，方得加以拘捕。各国为尊重人身自由计，甚至如犯传染病者不得自由行动云云，亦明白规定于律之中，其以尊重人身自由为一件大事，于此可见矣。德国法律中规定曰：倘政府对于人民行为有限制自由之举，则执行官厅应于两日之内将此事通知其家属，其由何种官厅执行，及其理由为何，均应明载于通告之中，同时应许被限制之人提出声明或答辩，所以防制官厅不得无故蹂躏人民之人身自由也。人民之人身自由，既不应任意限制，其行为之受罚与否，亦须以法律之明白规定为根据，换言之，法文无规定者，官署不应以刑罚加诸人民之身。其在英国十世纪之大宪章中，早有非经合法审判，不得捕拘人民之规定，其后又有人身保护状之制。凡人民之被捕拘者可请求人身保护状。即其被拘捕之当否，可向另一法庭起诉。若果有罪，则被捕者再应入狱。其后此保护状又推广而为暂时取保释放之制，盖成为对于不法拘捕之救济手段矣。此制之行，以英国为首屈一指，其他欧陆各国关于人身自由但有宪法上之保障，以云人身保护状之制则未之闻。然其刑法中与诉讼法中，自有若干条之规定，以限制警察与法庭之拘捕权。故人身之自由保障，虽无若英之严密，固自由法律条文以限制之矣。至于吾国今日之状况，不独对于英国望尘莫及，即比之欧陆各国，亦不远远甚，若今官署长此蹂躏人身自由，实非国家前途之福。兹提出若干条，以为补救之计：

（一）政府以明令昭告对于人民之人身自由，予以保障。

（二）非法院命令不得拘捕人民，或限制人民自由。

（三）法院倘对于人民限期其人身自由或拘捕之者，应立即说明理由，通告家属。

（四）政府应许被拘及被限制自由者以伸诉之权利。

（五）人民倘果有罪，应限期提审，不得长令其居于囹圄中而无可告诉。

（乙）结社集会自由

结社自由与言论自由同为近世之产物，其所以成为问题者，曰集合若干人以成团体，而此团体所标之宗旨与其服从国家之义务两不相容，则双方将陷于冲突，而国内和协因之以不保，此乃结社自由所以成为问题之核心所在也。过去欧洲之耶稣新教国，曾禁止旧教徒之集合，其理由所在，曰旧教所服从者为教皇，势难与其对国家之服从相容，此则新教国所以禁旧教徒之结社集会也。其在旧教国中，如法国之路易十四世，认为宗教意见之纷歧，将影响于国家之统一，故其所希望者，则为同国之人应为同奉一教，同一教会之会员，此为宗教方面结社自由争执之所由起也。

就政治、经济两方言之，凡集多数人以成团体，有所主张，有所号召，自成为一种势力，而为政府所畏惮，故从前欧洲国家，常不准人民无端自由结合，而必以法律为之规定。其次为工人之结社集会，英国亦有禁止之法令，自一八二四年此项禁止乃废，许工人以组织工会之权利。其他各国中对于工会之成立，始之以禁阻者，今则与资本阶级立于分庭抗礼之对等地位矣。结社自由在欧洲各国之解决方法，第一先在宪法中规定，曰人民有结社集会之自由，而其后每附加一语曰非以法律不得限制，或曰其详以法律定之。一九一八年德国宪法规定曰：凡德意志人民不须通告，不须许可，依和平方式，不携带武器，有集会之权利，同时得结成社团，惟其目的不得抵触刑法之规定。

关于集会之规定，不论其为英、美，为欧陆各国，其限制均较结社为严。（一）不得破坏安宁，（二）不得反抗国家权力，（三）不得煽动人民滋事作乱。由上文观之，可知各国法律对于人民之结社集会，初未尝许以无限之自由或无限之权利，诚以国家负有治安之责任，自不能许人民组织团体以倾覆之也。反而言之，不以扰乱治安为目的，不以抵触刑法为目的之结社，倘国家不许人民以自由，则人民之所以□虚者，除秘密结合，除号召不逞之徒阴谋不轨外，无他法矣。各国对于结社自由限制之标准，视其目的之是否平和而定，倘其所采手段超过平和目的之外，则此种结社自应受限制。

然人民结社是否超于平和目的之外，应由司法机关审判决定，不容由行政机关自由衡量，此则法治精神所在也。

本以上所言，吾人略得结论如下：关于结社，应有一种法律，在

（一）不抵触刑法，（二）不扰乱公安之范围内，许人民以结社之自由，关于集会在不携带武器，不反抗国家，不煽动人民谋乱之范围内，许人民以集会之自由。结社与集会之合法与否，由法庭判决。兹举英儒赖司几教授之言如下：

> 吾人检查历史，虽于发见对于结社之重重限制有何益处。若于人诚热心抱定一种目的，求所以实现之，倘政府不准其公开活动，则彼等惟有将其活动藏之于秘密窟穴中不令人发见而已。十九世纪中，俄、法两国政治上种种暴力现象皆由于其政府压制政治结社之所致。人民所怀之政治见解，政府拒不采纳，则人民除以暴力强迫政府采用外，无他法矣。法令之限制惟有使人迫而为意气之争而已。小心谨慎之人自有惧畏，不敢起而反抗法律。然小心谨慎之人既去，则团体中惟有妄为毁法乱纪之人独操大权矣。俄国之革命运动史乃此项问题之最好注脚也。

政治结社权利之不应压迫，不应取销，既明显若是，与其因压迫令人民挺而走险，不如在法律范围之内，许人民公开活动之为得。第一，可使人民以集体发抒政见；第二，各种政治结社，可以互相切磋；第三，养成民间领导政治之人，使其发为负责的言论；第四，在朝党在野党各有相互监督之机会。因此，关于中国历久不解之结社问题，提出办法两条：

（一）于普通结社，社会部曾颁有人民团体组织条例，此事既关于人民基本权利，应以法律规定，以昭慎重。

（二）关于政治结社，其宗旨不与民国立国大原则相抵触者，一律许其公开，并由立法院根据宪政精神，制定政治结社法以昭信守。其要旨所在：（1）养成各政团之合法活动，（2）促成各政团在战期内及战后对于国事之团结。

（丙）言论、出版自由

言论自由为宪政不可缺之要素，与前二项同，有之则为民治，无之则为专制。然所以许此自由之发挥者，自有一段极长之历史。吾人应考察此项自由问题之过去，然后正当之解决，方可得而发见。

欧洲言论自由问题之起因，不外乎三：第一宗教，第二政治，第三经济。昔日欧洲耶稣教初兴之日，目其他宗教为邪说，及新教既兴，意见之争持又起于耶教以内，新旧二教之间，旧者视新者为仇，新者视旧者亦如之，卒以宪法上规定所谓信教自由，良心自由，而后此问题告一结束。此所谓宗教方面也。人民对于政治每好加以批评，人民曰：吾身受切肤之痛何能无呼吁之所？而政府曰：政治之繁复，岂人民所能了解？其有发为言论者，在政府视之则为妨碍治安动摇人心。然近世各国，知民口之不可终防也，乃于议会之中许之以讨论，同时报纸上亦许人民以议论之权，此所谓政治方面也。近数十年第四阶级继第三阶级而起，其所发言论为对于财产权之攻击，对于厂主之攻击。于是美国各邦法律中，乃有不得宣传共产主义与工团主义之规定。此所谓经济方面也。

由以上所言，可知所谓言论自由，乃对于社会中原有制度，如教会，如政府，如经济权利加以攻击，而后此种言论之许与不许问题，因之以起矣。

近代以来，欧美各国之内，几经争执，乃有如下之解决。在宪法上规定一条曰："言论、出版自由，除现行法律规定外，不受任何限制。"此条文在各国宪法中措辞容有各异，而其精神则无二致。各国所以如此规定者，显见此问题关系两方面：第一为人民，其根本权利，不能不加承认，苟人民而无言论自由，则学术上无进步，政治上无改良之途径矣。第二为国家，国家为多数人之国家，维持安宁为其天职，倘许多人发猖狂无忌之言，则治安混乱而法纪荡然矣。各国为顾全此两方计，一曰人民之基本权利，二曰国家之安宁，乃于宪法上准许人民享受权利，同时更以出版法规定言论、出版自由之范围，如言论不得违犯法律，办报须得许可，报纸上须载发行人姓名，皆所以使言论自由运用于法律之中也。

其间稍有不同之处，则欧洲大陆上各国，除宪法上言论自由之规定外，常有极详细之出版法；至于英、美两国，言论自由，在英为习惯法，在美为《权利宣言》之一项，此外则无所谓出版法，然亦辅之以《名誉毁坏法》（*Libel Act*）、《亵渎法》（对宗教）、《煽乱法》（*Sedition Act*）等，亦对言论自由加之以限制，不使其逾越轨道也。

吾人姑名以上英、美与欧洲大陆国家所采之制，一曰言论自由之习惯法，二曰以出版法为限制之法。然尚有第三种方法，是为独裁国家之方法，如墨索里尼时代之意大利，将一切报纸成为法西斯主义之宣传者；凡职业的新闻记者皆加入于政府所组织之公会中，受其监督；各地报纸之编辑人须经各省知事之核准。此则言论一切立于行政监督之下，绝无自由之可言矣。

吾国今后于此三者中宜何采乎？如英国之制，视言论自由为英国人民任何人所享之自由，不受限制，其非吾国所能采，不待言矣。然如意大利之制，一切记者加入公会之中，受政府之监督，一切报纸，或为法西斯之宣传者，则人民之心思，人民之言论，均为小孩之咿哑学语，小孩之赖人扶持而学步，是所谓依他人喜怒为一己嚬笑，安望一国人民根据于其良心所信而发为负责的言论乎！盖报纸立于行政监督之下，欲言者不敢言，不欲言者不敢不言，人民真诚之心思，或则竭诚拥护，或直言敢谏以为赞否之表示者，皆不可□矣。然言论出于真诚之习惯，非养之于平日，不易收其善果者也。

吾人以此三制之中，吾国所当采者为第二法。即以一种出版法规定言论与出版。凡报纸发行先得准许，发行人姓名先行呈报，则对于言论已自有负责者在矣。如有逾越范围之言论，政府自可于事后禁止其发行。如有关战事不许发表之事项，可先交各报馆阅览，彼等自知遵守。若目前事前检查之制，宜及早废止。此项出版法应由立法院议决，发昭信守。既有出版法，则此外文武机关除通告机密事项之不准登载外，不得自定条例强人民遵守矣。此以出版法为制限之法，其显然之利益有二：（一）人民因此养成守法之习惯，（二）在守法之中而人民仍有斟酌之余地，故自知其责任之所在，视事前监督制之一切由政府负责，相去何如乎？姑拟辨〔办〕法三项如下：

一、废止事前监督之法。

二、在新出版未修正颁行之先，暂适用目下在宪政协进会拟议中之《改良图书杂志新闻检查法》。

三、限期实行新出版法。

要之，以上人身、结社集会、言论自由三项为人民基本权利之重且大者。惟有在此方面着手，而后宪政乃有基础，犹之造屋之应先有石脚，治水之应穷其源头也。

张东荪著《思想与社会》序[*]
（1944）

　　吾与东荪及适之，皆受欧美反理智主义哲学之洗礼之人也。东荪民七译柏格森氏《创化论》，我以和会后留欧，专攻柏氏及倭铿哲学，及返国作"人生观"演讲，引起思想界之辩论。其实我所持者，即反理智主义之论调，惜乎当日与我论难之人，侧重科学玄学一边，绝未见及吾所谓生者，乃柏氏之所谓生，非科学之所谓生也。适之自美归来，提倡实用主义，其驳诸子出于王官之论，谓各派学说之生，所以应于人生需要，所以解决其困难，此即实用主义之立场也。所谓反理智主义，其大潮流虽一，而立言各异，如詹氏之工具论为倭氏所批评，如柏氏之生力超乎理智为黎卡德氏所反驳，而就其大体相同者言之，不外乎理智之范畴，不能举所谓生者而尽之。理智为生之一部，故生之范围大于理智，惟有力返诸生，方足以去理智矫揉造作之弊。此其所言，不论为柏氏，为倭氏，为詹氏，为杜氏，固无一而不同意者也。彼等反对之目标，为黑格尔之逻辑统系，下自第一概念之无，上达于绝对之上帝之所以演进者，无一不在于所列举范畴之中，在黑氏以为哲学之大成，莫过于是，而在柏氏、倭氏、詹氏观之，则以为生之复杂，决非理智所得而说明，或即有说明，而与生之真面目正相反也。吾辈当日所以提倡此派学说，初非如柏氏、倭氏、詹氏之反对黑氏，乃由此派学说侧重人生，尤好言人生之特点，为自由，为行动，为变化，正合于当时坐言不如起行，惟有努力奋斗自能开出新局面之心理中来也。

---

　　* 原载《东方杂志》第40卷第17号（1944年9月15日），今据《中西印哲学文集》（117～123页）。

既名曰反理智主义矣，则人智之为用，与人智所用方法所得之真理，皆在不足凭信之列，所谓逻辑，所谓归纳与演绎，所谓公例云云，皆可视同土苴，而客观的真理，则为无此物矣。闻之近来纳粹党人之主张曰：客观性云云，事实研究云云，乃为过去时代之物，为西欧之错误思想。其为说虽不必导源于柏氏、倭氏、詹氏哲学，然其视理智之不足为证据则一。此反理智主义之影响于学术者一。理智为理性之一部分，既反理智矣，更进一步则为反理性，并其具有理智、理性之人类亦蹂躏之。学术上自由研究之风气消灭，视一道同风为至善之归，甚至所以治其民者，一出于暴厉恣睢，有所谓集中营，有所谓格司塔堡，有犹太人之驱除，视阿里安人种为贱种，一言以蔽之，弃理性尊暴力而已。此影响于国内政治者二。既于同为人类之中，分之为贵种贱种，贵种为主人，贱种为奴隶，其视邻国之弱小者，为吾人之俎上肉，而侵略而人类相残，视为当然而无足怪者。此影响于国际政治者三。夫欧洲文艺复兴以降之开明时代与理性主义时代，其学术之所以昌盛，政治之所以赴于民主，皆以尊重理性与理智之故，今则学术自由受压迫，人民基本权利受蹂躏，是理智与理性之衰落也。

吾于此有应辩明者一事，即英哲罗素于其《法西斯主义之祖宗》文中，认为法西斯主义之先驱，为康德、菲希德、尼采、卡兰尔、玛志尼与柏格森等六人。其于反理智主义之先锋之柏氏，绝未引其语而驳之，但举其名而已。如尼氏有超人说，卡氏著《英雄崇拜论》，玛氏视道德律超于民意之上，菲氏言论多推尊意志民族之意，因此，此三四人不免于与法西斯主义同科之嫌疑。至于康德氏，因其除纯粹理性外，更承认实践理性，将意志自由、灵魂不死、上帝等问题之超于理智外者，即不能以理智证明之者，一并列入其中，认为应归实践理性解决。在罗氏言之，是将反理性之事项归入理性之中，即所以导人入于反理性也。吾人以为纯粹理性，不离乎逻辑，其属于理智范围以内显然矣。而康德之实践理性，则承认有道德律，且云道德之原则，在乎以人为目的，不可以之为手段，其视纳粹党人但知有暴力不知有理性者，相去奚啻霄壤！而罗氏竟混之为一谭，夫亦以罗氏重自然界、数理界之智识，而否定道德律之存在，因并康氏之视理性为至高无上者，竟加之以反理性之恶名矣。

抗战以来，身处后方，脑中盘旋往复者，为理性乎反理性乎问题。理性中之最可恃者为理智，逻辑之范畴，真理之是非，皆不离乎理智。

故理性反理性问题，缩小言之，为理智反理智问题。对此问题，吾人之态度应如何。昔日尝师承反理智主义矣，其所以出此，以此派好讲人生，讲行动，令人有前进之勇气，有不断之努力。试举柏氏《创化论》中之言：

> 吾人实与全宇宙相浑一，全宇宙乃不可分之动力。抗平物质而前进。一切生物，息息相关，乃一大动力耳。奋勉前驱，勿论遇何障碍，甚至于死，概有力冲破而越过之也。

柏氏又举游泳为例曰：

> 智慧（原译如此，实即理智）常自封于既有之范围，抉此藩篱者，惟活动耳。如未见有人游泳于水，则必以泅水为不能之事，及一旦实行练习，先求不致沉没，后得自由所向，乃知游泳并非难事。

柏氏引游泳为例，所以明理智封于故步，惟有行动，惟有冒险，乃能冲破旧范围而别有新境界之开辟，此生物界中生命大流所以新陈代谢也。既在行动与冒险中有自由与进步，而见之于生物界中器官之演进，此反理智哲学所以又名为"生之哲学"（德西南学派黎卡德曾用此名），在主张奋斗者之闻此言，有不为之欢欣歌舞不止者乎。

自柏氏生力之说出，法国工党人士采用其说，谓生力即等于总同盟罢工，惟以冒险与冲破，乃能解决社会问题，此索勒尔氏（Sorel）《关于暴力之感想》一书之所由作，意在以生力附和暴力之说也。吾人以为遵理智主义与理性主义以行，对于物之性质，对于人之相处，皆应研究其所以如此如彼之理。其行事也，自有物理，自有人情为之依据，今也不然，但知有行动，但知有冲破，以弃旧而谋新，则社会之乱终无穷期，而平和秩序安所赖以建立乎？欧战后之国家，若德若匈若意若西，无不经一次或二三次之革命，视法国革命之历数百年而后一见者，其相去不可以道里计。其极也，更有如上所举纳粹党人之依附其说，不可谓非此派学说之流弊矣。然吾人之意，非反对行动也，亦非反对冒险也，其所以行动所以冒险者，当有其所以然之故，当有其正当之理由，必如此而后其行动与冒险，不流于孟浪，不掷于虚牝，而有益于国家与人类之幸福，此吾所以认为行动与冒险应纳诸理性之中而后可也。

吾人之于哲学，岂有成见可言哉？亦视其说之可通与否耳。有人焉以为事物之成，皆本于机械主义，换言之，循物理学之公例而成而坏，然取椅棹剖之为二，则椅棹毁矣，而动物细胞以针裂之为二，其细胞之一半长成以后，犹为一骨骸完整之动物，可见物理上机械主义不能解释生物，即物质有物质之原理，生物有生物之原理可知矣。若夫理之正反与夫善恶是非之别，在物质之木石与生物之具有官觉与本能者同不足以语此，此则生之上，更有所谓心，而理智与理性由之以出矣。乃惑者不察，必举生与心，一切以归之于物质，不认生之为生，心之为心，吾侪将奈之何哉？以云新惟实主义之主张，其不足以满我意自若焉。彼等所主张者，曰外界事物之存在，不关于人之知与不知，如怀悌黑分析自然界之物为事件，或事件与事件之关系，如亚历山大名之曰空时合体，其不认心为智识构成之主要因素一也。吾人姑让一步，谓勃克兰氏存在起于知之说，不免过甚其辞，然谓吾人所得之外界事物之知识，乃事物自身，或事物间之关系本来如此，而非由心之作用存乎其间，则为吾所不敢苟同。知识之构成，不离乎范畴：同异也，因果也，关系也，共相殊相也，一与多也，此数者无一能离心而化之为事件，或时空合体者，同异也，心之识别为之；共相也，即同类中之各个体均具有相同之性质，心之识别为之；关系也，其类甚多，有为数目关系，有为地位关系，有为主辞谓辞关系，有为范畴与概念关系，乃至左右关系，夫妇关系，在罗素氏谓之为离思想而独立自存，然使无心知之作用，安从辨其为左为右，为多为少？至于范畴与概念之关系，更无论矣。新惟实论者，否定心之作用，我思之岁月，认其说为难于自圆，故我之所以反对之者，正与反对唯物主义同也。

由以上所反对者言之，我之立场，谓之为理性主义可也。我所谓理性，虽沿欧洲十八世纪之旧名，然其中含有道德成分，因此亦可径称为德智主义，即德性的理智主义，或曰德性的惟心主义也。（柏氏亦重心，然谓心之作用为行动为自由，故为反理智的，又理性的。）吾所以推尊理性，以为应驾理智与行动而上之者，盖以为理智如刀，用之不得其当，鲜有不伤人者；行动如马，苟不系之以缰绁，则骑者未有不颠且踬者。重理性者，所以纳二者于规矩之中也。欧洲之开明时代，正为哲学上之理性主义时代，有笛卡儿导之先，兰勃尼孳继之于后，同时在政治学方面，有霍布斯氏、洛克氏、卢骚氏等之民约论，发为人类生而平等与天赋人权之说，是哲学上之理性主义与政治学上之天赋人权同出一源也。十九世纪之社会主义，推广自由、平等、博爱之精神于一般劳动者之身，不论为科学派、乌托邦派，其所要求之目的则一，即今日罗斯福辈所创免于匮乏之自由云云，亦沿人权论之余绪而扩充之耳。东荪于本书中列举欧洲道统，一曰耶教，二曰民主政治，三曰社会主义。余以为后二者有理性主义为背景，已如上述。即以耶教论，自犹太传入欧洲，亦早经亚理斯大德之论理范畴之镕铸，与其谓为如东方宗教之出于证悟，不若谓为思想统系之结晶。然则此三者中有一以贯之者，为理智，为理性，此点在东荪虽未明言，吾特举而出之，当不至与原旨相谬刺也。

吾惟尊重理性之故，对于本书所举之中国道统，一曰儒家，二曰理学，自认为吾国历史上之精神遗产。昔日人生观论战之中，曾有新宋学之主张，不图今日为理学下新解者，已大有人在矣。吾国所谓理，所谓道，在闭关时代，不外乎仁义礼智孝悌忠信而已。孰知此理此道，传至欧洲以后，乃变为理性主义，在知识方面为范畴为论理方法，在行为方面为道德为意志自由。夫吾国为理与道之发见者，特不知推广而用之于理智方面，以自陷于不识逻辑不识科学之大病，今而后惟有力矫前非，在旧萌芽之上，培植而滋长之，不默守陈腐之道德说，乃由新理智以达于新道德，庶理性与理智有以见其全体大用矣。抑理道之论，发之于孔孟，实大盛于宋明儒者，彼等不特于理学方面有极精确之定义，极广大之宇宙论，即于实际行政方面，有所谓乡约，有所谓庠序之教，有所谓兵农不分，有所谓常平仓，有对于井田之追忆，何一不本于民贵君轻，不患贫而患不均之公平至正之大道而后有此主张乎？然则谓儒家之精神，同于民主政治，同于社会主义可也。此非吾人之故意附会，去儒家学说之尘垢，见其精义之蕴藏，则知二者，自出于人心之同然，而非偶然。何也？二者同以理性为出发点故也。

或曰理性与理智为缘，有理智之用矣，而害亦随之，如科学与理智之产物，既有生人之医药，与便人之交通，然杀人之武器亦由之而来，故一日有理智，即人类相争一日不止矣。吾则以为欧洲近代文化，起于开明时代与理性主义，此时代所注重者为思为知识，以知识之可靠与否为中心问题，其名曰理性，实即理智而已。如康德之著作，一曰纯理批导，为综合经验与理性二派之大著，然他一书名曰《实践理性》之论道德者，至今犹为当代大哲罗素氏者所非笑，则欧人之理智，未尝涵育于道德空气之中，显然矣。儒家之不必藏己，不必为己，老氏之为而不有，宰而不制，正东方之所长，而西方之所短。西方之论理与科学方法，上穷宇宙之大，下及电子之微，历史所未载，人事所未经，皆穷源竟委以说明之，岂我东方之恶智者（孟子所恶于智者为其凿也）所能望其项背哉？东方所谓道德，应置之于西方理智光镜之下而检验之；西方所谓理智，应扎之于东方道德甘露之中而和润之。然则合东西之长，镕于一炉，乃今后新文化必由之涂辙，而此新文化之哲学原理，当不外吾所谓德智主义，或曰德性的理智主义。噫！东苏先生相距数千里外，无由会晤定其同异，然吾知其必有不谋而合者在矣。

民国三十二年七月二十日 张君劢于重庆汪山

两时代人权运动概论[*]
（1944）

欧洲近代史之演进，与吾国旧历史之以一姓兴亡与成王败寇充斥其间者，有其绝然不同之点，即欧洲三四百年来之变迁，有一种明显之意义照耀于其前进之途上，是为人之发见，或曰人格之扩充，或又曰人权之普及。始也称王称帝者，一人之独断独行，继也为少数贵族或中产阶级之特权，更进焉为全国人民同享有政权与生存权。是所谓人格人权，本私之于一人者，由渐扩充，以至于为全国人所共享有，而后为能充类至尽矣。

所谓人之发见，或曰人格之扩充云者，就欧洲言之，第一步脱离中世纪天堂观念，回至人生本位，人之本务何在，人之理知情感如何，所以保障各人之独立地位者何在，实为文艺复兴以来欧人在政治上、学术上一贯追求之目的。夫知人所以为人矣，而人之特长，不离乎知识，上自天文，下至物理，中为人事，无一不在研究之列，是为科学之进步，亦即为人智之进步。然自宗教传统之目光言之，未尝不以人智为诞妄不经，阻止之，妨害之，而对于教会方面乃有思想自由、学术自由之争，此类障碍先扫除，而后学术思想乃有客观标准以为征信之符矣。然而人民之权利，尚未确立焉。人类同处社会之中，其官骸不殊，而地位之高下，发言之大小，权力之强弱，自有霄壤之别，于是为之求一最小限度之保障者，而人权运动以兴。曰人类生而自由，曰人身自由不得加以限制，曰各人有思想言论之自由，曰各人为共同活动计有集会结社之自由，曰各人有选举与参政之权利，曰各人之讼案除独立法廷之审判外，不受他人干涉，此种种者，皆所以赖夫宪法之规定，以完成其人民之公

---

[*] 《民宪》第 1 卷第 9 期，1944 年 11 月 20 日。

民资格，反是者政府视其人民，蠢如鹿豕，生杀予夺，惟所欲为，即令人民俯首帖耳，而政府之所以行使其权力者，恣睢暴戾，虽欲长此自居于"天王圣明"之地位，安可得乎？故人权运动者，所以保障人民之地位，亦即所以使政府之不至为虎狼。此百余年来欧美良政治之所由来也。

欧洲近代史，由文艺复兴以降之人之发见后，有宗教革命，其所争者为信仰之自由为良心之自由。各人于其所信奉宗教中之经典仪节与其解释方法，其自身为其最后决定人。譬之，中世纪时，一部耶教《圣经》，惟教皇与教会组织独有解释其文义之权，至于他人不得妄赞一辞。自新教确立以来，各人对《圣经》，可各加以注解，又按之旧例，教堂之中每悬耶稣圣像，近世反对之者则信与不信，不关于像之有无，而在乎默坐澄心以自通于上帝。此即宗教派别上之争执，乃生信仰自由之要求，然其解释权既操于各个人之手，则人之尊严，自在《圣经》之上，亦即一国中无一种传统得以长久束缚人心，而后人之最高价值乃以确立。此宗教革命所以为人格运动、人权运动之先驱者一也。

人各人之良心，既可以判别宗教之是非，则世间任何是非，有何一事不应隶属于良心之下？而良心之所以为良心，在乎辨理，在乎理性，于是不论其为哲学为科学，一以理性为根据，故笛卡儿氏之所谓"我思故我存"，即谓世间任何事物皆在可疑之列，独我之思不能怀疑，而同一，相反，排中等律，遂成为人类知识之出发点，其推而广之者，谓知识应以经验为根据，应以归纳为方法，然其不离乎逻辑之基本原则则一。以此理性应用于天文、物理、人事，于是有自然科学与社会科学之成立。由人类知识以穷极宇宙秘奥，而人类崇高之地位，亦因之而确定。此则哲学上、科学上之发见，又为人格运动、人权运动之先驱者二也。

以上所述，为宗教革命与哲学、科学之产生对于人格运动与人权运动之关系，然尚未及于政治本身也。宗教革命后，良心之尊严因以确立，哲学、科学发展后，人智之威力因以承认，由此推广以及于政治改造，则为人权运动。此人权运动起于对当时专制帝王与贵族之反抗，其所依据之理由曰社会契约，谓人民相结合以成为国家，由于各人之同意，惟国家成立出于人民同意，故政府权力，不得超出人民同意范围之外，其所当有事者，在乎保卫与发展人民利益。此社会契约论之精意所在也。当时参加此运动者有霍布士、陆克、卢骚、孟德斯鸠等等，各家立言，虽互有出入，其要义所在，则曰国家之主人为人民而已。陆氏之主张曰：第一，政府之存在，视乎被治者之同意；第二，迷信与宗教上之形式主义不得用之以掩蔽自然公例与自然宗教；第三，各宗教派别应实现相互之容忍；第四，教育应努力普及。由此四者言之，陆氏思想之富于十七、八世纪理性主义之成分，显然可见，其所希望之新政府，不外乎以民意为依归而已。然此人权论之影响之最大者，无过于一七七六之美国独立与一七八九之法国革命，此两国集合以上各家之学说，规定为政治上之建国基础。兹举美国之《独立宣言》与法之《人权宣言》中关于人权者如下：

一七七六年美国《独立宣言》之言曰：

> 吾人认以下各项为自明之真理，第一，各人生而平等；第二，各人皆由上帝赋以若干种不可移让之权利；第三，所谓不可移让之权利，曰生命曰自由曰幸福追求；第四，为巩固此项权利，乃设立政府，政府权力以被治者之同意为根据。

一七九一年法国《人权宣言》之言曰：

> 人类就权利言之，生而平等，且继续平等。
>
> 政治社会之目的，即在保障人民之自然的及不可移让的权利。此项权利为：自由，财产，安全，抵抗压迫。
>
> 主权之源属于国民自身。无论何人不得行使权力不为国民所明白同意者。
>
> 一切公民对于立法，有参加之权利，或由自身出席，或派遣代表。
>
> 人民在法律之前平等，因而得平等服务公职或受勋位，任何人不得因其意见之故，致受滋扰，即关于宗教上之意见，亦复如是。

此时之人权论者，均信奉理性主义，意谓根据吾人之理性，便能发见此项真理，美宣言中所谓自明之真理，即此意也。其所发见之真理，曰人类在自然状态之生活如何，曰人类因自然状态中之争乱，乃设为政府，曰政府之设立，出于人民之契约，故曰社会契约。此等立言者皆生于十八世纪，自受时代思想之支配。及十九世纪历史学派大兴，纷纷根据历史上国家成立之事实，以反驳其说，如谓世界上之各国成立，从无见有互订契约者，又谓原始时代人民受风俗习惯之束缚甚深，安有生而自由平等之理？因此天赋人权说为世界所厌弃，然其所非者，乃以"天赋"二字之根据之不当，非谓人权之不应有。学术上甲派或乙派学说之盛衰起伏，为思想史上之自然现象，不足深怪者。吾人不能因学派之盛衰，并人权论之本身而亦罢斥之。试问美国独立、法国革命后，欧美各国乃至日本，何一不走上民主与宪政之路？其宪法中，何一不有人民权利一章？如所谓人身自由、言论自由与结社自由等等。何也？社会契约说虽不必与历史上之事实相符，然而立国之正当理由，殆无一而能逃出于社会契约与人权学说之范围之外外者矣。人民而一无权利，且一无法律之保障，则生杀予夺，操于政府之手，人民地位同于鸡羊牛豕，换词言之，奴隶而已，安从而仰首伸眉，以成为七尺昂藏之人乎？其不可一。政府所以待其人民者同于鸡羊牛豕，换言之，不视之为人类，又安从发达其礼义廉耻之知觉，使之成为一个善良公民乎？其不可二。中央政府以外之地方团体之单位以千计万计，端赖全国公民分担其职，然后不需设官，自理其事，倘全国人民绝不知分辨是非，与认识其权利义务之所在，将何以成其为负责之公民乎？其不可三。平日待之如人如公民，使之自觉其为国家之主人，而后战时自知为国效死，反是者，帖然为异国臣妾。其不可四。现代行政与工商企业，组织复杂，规模宏大，惟有其服务者自知职责所在，不管上级监督之有无，为公家为主人，爱惜金钱物力，且竭尽所能以赴之，然后日新月异有进无退，倘政府所以训练其人民者，惟以面从阿谀为贵，则现代分层负责之复杂行政与庞大企业安从而实现乎？其不可五。由此五者言之，人权论虽遭历史派之非难，然其为政治与民间活动方面不可动摇之真理自若也。

自法国革命迄于吾国之推翻满清建立民国，虽东西国家之宪法条文政治习惯，各有其特异之处，然其必有民选之议会、独立之司法与人权之保障一也。此时期中对于陆克、骚卢之学说，即有怀疑而非之者，而其采之为国家大法，则遍世界如出一辙矣。独自一九一七年苏联革命政府成立，而后百余年来所奉为圭臬者，始遭破坏。然苏俄之剥夺人民自由，乃所以实现其社会主义之大理想，故在同情于民主与自由之人，未尝不予以谅解，其后意大利、德意志法西斯主义变本加厉，而后西欧数百年之人权保障与民主政治，扫地尽矣。

民主政治也，人权保障也，其规模遍于行政、立法、司法三权与中央、地方之行政，其所以成立者，赖乎彼此相维相系之关系，苟甲部动摇，其他乙丙等部亦随之而不能支持，犹之渔网之格破裂，则全网捕鱼之效用因之而失，又如房屋之大柱一经摇撼，则全屋不免于倾倒。民主政治全体机构之部门甚多，警察也，文官也，法庭也，党派也，言论也，国会也，宪法也，苟其中一项之原有地位为人所蹂躏，与其他各部门随之而亦坏，民主政治因此而尽失其本来面目矣。

法西斯主义创始于墨梭里尼，其所凭借者为地瘠民贫之意大利，故所施行之猖狂无忌，不如希特拉之甚，兹以德国为例以说明之。

一九三三年一月希特拉之初登台也，原有所设施不出宪法范围之宣言，孰料其于数月之内，尽取瑰〔魏〕玛共和国之机构而毁之，社会民主党与共产党之本部封锁矣，两党之报馆没收矣，中央党经协议停止活动矣，甚至保皇派与钢盔党同在解散之列矣。是年七月，政府以法律规定惟有民族社会党为合法成立之政党，倘有发起其他政党之人，应处罚金或死刑，是为结社自由之剥夺。一九三四年四月为止，报馆之被封锁者千余家，自动停刊者三百五十家。报馆主人苟不能证明其祖宗自一八〇〇年以降为阿利安血统者，其报馆应在没收之列，凡为记者须其以为阿利安血统，且须经宣传部长核准。倘有言论不当者，即在开除之列。柏林缘邮报编辑人闻戈培尔氏请人批评之言，认其为出于真意，乃向戈氏力言报纸随声附和之不可，其结果则被处以禁锢之刑。是为言论自由之剥夺。德国人民言论行动有批评政府或反对政府者，目之为危害国家，由国家秘密警察逮捕处理。若问此项警察所为有无法律为依据，其内政部高级官员皮斯德氏答之曰，此项警察之任务在乎保护民族社会主义国家，其根据在乎民族社会主义之哲学，无须法律条文规定。若是乎人民生死大权，听之秘密警察而已。彼等更根据阿利安与非阿利安血统之区别，擅意夺犹太人财产或驱之国外，巴黎犹太人尝行刺德国使馆人员，德国政府乃处其德境内犹太人以百万千万之罚金，谓为全族之连坐可也。是为人身财产自由之剥夺。其对于瑰〔魏〕玛宪法，自表面言之，至今犹存而不废，然其各机关权限之实质变更，有出人意料之外者，希氏尝借口于国会之失火事件，对共产党员八十六人禁令出席，于是希氏党派之占二百八十八席者遂成绝对多数党，通过大权授予法案，第一条曰，立法权由内阁行使之，则议会等于废物矣；第二条曰，内阁所立之法律，除关于上下两院外，得对于宪法有所出入，则宪法可因内阁之好恶或从或违矣。此项立法权之授予，以四年为限，即四年之内，非任何人所能加以斥责。自此项法律通过之后，德意志自成为希氏之独裁政治。德国学者为献媚希氏计，名德国曰领袖国家，直视八千万人口之德国为希氏私产而已。

希氏所以集国内大权于一人之身者，其目的何在？曰蹂躏国内人权以成一己之功名，再继之以蹂躏邻国以遂其开疆拓土之野心而已。其在《我之奋斗》中已宣言曰：

> 所谓一国之外交政策，在使其国内人民有所资生之具。一方面为人口之滋长，他方为土地之广狭肥瘠，二者间保持其相当比例，而后其人民之谋生与健康，乃得以保持。
>
> 一国之疆界，人所造成，亦由人以变更之。
>
> 德国之惟一健全领土政策，即在欧洲以内获取新领土。殖民地不足以达此目的，以殖民地不适于大规模移民之用也。自十九世纪已后，已不能以和平方法夺取殖民地，殖民地之扩张，将引起极大战事。与其发生战争以夺海外殖民地，不若争取欧洲土地之为得。

由以上所言观之，并奥也，割苏台区也，夺回但泽也，瓜分波兰也，蹂躏西洲之法、比也，希氏在其囹圄中著书之日，固早已成竹在胸矣。

此第二次大战之起因，虽由于波兰问题，实缘于希氏开疆拓土之政策，其所以致此之最后原因，则又为希氏之蹂躏民权，以造其"朕即国家"之政局。因此联合国中之思想家与政治家认为大战之原因，在于民主政治之破坏，而民主政治之破坏，实由于人权之推翻。因此其学者与政治家谋所以矫正之，对于人权问题大有所发挥，方今人权论之勃兴谓为在十八世纪陆克、卢骚诸氏之下可也。

罗斯福氏有四大自由之说，一曰言论自由，二曰信仰自由，三曰免于匮乏之自由，四曰免于恐怖之自由。今年一月致国会教书又有所谓第二次人权宣言，中含五项，一曰职业权利，二曰足量生活费用权利，三曰农民收入权利，四曰商人免受不公竞争之权利，五曰每人应有佳宅之权利。本年八月英首相邱吉尔氏游罗马时，为意人提出"何谓自由"之七项标准，其侧重处不离英国宪政传统，与罗氏稍异，然其为民主精神所在则一。要之，罗氏之四项自由与第二次人权宣言，视十八世纪专以个人自由为着眼者已另踏进一步，即各个人之生存与国家之安全亦包括于人类应享之权利之中矣。昔日之人权为个人的，为放任的，为国内的，今日之人权论为社会的，为计划的，为国际的，此则前后两时代人权论之异同所在，而吾国人应念兹在兹，如何合此二者以毕其全功于一役之中欤？

国家为什么要宪法[*]
——中华民国未来民主宪法十讲之一
（1946）

张君劢先生自七月一日起至十五日止，在上海八仙桥青年会，讲演关于"中华民国未来民主宪法"，讲题共为十个：（一）国家为什么要宪法？（二）吾国何以至今宪政尚未成立？（三）人民权利与宪政基本。（四）未来宪法中之国大问题。（五）行政权问题——大总统与行政院。（六）立法院问题——英国巴力门与美国国会。（七）司法独立。（八）立宪国家之财政。（九）民主国之政党。（十）地方自治与人民责任。

张先生是宪法的权威，自政协会议定宪草修改原则后，他就负责起草新宪法，现在张先生把我国未来民主宪政的诸问题，用深入浅出的方法，详细讲解给我们听，我们实在是应该向他表示万分的谢意的。

本刊原拟将张先生的讲演，摘要刊出，但经读者来函，希望本刊将全文登出。为满足读者的盛情起见，本刊决自本期起将十次讲演陆续全部登出。尚希读者注意为荷！

我们须知道，今日整个世界是在民主与反民主的斗争之中，法西斯的德、义、日，虽然费了九牛二虎之力，总算把他们打垮了，但是我们不可否认的，反民主的残余和力量，还没有彻底扫除，有时仍在作祟，而想死灰复燃！

在民主的大潮流中，我们中国自不能不受其冲击的影响。今日中国在政治上所显示的实行民主的普遍呼声，就是一个充分的证明。一党专政，究竟是不合于民主的，所以国民党亦已表示有"还

---

* 《再生》第123期，1946年7月26日。

政于民"与实施民主宪政的决心。政协会的召开，以及修改"五五宪草"的原则的决定，不外是这种斗争波及中国后的一个成就。

"五五宪草"为什么要修改呢？其原因是很简单："五五宪草"在若干方面实在不很妥当，换句话说，没有充分表现今日民主世纪的时代精神，不能适合今日民主世界的大潮流。

在"五五宪草"中的总统，其权力超过于实行内阁制的法国的总统，亦超过于实行总统制的美国的总统。总统得"依法公布法律，发布命令，并须经有关院院长之副署"，得"召集五院院长会商关于三院以上事项及总统咨询事项"。所谓有关院，不是把立法院也包括在内么？立法院为国家最高立法机关以及人民的最高立法权，在这种制度下，还能谈得到么？总统应是行政的首长，而允许他召集包括立法院在内的五院院长会议，不是行政者亦可以干涉立法事项么？这与美国三权分立的原则，不知相去几千里。而仍有人称这种总统制为近于美国总统制，岂不是笑话？

"五五宪草"中又规定行政院长、各政务委员、各部会长，各自对总统负责。行政权而不受立法权的控驭，这实在是不合于民主原则，并且是十分危险的。

此外关于总统颁布紧急命令权，"五五宪草"亦未免有太广泛太无边际之嫌。所以政协会加以修改为"总统经行政院决议，得依法颁布紧急命令，但须于一个月以内报告立法院"。

政府要做事，不能不有权，但从另一方面讲，政府做事应该向人民负责。所以真正的民主，不是在保障政府和总统的权力，而是在如何保障人民权利，如何扩大人民权利，如何加强人民对政治的控制，以及如何防止政府和总统的滥用权力。

立宪是百年大计，宪法通过后，我们不希望不久就加以推翻，所以我们应该要用理智，要有远见，不要以目前不健全的现实伤害了民主的原则，使中国不能走上真正的民主宪政之路。

在张先生的十次演讲中，把这种道理；从根本上和从英、美民主制度的经验和教训上，说得十分明白。在从事民主斗争的今日中国，他的供献是十分珍贵的。

编者附识

目前国中人士，不管在朝或在野，都处在一个极烦闷的心理状态中。在野的人觉到生意作不成，工厂开不成，种田的人，觉得下了多少种子和多少人工，明年的收获能否抵偿，也不敢说。亦有因为内乱骚扰，乃至于离乡背井的。至于有智识的人，到了研究机关，试验仪器不完备，到了图书馆，世界上新书一本都没有，或者教书先生薪水不够用，要靠尊师运动捐款才能维持他的生活。所以在野的士农工商不满意现状，是很普遍的。反过来说，难道在朝的人认为政治局面满意吗？我们知道他们也不满意，甚而有人认为要不得的。目前的内战如何结束，军事如何整理，财政金融如何安定，他们也未尝不知道应该改良，应该除旧布新，但是如何能达到这个目的，是不是目前的法律不对，制度不对，或是用人的方法不对呢，他们未尝不在苦心思索，但是他们平日所作所为，同全国人民心目中所想望的，还是天差地远。

从清末起，我们有了革命运动，大家以为革命以后总可以得到一个好政府，但是经过二三十年的内战，八年的抗战，使我们认识，如果所谓革命运动离不了武力，离不了战争，乃至于离不了混乱，那恐怕我们在革命运动中所要达到的目的，还是离题很远。朝野上下口中所常说的是"建国"，革命的目的本来在"建国"，何以现在偏偏要在"革命"两字之外，提出建国的标语来？可见革命的心理背景与建国的心理背景是有不同之处。第一，革命是破坏，建国是靠有思想有经验的建设。第二，革命是靠奋不顾身的精神，而建国是靠冷静的头脑。第三，革命是靠武力与战争，而建国是靠和平与法治。以上三种不同之处既然明白，所以建国的重点应该放在理智上，而不放在情感上；应该放在和平方面，不是战争方面；应该放在理性方面，不是暴力方面；应该放在法治方面，不是混乱方面。我这一次发起演讲的目的，就在于此，这种演讲就是要造成建国时代的新政治哲学，或者说要造成建国时代的新心理态度。

我们现在心目中人人所想望的，就是要建立一个现代国家，但是所谓现代国家的要点何在？我们不必远溯至文艺复兴时代，姑且从人权运动说起。所谓近代国家，就是一个民主国家，对内工商业发达，注意科学研究，乃至于军备充实。对外维持其主权之独立，领土之完整，且能与各大国相周旋。至于政府机构方面，一定有内阁、议会以及选举制度。这都是现代国家的特色，亦即近代国家应具备的种种特点。此种现代国家之特点，萌芽于英伦，至法国革命后而大成于欧洲。鸦片战争后，欧洲国家踏进我们国土，我们最初所认识的是船坚炮利，最后乃知道近代国家的基础在立宪政治，在民主政治，在以人权为基础的政治。

欧洲人权运动，我们现在无法详细讲，但是诸君应该听见过欧洲几个政治哲学家如卢骚、洛克、孟德斯鸠的名字。他们各人的学说与贡献各不相同，但是他们有他们的共同点：

第一，人与人之平等，不论是皇帝是贵族是平民，他们既是人，应该是平等的，换句话说，就是人格之尊重。

第二，各个人有他不可抛弃的权利，譬如说任何人除了犯法不能随便拘捕，这就是人身自由；任何人有他发言批评的权利，这就是言论自由；任何人有信仰宗教的权利，不能指相信天主教的是好人，相信基督教或无神论者就是坏人，这就是所谓信仰自由。各人既经有了他政治上、宗教上的信仰，要把他的思想见之于行事，就不能不集合若干人来实现他的思想，于是有所谓集会结社的自由。这种种自由，假定政府可以随便剥夺了去，譬如说人民不管他犯不犯罪，可以随便拘囚，乃至于人民要讲话要办报，政府可以随便禁止，这种种权利的剥夺，就等于"天皇圣明臣罪当诛"的专制政治，明显一点来说，就拿人身自由来说，假定政府能随便拘人投于囹圄之中，那么就等于一切人皆丧失自由，谁敢再来对政府有所批评或有所争执。从这一点来说，可以看出人权运动实在是民主政治最重要的基础。因为没有人权，就没有民主政治了。这种人权当时名之曰天赋人权，很有人不以为然，认为人民权利，都是由历史上来的，决没有无端从天上掉下来的。这权利是天赋的，还是历史演进而来的，在欧洲已有一场争辩，我们不必在此多说了。但是没有人权，就没有民主政治，所以欧洲各国的宪法上没有不规定人民权利如何如何的条文，所以可见人权保障，实在是民主政治的基础。

第三，政府之设立，所以保护人民的生命财产。一个国家最低限度的责任，就是在保护人民的生命，使人人有饭吃，有衣穿，乃至于安居乐业。任何国家，不论怎样喜欢革命，不能永久在杀人放火的状态中。因为杀人放火的结果，就是战争，就是混乱，所以革命运动虽以武力开始，但归结于和平与法治，然后才能保护人民的生命财产。

第四，政府既有保护人民生命财产的责任，所以它行使权力，是有限制的，是受宪法限制的。譬如说三权分立，政府管行政，议会管立法，法庭管司法，便是权力的限制。政府所提的法案，须经过议会同意，如其政府在内政外交上犯了错误，它就应该辞职，政府与议会有意见不合时，政府与议会的谁是谁非，便要决之于总选举时的人民公意。

以上四点，就是人权运动时代各国政治学者所提出的共同要求，到了十九世纪，然后规定于宪法之中，成为具体的表现。

欧洲这段人权运动历史，其影响所及，莫过于英、法、美三国。但三国所受影响，略有不同之处。我把美国独立宣言头上几句话列举如下：

> 人类生而平等，自其出生之初，赋之以若干种不许移让的权利。第一为生命，第二为自由，第三为幸福之追求。为巩固此种种权利计，所以设立政府。政府所有之正当权利，是从被治者的同意而来。假定任何政府违背以上各项目的，其人民便有权利变更或废止此项政府，另立新政府，根据本文中所举之各项原则，期达到人民之安全与幸福。

美国根据这宣言，一直向前走，虽国内发生了南北战争，只能说是将《独立宣言》扩展到奴隶身上，决不是违反宣言的。至于法国革命，也受人权运动的影响而起，但是它忽而革命，忽而帝制，忽而又来反对帝制再造共和，所以她经过许多曲折，不像美国的民主是直线的。至于英国，他的尊重人权，从《大宪章》时代即已开始，譬如任何人不得任意加以逮捕，任何人应受公平审判，在《大宪章》中早已规定。英国的一切制度，是有历史的根据，而不是受思潮激荡的影响的。但是英国的立宪政治，人人知道受洛克、边沁的影响很大，但只能说英国宪政，因有人权运动，而其路线之正确更加证明，不能说英国宪政由人权运动发生。欧美这段人权运动历史，在我看来还是值得加以研究，重新认识，再来提倡一番的。

现在我要说到我们的革命历史了。清朝末年的革命运动，是中山先生提倡的，中间有人主张武力革命，有人主张政治改革，但是后来众流汇合，能把中华民国成立起来，其中曲曲折折既不像美国之直线进行，也不像英国之逐步改革。从忽而帝制忽而共和来说，与法国情形颇有类似之处。但是我们比法国，又碰到一个更重大的障碍，就是当前国共的对立。假定所谓国共对立，一方面是君主贵族，一方面是平民，那当然是平民的势力大，君主是不能敌的。现在国共的对立，一个以三民主义为出发点，一个以共产主义为出发点。国民党是融合十九世纪以来的民族主义、民主主义，乃至社会主义三种主义冶于一炉，乃有所谓三民主义。共产党思想是追源到马克思的科学社会主义，同时又拿俄国革命以来的列宁斯大林为模范的。两方面各有地盘，各有武力，各有民众组织，两方拿武力为政争工具，已有十余年之久。现在谁要消灭谁，恐怕是很不容易的。假定一个以黄河流域为根据，一个以其余地域为根据，岂不是两个以改造中国为目的的政党，反而形成了地方割据，或是南北朝对立的局面？这不是历史上最大的滑稽事吗？况且假定长此以往，国共两方拿武力来斗争，那么杀人放火的局面，一天不能停止，人民的生命财产，人民的自由，可以说丝毫没有保障了。因为国内一有战争，甲方疑心乙方派人来宣传，来捣乱，他所派来的是第五纵队，是特务队，互相猜疑，全国人民那有自由之可言？所以我们可以明白说：战争即是自由的坟墓，惟有平和乃是自由的堡垒。我们明白这点，就知道内战一日不停，我们国家就一日没有民主自由，所以我们要民主自由，一定以停止内战为前提。我们从国共的军事状况来说，大家都很担心，好像达到和平，是很不容易的。但是由思想方面说，国共对立是有解决的方法的，就是民主政治之正确认识。第一，民主运动没有不尊重人权的。第二，民主运动没有不尊重民意的。第三点，民主运动决不依靠武力作根据的。总括一句话来说，民主运动没有不拿民意作基础的。就是说，人民多数的意思，或表现于议会而成法律，或表现于总选举时决定在朝在野党的进退，选民多数所投的票，就是政治上最后一句话。只要大家不拿人民作工具，教他养他，使他们自由发展，同时又尊重他们的投票，那么政治问题没有不能解决的，而中国唯一出路也在这里。所以说民主政治，是解决中国政治上国共争执的唯一出路。

国家为什么要宪法这一问题，先要问我们要国家是干什么的。

我们可以答覆"要国家来干什么"这一问题如下：第一，国家的目的是在国家维持人民的生存，所以要保障他们的安全。譬如说：有一群人聚在一块儿，就要问他们怎么住，怎么吃，怎么行动。衣食住是靠生产靠买卖得来，不能靠抢劫得来的。他们自己一批人要吃要穿，不能从人家抢来，同时他们自己的东西，也不愿意被人家抢去，所以一个国家有农工商及交通等事业，同时又有军队与警察，无非在维护人民的生命与安全。第二，人民所以要国家是在保障人民的自由。一个国家有了几千万几万万的人口，你想吃得好，我也想要吃得好，你想住得好，我也想住得好，你想种种享受，我也想种种享受，所以彼此之间不免有争执与不平。国家为要使此等互相争执之人民能相安起见，一定要有方法保障人民的自由与权利，然后能使他们彼此相安。譬如说：有了土地财产权，怎样确立，有了债务，如何还本付利。总而言之，各有各的权利，要使他们彼此不相侵犯，全社会的自由得到保护。人民的自由，不但限于物质方面，同时要在言论思想上有发展，所以有言论自由思想自由，乃至于社会上有瑰奇谲怪的人士，他发了奇怪的议论，只要他不妨碍安宁或叛背国家，各国都不加禁止的，无非要使各人有自由发展的缘故。第三，造成一种法律的秩序。从第二项保障人民自由或人民权利来说，就可以知道一国以内所以要债权物权家族法继承法，是什么用处了。因为人民的土地债权等事，是很复杂的，那一块土地是你的，那一块土地是我的，债务到什么时候终了，什么时候不终了，都要有极详细的条文规定。同时一对夫妇就有小孩，所以又不能没有家族法承继法。一部六法全书，无非要解决这种问题。但是物权债权家族法都是私法。他所规定的是一个人与一个人之间的关系，此外还有一种法律，不是规定私人间的关系，而是规定国家与人民的关系，同时规定国家中甲机关与乙机关的关系，譬如政府与议会以及政府与司法的关系如何。这两大类：第一，国家与人民的关系，第二，国家中各机关相互的关系，是属于公法或宪法的范围，因为他所管的，是国家的公共权力如何行使，所以宪法简单来说，是规定 Public Powers 如何行使到人民身上去，与其立法、行政、司法相互间之关系。所以宪法是公法之一种。

现在我更具体的说一说：宪法乃是一张文书，所以规定政府权力如何分配于各机关，以达到保护人民安全与人民自由的目的。

第一，国家与人民的关系。没有国家是一件很可怕的事情，因为没有国家，就对外言之，就是没有国家来保护人民，就是亡国之民，如今日之德国便在此状态中。就对内言之，就是国内没有秩序，就是陷于混乱。但是有了国家，亦是件极危险的事，因为国家手上有兵权有警察有法庭，它就可以随便逮捕人民，他又可以借国家的名义一定要人民服从他，或者征收人民财产或者要人民的性命如对外作战时征兵之类。国家权力既如此之大，所以宪法上第一件事就是要防止国家的专擅，就是防止国家滥用权力。所以宪法的第一章一定要规定人民的基本权利，就是上文所说的人身自由、言论自由、结社集会自由、信仰自由等事，其中尤以人身自由最为基本。假定人身自由一旦没有，其他集会结社自由也不必谈，所以人身自由便是其他一切自由之基本，如其人身自由没有保障，无论宪法的规定多么好看，都不过是一句空话。所以五五宪草第七条规定：人民有身体的自由，非依法律不得逮捕、拘禁、审问或处罚。人民因犯罪嫌疑，被逮捕拘禁，其执行机关应即将逮捕拘禁原因，告知本人及其亲属，并至迟于二十四小时内移送至该管法院审问，本人或他人亦得申请该管法院于廿四小时内向执行机关提审。其所以如此规定，无非因为人身自由，是其他各种自由的基本。协商会中关于人民基本权利，也有若干项规定，其用意亦无非因为人身自由及人民权利不能保障，那这国家一定就是专制，就是独裁。自从欧洲法西斯主义流行之后，有所谓集中营，有所谓格杀打扑，有所谓不许有反对党之存在，有所谓肃清危险思想等事，更可见人民基本权利一章，所以成为宪法中重要部份的原因何在了。在这一段里，我们可以旁及说一说征兵与租税两件大事。照英国制度，有所谓"不出代议士不纳租税"一句格言。这话就是说国家向人民拿钱，人民便须要先问你拿了钱作什么用，你拿钱的数目如何，拿了钱什么用，这也就是一种国家权力对人民的关系，此其一。到战争时，自然人民应该当兵，但是当兵以年龄为标准，那末人民的当兵义务便应该平等，不可以说部长的儿子可以免役，平民的子弟便可以随便拉夫拉去。再举一个例：谁有罪，谁无罪，应该经过法庭上合法手续判定，不是由党部及特务队随便把人拘囚起来，甚或杀害他。以上种种，是宪法的第一部份，就是国家对人民的关系。

第二，宪法所规定的是国家权力如何确立与如何限制。一个国家，离不了立法、司法、行政三种权力，或者如中山先生再加上考试、监察二种。这三种权力，各有它的组织，各有它的职掌，各有它的限界。第一，国会由议员组成的，议员由人民选举的，议院里的议案如何通过，这是立法院之组织及其职掌。第二，行政有所谓内阁，内阁下有各部，内阁之中有管部或不管部部长，内阁对议会之责任如何，及议会如何能使内阁或进或退，此为行政权问题。第三，司法，它的特点，就在乎独立审判，就是说不能听行政方面的喜怒，起诉或不起诉，加刑或减刑，应该由司法官根据法律条文公平判断。譬如说，现在审判汉奸的问题，同政府勾结的人，可以逍遥法外，这种就是审判权受了政府的干涉。为使司法官能独立审判计，所以法官是终身职，他的进退升降，不是凭行政官的喜怒而调动的。

以上两部分，乃是构成宪法的重要部分。其余宪法中的重要问题，在十次演讲中，再详细说明，暂时不提了。

现在我在这一次的演讲中还有最后一点要声明的，就是宪法本身所以能存在，并不是一张纸片的文字就够的，而是要靠国民时刻不断的注意，然后宪法的习惯方能养成，然后宪法的基础方能确立。我们举一个明显的例子来说：美国是所谓刚性宪法的国家，英国是柔性宪法的国家。所谓柔性宪法，就是她关于国家权力如何行使等等，都就靠普通立法就可通过的，而且这种立法是散见于历史之中，如《大宪章》是一二一五年产生的，《权利法案》一六八八年产生的，《人身保护状》是一六七九年产生的，《权利请愿案》是一六二八年产生的，《解决法案》是一七〇一年成立的。英国未曾拿这宪法来分类集合起来成为总统，内阁问题一切加以规定，而且这个宪法的修改一定要经过宪法会议的通过，如何提议如何决定都有一定手续，而且宪法解释之权，属于大理院，合宪违宪问题为美所有，为英所无的事，亦由于刚性宪法而发生的。因为有这种种手续的限制，而且这种种手续，都归在一篇文章里，所以名之曰刚性宪法。我们要知道，有了宪法国家，也并不一定就能走上和平的途径。法国革命之后，忽而皇帝，忽而君主，忽而共和，就可以证明一篇宪法的文章是靠不住的。要宪法靠得住，第一点，就靠人民对宪政的警觉性如何。譬如说有人被政府逮捕了去，人民一定要用一种方法使他放出来，或者使政府下一次不敢非法逮捕。人民有了这种警觉性，政府自然不敢非法逮捕人民。再譬如说宪法规定人民有言论自由，而政府随便封闭报纸，倘人民恐怕提出这问题之后，政府便来与他为难，便不敢说话，这样的言论自由是无法保障的，所以人民或诉之于舆论，或诉之于法律，使政府不敢封闭报纸或停止邮递之权，然后人民言论自由乃有真正保障。再譬如说，政府每年应有一个预算，无论军事费民事费，都是应该公开的，假定表面上虽然有所谓预算，而实际上不公开，尤其军费的数目，更为人民所不敢问的。假定人民对自己的权利及政府的不法横行，一切淡然处之，不以为意。人民的心理如此，宪法是决不会有保障的。所以我愿意奉告诸位一句话，就是："你们对自己的权利有警觉性，自然就有宪法，否则若是你们自己没有胆量维护自己的权利，那么尽管有一张美丽的宪法，也就是孟子所谓徒法不能以自行了。"我对诸位说，人民对于他的权利的警觉性，乃是宪政的第一块础石。

人权为宪政基本[*]
——中华民国未来民主宪法十讲之三
（1946）

    欧美所谓人权运动由来甚久，但其发表于公文中，始于一七七四年九月美国佛吉尼亚洲之《权利宣言》，一七七六年七月美国《独立宣言》，一七八九年七月法国《人权宣言》，这是人权运动中最重要的文献。我中华民国的革命，虽同受法国革命和美国独立的影响，但是心目中认为最重要的对象，就在推翻满清建立共和，乃至成立政党政治之类。至于所谓人权运动，在此次大战以前，我们的政治思想中，始终没有成为重要因素。中山先生在三民主义演讲中，虽也讨论到人权问题，但他受了欧洲历史学派及边沁学派驳斥天赋人权的影响，主张革命人权。要知道所谓人权，即所以保障全国人民之权利，就是说凡称为人都应有同样的权利，不能说你参加革命，便享有人权，而不参加革命者，便不能享有人权。因为革命的工作是要确立人权，而非限制人权。上次大战后，俄国共产革命成立了无产阶级独裁的政府，凡非共党及无产阶级的人，他们的人身、言论、结社自由乃至财产权利都被剥夺。同样在法西斯主义流行的国家，只有义大利的法西斯党及德国的国社党才享有人身、结社、言论自由，其他党派如共产党、社会民主党或民主党应享的自由，均被剥夺。我们可说，苏俄共产革命以后，直到这次大战为止，欧洲反人权运动流行一时。到了一九三九年二次大战开始，罗斯福与邱吉尔在《大西洋宪章》中宣言四种自由：第一，免于贫乏之自由；二、免于恐惧之自由；三、言论之自由；四、信仰宗教之自由。可以说又是新人权运动的开始。大家因此恍然大悟，知道要谈民主，不能离人权。离了人权，就成为共产主义或法西斯主义的独裁。联合国会议开会

---

* 《再生》第 125 期，1946 年 8 月 9 日。

之后，在其序言中明白规定："吾人对于基本人权，对于人身之尊严及价值，对于不分国家大小，不分男女之平等权利，重行声明吾人之信念。"其《宪章》第六十八条中，更规定须设立经济及社会事项委员会，并促进人权之委员会。现在此项社会经济委员会正在提议一种国际人权法案，以备拿国际条约来对各国人权予以保障。可见二十世纪之人权，不像十九世纪仅在宪法上加以规定，现在更要加上一种国际法的保障了。

到底所谓"人权"其意义何在？既称为国家，大权操之于国家之手，人民对于政府，不能不服从其命令。但国家无论下何种命令，是不是人民都应该服从呢？譬如说：国家要我的命，是否我的命就该送给国家？国家要我的财产，是不是我的财产就该送给国家？国家要封住你的嘴，是不是你就该像金人一样的三缄其口？明明是东，国家不许你说西，明明是黑，国家不许你说白。换句话说，只许国家说黑白是非，而不许人民辨别那是"是"那是"非"，那是"黑"那是"白"。假定国家所要求于人民的服从是这样的，要钱便给钱，要命便给命，他要说黑，你不能说白，他要说东，你不能说西，试问人民服从到这样地步，这种国家之内，尚有何公道之可言？孟子尝云：君之视臣如土芥，则臣视君如寇雠。此语根据因果报之常理而来。可见国家对于人民无论权力怎么强大，总要划定一个范围，说这是你的命，这是你的财产，这是你的思想和你的行动范围。在这范围内，便是各个人民天生的与不能移让的权利。在这范围内，国家是不能随便干涉强制的。在这范围内，各个人所享的权利，便叫人权。所以在十八世纪欧洲人权运动勃兴时，其中有一个人叫 Wattel 有几句话说：

假定有一个君主，没有明显的理由，一定要人民拿他的性命送给他，拿他生命上不可缺少的货物夺了去，人民对于这样一个君主，当然有抵抗的权利，还有什么疑问呢！

他又说：

这种不可随便夺取人民的性命，不可随便夺取人民的财物，便是人民天生的权利，因为假如能随便夺取，人民便无法生存了，所以这就叫人权，或人民的基本权利。

但是这种人权观念，是因时代而进步的。譬如说：法国革命和美国独立时，大家注意的是言论自由、信仰自由、结社自由与财产自由等。

至于劳动权、工作权、休息权及生活平等的权利，在当时是没有讲过，而今天廿世纪时代，大家认为此等权利是人民权利的一部份。

我不怕重复，再把美国《人权宣言》例举一遍：

> 吾人认以下各点为自明的真理：第一，各人生而平等；二、各人从上帝那里降生以来，便享有某种不可移让的权利，其中所包含者为生命、自由及幸福之追求。为保存此等权利之故，乃所以设立政府。政府之正当权力由于被治者之同意而来。假定政府违反此种目的，则改造政府，废止政府，另立新政府，乃为人民应有之权利。

佛吉尼亚州宣布的《人权宣言》说：

> 凡人天性上是平等的自由独立，且享有某种固有权利。此种权利，并不因其加入社会之际，能加以剥夺。其中所包含的：一、生命之享受，二、自由之享受，再加上取得财产之方法与夫追求幸福与安全之方法。

我举一七八九年法国《人权宣言》所说：

> 国民会议在上帝面前承认人民与国民以下各种神圣的权利：
>
> 第一，各人生下来的时候，他们的权利是自由的平等的，任何差别之承认须以公共利益为理由。第二，政治结社之目的，即为自然的不可移让的人权之保全，此种权利第（一）自由、（二）财产、（三）安全、（四）反抗压迫。

我们但举其最重要的如上，其全文共十七条之多，暂时从略。关于人民权利，大家可参考五五宪草人民权利一章，自然明白。我现在但例举欧洲各国宪法颁布之年月如下。此项宪法之颁布，亦即为人权之确认。

瑞　典　一八〇九　西班牙　一八一二　挪　威　一八一四
比利时　一八三一　丹　麦　一八四九　普鲁士　一八五〇
瑞　士　一八七四

到了欧战之后，如德国之威玛宪法，一九三五年之波兰宪法，一九三八年之罗马尼亚宪法，没有一国没有关于人权之规定。

我现在略举各国宪法中关于人权之规定，吕复氏把人权加以分类，甚为可取，兹例举如下：

第一，关于人格，就是说既称人，便有人格自由，就是说凡一个人不能将其人身出卖做奴隶。

第二，关于人民自卫事项者分：（一）身体之自卫，（二）家族之自卫，（三）财产之自卫。

第三，行为之自由有：（一）居住，（二）从事职业，（三）婚姻，（四）通信。

第四，关于意思思想以及组织团体之自由者分六项：（一）言论、（二）著作、（三）刊行、（四）集会、（五）结社、（六）信教。

兹列举各种人民权利，其中每项举一两国之宪法条文，作为参考。

第一，关于人身自由。

A．比利时宪法第七条：“人身自由与其保障，除法律所规定并依法律所规定之方式外，任何人不受告发。

“除现行犯外，非有法庭所发之拘捕状在拘捕时提出，或在廿四小时内提出外，任何人不受拘捕。”

B．苏联宪法第一二七条：“公民身体有不受侵犯的保障。任何公民非经法院之判决或检查官之批准，不受逮捕。”

C．我们可以拿五五宪草中关于人身自由的条文与比、苏两国作一比较：

> 人民有身体之自由，非依法律不得逮捕、拘禁、审问、或处罚。
>
> 人民因犯罪嫌疑被逮捕拘禁者，其执行机关即应将拘禁原因告知本人及其亲属，并至迟廿四小时内移送该管法院审问。本人或他人亦得声请该管法院于廿四小时内，向执行机关提审。
>
> 法院对前项声请不得拒绝，执行机关对于法院之提审，亦不得拒绝。

第二，关于人民住居自由。

A．比利时宪法第十条：“私人住宅不受侵犯，住宅之搜索，除依法律所规定并以法律规定之方式外，不得为之。”

B．苏联宪法第一二八条：“公民住宅的不受侵犯及通讯的秘密，均受法律的保护。”

C．日本旧宪法第廿五条：“日本臣民除法律所定者外，未经许诺，无被侵入住所及搜索者。”

D．五五宪草第十一条：“人民有居住的自由，其居住处所非依法律不得侵入、搜索或封锢。"

第三，关于言论自由。

A. 比利时宪法第十八条："报纸是自由的，检查制度不许设立，不得向著作人、出版人及印刷人要求保证，如著作人为大家所知道的，并且是比国居民，此项出版人、印刷人或贩卖人不应受控告。"

B. 五五宪草："人民有言论、著作及出版之自由，非依法律不得限制之。"

第四，集会结社自由。

A. 比利时宪法第十九条："比利时人民不必须要事前的准许，即有平和的且不携带武装的集会之权利。但须遵照规定此项权利行使之法规。

"此项规定不通用于露天聚会，露天集会完全立于警察法律之下。"

比宪第廿条："比利时人民有结社之权利，此项权利不应受防止方法之限制。"

B. 瑞士宪法第五十六条："人民有结社之权利，但其目的及行使方法，不得对于国家有危险或违法之事。各州得以法律颁布必要之处分，以防止其弊害。"

C. 五五宪草："人民有集会结社之自由，非依法律不得限制之。"

第五，宗教信仰自由。

A. 比宪十四条："宗教信仰之自由及拜神之自由，以及关于一切问题意见发表之自由，均受保障。但因使用此种自由而发生犯罪行为时，则国家保留其弹压之权。"

B. 瑞士宪法第四十九条："意志及信仰自由，不得侵犯。

"任何人不得被强迫加入宗教团体受宗教教育，履行宗教之行为，亦不得因其宗教意见受任何性质之处分。"

瑞宪五十条："在公共秩序及善良风俗所许可之范围内，信教之自由，应予保障。

"联邦及各州，因维持宗教团体会员间之公共秩序与和平及防止教会权力侵及公民及国家权利，得采取必要之处置。"

C. 五五宪草："人民有信仰宗教之自由，非依法律不得限制之。"

以上五种人权，就条文来说，都是大同小异。但是其所以不同之故，要加以解释起来，可以有很长的话来说。这演讲中无法讨论。但是我还举英、美两国中关于人权保障之情形，特别提出来说说。因为各国宪法上人权之规定，是发源于十七、十八两世纪人权理论中来的。英国的人权运动乃是《大宪章》以后起的，所以英国的人权是起于历史而不起于理论，这是英国人权保障与其他国家人权运动发生原因上最大不同点。英国所谓人身自由，起于一二一五年之《大宪章》中第三十九条一项规定："任何自由人，除按照国法及其同等人之审判外，不受拘捕、监禁、剥夺财产或充军伤害。"英国所谓人身自由之意，就是任何人有不受拘捕、监禁或其他强制行为之权利。对于任何人之强制，在英国是非法的，除有两种原因外：第一种，某人之受强制，乃是被控告犯有某种罪行，故必须送入法庭受审。第二种，关于某人之罪行，已经法庭判决，并须受刑罚的。英国为保障人身自由计，有两种补救方法：第一种，对于不法拘禁之补救。第二种，用人身保护状，请求交出受不法拘禁之人。凡受不法拘禁之人可：（一）得对于加害者处以刑罚，或令加害者交付损害赔偿。譬如甲受乙殴打，或被乙剥夺其自由达五六分钟之久。甲可向法庭控告乙之殴打行为，令其受罚，或将乙之侵犯行为向法庭控告，令其交付赔偿。受不法拘禁之人得向法庭请求人身保护状。Habeas Corpus 之原意，即 To have ones' body 恢复我的身体。此项保护状由被拘者或其保护人代问法庭请求，保护状提出之后，原来拘禁之处应将被拘者释放，并交付法庭审判。如其查明无罪，应即恢复其自由。此即人身保护状用意所在。假定拘留处所不服此项人身保护状之命令，则即等于侮蔑法庭，一定要受极大处分。举例来说：一八五四年有俄国水兵若干人游行街市之中，乞食为生，后为俄国海军武官发现，知其为俄国兵舰上之逃兵，请求英国警察帮忙将此项水兵拘捕，送回俄国军舰。后来英国有人询问英国司法当局，问它拘捕俄国水兵之举及英国警察之帮忙是否合法。法官的意见，认为拘捕俄水兵是不合法的，换句话说，假定有人替俄国水兵要求人身保护状，那英国警察就不能不释放他们了。由此可见，英国对于人身自由之保护，周密到什么程度。因为他关于这一方面已经有了七八百年久远的历史了。

再说到言论、出版自由，在英国法律条文中严格来说，可以说没有言论自由、出版自由的名词。但是我们不能说英国人民不能享受这种自由。究竟英国人所享受的言论、出版自由如何，英国法学家用下例文字来说明英国人民所享之自由之内容如下：

> 英国现行法律准许任何人说写出版他所要说要写要出版的。但是他使用此项自由，有不正当之处，则其人必须受罚。或其人不正

当的攻击某甲，某甲名誉损害，得要求赔偿。另一方面，如其所写所出版文字中，宣传谋叛或不道德之事，则此犯罪人应受审判。

这其中包含三种意思：一、所传布之文字有毁害他人名誉者，其受害者得提出诉讼，要求赔偿，故言论自由之第一种限制，即名誉损害诉讼。二、著作家或出版者所宣布之文字中包含有不满政府或谋叛宣传，政府也可以到法庭上告他。但非政府所能直接停止而须由法庭断定这件事的是非曲直。三、假定所宣布之文字中，有反对耶稣教或否认上帝存在之宣传（Blasphemy），那也可以向法庭提出诉讼，由法庭判断其曲直。但是有一点我要指出，即英国的出版自由是出版家不必得事前许可，只在出版以后受毁坏名誉或渎神等限制而已。出版家有涉及毁损名誉或亵渎上帝之举，那就当他为破坏法律之行为。所以关于出版有事前之许可与事后之限制，其区别便在此。简单来说，英国政府对于报纸等，绝对没有指导舆论或防止危险思想等事，因为他的限制不过是在毁坏他人名誉、煽动叛乱或亵渎上帝而已。

第三，集会结社自由。英国是一个个人主义的国家，她看集会结社的自由，并不像欧洲看集会结社自由本身是一件事，而是集会结社的自由，也是由个人的权利而来的。譬如说有一千个人集会，这一千个甲乙丙丁各人有行路发言的权利，所以并不因为一千人集会一起，而有特别法令，是当为从一千个甲乙丙丁身上，看他们是不是应该集会结社。明白一点说，他们是从各个人人身自由、言论自由来看集会结社自由，而不是从集会结社自由本身讨论其应该有无此项权利的。所以英国的结社自由，除其结社本身抱一违反法律之目的外，其结社与参加结社之权利，并不受任何阻碍。所谓违法之目的，乃是参加暗杀或谋反等事。不仅其行为目的为违法的，且须有违法之行为。可见英国的结社自由是很宽大的。所谓集会自由，英国人并不当一千人一万人的结社为一件事，而是认为一千一万个个人的权利。按照英国普通法，参加不法的集会，是应受处罚的。所谓不法集会，限于以下四种情形：（一）破坏安宁，（二）公开犯罪，（三）在开会地带附近可以引起发生扰乱和平之恐惧，（四）开会目的引起阶级不同宗教不同之斗争。所谓各人所参加之集会有扰乱安宁的危险时，治安裁判官可当众引用所谓扰乱法案，劝告大家解散，不解散时，则参加者即犯有大罪，可处以剥夺其人身自由之刑罚。即此可见集会自由与人身自由二者其关系之密切如何。

从英国的规定，我们可以看出集会结社自由是用个人权利作出发点的。在大陆上是拿集会结社自由本身做出发点的。

现在我更要讨论人身自由成为一种诉讼案件时，民主国家是如何处理的。

（一）人身自由之讼案

美国一八六四年某甲名曰米里根氏 Milligan，因为他有煽动叛乱及其他叛国行为，印地安那军区司令官花万氏 Hovey 将军下令将他逮捕，并且总统命令设立军事委员会，将他审判。其时为一八六四年十月。询问之后觉得他是犯了所告罪状属实，而且决定在第二年五月十九日处死。但是米氏在五月十日提出上诉，说明其审判手续之不合宪法。因为照美国宪法，人民有罪应有受会审官审判之权利，要求法庭发出人身保护状保他出来。后来美国大理院覆审，认定此种军事审判并未得到国会授权，是不合法的。结果认为米氏的定罪不合法，就把他先放了出来。后来把他的审判，由大总统下令减刑的恩典变为终身监禁。

此案重心是在军事审判是否合法，同时此项军事委员会由大总统任命者是否合法，再则惟有在战地始能通用军法。大理院审查之结果，认为米氏居于印第安那州已二十年，既非军人，更非俘虏，亦非叛背州之居民，应享有受普通法庭中有陪审员出席之法庭中审判之权利。因此之故，判定米氏受军事审判为不当，并剥夺其受普通法庭审判之权利，亦为不当。故终于依照一八六三年三月三日之议会法规，将其释放。此案中可以看出人民应享之自由，非军事法庭所能剥夺，因为普通法庭受宪法之保障，非军人所能任意变更的。

（二）家宅自由诉讼

美国一九二八年某甲名奥姆斯德为走私酒商之领袖，其营业地点为西雅图，所用办事员之数甚多，并有沿海轮船数艘，地下海窟数处，办公处亦甚为阔绰，每年营业收入超过两百万美金。美国中央政府禁酒官员因欧氏经营私酒业，于欧氏事务所大厦之地窟中，设置机关，偷听欧氏电话。待至五月之久，将所听欧氏电话记录，积成一厚册，共有七百七十五页之多，此外并无其他证据，但即此已足以证明欧氏所犯之罪行。偷听电话方法，已将其罪行证明，但此种偷盗得来之证据，并且侵犯人住宅之神圣，是否合法，因此成为一件讼案。按照美国第四次宪法修正条文曰："人民、人身、家宅、文件及其他用具，不受不合理之搜查与占有之权利，是不可侵犯的。除有相当原因以宣誓为证，并将应搜查地点其为谁，其物如何，一一明白记载外，不得发出搜查证状。"其第五项宪法修正条文更明白规定曰："任何人不受强迫在其刑事案中以他自身作为反对自己的证人。"

在宪法上既有此两项规定，可见奥氏尽管犯法，但仍有家宅安全之权利，并且不应以所偷听之电话，要他自身来做反对自身之证人。此案审判时，政府未尝辩护其偷听电话为合法，换词言之，此种电话偷听，实为一种不合理之搜查，即其所得证据，亦为不应允许之事。但认为第四次宪法修正条文所给予之保护中不能认为将电话上之谈话包括其中。

但当时法官认为科学上之发明，日新月异，政府侵犯人民私事之方法，亦越弄越巧妙，故密室中之谈话亦能为科学发明偷盗而去。今日所发明者为偷听电话，安知将来精神分析学发明，可以秘密发现心上之思想与情感，难道宪法上对于人身安全之侵犯不应给他保护吗？法庭上认为关于奥氏有罪之判决，应予取消，而且电话偷听本身，乃是一种罪行，故政府不应容许此种审案方法继续下去。

当时大理院法官认为为一国之安全、合礼与自由计，政府官僚行为上所应遵守之规矩与人民私人所应遵守之规矩并无不同，法治政府之下，苟政府不守一般行为所应守之规矩，则政府自身之生存且陷于危险。政府之地位为有权的全知的教师，他权力既大，自可无所不知，但政府之所作为者，即为人民之榜样。假定政府用犯罪方法以证实人民之犯罪，那末政府就是破坏法纪的人，其结果必养成人民轻视法律的习惯，其国家非陷于无政府不可。以政府之犯罪证实人民之犯罪，为美国所绝对不许。因此本法庭非严格反对不可。此种审判词中，可见得美国法庭并不因科学之利器而放弃法治国政府之道德立场。

关于家宅自由，我愿意举一个亲身经历的事，加以解释。

一九一四年第一次欧战爆发，我正在德国求学，那时外面流传日本将帮助俄国对德宣战，因此凡是黄面孔的人在街上跑，动不动就会有凳子椅子从屋子里掷出来。我国留学生就觉得太不舒服，纷纷回国。而我却觉得人生一世能看见几次大战，决定趁此机会留德观战。

从开战起，我买了许多地图书籍，每天研究战事的进展。那时每天有一位德国先生到我住处，替我补习德文。一天我在报上看见一条消息，说德国又有两艘船被击沉了，我便向那教师道："你们德国到底有多少船，像这样子一天打两艘，岂不要糟？"

忽然这时房门一开，房东太太跳了进来说："今天我才断定你是一个间谍啊！"我当时听了，想她没有什么举动，便也不去和她多说。不料到了饭时，我下楼出门去吃饭，却被门口两个警察拦住了，不准出去。原来房东久已怀疑我是奸细，那天竟去报告了警察厅。当时我便疑心两个警察何以不上楼搜查我的房间。经我追问房东，才知道这是住宅自由，警察不能随意搜查的。这便是外国人对于家宅自由的重视。普通警察在这种情形之下，尚能保持这种良好的习惯，同我国警察随便出入人家者，相去何啻千里！

但是我总不能不吃饭，因此又去请教别人，在这种情形下应该怎么办，才知道惟有自己打电话给警察厅，声明愿意被搜，他们才敢来搜。当时我就打了个电话，不到一点钟，警察厅派来两名侦探，把我所有书籍抄了一张单子，其他东西也都一一搜查过，认为没有嫌疑，撤去门口两名警察，而这时午餐时候已过，我终于饿了一顿。

（三）言论自由之讼案

美国密尼苏达州有某名尼尔氏 Near 者，出版一周刊，名曰《星期六报》。该州有一法案，如有出版发行报纸中有诲淫或毁损名誉文字，即为犯罪。其人得由法令禁止之。

尼尔氏所发行之《星期六报》中载有一群犹太人结合开设赌场、卖私酒及其他无赖行为，并攻击警察署署长及法官、市长忽略职务，并与此犹太人交通共谋私利等文字。

密尼苏达州内法庭禁止该报出版。尼尔氏将此案上诉于大理院。大理院将密尼苏达州之法律及其原判详加审查，认为密尼苏达州法律本意在于增进社会幸福，乃有此项不准诲淫及毁坏名誉之报纸之条文。惟某种言论是否属造谣与毁坏名誉，且害及公共安宁，其界限极难确立。假定出版人必须证明其刊行文字有良好动机，并有正当目的，始能发行，否则即遭禁止。法官如有此种要求，即等于一种检查制度。至于公务人员被谴责，自然引起一种社会上之诽谤，但随便禁止出版物之流通，为害于社会者更大。报纸之批评官吏，自然引起官吏之愤怒，而且此等官吏结党反抗，自引起社会之不安。假令因官吏之不平，而准许立法院对于言论出版自由横加干涉，则宪法上自由之保障，等于具文而已。结果大理院判决密尼苏达之法官为破坏美宪第十四项修正条文中所保障之言论自由。

（四）共产党讼案

一九三七年富尔敦地方法院，因某甲名海尔伍顿氏携带共产党文件，聚众演说，高尔敦州法院判决海氏引诱徒众反抗合法政府，并以暴力倾覆正当政权。

美国关于言论、结社自由，虽在宪法中明白规定，但未尝不可加以限制，认为所谓人民自由，譬如有人在戏院中伪称"火起"以造成恐怖，即为法律之所不许。美国大理院中经过多年审判之后，定有两项标准：（一）明显的与现在的危险，即因言论、结社之自由，能发生当前的危险，此为第一标准。（二）其次曰恶劣的倾向，即言论、结社自由之真有恶劣之倾向者，亦须加以禁止，此为第二标准。

大理院审查此项案件，富尔顿州法院判决之文，认为海氏召开大会，发表言论，结合白人或黑人加入共产党，以图扰乱或反抗政府。但海氏虽加入共产党年月已久，他的任务是一个有薪水的组织者，故其任务即为开会传布共产党智识，散布文字，以图增加党员。其所携箱子中藏有共产党文件，由纽约共产党本部所寄来，箱内并藏有一本党员名册，惟并无证据能证明彼将各项共产文件宣布于众，仅仅散布两张关于地方救济问题之传单。

大理院判决认为美国人民按诸宪法，有在大会演说并组成政党之权利，但也受有一种限制，即不准煽动民众以武力相抵抗。海氏仅散布关于失业及救济法之传单，并不能认为犯罪，即其征集党员，亦不足语于煽动群众图谋反抗。假令就其发表演说号召徒党一事，即认为犯罪行为，实在与宪法所保障之言论自由大相违反。于是将富尔敦州法院之原判取消。

以上关于人权者，至此告一结束。我还有几个结论要告诉诸位的。惟有保障人权，然后政府地位愈加巩固。因为人民有人格，明礼义，知廉耻，自然成为一国中之中坚份子。所以尊重人民，即所以保障政府尊严。一国要希望人权得到保障，第一，要拿人民当人，不可拿人民当奴隶；第二，保障人权，政府权力自然受到限制，但政权上之限制，即所以抬高人民地位，为国家百年大计，是合算的。第三，万不可拿一部份人民作为一党之工具，蹂躏其他人民之权利，这种做法，无非政府自身采取卑劣手段，徒使国家陷于混乱，够不上说什么治国平天下的道理，至于民主法治，更不容说了。

民主社会党的任务（节录）[*]
（1947）

一、政党的性质与本党的路线

今天相聚一堂的人数约有四五百，但还是一小部分，因为将来可以发展到一百万人或一千万人。我们结合了这许多许多人，究竟要干些什么事？今天要和诸位讲的，这是这个问题。

我们应该明白：我们结合了这许多人，不是开运动会，跑过跳过后，人就散了；也不是开娱乐会，唱过玩过后，人就散了；也不是开银行、工厂、店铺，来做生意，赚钱发财。再者，也不是向政府办交涉，以便做官谋事。

我们结合起来，是组织一个政党。我们是一群同志，大家有一个共同的目标，就是要把国家的政治、经济等等弄好，使人人安居乐业，大家有饭吃，有衣穿，有屋住，能够发展各人的才能，过着太平自由的日子。同时使中国在国际间的地位一天一天高起来。所以，诸位入党以后，应该时时刻刻不忘记以下三件事：为国家，为人民，为国家在国际间的地位。如是之后，我们组织党，才有意义，诸位加入党，亦才有意义，而我们民主社会党，亦才能在中国历史上占一地位。

我们既是一个政党，请问政党有什么用处？我们知道，国家是由人民组成的，如果有一千个人或一万个人结合起来，组织一个团体，说出他们的主张，就可以影响国家的政治。所谓政党就是这种团体，而政党

---

* 原载《再生》第 160～165 期（1947 年），今据《中国民主社会党》（190～230 页，北京，档案出版社，1988）。

的用处，就是社会上的士农工商各阶层，为了保护他们的利益，大家结合起来，把主张说出来，以影响或改良国家的政治。

民主国家承认人民为主人，所以民主国家的政治，是以民的公意为依据，但人民的意见，必须组织起来才能有力量，才能发生影响，这就是政党。何以民主政治离开不了政党，也就是这个道理。

政党是多数人的集合体，也就是所谓集会结社。凡民主国家，人民都必享有集会结社自由之权。最近国民大会通过的宪法，也是如此规定。我们切不要轻视这个权利。因为这个权利是十分宝贵的。民主国家是否名符其实，就在看人民能否享有和运用这个权利，以及政府是否保障这个权利。道理很简单，多数人民能够结合起来，抱定一种宗旨，坚持一种主张，才能对国家的政治发生影响。人民对国家的政治发生影响，就是民主政治。

政党是集会结社之一，但任何集合结社都有一个目的和宗旨，换句话说，必有一个为什么这许多人结合起来的道路。诸位今天手上都拿着一本《民主社会党政纲释义》第一册，所谓政纲，就是我们何以组成民主社会党的目的和宗旨。

政纲里面所说的，都是我们的目的和宗旨，也就是我们大家的共同信仰。任何政党，必须有了目的、宗旨和共同信仰，才是健全的，才是有了灵魂。譬如说，民初中山先生组织的同盟会，就能推翻满清，建立民国为他们的目的、宗旨和共同信仰，而康有为、梁启超组织的立宪派，主张不必推翻满清，只要制立宪法，这也是他们的目的、宗旨和共同信仰。

目的、宗旨和共同信仰是随时代的需要而变动的。譬如说，第二次大战前国际间的大分野是共产和反共产，大战结束后是民主和反民主。而我国政治的分合，在抗战前是共产和反共产，抗战结束后是民主和反民主，可以说是和世界整个的时代潮流息息相关。不过，民主和反民主，是一个广泛的大原则。以美国而论，不能不说他是民主，然而其内部，共和党倾向于保护大商人和大银行家，民主党则大致倾向于保护农人、中小产阶级和工人。可见在民主的大原则下，有保护各阶级利益的民主。所以我们有了主义，有了政纲，还是不够，我们还必须要根据时代的需要，制定关于内政、外交、土地、农工等等的政策。

有了政策，够了吗？还是不够。我们还要进一步把我们的政策变成为国家的政策。譬如说，你能写文章，可以在报纸杂志上发表论文，对国是表示意见，虽然对国家的政治，不能说毫无影响，但这是新闻记者和政论家的做法，至于政党则不止于此，还要想把他的主张实施出来。这就产生了争政权的问题。

任何政党都要想取得政权，以便把他的主义和政纲实施出来。但争取政权的方式很多。一种是俄国式，如列宁自一九一七年返俄时，即以暴力方法推翻帝俄。另一种是英国式，如英国工党，靠投票竞选上台。两种方式的最大区别，一是武装，一是非武装的，也就是和平的。

何以在甲国争取政权要武装，在乙国争取政权不必要武装，其中实有一个道理。我们须知，国内党派的对立，各国的情形各不相同，自极右的保守党直到极左的共产党，可以说是五花八门。但譬如英国的保守党和工党，虽代表的利益各自不相同，但根本上则是相同的，也就是说，两党对于宪政生活习惯，甲党如何上台，乙党如何下台等等，是一致的。举一个比喻，好像一个戏院，构成戏院的钢铁水泥，基本上是相同的，然而谁上台唱戏，梅兰芳还是程砚秋，则看谁能卖座。这样的对立，就用不到非武力解决□□，因为登台的角色，看人民喜欢谁而定，梅兰芳唱了一个时期，程砚秋有机会可以上来。反过来说，如果不承认这些国家的基本，则非打架流血不可，非革命推翻不可。譬如印度，甘地、尼赫鲁和真纳对立，结果流血打架，就是因为他们对印度如何制订一张宪法，不能获得协议。换句话说，也就是他们不承认共同的基础。这种国家不易谋得和平统一，其原因即在于此。第二个例子，是俄国，认为资本家、劳工不能相容，劳工阶级非打倒资本阶级实行无产阶级专政不可。如此之后，就只有革命和屠杀了。印度以宗教，俄国以阶级，而对于国家背后的基础，大家都不能共同承认，这就是争取政权每用武装方式的原因。

武装方式的政党与非武装方式的政党，有以下二个大区别：（1）非武装政党是站在主张和理论方面，而武装政党则站在暴力和武装方面；（2）非武装政党以自己的原则与人辩论，说服他人，而武装政党则以强迫威胁的手段屈服人，如有不服从，不是充军，就是清党。

我们对于这二种争取政权的方式，应该分别清楚。我们应该明白反对武装的方式。我们主张采用非武装与和平的方式。一个国家之内，以武力来争取政权，这是国家的大不幸。如果用投票竞选的方式，才能使国家走上治安之路。如是之后，国内才不致于发生内乱。靠内乱，国家是不会上正轨的。用投票竞选立法的方式，就是起变化。亦好像走下坡路和上楼梯，平平稳稳，逐渐改进。用武力的方式，则好像跳墙跳海，可能我们自己跳死，或是没顶了。我们民主社会党，就是主张采用下坡上梯方式来改革国家政治的政党。

中国今后政治，必走上民主宪政之路，这是无疑的事。实行民主宪政，则就离不了政党。外国人常说，政党是无形的政府。换句话说，政党好，政治才能好，决无政党不好而政治好之理。国家像一部机器，政党就好像发动这部机器的发动机，于此我们就可以知道政党的重要，以及我们所负的责任的重要。全国人民都明白政党的道理，我们大家亦明白这个道理，中国政治才能好。

政党的性质既明，我们再讲各国政党的情形。大致说来，过去的德、意和今日的俄国是一党制度，英、美是两大政党制度，欧洲大陆是小党林立制度。单以英、美而论，英国是保守党与工党，美国是共和党与民主党，为何英、美两国如此的巧妙，把政治的分野切为两大片，我们中国能不能如此呢？虽然谁都不敢肯定回答这个问题，但我们何尝不能找出些道理。我国自政治协商会议后，组党之风兴起，有如雨后春笋，似乎张三李四都要办党。当时政府当局对此颇为担心，询问我："能不能成为两大党？"我回答道："关于这事政府固无权处理，我们亦无权处理，只有听其自然发展，自然淘汰，我们用不到骇怕。"我们须知，党并不是人人能办的，在中国办党，更不是一件容易的事。清末，只有孙中山与康有为、梁启超才够得上称为主流，后来共与反共成为主流，今后则是民主与反民主成为主流。在这主流中，今后中国是否只有二党或者三四党，谁都不能答复。但中国办党，提出主张，筹款，应付，以及领导人物的学问道德等等，都不是一件容易事。所以我并不担心多党，因为他们自会天然淘汰的。

政党如何淘汰，我们虽无法细说，但有几个大原则。天地间事物往往分为二，动与静，阴与阳，进与退。政党亦不离乎这大分水岭。譬如英国保守党往往喜欢回头看古代，所以主张保皇和保存旧制等等；工党则往往喜欢向前看将来，所以主张改造社会与实施社会安全政策等等。

并且，现代政党离不了经济背景，十九世纪后，各国政党无一不与经济有关。因为在现代政治中，经济是最重要的一环。

现代政党的分野，以英国为例，大致可分为保守党、自由党、工党。从经济上说，保守党是代表贵族和大地主，但欧洲的贵族和大地主，于战事发生时，都挺身而出，以生命来保卫国家，可见欧洲的贵族和大地主还有所谓活力。迨工业革命，交通发达，世界贸易兴盛后，就产生了资本阶级。他们主张自由贸易，鼓励出口，并要求进口货免税，保守党代表贵族与大地主的利益，不但不希望农业品出口，还希望进口农业品加税，可以说和他们站在相反的地位，为保护他们的利益起见，就组织了自由党。嗣后，资本主义发展，工厂兴起，就产生了劳工阶级。工党就是代表劳工利益的政党。

英国工党经过了五十年的努力，终于今天掌握英国政权。从英国工党的例子看来，可见任何政党，不要心急，只要主义正确，宗旨坚定，替老百姓服务，得老百姓的拥护，十年二十年，一心一德，健全发展下去，终有一天会拿到政权。换句话说，只怕自己主义不正确，宗旨不坚定，只怕不替老百姓打算，不怕没有登台的一日。武力或暴力的成功，只是一时的，人心的归向，才是可靠的。

工党以第四阶级为基础，自与保守党不同，因保守党以贵族与大地主为基础，又与自由党不同，因自由党以资本阶级为基础。工人看见土地机器等等生产工具操之地主资本家之手，进而操纵国家的政治，为保护他们的利益起见，自主张生产工具公有。至于生产工具何者应公有，何者应私有，则是一个复杂的问题，留待以后再详论，现在所可说的，就是生产工具公有是有限度的，凡最能影响国计民生的几种关键工业，不能使少数人操纵或发财，应该由国家管理，其余的可以不必。

简单说来，英、美政党成立的大原则，是两党制度，至于欧洲大陆国家，如德、法，则不然，是多党制度。法有一二十个党，德亦有十几个党，最重要的是五六个党，英、美两党制的理由何在呢？为什么英、美不采像俄国共产党、德国纳粹党、意国法西斯党那样的只许一党制呢？我们知道，英国二百多年来，就希望有一个反对党存在。任何事情的决定，就是个人，也不能闭门造车，他往往拜访公正老练的朋友，请教他的意见如何。多请教，就多得一点，所谓集思广益，就是这个意思。国家大计，更需要周密研究，这是不必说的。英国的政治，就根据这个道理。任何国事，都喜欢告诉反对党，如果争论得很利害，就付诸投票表决。少数服从多数，多数反对，少数只有放弃或下台。尽管自己是多数，仍要请少数反对党批评。不但请反对党在议会中占座位，并且由国家支给薪俸。反对党的任务，就在批评政府，监察政府，有时当不免有意捣乱。英国反对党称为"皇之反对党"，并由国库支薪，这就是承认反对党于国家政治的需要和其重要性。好像一座房子，关上了一年半载，势必发霉生尘，所以必须打开窗门，抹几扫地，或让太阳光进来。政治上的道理，也是如此。政治上第一件要事，是公开，要随时告诉老百姓决定了些什么事，换句话说，要悬诸国门，让大家看看。美国国会十二点钟开会，至下午四点钟闭会，会内讲话的人很多，但明天一早就把议事录印好，让全国老百姓都知道了。所以国家任何事情，应放在老百姓的桌上。国家的事情，事事公开，让大家看见，则不但老百姓可以监督，并且官吏亦不能舞弊。反对党的作用，不但在批评，并且在于上面所说的公开。

反对党在批评时，并不是随便乱说。譬如，英国国会这次辩论印度问题时，反对领袖邱吉尔大骂政府。但是政府方面的理由很充足："英国实际上能够担负地中海及印度等地区的军费么？"所以，如果理由是十分充足和光明正大，就不怕人家来批评。所谓批评，并不是胡说八道，其自身是负有相当的责任心，因为如果过分了，或是不切实际，人家是不会相信他的。这意思也就是：国家要反对党，不但把事情公开，并要求人民批评，而且是使反对党负相当的责任。这犹之乎家庭之中，媳妇批评婆婆当家不好，现在就请媳妇来当当看，那时这位媳妇，就不敢乱说了。所以让人批评，也就是让人有责任心。这也就是俗语所说："看人挑担不吃力，自己挑担嘴要歪。"

两党制和多党制，那一种较优呢？两党制的好处，在于政府不是凑起来的。譬如英国，保守党下来，工党就上去，而工党本身是一个整体，但在法国就不然，三党四党凑成，等于七巧板，不是整块的，所以联合政府亦往往是最麻烦最不稳定。法国内阁的寿命超过六个月以上的，简直很少，而在英国一百年来，只换了三十三个首相，内阁平均的寿命是三年。把英、法两国比较起来，我们就可知道，两党制要稳定得多，组阁由议会中的多数党，而首相就是多数党的领袖，像今日英国工党，有若干工党议员批评贝文的外交政策，这种情形本来是很少的。

以上把政党的性质、作用以及各国的情形，都约略说过了，我现在作一个结论于下：

政党是一个有主义，有宗旨，有目的，有共同信仰，有纪律的政治团体。大家结合起来，在一个组织之下，共进共退，为国家，为人民谋利益，使国家的政治、经济等等弄好，使国家的国际地位提高。政党的任务是十分重大的，所以谋私人利益的，请不必入党，因为这于国于民都无利。政治上，当然有进有退，但因为有官可做就进，无官可做就退，这不是成了做官的集团了吗？

真正的政党，第一，应该离开武力地盘。国与国还可以，党与党间就万不可，因为如此之后，国内势必发生内乱。第二，要离开独霸主义。像德国希特勒党这样，把反对党打死，铲除异己，惟我独存，这不但是不民主，并且永远不能使国家走上正当轨道。第三，要承认某些基本问题。因为既有党派，意见自不相同。但意见不相同不是害事，最要紧的是，对于宪法和政治习惯，要有共同的信仰。譬如说，英国人民既投票拥护工党上台，而邱吉尔硬不下台，请问成何局面？所以，英国人常说，小事可以意见不一致，但国家根本大事不可以。总之，我们今后应努力的，是使政治和平改革，使国家从事于和平建设，圆滑的走上民主政宪之路。所以吾们民主社会党的路线如下：

第一，勉为和平的政党，反对政党武装；

第二，确立两党以上的政党政治，反对一党专政；

第三，采用合法手段，贯彻主张，反对"有己无人"式的主张与宣传；

第四，采用渐进方式实现本党主义，然非以零星改良为满意，自有其以社会主义改造国家的基本信仰，故其大目标为进化式的革命（Evolutionary Revolution）。

二、英、美政党沿革与本党应学习之处

上节我已经把政党的性质和我们民主社会党的路线，约略说过了。我的意思不外是希望大家明白，组织一个政党是有其目的的，换句话说，希望大家明白，组织了一个政党究竟要做些什么事。如果这点都不清楚，中国以后就不得了。今日我欲向诸位说的，是英、美政党的沿革。因为从英、美政党的沿革中，可以找出许多我们今后可以借镜〔鉴〕的地方。

欧美政党最早在英国出现，约在十七世纪末年，离今日二十世纪，已有二百数十年的历史。这段历史之长，等于清朝初年到今日，可见决非在一二点钟内所能讲完，所以只能提纲挈领的叙述一下，使我们知道别人家的政党究竟如何做法的。

组织一个政党，决不是俗语所说的"结党营私"。为了营私，不论是个人的或团体的，都不必办党。政党的目的，别有所在。关于政党的

目的，英国从前有一位首相沙司勃雷侯爵，曾于一八六七年说过以下一段话："政党的纪律是一种方法，用以达到一个目的。有时因时局突变或因某领袖不得其人，把这个目的挡住了。但所以维系全党者，在于一个高尚的目的，为大家共同奋斗的目标。这高尚元素虽不能把一切弊病除去，至少可以把弊病减少。这高尚目的，即大家共同努力于为公不为私的正道。政党的目的，决不是营私。如果政党没有一个高尚目的，做大家共同奋斗的目标，则政党不过是一个谋私利争地位的合股公司而已。"如果政党的结合，只为升官发财，而别无其他意义，这样性质的党，对于国家绝无好处，只有使国家亡掉而已！

美国制宪时，就不知道有所谓党，亦不相信政党会做什么好事。但在今日，总统、上下院议员、各州州长、地方议会议员的选举，无一不是由党在背后做指使人，故政党名之为"无形的政府"。政党而有如此的大作用，诚出于美国制宪时制宪人的意料之外。

今日政党对国家政治影响之大，以及政党力量的庞大，已是一件不可否认的天经地义的事。我们何尝不可以说，国家政治的好坏，是操在政党的手里，政党好，可使政治好，政党坏，可使政治坏，政党可以兴国，亦可以亡国，历史上已有多次是由党争而招致亡国的。

这次世界大战，英国出了一个邱吉尔，美国出了一个罗斯福，结果将德、日、意轴心国家打败了。邱吉尔、罗斯福的上台或是下台，固然是一件重要的事，但是最最重要的，是其背后的议会制度和政党政治，换句话说，政党如何组织，如何运用，而选出好人来，担当国家大事，才是一件最最紧要而值得我们效法的事。我们明了了：如何组织，如何运用政党，如何挑选出好人，担当国家大事，我们组织政党才有用处。如果，大而言之，不为国，不为民；小而言之，不为县，不为乡，只是为了个人利益，升官发财，那党就毫无意义了。以下拟从历史上看英、美政党如何沿革，如何组织和如何运用。（略）

三、我们的基本信念——什么是民主？什么是社会主义？

今天所欲讲的题目是什么是民主，什么是社会主义，关于社会主义，自乌托邦社会主义以来，已经有一百多年的历史。至于民主，可以追溯到希腊，其历史更是悠久。所以，要在一二个钟点内，把这两个概念讲得清清楚楚，是件不可能的事。

先说民主。现在大家都在讲民主。有人说，民主是宪法、议会政治、政党政治和投票选举等等。另有人说，民主不单是政体，而是一种生活态度，譬如说，理性和客观等等。这些都是关于民主的重要的话，并且你有你的理由，我有我的理由。

民主不但是书本上的问题，而是今日世界上的活的问题，英、美与苏联，目前就在闹民主。英、美有英、美的民主解释，苏联有苏联的民主解释。因为两方解释不同，而使今日世界不安定。我们应该把这个问题弄清楚，换句话说，我们民主社会党心目中的民主究竟是什么？

民主好像一张钞票，大家用惯了不去研究，现在既然发生争执，我们就应该把它在显微镜下照一照。

英、美与苏联，对民主解释有何不同？我们先引录美国务卿马歇尔于三月十四日向莫斯科外长会议所发表的声明。他说：我们认为，在一个社会里，如果守法的人民不能自由生活，且免于工作权被剥夺之恐惧，与夫免于生命、自由与幸福追求被剥夺之恐惧，那个社会便是不自由的。

马氏这段话，无疑的是对苏联而言。因为美国宪法订立后，对于人身自由、言论自由、结社自由以及追求幸福等等，都认为极浅显的平常事。然而苏联的情形则不同，苏联在共产党以外，能有别的政党吗？苏联老百姓敢于批评共产党和共产主义吗？像华莱士这次访英，把美国政府的政策，大骂一顿，在苏联是可能吗？马氏所说"公民生活在恐惧之中"，就是从美国的立场来批评苏联。

但苏联对民主的看法如何呢？一九三六年《苏联百科全书》曾用七百七十六个字对民主下一定义："资本主义的民主，是一种少数掠取阶级剥夺多数人民的民主。而苏维埃的民主，则是一种高度的民主，一种真正的民主。它不是宪法书本里的民主，而是生活的实施，它与其他阶级不同，并不掠夺任何人。它是一种独裁制，以无产阶级革命制止掠夺者。"苏联一切以阶级观念为出发点，认为全部历史是一部阶级斗争史。民主离不了一种阶级意识，与此一阶级或彼一阶级的独裁联合一起。在苏联，无产阶级是胜利了，把人剥削人的制度取消了，经过无产阶级专政之后，将来阶级可以消灭，所以苏联的制度是高度的与真正的民主。而在英、美，则由少数资本家剥削多数人，所以其民主是假的。只有苏维埃的民主以一般民众的利益为利益，没有资本阶级，当然也没有人剥削人的事情，才是真民主。

关于此，去年十二月苏联共产党中执会宣传部长亚力山大洛夫氏曾有详细的讨论。他说：现代英、美、法、加四国的民主，无疑是一个大成功，使政治生活迈进一步，使公共生活趋于活跃，至少给人民若干权利。马克思列宁主义者，并不否认资本主义民主的意义，但这个时代的若干大问题，都未能解决，譬如：工作权，国内各民族间的问题，社会中政治意识的一致，全民科学文化的发扬等问题，都没有解决，所以资本主义的民主，其意义是太狭，其本质是有钱人的民主，不是无钱的穷人的民主。

从上述英、美与苏联的民主解释不同，可见民主是今日世界上的活的问题。这次莫斯科会议能否成功，就要看英、美与苏联对民主的定义是如何。而今后世界，能否获得永久和平，亦要看民主的定义是如何。

什么是民主？什么叫反民主？今日世界上有两种解释，一边是英、美，另一边是苏联。一般人称英、美为政治的民主，苏联为经济的民主。两种民主的解释，二边都对吗？我认为总有一边不对，我们应该选择其一。关于此，我已经写过一篇文章，叫做《民主与反民主》，请大家参阅。

一边是英、美，一边是苏联。一边是讲政治民主，一边是讲经济民主。我们对此要有明确的认识。人人希望生活程度提高，人人希望有最低生活程度的保障。就以美国而论，说它是政治的民主，然而美国人的生活与我们中国人的生活来北，简直可以说是不能比。其道理何在呢？罗斯福、杜鲁门诚然有洋房、汽车和牛排吃，但一般工人也有。平心静气来说，美国一般人的生活比我们国中的阔人还要阔。我们老百姓的生活，真不成话，自己一生辛辛苦苦，但吃些什么东西？自己养的鸡和鸡生的蛋，都不敢吃，而必须要卖给人，才能维持自己。这还在其次，以千年来受尽压迫与剥削，而不敢抬头。一般老百姓看见穿长褂子的，都要骇怕，而不知道自己也是天地间的一个堂堂正正的人。可见，物质生活的保障是一件事，而人格的独立，换句话说，认识自己是与他人平等的一个人，是另一件事。而我们中国连这一点都还没有做到，而在辩论英、美的民主与苏联的民主，简直真是多余的。

上面已经说过，我们非挑选一条路走不可。我们挑选那一种呢？我现在引花克氏一段话如下："现在大家讨论民主的意义，这问题从何而起？苏联认为它的民主是高度的与真正的，而英、美的民主是虚伪的与假的。民主的意义，遂引起激烈的争论，并且正在构成历史，譬如《雅尔达协定》内，规定波兰，罗马尼亚，南斯拉夫等国，举行自由与无约束的选举。但这些国家举行的选举，英、美认为不民主，苏联则认为是民主。苏联干涉选举，认为替穷人打算，才是真民主。所以，苏联叫做民主，英、美叫做不民主，苏联叫做自由，英、美叫做不自由，世界上二种民主，到底谁是谁非，不是学问家在书房中讨论的事，而是将来历史才能给予一个答案。"花氏从前信仰马克思主义，现在已经转变过来，所以他的话很值得我们注意。

对于英、美民主的批评，不只是苏联，就是美国人自己也在如此。譬如，华莱士氏就曾说过，美国政的民主太重于政治民主，而忽略了经济民主。可见，我们就是选择了英、美的民主，也还是不够。

那末，什么是民主呢？换句话说，我们民主社会党对于民主的看法如何呢？我们认为：所谓民主，就是由人民直接或间接的决定国家一切重要决定。譬如说，鞋子穿在脚上是否合适，还是宽一些，还是紧一些，老实说，只有穿鞋的人自己知道。又譬如说，牙痛也只有牙痛的人自己知道痛到什么程度。这就是说，国家的事情是人民的事情，亦只有由人民根据自己的利益来决定，不能由别人来越俎代庖。换句话说，国家重要政策的决定，如果人民有权参加，就叫做民主，不然，就不是民主。关于此，陆克氏早已提出被统治者同意之说。亦就是说，国家一切的决定，应得人民的同意，应由人民表示同意。假使说，国内只容许一党，而不容许其他政党存在，把异己完全铲除，如有人写文章批评，即关起来，如有人表示不同意，即取消他的面包票，让他饿死，这种情形就叫做不民主与不自由。

这亦不外是说，民主给与人民种种基本的自由权利，这些基本的自由权利是不容移让的，也就是人权。民主离不了人权，没有人权的保障，就不是民主。这种道理在前几年讲，简直无人理睬。上次大战后，苏联实行无产阶级专政，把人民的一切自由夺去，后来希特勒与墨索利尼亦依样画葫芦。什么集中营，特务队，关、烧、杀、打，无所不为。德、意、日轴心国家终于打败了，许多残酷的事情搜罗起来，并由电影放映出来，全世界人民才明了，把人如此看待如何得了，因此觉得人权的重要。人权而不看重，世间再没有更可看重的东西了。天地间最宝贵的事情，莫过于把人当作人。

我们再说苏联所自夸的经济民主。他称英、美的民主是阔人的民主，失业的人如此之多，人民的生活朝不保夕，市场物价一上一下，工资忽高忽低，工人有没有工做的危险；而苏联则人人有工做，生活有保障，没有一个失业的人，所以人民在经济上是安全的。然而，我们须知道，经济民主与经济安全，是二件事，苏联诚然是经济安全，但过去希特勒也曾做到国内无失业的地步。譬如军营之中，何时起身，何时出操，何时睡眠，都有严格的规定。而制服和饮食等等，都有规定的配给，从经济安全上说，可以说是最为安全，但你能说军营中有自由吗？有经济安全，未见得就有自由与民主。苏联顾到经济安全，顾到人民生活的保障，但是否有自由与民主，则是一个疑问。

所以，根本上，人民如果无法以自己意见影响政治，不论生活是如何安全，不能说是民主。上面已经说过，鞋子的宽紧，只有穿鞋人自己知道，不能由他人代为断定，也不能由国家发下一样大小的标准鞋子。人类不能离开空气，人权也等于空气，无论把肚子如何装饱了，如果没有这种空气，人类是不能活命的。

民主的根本，在乎人权。英、美的民主与苏联的民主，我们只有拿这个尺度来衡量。譬如说，英、美承认反对党的存在与地位，谁上台下台，由人民投票选举来决定，这好像踢足球时分为甲乙两队，而竞赛时，有规则为两方的准绳。给予人民以决定权，就是尊重人权，也就是民主。然而在苏联，不承认反对党的存在与地位，也不给予人民以自由意志的表示机会，一切政治、经济、教育、文化等等，集中在少数统治者的手里，国家一切重要事情亦只由这批少数人来判断。前者是民主政治，后者是极权政治。世界上只有一种民主，并不是有两种民主。对于这个问题，英、美、苏各国辩论甚烈，我们既立于国际之中，应该自己决定自己的态度。

我们还有一个意思，就是社会应该使他变动。谁使他变动？应该由人民自由表示其意见。这只有尊重人权，因为没有人权是不能如此的。而民主方法，正是最公道的和平方法。我们的理想是使中国走上社会主义之路。如何使它走上呢？就是上面所说的由人民自由表示意见的民主方法，但苏联不承认这种方法，认为资产阶级在上，是资产阶级的民主，所表示的只有资产阶级的意见，所以非用暴力与武力手段加以推翻，或经过无产阶级专政，才能走上社会主义。然而，我们欲问：在苏联看来，英国是资产阶级的民主。这次工党上台，是否是资产阶级的意见？可见，以民主方法，由人民自由表示意见，也可以逐渐走上社会主义。换句话说，假定英、美没有经济民主，但人民能投票，能有政治民主，很容易过渡到经济民主。像苏联这样，虽有经济民主，但不容许反对党存在，不容许人民自由表示其意见，实难于实现政治民主。总之，有政治民主到经济民主，很容易；有经济民主到政治民主，则很困难。我们究竟选择那一条路途，似乎已经是很清清楚楚了。

民主政治的出发点，是尊重人权，是由人民自由决定自己的政治制度与生活方式，所谓选举权、议会与责任政府等等，都是这个出发点的表现。日子虽慢，但总有一天可以达到经济民主，使人人有工作，有饭吃，有衣穿，有屋住。像苏联，虽用暴力夺取政权，似乎痛快迅速得多，但只有一党，不容许其他党，国家一切权力，操在共产党一党手里，任何人反对，即加以格杀，虽名之为无产阶级专政，但实际上是由少数共产党首脑主持。在这种极权政治之下，除革命以外，不会有其他的变化，人民既无政治自由，由民意使社会变动也是不可能的。

我们民主社会党的立场，承认苏联的经济民主，计划经济的实行，穷人生活的提高，是对于世界有所〈贡〉献的。但苏联不尊重人权，剥夺人民的政治权利，则是为我们所不取。英、美的政治民主，我们觉得不够，而希望能兼而走上经济民主。但我们宁采上梯的慢的方法，而不取跳墙的方法。关于此，麦克唐纳曾说过以下一段话：

> 许多人说，革命是社会主义的方法，其实这是错误的，革命永不能使社会主义实现，其理由何在呢？因为社会主义者所希望的是变动，社会上每一部分多受影响，但这变动是一种有机的历程，你仅把政府在表面上变动，把皇帝变为共和国，或可以刀枪来解决，但关于财富生产、对内对外贸易等等，经变动后，加以调整，是件极不容易的事，就是调整以后，经济方面的服务等等，也决不是用暴力可以做得好，但社会主义每不忘革命这个字，因为改造国家不希望只是浮面的，而是大改造。

麦氏所主张的是进化式的革命，我本人也很喜用这个字眼，因为社会主义者所欲达到的目的，不靠革命这字眼，而靠目的的彻底，一天到晚用枪杆子，用革命暴力手段，是不能解决问题的。

达到社会主义的最后目的，英、美与苏联的态度不同。苏联认为，非用革命不可，英、美则认为，使财富生产分配等等起大变动，不仅靠抢政权可以了事，而须进化的逐渐的加以彻底改造。民主这件事，不是一蹴可及，而要靠教育和生活的提高，一步一步才能达到。靠枪杆子，则革命愈多，内乱愈多，人民亦愈穷苦，那时候还够得上谈社会主义，还够得上谈贫富的平衡吗？今后中国的前途，只有停止内战促成和平统一，促进生产，提高人民生活程度，提高人民教育程度，一步一步走上民主社会主义之路。如果像从前这样，内战又内战，革命再革命，我不相信可以实现社会主义。

现在我要讲，什么叫社会主义。关于社会主义，已经有一百多年的历史，用马克思的话来说，大体可以分为两个时期，一是乌托邦社会主义时期，另一是科学社会主义时期。到了苏俄革命以后及英国工党政府以后，是为社会主义实现时期。兹分三段言之：第一，社会主义运动概况；第二，英、苏两国社会党；第三，吾党所信仰的社会主义的基本方向。

（一）社会主义运动概况

社会主义运动产生的动力有二，一是工业革命，另一是工厂的普遍设立。假定没有机器，没有工厂，也就没有工人，没有工人，也就没有社会主义运动。最初以为有了机器，有了工厂，个人发财就是一个大目的。工厂里出了货，卖给市场，赚钱就是了。嗣后，世界交通发达，各国制成品向世界各地市场销售，遂产生了殖民地竞争。世界上落后的地区以及市场的地区，有的需要占领，有的不需要占领，有时则不过是控制据点以维持交通，英国从吉布罗陀海峡，到锡兰，到新加坡，到香港，都是这个作用。由工业发展到争取市场，到帝国主义，是十七、十八、十九世纪历史的发展路线。

到了十九世纪末，就有人研究这许多人发财是从那儿来的？有了机器，有了工厂，有了殖民地，但国内几千万人民的生活何以如此？殖民地人民的生活是如何？少数人发财，而多数贫困，其原因何在？工业发达给予人类多少幸福？资本家大腹便便，而工人等于奴隶，这是否是公平？

因为这些问题的思索，就产生了社会改革的思想。英国欧文这派人，有见于工业虽发达，但多数无幸福，遂想出一个办法，就是结合一批志同道合的人，成立模范村和合作社等等，大家生产，而不要赚钱，并且公道分配，来把社会改造，并建立一个新的理想的社会。欧文这派人，就称为乌托邦社会主义。

这种乌托邦社会主义是站不住的。我可以举一个实例：晏阳初在河北定县，曾实验过乡村建设，定县的鸡猪都用美国种，并普设学校、合作社和医院，似乎成了中国的理想区，然而本身纯洁，而四周秽污，是很难存在的，一个小社会离开其四周环境而独立，是不可能的，何况定县是一个县，而县长是由河北省政府派来的。所以定县之类，不过是给予一个教育卫生应该如何如何的标准，而欲以之解决中国问题，则好像是沙漠中的绿洲。当时所谓乌托邦社会主义者，就是如此，想在某一地区建造一个理想社会。

马克思认为乌托邦社会主义只是空想，只是瞎摸。他用历史方法研究社会性质，寻出几条铁则，作为改造社会之道。他认为懂得这些铁则，再鼓动社会革命，才有所根据，所以称他的社会主义为科学的社会主义。他的《资本论》与《共产党宣言》出世后，在欧洲发生极大影响。不但欧洲，并且全世界都引起波动，我国的共产党也是受了他的启示。以前哲学家大多关门研究宇宙秘密，而他的哲学思想，则影响于实际世界，并见之于行动，所以，不但许多哲学家，就是许多政治思想家，也及不到他。

他的思想体系，离不了以下几点：（一）唯物史观，（二）剩余价值，（三）阶级斗争。简单说来，他从阶级的斗争解释历史。工业革命后，资本家剥削劳动阶级，资本愈积愈大，劳动阶级愈过愈苦，因之劳动阶级逐渐觉悟而抬头。一八四八年后，他的思想流行于欧西，好像一块石头投在大海里，波圈逐渐扩大，但因各国的国民性各自不同，所以对各国的影响亦各自不同。当时人人都想改造社会，所以接受马克思的思想，但各人所取的方法不同。譬如，英国已有悠久的宪政历史，议会政治与人权保障已有巩固的根基，所以采用议会与选举的方法来改造社会。当时成立一个会，名叫费滨社，费滨是一位罗马将军的名字，其意义是拖延，就是不用心急，而慢慢做下去。譬如水滴，水头虽小，但一天一天滴下去也能滴穿石头。换句话说，只要天天做，只要把时间拉长，总有达到社会主义的一日。该社采用费滨之名，其意义即在此，萧伯纳、魏伯、威尔斯、柯尔、拉斯几等，都是费滨社的社员。他们主张生产工具公有，土地公有，但所取方法为渗透法。工党的思想就是他们的思想。工党终于去年上台执政了。这种进化式的渗透法，在英国能见效，在其他国家能否如此，则很难说，我们不能说，英国能如此，其他国家亦能如此。

马克思是德国人，逃往法国，后半世则住在英国，《资本论》就是在英国博物院图书馆内研究出来的。但他对德国的影响为如何？德国在一八四八年前后，尚未统一，直到一八七〇年后，才统一。所以当时德国以国家统一为最高目的。国家统一是民族主义的表现，而民族主义未见得与社会主义相合。譬如说，在民族主义立场上，主张打败法国，在社会主义立场上，则反对对法打仗，因怕军人得势当政，进而压迫社会主义者。德国在这个时期中，是俾士麦时代，也可以说是对外作战时期。德国民族性又素喜守法，德国社会主义者在此状况之下，逐采取合法手段，亦即与俾士麦合作，认为利用政治势力，自认可以进行社会改造运动。当时德国社会主义者的主要人物，名叫拉撒尔氏，拉氏即极力主张与俾士麦合作，可见拉氏与马克思的目的虽相同，但所走的路线，却与马克思不相同。马氏主张阶级革命，推翻政府，拉氏则主张以合法手段，与政府当局合作。兹举德国社会党的发展情形于下：一八七四年投社会党票选民数三十五万二千人，至一八七九年为四十九万三千人，其后五年票数跌落，因社会党不满政府，每次德皇出席，社会党议员即行退席，且有暗杀德皇的举动，因之俾士麦很不高兴，加以压迫，后来俾士麦亦因之免职。到了一八九〇年为一百四十二万七千人，一八九八年为二百十万七千人。一九〇七年时，社会党议员只有四十三人，到了一九一三年已达八十一人。德国社会党，从几个人起，一天一天发展起来，到第一次大战发生，实行大罢工与基尔兵变等等，把德国政体从君主改为共和。于此可见，马克思主义，在德国的表现与英国不同，但用选举与和平、合法的手段，则属相同。

且一八七〇年后，德国有一部分思想家起来，虽相信马克思主义，但认为不能如此武断，这派思想家名为修正派，以伯恩斯坦为主。他认为资本主义发达，工人生活必苦是不确实的，因为一方面资本主义发达，另方面工资亦可同时增高。他又认为资本因工业发展固然可以集中，但农业可以集中吗？因此社会主义分为二派，一派即上述的修正派，另一派则以考茨基为主的正统派。我二次留德时，正德国共和政治之日，时为一九二〇，年伯氏与考氏，都曾见过谈过，两人都已白发垂老之年，看不出他们有什么大差异之处，两人理论不同，但同在一个党中，已不似当年的互相对立了，苏联革命成功后，列宁做书骂正统派考茨基，认为考氏落伍，且是叛徒，于此可见，在甲时某种思想为激进，但在乙时则为人认为落伍保守了。

粗枝大叶说来，德国社会主义运动，虽与德皇和大地主等斗争，得到了一些光明，但只能够说是向民主路上走而已，根本谈不上所谓社会主义的实施。

德国社会民主党运动，我在前段中说得较详，免得下文重复，现在我仍旧回到社会主义一般概况。

欧洲社会主义运动，集中于第一、第二国际。所谓国际，自一八四八年马克思氏创之。内部冲突，无法一致，经过一八七〇年普法战争，更形涣散，迄于一八七三年，第二国际终于结束。一八八九年各国社会主义者复组织所谓新国际，四百人集会于巴黎，意见纷歧，一如昔日，然各国工业发达，工人之数大增，而各国参加于新国际的人数日见增加。如是迄于欧战之前，其所通过的议案，不外乎反对军阀主义、殖民政策、资本主义与夫改良工人生活等案件。一九〇〇年左右，各国社会党，均已参加会议，走上议会政治的途径，对于马克思主义的取舍，各听自由，后来历史家认为一八八九年——一九一四年之国际所崇奉的，为机会的马克思主义，大体言之，仍不抛弃阶级斗争，以社会主义代替资本主义的社会机构，故谓此时期中支配新国际者仍为马克思主义，亦无不可。然一九一四年欧战爆发，各国工党与社会党平日自命为和平主义的拥护人，至此竟无法维持，以由帝俄动员后，德国社会党采取拥护政府的态度，德国动员后，法国不能不采保境自卫的政策，英国之独立工党如麦唐纳等号召反对加入政府，然汉特生则自一九一五年三月后参加联合政府。至此所谓新国际的联合阵线分裂。战败的国家，如德、俄两国引起革命，为之主动者在德为社会民主党，其不可以推翻德皇改建共和为满意者，更有独立社会民主党与共产党的产生。其在苏俄，则自一九一七年德国参谋本部将列宁送回俄国后，克仑司几政府推倒，政权归于鲍雪维几党之手。列宁等的政策，如无产独裁，如没收工厂银行，如人权无保障，如议会废弃，欧西社会党均引为骇怪，与苏联断绝往还，而苏俄更组织第三国际，以捣乱各国行政，于是各国资本主义，更对于俄国加以戒备。所谓社会党与工党之中，向以马克思主义为中心者，至此惟有各自发展，各因其国民性的所近，而各寻途径。德国因《佛塞条约》影响，造成希忒拉的大反动。英国自一九三一年金融风潮，工党忙于安定金融，将社会改造的大业一时抛弃，法国则有所谓人民阵线。此期间失去马克思主义的中心，然各国社会党改造社会的大目的，始终悬于心目之间，努力求其实现。

（二）英、苏两国社会党

其次研究各国社会党的发展。在和我们民主社会党相关联的各国的政党中，择两国来说，一为英国，一为苏俄。吾们知道了各国的社会党在其国内如何发运社会运动，便可知道我们要在中国发动新的社会运动，和如何能逐渐走上社会主义的途径。

我们先说英国的工党，他现在是英国的执政党，而他之所以有今日，实是经过了一段艰难困苦的道路。而在其党的发展史中，处处反映出英国的民族性。

关于此，奥立治氏（Orage）在 *National Guild* 一书中曾说："英国人最喜讲事实，最怕讲空论。英国人在欧洲各民族中，最不易懂得世界上最大的事实是活观念（Living Idea）。英国人最讨厌神秘，好像小孩子一样，在黑暗中睡觉，把被蒙在头上，宁可不见神秘的事的出现。但说英国人没有感情，则又不然。英国人每向理想前进。英国人不愿遵守严格的理论，而喜把它用具体的方法表现出来。就是说，须把理论变做实现出来的方法。单单理论是不够的，须告诉如何做出来，并且做出来时须费多少钱。英国人最喜欢实际人，不想明天的事，而想今天的具体的事。英国人认为，远大的见解，在大学研究院中去讨论研究好了，他们所关注的是实际上工资增加了多少钱，英国人在国际会议中，亦都如此说。"

因为英国人崇尚实际，所以英国工党不愿叫什么社会党，亦不愿说出他们所欲实行的社会主义。这段历史是很长的，并且很有趣味。英国最早的工会运动，开始在一八六八年，当时在选举法变更之后，英国工人组织工会，决定参加选举，所以在一八七四年成立工人代表会，推出十三个候选人，希望当选一两个人。一八八一年，成立社会民主党。我们从他的名字上，就可知道，这是第一、第二国际大本营分出来的马克思主义者的支流。

该党的组织，有中央，有地方支部，每一党员月出党费三便士，到一九〇六年时，支部增到一百五十一个。每年召开代表大会。中央亦时常举行执行委员会。欧洲各国的社会党，无一能离开马克思主义，而马克思主义者无一不主张阶级斗争，所以不主张阶级斗争的，不能算做社会党。英国当时的社会民主党，当然也大致如此。该党曾说："本党的宗旨，要求生产工具和分配的社会化，而由民主国家管理，谋社会大众的利益。劳动者不受资本家和地主的压迫和剥削。劳动者应明白除自己起来解放外，别无他法。劳动者应集中力量，团结起来，进行阶级斗争。"该党除要求增加工资，减少工作时间外，又要求废除皇室及陆海军，并取消国债。该党在开始社会运动的时候，而牵涉的问题是如此之多，实是一个错误。并且该党的宗旨，许多地方亦不合于英国的民族性。譬如说，生产工具公有一事，在英国人看来，就近于理论空谈。又由于内部种种纠纷，以及与其他劳工团体冲突，该党就渐渐消沉下去了。

一八九三年，独立工党成立。社会民主党和一八八三年成立的费滨社，都派遣代表参加。该党主张生产工具分配、集体化、竞选议会代表、八小时工作制、禁止十四岁以下童工等等。英国起初有社会民主党，现在又有独立工党，其原因何在呢？在于英国人不喜讲空论，而喜讲实际，所以不喜用社会，而愿切切实实用工党名字。独立工党成立后，曾讨论到改名问题，有人提出改名为社会主义工党，不但用以吸引工人，且可吸引信仰社会主义者。结果全场一致否决。还是称为工党，不愿加上"社会主义"字样，这充分反映英国的民族性。加上"社会主义"字样虽然很堂皇，但宁可切实的称为工党。因此，社会民主党与费滨社都退了该党，认为坚持不加上"社会主义"，难道说还要反对社会主义吗？为社会运动人士团结一致起见，后来又讨论独立工党与社会民主党如何联合问题。双方派代表组织委员会，开会讨论，但问题是在双方之间的主张的距离不能接近，如社会民主党甚而主张工资都不要，而独立工党则认为，话虽说得很好听，但还是要求增加工资较能实际，所以讨论的结果是碍难联合。

后来又发生了一件更有趣的事。就是一九〇〇年后，工党在议会中成立议会代表委员会，出席有独立工党、社会民主党与费滨社，曾讨论以下一件事：社会民主党提出独立工党应承认阶级斗争，并主张最后生产工具社会化，独立工党则认为不但不能赞成阶级斗争，且取消一切"社会主义"字样，结果独立工党的意见通过了。英国工党，走的是社会主义的路子，但不喜欢"社会主义"的字样，真是一件有趣事。当时社会民主党颇为愤怒，曾说：今日决议给予独立工党一个机会，而鉴于其言论，把其奸诈的真面目，一切都表现出来了。社会民主党在其年会文中又把这段漫〔谩〕骂之词重述一次，社会民主党遂与工党决裂，此后工党中就无社会民主党份子。

然正式的工党，则成立于一九〇〇年。他是一个庞大的组织，会员分为团体会员与个人会员两种，其组成份子分为四部分：（一）工会；（二）社会主义团体，如费滨社、合作社、职业团体；（三）各地方选举区组织；（四）妇女工党会员。总数现达二百六十万人以上，可见其声势浩大。至于独立工党，虽自为工党的一部分，但另为一独立体，关于内政外交政策，由其自身决定，工党全国执行委员会的决定能否约束，实是一个问题。普通的政党，大都是个人会员，但工党则有团体会员，实是其特别之点。据一九〇六年统计，现有一百五十八个工会，一百七十三个职业团体。由此可见，其组织不但庞大，且很复杂，因来源、智识和见解等等不同，自难免内部意见不一致，今日工党议员中有所谓"反叛"份子，其原因或即在此。

英国议会的议员，起初是荣誉职，不给薪俸的，地方议会亦是如此。所以要工人放弃了工作而当任议员，是一件不愿意的事，因为他们究竟不像贵族，生活势必要发生问题。后来就想出一个办法，每一工人加入工党时，付一便士，作为基金，以此基金分给当选议员作为薪俸。基金共集合了四千镑，每议员薪俸二百镑，就可够二十个议员。于此可见英国人办事的切实，并不像我们中国人的头脑中所想的议员由国家付钱就算了。而英国人则往往以自己的力量来造成一种制度。

英国工党历年议席之数，可参考我上次所讲的英、美政党沿革，但到了一九三〇年就发生了一个大变动，当时德国不能付赔款，而伦敦即为世界金融中心，来伦敦兑现的支票，自不能不兑现，所以工党首相麦唐纳不得不组联合内阁，一九三一年工党议席就大跌落，嗣后就进入工党与保守党轮流柄政时期。在这时期中，工党亦谈不到所谓实行社会主义，只不过代表自由党，在保守党以外有一个反对党而已。现在工党是英国的执政党，其议席在议会中占绝对多数。从他的发展史上，我们可以看出，他虽然没有彻底的理论与学术的系统，但他脚踏实地的、稳健的、一步一步的走上成功之路。至于工党现行的国有政策，留待以后再说。

现在所欲说的，则是工党的头脑费滨社。该社成立于一八八三年，起初只是一个很小的团体，就是现在亦不超过四千余人，但在英国思想界与社会运动方面，却起了极大的作用。英国人素保守，但靠了费滨社几个文人，如萧伯纳、魏伯、威尔斯、柯尔、拉斯几等，潜移默化的，陈说一件一件事的利弊，具体切实的，不说一句过份话，使英国人头脑逐渐进步，而接受社会主义的理论与方法。

费滨社研究任何问题的信条：第一是查清事实；第二是辩论其利害得失，把反对与赞成的理由统统说出来，看那一方面的理由多而充足；第三，得到结论后，再找身当其境的和有实地经验的人来辩论一下。

譬如说，他们要写上海苛捐杂税的文章，他们就详举捐税的种类，其起源，其成绩，其对人生活的影响，最后提出其改革的具体方案。这样的文章，自然引起大家的注意，政府方面亦自然不能不予以改革。费滨社在英国所以能起作用，其原因即在于此。

又譬如说，关于苏联的真相，大家都免不了偏见。魏伯虽不一定赞成苏联，但他亲自去苏联考察一番，根据事实写了一本关于苏联的书。那本书当然也就风行一时了。

费滨是罗马一位将军的名字，他打仗的方法是拖延，但不是永远拖延，而是要等待时机，时机一到就打铁赶热，很用力的打下去，不然以前的功夫都白费了。费滨社所以采取费滨这个名字，是富有意义的。

费滨社的宗旨是实行社会主义，目的是在建设一个新的社会。在这社会中，大家机会平等，个人与阶级的特权一概废止，用法治民主的方法达到财富集体化。所谓用法治民主的方法，意即反对用暴力和革命的方法，亦即麦唐纳所说，改革社会不是用革命方法就能做到的。

费滨社保持一种态度，就是不武断。他们没有一套固定的原理与原则，根据思想自由的道理，随时可以鉴于社会的实际需要，而把新见解公开说出来。他们认为假定你武断了，你的主张就硬化了，亦就和你的思想自由脱离了。他们的态度，可以说与苏联的态度完全不同，苏联国内不允许批评苏维埃政权，亦不允许批评共产党，而认为马克思列宁主义是经典。

费滨社不是一个政党，只是很少数人的一种学术研究团体，然而对英国政治与社会运动发生如此重大的影响。工党的思想，就是他们的思想，而工党今日居然上台实行他们的思想。可见只要有一批志士仁人，不论其人数的多少，抱定不移的宗旨，永远不倦的，根据事实，研究出对策，则一定能对国家有所贡献。

而英国工党，自一八七四年起，已有七十余年之久。他们从议员二席到今日有三百九十余席，其间实经过了一段困苦的奋斗史。但他们不崇尚高谈阔论，而崇尚具体实际。我们须知，理论上的彻底，未见得就能解决问题，因为一到实际紧要关头，理论就无多大用处。譬如说，社会运动，最初的口号是打倒资本家，后来觉得一国内打倒没有什么用，必需各国联合起来，所以提出了工人无祖国以及世界革命的口号，因之就有第一、第二国际的产生，当时大家认为只要各国工人联合起来，就不会发生战争，但一九一四年欧战竟然发生了，在理论上讲，这是帝国主义的战争，但是在实际上，那一国工人敢说不打仗，当时英国工党虽反对政府，但若干工党份子参加了政府。除上述国家主义与国际主义的大矛盾外，尚有其他矛盾，如渐进与急进问题，德国考茨基派否决伯因斯泰派，认为伯因斯泰派落伍，然而俄国革命成功后，列宁又骂考茨基落伍，可见渐进与急进究竟如何说法。又如阶级斗争问题，马克思、列宁认为只有无产阶级自己靠得住，其他阶级或白领工人阶级都会出卖无产阶级，所以苏联除无产阶级工人外，剥夺资产阶级一切选举权利，但是经过几次五年计划，又抬高智识阶级的地位，可见阶级与非阶级究竟如何说去。总之，社会运动中的问题很多，只有根据内外实际情形及将来可能的发展，随时自己决定。

现在开始讲俄国革命的由来和俄国社会主义或共产党的发展过程。

俄国在革命之前的沙皇时代，由于政治落后，文化低下，不为世人所注视。我国人士除了留心于中俄边疆问题而外，其他如政治、经济、文化的各方面，也是采取漠不相关的态度。

一九一七年俄国的革命，推翻沙皇政府，同年十月，列宁又以暴动政策，取克伦司基而代之，建立起苏维埃政权。这个史无前例的新国家的出现，才引起世人的重视。中国人对它发生了很大的兴趣。当时中国国内有和平派、革命派的两种政治主张，前者怀疑俄国革命的前途，后者则景慕俄国革命的成功，但开始对俄国问题的关心和研究，总是一致的。俄国革命在中国政治上所发生的影响，既深且巨，这点已为众所周知，我略而不谈。我希望大家要具有一种理性与客观的态度，从俄国各方面进行研究，作为我们自身的参考。这一工作我们过去做得太不够了，就拿中苏文化协会来说把〔吧〕，也只翻译了一些文艺书籍，其他方面还没有动手，这需要我们进一步的努力。美国人对于俄国问题的研究，比较我们认真积极得多了。一九四五年参加联合国旧金山会议，亲眼看到研究俄国机关之多，涉及范围之广，与夫认识问题之透辟，真值得我们大家学习和敬佩。

我先来介绍俄国的民族性，从这里可以对俄国的社会主义运动有更深一层的认识。

俄罗斯民族性怎样呢？真是一个奇怪的民族，不容易为外人所理解，富有极端性、绝对性和神秘性，对于一种主张一件事情的达成，它往往会用宗教信仰的精神与热忱，甚且违反人性，做出许多粗暴的事，说出许多过激的话，使外人看来，吓然惊诧不已。苏俄在革命的大前提下标榜专政，不许人民有言论、集会、结社自由权，连宪法上对国民根本权利的保护，亦以工人为限度，一个年青的国家，又是从危险的环境中度过来的，它的奇特的论调和做法，真是太多了。譬如你问俄国人："没有思想自由，如何能在学问上求真理？"俄共产党答复曰："此为吾人争生死存亡的时期，非研究室中寻求真理工作可比。"或者更问俄人曰："你们为什么不研究沙斯比亚呢？"他会很镇静的告诉你："饭不能吃饱，什么都可以丢掉了的"。我们若拿普通的眼光来衡量俄国人，这是不可能的。

由于这种特殊的民族性，表现在社会主义运动上，也就与众不同了。现在我们谈俄国社会主义运动的发展，大体上可以分作三个阶段：

第一阶段为农业社会主义时期，至一八七〇年止。

第二阶段为农业社会主义与马克思主义辩论的时期，至一九〇五年止。

第三阶段为工业社会主义时期，至一九一七年止。

社会主义本来是工业社会的产物，只是工商业发达工人阶级激增之后，才能实现的，但是农民为劳动者，未尝不可看做无产阶级，因而社会主义也可以在农民身上掀起巨大的影响，俄国国内农民占全国人口中之多数，所以其初期社会主义运动，亦以农民为对象。现在有许多人说中国共产党是农民改进党，就是从这个意义上出发的。

第一次欧战之前，社会主义者组成的国际，是年年开会的，提出反对战争、反对殖民政策、反对军国主义的口号，但战端一开，德人保卫德国，法人保卫法国，社会主义者与工人阶级各为其祖国而效命，当年的许多的论调，现在均置之不顾了。列宁于战争方酣之际，住在瑞士，虽碰到各国工人转向于保卫祖国，他依旧宣传工人罢工，士兵罢战，煽动各国内战，逼使战火扑灭和资产阶级政府垮台，一九一七年四月十六日他由瑞士归国，时沙皇政府已被推翻，接着又驱走克伦斯基，他取得政权，实施惊人的设施。

布尔雪维克党秉政以后，其经济政策，可划为三期：

第一期，战时共产主义（一九一七——一九二一年）。布哈林说过："欲求革命的胜利，惟有破坏生产事业，反是，要求秩序的保存，惟有不革命而已。即谈革命，必有代价，正惟以此代价之故，乃能进于更上一层的新经济生活。一时的破坏，决不足畏。世间那有要吃炒鸡蛋而不打破鸡蛋的事情？"（一九二一年布哈林在第三个国际之演说）正因为有这种极端的观点，于是在都市中，废止银行币制，没收私人工厂，变为国家所有，以工人监督委员会代替厂主，一厂之事，完全由工人主持，而工程师、技师反居于下位。至于薪金数额，彼此一律平等，因此造成劳动情绪低落，工业生产大跌，如煤的生产量，一九二一年仅及战前百分之二八强，铁的生产量仅及战前百分之四弱。在乡村中，没收土地，分配农民，但所获食粮，不能有自由买卖的营利行为，政府授以工业品，农民则以有余的食粮缴给政府，但农民不愿意这样干的，又造成普遍的私藏余谷和怠耕现象，以致全国经济恐慌，食粮缺乏，弄成不可收拾的混乱局面。

第二期，新经济政策（一九二一——一九二七年）。列宁到底是英明而厉害的，他深知要确保政权，挽救危局，惟有改变方针，乃于一九二一年，宣布所谓新经济政策：（1）以农税代替征粮，农民有余谷，可以自由交易；（2）工厂中之工人额在二十人以下者，由私人自由营业；（3）承认私有财产权、私有企业、商人在国内之自由贸易。这样一来，除大工业收归国有外，所采用的仍然为资本主义之制度。但工农业的生产额，也在随着提高了。

第三期，第一五年计划（一九二八——九三三年）。列宁死后，斯太林当政，全力进行国内经济建设，想达到现代工业化的水准。一九三二年我从德国途中，留莫斯科数日，考察俄国五年计划实施的情形。我们仅就五年计划中第一、第二年的成绩看来，就可以证明他们的伟大的努力。（见表）

类别	原提议增额	绝对增额	对于预期标准之百分比
国民所得	五八．三	五九．五	一〇二
国家预算	一七．〇	二一．〇	一二四
社会所有事业中基本的资本投下额	一二．七	一三．八	一二四
社会所有工业之全部生产额	二九．三	三〇．五	一〇四

以上十万万卢布为单位。

第一个五年计划是顺利的完成了，解决了食粮缺乏和工人失业问题，并按社会主义之建设计划进行。接着，又开始第二个、第三个五年计划，这时已经从一个工业落后的国家，达到工业现代化的强国了。

在这个艰苦的过程中，发生过几件重大的事件，我现在补充说明如下：

（1）俄国是阶级国家（或名无产阶级专政），对于不同阶级不同信仰的人士，不但没有民主国家的法律保护，连生命和人权，随时总受到危害，人民没有组织政党、发对政府、言论、思想、集合结社、出版自由权，商人、教士、皇族等剥夺选举权。被布尔雪维克所杀的异己份子之多，举世惊诧。

如表：

职业	人数
农民	八一五〇〇〇
工人	一九〇〇〇〇
地主	一二〇〇〇
自由职业者	四八〇〇〇
士兵	二五〇〇〇
军官	五〇〇〇〇
医生	八八〇〇
教授	一〇〇〇

（2）民主国家中的政治意见分歧，可以取决于人民，但只有一党独裁专政的国家内，设若发生分歧意见，就很难圆满解决了。列宁死后不久，党魁斯太林和托洛斯基发生政见争执，斯太林主张励行党纪，托洛斯基主张劳动民主；斯太林主张先完成俄国社会主义建设，托洛斯基主张以世界革命为立场。结果托洛斯基被流戎，以后亡命海外，其党徒为斯太林杀害者亦极众多。

（3）俄国革命后，西欧资本主义国家向它围攻，经过列宁的军事抵抗和外交政策的运用，虽然撤退了，但对俄国仍然不派使节，不通贸易，严紧的封锁着。列宁为减少苏维埃国家的威胁，想在资本主义国家的内部掀起捣乱，就于第二国际之外，另行组织共产国际，即所谓第三国际。设总部于莫斯科，指挥各国的共产党。现在将第三国际组织法中的重要者若干条，选录于后：

第一条　此新国际劳动者联合会的成立，所以组织各国无产者之共同行动，其目的则在推翻资本主义，设立无产阶级专政，并组织国际的苏维埃共和国，以扫除阶级而实现社会主义。此为其共产社会之第一步。

第三条　凡属于共产国际之党，应名曰某国共产党，为共产国际之一部。

第八条　执行委员会之主要工作，由执行委员会会址所在地之国家之党（即俄国共产党）担负之。

又第三国际对于各国的宣传与暴动，颁发要点如下：

第一，全部宣传与煽动，必须依据共产国际之政纲与决议。定期不定期出版物，皆立于党的干部指导之下。报纸之中，会场之上，无处不应对于资产阶级及其援助者（即改良派）加以丑诋。

第三，现时欧美各国之内，阶级斗争已入于国内战争之状态。在此情形之下，共产党人不应相信资产阶级之合法性。共产党人应同时造成非法机关，以履行其对于革命之义务。

第四，传播共产思想之义务中，包含对于军队宣传之特殊义务。放弃此等工作，即为革命义务之叛背，且不容于第三国际中。

第六，凡属于第三国际之党，应揭穿社会的爱国主义与社会的和平主义之虚假。

第十六，共产国际大会之决议与执行委员会之决议，对于属于共产国际之党，有拘束力。

我们从以上各点看起来，各国共产党受制于莫斯科，总是毫无疑问的了。

讲到这里，我想有几个最重要的问题，值得〈向〉大家一提的：

（1）我常常对人家说：所谓革命，仅为一扫除障碍之过程，最终的目的，是提高人民生活，进行经济建设。我在《史泰林治下之苏俄》一书中说："吾人之意，能学苏俄之破坏者，不必能学苏俄之建设；学苏俄之建设者，不必定出于苏俄之破坏。"希望大家认清社会主义的目的，在于建设一个民主的幸福的国家。

（2）斯太林的英明过人之处，在于埋头于本国的各项建设，提高国家力量与人民生活，而放弃世界革命的幻想。这次大战以后，又宣传爱国主义最烈，终能逐出德军攻入德境。他执政以后的外交政策，如参加国际联盟，订立《互不侵犯条约》，很可以看出他放弃世界暴动的政治动向。战争期间，第三国际宣布解散了。真假虽不得而知，但我想，这是与斯太林一贯的政策不相违背的。且从此可以看出斯太林不愿策动世界革命的心愿。

（3）我亲眼看到俄国五年计划建设的情形，那时俄国承大乱之后，本国经济破坏，又无外资可借，但他们节衣缩食，省吃俭用，尽量输出农产品，争取机器和生产品的输入，那种伟大的精神和空前的成就，令我赞叹不已。我们应该学习这种努力苦干的精神，走上现代经济独立与自给的标准。假如什么都看住美国，甚至连日用品也要靠人家供给，那末，现代化的希望，恐怕永远不能有达成的一天啊！

（三）我们所信仰的社会主义的基本方向

社会主义从马克思到今日，有各种说法，而在各国所表现的，亦各自不同。譬如说，苏联所表现的社会主义，是革命的、暴力的和集权政治的；在英国所表现的，则是费滨社的、渐进的和民主政治的。苏联与英国所代表的两条路线，我们究竟选择那一条路线呢？再进一层讲，苏联已实行了几次五年计划，英国的工党亦已上台，正在实施种种社会主义计划，可以说过去对于社会主义的种种老说法，现在已全不适用，而已有许多新事实和新经验放在我们的面前了。

在决定我们自己的方向时，我们不可忽视我国所处的地理位置。苏联的北面是北冰洋，南面是巴尔干国家、黑海、印度和中国之新疆、蒙古、东九省，东面是北太平洋，可以说只有西面一面受敌，因之可以关起门来，实行什么主义都可以。英国则不然，从前是世界金融的中心，并且依靠输出以换得农产物的输入，换句话说，英国的地理位置，不能关起门来，各〔自〕行其是。我们中国如何呢？像从前这样，关起门来，自己内部打架闹革命，可能么？像革命后的苏联，与各国断绝关系，一切靠自己，可能么？我们如果明白了这个大前提，我们就可以知道，今后我们如果决心走上社会主义之路，采取和平的、有计划的方法，比较容易，采取革命的、暴力的方法，则是否能实行社会主义，实是一个大疑问。

我们地理上的大前提已定，我们就可以知道我们前进的方向，就可以讨论我们所信仰的社会主义的基本方向是什么。

我拟先说明社会主义不是什么，而后再说明社会主义是什么。

讲到社会主义，似乎不能不讲到唯物史观。什么是唯物史观呢？恐怕几个钟点都讲不完。前几年我们国内许多学者，也因了这个问题，辩论不休。以前许多哲学家说，历史变化的动力在心，如佛家所说，一切唯心所造。马克思起来辩驳这套理论。他认为历史变化的动力不在心，而在生产工具，譬如说，在没有蒸气机发明和应用以前，人类是一种心理状态，在发明和应用以后，是另一种心理状态。这就是说，由生产工具产生生产状态，由生产状态产生道德政治意识和其他心理状态，历史变化的动力是如此，在马克思看来，生产状态是下层机构，风俗道德政治法律是上层机构，下层机构变化，上层机构跟之变化，所以决不要相信宗教家道德家等所说的，风俗道德政治法律是由心所造的。历史的变化，是否要看生产方法呢？英国哲学家罗素就曾反驳此说的不甚可靠。他举例说，一九一七年俄国革命时，列宁和克伦斯基都在开会讨论如何把对方拘禁起来，结果列宁先下手为强，把克伦斯基推倒了，列宁也就从此得势了。这是必然的么？还是由于先下决心的偶然因素？而列宁的革命成功与生产方法的决定因素，又有什么关系？可见在历史的变化中，我们不能否认偶然的因素，决不是一切事物，从生产方法，从什么铁则上可以完全解释的。我们又知道，历史上许多变化，是由于争权而来，而争权与生产工具、生产方法有什么关系？所以，历史变化的动力，是心？是物？是一个哲学问题，与社会主义没有关系，相信唯物固然是社会主义者，相信唯心也可以是社会主义者，换句话说，社会主义者不一定要相信唯物史观。在苏联不相信唯物史观，就不是马列主义的信徒，这种态度为我们所不敢赞同。

社会主义不是唯物史观的道理既明，我们再说明社会主义不是阶级斗争的道理。社会主义离不开工农，这是事实，工农离不开与资产阶级斗争，这也是事实。而马克思何以讲阶级斗争？其理由是在于一个政治运动的对象，如果从恨出发就较强，如从爱出发则较弱。譬如说，德国纳粹党就以恨犹太人为对象，俄国共产党则以恨资本家大地主为对象。然而因恨而发动的政治运动，一旦政治运动结束后，恨继续下去，每与政治运动的目的相违背。为了实行社会主义，工农必须组织起来，使其成为一种力量，在组织的时候，高呼打倒资本家大地主，自然较为强有力，然而一旦成功后，这种仇恨继续下去，就和社会主义的目的相违背，因为社会主义的目的在于使大家康乐，大家各得其所，而并不是在于排斥那一部份人。所以，英国社会主义者认为以阶级斗争为出发点，是一种不好的心理，实行社会主义应使全社会都认为对，如果失去了一方的同情，实是战略上的错误。兹引麦唐纳一段话于下：

社会主义为求贯彻起见，不能以阶级偏见为出发点，换句话说，应该离开阶级的情调。因为如果以穷人为出发点，就要失去富人方面，社会上就充满了仇恨。改造社会应以各得其所为出发点，不应偏于一方面。

威尔斯亦说过以下一段话：

> 社会改革运动以阶级斗争为出发点，是一种坏的心理，是一种自卑情绪的表现。我们希望社会改革时，把发展的阻碍扫除，而并不是阶级报仇。社会改革在使人人有饭吃有衣穿，而不是阶级报仇，所以过去的事应该少提。

麦、威两氏所说的话，代表英国人的心理。改造社会时，认为只有由穷人担当，不相信资产阶级会听话，这在阶级意识不深的国家，是未必尽然的。譬如我国，工业不发达，阶级斗争不尖锐，有人提出替工农谋福利，是很少人不表赞同的。换句话说，资产阶级不一定会对社会改造有所妨害。这足以说明，社会主义的目的，在使大家各得其所，并不是以阶级斗争为出发点而要排斥一部份人。不过，这不能说，社会主义不以工农为重点，不以工农的组织为基础。

我在上面已说明，社会主义不是唯物史观，也不是阶级斗争，我现在又欲进而说明社会主义不是必定要完全废除私有财产。因为财产有好几种，财产的方式亦很多。有许多财产由私人私有，并不足以影响到社会上的贫富不均，亦谈不上所谓独占垄断，这些财产就不必需公有，反而由私人私有可以增加私人的自动自发性和生活趣味。至于有关整个国家社会、全体人民生活以及国家安全的财产，如国防工业与关键工业，则应由国家国有。苏联土地国有，实行集体农场，但每一农家前面，往往有三五亩，由其自己种菜养鸡。可见小财产由私人私有，并不妨害社会主义的实行，换句话说，社会主义并不是一定要完全废除私有财产与大体无关的私有财产的保有，并不妨碍社会主义之为社会主义。而且财产的方式很多，有国有，有私有，有合作社等等，请问合作社的财产，算公有亦可，算私有亦可，决不至有养成贫富不均之病的。

我在上面已经说明社会主义不是什么，现在进而说明社会主义是什么，也就是我们所信仰的社会主义的基本方向是什么？

第一，社会主义是以全社会各得其所为目的，不是以个人谋利为目的。工业革命后，欧西的社会经济生活，发生大变化。新的生产工具，新的生产方法，新的生产组织，大家以之为发财之用，但是只使少数人发财，他们并不替全社会打算，因之发生许多不健全的现象。最初但觉机器发明之有用，乃有自由竞争学说的流行，好像竞争既自由，则社会之供求自得其平。到了十九世纪上半，大家发见种种毛病：（一）财富集中于少数人之手，如美国所谓六十富家，即其明显之一例。（二）工人失业之多，如一八四二年英国工人受救贫法之救济者，达一四二九〇〇〇人之数。（三）商业恐慌叠起，如一八一七、一八二五、一八三六、一八四七年之危机，竟成为资本主义不治之症，一面生产过剩，一面人民冻饿，成为一种最矛盾的现象。（四）女工童工之不人道与工人生活之苦况。以上四者为资本主义下显然易见的现象。及第一次世界大战后，各国争向德国索取赔款，初以为但须赔款数目一定，德国金钱或物资便可交出作为赔偿。孰知赔款数目之大，出人意表，如以实物交付，则德货压倒市场；如以金钱交付，则汇款只有一面汇出，而他面绝不汇入，金融市场上无此现象。因德国欠人之款太多，到期无法付现，因而引起一九三一与三二年之世界大不景气，银行纷纷倒闭，工厂也随之关门，失业工人之多，令人骇异，譬如德国就有六百万人。我在德国时，时时有乞丐扣门讨饭。这种情形就使大家发生一个问题：资本主义还能维持么？一方面有数百万人失业饥饿，另方面则美国的麦和咖啡大量向海中送，这不是一种怪事吗？失业工人，政府不能让他们没饭吃而饿死，这笔维持费比军费还要庞大数倍。平时大家要求财产自由，宪法上又规定个人财产之不容侵犯，但到大不景气时，一切都无法维持。大家遂觉悟，今后局面靠几个大资本家大公司大厂家是应付不了的。换句话说，老的自由主义和资本主义是无法应付将来，今后惟有以全社会合作打算，而统筹生产、消费、分配、信用等等制度应该如何，亦就是再不能以个人谋利发财为目的，而应以全社会的各得其所为目的，全社会在一个计划和一个观点之下，才能建立起新的社会。

假定有人说以全社会之各得其所为目的，不是一件容易的事，非经过社会革命不可，则英国前首相麦唐纳氏一段话，最值得吾人注意：

拿革命作为社会主义者的方法是错误的。革命决不能实现社会主义，因为社会主义者所希望的变动，是影响于社会组织上每一根纤维，此种变动必须为一种有机的历程。政治上的变动，由君主而共和，由奴隶而独立，可以诉诸于刀枪。如其一种变动将财富生产之历程与夫国内外之交易须加以调整，此种变动之目的在将服务与酬报之间，确立一种公道关系，且所以结束目前一方太富一方太贫之生计机构，则此种变更，决非"革命"二字所能为力。但是"革命"已是习用的名词，所以社会主义者沿用此二字，以指出其心中所希望之大变动。社会主义者所以用此二字，无非说明其社会改造中之大变动，不仅点缀门面而已。惟其然也，彼等好用"革命的社会主义"字样。但此种用法，适所以增加了解困难。要知革命云云，非谓变动之大，且有忽然的剧烈的变更之意。即就"工业革命"的名词言之，亦含有变更剧烈的意味，即将当时现状推翻之谓。但社会主义者所以用社会革命之名，意在表示其心中所想之变更之彻底，其所用之方法如何，原不包含于其中。革命云者，乃指其目的所在，非指其所以达到目的之方法言之。

除以上麦氏所云者外，威尔斯氏《新世界秩序》一书中，亦有同样论调。究竟社会主义之实现，是否需要武力的革命，吾人暂不必强作定论。只须以全社会之各得其所为目的，先之以和平方法以理论说服同胞，如其万不得已，再继以武力，未晚犹为。经过苏俄革命之后，世人对于革命咸有戒心，期望少流血少杀伤，以和平方法达到社会主义，决非不可能的事。

第二，社会主义是非采行计划经济不可。计划经济是一个新名词，乃从苏联一九二八年实行第一次五年计划而来。所谓计划经济即如上面所说，全社会在一个计划和一个观点之下，统筹全社会的生产、消费、分配和信用。许多人问：国家如此之大，社会如此之复杂，如何可以在一个计划之下呢？至于苏联则因为在革命后，一切权力操在国家之手，同时资本阶级已经打倒，所以易于实行计划经济，换句话说，一个国家没有经过革命过程，能不能实行计划经济是一个问题。其实，计划经济与革命无关。打仗时，军用与民间生产，就是一种计划经济。何以战时可以实行，而平时就不能实行呢？而且拿欧美工厂来说，造一件东西，譬如汽车，往往先分散在各处，然后再汇合起来，所以任何一个工厂，都出之于计划。一厂的范围何以不能推广及于一种工业，而再推广及于全国？但是有人要问，不先行一党专政，能不能采用计划经济？据吾所知，世间学者对此问题，亦已有答案。哥仑比亚大学教授麦几浮氏于其新著《政府机梭》（一九四七年）中有言曰：

> 民主与充分集体主义是否相容？（所谓充分集体主义指生产与分配工具之公有与营利私有企业之全体言之。）应在马克思主义者所提供之外，另以一种见解讨论之。依马氏主义而行的集体主义革

命，惟有依照独裁方式行之。即令此种革命中有民主议会之投票，是亦为贵族式专政下之议会而已。此种专政，经过时间稍久，能否代之以民主，如今日苏俄在保留其社会主义机构下，能否实践其一九一七年宪法之诺言。此问题无法预答曰然或曰否。然人类组织无终久不变之理。集体主义与民主二者之可以实现者，因其程度而有深浅之不同，则此二者之可能性，亦可以有千万种之差别。由此发生一种特别有意义之问题，即充分集体主义，姑且假定渐进的国有政策可以在民主主义下实现，是否能圆满进行而不至牺牲民主原则？

吾们有许多实例可以证明：民主政治与若干度之集体主义自能相容，良以各时代各国家中无处没有集体主义之存在。经济生活中若干部分早已国有，而无碍于民主的历程。多数民主国家中，铁路、中央、银行、公用事业，早已归于国有。美国为信奉个人主义之国，其大地区之工农开发，由政府管理，如田尼细水峡管理局，即其一端。初等教育与中等教育二者，亦早已成为政府之责任，视昔日教育之由教会管理者，不可同日而语。最近如瑞典、丹麦已采用集体主义的试验，其施行之程序一依民主方法行之。由此可见集体主义已进入新领域中，只须各问题经人民代表一番讨论，自然无背于民主的历程。

如上所言，社会主义的实现，尽可依民主政治原则行之，不必有无产专政与之相辅而行。

同时更引别一个人的话，苏尔氏（Soule）著书曰《计划的社会》，其中有语曰：

如上所云之计划，其以自愿方式行之，抑以强迫方式，如独裁政治为前提乎？此问题无法答曰或可或否。依予所见，先设一全国局，其任务为调查事实，为确立计划大纲。此全国局对于各种工业，无权强迫以一个生产计划。但须授之以权，属其与各工业会议协商，草拟各种依据原定目标之各种计划。各工业所建议者，或接受或拒绝或修正，或另有所提议。如全国局之建议，须以立法为根据，可径请美国国会为之。国会按所建议为之制定法规。建议的范围，微细者如设立工会，大者如完成国有政策，在此范围之内，无一事非全国局权限之所及。自愿方式可行者，依自愿方式为之。如不可行，应开会要求畀以更大的权力。如是全国局自行决定应有管辖权多少，便可要求握有立法权之国会制定法律，且设立此项所需要之机关。

麦几浮氏但说集体主义（即社会主义）与民主政治非不相容，至于苏尔氏更指出全国局的权限与国会的关系，则民主政治下实现社会主义的方法，更昭然若揭。

第三，社会主义是在劳工、土地、资本三方面有一番公道的调整方法。在资本主义之下，劳工、土地、资本归于三种人手上或两种人手上。在其间劳工最为吃亏，开厂或关厂，有工做或无工做，完全操在资本家手里。至于土地与资本，或合而为一，就是资本家同时是大地主，或分而为二，大地主不必同时是资本家。在资本主义之下，如何生产，生产多少，可以不顾到其他，而惟以发财为目的。但在社会主义之下，则不然，劳工、土地、资本三方面有一番公道调整方法。如何生产，生产多少，由谁生产，如何分配，如何消费，都在一个计划之下。不管是资本主义或是社会主义，离不开劳工、土地、资本三方面，所不同者，社会主义下三方面之酬报，另有一番公平调整方法。不论美国或苏联，开工厂都以赚钱为原则，不然无法维持，但赚钱后，社会应享的利益多少，是讨论的中心。据吾所闻苏联的工人，在生产的利益中之所得，占三分之一，而英、美的工人是在资本主义下，其所得与此不相上下。然则苏联与英、美的不同处在那里呢？在于苏联实行计划经济，土地、资本归之于国家，所得的利益亦归之于国家，这不但生产有计划，并且由国家经营，范围与规模也比较大。至于英、美，土地与资本在地主与资本家手上，所以归他们操纵。劳工、土地、资本三方面，时时予以公道的调整，就不怕社会上贫富大悬殊。

关于劳力、资本、土地三者的调整，举例如下：

一、工人工资，应合于生活最低限度之需要。

二、农民生产方法，应加改良，俾其所收入是供仰事俯育的需要。

以上两项为劳力。

三、应节约消费，增加储蓄，以培植民族资本。

四、私人企业的盈余，应按政府计划，投资于政府所认为应先培养之事业中。

五、私人企业分红，应受法律的限制。

以上三项为资本。

六、政府应设土地担保银行，出资收买耕地，以培植自耕农。

七、大城市地价的高涨，由于不劳而获，应征田价税，或按价收归市有。

以上两项为土地。

根据了上面所说的三点，人民庶几能够得到合理的生活。

吾们要知道国家或社会的改革，非一件容易事，我们须有忍耐，用理智，用教育方法，一步一步的，养成新观念，去除老习惯，庶几可以逐渐走上社会主义的道路。

我愿引威尔斯在《新世界秩序》一书中的一段话于下：

> 新的革命应：（1）以全世界为基础（就是以通全世界的有无为观点，像俄国这样的做法，苏俄与英、美相敌对，是不妥当的，我们应大家商量，以全世界为对象）；（2）坚持以法律做基础，法律的基本在保障人权（亦就是说实行社会主义而不顾基本自由，在英、美看来是一种倒退的行为，一方面实行社会主义，一方面又用法律保障人权，才是一条正轨）；（3）要用教育方法和制度来养成适合世界新秩序的需要（老的观念如开工厂乃为私人谋利发财，应该转变一下）。简单言之，应使社会主义、法律（保障人权）与智识三者结为三者之同盟，而做新革命的轮廓，庶几才能救这个世界。

威尔斯何以提出"智识"二字，值得我们特别注意。过去谈社会革命，喜讲行动，然而行动重在招兵买马，鼓动土匪，在我看来，不一定能够改革社会，而适足使社会的乱源更深与更难于改革而已。我们今后诚如威氏所说，应尊重智识，亦即搜集事实，细心研究，把过去的偏见去除，养成新观念，有耐心的一步一步走上去，自然能够找到一条正当的途径。苏联在暗中摸索，最后摸上了计划经济。可见，改造社会不是喊叫"社会革命"四个大字可以了事的。我们必须冷静头脑，从事研究，提出方案，自然能达到各得其所的社会。这样才是真正所谓科学的社会主义罢！

历史已经给与我们许多教训，譬如英国就没有经过苏联的前段历史，而亦已走上社会主义之路了。我们心目中的社会改造，不是用炸弹、暴力或政变，而是渐进的，根据智识和科学精神，用教育方法和民主的方法，求其一步一步的实现。我们的基本方向，就是如此。

现代文化之危机 *
——卅七年十月廿三日在重庆重华学院讲
（1948）

我们国内近年来呈不安的状态，希望和平，得不到和平，希望建设，没有建设。不但我国如此，即世界任何国家都在精神上感觉不安，这种不安的情绪可以从外国的各种书籍名目上看得出，譬如说：《文化在试验中》、《人类的最后机会》等等，为什么世界会到这样不安的时期？这是原子弹在日本广岛投下后始造成的。在从前，所有日新月异的发明，如天文、机器制造品，大体言，其范围较小，没有影响人类生存的问题，这并不是说原子弹发明以前，没有人注意文化的危机，德国的斯本格勒就老早于第一次大战前后对西方文化之前途发生怀疑了。他著了一本《西方的衰落》，书出后，很震动了一些人，并且赞成与反对此书的小册子，也出了约有一百本，所以这本书真可谓奇书。他将文化与春夏秋冬四季相比拟。在十九世纪的欧洲人看来，世界文化是无限制的进步着的，但他却认为国家文化之兴亡盛衰根据数，春夏时期过去后，秋冬时期就要到来。他说帝国主义就是文化死亡的象征。他以帝国主义与秦始皇的统一六国在相提并论，认为秦始皇之对外发展与现代帝国主义对外发展之情形是一样的，因为时代结束的现象。所以他归结说，现在欧洲文化决不能无穷尽地向上发展，经过多少年后，必如中国、印度、希腊、罗马的文化一样，迟早有结束的一天。他又说，现在的商业文化，资本主义、帝国主义、大城市生活，都是文化没落的必然现象。

现在世界文化所以到今日的危险地步，在其背后实在有三个很重要的问题：（一）语言的混乱。（二）价值标准之不一。（三）理性的暗晦。

---

* 原载《再生》第 240 期（1948 年 11 月 22 日），今据《中西印哲学文集》（215～217页）。

我分别来说一说。

一、语言的混乱。人与人间意思之贯通要语言，在平时，互相传达语言不致引起误会。我们孔老夫子有云："名不正则言不顺，言不顺则事不成。"所谓名者，即名辞也，现在在国际间，英、美与俄国相往来，名辞的解释不相同，英、美的了解与俄国的了解不相同，英、美的看法与俄国的看法不相同，譬如英、美所谓的民主与俄国所谓的民主不同，英、美所谓的自由选举与俄国所谓的自由选举不同。这是语言混乱在政治上发生的大影响、大麻烦。语言原如钞票，可以为物物交易之媒介，其背后有法律有轨道，现在则不然，语言已不能如钞票之能为交易之媒介，这是一个大困难。

二、价值标准不一。人与人间相处有几种价值标准，自从马克斯以后，原来社会上的那套相处的价值标准已经完全被他否定了，马克斯认为社会最重要的是生产关系，上层的政治、道德、法律为统治阶级压迫的工具，于是使社会上父母与子女、政府与人民、朋友与朋友相处的道理和秩序发生动摇。欧洲自文艺复兴起迄法国大革命，价值的标准始终没有改变，直至一八四八年《共产党宣言》发表后，就大不同了，于是分明划成资本主义与共产主义二个标准，战后一切问题未能获得解决，背后的关键就在于此。

三、理性的暗晦。我说现在有人在走反理性的路子。过去，何以有人不肯信仰宗教？是因为它没有证据，没有数字可以表现。何以相信科学？因为它有证据。何以相信民主政治？因为它尊重个人，合乎理性。美国《独立宣言》与法国的《人权宣言》成时，是理性登峰造极时代。大家知道遗传学上有所谓门特尔法则，即凡祖上的优良种子可以传至下代子孙，俄国共产党认为这法则是在替贵族政治辩护，反乎马克斯主义，便排斥了，但另外有一个俄国科学家则提出反对的见解，被俄人认为合乎马克斯学说，受政府之宠幸。这且更使欧洲科学家非常不满，认为科学应有客观的标准，决不能因其合与不合马克斯的学说受到歧视。现在是理性上有凭有据的事，人家可以否认，这时代表现科学愈发达，权力政治愈盛行，国家与国家间理性的机会愈少。

这三件事实摆在眼前，大家问我将来怎样，我可回答说有三条路。

（一）求一个妥协，以讨论办交涉的方式觅取妥协，但是这种方法在我看来很渺茫。

（二）如欧洲经过几十年宗教战争后，终于得到一个"容忍"的原则，即国家间如宗教之新旧教一般，相容并存。

（三）大鱼吃小鱼。在权力政治之中小国的地位减低了，有造成我们战国时代的趋势，出了秦始皇，到那时候，一切自由、理性都没有了，人类也临到垂亡的时候。

世界这样混乱，我们自己的国家又如此不安定，我们思想界的人士就应加倍努力，希望大家勉励，共赴艰难。

民主政治的哲学基础*
——卅七年十月二十六日在成都大学讲
（1948）

我们知道现代的文化由三个运动而来：第一，宗教革新；第二，科学发展；第三，民主政治。这三个运动大家又知道是欧洲文艺复兴"人的发现"而起的。所以讲"人的发现"，是因为中世纪只迷信神道，置"人"于一边不顾，从"人的发现"之后，于是乎当时的许多文学家歌颂人的伟大、人的乐趣，从此以后，渐知人是顶天立地的、有自身价值的人。人有其心思，有其才力，可以辨别是非，明白真伪，而且人的价值，绝不是教会的迷信，亦不是君主专制政体所能抹煞掉的。

所谓宗教改革，就是以人为本位来判断教会的是非，确定《圣经》的解释。所谓科学，用中国名辞来说，就是有物必有质；用西洋名辞来说，就是自然公理，是拿人的智慧来研究自然现象。至于所谓民主政治，就是以人的尊严、天赋人权之说来推翻当时的专制政治，建设合于人类尊严的政治，从人的尊严发生人的智慧、人的辨别、人在政治中的地位。所以这三个运动——宗教革新、科学发展、民主政治、都由一个本源而来。

这三个运动之中，从其根本上言，宗教上之可信与不可信，学理上之是非与夫政治上之善恶，另外有一种客观的标准存在，这就是人类的理性。人类的这种理性，对于一切辨理方法，形成所谓逻辑；对于数目、形态，形成数学。推而至于天文、地理，无处不可以得到一种实验上的凭证，以证明其是非。因此数学、自然科学之成立，尤其证明人类的理性有它一定的标准，且为有凭有据。理性可以达到客观的真理，是

---

* 原载《再生》第 240 期（1948 年 11 月 22 日），今据《中西印哲学文集》（245～250页）。

为科学与哲学成立之根据。所以当时哲学上有一种最盛行的学派，即理性主义（Rationalism），笛卡儿、来勃立兹、乌尔夫都属此派，后来虽然有英国洛克等的经验学派崛起，谓人类的智识靠感觉累积而成，但是经验学派未能将理性派的主张完全打倒，因为这两派的思想，各有所长，不可偏废。

与理性派同时发生的，在科学上有所谓自然公理，在政治思想上有所谓天赋人权。最初自然公理之由来在乎自然现象之本身，而与人之判断无关，后来，康德的批判哲学起，他发出一个问题，问人类何以可能？他就告诉我们说：自然公理不在自然现象本身，而是人类的思想方式与外界现象的感觉相合而构成的。从这话中可见科学的构成与人类自己的思想方式有密切关系，即是说人的知识来构成科学，科学智识非自然现象中所能发生的。由这个立场，再跨进一步，就可明白天赋人权的道理。

天赋人权照我上面所说，即是人人有其尊严的地位。这学说最初发生的时候，完全系针对君主专制政体而起。因为帝王有帝王的特权，有生杀予夺之权，政治思想又苦于君主之压迫，于是发为"人类何以需要国家"的问题，乃假想说：在天然状态中，人类互相争杀，终于订了契约，成立国家、政府，所以国家或政府之成立是谋人民的福利的，不是人民为国家而生存的。但是人民所要的国家，究竟为何种国家？依照英国浩布士的说法，人民相约组织国家，拿一切权利献给一个人。他著一书曰《利未雅坦》（*Leviathan*）（原意大鲸鱼），他这部书中所论，成为现代独裁政治的蓝本。然而洛克著《政治论》，与浩布士的看法就不同了。他说：政府做事应为人民，应得人民之同意。这就成了后来民主政治的张本。此外，参加于天赋人权运动的人尚多，如卢骚、孟德斯鸠都在内，此刻不加细说。

所谓天赋人权，到底人权是天赋呢？还是政府成立了之后才有？两派的见界〔解〕我此刻也不加讨论，但无论人权为天赋的，或政府成立后才有的，两派相同之点为共同承认人民有人权。所谓人权的意义，在哲学上看即是康德所谓拿人当目的，不拿人当手段、工具，也就是说人类有其独立的人格，政府应待其人民为有人格之人民，不待之如奴隶。要使一个人成其所以为人，成其为有人格的人，当然需要有养有教和政治上的判断能力，这原是一件不容易的事，但国家如能向此目的进行，无论如何，可以真正达到各人皆能享受人权的理想。

从人类所以成其为人的基本观点上，于是有各种特殊的人权因之而起，如人身自由，政府不可随便拘禁、逮捕、宰杀人民，因为无此权利，人民如牛羊，任政府宰割，还能算是人吗？又如信仰宗教自由，为宗教革新后，大家觉得如教会可强迫人民，教会对人民信仰有统制权，使人民无法发挥信仰之自由。又如言论、出版、结社诸自由，这种种自由无非划定界限，使政府权力不得侵入，如政府得随意侵入，则人民就不成其为人民而为牛羊了。其次，在政治制度上，还有几条原则，如君主不负实际责任，征税须经议会同意，政府负行政之责任，人民有参政之权利等等，都是人权运动至十九世纪初叶，各国宪法成立、民主政体的背后思想。

但是十八世纪、十九世纪两世纪中所造成的人权运动，直至十九世纪各国宪法成立，其间的人权运动偏重个人主义、自由主义，那就是说政府的成立，在保护个人自由、个人幸福。至于个人自由、个人幸福之中，是否全体人民都能享受自由，都能享受幸福，就不顾了！工业革命以后，造成了多数穷苦的劳工阶级，少数的资本阶级。于是十九世纪上半期，社会主义运动兴起，这是除个人自由而外，尚有一个社会公道的大目标。这种社会公道的要求，先期的几个创导人中，马克思自然最有力量。这个运动先后推广到英国、俄国、德国、法国，各国之中所表现者各不相同，然而有一共通之点，即要求社会对其分子要有一律公平的待遇。具体地说，第二次大战后所实行的社会安全保险制度、一般生活程度的提高、劳工生活及工作条件之改善、工业民主制等，无非表示工人对工厂，应如资本家有同样的权力，国有政策亦无非达到社会贫富均等，同得生活之享受。

上面的话是说明从法国革命起至今，所谓民主政治与社会主义的运动大概情形如此。所以在我看来，这种种运动的背后不外乎著重两点：（一）个人自由，（二）社会公道。所谓个人自由，就是说一国之中，有千万人民，各人的才能、思想、职业、境遇各不相同，政府无法以一种统制的方法使其平均发展，因为各人有各人的能力，惟有听其自由发挥所长，倘使政府干涉，才能是无法发挥的，所以民主政治的第一个条件在发展个人自由。社会上各种人民，既各有各的职业、境遇，好比工程师、工匠、农夫无法使其一律，但其生活程度、教育机会、求业机会、参政权力，应差不多求其平等，否则，要使教育普及，工会组织普遍化是不可能的，压迫无产阶级，不令其得到向上发展的机会，人生乐趣的享受也是不可能的，所以，社会公道为民主政治的第二个条件。

我现在换一个方面说出几件事，这几件事在民主政治的哲学中，应如何处置之方法。

（一）意志。在西方民主政治之下，有几千百万的人民，意思是千差万异，不能相同的。换句话说，政府不能压迫人民服从其命令，因为民主政治之中，根本无此种假定，唯其如此，所以民主政治下，人民有言论、信仰、出版、结社诸自由，各人可想其所想的，行其所欲行的，只要不超越法律范围，如英国言论自由中之不毁谤他人的名誉，不煽动叛乱，总希望各人的说话，得一平心静气之处。各人之思想既有不同，但各人可随其同类同器之人，结成团体，如同政党，可以在议会中成为反对党，并在反对的立场上可以批评政府，提出建议，机会来时，还可取政府党而代之，这即是允许意见不同的人可以生存，允许其发表不同的政治意见，而有更番表现的机会，这是民主政治对待不同意见的方法。

（二）客观真理。在初期哲学、科学发达的时候，咸认哲学、科学发达的真理起于自然现象。思想方式，乃至人权运动中认为人民有限度以内的权利，政府不可侵入，亦可算是一种客观的标准。但十九世纪下半期，有所谓生活哲学，即以生活（Life）为出发点的学派，如柏格生、詹姆士、杜威、倭伊铿等都属此派，而且竭力主张行动在先，思想在后，他们的意思无非说世界上的科学与制度起于人类的欲望、利害、要求，换句话说，学术、制度起于主观的，而非客观的。这种学说流行后，就无所谓科学真理，一切得合于政治、社会，此即所谓政教合一，这种情形，在法西斯国家与俄国都有同样表现。譬如说，学术、制度上的真理可以一阶级、一国家作界限，则学术、制度皆可以阶级、民族之私利做出发点，即学术、制度无客观的标准。各就主观、个体的好恶立出一个标准，则科学无国界之说、四海之内皆兄弟之说都不能成立。反言之，学术失其客观的标准，人类的法律制度亦无共同的标准。所以如果客观真理不存在，则学术无法发展，社会安宁无法维持，这是社会的一大危机！

我再回到理性主义来说。简言之，宗教革新、科学发展与夫民主政治，都建筑基础于哲学初期的理性主义之上。十九世纪初叶，可以黑格儿做结束，大家对单以理性发见真理表示不满意，趋向于意志，认为是人类进化的大动力，从叔本华起至柏格生，都是这个趋向。自从有了意志主义派的哲学，所以主张行动激进，冲动皆由此而起。我们从各国的革命历史上可以得到教训，知道单单从行动冲动是不能达到人类的幸福的，往往推翻复推翻，不得美满的结果，如果于行动之先，能以理智前后多加考虑，倒反可以一步一步前进而得到坚实的基础。我现在以哲学发展初期的几个字来说明民主政治的基础——"理性的意志"，在这基础上，我相信可以将中国的民主政治确立起来！

原子能时代之道德论[*]
——卅七年十月廿八日在成都东西文化协会讲
（1948）

从广岛上空投下原子弹后，一弹之下，伤亡人民几十万人，于是断定一百枚、二百枚原子弹可以把纽约、伦敦全部毁去，各国政治家因而栗栗危惧，觉得此种厉害利器之使用可以毁灭人类，所以佥认原子弹之使用非由国际共管不可，至一九四五年十一月十五日美、英、加三国有一项《原子能共同宣言》，我现将其头上几条重行提出一下：

第一条　我们承认近年科学发明应用于战争后，有一种人所不察的破坏方法可加利用，但是这种破坏方法，尚无军事上的防御可以抵抗，这种破坏方法之使用，没有国家应有独专之权。

第二条　我们愿意郑重声明，对于此种新发见，应该用于增进人类幸福，不应用作破坏工具，大家应共同负责，设想达到此项目的的方法，这种责任不仅落在各国身上，且落在整个文化世界身上，但原子能既由我们之开始应用而进步，则我们亦应自处主动，以研究采取何种国际行动，始克防止原子能使用于破坏方面，促进科学之进步，尤其使原子能之利用，达到和平的人道的目的。

第三条　我们知道各文明国家，为免于科学智识作破坏的使用，求有所保障，唯有防止战争。但任何安全方法，无法得到一种有效保障，可以不让用心于侵略之国家，不来使用原子武器，因为工业方面的原子能应用与军事上之原子能应用同属一事（意即工业方面之原子能应用可以移向军事之用）。况且还有其他新武器之发明，亦可威胁现代文明，与原子能之于军事上使用一般。

---

[*] 原载《再生》第 240 期（1948 年 11 月 22 日），今据《中西印哲学文集》（328～333 页）。

第五条 我们相信科学研究之结果应对各国公开，研究自由与意见交换自由对于科学之进步是必要的，依照这种政策，原子能为和平目的而使用之基本情报早经公诸世界，将来发生之情报，凡可以公开者，亦应同样处置，吾人希望其他国家，采取同样政策，然后可以造成一种和平空气，然后政治上的合作功夫，亦可发达起来。

把这四条读了后，我们学政治学、哲学的人，大体可以得到几种感想：

第一，对人类的爱；第二，像原子弹一类武器之发明，非一国所应独专，以为侵略他国之用；第三，科学的发展要受道德的限制；第四，发明国既不愿将原子弹秘密独专，可见发明国并无独霸世界之意图，推广言之，不为一国利益着想，而为国际公共团体着想。

我从以上条文所作的这种推论，想为人人可得之结论。现在，我再分段来说一说：

一、知识受道德限制。从自然科学发达以来，开始是天文、物理之学，至最后而有心理、社会等学。自牛顿、伽利略起，认为科学家之工作在求宇宙现象之因果定律，天是天，地是地，动物是动物，植物是植物，各种科学有其各自的范围，不应以人类之好恶、价值或道德夹杂其间，因为拿人类的道德、好恶夹杂进去，就不能求得自然现象的真面目。所以说自然科学之职掌在于说明自然现象，说明也者，求其真面目之谓，不夹杂道德的成分。这次，当大家研究原子能之际，也还在此状态之中，即仍以自然科学的方法研究。但是，原子弹发明后，它已不若千里镜当作千里镜用，蒸汽机当作蒸汽机用，因为原子弹之使用可以消灭敌国的人民，扩大言之，可以消灭人类，这使原子弹的使用发生一个大问题，是不是要了武器，不要人类？还是要人类，不要武器？假定自然科学研究的目的是所以增益于人类的，而不是害人类的，又假定到了有武器而没有人类之境地，是人类自身所决不做的，那末，我们必须在这方面有一个大大的觉悟。现今科学发展碰到了一个新的界限，换句话说，知识的发展与人类的生存不能并立时，知识应受道德的限制。

二、知识与学术自由。过去几百年中，科学之研究，无所谓秘密，一国研究所得立即公开于其他国家，所以有科学超国家或国际性的话。因为惟有公开后，使科学家共知，然后科学之进步更为容易。在科学研究公开、各国科学家互相切磋勉励之情形下，表现全人类对研究方面的大合作，这实在已触及了道德的问题，可惜以往大家不注重，没有专门提出来讲。现在原子弹已经发明，它应该为一国秘密所有呢？抑公诸世界各国呢？成了一大问题。假定原子弹属诸一国的秘密所有，那末从此以后，科学研究各国均将采取闭关政策，自己知道的不让人家知道，失去互相切磋的好处。假定原子弹秘密应加公开，但公开后，又恐徒然供给侵略国家以一种破坏人家的武器，造成人类的大灾祸。所以一面觉得科学研究应加公开，一面又恐公开后有不妥当之处，于是苦心孤诣，设想一项国际共管的办法，同时保持公开与自由研究之习惯。因为这次原子弹之造成，虽在美国，但一九四六年我在美国国会原子能研究委员会旁听所得，知道原子能之发明有义大利人、德国人、英国人、加拿大人帮助。我于听毕各国科学家之发言后，犹忆该委员会主席发一问题："如此说，原子能之造成岂不是外国人之助吗？"可见科学研究之公开与自由，美国政府身受其益，故而美国除为国防保持相当秘密外，仍想遵守公开之老习惯。这也是科学家道德之一部分，与第一项所说略有不同，故也提出来说明一下。

三、知识与国际监督。按照常例来说，新武器之发明，无异于其他科学上之发明，个人的发明照各国出版法尚且可以专利，岂有一国政府对其新发明，反不可任其保持秘密呢？但是，美国发明原子弹后，并没有说这是独有的秘密，不应与其他国家共享，所以他已将原子弹秘密对英国与加拿大公开了，但是美国又没有说这是三国独有的秘密，其他国家不应知道，在他只愿原子能作和平的使用，而限制其在战争上的使用，即是说，假定大家同意原子能在和平方面使用，则公开于英、加二国以外之国家，何尝不可？但是公开以后，诸如原子弹之原料、工厂、设备等，皆应立于国际监督之下。这种有了新武器而不愿秘密独占作为攻击侵略他国之用，且愿置于各国共同管理之下，也是一种道德上的进步，我们应加表彰。

四、原子能与世界和平。自一九四五年八日〔月〕六日原子弹在广岛投下后，一弹之下，死伤居民近廿万，而且几天之内，压迫日本投降。大家认为原子弹能屈服日本，当亦能屈服其他各国，大家既畏其威力之大和恐怖，因而认为世界从此可不发生战争，或几千年来想望之世界和平，可以达到。如一九四六年六月十四日美国的所谓公园板凳政治家巴鲁启（Baruch），他在原子能监督委员会中有一段演说：

　　我们在新原子时代之凶兆之后，背后有一种希望，可使人类达到自救之方法，如其我们失败，那我们将使人类变成恐惧之奴隶了。我们不要自欺，我们必须在两者之中选择其一：（一）世界和平，（二）世界毁灭。

科学给予我们这种可怕的能力，它亦能使这能力对人类有伟大的贡献。但科学自身无法阻挡我们不为有害的使用。所以我们受各国政府之命，希望在世界各民族自身无法阻挡我们不为有害的使用；所以我们受各国政府之命，希望在世界各民族的心思交换汇合之中，以求免于误用科学知识之大害。此实有赖人类从自身意志中求得答案。处此危机之中，我们不但代表政府，亦且代表人民，我们必须记住人民非政府之所有，而政府乃人民之所有，我们必须答覆人民之要求，即世界人民要求和平，要求安全，唯有在长久和平之中，自由、民主才能加强，才能深刻化。战争乃自由与民主之大敌，不要相信于未来战争中，世界能有任何一国自处战争之外，战胜国、战败国乃至中立国，没有不在经济上、物理上、道德上受到损害的。

这老政治家一番悲天悯人的话，殊堪佩服。我也相信在此杀人之伟大武器之中，不少战争可因此项新武器而免除，无论目前美、苏两国对原子能之监督，还没有获致妥协，但此可怕之武器，可以使侵略者屈服，在事实上已经证明过了。

从以上四点说来，有了原子弹之发明，反将人类的道德提高了一大段。虽然巴鲁启氏的世界长久和平论，不易马上达到，但下列两点，却是很明显的：

A. 知道原子弹为国防上之利器，但美国并没有说利己害人的武器可以随意使用。不可随意使用的话在大炮、飞机发明的时候，我们没有听见，而到今天原子弹发明后才听见，正可说是人类道德进步的第一点。

B. 近代以来，所谓至尊无上、不可加以侵犯者为国家主权，即是说国家为国际法上之主体，其地位不受其他法律之拘束。至一次、二次大战后，国际联盟、联合国种种观念发达，求国家地位之降低，国际团体地位之抬高。这次原子弹发明后，使人知道要靠武力维持一国主权是不可能的，因为这种武器甲国有了，可以毁掉乙国，乙国有了，可以毁掉甲国，这就是说国家主权的基础，不能专靠武器，而另有一种武器以外的道德基础。

最后，我引英国生理学家兼医学家 Dr. A. V. Hill（战时派往华盛顿任英国大使馆航空特派员，一九四〇至一九四五年代表剑桥大学为国会议员）的话：

> 今日所必需者，较其他任何事项重要者为一公共理想之感召，一种共同的国际利益，一种伦理行为的公共标准，一种不愿为一时一地的小利，牺牲全宇宙人类之精神。我们必须以勇气，必须以忍耐，以求免于在反理性压迫下出卖理性。许多人自命为现实主义者，他们对于我们提倡道德论加以讥讽，但最真实的现实主义，就要承认人类幸福、人类生存、人类之健全发展，决不依赖机器之发明或各种组织之发明，而是依赖道德、诚实、容忍、合理与忠诚之进步。

以 Hill 氏这样的大科学家，在原子弹发明后，竭力提倡科学的伦理（Scientific Ethics），这题目请诸君不要以为是以科学方法为根据的伦理学，而是科学研究、科学结晶之使用，应有伦理或道德之标准。所以原子弹发明之后，同时使世人亟求人类道德之增进与发展，一方面是人类感受原子能之发明为可怕，另一方面又感觉世界人类因原子能之发明，将来必有一极大光明横在我们的前面。

张君劢年谱简编[*]

1887 年　一～二岁①

1 月 18 日（光绪十二年丙戌十二月二十五日）生于江苏嘉定县（今属上海）。

1891 年　六岁

与弟张嘉璈（字公权）同入家塾读书。

1897 年　十二岁

奉母命入上海江南制造总局广方言馆求学。

1902 年　十七岁

参加宝山县乡试经义策论，考中秀才。

1903 年　十八岁

入马良（马相伯）在上海创立之震旦学院，学习拉丁文（马良亲自讲授）和西洋哲学史，半年后，终因家中负担不起昂贵的学费而辍学。

1904 年　十九岁

转入收费较低的南京高等学校，后因为报名参加"拒俄义勇队"而被校方勒令退学。本欲出国留学，终因家人反对而作罢。

旋赴湖南，先后任教于长沙、澧州及常德等地之中学，教授英文，前后两年，其间先后结识了黄兴、张继、熊希龄等日后的民国要人。

1906 年　二十一岁

在嘉定与原配夫人沈氏结婚。

---

* 本"年谱简编"参考了程文熙编《张君劢先生年谱长编初稿》（台北，中国民主社会党中央党部，1976）和郭廷以编《中华民国史事日志》（台北，"中央"研究院近代史研究所，1984）。

① 按中国农历算法，一出生计为一岁，十天后过农历新年则又增一岁。

3月，受宝山县公费资助留学日本早稻田大学。在梁启超主编的《新民丛报》发表《穆勒约翰议院政治论》，自此为梁所赏识。

1907年　二十二岁

10月，梁启超筹组"政闻社"并发起宪政运动，张为其中之骨干，并曾一度代表梁回国从事立宪活动，受挫后返回日本继续留学。

1909年　二十四岁

6月，在东京参与设立谘议局事务调查会。

8月，参与创办《宪政新志》。

1910年　二十五岁

早稻田大学毕业，获政治学学士学位。

回国后参加学部考试，名列优等。

1911年　二十六岁

参加殿试，授翰林院庶吉士（所谓"洋翰林"，此后以此资格得"Dr."头衔）。

武昌起义后返沪任宝山县议会议长，并与张公权发起神州大学与国民协会。

1912年　二十七岁

年初，在上海发起成立共和建设讨论会。

10月，与汤化龙等以共和建设讨论会为主体成立民主党。

代表民主党赴日迎梁启超返国，陪同梁演讲并作记录。

与黄远生、蓝公武创办《少年中国》，发表《袁政府对蒙事失败之十大罪》，痛陈袁氏之失。

1913年　二十八岁

年初，为躲避袁世凯政府的迫害，张在梁启超的建议下经俄国赴德留学。

3月抵德，入柏林大学攻读政治学。

1914年　二十九岁

第一次世界大战爆发，留德学生大多返国，张决意留欧观战。

1915年　三十岁

秋，自德赴法，并到比利时观察西线战事。

10月，抵英考察英国议会政治，并在伦敦《每日先锋报》撰文抨击袁世凯阴谋复辟帝制、变更国体。

1916年　三十一岁

3月，在梁启超敦促下自英返国，参加反袁斗争。

4月，任浙江交涉署署长，参与浙省独立事。

11月，辞浙事赴上海任《时事新报》总编辑。

冬，判断德国必败，主张与德断交、对德宣战。

任段祺瑞为会长的国际政务评议会的书记长。

1917年　三十二岁

张勋复辟，张力促段祺瑞起兵反对。

任总统府秘书（总统先为黎元洪，8月份后为冯国璋）。

年末，任北京大学国际法教授。

1918年　三十三岁

与蒋百里等人筹组纪念蔡松坡（蔡锷）的"松社"。

10月旅日，回国后随梁启超与欧洲各国公使谈判关税自主及废除领事裁判权事宜。

年末，与梁启超等自上海起程，出游欧洲。

1919年　三十四岁

1月，与梁启超一行抵欧，是年主要参观巴黎和会，并在欧洲各国游历。

11月在《解放与改造》发表《俄罗斯苏维埃联邦共和国宪法全文》，是为"苏维埃"一词在中文的滥觞。

1920年　三十五岁

1月1日，随梁启超在德国访问大哲学家、诺贝尔文学奖获得者倭伊铿，为其学问与人格魅力所打动，遂决定欧游结束后留在欧洲研习哲学。

是年主要居于德国耶拿，随倭氏学习哲学。

是年仍有《德国革命论》、《中国之前途：德国乎？俄国乎？》等多篇政论、通信刊于《解放与改造》（该刊自1920年9月15日第3卷起更名为《改造》）。

1921年　三十六岁

讲学社托张君劢聘请欧洲闻名之哲学家访华，倭伊铿与法国哲学家柏格森均因故未能受聘，倭伊铿推荐德国哲学家杜里舒访华。

12月自欧洲起程返国。

1922年　三十七岁

1月抵达上海。

5月，八团体国是会议在上海召开，与章太炎同为八团体国是会议起草宪法。

10 月，杜里舒来华，张君劢陪同其到各地巡回演讲（至次年 6 月）并编译讲稿。

是年著有《国宪议》（上海，时事新报社），出版之专书尚有《新德国社会民主政象记》（上海，商务印书馆），另有与倭伊铿合著之《中国与欧洲的人生问题》（*Das Lebensproblem in China and Europa*）出版。

1923 年　三十八岁

2 月，在清华学校为即将留美的部分学子作"人生观"演讲，引发科学与玄学论战（亦称科玄论战、人生观之论战）。

9 月 15 日，与同情唯心史观的友人胡善恒、郭梦良、徐六几、瞿世瑛会盟于北京西山灵光寺。

在江苏省省长韩紫石邀请下，9 月底到上海，着手创办"自治学院"，任院长。

是年经郭梦良、庐隐夫妇介绍，开始与王世瑛交往。

1924 年　三十九岁

秋，江浙战争爆发，张君劢在自治学院公开演讲，题为"国内战争六讲"，后有单行本印行。

是年仍忙于"自治学院"各项事务。

1925 年　四十岁

2 月，段祺瑞在北京召开善后会议，电邀张君劢参加，未应。

10 月 14 日，"自治学院"奉教育部命更名为"国立政治大学"，迁至吴淞新校址，张君劢任校长。

与原配夫人沈氏离婚，与王世瑛于福州结婚。

1926 年　四十一岁

北伐军攻至武汉，张君劢认为时局将有巨变，独自秘密赴武汉观察，归来后为政治大学师生演讲在武汉之观感，后成《武汉见闻录》一文。

是年开始翻译英国政治哲学家拉斯基之代表作《政治典范》。

1927 年　四十二岁

3 月，北伐军攻入上海，国立政治大学遭查封，该校图书则由国民党中央政治大学接收。张君劢自此深居简出，避居沪上，继续翻译《政治典范》。

1928 年　四十三岁

与青年党领袖李璜共同秘密创刊《新路》（半月刊），发表了多篇政论，激烈批评国民党的"训政"、"党治"，后坚持出版到第 10 期停刊。

1929 年 四十四岁

端午节前遭暴徒绑架，囚于沪警备司令部旁空屋二十日，乃得释放。张深感人身安全没有保障，遂于当年秋天，携妻子赴德国讲学。

1930 年 四十五岁

在耶拿大学讲授中国哲学。

译著《政治典范》由上海商务印书馆出版（署名张士林）。

1931 年 四十六岁

8 月，应燕京大学黑格尔哲学讲授之聘请，从耶拿起程返国。途经莫斯科，由莫德惠、蔡运辰招待，留作月余之观察。

9 月 17 日返抵北平，次日即爆发震惊中外的九一八事变。

1932 年 四十七岁

4 月 16 日，与张东荪、胡石青等在北平创立中国国家社会党（"国社党"）。

5 月 20 日，国社党机关刊物《再生》创刊于北平。《再生》第 1 卷第 2、3 期连载刊发了张之长文《国家民主政治与国家社会主义》。

是年出版有译著《菲希德对德意志国民演讲》（北平，再生社）。

1933 年 四十八岁

因一篇关于"一·二八淞沪之战"的演讲而被迫辞去燕京大学的教职。

赴广州任中山大学教授，半年后又去职。

是年出版专书《史泰林治下之苏俄》（北平，再生社）。

1934 年 四十九岁

7 月，国社党在天津举行第一次全国代表大会，张君劢等十一人当选为中央总务委员，张兼任总秘书。

在陈济棠支持下，与张东荪在广州办"学海书院"。在香港创办《宇宙》杂志，与《再生》南北呼应。

1935 年 五十岁

辗转于北平、太原、广州各地演讲。

是年出版专书《民族复兴之学术基础》（北平，再生社），收录张君劢 1931 年归国后之专论与演讲。

1936 年 五十一岁

6 月，两广事变爆发，中央军攻入广州，学海书院被关闭。

7 月，国社党第二次全国代表大会在上海召开，张继续当选中央总务委员兼总秘书。

是年出版专书《明日之中国文化》（上海，商务印书馆）。

1937年　五十二岁

6月，张君劢首批受邀参加"庐山谈话会"。不久七七事变爆发，全面抗战开始。

是年出版译著《全民族战争论》（上海，国民经济研究所；次年有商务印书馆版）。

1938年　五十三岁

4月，张君劢代表国社党与国民党正副总裁蒋介石、汪精卫换函，国社党合法地位受到承认。

不久，被聘为"国民参政会"（前身为"国防参议会"）首批驻会委员。

5—7月，张君劢在汉口驻会期间，著成《立国之道》一书，8月在桂林由商务印书馆出版。

年末，随国民政府迁至重庆。

1939年　五十四岁

9月，第二次世界大战爆发。

秋，在云南大理着手筹办中国民族文化书院。又于香港发行《国家社会报》，由徐傅霖主持。

1940年　五十五岁

创办中国民族文化书院，自任院长。

尼赫鲁访华，撰《尼赫鲁传》以迎之。

写作并发表《胡适思想界路线评论》一文，对其所谓"浅薄的启蒙主义"提出全面的批评。

1941年　五十六岁

3月，第二届国民参政会第一次大会在重庆开幕，张君劢与蒋介石、张伯苓、左舜生、吴贻芳等五人被推为主席团成员。

12月24日晨，张君劢与梁漱溟、左舜生、黄炎培不期而会于重庆新村四号张公权寓所，张提议各中间党派进一步联合起来，成立一个统一的组织，在国共之间发挥"第三者"的作用，梁、左、黄三人一致同意张的意见。27日，几人决定将计划中的新组织命名为"中国民主政团同盟"。

1942年　五十七岁

1月，蒋介石以张君劢为去年末之西南联大学潮之主使人，下令封闭大理中国民族文化书院。遂困居于重庆南岸之汪山寓所，著述译作仍不断。

1943 年　五十八岁

4 月 25 日，参加蒋介石之邀宴，同席尚有黄炎培等人。夏秋之后，活动渐自由。

1944 年　五十九岁

撰写并发表《人民基本权利三项之保障》、《英国大宪章提要》、《两时代人权运动概论》等主张宪政与人权的论文。

9 月，在重庆参加第三届国民参政会；19 日，中国民主政团同盟在重庆召开全国代表会议，将名称改为"中国民主同盟"。

年末，赴美参加太平洋学会会议，是为生平第一次访美。

1945 年　六十岁

太平洋学会会议结束后，张君劢留在美国，是年在国会图书馆研究美国宪法与政制运作，并在美参访。

3 月，妻王世瑛因难产在重庆逝世。

4—6 月，作为中华民国十位代表之一出席在旧金山举行的联合国成立大会，并任联合国宪草大会组织委员。会外，与王宠惠一起应邀参加英国工党领袖艾德礼主持的晚宴；出席支持印度独立的集会并发表演讲；积极支持朝鲜半岛独立，李承晚就职之日致函张君劢："此函即为永久不变之请柬，至于行期，请自行决定。"

与中国民主宪政党在美代表就两党合并一事进行洽商，并达成协议。

年末，由美国飞伦敦，考察英国工党政绩。随后转往法国考察。

1946 年　六十一岁

1 月 6 日，被蒋介石聘为 38 位政治协商会议代表之一；11 日，在国民政府电催下，由巴黎起飞返国；17 日抵达重庆，时政协会议已召开一周；18 日，社会各界领袖贤达在西南实业协会为张君劢祝六十大寿，蒋介石送"寿人寿世"四字，周恩来送"民主之寿"四字；30 日，政治协商会议闭幕，张代表民盟致辞。

起草《中华民国宪法》草案。

7 月开始在上海八仙桥青年会讲"中华民国未来宪法"。

8 月，中国国家社会党与海外之中国民主宪政党于上海宣布合并为中国民主社会党（"民社党"），张君劢任主席。

10 月，国共之间关于内战、国民大会召开等问题发生严重分歧，张与民盟等第三方面人士居中调停无果。

11 月 15 日，张致信国民党总裁蒋介石，表示如能彻底实行停战、实现政协决议之精神，民社党自愿出席国民大会；次日，蒋介石复函，表示中共问题以政治方法解决，政协宪草各方应负责通过。

12 月 25 日，国民大会三读通过《中华民国宪法》，完成制宪；同日，民社党声明退出民盟。

1947 年　六十二岁

3 月，在上海出席中国国际人权保障会茶会，介绍各国人权保障情形。

4 月 16 日，中国国民党、青年党、民社党领袖蒋介石、曾琦、张君劢及社会贤达领袖莫德惠、王云五签订施政方针，青、民两党提出参加国民政府之委员名单（民社党提名的国民政府委员为伍宪子、胡海门、戢翼翘，张本人并不在列）。

4—5 月，逢周日向民社党党员作"民主社会党之任务"的长篇连续演讲。

7 月，民社党第一次全国代表大会在上海召开，张君劢被选为主席。

10 月 29 日，与青年党李璜联名致信行政院长张群，抗议政府宣布民盟为非法团体。

12 月，赴美国西雅图华盛顿大学讲中国新宪法。

是年，张去年在上海青年会之演讲结集为《中华民国民主宪法十讲》，由上海商务印书馆出版。

1948 年　六十三岁

1 月，结束在西雅图华盛顿大学的讲学，赴华盛顿敦促美国对国民政府实施金融援助，未果。

4 月 3 日，自美返抵上海；10 日，与青年党主席曾琦晤谈，决定支持蒋介石为首任总统。

7 月 30 日，被总统府聘为资政。

9 月，在武汉、重庆、成都等地分别发表演讲，忧虑时局。

10 月末写成劝蒋介石下野出国游历之信函，11 月 8 日发出。

12 月 25 日，中国共产党宣布 43 名"头等战犯"名单，张君劢位列最后一名。

1949 年　六十四岁

1 月 16 日，参加蒋介石邀宴，蒋征询张君劢对于时局之意见，张仍坚持去年 11 月信函之立场；21 日，蒋通电下野。

3 月，李宗仁、何应钦先后赴上海访张君劢，请民社党派人参加行政院，张婉谢。

4 月，由广州至澳门。居正受李宗仁之托来访，请张出任行政院院长并赴美求援，再辞。着手准备赴印度讲学用之"中国哲学"讲稿。

10 月 14 日，飞台北，与蒋介石会谈，并考察台湾省主席陈诚所实施之三七五减租，同时指导迁至台北之民社党中央党部之工作；16 日飞香港，召集民社党中常会，决定支持国民政府"反攻大陆"。《再生》迁至香港出版，由王厚生主持。

11 月 5 日，应邀飞赴印度，会见尼赫鲁、梅农等多位印度政要，并在德里大学等十余所印度学术机构发表关于中国哲学、中国政治的演讲。

1950 年　六十五岁

继续在印度讲学，著书撰文。

1951 年　六十六岁

继续在印度讲学。

12 月 16 日离开印度，中经东南亚各国，26 日抵达印尼，28 日应印尼社会党之邀，作"亚洲各国改革之教训"的演讲。

1952 年　六十七岁

1 月 12 日，晤印尼总统苏加诺。

1 月 18 日离开印尼，19 日抵达悉尼，考察澳洲政情与工党组织。

3 月 8 日离开澳洲，途经马来亚参访，23 日抵达香港，晤张发奎、顾孟余、李璜、张国焘等人，决定成立"中国自由民主战斗同盟"（"战盟"），试图发展在国共之间的"第三势力"。"战盟"委派张君劢为驻美代表。

4 月 25 日，张离港经日本飞美国，5 月初抵达华盛顿，张首先依据美国法律为"战盟"在美国司法部门进行登记，并试图在美发展同盟组织，然美国政府已决定全力扶植台湾政权，在美华人多数对"第三势力"也不感兴趣，收效甚微。

是年，张前两年于印度讲学期间所写作的介绍国共成败与"第三势力"历史发展与政治诉求的 *The Third Force in China* 由美国 Bookman Associates 出版。

1953 年　六十八岁

在美国国会图书馆阅读并开始写作 *The Development of Neo-Con-*

fucian Thought。

1954 年　六十九岁

继续在美国国会图书馆读书、写作。

1955 年　七十岁

1 月，民社党所编《张君劢先生七十寿庆纪念论文集》在台北出版。

5 月至本年底，在美国斯坦福大学研究中共政治问题。

6 月 5 日，致函牟宗三，希望成立"文化保存中心"以弘扬中华文化。

是年出版之专书有《比较中日阳明学》（台北，中华文化事业出版委员会）、《义理学十讲纲要》（台北，华国出版社）和《中华民国独立自主与亚洲前途》（香港，自由出版社）。

1956 年　七十一岁

与女儿张敦华、张敦复定居旧金山。

担任美国旧金山《世界日报》主笔，以换取加州政府之养老金。

年初召开之苏共二十大主张各国社会主义政党之联合战线，4 月，张致函日本、印度、缅甸、印尼等各国社会党领导人，从历史与理论两方面力证明民主社会主义政党与共产党绝对不能合作。

是年，张君劢 1949—1951 年在印度之讲稿整理结集为 *China and Gandhian India*，由加尔各答的 Brahmo Mission Press 出版。

1957 年　七十二岁

The Development of Neo-Confucian Thought 上卷由美国 Bookman Associates 出版。

1958 年　七十三岁

与唐君毅、牟宗三、徐复观联名发表《为中国文化敬告世界人士宣言》。

是年得澳洲孟氏之资助，作环球游历讲学：9 月底赴德国汉堡演讲，10 月到印度、越南、香港，11 月赴日本演讲后返回旧金山。

是年，专书《辩证唯物主义驳论》分别由香港友联出版社和台北商务印书馆出版（该版删去跋文）。

1959 年　七十四岁

1 月 25 日起，再为旧金山《世界日报》撰写社论。

8 月，民社党在台北举行第二次全国代表大会，张再次当选主席。

1960 年　七十五岁

继续为《世界日报》撰写社论。

写作 The Development of Neo-Confucian Thought 下卷。

11 月，因写作辛劳，胃病发作，入院治疗，旋即康复出院。

1961 年　七十六岁

5 月下旬，何浩若来美访谈张君劢，请其返国，张答复若无三党之合作，不愿返。

10 月，"副总统"陈诚访美回国前，曾在旧金山晤张君劢。

1962 年　七十七岁

4—6 月，应弗赖堡大学邀请访问讲学，其间曾赴瑞士晤哲学家雅斯贝尔斯。在德期间，曾应陈立夫之托，往德意志联邦共和国（"西德"）政府促请与中华民国复交。

是年英文专书 The Development of Neo-Confucian Thought 下卷由 Bookman Associates 出版，Wang Yang-ming 由纽约圣约翰大学出版社出版。

1963 年　七十八岁

5 月，应香港大学、新亚书院、联合书院之邀前往讲学。

11 月，经日本返美，曾在东京霞友会馆欢迎会上发表演讲。

1964 年　七十九岁

1 月，赴香港割治眼翳；4 月痊愈后，在香港各大学演讲。

5 月 15 日离港，在日本停留两周，5 月 28 日返回旧金山。

9 月在加州大学及太平洋学会演讲。

是年次女张敦复出嫁，与长女张敦华移居伯克利。

1965 年　八十岁

在香港创办《自由钟》月刊，并在上面刊发《钱著中国传统政治商榷》等多篇文章。

6 月 26 日，自美国飞抵汉城，出席亚洲现代化问题会议，并作"中国现代化与儒家思想复兴"之演讲，7 月 11 日飞返美国。

1966 年　八十一岁

8 月，张其昀率团访美，晤张君劢。

是年在《自由钟》发文多篇。

1967 年　八十二岁

2 月，应新加坡总理李光耀之邀，赴新加坡讲演"社会主义思想运动概观"，6月返回美国。

1968 年　八十三岁

1 月，张群访美，晤张君劢，并代蒋介石致意。

胡秋原赴美，在夏季和 11 月两次访问张君劢。

12 月 20 日，罹患胃病入院治疗。

1969 年　八十四岁

2 月 23 日下午 6 时 40 分（旧金山时间），因胃病逝世于伯克利疗养院，葬于当地（长女张敦华 1996 年将张君劢之骨灰迁至苏州，与妻王世瑛合葬）。

中国近代思想家文库

图书在版编目（CIP）数据

中国近代思想家文库. 张君劢卷/翁贺凯编. —北京：中国人民大学出版社，2014.7
ISBN 978-7-300-19706-7

Ⅰ. ①中… Ⅱ. ①翁… Ⅲ. ①思想史-研究-中国-近代②张君劢（1887～1969）-思想评论 Ⅳ. ①B250. 5

中国版本图书馆 CIP 数据核字（2014）第 148319 号

中国近代思想家文库
张君劢卷
翁贺凯　编
Zhang Junmai Juan

出版发行	中国人民大学出版社			
社　　址	北京中关村大街 31 号		**邮政编码**	100080
电　　话	010－62511242（总编室）		010－62511770（质管部）	
	010－82501766（邮购部）		010－62514148（门市部）	
	010－62515195（发行公司）		010－62515275（盗版举报）	
网　　址	http://www.crup.com.cn			
经　　销	新华书店			
印　　刷	涿州市星河印刷有限公司			
开　　本	720 mm×1000 mm　1/16		**版　　次**	2014 年 7 月第 1 版
印　　张	35.25 插页 1		**印　　次**	2025 年 4 月第 3 次印刷
字　　数	564 000		**定　　价**	126.00 元